D1662744

Rudolf Hanisch · Silicon Valley Bayern

Für Laetitia

Rudolf Hanisch

SILICON VALLEY BAYERN

Bilanz und Perspektiven bayerischer Innovationspolitik

Eine Dokumentation der Offensive Zukunft Bayern

Impressum:

ISBN 978-3-947029-08-2

1. Auflage 2018

Gesamtherstellung: Cl. Attenkofer'sche Buch- und Kunstdruckerei, Straubing

© Verlag Attenkofer, Straubing

Inhalt

Zum Geleit

Innerhalb weniger Jahrzehnte wurde Bayern vom Agrarland zum Industrieland, bewahrte aber zugleich viele seiner ländlichen Traditionen. Das heutige, durch industrielle, technologische und naturwissenschaftliche Spitzenleistungen charakterisierte Bayern pflegte jedoch auch seine ausgeprägte Kulturstaatlichkeit und baute sie in allen Sektoren aus. Auch im Hinblick auf humanwissenschaftliche Forschungseinrichtungen, Universitäten, Fachhochschulen, Museen, Theater und Musik zählen viele bayerische Standorte zu den leistungsfähigsten und reichhaltigsten in Deutschland. Regelmäßig hat Bayern die geringste Erwerbslosenquote im deutschen, ja im europäischen Vergleich, die höchsten Durchschnittseinkommen der deutschen Länder, die geringste Armutsquote, die geringste Kriminalitätsrate. Solche Erfolge fallen nicht vom Himmel, sondern sind Ergebnis einer zielorientierten nachhaltigen politischen Planung und ihrer effizienten Umsetzung. Die Ursprünge und Entwicklung dieser bayerischen Spitzenstellung sind in der Regel nur wenigen bekannt oder geraten schnell in Vergessenheit, obwohl der größte Teil der Bevölkerung davon täglich profitiert. Unzählige einzelne historische Vorgänge aber werden erst in den folgenden Generationen herausgearbeitet werden.

Umso verdienstvoller ist es, dass mit dem vorliegenden Werk ungeachtet weiterer Forschungen eine Lücke geschlossen und ein künftig unentbehrliches Fundament für Entstehung und Entwicklung der Zukunftsoffensive Bayern gelegt wird. Niemand wäre dazu besser in der Lage als Dr. Rudolf Hanisch. Vielfältig erfahren als Wissenschaftlicher Mitarbeiter im Fach Sozialrecht an der Universität Würzburg, als Arbeitsrichter in Nürnberg, als Referatsleiter unter zwei prägenden Bayerischen Ministerpräsidenten, Franz Josef Strauß und Edmund Stoiber, fünf Jahre als Amtschef der Staatskanzlei und damit höchster Beamter des Freistaats Bayern, schließlich viele Jahre als Vorstandsmitglied der Bayerischen Landesbank. Doch ist es nicht diese eindrucksvolle berufliche Karriere allein, die Rudolf Hanisch qualifiziert, sondern die Tatsache, dass Ministerpräsident Stoiber ihn bald nach seinem Amtsantritt 1993 beauftragte, in der Staatskanzlei die von ihm geplante Offensive Zukunft Bayern vorzubereiten und andere daran Beteiligte zu koordinieren. 25 Jahre nach ihrem Beginn sowie dem zwischenzeitlich erreichten Ziel legt Hanisch nun eine Bilanz aus dem Maschinenraum von Politik und Verwaltung vor, die neben der konzeptionellen Entwicklung die politische Durchsetzung, praktische Realisierung und nachhaltige Wirkung darstellt.

Dabei ist sich Hanisch bewusst, dass heute wie bereits 1993 eine Umbruch-
phase erreicht ist, die wiederum Neuorientierung angesichts vielfältiger aktueller
Herausforderungen verlangt. Beginnt sein Buch mit einem historischen Rückblick, so endet es mit einer nachdrücklichen Reflexion der Zukunftsperspektiven. Bei aller begründeten Hochschätzung für die Leistung Edmund Stoibers,
der die Zukunftsoffensive initiiert und politisch durchgesetzt hat, schildert der –
parteilose – Hanisch doch historisch angemessen und gerecht die Leistungen der
früheren Regierungschefs von Hans Ehard, Wilhelm Hoegner und Hanns Seidel
bis zu Alfons Goppel, Max Streibl und natürlich besonders Franz Josef Strauß,
der all seine Vorgänger und Wirtschaftsminister schon als Bundespolitiker und
CSU-Parteivorsitzender in ihren Bemühungen um eine zukunftsorientierte und
nachhaltige Modernisierung Bayerns unterstützte. Die notwendige Verbindung
von Naturwissenschaften, Technik und Wirtschaft zählte schon zu den Leitlinien des von moderner Technologie und Wissenschaft faszinierten Historikers
Strauß. Und seine Leidenschaft, Bayern an der Spitze des Fortschritts marschieren zu lassen, übertrug sich auf seinen lange Jahre engsten politischen Wegge-
fährten in der Staatskanzlei, Edmund Stoiber.

Doch bei aller Kontinuität dieser Entwicklung stand die bayerische Staatsregierung doch 1993 nach der Wiedervereinigung und dem Ende des Kalten Krie-
ges vor neuen großen Problemen. Sie folgten aus der sich schnell verstärkenden
Globalisierung sowie dem Strukturwandel von gewerblicher und industrieller
Produktion und der neuen ost-westlichen Handelsströme – allesamt Wirkungen, die massive negative Folgen für den Arbeitsmarkt in Bayern gewannen.

Die grundlegende Maxime Stoibers lautete: Die Zukunft müsse nicht allein
verwaltet, sondern zielgerichtet gestaltet werden. Für eine radikale nachhaltige
Innovationspolitik in Wissenschaft, Technik und Wirtschaft, die zugleich im
Falle des Erfolgs Arbeitsplätze schuf und sicherte, fehlte es jedoch im Staatshaushalt an Mitteln. Aus diesem Grund wurde eine groß angelegte Privatisierung von Staatsbeteiligungen gestartet und alle Erlöse für Innovationen und
Verbesserung der Infrastruktur verwendet. Dieser Weg ermöglichte es, trotz rie-
siger Investitionen eine solide Haushaltspolitik zu betreiben, die in den letzten
Jahren der Ära Stoiber einen Haushalt ohne Neuverschuldung und den Abbau
von Altschulden einleitete. In mehreren Phasen gelang es durch diese mutigen
und weitblickenden Entscheidungen Bayern nicht allein in Deutschland, sondern auch international einen Spitzenplatz als High-Tech-Land zu sichern. Das
Vorbild des kalifornischen Silicon Valley ist unverkennbar und gibt dem Buch
den Titel. Für die beiden Jahrzehnte von 1996 bis 2016 weist Bayern mit 32,8
Prozent das höchste Wirtschaftswachstum aller deutschen Länder auf und liegt

damit ein Drittel über dem Bundesdurchschnitt. Die Zahl der Erwerbstätigen stieg ebenfalls weit überdurchschnittlich. Die Arbeitslosigkeit erreichte mit einer Quote von 3,2 Prozent 2017 den niedrigsten Stand seit 1974, nur in Hamburg liegt das verfügbare pro-Kopf-Einkommen in Deutschland höher, doch resultiert dieser geringe Unterschied aus der Strukturdifferenz des Stadtstaats zum Flächenstaat. Die Zahl der eindrucksvollen Wirkungen der Zukunftsoffensive Bayern ließe sich leicht verlängern.

Rudolf Hanisch bündelt eine überbordende Fülle einzelner Informationen, ordnet sie übersichtlich und stellt sie gut lesbar dar. Nirgendwo sonst findet man beispielsweise eine solch geradezu enzyklopädische Auflistung der forschungspolitischen Initiativen und Erfolge seit Ende der 1940er Jahre sowie der einzelnen Schritte und Prozesse der Zukunftsoffensive Bayern. Für zahlreiche der behandelten Themen bietet er künftig eine unentbehrliche Grundlage, darunter für die bisher eher stiefmütterlich behandelte Wissenschaftsgeschichte Bayerns der letzten 70 Jahre. Vor allem aber verbindet er seine profunde Kenntnis politischer Entscheidungsbildung, konzeptioneller Arbeit und verwaltungsmäßiger Organisation mit den erreichten Ergebnissen. Auf diese Weise demonstriert Rudolf Hanisch, was eine über den Tag hinausdenkende Politik und von ihr geleitete kompetente und effiziente Verwaltung vermögen und was die Bevölkerung Bayerns Politikern dieses hohen Ranges verdankt.

München, im September 2018

Prof. em. Dr. Dr. h.c. mult. Horst Möller
Direktor des Instituts für Zeitgeschichte München-Berlin von 1992 bis 2011

Vorwort

Die Wende vom 20. zum 21. Jahrhundert markiert mit der aufkommenden Globalisierung und Digitalisierung einen neuen Abschnitt in der Wirtschafts- und Sozialgeschichte Bayerns. Dieses Buch zeigt auf, wie die Innovationspolitik in Bayern in der Regierungszeit von Ministerpräsident Edmund Stoiber zum zentralen Politikfeld wurde. Mit der Offensive Zukunft Bayern hat der Freistaat die neuen Herausforderungen frühzeitig angenommen und damit das Fundament für den wirtschaftlichen und sozialen Aufstieg des Landes geschaffen. Vorbild für Bayern war das Silicon Valley in Kalifornien. Ziel war aber keine Kopie, sondern ein bayerisches Modell, das das ganze Land erfasst, auf den besonderen Stärken des Freistaats aufbaut und alle Politikbereiche durchdringt. Von diesem Silicon Valley Bayern handelt dieses Buch.

Der Autor hatte das Privileg, diese neue Epoche bayerischer Politik an der Nahtstelle zur Politik im Auftrag des Ministerpräsidenten vorzubereiten und sie auch danach zu begleiten. Sein Anliegen ist es, diese Zeit und ihre Auswirkungen festzuhalten. Die Dokumentation beschreibt die Ausgangslage und Entstehung, Entwicklung und Bilanz sowie die Zukunftsperspektiven der Innovationspolitik aus der Sicht des Autors. Eigene Erinnerungen und Aufzeichnungen, Gespräche mit wichtigen Wegbegleitern, Besuche vor Ort und Einblick in Dokumente der damaligen und heutigen Zeit bilden die Grundlage.

Der Autor ist kein Politiker, war aber 15 Jahre unmittelbar eingebunden in die politische Arbeit der Ministerpräsidenten Franz Josef Strauß und Edmund Stoiber. Die Erfahrungen als Referent für politische Grundsatzfragen und Ministerratsreferent für Franz Josef Strauß, als Büroleiter von Edmund Stoiber im Innenministerium und vor allem als Amtschef der Staatskanzlei von 1993 bis 1998, prägen dieses Buch. Es vermittelt einen tiefen Blick hinter die Kulissen politischer Entscheidungsfindung.

Die Offensive Zukunft Bayern erschöpfte sich nicht in der fiskalischen Aufgabe, Staatsbeteiligungen zu privatisieren. Entscheidend war das damit verfolgte Ziel: Durch Einsatz dieser Mittel in zukunftsorientierte Infrastruktur von Wissenschaft und Technik Arbeitsplätze zu schaffen und zu sichern. Mut zur Zukunft war das Leitmotiv, soziale und regionale Ausgewogenheit, Partizipation, Subsidiarität und Nachhaltigkeit waren Kernanliegen dieses wertorientierten Konzepts. Es war von der Überzeugung getragen, dass der Fortschritt in Wissenschaft und Technik eine entscheidende Triebkraft für das Gemeinwohl ist.

Damit wurde der Freistaat in die dritte Phase seiner Wirtschafts- und Wohlstandsentwicklung der Nachkriegszeit geführt, in der Bayern nach einer langen

Aufholjagd zum Spitzenreiter in Deutschland wurde. Die Erfolgsbilanz von über zwei Millionen Arbeitsplätzen, überdurchschnittlichem Wirtschaftswachstum und finanzieller Solidität ist auch das Fundament der Zukunftsfähigkeit des heutigen Bayern in einer neuen Phase der Globalisierung und Digitalisierung.

Dementsprechend ist das Buch gegliedert: Der erste Teil zeigt auf, wie sich die Innovationspolitik im Nachkriegsbayern kontinuierlich entwickelt hat, bis sie mit der Zukunftsoffensive eine neue Qualität als politisches Gesamtkonzept gewonnen hat, das auf die Lösung des vordringlichen sozialen Problems der Arbeitslosigkeit mittels eines gesellschaftlichen Konsenses zielte. Hier wird auch beschrieben, wie die Staatskanzlei als Reform- und Schaltzentrale im politischen Prozess neue Politikansätze wie eine kooperative Beschäftigungspolitik, eine dezentrale Regionalpolitik und eine nachhaltige Haushaltspolitik erarbeitet und verwirklicht hat.

Der zweite Teil ist der Entwicklung der Investitionen und Reformen gewidmet. Beginnend mit dem Ausbau von international herausragenden Leuchttürmen in Garching, Martinsried und Erlangen wird aufgezeigt, wie Regionalkonzept, Gründernetzwerk und Clusterbildung zu einem Aufschwung von Technologie und Beschäftigung in allen Landesteilen geführt haben. Bei den Reformen bilden die Universitäten und Fachhochschulen einen Schwerpunkt, flankiert von der Weiterentwicklung der außeruniversitären Forschung in Bayern. Der andere betrifft die Infrastruktur mit der Einführung des Internet durch Bayern Online und der Schaffung von Arbeitsplätzen durch den Beschäftigungspakt. Die abschließende Bilanz macht deutlich, dass die Maßnahmen der Offensive den Innovationsstandort Bayern an die Spitze in Deutschland und Europa gebracht haben und auch heute das Fundament für den wirtschaftlichen und sozialen Erfolg Bayerns bilden. Dabei werden auch kritische Feststellungen gewürdigt.

Teil drei befasst sich mit der Frage, wie eine innovative Politik auch die aktuelle Zeitenwende gestalten kann. Bayern steht wieder vor einem epochalen Umbruch, der durch die Auswirkungen der fortgeschrittenen Globalisierung, den technologischen Wandel der Digitalisierung und die zunehmende Spaltung der Gesellschaft gekennzeichnet ist. Der Protektionismus in den USA und in China, ein drohender Handelskrieg und wachsender Populismus stellen auch das bisherige Geschäftsmodell des Freistaats in Frage, das auf freiem und fairem Handel mit industriellen Produkten beruht. Hier setzt sich der Autor am Ende einer Zeitreise mit der Frage auseinander, wie Ziele und Leitlinien der Offensive Zukunft Bayern auch für diese Herausforderungen genutzt werden können: Mit einer neuen Offensive für Zukunftstechnologien, die gute Arbeit für alle und den Zusammenhalt der Gesellschaft zum Ziel hat.

Teil 1:

Ausgangslage und Entstehung

Die Offensive Zukunft Bayern (OZB) war das größte und erfolgreichste Innovationsprogramm in der Nachkriegsgeschichte des Freistaates Bayern. Dieses Programm ist von Umfang, Struktur und Effizienz bundesweit einzigartig geblieben. Das Gesamtvolumen der Investitionen, verteilt auf drei Tranchen, betrug 9,4 Milliarden DM, davon rund 7,5 Milliarden DM oder 80 Prozent für Wissenschaft und Technologie. Dieses Volumen wurde verdoppelt durch Komplementärmittel der Wirtschaft, des Bundes und des Staatshaushalts. Die Maßnahmen waren eingebettet in ein politisches Gesamtkonzept, um der damaligen Krise sowie den nachhaltigen Herausforderungen der Globalisierung und der sich anbahnenden technischen Revolution für Staat und Gesellschaft zu begegnen. Es ging dabei nicht nur um eine neue Finanzierungsquelle für Investitionen, sondern vor allem um Reformen für Technologietransfer, Hochschulen, Unternehmensgründungen, Beschäftigung und Staatshaushalt. Leitmotiv war – nicht nur für die Beteiligungspolitik – Gestalten statt Besitzen, Gestalten statt Verwalten. Damit sollten Beschäftigung und Wohlstand gesichert und das ganze Land zukunftsfähig gemacht werden.

Nahezu alle Maßnahmen der Offensive Zukunft Bayern wurden umgesetzt. Das hat dem Freistaat Bayern einen nachhaltigen Innovationsschub gebracht und eine Spitzenstellung in Deutschland und Europa gesichert und ausgebaut. In einem Gesamtkonzept für die Wertschöpfungskette von der Wissenschaft in die Wirtschaft wurde die Wettbewerbsfähigkeit sowohl der Universitäten – mit der Hochschulreform – als auch der Unternehmer und der Arbeitnehmer – im Beschäftigungspakt Bayern – deutlich gestärkt. Die Offensive hat dazu beigetragen, dass der Wissenschafts- und Wirtschaftsstandort Bayern heute besser dasteht als je zuvor. Über zwei Millionen Arbeitsplätze wurden durch die Offensive geschaffen oder gesichert. Der Forschungscampus Garching, der High-Tech-Campus Martinsried und die Medizintechnik in Erlangen sind international herausragende Beispiele dafür. Aber auch die regionale und soziale Ausgewogenheit der wirtschaftlichen und technologischen Entwicklung in Bayern ist bisher einmalig.

Der Autor war seinerzeit beauftragt, die Offensive Zukunft Bayern für die politische Entscheidung vorzubereiten und zu koordinieren. 25 Jahre nach der

Ankündigung der Offensive ist es Zeit, Bilanz zu ziehen und ihre Entstehung, ihr Konzept und ihre Erfolge darzustellen und aufzuzeigen, wie ihre Prinzipien auch die neue Zeitenwende gestalten könnten. Bis heute gibt es keine Darstellung, die sich mit der Entstehung, der Umsetzung und der Weiterentwicklung dieses Modells näher befasst. Das Buch soll diese Lücke schließen. Es ist ein Sachbericht über ein politisches Konzept ohne Vorbild, das den Freistaat noch immer prägt.

Ausgangslage

Ausgangslage war ein Umbruch in der Wirtschafts- und Sozialgeschichte Bayerns. Mit der deutschen Einheit, der europäischen Osterweiterung und der aufkommenden Globalisierung und Digitalisierung von Wirtschaft und Gesellschaft Mitte der neunziger Jahre begann eine dritte Phase in der Entwicklung des Freistaats vom Agrar- zum Industriestaat und weiter zum High-Tech-Land, die bis dahin von der langen Aufholjagd von 1945 bis 1985 und dem Einholen des Bundesdurchschnitts ab Mitte der achtziger Jahre geprägt war.

Die Entwicklung des Freistaats nach Kriegsende hat wesentlich von der deutschen und europäischen Teilung profitiert. Führende Industrie- und Dienstleistungsunternehmen, wie Siemens und Auto-Union (heute Audi) sowie Allianz und HUK, verlegten ihre Geschäftstätigkeit aus den sowjetisch besetzten Ländern Thüringen und Sachsen oder von Berlin nach Bayern. BMW baute erst nach der Verlagerung der Produktion von Eisenach nach München Automobile in Bayern. 1954 lag das industrielle Produktionsvolumen Bayerns bereits um 74 Prozent höher als vor dem Krieg. (Treml 2006: 450)

Unmittelbar nach Kriegsende hat der Freistaat 2,3 Millionen Vertriebene und Flüchtlinge aufgenommen und auf der Grundlage des Flüchtlingsgesetzes vom 27. Februar 1947 erfolgreich integriert. (GVBl. 1947: 50) Dieser Bevölkerungszuwachs vor allem im ländlichen und kleinstädtischen Raum hat wesentlich zum Gelingen des Wiederaufbaus und zum Wachstum der Wirtschaftskraft beigetragen. (Glaab 2013: 292) Hanns Seidel, damals noch Wirtschaftsminister, bezeichnete die Zuwanderung als „essentielle Blutzufuhr für die bayerische Wirtschaft". (Plenarprotokoll 21. Januar 1949: 576 f.) Gemeinden wie Kaufbeuren-Neugablonz, Neutraubling, Traunreut und Waldkraiburg sind entstanden, ganze Wirtschaftszweige wie die Porzellan- und Glasindustrie wurden gestärkt und haben der industriellen Entwicklung gerade außerhalb der Ballungsräume neue Impulse gegeben. Ministerpräsident Hans Ehard hat seinerzeit in einem Schreiben an den Senat der Max-Planck-Gesellschaft festgestellt: „Bayern ist durch die Not der Verhältnisse, die der Zustrom von Flüchtlingen in diesem Lande herbeiführte, zu einer starken Industrialisierung schon aus Gründen seiner Selbsterhaltung gezwungen." (Ehard, 5. Juli 1949)

Wesentliche Instrumente der Wirtschafts- und Strukturpolitik waren bereits seit den frühen fünfziger Jahren Staatsbeteiligungen, vor allem im Bereich Energie und Rohstoffe, die Landesplanung sowie Finanzhilfen wie Staatskredite und Staatsbürgschaften. Zunächst stand der Aufbau einer Infrastruktur für Verkehr und Energie im Vordergrund. Hier ist vor allem Wirtschaftsminister Otto Schedl zu nennen, der neben Ministerpräsident Hanns Seidel zum Motor einer forcierten Industrie- und Infrastrukturpolitik wurde. Er betrieb die Umstellung der Energieversorgung auf Erdöl und Erdgas, aber auch den Bau von Kernkraftwerken. Es dauerte bis in die sechziger Jahre, bis die Automobilproduktion ein stabiler Wirtschaftsfaktor wurde, und bis in die siebziger und achtziger Jahre, bis die Luft- und Raumfahrt und die Kernenergie als Leittechnologien etabliert waren.

In der zweiten Phase von 1985 bis 1994 war es Bayern gelungen, sich auf dem Bundesdurchschnitt zu etablieren. Dies gilt für alle drei relevanten Parameter: Wirtschaftskraft, Finanzausgleich und Beschäftigung. So lag das Bruttoinlandsprodukt pro Einwohner 1986 erstmals über dem deutschen Durchschnitt, wenngleich die Wachstumsdynamik noch nicht stabil war. (IDW 2009; Götschmann, Historisches Lexikon) Ebenfalls bis 1986 war Bayern kontinuierlich Empfänger von Mitteln aus dem Länderfinanzausgleich. Nach zwei Jahren mit einer neutralen Bilanz wurde der Freistaat erstmals von 1989 bis 1991 zum Geberland und erhielt 1992 zum letzten Mal Ausgleichsmittel. (Renzsch, Länderfinanzausgleich) Seit 1984 lag die Arbeitslosenquote in Bayern unter dem Bundesdurchschnitt, seit 1994 war sie meist die niedrigste im Ländervergleich. (Wirtschaftsministerium 2016: 18)

Aufbruch

In dieser Zeit gesellschaftlicher und ökonomischer Veränderungen entschloss sich Ministerpräsident Edmund Stoiber zu einer Politik des Aufbruchs und der Innovation. Sie sollte eine dritte Phase in der Entwicklung Bayerns einläuten und den Freistaat an die Spitze der deutschen Länder führen. Diese Aufgabe war aus dem laufenden Haushalt nicht zu bewältigen. Daher bot sich an, Beteiligungen des Freistaats zu privatisieren und mit dem Ziel „Gestalten statt Verwalten" für die Sicherung zukunftsfähiger Arbeitsplätze zu verwenden. Schon in seiner ersten Regierungserklärung am 30. Juni 1993 hat Ministerpräsident Stoiber die Finanzierung bedeutender neuer Maßnahmen für Wissenschaft und Forschung über Privatisierungserlöse angekündigt: „In den nächsten Jahren werden wir zusätzliche Mittel, die wir über die Privatisierung von Staatsanteilen erzielen, bereitstellen. Damit können wir im Interesse des Wissenschaftsstandortes Bayern sicherstellen, dass die Erneuerung des Forschungsreaktors in Garching schnellstmöglich begonnen und verwirklicht werden kann, dass die Fakultät Maschinenwesen der Technischen Universität München nach Garching verlagert werden kann, dass die Fakultät für Physik in Augsburg zukunftsweisend ausgebaut werden kann und dass neue Fachhochschulen in ganz Bayern für die Bereiche Technik und Wirtschaft errichtet werden können."

Aus dieser Ankündigung wurde die größte und erfolgreichste Privatisierungsaktion in der Geschichte der Bundesrepublik Deutschland mit einer Konzentration auf Zukunftsinvestitionen in Wissenschaft und Technologie. Es war ein umfassendes politisches Konzept ohne Vorbild, das nicht auf kurzfristige Effekte, sondern auf eine nachhaltige Sicherung der Zukunft des Landes abgezielt hat. Die Offensive Zukunft Bayern umfasste als Gesamtkonzept Wissenschaft und Wirtschaft auch in ihren Bezügen zu Bildung, Umwelt, Kultur, Arbeit und Soziales. Dieses Buch soll und kann kein erschöpfendes Bild der Offensive über alle diese Themen hinweg geben, so bedeutsam sie für die weitere Entwicklung Bayerns auch waren. Die Darstellung konzentriert sich auf die Zukunftsfelder, die den Rohstoff Geist und dessen Einsatz für Beschäftigung und Wohlstand zum Gegenstand haben: Wissenschaft, Forschung und Technologietransfer. Wie Edmund Stoiber in seinen Erinnerungen „Weil die Welt sich ändert" (2012: 137) feststellt, würde die Darstellung der Offensive Zukunft Bayern ein eigenes, umfangreicheres Buch erfordern. Bisher liegt lediglich ein Werkstattbericht zu den großen Kulturbauten vor, den Staatsminister a. D. Kurt Faltlhauser unter dem Titel „Bauen für die Kunst" im Jahr 2013 verfasst hat. Diese für den Kulturstaat Bayern höchst bedeutsamen Maßnahmen waren freilich nicht der Kern der Offensive. Sie war auf die großen Herausforderungen ausgerichtet, mit denen die Politik im Freistaat seinerzeit konfrontiert war.

Kapitel 1:

Herausforderungen an der Schwelle zum 21. Jahrhundert

Am 28. Mai 1993 zog Edmund Stoiber als achter bayerischer Ministerpräsident seit 1945 in die Staatskanzlei ein. Die Ausgangslage an der Wende zum 21. Jahrhundert war geprägt von den Auswirkungen der deutschen Einheit, der europäischen Erweiterung und dem aufkommenden Zeitalter der Globalisierung und einer neuen technologischen Revolution, die man heute Digitalisierung nennt. Der Freistaat Bayern stand vor neuen Herausforderungen zur Sicherung der Arbeitsplätze im nationalen und internationalen Wettbewerb, aber auch der anstehenden Veränderungen für Staat und Gesellschaft. Es war eine historische Bruchstelle, deren Bewältigung für die Entwicklung Bayerns in den nächsten Jahrzehnten entscheidend sein würde. Zudem hatte eine große Migrationswelle zu einer heftigen Asyldiskussion geführt. Die Alleinherrschaft der CSU in Bayern war bedroht: Die Umfragewerte für Ministerpräsident Max Streibl waren unter 40 Prozent gesunken, im Herbst 1994 standen Landtagswahlen bevor und die rechtsextremen Republikaner wurden zur bedrohlichen Konkurrenz.

1.1 Beginn von Globalisierung und Digitalisierung

„Die Überwindung der gegenwärtigen Krise ist die größte Herausforderung seit dem Wiederaufbau nach dem Krieg." (Stoiber 1993)

In der 1994 erschienenen ersten Auflage der „Geschichte des modernen Bayern", herausgegeben von der Bayerischen Landeszentrale für politische Bildungsarbeit, wurde die Wirtschaftssituation Bayerns zur Zeit des Regierungswechsels so beschrieben, wie sie der Autor erfahren hat: „Kontinuität und Stabilität, bundesweit über viele Jahrzehnte bestaunte Markenzeichen bayerischer Politik, wankten im Gefolge von Wiedervereinigung und Auflösung des Ost-West-Konflikts in gleichem Maße wie die politischen und ökonomischen Strukturen Deutschlands, Europas, ja der Welt neuer Definitionen bedurften. Bayerns Prosperität hatte im Schatten des Eisernen Vorhangs stattgefunden, und dieser Schatten bedingte eine allgemein als notwendig erkannte Subventionspolitik in Form der Grenzlandförderung. Bei der Industrieansiedlung, durch Staatsbeteiligungen direkt und För-

derprogramme indirekt angestoßen, hatten sich regionale Monostrukturen her-
ausgebildet, die besonders krisenanfällig waren. Nach dem Vereinigungsboom,
von dem Bayerns Wirtschaft stark profitieren konnte, zogen vor allem infolge
massiver Einsparungen auf dem Rüstungssektor gerade über Bayerns Betrieben
der Spitzentechnologie, den Perlen des prosperierenden Wirtschaftsstandorts im
süddeutschen Raum, dunkle Wolken auf. Die Öffnung der Märkte in den neuen
Bundesländern und in den östlichen Nachbarstaaten löste infolge von Kosten-
vorteilen Produktionsverlagerungen aus, die in erster Linie die Elektrotechnik,
die Textilindustrie, die Kunststoffverarbeitung und den Metall- und Maschinenbau betrafen." (Treml 1994: 463)

Vor allem im Nordbayern spitzte sich die Wirtschaftslage drastisch zu. In
Unterfranken, besonders in Schweinfurt, erreichte die Arbeitslosenzahl Höchst-
werte. Allein bei FAG Kugelfischer gingen 1993 15 000 Arbeitsplätze verloren.
Auch rund um Nürnberg bauten die Unternehmen in großem Ausmaß Perso-
nal ab: Grundig, PKI, Diehl, Adidas, Puma, MAN, Triumph-Adler, Bosch und
andere. In Oberfranken und in der Oberpfalz gerieten die Betriebe durch den
Zusammenbruch des Ostblocks unter verschärften Wettbewerbsdruck – zusätz-
lich zur Rezession. Vor allem der dortigen Porzellanindustrie machte die billige
Konkurrenz aus Thüringen, Sachsen und Tschechien zu schaffen. (Die Zeit, 23.
September 1994)

Die Situation spiegelt sich in den seinerzeitigen Berichten der Bundesanstalt
für Arbeit wider. Den Beschäftigungsrückgang bekamen alle Regionen zu spüren, vor allem jene mit großem Gewicht exportabhängiger Investitionsgüterin-
dustrie, besonders Baden-Württemberg und Nordbayern. Die stärksten Anstie-
ge der Arbeitslosigkeit lagen im Süden Deutschlands: in Baden-Württemberg
mit 47 Prozent und in Bayern mit 33 Prozent. Die Zunahme der Arbeitslosigkeit 1993 betraf damit besonders heftig jene Gebiete, die in den Jahren zuvor
von der Stärke und Modernität ihrer Industrien profitiert hatten. (Bundesanstalt
für Arbeit 1993: vor allem 30, 76 und 79)

Das 1981 in Not geratene Stahlwerk Maxhütte in Sulzbach-Rosenberg mit
5 000 Beschäftigten konnte nur durch massive staatliche Finanzhilfen unter Mitwirkung der Landesanstalt für Aufbaufinanzierung (LfA) am Leben gehalten
werden. 1993 wurde das Unternehmen dennoch insolvent und der Freistaat gab
seine Beteiligung von 45 Prozent für drei DM ab. Zur gleichen Zeit wurde die
Region Schweinfurt infolge der angeschlagenen Kugellagerindustrie zur Krisen-
zone und auch die oberfränkische Porzellan-, Glas- und Textilindustrie kämpfte
mit massiven Problemen. Damit war der kontinuierliche Aufstieg Bayerns vom
Agrarland zum Industriestaat in Gefahr. Im Dezember 1992 forderten die Spre-

cher der bayerischen Wirtschaft die Staatsregierung zum Handeln auf. IHK-Chef Dieter Soltmann appellierte an das Wirtschaftsministerium, das Vertrauen der Wirtschaft wieder herzustellen. Manfred Scholz, Präsident des Landesverbandes der bayerischen Industrie, verlangte ein Aktionsprogramm. Es sei an der Zeit, so Scholz, gemeinsam mit der Politik die strategischen Felder der Zukunft abzustecken und die Ergebnisse des Dialogs schnell umzusetzen, um den Krisenregionen wieder auf die Beine zu helfen. (Wirtschaftswoche, 11. Dezember 1992) Die Opposition im Landtag monierte, dass die Technologiepolitik der Staatsregierung zu sehr auf Einzelaktivitäten beschränkt sei; es fehle der ganzheitliche Ansatz. (Plenarprotokoll 12/74 vom 15. Dezember 1992: 4928) Das Jahr 1993 wurde zur Zäsur in der Geschichte Bayerns, die darüber entschied, ob Bayern weiter aufsteigen oder in seiner Entwicklung stagnieren, ja sogar zurückfallen, würde.

Zuwanderung

So galt es schon damals, eine erhebliche Zuwanderung zu bewältigen. Im Zeitraum von 1987 bis 1993 hatte Bayern einen Bevölkerungszuwachs von über 900 000 Personen (8,3 Prozent) zu verzeichnen. Durch den Fall des Eisernen Vorhangs, die deutsche Einheit, den Zuzug von Asylbewerbern, zumeist aus dem zerbrechenden Jugoslawien, Aussiedlern und Flüchtlingen, nahm die Bevölkerung Bayerns zu wie seit dem Ende des Zweiten Weltkriegs nicht mehr. Bundesweit wurden von 1988 bis 1994 über 1,5 Millionen Asylanträge gestellt mit Spitzen von 438 000 Anträgen in 1992 und von 322 000 in 1993. (Bundesamt 2005: 52)

In dieser Zeit kam es nach einer der heftigsten politischen Debatten der Nachkriegszeit zur Neuregelung des Asylrechts, die am 26. Mai 1993 auf der Grundlage des Asylkompromisses vom Bundestag beschlossen wurde. Der Landesgruppenvorsitzende Michael Glos hat in der damaligen Plenardebatte daran erinnert, welche Vorwürfe gerade Edmund Stoiber immer wieder einstecken musste: „Besonders betroffen war hiervon der damalige Leiter der Bayerischen Staatskanzlei und heutige bayerische Innenminister Edmund Stoiber. Über ihn sind geradezu Schmutzkübel ausgegossen worden, weil er als erster für eine Änderung des Grundgesetzes mit eingetreten ist." Diese Angriffe hat der Autor damals hautnah miterlebt. Durch die Änderung des Grundgesetzes und des Asylverfahrensgesetzes wurden die Möglichkeiten eingeschränkt, sich erfolgreich auf das Grundrecht auf Asyl zu berufen. Weitere Bestandteile des Asylkompromisses waren die Einführung des Asylbewerber-Leistungsgesetzes sowie die Schaffung eines eigenständigen Kriegsflüchtlings-Status im Ausländergesetz. Seither kann sich auf das

Grundrecht, wonach politisch Verfolgte Asylrecht genießen, nicht berufen, wer aus der EU oder einem sicheren Drittstaat einreist. Ziel der Änderung des Grundgesetzes war es, „den wirklich politisch Verfolgten weiterhin Schutz und Zuflucht zu gewähren, aber eine unberechtigte Berufung auf das Asylrecht zu verhindern und diejenigen Ausländer von einem langwierigen Asylverfahren auszuschließen, die des Schutzes deswegen nicht bedürfen, weil sie offensichtlich nicht oder nicht mehr aktuell politisch verfolgt sind. Außerdem ist das Asylverfahren einschließlich des gerichtlichen Verfahrens weiter zu beschleunigen." (BT-Drs. 12/4152: 3)

Damals stand Edmund Stoiber bereits als Innenminister vor der Herausforderung, dass der Freistaat vom Ausmaß der Zuwanderung völlig überfordert war. Hinzu kam, dass der Missbrauch des Asylrechts von Franz Schönhuber, dem stellvertretenden Chefredakteur des Bayerischen Rundfunks, seit 1985 Bundesvorsitzender der 1983 in München von ehemaligen Mitgliedern der CSU gegründeten rechtsradikalen Partei „Die Republikaner", demagogisch genutzt wurde. Seine Partei erreichte bei der Europawahl 1989 bundesweit 7,1 Prozent der Stimmen, in Bayern mit 14,6 Prozent mehr als doppelt so viel. Für Edmund Stoiber stand diese Partei mit ihren politischen Aussagen, nationalistischen Zielen, autoritären Strukturen und extremistischen Biographien außerhalb des Bodens des Grundgesetzes. Daher entschied er, die Republikaner frontal anzugreifen und sie aufgrund ihrer Nähe zu rechtsextremen Parteien und ihrer rechtsgerichteten Propaganda von 1992 bis 2006 vom Verfassungsschutz überwachen zu lassen. „Diese glasklare Abgrenzung war", wie er in seinen Erinnerungen 2012 festhält, „die entscheidende Voraussetzung, dass die CSU die Herausforderung durch die Republikaner zurückweisen und ihre unbestrittene Führungsrolle in Bayern weiter behaupten konnte." (Stoiber 2012: 104) 1990 verfehlten die Republikaner mit 4,9 Prozent nur knapp den Einzug in den bayerischen Landtag, bei den Landtagswahlen 1994 und 1998 erzielten sie nur noch 3,9 beziehungsweise 3,6 Prozent und verschwanden danach in der Bedeutungslosigkeit. Edmund Stoibers Quintessenz war: „Wir dürfen den Feinden unserer Demokratie, gleich ob von rechts oder von links, keinen Raum lassen, indem wir die Sorgen und Ängste der Bürger ignorieren und uns scheuen, auch brisante Themen aufzugreifen. Die Extremisten haben keine Scheu, diesen Sorgen und Ängsten eine Stimme zu verleihen und in verantwortungsloser Weise Kapital daraus zu schlagen." (Stoiber 2012: 105) Dabei wurden bei den Republikanern neben der Relativierung der nationalsozialistischen Verbrechen und der Forderung nach Revision der Oder-Neiße-Grenze auch Themen aufgegriffen, wie sie heute die Agitation von Rechtspopulisten bestimmen: So die Angst vor Überfremdung durch Zuwanderer, die Propagierung des Vorrangs „deutscher Interessen" oder die Ablehnung der Globalisierung, der europäischen Integration und des Euros. (Wissenschaftlicher Dienst 2006)

Globalisierung

„Unsere bisherigen Erfahrungen zeigen, dass wir durch Abschottung gegen die Globalisierung weder unsere Arbeitsplätze noch die finanzielle Leistungskraft unseres Sozialsystems retten können. Wir müssen uns dem Wettbewerb mit Offenheit gegenüber Technik und Fortschritt stellen. (…) Gleichzeitig müssen wir die kulturellen Werte und die sozialen Anker in unserer Gesellschaft festigen. Keine Generation vor uns musste das Spannungsverhältnis zwischen menschlich und modern, zwischen Tradition und Fortschritt, zwischen Effizienz und Mitmenschlichkeit, so sorgsam austarieren wie gerade wir jetzt." (Stoiber 1998)

Globalisierung beschreibt den Prozess der zunehmenden Verflechtung auf politischer, wirtschaftlicher und kultureller Ebene, der am Ende des 20. Jahrhundert als politisches, wirtschaftliches und kulturelles Problem manifest wurde. Seit Mitte der achtziger Jahre haben grenzüberschreitende wirtschaftliche Interaktionen und Aktivitäten nicht nur absolut, sondern auch relativ zu nationalen Entwicklungen stark zugenommen. Die traditionellen internationalen Wirtschaftsbeziehungen wurden seither zunehmend von interglobalen Wirtschaftsbeziehungen abgelöst. Kennzeichnend ist vor allem die Intensivierung des weltweiten Standortwettbewerbs. Dabei ziehen in erster Linie die Länder Vorteile aus dieser Entwicklung, die in der Lage sind, fortgeschrittene Technologie mit niedrigen Löhnen und angemessener Qualität zu verbinden. Länder, die es aus unterschiedlichsten Gründen versäumen, sich der Wirtschaftsdynamik aktiv zu stellen, etwa durch Abschottung, Bürokratisierung oder fehlende Voraussetzungen, sind eher auf der Verliererseite zu finden. (Koch 2014: 4 f.)

Die Globalisierung war in den Regierungserklärungen von Franz Josef Strauß und Max Streibl noch kein Thema. Edmund Stoiber hat dieses Phänomen in seiner Regierungserklärung vom Dezember 1994 erstmals thematisiert und als politisches Problem aufgegriffen. Damals lag die Exportquote der bayerischen Industrie bei 32,9 Prozent und damit deutlich über dem bundesweiten Anteil von 20,1 Prozent. Damit war Bayern von der Globalisierung des wirtschaftlichen Wettbewerbs weitaus stärker betroffen als Deutschland insgesamt. Angesichts des Anstiegs des Exportanteils in Bayern auf heute 53 Prozent wird deutlich, wie wichtig es war, dass Bayern sich schon damals dieser Herausforderung gestellt hat. Das Thema Wettbewerb war für Bayern nicht neu. Diese Herausforderung hat es im Nachkriegsbayern von Anfang an gegeben. Schon bei der Verlagerung von Unternehmen und Forschungseinrichtungen aus Ostdeutschland gab es eine harte Konkurrenz der Landesregierungen, sich die Einrichtungen für ihr Land zu sichern. Davon hat der Freistaat Bayern in Wirtschaft und Wissenschaft ganz erheblich profitiert.

Mit Beginn des europäischen Einigungsprozesses weitete sich der Standortwettbewerb europaweit aus. Am 1. Januar 1959 wurden die ersten Vertragsbestimmungen der Europäischen Wirtschaftsgemeinschaft wirksam. Ministerpräsident Alfons Goppel hat seinerzeit die besondere Herausforderung für Bayern so beschrieben: „In diesen noch nicht abgeschlossenen Prozess der Umwandlung Bayerns von einem agrar- in einen vorwiegend industriell ausgerichteten Staat hinein kommt jetzt die Umstellung auf die Europäische Wirtschaftsgemeinschaft." (Stenographischer Bericht, 19. Dezember 1962: 11) Ein Vierteljahrhundert später hat Franz Josef Strauß das Ziel ausgerufen, Bayern zum modernsten Staat Europas zu machen. (Regierungserklärung 10. Dezember 1986) Am 1. Januar 1993 trat der europäische Binnenmarkt in Kraft, in den mehr als die Hälfte der bayerischen Ausfuhren flossen.

Zugleich hat die aufkommende Globalisierung mit weltweit übergreifenden Märkten für Waren und Dienstleistungen, Kapital und Arbeit die Konkurrenz weiter verschärft. Es begann ein bisher nie dagewesener Wettbewerb der Standorte um Investitionen und Exporte, um Produktionsstätten und Arbeitsplätze. Daraus folgte für Standorte wie Bayern mit hohem Lohn- und Sozialniveau, dass sie im weltweiten Wettbewerb nur dann bestehen könnten, wenn sie ihre Entwicklungsstrategien global ausrichten und die neuesten Technologien nutzen würden. Das bedeutete aber nicht nur die Globalisierung der Wirtschaft, sondern auch des Wissens, der Information und der Technologien und markierte den Beginn der Digitalisierung.

Digitalisierung

„Wir haben einen tiefgreifenden Strukturwandel vor uns. (…) Es hat in der Geschichte einige wenige technische Innovationen gegeben, die Wirtschaft und Gesellschaft tiefgreifend verändert haben. Das war zum Beispiel der Fall, als die Dampfkraft erfunden und eingeführt wurde. Es war so, als Elektrizität und Chemie die Welt verändert haben. Später haben Erdöl und Auto die Welt verändert, nicht nur Branchen verändert, nicht nur Regionen als Wirtschaftsregionen absterben und andere aufblühen lassen, nicht nur Arbeitsplätze verschwinden und neue kommen lassen – nein, auch gesellschaftlich ist damit jeweils die Welt verändert worden. Heute

sind wir offenbar in einer ähnlichen Situation, dass wieder eine Basistechnologie alle Lebens- und Wirtschaftsbereiche durchdringt und verändert und damit gleichzeitig auch die Gesellschaft und das Denken der Menschen, nämlich die Informationstechnologie."

Damit hat Ministerpräsident Edmund Stoiber in seiner Regierungserklärung vom 30. Juni 1993 die dritte Herausforderung der Offensive Zukunft Bayern beschrieben. Es war die technische Revolution der neunziger Jahre, die den Wandel von der Industrie- zur Informations- und Wissensgesellschaft anbahnte. Bestimmend dafür war die Entwicklung der Informations- und Kommunikationstechnik (IuK). Die digitale Revolution durch Computer und Internet nahm im ausgehenden 20. Jahrhundert ihren Anfang. Diese Entwicklungen wurden in der Offensive aufgegriffen und haben sich seither so rasant und umfassend weiterentwickelt wie es seinerzeit vorhergesehen wurde. Heute bestimmt die Digitalisierung in der Tat alle Politik- und Lebensbereiche.

Den fundamentalen Wandel für die Gesellschaft hat Alois Glück seinerzeit ebenso treffend wie visionär beschrieben: „Die Regierung des neuen Ministerpräsidenten steht nun vor der überraschenden Aufgabe, erneut einen tief greifenden Wandel und Umbruch in Bayern zu gestalten. Es ist nicht mehr die Periode der 70er oder der ersten Hälfte der 80er Jahre, in der wir begonnene Entwicklungen fortgeschrieben und zur Blüte gebracht haben. Jetzt ist die Zeit der großen Herausforderung, neue Wege zu gehen, Strukturen zu verändern. Es dürfte manchmal sogar schwieriger sein, Strukturen zu verändern, als Neues aufzubauen. Wie seinerzeit vor dem Wandel von der Agrargesellschaft zur Industriegesellschaft stehen wir jetzt vor der großen Herausforderung, den Wandel von einer Industrie- zu einer Informationsgesellschaft in Bayern zu gestalten." (Plenarprotokoll 12/95, 30. Juni 1993: 6369)

Mit diesen Feststellungen wurde erstmals der Wandel von der Industriegesellschaft zur Informations- und Wissensgesellschaft im politischen Raum thematisiert, der heute in aller Munde ist. Seit 1994 wird der Begriff „Informationsgesellschaft" von der Europäischen Union und den Vereinten Nationen verwendet. Dabei steht die Technikentwicklung im Vordergrund, beim Begriff „Wissensgesellschaft" die gesellschaftliche Implikation. Die Informatisierung der modernen Welt ist eines ihrer herausragenden Kennzeichen. Der Philosoph Helmut Spinner sprach bereits 1994 von „der vorwiegend technikinduzierten, informationskonzentrierten gesellschaftlichen Entwicklung". (Spinner 1994)

Das Konzept der Wissensgesellschaft ist erstmals in den späten sechziger Jahren in der Soziologie und den Wirtschaftswissenschaften wissenschaftlich diskutiert worden. Seit diesen Versuchen, eine neue Entwicklungsphase industrieller Gesellschaften zu beschreiben, hat das Konzept bis heute kaum an Attraktivität verloren. Dabei ging der amerikanische Soziologe Daniel Bell 1973 von einem Zeithorizont von 30 bis 50 Jahren für die „postindustrial society" aus. (Bell 1973) Zu Beginn der neunziger Jahre wurde das Aufscheinen einer neuen Gesellschaftsordnung, die auf Wissen basiert, postuliert. Diese Wissensgesellschaft, die maßgebend durch die Entwicklung der Informations- und Kommunikationstechnologie bestimmt wird, ist verbunden mit neuen Formen des Arbeitens, der Lebensstile und der Partizipation an demokratischen Prozessen. Damit wurde das Ende des Zeitalters der Industrialisierung, der sozialen Ordnung der Industriegesellschaft und der Fähigkeiten und Fertigkeiten, die nötig waren, um es zu bewältigen, eingeläutet. (Stehr 1994) Heute ist die Wissensgesellschaft ein gängiger Begriff auch in der Politik. So sprach Bundeskanzlerin Angela Merkel schon 2009 davon, dass Deutschland „in den letzten Jahren auf dem Weg zur Wissensgesellschaft ein ganzes Stück vorangekommen" sei. (Merkel 2009)

1.2 Innovationspolitik in Bayern von 1946 bis 1993

„Bayerische Politik an der Wende zum 21. Jahrhundert knüpft an den Erfolgskurs unseres Landes in den letzten Jahrzehnten an." (Stoiber 1994/1)

Wie der Weg in die Wissensgesellschaft in Bayern gestaltet wurde, haben bisher weder Historiker noch Politologen aufgezeigt. Die Feststellung von Stephan Deutinger aus dem Jahr 2001, dass eine länderbezogene Untersuchung von Wissenschaft und Wissenschaftspolitik weitgehend fehlt, gilt jedenfalls für Bayern heute noch. (Deutinger 2001: 13) Deutinger selbst hat sich auf die Darstellung der Entwicklung der außeruniversitären Forschungseinrichtungen in Bayern von 1945 bis 1980 beschränkt, die im Folgenden einbezogen wird. Stefan Grüner erwähnt in seiner Geschichte der Struktur- und Entwicklungspolitik in Bayern von 1945 bis 1973 den Ausbau der Hochschullandschaft lediglich auf einer von 431 Seiten. (Grüner 2009: 415) In der „Geschichte des modernen Bayern" kommt die wissenschaftlich-technologische Entwicklung Bayern nur sporadisch vor. (Treml 2006: 450, 458 zu Seidel, 456 zu Hoegner, 492 zum Wirtschaftsstandort 1992, 495 zur Offensive Zukunft Bayern; ebenso in Glaab 2013) Roland Fleck stellt in seiner „Technologieförderung" lediglich die achtziger Jahre dar. (Fleck 1990)

   Daher wird auf den nachfolgenden Seiten der Versuch unternommen, die Wegmarken für die bayerische Wissenschafts- und Technologiepolitik anhand der Regierungserklärungen der Ministerpräsidenten seit 1946 und der jeweils herausragenden Entscheidungen und Maßnahmen zu skizzieren. Dabei erweist sich, dass Bayern – wie in der Wirtschaft – auch in der Wissenschaft lange Zeit Schlusslicht in Deutschland war. Es war auch hier eine langwierige – auch von glücklichen Zufällen geprägte – kontinuierliche Entwicklung mit steigender Konvergenz zwischen Wissenschaft und Wirtschaft. Erst in den achtziger Jahren wurden Wissenschaft und Forschung auch als Instrument der Wirtschaftspolitik benutzt. Die Förderung von Wissenschaft und Technik war aber immer eine Konstante bayerischer Politik, auch wenn sie zu keinem Zeitpunkt eine so zentrale Rolle gespielt hat wie in der Regierungszeit von Ministerpräsident Edmund Stoiber.

Hans Ehard

In der Amtszeit von Ministerpräsident Hans Ehard von 1946 bis 1954 wurden erste Weichen für den (Wieder-)Aufbau des Wissenschaftsstandortes Bayern gestellt. In seiner ersten programmatischen Regierungserklärung vom 10. Januar 1947 im Bayerischen Landtag hat sich Hans Ehard zur Notwendigkeit bekannt, für ganz Bayern wieder ein starkes Hochschulwesen zu schaffen: „Der Wiedererreichung des einstmaligen hohen Standes des Hochschulwesens und aller Zweige der freien Künste soll die Errichtung eines eigenen Staatssekretariats dienen. Dabei wird aber eine einseitige Konzentration auf die Landeshauptstadt vermieden und eine nachdrückliche Pflege des Kultur- und Schulwesens in allen Teilen Bayerns erstrebt werden. Nur so kann es gelingen, Bildung und soziale Aufstiegsmöglichkeiten und reiche Kultur an die breitesten Schichten des Volkes heranzutragen." (Stenographischer Bericht, 3. Sitzung: 39)

Nur zwei Jahre später gelang es seiner Regierung, wesentliche Strukturen für den späteren Aufstieg der Wissenschaft in Bayern zu gestalten. Das galt vor allem für die angewandte Forschung, die im Industrialisierungskonzept des damaligen Wirtschaftsministers Hanns Seidel einen hohen Stellenwert wie erst wieder Jahrzehnte später besaß. So entstand bereits 1949 ein frühes Glanzlicht bayerischer Wissenschaftspolitik: die auf Initiative des bayerischen Wirtschaftsministeriums am 26. März 1949 in München gegründete Fraunhofer-Gesellschaft (FhG) für angewandte Wissenschaften. Gründungsimpuls war die Aktivierung der Bodenschätze als Ansatz für die Ansiedlung von Industrie, satzungsmäßiger Zweck die Vermittlung und Ermöglichung von Forschungsarbeiten auf dem Gebiet von Naturwissenschaft und Technik zum Nutzen der Wirtschaft. Namensgeber für die Gesellschaft war der in Straubing geborene Joseph von Fraunhofer (1787 bis 1826), der als Forscher, Erfinder und Unternehmer exakte wissenschaftliche Arbeit und deren praktische Anwendung für neue, innovative Produkte verband. Freilich sollte es über 20 Jahre dauern, bis in Bayern auch Institute der Fraunhofer-Gesellschaft gegründet wurden. (Deutinger 2001: 180, 185)

Im gleichen Jahr wurde München auch Sitz eines bedeutsamen Dienstleisters für die Forschung. Nach dem Ende des Zweiten Weltkrieges musste das Reichspatentamt in Berlin wie alle Reichsbehörden seine Tätigkeit einstellen. Durch das Gesetz über die Errichtung eines Patentamtes im Vereinigten Wirtschaftsgebiet wurde das Deutsche Patentamt in München errichtet. Wesentlich für die Standortentscheidung war, dass die Stadt München für eine provisorische Unterbringung des Patentamtes im Deutschen Museum sorgte. In dessen unzerstörtem Bibliothekstrakt nahm das Amt am 1. Oktober 1949 mit 423 Mitarbeitern seine Tätigkeit auf. Der Sitz des Deutschen Patentamtes in München war dann im Jahr 1972 ausschlaggebend dafür, dass auch das Europäische Patentamt nach München kam.

Ebenfalls 1949 konnte das erste Max-Planck-Institut für Bayern gewonnen werden, wie Deutinger ausführlich berichtet. Im Kriegsjahr 1943 war das Berliner Institut für Silikatforschung der Kaiser-Wilhelm-Gesellschaft im unterfränkischen Fladungen untergebracht worden. Der Senat der Max-Planck-Gesellschaft (MPG) beschloss am 18./19. März 1949 auf Drängen der Glasindustrie an Rhein und Ruhr, das Institut in Aachen wieder zu errichten. Mit der Drohung, das seinerzeit vor dem Abschluss stehende Königsteiner Abkommen abzulehnen, wurde Nordrhein-Westfalen bewogen, dem Verbleib in Bayern zuzustimmen. Der gewaltige Zuwachs an 2,3 Millionen Vertriebenen machte die weitere Entwicklung der Glas- und Porzellanindustrie zur „Staatsnotwendigkeit", wie Kultusminister Alois Hundhammer in einem Schreiben vom 13. Oktober 1949 an seine Amtskollegin in Nordrhein-Westfalen, Christine Teusch, feststellte. (zitiert bei Deutinger 2001: 79) Der Senat der MPG revidierte daraufhin am 18. November 1949 seinen ursprünglichen Beschluss und so wurde in Würzburg, das von der Staatsregierung den Vorzug gegenüber Regensburg erhielt, das Max-Planck-Institut für Silikatforschung am 14. November 1952 eröffnet.

Die bedeutsamste wissenschaftspolitische Leistung der Regierung Ehard war, dass sie die Verhandlungen zur Ansiedlung des Max-Planck-Instituts für Biochemie geführt und erfolgreich abgeschlossen hat und jene für das Institut für Physik und Astrophysik eingeleitet hat. Die Staatsregierung war dabei nicht zuletzt von der Erwägung geleitet, dass die Errichtung überregional bedeutsamer Forschungsinstitute der Stellung Bayerns im bundespolitischen Konzert zusätzliches Gewicht verleihen sollte. (Deutinger 2001: 230) Das Max-Planck-Institut für Biochemie sollte später den Grund legen für den High-Tech-Campus in Martinsried.

Die Berufung des Nobelpreisträgers Adolf Butenandt als Ordinarius an die Ludwig-Maximilians-Universität München (LMU) 1953 und die Verlagerung seines Instituts von Tübingen nach München waren strategische Weichenstellungen mit erheblicher Wirkung für die Zukunft. Der für die damalige Zeit außerordentlich hohe finanzielle Einsatz von insgesamt 8,33 Millionen DM für den Bau des Instituts für Biochemie, immerhin fast die Hälfte des Ansatzes von 17 Millionen DM für den Wiederaufbau der LMU im gleichen Jahr, war nur mit einer Sonderfinanzierung von 3,5 Millionen DM der bayerischen Landesversicherungsanstalten möglich. Der strategische Gegenwert dafür war freilich nicht nur ein erheblicher Reputationsgewinn durch die Verlagerung eines der bedeutsamsten Max-Planck-Institute von Tübingen nach München und die Gewinnung eines bedeutenden Nobelpreisträgers als Ordinarius der LMU. Adolf Butenandt, der von 1960 bis 1972 Präsident der Max-Plank-Gesellschaft wurde, war auch eine Schlüsselfigur für die weitere Umsiedlung von Instituten nach München. Das schloss die ebenfalls strategische Anwerbung des Nobelpreisträgers Werner Heisenberg mit ein und führte letztlich auch zur späteren Verlagerung des Präsidiums und der Generalverwaltung der Gesellschaft nach München.

Wilhelm Hoegner

Das Richtfest für das Max-Planck-Institut für Biochemie fand am 26. November 1954 statt – zwei Tage vor der Landtagswahl, die Wilhelm Hoegner in das Amt des Ministerpräsidenten brachte. In seiner Amtszeit von 1954 bis 1957 fielen die Entscheidung des Senats der Max-Planck-Gesellschaft am 11. Oktober 1955 zur Verlagerung des Instituts für Physik und Astrophysik von Göttingen nach München und der Bau des Forschungsreaktors in Garching mit Betriebsbeginn am 31. Oktober 1957. Entscheidend für beides war der Wunsch des Nobelpreisträgers Werner Heisenberg, nach München zu kommen. Mit Heisenberg wurde der Nukleus für das zweite große Forschungszentrum geschaffen, den Forschungscampus in Garching. Die Geschichte der Ansiedlung des Instituts für Physik und Astrophysik in München ist untrennbar mit der des Garchinger Forschungsreaktors verbunden.

Baden-Württemberg mit Karlsruhe und Bayern mit München hatten sich in den Jahren 1953 bis 1955 intensiv um den Standort eines Kernforschungszentrums mit einem industriellen Reaktor beworben. Beide erwarteten sich von einer Einrichtung der Kernenergiegewinnung wirtschaftliche Wachstumseffekte. Die Vorzüge und Nachteile beider Standorte waren in etwa gleichwertig. Den Ausschlag für Karlsruhe gab letztlich das Votum des alliierten Oberkommandos am 23. April 1955, ein Reaktorbau komme nur in Karlsruhe in Frage, da München zu nahe am Eisernen Vorhang liege. Dementsprechend traf Bundeskanzler Konrad Adenauer am 29. Juni 1955 die Entscheidung für Karlsruhe. In München solle ein kleinerer „Laboratoriums-Reaktor" aufgebaut werden. Ministerpräsident Hoegner führte bereits am 30. August 1955 einen Beschluss des Ministerrats herbei, so rasch wie möglich einen solchen Reaktor für die Technische Hochschule München zu beschaffen.

Das Institut für Physik und Astrophysik war eines der renommiertesten Institute der Max-Planck-Gesellschaft. 1917 in Berlin als Kaiser-Wilhelm-Institut für Physik gegründet, wurde es von seinem ersten Direktor Albert Einstein bis zu seiner Emigration in die USA 1933 geleitet. Bereits 1946 durfte das Institut unter dem Namen Max-Planck-Institut für Physik wieder eröffnet werden, aber nicht in Berlin, sondern in Göttingen. Dort war Nobelpreisträger Werner Heisenberg seitdem Direktor. Er hatte sich immer für München ausgesprochen und lehnte es ab, nach Karlsruhe zu gehen, das neben dem Reaktor auch das Institut für Physik anstrebte. Obwohl Baden-Württemberg für ein neues Institut und den Reaktor mit insgesamt zehn Millionen DM eine Million mehr als Bayern geboten hatte, blieb Heisenberg bei seiner Präferenz für München. Am 11. Oktober 1955 beschloss der Senat der Max-Planck-Gesellschaft daraufhin, das Institut nach München zu verlegen. Am 7. Dezember 1956 wurde das Richtfest für den Neubau in München-Schwabing gefeiert, am 1. September 1958 erfolgte der Umzug von Göttingen nach München. Werner Heisenberg wurde Ordinarius an der Universität München und von 1958 bis 1970 Direktor des Münchner Instituts. Dessen Aktivitäten waren nicht mehr auf die industrienahe Nutzung der Kernspaltung, sondern auf die Grundlagenforschung in der Kernfusion ausgerichtet. (ausführlich dazu Deutinger 2001)

Mit den für die Zukunft besonders bedeutsamen Ansiedlungen der Max-Planck-Institute für Biochemie und für Physik in München wurden die Keimzellen für die spätere Entwicklung der Forschungszentren in Garching und Martinsried gelegt. Darüber hinaus brachte der Zeitraum von 1954 bis 1957 eine wahre Gründungswelle an Max-Planck-Instituten in Bayern: 1954 entstanden das Institut für Verhaltensphysiologie in Seewiesen bei Starnberg (seit 2001 Max-Planck-Institut für Ornithologie), das Institut für Psychiatrie (seit 1998 aufgeteilt in die Institute für Psychiatrie und für Neurobiologie) und das Institut für Zellchemie (seit 1973 im Institut für Biochemie) in München. 1957 folgte das Institut für Eiweiß- und Lederforschung (seit 1973 ebenfalls im Institut für Biochemie).

Ministerpräsident Wilhelm Hoegner hat die Ziele seiner Wissenschaftspolitik im Bayerischen Landtag am 17. Januar 1956 so beschrieben: „Der Förderung der wissenschaftlichen Forschung und Lehre dienen die Errichtung von sechs neuen Lehrstühlen an den bayerischen Hochschulen, die Fortsetzung der Baumaßnahmen an den drei Landesuniversitäten, die bereits eingeleitete Planung für eine Klinikstadt am Stadtrand von München, die auf nachhaltige Bemühungen der Staatsregierung beschlossene Verlegung des von Professor Heisenberg geleiteten Max-Planck-Instituts für Physik und Astrophysik von Göttingen nach München, die Vollendung des Neubaus des Max-Planck-Instituts für Biochemie des Professors Butenandt usw. (…) Eine staatliche bayerische Atomkommission für die friedliche Nutzung der Atomkraft ist auf meine Anregung und unter meinem Vorsitz gebildet und hat ihre Aufgaben bereits begonnen. Ihre Zusammenarbeit mit dem Bundesminister für Atomfragen ist gesichert. (…) Die bayerische Staatsregierung wird keine Kosten scheuen, um die Münchener Hochschulen zum Mittelpunkt der Atomforschung und der Ausbildung von Atomphysikern im Bundesgebiet zu machen." (Stenographischer Bericht, 17. Januar 1956: 1432, 1440)

Mit der Ansiedlung bedeutender Max-Planck-Institute, dem Vorstoß zur Gründung des Wissenschaftsrates im Jahr 1957 und dem sogenannten Rucker-Plan wurde Bayern vom Schlusslicht zum Vorreiter der Forschungspolitik in Deutschland. August Rucker, von 1951 bis 1954 Rektor der Technischen Hochschule München, verdient hier besondere Erwähnung. Er hat als parteiloser Kultusminister im Kabinett Hoegner im Jahr 1956 einen Bedarfsplan entworfen, um der in den fünfziger Jahren verbreiteten Sorge einer „Technologielücke" zu begegnen und den Anschluss an die internationale Entwicklung in Wissenschaft, Technik und Wirtschaft nicht zu verlieren. Ziel des „Rucker-Plans" war es, den wissenschaftlichen Rückstand Bayerns möglichst rasch aufzuholen. „Die weiteste Aufgabe ist nun die, dass wir die technische Bildung in die allgemeine Bildung einbauen." (Rucker, Stenographischer Bericht, 26. April 1956: 2037) Der Plan veranschlagte für die anvisierten zehn Jahre eine deutliche Steigerung des Kultusetats um jährlich 343,3 Millionen DM. Das hätte bei einem Staatsetat von 3,4 Milliarden DM im Jahre 1956 ein Plus von zehn Prozent bedeutet. Näheres zum „Bedarfsplan für die Förderung der wissenschaftlichen Forschung und Lehre und des wissenschaftlichen und technischen Nachwuchses und dessen vorbereitende Ausbildungsstufen in Bayern" ist den Stenographischen Berichten des Bayerischen Landtages vom 5. Juli 1956 (Seite 2380) und vom 8. November 1956 (Seiten 2744 bis 2747 und 2763 bis 2777) zu entnehmen.

Auch wenn der Plan nur in Teilen umgesetzt wurde, wurden seine Grundprinzipien ab Anfang der sechziger Jahre wieder aufgegriffen. Sie haben die weitere

Entwicklung der bayerischen Bildungs- und Wissenschaftspolitik in den Folgejahren erheblich beeinflusst. Dies galt auch bundesweit, wo der Rucker-Plan die Bedarfsfeststellung der Kultusministerkonferenz (KMK) vom 14. März 1963 für die Jahre 1961 bis 1970 auslöste, die gewissermaßen den Auftakt des Planungszeitalters im bundesdeutschen Bildungswesen darstellte. (Lehning 1956)

Die großen Verdienste von Wilhelm Hoegner für die Entwicklung des Freistaats hat Franz Josef Strauß in seiner Rede vom 23. September 1987 zu dessen 100. Geburtstag gewürdigt. Und Edmund Stoiber hat aus Anlass des 25. Todestages von Wilhelm Hoegner am 4. März 2005 festgestellt: „Neben seiner großen Bedeutung als einer der Väter unserer Verfassung hat Wilhelm Hoegner den erfolgreichen Weg vom Agrarstaat zum modernen Bayern mitgestaltet. Nur ein Beispiel: Es war Wilhelm Hoegner, der die Idee zum Bau des sogenannten Atom-Eis in Garching 1957 in unglaublicher Geschwindigkeit umsetzen ließ.“

Hanns Seidel

Ministerpräsident Hanns Seidel hat bereits als bayerischer Wirtschaftsminister von 1947 bis 1954 vor allem die Anwendungsorientierung der Wissenschaft verfolgt, die sich in der Gründung der Fraunhofer-Gesellschaft in München manifestiert hat. In seiner Amtszeit als Ministerpräsident von 1958 bis 1960 hat er das Ziel gesetzt, „das gesamte Bildungswesen auf einen den wachsenden Anforderungen entsprechenden höchsten Stand zu bringen, die besten Einrichtungen für Forschung und Lehre in Naturwissenschaft und Technik zu schaffen und die kaufmännische und technische Ausbildung nach den modernsten Methoden und Vorbildern zu fördern.“ (Regierungserklärung 15. Januar 1959, Stenographischer Bericht: 33)

Hanns Seidel hat die Leistungen seines Amtsvorgängers zur Weiterentwicklung der Forschung auf dem Gebiet der Physik ausdrücklich anerkannt. Er selbst hat eine Reihe von Maßnahmen vor allem zum Ausbau der Hochschulen auf den Weg gebracht (Regierungserklärungen 26. März 1958, Stenographischer Bericht: 4286; 15. Januar 1959, Stenographischer Bericht: 41):

- An der Technischen Hochschule München wurden Neubauten für den Maschinenbau und für die Elektrotechnik mit Gesamtbaukosten von 16 Millionen DM begonnen.
- Der Bau eines neuen Klinikums am südwestlichen Stadtrand sollte der Universität München die modernste Klinikstadt Europas geben.
- Auch in Würzburg und in Erlangen wurden weitere Neubauten der Universitätskliniken und anderer Hochschuleinrichtungen geplant.

– Im fränkischen Raum sollte durch den Zusammenschluss der Hochschule für Wirtschafts- und Sozialwissenschaften Nürnberg mit der Friedrich-Alexander-Universität (FAU) eine neue Hochschuleinheit, die Universität Erlangen-Nürnberg, mit künftig sechs Fakultäten entstehen.

– Zur Förderung des technischen Nachwuchses sollten die höheren technischen Lehranstalten, namentlich das Ohm-Polytechnikum in Nürnberg, ausgebaut werden.

Hanns Ehard

Die Amtszeit von Ministerpräsident Hanns Ehard 1960 bis 1962 war wissenschaftspolitisch vor allem von der Zielsetzung geprägt, den Ausbau der Hochschuleinrichtungen Bayerns nach den Anforderungen der modernen wissenschaftlichen Forschung und Lehre zu fördern. Auch ihm war „die Förderung des technischen Nachwuchses angesichts des gegenwärtigen bedrohlichen Mangels an Nachwuchskräften für ein Kernstück auf dem Gebiete der Kulturpolitik" wichtig. (Regierungserklärung 17. Januar 1962, Stenographischer Bericht: 416 f.)

Herausragend war die Entscheidung, erstmals seit Jahrhunderten wieder eine Universität in Bayern zu errichten. Entsprechend den Empfehlungen des Wissenschaftsrates vom November 1960, an denen Bayern intensiv mitgearbeitet hatte, zielte jetzt auch die Bayerische Staatsregierung auf die Errichtung neuer Hochschuleinrichtungen, um der Forderung nach einer Entlastung der Münchner Hochschulen nachzukommen. Am 23. Dezember 1960 erfolgte die formelle Eingliederung der Nürnberger Hochschule für Wirtschafts- und Sozialwissenschaften als sechste Fakultät in die Universität Erlangen-Nürnberg, wie die Friedrich-Alexander-Universität (FAU) seither heißt.

Im Mai 1962 legte die Staatsregierung dem Landtag die „Denkschrift über den Ausbau und die Neuerrichtung wissenschaftlicher Hochschulen in Bayern" vor. (Kultusminister Theodor Maunz, Stenographischer Bericht, 28. Februar 1962: 3583) Sie betraf die Gründung einer Technischen Hochschule in Nürnberg oder einer Technischen Fakultät an der Universität Erlangen, die Schaffung einer Medizinischen Akademie in Augsburg oder an der Technischen Hochschule in München sowie die Errichtung einer vierten Landesuniversität in Regensburg. Die Entscheidungen folgten rasch: Am 10. Juli 1962 beschloss der Landtag das Gesetz zur Gründung der Universität Regensburg, das am 1. August 1962 in Kraft trat. In der gleichen Sitzung ersuchte er die Staatsregierung, umgehend die Errichtung einer technischen Fakultät an der Universität Erlangen-Nürnberg

und einer medizinischen Akademie in Augsburg in die Wege zu leiten. Das Augsburger Vorhaben wurde nicht vollzogen wegen der Gründung einer zweiten medizinischen Fakultät an der Technischen Hochschule in München im September
1967. Eine eigenständige Universität mit technischer Ausrichtung in Nürnberg
wurde erst fünf Jahrzehnte später beschlossen.

In der Amtszeit von Ministerpräsident Hans Ehard wurde auch der Ausbau
der außeruniversitären Einrichtungen fortgesetzt: Das Institut für Plasmaphysik
(IPP) wurde am 28. Juni 1960 von Werner Heisenberg und der Max-Planck-Gesellschaft gegründet und in Garching angesiedelt. (Boenke 1991) Es gehörte zu
den ersten Einrichtungen überhaupt, die sich neben dem kurz zuvor erbauten
Atom-Ei ansiedelten. Aufgabe des Instituts war und ist die Forschung im Bereich
der Plasmaphysik und den angrenzenden Gebieten zur Bereitstellung der plasma-
physikalischen und technologischen Grundlagen für den Bau eines Fusionsreak-
tors. 1986 wurde der spätere Nobelpreisträger Theodor Hänsch von der Stanford
University an das Institut und zugleich auf einen Lehrstuhl an der Universität
München berufen. Heute arbeiten am Institut rund 700 Mitarbeiter. Das erste
Plasma wird im Jahr 2019 erwartet. Im Kernfusionsreaktor ITER („International
Thermonuclear Experimental Reactor") im südfranzösischen Cadarache könnte
man dann um 2025 ein stabiles, sich selbst heizendes Fusionsplasma demons-
trieren. Falls die Fusionsforschung plangemäß voranschreitet, könnte damit die
Fusionsenergie etwa ab der Mitte des 21. Jahrhunderts wirtschaftlich nutzbar
werden. (IPP 2010)

Von wesentlicher Bedeutung für die Reputation des Wissenschaftsstandortes München war, dass Adolf Butenandt, von 1960 bis 1972 Präsident der
Max-Planck-Gesellschaft, ab Ende 1961 schrittweise bis 1968 die Verlegung des
Präsidialbüros und der Generalverwaltung von Göttingen nach München betrieben hat. Maßgebend war die Nähe zu seinem Institut für Biochemie. Es wurde
realisiert, was Kultusminister Rucker bereits am 31. März 1951 an Ministerpräsident Hoegner geschrieben hatte: „Es darf bemerkt werden, dass mit Heisenberg
auch die zweite führende Persönlichkeit (neben Prof. Butenandt) nach München
kommen würde; leitende Kreise der Max-Planck-Gesellschaft haben angedeutet,
dass damit eine Verlegung des Sitzes der Gesellschaft nach München in den Bereich der Wahrscheinlichkeit rücke." (Deutinger 2001: 49 ff., 139)

Seinerzeit wurde mit der am 1. April 1960 in Neuherberg bei München gegründeten „Versuchs- und Ausbildungsstätte für Strahlenschutz" die Grundlage
für die zweite große Helmholtz-Einrichtung in Bayern gelegt. Sie ist auch aus
der Kernforschung erwachsen und wurde auf Initiative des Bundesatomministeriums geschaffen. Die mit Bundesmitteln von sieben Millionen DM finanzierte

Einrichtung wurde zunächst in die Karlsruher Gesellschaft für Kernforschung eingegliedert. Da sich die Trägerschaft durch Karlsruhe nicht bewährt hatte, übernahm die am 22. Mai 1964 eigens vom Bund gegründete Gesellschaft für Strahlenforschung (GSF) die Forschungs- und Ausbildungsstätte. Der Freistaat hatte jede Kostenübernahme abgelehnt, entsandte aber einen Vertreter in den Verwaltungsrat. Die Einrichtung wurde in drei Institute aufgeteilt: für Biologie, Strahlenschutz und Hämatologie zur Erforschung der Strahlenwirkung auf das blutbildende System. (Deutinger 2001: 154 ff.; Reuter-Boysen 1992) 1970 wurde eine Abteilung für Immunhämatologie angegliedert, die später als Institut für Immunologie verselbständigt wurde. Hier wurde 1975 erstmals in Deutschland eine allogene Knochenmarktransplantation zur Behandlung von Leukämiepatienten vorgenommen. Das Institut für Immunologie siedelte 1988 in das auf dem Campus des Klinikums Großhadern neu errichtete Hämatologikum über, um die Zusammenarbeit mit klinischen Einrichtungen zu vertiefen. Dort wurde es ein Bestandteil des mit der Offensive Zukunft Bayern geförderten Netzwerks zur Biotechnologieforschung.

Alfons Goppel

Ministerpräsident Alfons Goppel hat den Wissenschafts- und Forschungsstandort Bayern in seiner Amtszeit von 1962 bis 1978 kontinuierlich weiterentwickelt. Sein Credo war: „Eine gut gebildete und ausgebildete Jugend, hoch entwickelte Wissenschaften und ergebnisreiche Forschungen sind unentbehrliche Grundlagen auch für den wirtschaftlichen Fortschritt." (Stenographischer Bericht, 22. Juni 1966: 3839) Sein entscheidendes Verdienst für die Wissenschaft war es, die Präsenz der Hochschulen in allen Landesteilen sicherzustellen und damit gleichwertige Bildungschancen in allen Regierungsbezirken zu schaffen.

Das Rückgrat von Wissenschaft und Forschung in Bayern bildeten bis dahin die „klassischen" Universitäten in München, Erlangen und Würzburg, die auf eine lange und erfolgreiche Tradition zurückblicken konnten. Im Süden Bayerns waren dies die Ludwig-Maximilians-Universität in München (LMU), die im Jahr 1472 in Ingolstadt gegründet wurde, 1800 nach Landshut verlagert wurde und 1826 nach München umgezogen ist, sowie die Technische Universität München (TUM), die 1868 als „Königlich-Bayerische Polytechnische Schule zu München" entstanden ist, 1901 das Promotionsrecht erhielt und 1970 von der Technischen Hochschule zur Technischen Universität wurde. In Franken betraf dies die Friedrich-Alexander-Universität Erlangen-Nürnberg (FAU), die 1743 gegründet wurde und seit 1961 auch in Nürnberg beheimatet ist, sowie die Julius-Maximilians-Universität Würzburg (JMU): Mit ihrer Erstgründung im Jahr 1402 ist die 1582 wieder gegründete Alma Mater des Autors die älteste Universität in Bayern und die viertälteste in Deutschland.

Von großer Bedeutung für die Forschung am Standort Bayern weit über die jeweilige Region hinaus wurden nunmehr auch die „jungen" bayerischen Universitäten, die in den sechziger und siebziger Jahren vornehmlich mit dem Ziel geschaffen wurden, „regionale Begabungsreserven" zu heben (so ausdrücklich für Regensburg). Nach der Universität Regensburg, die 1962 noch unter Goppels Vorgänger beschlossen wurde, folgten 1970 die Universität Augsburg, 1972 die Universität Bayreuth, 1978 die Universität Passau und als jüngste (Wieder-) Gründung 1979 die Otto-Friedrich-Universität Bamberg, die auf die Academia Bambergensis von 1674 und die Universitas Ottoniano Fridericiana von 1773 zurückgeht. 1970 wurde die Technische Hochschule München in Technische Universität umbenannt. Neben diesen vom Freistaat Bayern getragenen Universitäten wurden 1973 die Universität der Bundeswehr München in Neubiberg und 1980 die Katholische Universität Eichstätt gegründet, die einzige katholische Universität im deutschen Sprachraum. Sie ist aus der 1972 gegründeten Gesamthochschule hervorgegangen, 2001 wurde ihr Name um Ingolstadt ergänzt. Aus der Amtszeit von Alfons Goppel stammt auch die erste Gründungswelle für Fachhochschulen in Bayern. 1971 wurden die ersten Fachhochschulen geschaffen: in Augsburg, Coburg, München, Nürnberg, Regensburg, Rosenheim, Weihenstephan-Triesdorf und in Würzburg-Schweinfurt. 1974 folgte die Fachhochschule für öffentliche Verwaltung in Hof, 1978 die Fachhochschulen in Kempten und Landshut.

Der Ausbau der Max-Planck-Institute in Bayern wurde in dieser Zeit fortgesetzt. 1973 ging das heutige Max-Planck-Institut für Biochemie (MPIB) in Martinsried aus drei bis dahin unabhängigen Instituten hervor: den Instituten für Biochemie, für Eiweiß- und Lederforschung, und dem Institut für Zellchemie. Das Institut für Biochemie ist heute eines der größten Institute innerhalb der Max-Planck-Gesellschaft. Bei seiner Gründung hatte es 500 Mitarbeiter und verfügte über ein jährliches Budget von 19 Millionen DM. Heute sind es 850 Mitarbeiter mit einem Jahresetat von 49 Millionen Euro.

In den siebziger Jahren kam es auch zum Ausbau der Institute der Fraunhofer-Gesellschaft. Nach der Übernahme der Grundfinanzierung durch den Bund und der Öffnung für Sonderfinanzierungen der Länder begann der Aufstieg der Fraunhofer-Gesellschaft, der Bayern zunächst nur sehr zögerlich zugute gekommen war. Nunmehr sind in Bayern drei Fraunhofer-Institute entstanden: 1971 wurde das das bisherige Max-Planck-Institut für Silikatforschung auf Vor-

schlag der bayerischen Glas- und Keramikindustrie und der Stadt Würzburg
in das Fraunhofer-Institut für Silicat-Forschung (ISC) umgewandelt. 1974 hat
der TU-Professor Ingolf Ruge das Münchner Institut für Festkörpertechnologie
(IFT) gegründet. 1978 kam es ebenfalls in München zum Institut für Verfahrenstechnik und Verpackung (IVV) durch Übernahme des seit 1941 dort bestehenden Instituts für Lebensmittelforschung.

Zur Zeit von Ministerpräsident Goppel nahm auch die Luftfahrtforschung
in Bayern Fahrt auf. Stephan Deutinger hat als Quintessenz festgestellt, dass
in den fünfziger Jahren mit minimalem Kostenaufwand für den Staatshaushalt
lang haltende Strukturen geschaffen werden konnten. Das wichtigste Kapital sei
dabei der zum Kriegsende vorhandene Stand an Einrichtungen von Forschung
und Industrie gewesen. (Deutinger 2001: 178) Erst nachdem 1958 eine bundesweite Regelung der Finanzierung zustande gekommen war, wonach der Bund
drei Viertel der Kosten für die deutsche Luftfahrtforschung übernahm, wurde
auch die Luftfahrtforschung in Bayern mit dem Zentrum Oberpfaffenhofen
sukzessive ausgebaut. Seinen Ursprung hat der Forschungsstandort im „Flug-
funk-Forschungsinstitut Oberpfaffenhofen" (FFO) von 1937. 1955 erfolgte
die Wiedergründung des Forschungsinstituts in Oberpfaffenhofen als „Deutsche Versuchsanstalt für Luftfahrt Süd" (DVL-Süd) mit 30 Mitarbeitern. 1963
wurde die „Flugwissenschaftliche Forschungsanstalt München" (FFM) mit der
DVL-Süd verschmolzen und nach Oberpfaffenhofen verlagert. Im Frühjahr
1969 wurden die drei Gesellschaften „Deutsche Versuchsanstalt für Luft- und
Raumfahrt" (DVL) mit Einrichtungen in Porz, Stuttgart und Oberpfaffenhofen, „Deutsche Forschungsanstalt für Luftfahrt" (DFL) in Braunschweig sowie
die „Aerodynamische Versuchsanstalt" (AVA) in Göttingen aus forschungspolitischen Gründen zur neuen Einheitsgesellschaft „Deutsche Forschungs- und
Versuchsanstalt für Luft- und Raumfahrt" (DVFLR) zusammengeführt mit Sitz
von Vorstand und Zentralverwaltung in Köln. Damals lag die Personalstärke am
Standort Oberpfaffenhofen bei 800 Personen und 100 externen Mitarbeitern.
Heute ist Oberpfaffenhofen mit 1 800 Mitarbeitern der größte Standort des
„Deutschen Zentrums für Luft- und Raumfahrt" (DLR), wie die Forschungsge-
sellschaft seit 1997 heißt.

Franz Josef Strauß

In der Amtszeit von Franz Josef Strauß von 1978 bis 1988 bekam die Innovationspolitik in Bayern einen zusätzlichen Schub. Strauß hatte bereits in den
fünfziger und sechziger Jahren als Bundesminister für Atomfragen, der Verteidi-

gung und der Finanzen über Industriepolitik hinaus auch die Entwicklung von Wissenschaft und Forschung im Freistaat ganz wesentlich geprägt. Dies betraf vor allem die Begründung der damaligen Schlüsseltechnologien von Luft- und Raumfahrt und der Kerntechnik. Mit dem Vorsitz des Aufsichtsrats bei Airbus Industrie sowie weiteren Aufsichtsratsmandaten in diesem Bereich, etwa bei der Deutschen Lufthansa, gelang es ihm in den siebziger Jahren, Bayern als attraktiven Standort für diese Branchen und damit auch für die Forschung zu sichern. Als bayerischer Ministerpräsident hat er den Lufttechnik-Standort Bayern auch über Staatsbeteiligungen so ausgebaut, dass 1983 etwa 50 Prozent der deutschen Luft- und Raumfahrtindustrie ihren Standort im Freistaat hatten. Dies führte letztlich über den Einstieg von Daimler-Benz dazu, dass am 6. September 1989 der mit Abstand größte Luft- und Raumfahrtkonzern Deutschlands, die Deutsche Aerospace AG mit Sitz in Ottobrunn bei München, entstand.

Für Franz Josef Strauß stand die weitere Entwicklung von Wissenschaft und Technik im Vordergrund. So wurde bereits im Aktionsprogramm zur Landtagswahl von 1978 festgehalten: „Um das bisher Erreichte zu sichern und um den Anschluss an die Entwicklung der internationalen Wettbewerbsbedingungen zu gewährleisten, wird eine von der CSU getragene Staatsregierung in der kommenden Legislaturperiode einen besonderen Schwerpunkt in der Technologie- und Investitionspolitik bilden." (Hanns-Seidel-Stiftung 1978) In seiner Regierungserklärung vom 10. Dezember 1986 mit dem Titel „Politik für Bayerns Zukunft" hat Franz Josef Strauß dem Thema „Wissenschaft und Forschung sichern die Zukunft" ein eigenes Kapitel gewidmet. Darin hat er festgestellt, was unverändert auch für die Offensive Zukunft Bayern Geltung hatte:

– „Die Zukunft der nächsten Generationen kann nur gesichert werden, wenn wir im Wettbewerb mit den anderen hochindustrialisierten Staaten und den künftigen wirtschaftlichen Zentren Schritt halten. Die Verantwortung für die Lebens- und Arbeitswelt von morgen verpflichtet uns, den wissenschaftlich-technischen Fortschritt heute nachhaltig zu nutzen und zu fördern."

– „Wir sind auf moderne Wissenschaft und Technik angewiesen, wenn wir eine humane Gestaltung der Arbeitswelt erreichen, menschenwürdige Lebensbedingungen für alle weiterentwickeln und unsere natürliche Umwelt bewahren wollen, wenn wir soziale Sicherheit für das Alter und die Wechselfälle des Lebens gewährleisten und der Jugend den Ausblick in eine liebens- und lebenswerte Zukunft vermitteln wollen."

– „Für die Zukunft Bayerns ist es von entscheidender Bedeutung, dass die Zusammenarbeit zwischen Wissenschaft und Wirtschaft nachhaltig verstärkt wird. Das bedeutet keine Abhängigkeit der Wissenschaft von der Wirtschaft, sondern die Freiheit, in Bereichen zu forschen, für die sonst keine Mittel zur Verfügung stehen."

Diese Zielsetzung manifestierte sich in einer Reihe von wegweisenden Maßnahmen: Die am 1. Januar 1976 am Institut für Plasmaphysik gegründete Projektgruppe der Max-Planck-Gesellschaft für Laserforschung erhielt 1981 den Status eines eigenständigen Instituts für Quantenoptik (MPQ). 1986 bezog dieses Institut ein eigenes Gebäude am Südrand des Forschungsgeländes in Garching. Im gleichen Jahr wurde mit der Berufung von Professor Theodor Hänsch von der Stanford University an das Institut für Quantenoptik und an die Ludwig-Maximilians-Universität eine Abteilung Laser-Spektroskopie etabliert. Auch die Präsenz der Fraunhofer-Gesellschaft in Nordbayern wurde verstärkt. 1988 wurde das Institut für Integrierte Schaltungen (IIS) in Erlangen eröffnet. Es ging aus dem 1985 von der Fraunhofer-Gesellschaft als Arbeitsgruppe übernommenen „Zentrum für Mikroelektronik und Informationstechnik GmbH" hervor, die von Professor Dieter Seitzer mit Unterstützung der mittelfränkischen Wirtschaft im Jahr zuvor gegründet worden war. Die Abteilung für Bauelemente-Technologie wurde 1993 zu einem Bereich des Instituts für Integrierte Schaltungen und Anfang 2003 zum selbständigen Schwester-Institut für Integrierte Systeme und Bauelemente-Technologie (IISB). (Seitzer 2017)

Die Technologie- und Existenzgründungsförderung wurde vor allem von Wirtschaftsminister Anton Jaumann vorangetrieben, „weil neue mittelständische Betriebe das beste Programm für eine Erneuerung wirtschaftlicher Strukturen sind." (Plenarprotokoll 10/94, 11. Dezember 1985: 5824) So wurden bereits 1985 mit dem Innovations- und Gründerzentrum (IGZ) in Erlangen, 1987 mit dem Technologie- und Gründerzentrum (TGZ) in Würzburg und 1988 in München (Technologie- und Gründerzentrum MTZ) Gründerzentren geschaffen, die zu den ersten in Deutschland gehörten und Vorbild für die Offensive Zukunft Bayern wurden.

1988 hat Franz Josef Strauß den Wissenschaftlich-Technischen Beirat (WTB) der bayerischen Staatsregierung ins Leben gerufen, der aus fachlicher Sicht wissenschaftliche und technische Felder aufzeigen sollte, auf denen Bayern in Wirtschaft und Wissenschaft Entwicklungschancen hat. Er setzte sich aus zwölf Personen zusammen, die aus der technischen Forschung, aus den Naturwissenschaften sowie aus Unternehmen mit stark technikbezogenen Branchen kamen. In der Ministerratssitzung vom 26. Juli 1988 wurden die Einrichtung des Beirats und seine Zusammensetzung beschlossen. Die seinerzeitigen Mitglieder wurden noch von Franz Josef Strauß berufen. Der bis 2009 tätige Wissenschaftlich-Technische Beirat sollte eine bedeutsame Rolle insbesondere bei der Vorbereitung der Offensive Zukunft Bayern spielen. Seine Vorsitzenden waren: bis 1993 Professor Nikolaus Fiebiger, 1993 bis 1998 Johann Schäffler, 1998 bis 2004 Hermann Franz und von 2004 bis 2009 Professor Herbert Henzler. Das Beratergremium wurde 2010 durch den Zukunftsrat der Bayerischen Staatsregierung ersetzt, dessen Tätigkeit zum 31. Dezember 2011 ohne Nachfolge endete. 2014 wurde ein neuer Zukunftsrat gegründet, den allerdings nicht die Staatsregierung, sondern die bayerische Wirtschaft eingerichtet hat.

Max Streibl

Ministerpräsident Max Streibl hat in seiner Amtszeit von 1988 bis 1993 die Innovationspolitik von Franz Josef Strauß fortgeführt und dabei wesentliche Einrichtungen für Bayern geschaffen und gesichert. In seiner ersten Regierungserklärung vom 1. Dezember 1988 hat er die entscheidende Bedeutung der Zusammenarbeit von Wissenschaft und Wirtschaft hervorgehoben, damit Bayern seine Spitzenposition als Zentrum der Hochtechnologie, etwa in der Luft- und Raumfahrt oder der Mikroelektronik, in Europa behaupten könne: „Bayern braucht eine zukunftsorientierte Wissenschafts- und Technologiepolitik. (…) Auch künftig werden wir weitere Schwerpunkte bei Forschung und Entwicklung setzen." (Plenarprotokoll 11/77: 5263)

Einer dieser Schwerpunkte war die Gründung der Bayerischen Forschungsstiftung im Jahr 1991. In seiner Regierungserklärung am 13. Dezember 1989 hat Ministerpräsident Streibl dazu festgestellt: „Damit die bayerische Forschungspolitik noch flexibler, schneller und unbürokratischer wird, habe ich die zuständigen Staatsminister beauftragt, eine Forschungsstiftung einzurichten. Sie soll Finanzierungslücken bei wichtigen Forschungsvorhaben schließen und den Technologietransfer vorantreiben. Wir wollen für diese Stiftung auch Erträge aus bayerischen Industriebeteiligungen bereitstellen." (Plenarprotokoll 11/116, 13. Dezember 1989: 7971) Wegweisend für die Offensive Zukunft Bayern war auch das dem Ministerpräsidenten am 25. November 1989 vom Wissenschaftlich-Technischen Beirat vorgelegte Gutachten „Forschung für Bayerns Zukunft". Es hat viele Ansatzpunkte für die Stärkung von Forschung und Entwicklung in Bayern aufgezeigt, unter anderem die Energietechnik, Verkehrssysteme der Zukunft, Biotechnik und Materialien. Einen deutlichen Akzent für die praxisorientierte Ausbildung hat Ministerpräsident Max Streibl mit der Entscheidung gesetzt, 10 000 neue Fachhochschulstudienplätze zu schaffen. 1991 wurden die Standorte für die Errichtung neuer Fachhochschulen oder Fachhochschulein-

richtungen ausgewählt. Der Wissenschaftsrat sollte 1993 über das Konzept entscheiden. Die ersten Fachhochschulen sollten zum Wintersemester 1994/95 den
Lehrbetrieb aufnehmen. (Plenarprotokoll 4. Dezember 1992: 4810)

Auch die außeruniversitäre Forschung wurde während der Amtszeit von Max
Streibl weiter strukturiert. Das Max-Planck-Institut für Physik und Astrophysik
wurde im April 1991 in drei eigenständige Institute aufgeteilt, das Institut für
Physik (MPP), das Institut für Astrophysik (MPA) und das Institut für extraterrestrische Physik (MPE). Seither ist die Max-Planck-Gesellschaft mit vier Instituten und insgesamt fast 1 500 Mitarbeitern in Garching vertreten. Zudem wurden
seinerzeit staatliche Forschungsinstitute eingerichtet. Anfang 1992 hat das Bayerische Zentrum für angewandte Energieforschung (ZAE) mit Sitz in Würzburg
und Standorten in Erlangen und München seine Arbeit aufgenommen. In Augsburg wurde 1991 das Bayerische Institut für Abfallforschung (bifa) gegründet.

Kapitel 2:

Zukunftskonzept

„Diese Offensive Zukunft Bayerns ist ein Zeichen zum Aufbruch ins nächste Jahrtausend. Sie ist ein wichtiger Eckstein für die weitere Entwicklung unseres Landes Bayern." (Stoiber 1994/1)

Um den epochalen Herausforderungen zu begegnen, konnte Bayern nicht auf Projekte und Programme der Bundesregierung warten. Es galt vielmehr, auf der wissenschaftlichen und technologischen Infrastruktur in Bayern aufzubauen, wie sie gerade skizziert wurde. In Zeiten der Globalisierung sind nicht mehr die Nationalstaaten der entscheidende Faktor im internationalen Wettbewerb, sondern die „Regionalstaaten" maßgebende Geschäftseinheiten in der Weltwirtschaft. Ein High-Tech-Investor wird nicht „in Europa" oder „in Deutschland" investieren wollen, sondern in einer Region, die ihm hohe Forschungskompetenz, wirtschaftliche Dynamik, hochqualifizierte Arbeitsplätze und ein investitionsfreundliches Umfeld bietet. Dies hatte der Wirtschaftswissenschaftler Kenichi Ohmae in seinem 1994 erstmals erschienenen Buch „The End of the Nation State" bestätigt. Er hat – durchaus visionär – regional begrenzte Gebiete mit fünf bis 20 Millionen Einwohnern als Hauptmotor des künftigen Wirtschaftswachstums erkannt: „Diese müssen mit den Vorzügen ihrer Infrastruktur, der Exzellenz ihrer Forschungsstätten und der internationalen Kompetenz ihrer Unternehmen werben – und nicht mit den Durchschnittswerten des jeweiligen Nationalstaates". (Ohmae 1996: 123) Der internationale Standortwettbewerb, die Globalisierung der Wirtschaft, das eminente Entwicklungstempo in den Schlüsseltechnologien und die gesellschaftlichen Umbrüche verlangen von der Politik schnelle, flexible und kompetente Antworten. Die dezentralisierte Entscheidungsstruktur einer föderalen Ordnung entspricht genau diesen Anforderungen, wie der Staatsminister für Bundes- und Europaangelegenheiten Reinhold Bocklet seinerzeit festgestellt hat. (Bocklet 1999)

Die zentrale Herausforderung des Jahres 1993 bestand darin, mit den Kompetenzen und Mitteln des Freistaats der Herausforderung von deutscher und europäischer Einheit, Globalisierung und technologischer Revolution zu begegnen und damit die Kontinuität innovativer Regierungspolitik zu sichern.

Wie das Bundesverfassungsgericht festgestellt hat, gehört zu diesem „Hausgut der Länder" die regionale Wirtschafts-, Struktur- und Industriepolitik (BVerfGE 34, 9; BVerfGE 87, 181, 196), aber ebenso die Bildungs-, Forschungs- und die regionale Arbeitsmarkt-, Umwelt- und Sozialpolitik. Das herkömmliche politische Instrumentarium der Planungs-, Haushalts- und Förderpolitik allein wäre der Umbruchsituation freilich nicht gerecht geworden. Mit dem „Aktionsprogramm Standort Bayern 2000" (Innovation und Berufsbildung), „Aktionsprogramm Bayern für mehr Beschäftigung" (Existenzgründungen und Qualifizierung von Arbeitnehmern), „Aktionsprogramm Wissenstransfer" (Technologietransfer im Mittelstand) und „Aktionsprogramm Technikakzeptanz" wurden im Staatshaushalt erste Akzente gesetzt. (Stoiber 1994, Plenarprotokoll 12/127: 8551) Darüber hinaus bedurfte es aber eines neuen politischen Gesamtkonzeptes mit dem Ziel, Beschäftigung und Wohlstand mittels Investitionen und Reformen in Wissenschaft und Technologie nachhaltig zu sichern und dafür einen breiten gesellschaftlichen Konsens zu schaffen. Ein solches Konzept war nur realisierbar, wenn die notwendigen Mittel zur Verfügung standen. Mit dem bloßen Staatshaushalt wäre das nicht zu machen gewesen; es hätte Einschränkungen auf anderen Feldern gefordert und damit die Akzeptanz des Vorhabens in Frage gestellt.

2.1 Politisches Gesamtkonzept

„An der Schwelle des 21. Jahrhunderts, im Zeichen von Globalisierung und Internationalisierung, steht Bayern vor einer Herausforderung der besonderen Art. Wir müssen uns wie nie zuvor für neue Entwicklungen und Anforderungen öffnen. Gleichzeitig müssen wir die kulturellen Werte und die sozialen Anker in unserer Gesellschaft festigen." (Stoiber 1998)

Die Antwort auf die Herausforderungen der wirtschaftlichen Krise und des globalen Strukturwandels hieß Offensive Zukunft Bayern. Sie war nicht als bloße Reaktion auf einen aktuellen Einbruch von Wirtschaft und Beschäftigung konzipiert, sondern als nachhaltige Gestaltung für die Zukunft Bayerns unter den neuen Rahmenbedingungen. Globalisierung und Informationsgesellschaft wurden als eine Entwicklung mit Chancen und Risiken verstanden, die mit Hilfe der technologischen Revolution gemeistert werden sollte. Edmund Stoiber bezog sich dabei auf Bundespräsident Roman Herzog, der dies 1995 auf die einfache Formel gebracht hatte: „Wir müssen im Interesse des Sozialstaats in der technischen Entwicklung immer um zwei Pferdelängen voraus sein." Das Ziel war daher nicht ein klassisches Investitionsprogramm, sondern ein politisches

Gesamtkonzept zur nachhaltigen Zukunftsgestaltung des Landes. Bayern sollte nicht nur wirtschaftlich, sondern auch sozial vorbildlich bleiben und seine Identität bewahren. Die Antwort war daher ein Programm mit Investitionen und Reformen, das sich über mehrere Legislaturperioden erstreckte und in drei Teilen verwirklicht wurde. Die Reformen sollten die Rahmenbedingungen für die Investitionen nachhaltig verbessern: bei den Hochschulen, beim Staatshaushalt, bei der Beschäftigungspolitik und bei der Regionalförderung. Das ehrgeizige Ziel der Offensive Zukunft Bayern war es, ein überzeugendes Konzept zu schaffen, das Bayern in den kommenden Jahrzehnten noch prägt. (Stoiber, Fraktionsvorstand CSU, 20. Juni 1995)

„Wirtschaften heißt, im Dienste des Menschen an die Zukunft denken, Lebensmöglichkeiten für die nächsten Generationen sichern", so hatte es Otto Schedl in einem Interview 30 Jahre früher formuliert. (zitiert in Zeit online, 23. April 1965) Das galt auch für die Wissenschaft, die ebenfalls kein Selbstzweck ist, sondern Grundlage für ein leistungsfähiges, befriedetes und soziales Gemeinwesen. So wurde es bereits im Grundsatzprogramm der CSU von 1968 verstanden: „Die Investitionen für Wissenschaft und Forschung sind Voraussetzung für die Fortentwicklung unserer Gesellschaft. Wissenschaft und Forschung werden nur dann fruchtbar, wenn die Umsetzung ihrer Erkenntnis in politische, wirtschaftliche und kulturelle Entscheidungen gelingt. Die Politik muss der Wirtschaft und Forschung die materiellen und organisatorischen Voraussetzungen schaffen." (Hanns-Seidel-Stiftung 1968) Und nicht viel anders hat es Ministerpräsident Franz Josef Strauß 1986 formuliert. „Wir sind auf moderne Wissenschaft und Technik angewiesen, wenn wir eine humane Gestaltung der Arbeitswelt erreichen, menschenwürdige Lebensbedingungen für alle weiterentwickeln und unsere natürliche Umwelt bewahren wollen, wenn wir soziale Sicherheit für das Alter und die Wechselfälle des Lebens gewährleisten und der Jugend den Ausblick in eine liebens- und lebenswerte Zukunft vermitteln wollen."

In alle diese Felder wurde investiert: Die Offensive Zukunft Bayern erfasste als politisches Gesamtkonzept auch Innovationen für den Sozialstaat (rund eine Milliarde DM), Bildung und Kultur (750 Millionen DM) und Umwelt (675 Millionen DM). Globalisierung und Wissensgesellschaft wurden als Chancen für weiteres Wachstum, mehr Wohlstand und soziale Sicherheit genutzt. Das soziale Anliegen stand im Zentrum der Offensive. Mit der Einrichtung eines Arbeitsmarkt- und Sozialfonds und eines Beschäftigungspaktes mit einem Beschäftigungsprogramm wurde dieses Ziel ebenso verfolgt wie mit dem Ausbau von Kindergärten, Modellen für preiswertes und familiengerechtes Wohnen und dem Wohnungsbau für behinderte Menschen.

Ein Schwerpunkt war die Familienpolitik. Dazu stellte Ministerpräsident Stoiber in der Regierungserklärung vom 29. Oktober 1998 fest: „Zu einer sozialen Gesellschaft gehört vor allem eine Stärkung von Ehe und Familie. Unsere Familien sind das soziale Herzstück jeder Gesellschaft. Kinder sind die Zukunft unserer Gesellschaft und unseres Volkes. Daher müssen wir die Lebensverhältnisse unserer Familien verbessern. Brücken für junge Mütter und Väter zwischen Familie und Beruf schlagen – darin sieht die Staatsregierung die wichtigste Perspektive für eine menschliche Zukunft. Daher wird die Staatsregierung die familienpolitischen Leistungen, die Bayern bietet, von jeglicher Kürzung ausnehmen. Wir wollen ein Forum Bayern Familie einrichten, in dem wir mit Familienverbänden und gesellschaftlichen Gruppen Perspektiven der Familienpolitik für morgen entwickeln. Wir werden ein flexibles und erweitertes Betreuungsangebot für Kinder und Jugendliche anbieten. Neben der Tagesschule, der kind- und familiengerechten Halbtagsschule, der Mittagsbetreuung an den Volksschulen und der Nachmittagsbetreuung für Schülerinnen und Schüler werden wir die Versorgung mit Hortplätzen weiter verbessern. Bereits in den Haushaltsjahren 1999 und 2000 werden wir aus dem Arbeitsmarkt- und Sozialfonds Investitionen für Kinderhorte mit 3,5 Millionen DM fördern." Der Einsatz der Privatisierungserlöse ergänzte dabei die Haushaltmittel für Arbeit und Soziales. Zugleich wurde mit dem ersten bayerischen Sozialbericht von 1999 eine ebenso transparente wie umfassende Bestandsaufnahme der sozialen Situation in Bayern erstellt, der erst zehn Jahre später ein zweiter Bericht zur sozialen Lage in Bayern folgen sollte.

Ein zweiter Schwerpunkt war der Ausbau des Bildungsangebots als Voraussetzung für die notwendige Qualifikation in der Wissensgesellschaft. Dies umfasste das ganze Spektrum von schulischer, betrieblicher und universitärer Aus- und Weiterbildung, von der Ausstattung der Schulen mit Computern bis zur Schaffung einer virtuellen Hochschule, wie später noch aufgezeigt wird. Das kulturelle Erbe Bayerns sollte „als weicher Standortfaktor" auch künftig „ein zusätzlicher Trumpf im Wettbewerb um Arbeitsplätze bleiben." (Stoiber 1996) Beiträge der Offensive Zukunft Bayern zur Förderung der Kultur in Bayern waren vor allem der Kulturfonds mit 300 Millionen DM und der Bau von Museen wie der Pinakothek der Moderne in München oder des Museums für Moderne Kunst in Nürnberg. Diese hat Ministerpräsident Edmund Stoiber in seiner Regierungserklärung vom 30. Juni 1993 noch als „wünschenswert", aber nicht „dringlich notwendig" bezeichnet. (Faltlhauser 2013)

Im Bereich der Ökologie führte Edmund Stoiber die Vorreiterrolle Bayerns fort, die mit der Gründung des ersten Umweltministeriums in Europa 1970 begonnen hatte. Dem Schutz von Natur und Umwelt hat Edmund Stoiber am

19. Juli 1995 eine eigene Regierungserklärung „Umweltinitiative Bayern, kooperativer Umweltschutz, nachhaltige Entwicklung, ökologischer Wohlstand" gewidmet und die von der Rio-Konferenz 1992 ausgehenden Impulse zum Klimaschutz aufgegriffen. „Weder Planwirtschaft noch Kapitalismus gehen so schonend mit unseren Ressourcen um wie die soziale Marktwirtschaft", stellte er damals fest. „Wirtschaftliche Entwicklung und soziale Wohlfahrt müssen sich mit dem dauerhaften Schutz unserer Lebensgrundlagen verbinden." (Stoiber 1996) Der Freistaat unterstützte darin nachdrücklich das Ziel der Bundesregierung, bis 2005 den Kohlendioxid-Ausstoß (CO_2) um mindestens 25 Prozent zu senken. Zur Kerntechnik hatte Ministerpräsident Edmund Stoiber in seiner Regierungserklärung vom 12. Oktober 1999 noch erklärt: „Wir wollen die umweltfreundliche Kernenergie weiter nutzen. Ausstieg aus der Nutzung der Atomenergie bedeutet mehr Belastung der Umwelt durch CO_2 und höhere Strompreise." Die ökologischen Schwerpunkte wurden in der Offensive Zukunft Bayern mit 675 Millionen DM gefördert, darunter die Errichtung eines Landesamtes für Umwelt in Augsburg, die Fortführung des Alpenplans und die gegen erhebliche Widerstände durchgesetzte Erweiterung des Nationalparks Bayerischer Wald. Der am 23. Oktober 1995 von der Staatsregierung mit der bayerischen Wirtschaft abgeschlossene erste deutsche Umweltpakt wurde zuletzt 2015 verlängert; der 1996 mit 340 Millionen DM aus Mitteln der Offensive aufgelegte Umweltfonds bestand bis Ende 2014 und wurde dann in den Etat des Umweltministeriums übertragen.

Oberstes Ziel der Offensive Zukunft Bayern war es, Arbeitsplätze zu schaffen und zu sichern, als Grundlage für Wohlstand und ein erfülltes Leben. Wie ein roter Faden zieht sich dieses Kernanliegen durch alle Regierungserklärungen: Mit der Förderung von Wissenschaft und Technik die Arbeitslosigkeit zu bekämpfen und die Rahmenbedingungen für eine nachhaltige Sicherung der Beschäftigung zu schaffen. Diese Zielsetzung wurde durch die Ergebnisse der von den Ministerpräsidenten Edmund Stoiber und Kurt Biedenkopf eingerichteten Kommission für Zukunftsfragen Bayern/Sachsen von 1996/1997 bestätigt. Auch sie sah in einer konsequenten Modernisierungspolitik unter Bündelung der innovativen Kräfte in Wissenschaft und Wirtschaft den wirtschafts- und beschäftigungspolitischen „Königsweg". Zwar könnten neue Technologien auch Arbeitsplatzverluste bewirken. Über eine Stärkung der Wettbewerbsfähigkeit würden jedoch zumindest die verbleibenden Arbeitsplätze gesichert. Die Alternative wäre, sich vom technologischen Fortschritt abzuschotten und auf Low-Tech zu setzen. Die Folgen für ein rohstoffarmes, exportabhängiges Hochlohnland wie Bayern wären schlichtweg verheerend, nicht nur für den Arbeitsmarkt. „Nach Ansicht

der Kommission sind Struktur- und Systeminnovationen auf breiter Front erforderlich, damit die deutsche Wirtschaft im globalen Wettbewerb mithalten und
den Übergang von der Industrie- zur Wissensgesellschaft erfolgreich bewältigen
kann. Dabei geht es um gesellschaftliche und soziokulturelle Innovationen ebenso wie um betriebliche Organisationsinnovationen, Finanzierungsinnovationen
und Innovationen in der Personalführung. Größte Bedeutung bei der Lösung der
Beschäftigungsprobleme misst die Kommission Produkt- und Dienstleistungsin-
novationen bei. Dazu müssen die Chancen neuer Technologien für die Schaffung
neuer Wertschöpfungsketten offensiv genutzt werden." (Zukunftskommission
Bayern/Sachsen 1997)

Mit den innovativen Anstößen der Offensive Zukunft Bayern sollten „Arbeitsplätze quer durch alle Wirtschaftsbereiche und für alle Qualifikationen"
geschaffen werden. Die ethische Begründung dafür wurde bereits in der Regierungserklärung von 1993 gegeben: „Denn Arbeit ist nicht nur Beschäftigung, sie
ist Grundlage materieller Unabhängigkeit und freier Lebensgestaltung, sie bietet Möglichkeiten der Selbstentfaltung und Sinnerfüllung." Bayern sollte auch
in der Globalisierung eine soziale Gesellschaft bleiben: „Ohne wirtschaftliches
Wachstum in Bayern werden wir neue Arbeitsplätze nicht in der erforderlichen
Weise schaffen. Daher müssen wir die durch die Globalisierung und den Strukturwandel gebotenen enormen Chancen nutzen. Nur wenn wir uns im globalen Wettbewerb behaupten können, können wir Wohlstand, unseren sozialen
Standard, unsere soziale Sicherheit erhalten und die Arbeitsplätze von morgen
sichern." (Stoiber 1999)

2.2 Gesellschaftlicher Konsens

*„Wenn wir diesen rasanten Wandel ohne größere Verwerfungen bestehen wollen,
brauchen wir eine Konsensgesellschaft."* (Stoiber 1994/2)

Der im Zuge der Globalisierung entstehenden Informations- und Wissensgesellschaft sollte nicht durch Konfrontation und Spaltung der Gesellschaft begegnet
werden, sondern durch einen Grundkonsens in Politik und Gesellschaft. Dieser war notwendig, um die Bereitschaft in der Bevölkerung zu mobilisieren, die
Globalisierung als Chance zu nutzen und dafür auch Veränderungen in Kauf zu
nehmen. „Darüber müssen wir einen möglichst breiten gesellschaftlichen Konsens finden." (Stoiber 1993)

Die Herausforderungen konnten nur als gesamtgesellschaftlicher Kraftakt gelingen. Daher musste Konsens erzielt werden mit den maßgebenden gesellschaft-

lichen Gruppierungen, in allen Regionen und mit allen Generationen. Bei aller Diskrepanz in anderen politischen Positionen, in dieser zentralen Frage für die Zukunft Bayerns war eine Übereinstimmung Voraussetzung. Dies konnte nur gelingen mit einer Politik, die für die notwendige Akzeptanz des Wandels sorgte. Dementsprechend wurden Bürgernetzwerke gegründet, die Gewerkschaften in eine kooperative Beschäftigungspolitik eingebunden und alle regionalen Akteure in das dezentrale Regionalkonzept. Auch sollte die Opposition gewonnen werden, diesen Strukturwandel mitzutragen und möglichst zu unterstützen.

Dabei bestand bereits ein grundsätzlicher Konsens über die Notwendigkeit, den technischen Fortschritt zu nutzen. Bereits 1988 hatte Karl Heinz Hiersemann als Vorsitzender der Landtagsfraktion der SPD erklärt: „Technischer Fortschritt und die Entwicklung und Anwendung neuer, intelligenterer Technologien sind unabdingbare Voraussetzung für wirtschaftliche Wettbewerbsfähigkeit, für die Erhaltung der Umwelt und die Reparatur von Umweltschäden und die Erhaltung des erreichten sozialen Standards." (Plenarprotokoll 11/77, 1. Dezember 1988: 5277) Und vier Jahre später forderte Oppositionsführer Albert Schmid: „Wir benötigen ein integriertes Standortkonzept für Forschungs- und Entwicklungspolitik, für Technologietransfer und Unternehmensansiedlungen." (Plenarprotokoll 12/72, 4. Dezember 1992: 4820 f.)

Auch in der Aussprache zur Regierungserklärung am 30. Juni 1993 stimmte die SPD der Konzentration der Förderung auf einige wenige Technologiebereiche zu. Sie hob die Notwendigkeit einer „vorausschauenden Industriepolitik" hervor, die benennt, „was wir für die Zukunft erwarten, wo wir einen gesellschaftlichen Bedarf sehen und Chancen für Innovationen." (Albert Schmid, Plenarprotokoll 12/95, 30. Juni 1993: 6357) Zwei Jahre später vermisste sie allerdings eine „klare Zielformulierung" der Privatisierungspolitik für die Vollbeschäftigung: „Eine bloße High-Tech- und Dienstleistungsstruktur in Bayern sichert diese Vollbeschäftigung nicht." Es müsse auch der Übergang der Altindustrien ins 21. Jahrhundert gesichert sein. (Plenarprotokoll 12/137, 27. Juli 1994: 9386) In der Aussprache zur zweiten Tranche der Privatisierung im Mai 1996 verschärfte sich der Ton: Es war von einer „Verschleuderung von Volksvermögen" die Rede, und davon, dass der Einsatz der Mittel nicht den Kriterien genüge, der Zukunftsfähigkeit der Menschen in Bayern zu dienen. (Renate Schmidt, Plenarprotokoll 13/48: 3345)

Erst die High-Tech-Offensive brachte den Konsens. Am 10. Dezember 1998 wurde der Autor von der Oppositionsführerin, Renate Schmidt, zur Klausurtagung der SPD-Fraktion am 13. Januar 1999 in Kloster Irsee eingeladen. Gewünscht war ein Vortrag mit anschließender Diskussion zum Thema „Bayerische High-Tech-Offensive – Impulse für die Regionen". Es war eine Premiere, dass der Amtschef der Staatskanzlei gebeten wurde, die Regierungspolitik vor der Oppositionsfraktion zu erläutern. Der Autor hat den Termin gerne wahr genommen, da er ihm Gelegenheit gab, auch seine persönliche Überzeugung von der beschäftigungs- und regionalpolitischen Zielsetzung dieser Offensive vor eher kritisch eingestellten Parlamentariern darzulegen und für einen politischen Konsens zu werben.

Ausgangspunkt der Ausführungen war die Forderung von Renate Schmidt anlässlich der Aussprache zur Regierungserklärung zur High-Tech-Offensive am 29. Oktober 1998, die Offensive müsse sich vor allem mit den benachteiligten Regionen Bayerns befassen und kleine und mittelständische Unternehmen ausreichend berücksichtigen. Der Autor konnte klarstellen, dass gerade Arbeitsplätze im Mittelstand Oberziel der Offensive waren. Durch Wissenstransfer sollten zukunftsorientierte neue Arbeitsplätze und Unternehmen geschaffen und bestehende Arbeitsplätze und Unternehmen zukunftsfest gemacht werden. Damit sei die High-Tech-Offensive nicht nur eine konsequente Fortsetzung der Offensive Zukunft Bayern, sondern auch ein Bestandteil des Beschäftigungspaktes Bayern, in dessen Beschäftigungsprogramm bereits eine Innovations- und eine Existenzgründungsinitiative vorgesehen waren. Deshalb hätten sich auch die Gewerkschaften an der Ausgestaltung der Offensive von Anfang an beteiligt, insbesondere bei der Infrastruktur – zum Beispiel bei Technologie-Beratungsstellen für Arbeitnehmer – und bei den Regionalkonzepten.

Der Autor hat auch deutlich gemacht, dass eine High-Tech-Offensive mit Regionen erster und zweiter Klasse nicht hinnehmbar wäre. Am Beispiel Frankens hat er die regionalen Impulse durch die High-Tech-Offensive exemplarisch aufgezeigt. Dies betraf das Medical Valley in Erlangen und Forchheim, ergänzt durch das Forum „Medizintechnik und Pharma" in Nürnberg, die Technologieachse für Biomedizin von Würzburg über Bayreuth nach Erlangen-Nürnberg und das Kompetenzzentrum „Neue Werkstoffe" im Verbund von Bamberg, Bayreuth, Nürnberg und Würzburg. Als weitere Schwerpunkte nannte er die Wirtschaftsinformatik im Verbund derselben Orte einschließlich Regensburg, die Informations- und Kommunikationstechnik mit einem Kompetenzzentrum Netzzugangs-Technik und dem Studiengang Multimedia in Nürnberg und dem Projekt „Regio Sign Card" des Städteverbundes Nürnberg/Fürth/Erlangen/ Schwabach/Bayreuth.

Kernaussage des Vortrags war, dass die High-Tech-Offensive ein besonderes Instrument der Beschäftigungs- und Infrastrukturförderung im Rahmen der Globalisierung darstellt, als zusätzlicher Ansatz mit einer Innovationskette von der Wissenschaft in die Wirtschaft. Sie sollte die wissenschaftlichen Stärken Bayerns zugleich stärken und öffnen für die Wirtschaft, vor allem den Mittelstand und das Handwerk, damit neue Produkte, Unternehmen und Märkte und dadurch neue Arbeitsplätze entstehen. Dies entsprach der Forderung nach einer Innovationskette, die auch der Genfer Professor Dennis Tsichiritzis in seiner Studie „Technologische Innovation und neue Arbeitsplätze" vom September 1998 im Auftrag der Friedrich-Ebert-Stiftung aufgestellt hatte. Er hatte bei seinem Fazit ausdrücklich die Offensive Zukunft Bayern genannt und festgestellt: „Eine moderne Forschungspolitik muss Forschung, Kapitalbereitstellung, Qualifizierung und Gründungshilfen intelligent vernetzen und Chancen kommunizieren. Dann können junge, innovative Technologieunternehmen zum entscheidenden Wachstumsfaktor für neue Arbeitsplätze in Deutschland werden." (Tsichiritzis 1998)

Vor der Klausurtagung hatte der wirtschaftspolitische Sprecher der SPD-Landtagsfraktion, Heinz Kaiser, die High-Tech-Offensive noch als „leeres Wortgeklingel" bezeichnet. Nach den Erläuterungen des Autors war ein Grundkonsens zwischen Staatsregierung und der Opposition festzustellen. „Wir begrüßen die High-Tech-Offensive grundsätzlich", stellte Heinz Kaiser nunmehr fest. Die SPD-Fraktion kündigte an, die Offensive kritisch und konstruktiv zu begleiten. Zweifel blieben lediglich, ob diese Offensive das Wirtschaftsgefälle zwischen den Regionen in Bayern beseitigen könne. (Süddeutsche Zeitung, 14. Januar 1999, „Bayern als europäisches Silicon Valley")

Neun Monate später hat die SPD-Fraktion im Bayerischen Landtag der High-Tech-Offensive zugestimmt und gemeinsam mit der CSU-Fraktion am 12. Oktober 1999 beschlossen: „Die Konzeption der Staatsregierung für die High-Tech-Offensive, mit der entscheidende Impulse zur Steigerung der Attraktivität unseres Standorts und damit zur Schaffung von Arbeitsplätzen gesetzt werden und der Vorsprung Bayerns gegenüber anderen Ländern weiter ausgebaut wird, wird begrüßt. Die detaillierte Festlegung der einzelnen Maßnahmen und Projekte sowie die genaue Zuteilung des Mittelvolumens werden Gegenstand der Ausschussberatungen im Landtag sein." (LT-Drs. 14/1815) Kritik gab es nur am Rande: „Nach dem Personalwechsel in der Spitze der Ministerialbürokratie der Staatskanzlei hielten plötzlich Bürokratie und das Pochen auf Formalien bei der Betreuung der Regionalkonzepte Einzug, wo vorher Offenheit gegenüber Neuem und gegenüber allen Beteiligten in den Regionen herrschte." (Renate Schmidt, Plenarprotokoll 14/27, 12. Oktober 1999: 1671) Lediglich die Fraktion der Grünen hat die Offensive abgelehnt. Heinz Kaiser lobte ein Jahr später ausdrücklich die High-Tech-Offensive der Staatsregierung, weil dort erstmals regionale Aspekte einbezogen wurden. Zur Stärkung der regionalpolitischen Akzente der Förderprogramme forderte die SPD die Einrichtung von Technologiebeauftragten bei den Bezirksregierungen. (Main Post, 7. November 2000)

2.3 Schwerpunkt Innovationspolitik

„Die Informations- und Kommunikationstechnologie, die Bio- und Gentechnologie, die Umwelttechnik, neue Werkstoffe und die Mechatronik sind die Technologien der Zukunft, die möglicherweise morgen oder übermorgen traditionelle Wachstumsträger, wie zum Beispiel die Metall- oder Automobilindustrie, ablösen können". (Stoiber 1999)

Wissenschaft und Forschung haben in Bayern schon immer eine wichtige politische Rolle gespielt, wie die oben dargestellte historische Entwicklung zeigt. Aber erst mit der Offensive Zukunft Bayern wurden sie zum dominierenden Politikfeld. Ausgangspunkt war die Erkenntnis, dass Arbeitsplätze und soziale Sicherheit von der Leistungsfähigkeit von Forschung, Wissenschaft und Technologie abhängen. (Stoiber 1994/1) Die „enormen Chancen" der Globalisierung und der neuen Wissensgesellschaft sollten genutzt werden. „Bayern mit seiner vielfältigen Hochschullandschaft verfügt über mehrere Zentren von herausragender wissenschaftlich-technologischer Kompetenz. Jeder bayerische Hochschulstandort hat spezifische Stärken in den Schlüsseltechnologien der Zukunft (…) Auf diesen Stärken wollen wir aufbauen." (Stoiber 1999)

Daher zielte die Offensive Zukunft Bayern auf Zukunftstechnologien nach dem Vorbild des Silicon Valley. Es ging nicht darum, die klassischen Schlüsselbranchen in Bayern wie die Metall-, Elektro- und Automobilindustrie einfach weiter zu fördern. Vielmehr sollten die Schlüsseltechnologien der Zukunft ausgebaut werden, die dann auch für die Weiterentwicklung der Schlüsselbranchen Automobil- und Maschinenbau von entscheidender Bedeutung wurden.

Auf der Grundlage der Erkenntnisse des Wissenschaftlich-Technischen Beirats und der für die High-Tech-Offensive beauftragten Gutachter hat sich die Offensive Zukunft Bayern für eine klare Konzentration der Technologiepolitik auf zwei Leittechnologien entschieden. „Zwei Leittechnologien werden auf absehbare Zeit unser Leben im nächsten Jahrhundert prägen, die Bio- und Gentechnologie, die in vielen Anwendungsfeldern die Chemie und die Medizin revolutioniert, und die Informations- und Kommunikationstechnologie, die in vielen Lebensbereichen andere Techniken ablöst." (Stoiber 1998) Daneben standen die Umwelttechnik, neue Materialien und die Mechatronik. Darüber hinaus wurden in den ersten beiden Tranchen der Offensive auch die Mikro- und Leistungselektronik, die Luft- und Raumfahrttechnik und die Energietechnik gefördert. Im Regionalkonzept der High-Tech-Offensive wurden dort, wo Bayern regionale Stärken hat, auch weitere Technologien bedacht. Das betraf vor allem die Verfahrens- und Messtechnik, Design, Bauchemie, Klimaforschung, Ernährung, Keramik-, Glas-, Textil- und Kunststofftechnologie, Verkehr und Laseroptik. Für alle Technologiebereiche galt, sie nicht isoliert, sondern interdisziplinär zu entwickeln. Mit der Festlegung von Förderprioritäten war eine gezielte Steuerung sowohl der Wissenschaft als auch der Wirtschaft in Bayern verbunden. Die Staatsregierung hat vorgegeben, welche Technologiebereiche künftig wachsen sollten. Mit der Konzentration des Mitteleinsatzes auf Zukunftstechnologien war durchaus ein hohes politisches und finanzielles Risiko verbunden. Ministerpräsident Stoiber hat das in der Regierungserklärung vom 12. Oktober 1999 selbst zum Ausdruck gebracht: „Wir sind uns bewusst, dass wir damit Neuland, dass wir damit experimentelles Terrain betreten. Wir sind uns auch bewusst, dass wir damit das eine oder andere größere Risiko eingehen. Aber wer Risiken scheut, der nutzt auch gebotene Chancen nicht. Wenn wir unser Land nach vorne bringen wollen, müssen wir auch den Mut haben, Wagnisse einzugehen."

Die weitere Entwicklung von Wissenschaft und Wirtschaft in Bayern hat bestätigt, dass die damals getroffene Prioritätensetzung richtig war. Die seinerzeitigen Schwerpunkte bestimmen heute die technologische und wirtschaftliche Entwicklung in Bayern. Paradebeispiel dafür ist die Informations- und Kommunikationstechnologie. Sie ist die Schlüsseltechnologie des 21. Jahrhunderts. Sie treibt die Digitalisierung von Wirtschaft und Gesellschaft voran und leistet als Querschnittstechnologie einen entscheidenden Beitrag zur Wertschöpfung in unterschiedlichsten Anwendungsbereichen. Mit der Mechatronik „als Integration von Maschinenbau, Elektrotechnik und Informationstechnik zur Schaffung intelligent gesteuerter Systeme und Maschinen" (Stoiber 1998) ist sie die Grundlage für die Industrie 4.0.

Mit 7,5 Milliarden DM entfielen rund 80 Prozent aller Investitionen der Offensive Zukunft Bayern auf die Förderung von Wissenschaft und Technik. Der finanzielle Schwerpunkt lag dabei auf den beiden Leittechnologien Lebenswissenschaften mit 1,313 Milliarden DM (einschließlich der Universitätskliniken) und der Informations- und Kommunikationstechnik mit 450 Millionen DM. Auf die Materialtechnik entfielen 328 Millionen DM, die Umwelttechnik 258 Millionen DM und die Mechatronik 81 Millionen DM. Diese Zahlen betreffen nur die direkten Investitionen. Disziplinübergreifende Einrichtungen und Förderungen bleiben ebenso außer Betracht wie Gründerzentren und das brei-

te Spektrum des Regionalkonzepts. Auch die erheblichen Finanzierungsbeiträge
Dritter sind dabei nicht erfasst.

Die Investitionen der Offensive wurden in drei Tranchen realisiert. Ihre Ausgestaltung, Bedeutung und Entwicklung werden in Kapitel vier näher dargestellt.
Im nachfolgenden Überblick werden ihre wesentlichen Schwerpunkte nur sum-
marisch aufgeführt.

Offensive I

Bei der Offensive I von 1994 flossen mit 3,230 Milliarden DM 87 Prozent des
Gesamtvolumens von 3,555 Milliarden DM in 28 Vorhaben von Wissenschaft,
Forschung und Technologietransfer. Schwerpunkte der Förderung von Wissenschaft und Technik waren
- die universitäre Forschung (Neutronenquelle, Ausbau Maschinenbau) in Garching und Erlangen, Materialtechnik in Augsburg, Naturwissenschaften in
  Bayreuth, Molekularbiologie in Erlangen und Chirurgie in Würzburg sowie
  ein Lehrstuhlerneuerungsprogramm,
- die außeruniversitäre Forschung (neue Fachhochschulen, Fraunhofer-Institute für Mikroelektronik in Erlangen und München, Pilotprojekte für Verkehrstechnik, Luft- und Raumfahrt, Kommunikationstechnik und Biomasse,
  Bayern Online I und Forschungsverbünde),
- Technologietransfer, Unternehmensgründungen und Qualifizierung (Bayern
  Innovativ, Gründerzentren in allen Regierungsbezirken, für Biotechnologie
  und Umwelttechnik in Martinsried und Augsburg, Technologiepark Nürn-
  berg/Erlangen/Fürth und Bayern Kapital in Landshut, Modernisierung von
  Berufsbildungseinrichtungen und Bayerischer Meisterpreis) und
- die Internationalisierung und Markterschließung mit der Gründung von
  Bayern International und der Neuen Messe München (heute: Messe München).

Der Löwenanteil der direkten Förderung entfiel bei der Offensive I noch auf die
„klassischen" Disziplinen der Naturwissenschaften (545 Millionen DM) und des
Maschinenbaus (430 Millionen DM). Weitere Schwerpunkte waren die Umwelttechnik (230 Millionen DM), die Life Sciences (223 Millionen DM), die
Informations- und Kommunikationstechnik (100 Millionen DM), die Materialtechnik (85 Millionen DM), die Mikroelektronik (50 Millionen DM) sowie die
Luft- und Raumfahrt und die Verkehrstechnik (je 30 Millionen DM).

Offensive II

In der Offensive II von 1996 wurden wesentliche Reformen, wie die kooperative Beschäftigungspolitik, die Hochschulreform und die nachhaltige Stabilisierung des Staatshaushalts angekündigt. Von den Gesamtinvestitionen von 2,587 Milliarden DM der zweiten Tranche entfielen mit 1,511 Milliarden DM rund 58 Prozent auf Wissenschaft und Technik, davon 290 Millionen Euro auf den Hochschulbau. Schwerpunkt der Investitionen waren die Maßnahmen zur Bekämpfung der Arbeitslosigkeit mit 1,221 Milliarden DM mit dem Beschäftigungspakt Bayern und dem mit 400 Millionen DM dotierten Arbeitsmarkt- und Sozialfonds. Die 18 Vorhaben für Wissenschaft, Forschung und Technologie betrafen

— den Hochschulbereich (Universitätskliniken in Erlangen-Nürnberg, Würzburg und Regensburg, Kompetenzzentrum Umwelttechnik und Neue Materialien in Augsburg, Zentrum Allergie und Umwelt der TU München sowie Fonds Hochschule International und Hochschule für Fernsehen und Film in München),

— außeruniversitäre Einrichtungen (Zentralverwaltung der Fraunhofer-Gesellschaft in München, Max-Planck-Institut für Molekulare Medizin in Martinsried, Leibniz-Höchstleistungsrechner in Garching),

— den Technologietransfer und die Telekommunikation (Landesamt für Umwelt in Augsburg, Bayern Online II, Projekte der Luft- und Raumfahrt, Logistik-Zentrum Prien, Innova High-Tech-Park in Kaufbeuren, Projekt Technologie- und Umweltschutz, Kompetenzzentren Verkehrs- und Medizintechnik Nürnberg/Erlangen/Fürth, Technologiepark Mittelfranken),

— sowie Unternehmensgründungen (Kapitalbeteiligungsgesellschaft für den Mittelstand in Landshut).

Nach Technologiebereichen ergibt sich in der Offensive II folgende Verteilung der Fördermittel: 400 Millionen DM für Life Sciences, 45 Millionen DM für Information und Kommunikation, 40 Millionen DM für Verkehrstechnik und 30 Millionen DM für Luft- und Raumfahrt.

Offensive III (High-Tech-Offensive)

Das Gesamtvolumen der High-Tech-Offensive von 1998/1999 als dritter Tranche der Offensive Zukunft Bayern belief sich auf 2,655 Milliarden DM, davon wurden mit 2,306 Millionen DM rund 87 Prozent für Wissenschaft, Forschung und Technologietransfer eingesetzt. Mit insgesamt 274 Projekten, davon

200 im Regionalkonzept, war dieses Programm am breitesten angelegt. Die High-Tech-Offensive war in vier Säulen gegliedert: Die erste betraf den Aufbau und Ausbau von High-Tech-Zentren von Weltrang (1,3 Milliarden DM), die zweite die Entwicklung regionaler High-Tech-Konzepte (357 Millionen DM), Säule drei die Optimierung der Technologieinfrastruktur (530 Millionen DM) und die vierte Säule die Internationalisierung von Forschung und Technologie (128 Millionen DM):

— High-Tech-Zentren von Weltrang mit Technologienetzwerken wurden in den Bereichen der Informations- und Kommunikationstechnik, der Bio- und der Gentechnologie, der Medizin- und der Umwelttechnik sowie in den Querschnittstechnologien Neue Materialien und Mechatronik gefördert. Der Großteil entfiel auf Life Sciences mit dem Netzwerk BioMed Tech in Würzburg/Erlangen/Bayreuth, der Bio-Regio Regensburg, der „grünen", auf Pflanzen bezogenen, Biotechnologie in Weihenstephan/Straubing sowie der „roten", auf den Menschen bezogenen, Biotechnologie in Martinsried (690 Millionen DM). Die Informations- und Kommunikationstechnik umfasste die Software Offensive, das Forschungsnetz Nordbayern, die Bioinformatik in Würzburg sowie die Kompetenzzentren in Passau, Nürnberg, Garching und Augsburg (254 Millionen DM). Der Ausbau der neuen Werkstoffe betraf das Forschungsnetzwerk Bayreuth/Erlangen/Würzburg, das Anwenderzentrum an der Neutronenquelle und das Anwenderzentrum Augsburg (223 Millionen DM). In Augsburg wurde auch in die Umwelttechnik investiert, insbesondere in ein Bayerisches Institut für Umwelttechnik, ein Wissenschaftszentrum für Umwelttechnik und ein umwelttechnologisches Gründerzentrum (58 Millionen DM). Die Mechatronik wurde mit dem Kompetenznetzwerk für Mechatronik in Augsburg, Erlangen und Oberpfaffenhofen bedacht, hinzu kam das Bayerische Institut für Intelligentes Energiemanagement in Nürnberg (81 Millionen DM).

— Aus dem Regionalkonzept sind 50 Millionen DM für jeden Regierungsbezirk sowie insgesamt sieben Millionen DM für professionelle Beratung und Controlling geflossen. Hier wurden neben den in der ersten Säule geförderten Leittechnologien auch Innovationen in den klassischen Technikbereichen wie Energietechnik, Luft- und Raumfahrt oder Glas, Keramik, Kunststoff und Textil gefördert.

— Für die Optimierung der Technologieinfrastruktur einschließlich der Gründerzentren wurde ein landesweites Programm zur Qualifizierung, Unternehmensgründung und für die technologische Infrastruktur aufgelegt, um High-Tech-Kompetenz und Unternehmensgründungen zu erleichtern und zu unterstützen. Inhalte waren insbesondere ein weiterer Einsatz von Informations- und Kommunikationstechnik an den Schulen zusätzlich zu den Mitteln der Offensive I, eine Qualifizierungsoffensive in der Informations- und Kommunikationstechnik für Unternehmer und Arbeitnehmer sowie ein virtueller Campus einschließlich einer virtuellen Hochschule in Hof. Investitionen in die Infrastruktur für Information und Kommunikation betrafen den Anschluss von Fachhochschulen, Gewerbegebieten und Gründerzentren an Hochgeschwindigkeitsnetze, ein Förderprogramm für Informations- und Kommunikationstechnik sowie die Förderung von Call-Centern. Ein Konzept für Unternehmensgründer umfasste weitere Businessplan-Wettbewerbe, das Programm FLÜGGE für Gründer aus Hochschulen, Coaching- und Qualifizierungsmaßnahmen, ein Gründernetzwerk Bayern, ein neues Konzept für Hochschulpatente und eine Aufstockung der mit der Offensive I gegründeten Gesellschaft Bayern Kapital. Darüber hinaus wurden ein Forschungsprogramm für die Luftfahrt, Investitionen in neue Energietechnologien, ein Forschungszentrum für Sportwissenschaften und die Zuführung weiterer Mittel an die Bayerische Forschungsstiftung beschlossen.

— Der mit 128 Millionen DM dotierte vierte Baustein zielte auf die Internationalisierung von Wissenschaft und Wirtschaft in Bayern. Das galt gleichermaßen für die Öffnung der Hochschulen wie für die weltweite Ansiedlungswerbung für den High-Tech-Standort Bayern und eine Exportoffensive zugunsten des Mittelstandes und des Handwerks in ganz Bayern. Zur Internationalisierung der bayerischen Hochschulen wurde an der Universität Passau ein Zentrum für internationale Beziehungen geschaffen. Neben dem bayerisch-französischen Hochschulzentrum in München wurde in Erlangen auch ein bayerisch-kalifornisches Hochschulzentrum eingerichtet. Der Fonds „Hochschule International" wurde aufgestockt und dabei auch ein Stipendienprogramm für Studienaufenthalte besonders begabter bayerischer Studenten geschaffen. Ein in Lindau gegründetes internationales Fachhochschulinstitut wurde von 2001 bis 2005 betrieben. Auch die Technologiepartnerschaften Bayerns mit führenden High-Tech-Standorten wie Kalifornien, Québec und Sophia Antipolis in Frankreich wurden weiter ausgebaut. Für die bayerische Außenwirtschaft wurden das Netz an Auslandsbüros von Bayern International erweitert und in Nürnberg ein Außenwirtschaftszentrum Bayern der Industrie- und Handelskammern eingerichtet.

Kapitel 3:

Neuer Politikansatz

Ein derartiges Gesamtkonzept konnte nicht im üblichen ministeriellen Verfahrensgang der Kompilation von Ressortbeiträgen erstellt werden. Es bedurfte einer starken zentralen Zielvorgabe und Steuerung, um auch neuartige politische Instrumente einzusetzen. Deren Eckpfeiler waren politische Innovationen in der Beteiligungs-, Haushalts-, Technologie-, Beschäftigungs- und Regionalpolitik.

3.1 Reformzentrale Staatskanzlei

„Immer mehr werde ich dazu aufgefordert – auch aus diesem Hause –, Einzelfälle zur Chefsache zu machen und sie selbst in der Staatskanzlei zu erledigen. Oft höre ich, gerade aus Ihren Reihen: Das muß der Ministerpräsident zur Chefsache machen." (Stoiber 1994/2)

Die Offensive Zukunft Bayern war Chefsache. Michael Reithmeier beschreibt in seinem Beitrag „Landesvater oder Alleinherrscher" zutreffend den unterschiedlichen Regierungsstil bayerischer Ministerpräsidenten. (Glaab 2013: 100 ff.) Als prägendes Merkmal für den Führungsstil von Edmund Stoiber nennt er die zentrale Rolle der Beamten in seinem engsten Umfeld, mit denen er einen diskursiven Führungsstil pflegte. Das Amtsverständnis Edmund Stoibers beschreibt er als dynamischen Modernisierer, als Manager der „Bayern AG", was seinen deutlichsten Ausdruck in den Programmen der Offensive Zukunft Bayern und der High-Tech-Offensive gefunden habe.

Die Effizienz in der Vorbereitung und Umsetzung der Offensive Zukunft Bayern beruhte auf der Bündelung der Kräfte in der Staatskanzlei und in der Bereitschaft der verantwortlichen Ressortminister, vor allem Wissenschaftsminister Hans Zehetmair und Wirtschaftsminister Otto Wiesheu, sich und ihre Ressorts engagiert und konstruktiv einzubringen. Das Kabinett – allesamt starke Persönlichkeiten und fachliche wie politische Schwergewichte – war in Aufbruchsstimmung und wollte wieder kraftvoll in die Zukunft geführt werden.

Der Offensive Zukunft Bayern kam zugute, dass in der Staatskanzlei seinerzeit wesentliche Kompetenzen für Wissenschaft und Technik gebündelt waren. Die Staatskanzlei war zuständig für die Medienpolitik und damit für den Einstieg in

die Digitalisierung. Bei ihr waren der Wissenschaftlich-Technische Beirat und die
Forschungsstiftung angesiedelt. Für die Informations- und Kommunikationstechnologie hat die Staatskanzlei die Zuständigkeit im Zuge der High-Tech-Offensive auch formal vom Wirtschaftsministerium übernommen. (LT-Drs. 14/21,
6. Oktober 1998) Der Staatskanzlei oblag die Pflege internationaler Beziehungen. Zudem war es ihre Aufgabe, die Querschnittsaufgaben, die sich mit der
Globalisierung stellten, zu koordinieren und zu bündeln. Dies war ein Bezugs-
punkt für notwendige Reformen bei Themenstellungen im Aufgabenbereich von
Fachressorts wie bei der Hochschulreform, dem Beschäftigungspakt oder dem
Regionalkonzept. Ministerpräsident Edmund Stoiber hat diese Befugnisse nicht
als bloßer Moderator, sondern im Rahmen seiner Richtlinienkompetenz intensiv
in Anspruch genommen.

Erstmals wurde die Expertise renommierter Fachleute in Wissenschaft und
Technologie für ein Regierungsprogramm genutzt. Der Wissenschaftlich-Technische Beirat gab die Grundlinien der künftigen Entwicklung von Wissenschaft
und Technik vor. Bei der High-Tech-Offensive wurde zudem das Experiment
gewagt, mit McKinsey und Roland Berger zwei der deutschland- und weltweit
renommiertesten Beratungsunternehmen gemeinsam zu beauftragen. Sie sollten
den Standort Bayerns im Vergleich mit den führenden Technologiezentren der
Welt bestimmen und Vorschläge zum Ausbau dieser Position erarbeiten. Ihre
Empfehlungen wurden freilich nicht unbesehen übernommen, sondern kritisch
hinterfragt und geändert, wo sie den Zielsetzungen des auf soziale und regionale
Balance ausgerichteten Konzepts nicht entsprachen.

Die Offensive Zukunft Bayern wurde vom Amtchef der Staatskanzlei im
Auftrag des Ministerpräsidenten vorbereitet und koordiniert. (Stoiber, Staatskanzlei 1998) Ministerpräsident Stoiber hat den Autor damit betraut und für
die High-Tech-Offensive einen förmlichen Koordinierungsausschuss geschaffen,
dem unter Führung des Autors auch die Kollegen des Wissenschafts- und Wirtschaftsministeriums angehörten. Dabei standen der Staatskanzlei neben den vor-
genannten Experten auch weitere Erkenntnisquellen, wie direkte Kontakte mit
herausragenden Persönlichkeiten in Wissenschaft und Wirtschaft, sowie Infor-
mationsbesuche von Technologiezentren im Ausland zur Verfügung. Bedeutsam
waren vor allem die Besuche im Silicon Valley in den Jahren 1995 und 1998.

Voraussetzung für die erfolgreiche Vorbereitung und Koordinierung der
Offensive waren das hohe Vertrauen des Ministerpräsidenten, eine großartige
Teamarbeit mit engagierten Kollegen in der Staatskanzlei und in den Ministe-
rien sowie ein umsichtiges Vorgehen in der Abstimmung mit Mitarbeitern und
Beratern, aber auch im Kontakt mit den Mitgliedern des Kabinetts. Dem Autor

kam die längjährige Erfahrung im Sozial- und im Innenressort und als Mitarbeiter von Franz Josef Strauß und Edmund Stoiber in der Staatskanzlei zugute, als er im Herbst 1993 bis Ende 1998 die Aufgabe als Amtchef der Staatskanzlei übernahm. In dieser Funktion führte er den Vorsitz in der Runde der Ministerialdirektoren bei der Vorbereitung und Umsetzung der Kabinettsentscheidungen und vertrat den Regierungschef bei den Konferenzen der Ministerpräsidenten. Ministerpräsident Seehofer hat die damalige Rolle der Staatskanzlei später so beschrieben: „So wurde in Ihrer Zeit als Amtchef unser Haus am Hofgarten zu einem rastlos tätigen Generalstab der Reform." (Seehofer 2016)

Die Entwicklung der Offensive

Kurz nach dem Einzug in die eben erst fertiggestellte neue Staatskanzlei im Mai 1993 kündigte Ministerpräsident Edmund Stoiber an, mit Hilfe von Privatisierungserlösen ein neuartiges, auf Wissenschaft, Forschung und Technologie fokussiertes Investitions- und Reformprogramm auf den Weg zu bringen. Auf der Grundlage der Regierungserklärung vom 30. Juni 1993 galt es, ein forschungs- und technologiepolitisches Gesamtkonzept zu entwickeln. Dieses war – je nach dem Fortgang der Privatisierungen – in einer Abfolge von Schritten zu realisieren, die aufeinander aufbauten und einander ergänzten. Dabei konnte der Autor die Expertise der Staatskanzlei, des von ihm betreuten Wissenschaftlich-Technischen Beirat und der Forschungsstiftung nutzen, in deren Vorstand er den Vorsitz führte. Unter der Zielsetzung „Zukunftsstandort Bayern" hatte der Autor bereits am 1. November 1993 die Zuständigkeiten für Wirtschaft und Wissenschaft (später auch Verkehr und Umwelt) innerhalb der Staatskanzlei in einer neuen Abteilung für „Wirtschafts- und Wissenschaftspolitik" zusammengelegt und damit die Weichen für das reibungslose Zusammenwirken beider Bereiche gestellt. Die Staatskanzlei hat die Offensive ohne Personalmehrung realisiert.

Die Vorbereitung der Offensive Zukunft Bayern begann mit der Ankündigung vom 30. Juni 1993. Binnen Jahresfrist wurden die geplanten Verkäufe mit dem Finanzministerium umgesetzt. Die zu fördernden Zukunftstechnologien wurden in Übereinstimmung mit dem Wissenschaftlich-Technischen Beirat (WTB) bei der Kommunikationstechnologie, der Biotechnologie, den Materialwissenschaften, dem Maschinenbau, der Umwelttechnologie, der Verkehrstechnologie sowie der medizinischen Forschung bestimmt. Auch wenn die fachlichen Schwerpunkte beim Wirtschafts- und Wissenschaftsministerium lagen, wurden Vorschläge aller Ressorts eingeholt und vom Finanzministerium im Frühjahr 1994 insbesondere unter dem Aspekt der Grundstockfähigkeit geprüft. In der

Runde der Ministerialdirektoren wurde das Konzept am 2. und 16. Mai 1994 abgestimmt. Der Wissenschaftlich-Technische Beirat hat die Vorschläge in einer Klausurtagung am 18. Juni 1994 begutachtet und im Ergebnis gebilligt. Die Zustimmung des Kabinetts folgte am 19. Juli 1994. Die Bezeichnung für das Reformprogramm wurde aus dem Bericht „Forschung für Bayerns Zukunft" des Wissenschaftlich-Technischen Beirats abgeleitet und über den Arbeitstitel „Initiative für die Zukunft Bayerns" zur plakativen Formel „Offensive Zukunft Bayern" verdichtet, die zu einem Markenzeichen bayerischer Politik wurde.

In der Regierungserklärung vom 14. Juni 1994 wurde das Programm erstmals als „Zukunftsoffensive Bayern" angekündigt. (Plenarprotokoll 12/127: 8555) In der folgenden Regierungserklärung vom 21. Juli 1994, dem letzten Sitzungstag der 12. Legislaturperiode, wurde es als Offensive Zukunft Bayern (Offensive I) vorgestellt und in einer Regierungserklärung zu Beginn der 13. Legislaturperiode am 8. Dezember 1994 weiter konkretisiert. Im Doppelhaushalt 1995/1996 wurden für die Verwendung der Erlöse aus dem Verkauf staatlicher Beteiligungen und Betriebe gesonderte Kapitel eingeführt, die bis heute fortgeführt werden. (DHH 2017/2018, Epl. 13 Kapitel 07 bis 12)

Grundlage für die Fortsetzung der Offensive Zukunft Bayern im Jahr 1996 (Offensive II) war der Verkauf der Versicherungsunternehmen der Bayerischen Versicherungskammer mit Wirkung vom 1. Juli 1995 an die bayerischen Sparkassen. Am 29. Dezember 1995 floss dem Staatshaushalt ein Erlös von 2,297 Milliarden DM zu. Insgesamt stand für die Offensive II ein Betrag von 2,587 Milliarden DM zur Verfügung. Die Vorbereitung verlief analog zur Offensive I unter Beteiligung aller Ressorts und des Wissenschaftlich-Technischen Beirats. Als Schwerpunkte der zweiten Tranche waren zunächst lediglich die Felder Soziales, Kultur und Umweltschutz vorgesehen. Ende 1995 zeichnete sich eine negative Wirtschaftsentwicklung ab, wonach Bayern wieder deutlich unter dem bundesweiten Wachstum zurückblieb. Um dem entgegenzusteuern, kam „Arbeit und Innovation" als vierter Bereich dazu. Das abgestimmte Konzept wurde in den Regierungserklärungen vom 23. Mai 1996 und vom 28. November 1996 im Landtag präsentiert.

Die High-Tech-Offensive

Herzstück der Offensive Zukunft Bayern war die High-Tech-Offensive Bayern (HTO). Die Vorbereitungen dafür begannen im Sommer 1997, als sich abzeichnete, dass ein Verkauf von VIAG-Anteilen weitere Privatisierungserlöse bringen würde. Ziel war es diesmal, die Spitzentechnologien für das 21. Jahrhundert auszubauen und Bayern im internationalen Wettbewerb zu stärken. Die High-Tech-Offensive war zwar ein weiterer Bestandteil der Offensive Zukunft Bayern, unterschied sich aber von den ersten beiden Tranchen durch die explizite Konzentration auf Hochtechnologie. Dies kam in ihrer Vorbereitung, Konzeption und Umsetzung zum Ausdruck.

Bei den ersten beiden Tranchen der Offensive war die Kompetenz des Wissenschaftlich-Technischen Beirats und der Forschungsstiftung neben der der Fachressorts eingeschaltet. Für die High-Tech-Offensive wurde darüber hinaus weitere Expertise für die Zukunftstechnologien im globalen Wettbewerb eingeholt. Die Beratungsunternehmen McKinsey und Roland Berger wurden im Juli 1997 beauftragt, die Position des Freistaats im internationalen Wettbewerb der Top-Regionen festzustellen und Vorschläge zu entwickeln, wie der Standort Bayern seine Stärken weiter stärken könne. Dies galt für die beiden stärksten Wachstumsbereiche, die Schlüsseltechnologien der Zukunft Life Sciences und Informations- und Kommunikationstechnologie, dazu für die Querschnittstechnologien Neue Materialien und Umwelttechnik. Roland Berger widmete sich mit seinem Team dem Bereich der Life Sciences, während die Experten von McKinsey unter Leitung von Professor Herbert Henzler die Informations- und Kommunikationstechnologien untersuchten. Der Wissenschaftlich-Technische Beirat wurde in die Studie der Berater eingebunden.

Zugleich wurde unter dem Arbeitstitel „Innovationsoffensive Bayern" eine interministerielle Lenkungsgruppe unter dem Vorsitz des Autors eingerichtet, die das Beraterprojekt begleiten und ein Konzept für den Einsatz von Privatisierungserlösen entwickeln sollte. Am 1. August 1997 nahm die Lenkungsgruppe ihre Arbeit auf. Bis Juni 1998 haben 20 Sitzungen der Lenkungsgruppe und 30 Sitzungen auf Fachebene stattgefunden.

Die Berater haben ihr Gutachtensergebnis im Dezember 1997 vorgelegt. Die Informations- und Kommunikationstechnologie sowie die Biotechnologie wurden als die Bereiche mit den stärksten Wachstumsaussichten bezeichnet. Die Experten kamen zum Ergebnis, dass Bayern bei beiden Leittechnologien in Europa hinter dem Großraum London an zweiter Stelle stand und international führende Positionen bei der Medizintechnik und den neuen Materialien einnahm. Als Zentren von Weltrang wurde für die Informations- und Kommunikationstechnik der Raum München, für Life Sciences neben München (Biotechnologie) auch Erlangen (Medizintechnik) genannt. Beide Berater haben empfohlen, diese Zentren weiter auszubauen und den Einsatz von Privatisierungserlösen auf sie zu konzentrieren. Auch sei eine Vermarktungsoffensive des Wissenschafts- und Technologiestandorts Bayern notwendig, damit er weltweit als das „Silicon Valley

Europas" wahrgenommen wird. Zum Ausbau des Technologiestandortes Bayern wurden Gründungen vor allem aus dem Hochschulbereich und die Ansiedlung junger, schnell wachsender Unternehmen vorgeschlagen. Nicht Gegenstand der Beratervorschläge waren das Regionalkonzept, die Hochschulreform und die landesweite Vernetzung durch technologische Infrastruktur.

Die Lenkungsgruppe hat die Vorschläge der Gutachter weiterentwickelt und konkretisiert. Danach sollten nicht nur die international herausragenden Kompetenzzentren im Raum München und Nürnberg gefördert werden. Vielmehr sollte die technologische Kompetenz im ganzen Land weiter entwickelt werden. Dazu waren regionale Technologiekonzepte für jeden Regierungsbezirk auf der Grundlage von Vorschlägen aus den Regionen vorgesehen. Auch die technologieorientierte Infrastruktur sollte landesweit ausgebaut und die internationale Ausrichtung von Wissenschaft und Wirtschaft gestärkt werden. Einen ersten Zwischenbericht für eine – erstmals so benannte – „High-Tech-Offensive Bayern" einschließlich eines Maßnahmenkatalogs hat der Autor am 16. Juni 1998 dem Ministerrat vorgelegt. Das Kabinett hat den Vorschlägen der Lenkungsgruppe zugestimmt. Die darauf basierenden Überlegungen sollten bei einem anstehenden Kongress in Garching vom Ministerpräsidenten vorgestellt und im Lichte dieses Kongresses weiter konkretisiert werden.

Ebenfalls am 16. Juni 1998 setzte der Ministerrat einen Koordinierungsausschuss „Forschungs- und Technologiepolitik" zur konkreten Ausarbeitung der High-Tech-Offensive ein. Wie bei der bisherigen Lenkungsgruppe gehörten ihm unter Leitung des Autors die Amtschefs des Wissenschafts- und des Wirtschaftsministeriums, Wolfgang Quint und Michael Schneider, an. Der Ausschuss wurde durch den Wissenschaftlich-Technischen Beirat und die Forschungsstiftung beraten. Bei Bedarf wurden andere Ressorts sowie Einrichtungen der Wissenschaft und der Wirtschaft herangezogen. Der Ausschuss sollte künftig dauerhaft für die Koordinierung von Forschung und Technologie zuständig sein und diente vor allem der Abstimmung bei ressortübergreifenden Fragen von wesentlicher Bedeutung für die bayerische Forschungs- und Technologiepolitik.

Beim Kongress in Garching am 17. Juni 1998 wurden die Vorstellungen zur High-Tech-Offensive erstmals der Öffentlichkeit präsentiert unter dem Titel „High-Tech-Vision Bayern – Aufbruch ins 21. Jahrhundert". Der Kongress fand an einem symbolträchtigen Ort statt: Der neuen Fakultät für Maschinenwesen der TU München in Garching. Deren Verlagerung und Ausbau war in der Offensive I 1994 angekündigt und vor kurzem eingeweiht worden – als Beleg dafür, wie konsequent und rasch die Ankündigungen umgesetzt wurden. Podium und Plenum des Kongresses waren hochkarätig besetzt. Neben Ministerpräsident Edmund Stoiber, Wissenschaftsminister Hans Zehetmair und Wirtschafts-minister Otto Wiesheu waren es die Berater Hermann Franz (Vorsitzender des WTB), Professor Herbert Henzler (McKinsey) und Roland Berger. Seitens der Wirtschaft referierten unter anderem die Vorstandsvorsitzenden Heinrich von Pierer für die Siemens AG, Bernd Pischetsrieder für die BMW AG, Karl Gerhard Engels für die Wacker Chemie, Karl Georg Obermeier für die VIAG AG sowie Simon Moroney für den erfolgreichen Martinsrieder Biotechnologie-Start-up Morpho-Sys GmbH, heute MorphoSys AG.

In seiner Eröffnungsrede am 17. Juni 1998 stellte der Ministerpräsident fest: „Bayern sagt ja zur Hochtechnologie – deshalb will ich in der nächsten Legislatur-periode die High-Tech-Offensive verwirklichen. Bis zum Herbst soll das Konzept konkret ausgearbeitet sein. Ich beabsichtige, es dann in meiner Regierungserklä-rung vor dem neu gewählten Landtag darzulegen und Finanzierungsvorschläge zu unterbreiten. (…) Auf der Grundlage der Zielvorstellungen des Wissenschaft-lich-Technischen Beirats und der Untersuchungen von Roland Berger und Mc Kinsey wollen wir in der nächsten Legislaturperiode eine High-Tech-Offensive Bayern starten. Unsere Zukunftsperspektiven umfassen Überlegungen zur Stär-kung unserer Zentren für Schlüsseltechnologien, zum Ausbau der regionalen Inf-rastruktur und zur internationalen Ausrichtung Bayerns." Der Ministerpräsident kündigte an, die Vorschläge der Gutachter in das Konzept einzuarbeiten. Zu dessen Finanzierung sollten rund zwei Milliarden DM aus der weiteren Privati-sierung staatlicher Anteile am VIAG-Konzern eingesetzt werden. (Die Welt, 19. Juni 1998)

Die von Roland Berger und Professor Henzler erläuterten Gutachten beschei-nigten Bayern beste Voraussetzungen, aber auch weiteren Nachholbedarf, etwa bei jungen, schnell wachsenden Unternehmen als „Brückenkopf" für ausländi-sche Investoren. Roland Berger kam zu der Einschätzung, die technologischen Maßnahmen der Staatsregierung in der Vergangenheit hätten sich als „Volltref-fer" erwiesen. Er empfahl jetzt eine Konzentration der Forschungs- und Lehrak-tivitäten auf Zukunftsthemen. In den Life Sciences wie Medizin, Medizintech-nik, Biologie und Ernährungswissenschaften sei das Land bereits „auf dem Weg in die Weltspitze". Auf dem Feld der Erforschung neuer Materialien, einer „Zu-kunftstechnologie mit Breitenwirkung", sei die geplante neue Neutronenquelle in Garching ein „Highlight". Die Zentren für Materialforschung in Franken wie in Oberbayern sollten laut Roland Berger gestärkt und die Forschung konse-quent auf Bedürfnisse der hier ansässigen Industrie ausgerichtet werden·mit den Schwerpunkten Automobil, Luft- und Raumfahrt, Maschinenbau, Elektronik und Elektrotechnik.

Zur Informations- und Kommunikationstechnologie stellte Professor Henzler fest, insbesondere der Großraum München/Oberbayern sei „in Deutschland führend" und spiele auf europäischer Ebene schon „eine herausragende Rolle" vor allem bei Software und Mikroelektronik. Im Wettbewerb um die Führungsposition beim Abschöpfen des Potenzials an Wachstum und Beschäftigung werde er sich aber „national gegen den Raum Stuttgart und international vor allem gegen die Region London durchsetzen müssen". Angesichts von Bayerns guter Ausstattung mit Forschungseinrichtungen empfahl das Gutachten von McKinsey unter anderem Programme zur Ausbildung und Betreuung junger Unternehmer in speziellen Bereichen wie etwa Finanzierung, Marketing und Internationalisierung.

Professor Wolfgang A. Herrmann, Präsident der TU München, hob in seiner Zusammenfassung der Ergebnisse des Kongresses hervor, dass Bayern auch die Möglichkeiten des neuen Hochschulgesetzes konsequent nutzen sollte. Die Universitäten bräuchten neue Strukturen, eigene Profile und mehr Wettbewerb untereinander. Sie müssten auch die Möglichkeit haben, die Studenten teilweise selbst auszuwählen.

Nach der positiven öffentlichen Akzeptanz, die sich auch in den Berichten und Kommentaren der Medien ausdrückte, hatte der Koordinierungsausschuss grünes Licht für die weitere Konkretisierung der Offensive. In der Kabinettsklausur am 9. Oktober 1998 konnte der Autor berichten, dass die von den Beratern vorgeschlagene Konzentration der Leittechnologien auf Information und Kommunikation, Life Sciences und Neue Materialien vom Koordinierungsausschuss erweitert wurde. Der Bereich Umwelttechnik mit dem Standort Augsburg sollte ebenso aufgenommen werden wie ein regionenübergreifender Verbund für Mechatronik. Diese Technologie wurde als besonders zukunftsweisend erachtet, weil sie die in Bayern führenden Industriebereiche Maschinenbau und Elektrotechnik mit der Steuerungstechnik verbindet. Damit wurde auch die Grundlage für das heutige Programm einer Industrie 4.0 gelegt.

Das so erweiterte Konzept zu den High-Tech-Zentren von Weltrang, das alle Regierungsbezirke einbezog, war nunmehr allseits akzeptiert. Das Regionalkonzept hatte zu einer Aufbruchsstimmung in den Regionen geführt. Die Vorschläge waren vielfach schon weit gediehen, insbesondere in Mittelfranken und Schwaben. Die Ideensammlung sollte aber noch bis Ende des Jahres weitergeführt werden.

Nach der Zustimmung des Ministerrates wurden auf dieser Grundlage die Regierungserklärung vom 29. Oktober 1998 und das Regierungsprogramm für die Legislaturperiode 1998 bis 2003 verfasst. Der Koordinierungsausschuss wurde beauftragt, bis spätestens Dezember des Jahres erneut über den Stand der Arbeiten zu berichten und dabei insbesondere einen Kosten- und Zeitplan vorzulegen. In der Regierungserklärung vom 29. Oktober 1998 wurde das Konzept dem Landtag vorgestellt. In dem zeitgleich verabschiedeten Regierungsprogramm wurden die Vorhaben im Einzelnen dargestellt. (Regierungsprogramm 1998) Angesichts des noch offenen Verkaufs von zehn Prozent der VIAG-Aktien des Freistaats an die VEBA AG wurden die Kosten der Maßnahmen noch nicht beziffert.

In dieser ersten Regierungserklärung nach der Landtagswahl hat Ministerpräsident Edmund Stoiber noch einmal das oberste Ziel der High-Tech-Offensive hervorgehoben: die Gründung und Ansiedlung neuer Unternehmen und die Schaffung zukunftsorientierter Arbeitsplätze in allen Landesteilen. Dazu sollten der landesweite Ausbau und die Vernetzung des technologischen Fortschritts in Bayern dienen. Die Regierungserklärung enthielt auch die Ankündigung, dass mittelfristig nur noch Haushalte ohne Neuverschuldung verabschiedet werden sollten. Der erste derartige Haushalt wurde bis zum 1. Januar 2009 angestrebt, also bis zum Ende der nächsten Legislaturperiode.

Die Aussagen von Regierungserklärung und Regierungsprogramm wurden in der Folgezeit weiter konkretisiert. In der Sitzung des Ministerrates am 15. Oktober 1998 hat der Autor entsprechend dem Auftrag aus der Kabinettsklausur die möglichen Kosten für die High-Tech-Offensive eingebracht. Der Ministerrat hat den Bericht zur Kenntnis genommen und Staatsminister Kurt Faltlhauser beauftragt, mit der Mehrheitsfraktion Gespräche über die finanzielle Größenordnung der High-Tech-Offensive aufzunehmen und dabei ein Einvernehmen über den Finanzrahmen für High-Tech-Zentren von internationaler Bedeutung und das Regionalkonzept anzustreben.

Am 7. Oktober 1999 war der Erlös von 3,1 Milliarden DM aus dem Verkauf von zehn Prozent der VIAG-Aktien des Freistaates Bayerns an die VEBA AG dem Staatshaushalt zugeflossen und damit die Finanzierung gesichert. Somit konnte der Ministerpräsident in der Sitzung des Bayerischen Landtags vom 12. Oktober 1999 die High-Tech-Offensive als dritten Teil der Offensive Zukunft Bayern definitiv verkünden. Bis dahin gab es keine wesentlichen Änderungen des 1998 vorgestellten Konzepts. Die Kosten der bereits im Vorjahr benannten Maßnahmen wurden jetzt in einer Anlage einzeln beziffert, das Regionalkonzept wurde entsprechend den Vorschlägen der Bezirksregierungen konkretisiert. Daneben wurde aus den Privatisierungserlösen ein sogenanntes Standortprogramm mit 349 Millionen DM aufgelegt, das insbesondere der Verbesserung der Verkehrsinfrastruktur diente und daher nicht Gegenstand dieser Betrachtung ist.

Der Landtag hat die High-Tech-Offensive in dieser Sitzung begrüßt und beschlossen, dass im Rahmen dieser Offensive für den Staatsstraßenbau zusätzliche

Mittel von 190 Millionen DM und für eine verbesserte EDV-Ausstattung der bayerischen Schulen 60 Millionen DM zur einmaligen Anschubfinanzierung bereitgestellt werden. (LT-Drs. 14/1815)

Der Autor war auch nach seiner Amtszeit in der Staatskanzlei in die Umsetzung der High-Tech-Offensive vielfältig eingebunden. Auf Wunsch des Ministerpräsidenten hat er, wie dargestellt, die Offensive in der SPD-Landtagsfraktion präsentiert und weiterhin an den Sitzungen des Wissenschaftlich-Technischen Beirats teilgenommen. Das Konzept der Offensive Zukunft Bayern hat er unter anderem in Veranstaltungen des französischen Senats in Paris und der Regierung von Québec in Montreal vorgestellt. Als Vorsitzender des Softwareforums Bayern hat der Autor ebenso wie im Kuratorium der TU München und im Aufsichtsrat der BioM AG die technologische Entwicklung weiter eng begleitet. Auch Aktivitäten der Bayerischen Landesbank hat der Autor auf die Zielsetzungen der High-Tech-Offensive ausgerichtet. Dazu dienten unter anderem die Gründung eines Geschäftsfeldes Technologiefinanzierung, die Einrichtung eines Venture-Capital-Fonds für Start-ups der Hochtechnologie namens „BayTechVenture", die Unterstützung des Fördervereins innovatives Unternehmertum Nordbayern e.V. (FUN) zur Ansiedlung neuer Unternehmen in Nordbayern und die Einrichtung eines Hochschulgründerpreises für Start-ups aus den Universitäten. Bay TechVenture war unter anderem an den Erlanger Start-ups Human Optics und Wavelight beteiligt, die 2002 mit dem Deutschen Gründerpreis ausgezeichnet wurden. Das ebenfalls von diesem Fonds geförderte Unternehmen Pieris aus Freising ist mittlerweile an der Nasdaq gelistet. 2014 hat die Bayerische Landesbank BayTechVenture an eine Berliner Gesellschaft verkauft.

3.2 Beteiligungspolitik – Gestalten statt Besitzen

„Nicht Besitzen, sondern Gestalten ist der oberste Grundsatz unserer Beteiligungspolitik. Unser Ziel ist nicht mehr, sondern weniger Staat. Deshalb ziehen wir den Staat aus unternehmerischen Tätigkeiten zurück und konzentrieren uns auf die eigentlichen Aufgaben." (Stoiber 1994/1)

Der augenfälligste Wandel betraf die Beteiligungspolitik in Bayern. Um Mittel für Zukunftsinvestitionen zu erhalten, stellte Ministerpräsident Stoiber 1993 den sukzessiven Verkauf der bayerischen Staatsbeteiligungen Bayernwerk AG, DASA, Rhein-Main-Donau AG und 1994 der Bayerischen Versicherungskammer in Aussicht. Alle vom Volumen her bedeutenden Privatisierungen wurden unter Federführung des Finanzministeriums durch Bewertungsgutachten vorbereitet und überprüft. Die Chronologie der Privatisierungen sieht so aus:

Bereits Mitte Juli 1993 wurde der Verkauf der Mehrheitsbeteiligung von 58,3 Prozent an der Bayernwerk AG an die VIAG AG vereinbart. Der Freistaat erhielt neben einer Beteiligung von 25,1 Prozent an der VIAG AG am 2. April/18. August 1994 einen Barausgleich von 2,3 Milliarden DM. Die Veräußerung des Anteils von 8,58 Prozent an der Deutschen Aerospace AG (DASA) an die Daimler AG brachte am 13. März 1994 einen Erlös von 410 Millionen DM, die Abgabe von 33,81 Prozent an der Rhein-Main-Donau AG am 12. April 1994 einen Zufluss von 250 Millionen DM. Dazu kamen Splitterbeteiligungen im Energiebereich mit einem Erlös von 92 Millionen DM am 22. Juli 1994. Alle diese Einnahmen wurden für die Offensive I von 1994 eingesetzt. Für die Offensive II von 1996 wurden die Versicherungsunternehmen der Bayerischen Versicherungskammer mit Wirkung vom 1. Juli 1995 an die bayerischen Sparkassen verkauft. Hieraus ist ein Betrag von 2,297 Milliarden DM am 29. Dezember 1995 zugeflossen. Zur Finanzierung der High-Tech-Offensive hat die Staatsregierung zehn Prozent der VIAG-Aktien des Freistaates Bayerns an die VEBA AG veräußert und am 7. Oktober 1999 einen Erlös von rund 3,1 Milliarden DM erhalten. Der Freistaat hat damit die Fusion beider Unternehmen zur E.on AG ermöglicht, an der er zunächst noch mit einem Anteil von über fünf Prozent beteiligt war. Diese Beteiligung wurde für spätere Programme (OZB IV, Programm Zukunft Bayern) sukzessive veräußert.

Nur durch diese Mittel konnten die Sonderprogramme der Offensive Zukunft Bayern und der High-Tech-Offensive realisiert werden. Die Privatisierung dieser Staatsunternehmen war zwar eine Richtlinie der Beteiligungspolitik, wurde aber keineswegs als Selbstzweck gesehen. (entgegen Pfäfflin 2017: 63) Sie diente dazu, angesichts gewandelter Herausforderungen staatliches Kapital, das in einem Wirtschaftsbereich nicht mehr benötigt wurde, wieder zu aktivieren und für neue Ziele einzusetzen. Die politische Innovation bestand im zukunftsorientierten Einsatz der Erlöse in Investitionen und aufgabenkonforme neue Beteiligungen.

Die Privatisierungen waren auch kein so fundamentaler Bruch in der Geschichte der bayerischen Staatswirtschaft, wie es gerne dargestellt wird. Denn auch in der Vergangenheit dienten die Beteiligungen nicht der bloßen Kapitalanlage, sondern waren Mittel zum Zweck, einen strategisch bedeutsamen Wirtschaftszweig aufzubauen oder abzusichern. Dies war so bei der Energieversorgung, aber auch bei der Sicherung der Rohstoffe und deren Verarbeitung nach Kriegsende. Besonders deutlich wird dieser Ansatz beim Aufbau der Luft- und

Raumfahrt in Bayern, der ohne staatliche Beteiligung nicht möglich gewesen wäre. Daher ist eine differenzierte Betrachtung der einzelnen Veräußerungen unter den jeweiligen Rahmenbedingungen angezeigt. So begründete Ministerpräsident Edmund Stoiber in seiner Regierungserklärung vom 12. Oktober 1999 die Privatisierung des Bayernwerks mit dem Wandel in der Struktur der Energieversorgung in Europa: „Die damalige Entscheidung, einen festen Staatsanteil am Bayernwerk zu halten, um die notwendigen energiepolitischen Maßnahmen – vom Öl zur Kernenergie – in einem geschlossenen Energiemarkt ergreifen zu können, war richtig. Im Jahr 1993 hat sich aber die Liberalisierung des Energiemarkts abgezeichnet, und die ersten Entwürfe der EU-Binnenmarktrichtlinie Elektrizität waren bereits in der Diskussion. Deshalb war es richtig, das große Bayernwerk mit der größeren VIAG zu verschmelzen, den Anteil Bayerns an diesem Vermögen zu erweitern und Geld zu bekommen, um es in die Infrastruktur unseres Landes zu stecken."

Die kapitalmäßige Beteiligung Bayerns an der Bayernwerk AG reicht zurück bis zur Gründungszeit des Unternehmens im Jahr 1921. Mit Hilfe des Bayernwerks sollte damals die von Oskar von Miller begonnene wirtschaftliche Nutzung der Elektrizität verwirklicht werden. Von Beginn an war die planmäßige Energieversorgung ganz Bayerns beabsichtigt. Die Bayerische Verfassung hat in Artikel 152 Satz 2 die Sicherstellung der Versorgung des Landes mit elektrischer Kraft dem Staat übertragen. Die Vorschrift wurde erst im Verfassungsausschuss eingebracht mit dem Ziel, die staatliche Einflussnahme bei der Energieversorgung zu sichern. (BV, Protokolle III: 647 ff.) Das bedeutete freilich nicht, wie auch bei der Krankenhausversorgung, dass der Staat den Sicherstellungsauftrag durch eigene Unternehmen wahrnehmen muss. Artikel 152 begründet kein staatliches Monopol und steht einer Privatisierung nicht entgegen, solange der Staat seiner Garantenstellung nachkommt und sich Steuerungsmöglichkeiten über Aufsicht und Weisungsrechte sichert. (Meder-Brechmann 2014, Rn. 6 zu Art. 152 BV) Mit seiner Beteiligung an der Bayernwerk AG und ihren als Verteilerunternehmen fungierenden Tochtergesellschaften erfüllte der Freistaat diese Aufgabe.

Bayernwerk

Ministerpräsident Max Streibl hatte eine Privatisierung im Energiebereich noch 1992 kategorisch abgelehnt. Das Festhalten an diesen Beteiligungen liege im Interesse der energiepolitischen Zielsetzung der bayerischen Staatsregierung, eine flächendeckende, sichere, preisgünstige und umweltverträgliche Energieversorgung zu gewährleisten. Während die Strompreise im Freistaat Bayern zu

Beginn der achtziger Jahre noch zu den höchsten im Bundesgebiet gehörten, konnte Bayern 1992 bundesweit die günstigsten Stromtarife für Industrie- und Gewerbekunden anbieten. Dieser Erfolg war insbesondere dem konsequenten, bedarfsgerechten Ausbau der Kernenergie zu verdanken. (Interpellation 1991: 36) Gleichwohl hat sich die Staatsregierung bereits damals von Beteiligungen getrennt, die nicht strategischer Natur waren. So wurden die staatlichen Anteile an den Bayerischen Hütten- und Salzbergwerken (BHS), an der Depfa, der Ferngas Nordbayern, der Treuarbeit und an Krauss-Maffei veräußert.

Ministerpräsident Edmund Stoiber hat den zu erwartenden Wettbewerb auf dem europäischen Energiemarkt bereits in der Regierungserklärung vom 30. Juni 1993 angesprochen. Die Debatte um die Liberalisierung dieses Marktes hatte Ende der achtziger Jahre begonnen. Nach den Energiekrisen der siebziger Jahre sollte der Wettbewerb die Versorgung langfristig effizienter und günstiger machen. Dem Arbeitsdokument der EU-Kommission von 1988 mit dem Titel „Der Binnenmarkt für Energie" folgten die ersten Richtlinien zum Transit von Strom und Gas und zur Transparenz in den Jahren 1990 und 1991. Fünf Jahre später wurde der Binnenmarkt für Elektrizität durch die Richtlinie vom Dezember 1996 geöffnet, die in Deutschland im April 1998 durch die Neufassung des Energiewirtschaftsgesetzes (EnWG) von 1935 umgesetzt wurde.

Mit der Öffnung des Wettbewerbs etablierten sich in der Branche ab 1998 gänzlich neue Marktstrukturen. Bis dahin gab es neun staatlich regulierte Gebietsmonopole in Deutschland. Seitdem können sowohl Großkunden als auch private und gewerbliche Kleinkunden ihren Energieversorger frei auswählen. Die Unternehmen reagierten darauf mit Fusionen. Aus den regionalen Verbundmonopolisten bildeten sich so im Zeitraum von 1997 bis 2003 die vier Großversorger, die auch heute noch die zentralen deutschen Akteure im Markt darstellen. Bereits 1997 entstand die Energie Baden-Württemberg AG (EnBW), 2000 folgten die Gründungen der E.on AG und der RWE AG. Den Abschluss dieses Konzentrationsprozesses bildete 2002/2003 die Vereinigung ost- und norddeutscher Anbieter zur Vattenfall Europe AG.

Die Staatsregierung hat diesen Prozess mit dem Verkauf von Anteilen am Bayernwerk und später an der VIAG aktiv mitgestaltet. Dadurch sollte verhindert werden, dass das Bayernwerk früher oder später zum Übernahmekandidaten würde mit unabsehbaren Folgen für das Unternehmen und für die Arbeitsplätze in Bayern. Jochen Holzer hatte sich als Vorsitzender der Bayernwerk AG bei der Staatsregierung dafür eingesetzt, das Unternehmen zu privatisieren und mit der Industrieholding VIAG zu fusionieren. Hubertus Schmoldt und Herbert Mai, Vorsitzende der IG Bergbau, Chemie, Energie und der ÖTV, haben diesen Weg gutgeheißen. Auch der bayerische DGB-Landesvorsitzende Fritz Schösser hat das Vorgehen mitgetragen. (Stoiber 1999)

Durch die Einbringung des Bayernwerks in die VIAG AG wurden nicht nur Mittel für Investitionen in Innovationen gewonnen, sondern auch standortpolitische Vorteile erzielt. Der Sitz des Mischkonzerns VIAG AG mit den Säulen Energie, Chemie und Telekommunikation wurde nach München verlegt. Mit einem konsolidierten Umsatz von 42 Milliarden DM und bundesweit über 90 000 Beschäftigten zählte die VIAG im Folgejahr zu den zehn größten Industrieunternehmen in Deutschland.

Mit der späteren Fusion von VIAG und VEBA entstand Europas größtes Energieversorgungsunternehmen. Angesichts der Liberalisierung des Strommarktes in Europa sollte diese Fusion eine starke Marktposition und Arbeitsplätze sichern. Auch wenn der Sitz der E.on-Holding in Düsseldorf lag, konnte für die operative E.on Energie AG München als Standort gesichert werden. Seit 2000 haben sich die Umsatzerlöse der in Bayern angesiedelten E.on-Gesellschaften durch Wachstum und Verlagerungen nach Bayern etwa vervierfacht, von rund 4,6 Milliarden Euro auf rund 17 Milliarden Euro bis 2010. Die jährlichen Investitionen des Unternehmens in Bayern haben sich in diesem Zeitraum mehr als verdoppelt von knapp 200 auf 550 Millionen Euro. Insgesamt hat E.on seit der Jahrtausendwende 3,8 Milliarden Euro im Freistaat investiert. Nach Angaben des Unternehmens gab es von 1995 bis zum Stichtag der Fusion am 30. Juni 2000 eine nahezu konstante Beschäftigung in Bayern von 9 900 beziehungsweise 9 500 Mitarbeitern. Danach stieg die Anzahl der Beschäftigten des Unternehmens in Bayern und betrug im zweiten Quartal 2011 10 362. (LT-Drs. 16/9745, 14. November 2011) Noch 2009 war die E.on Energie AG mit einer Bilanzsumme von 41,4 Milliarden Euro und insgesamt 48 000 Mitarbeitern eines der führenden Energieunternehmen Europas. 2012 wurde sie als Reaktion auf den beschleunigten Atomausstieg mit der Konzernmutter in Düsseldorf zusammengelegt und der Standort München geschlossen.

Weitere Privatisierungen

Auch den Verkauf der Beteiligung an der Deutschen Aerospace AG (DASA) hat Ministerpräsident Stoiber mit der gewandelten Situation in dieser Branche begründet: „Als Daimler bei Dasa die industrielle Federführung übernommen hat, war es richtig, aus der Beteiligung rechtzeitig auszusteigen, um mit den gewonnenen Mitteln in Bayern zu investieren; denn Daimler hätte das möglicherweise nicht gemacht." (Stoiber 1999) Bereits Franz Josef Strauß hatte die

Privatisierung der deutschen Luft- und Raumfahrtindustrie eingeleitet. Wie der seinerzeitige Vorstandsvorsitzende der DASA, Manfred Bischoff, berichtet, hatte sich in Deutschland für die Airbus-Aktivitäten eine Struktur entwickelt, die das Airbus-Risiko ausschließlich der öffentlichen Hand zuwies. Das Eigenkapitalrisiko wurde durch die MBB-Tochter Deutsche Airbus GmbH und damit primär von den Ländern getragen: „Die Bundesregierung und das Land Bayern ergriffen 1987 die Initiative, dieses Risiko soweit wie möglich in private Hände zu überführen. Der Weg dazu war die Abgabe der Mehrheit an der damaligen MBB an die Daimler-Benz-Gruppe, was dann im Mai 1989 zur Gründung der damaligen Deutsche Aerospace AG (Dasa) und der Integration der MBB Anfang 1990 führte." (Bischoff 1995: 2) Der DASA-Anteil des Freistaates von 8,58 Prozent war entstanden, weil der Freistaat Anfang 1992 seine Anteile von 24,08 Prozent an der Messerschmidt-Bölkow-Blohm GmbH (MBB) wertgleich gegen Aktien an der DASA getauscht hatte.

Noch im Juli 1992 hatte die Staatsregierung jedenfalls bis zur Bewältigung der aktuellen Strukturprobleme für die Militärsparte nicht vor, die Anteile an der Deutschen Aerospace AG zu veräußern. Man wollte einzelne Standorte mit ihren Arbeitsplätzen für Bayern erhalten: „Bedingt vor allem durch die Folgen der Ost-West-Entspannung kommt es im Bereich der Luft- und Raumfahrtindustrie zu verstärkten strukturellen Änderungen. In dieser Phase ist es von besonderer Bedeutung, auch als Gesellschafter des Unternehmens den bayerischen Interessen Nachdruck zu verleihen." (Interpellation 1991: 38) Die Staatsregierung musste allerdings bald erkennen, dass sie mit ihrer geringen Beteiligung nicht den erwarteten Einfluss auf den Konzern hatte. Angesichts der drohenden Streichung von rund 7 500 Arbeitsplätzen durch die Daimler-Benz-Tochter wegen akuten Auftragsmangels im Rüstungsgeschäft versuchte Ministerpräsident Max Streibl dann, den DASA-Anteil zu veräußern. Obwohl er und auch Finanzminister Georg von Waldenfels dem Aufsichtsrat des Unternehmens angehörten, wurden sie über die Entlassungspläne nicht informiert. Sie fühlten sich unfair behandelt, weil in Bayern mehr Arbeitsplätze abgebaut werden sollten als anderswo. „So haben wir bei den Fusionsverhandlungen nicht gewettet", wird Minister von Waldenfels zitiert. (Die Zeit, 30. Oktober 1992)

Auch im Fall der Rhein-Main-Donau AG (RMD), an der der Bund seinerzeit mit zwei Dritteln, der Freistaat Bayern mit einem Drittel beteiligt war, gab es bereits eine Verkaufsabsicht. 1990 war auf Initiative Bayerns der Versuch unternommen worden, die Anteile zusammen mit den Konzessionsdarlehen zu veräußern. Diese Bemühungen scheiterten, weil eine Einigung über den Kaufpreis nicht erzielt werden konnte. In den Bonner Koalitionsvereinbarungen von 1991 wurde die Rhein-Main-Donau AG erneut auf die Privatisierungsliste gesetzt. Mitte 1992 waren die Privatisierungsabsichten des Bundes noch nicht in ein konkretes Stadium getreten. Die Staatsregierung stellte aber ausdrücklich fest, dass auch Bayern privatisieren wird, wenn der Bund seine Anteile verkauft. (Interpellation 1991: 26)

Die „eleganteste" Privatisierung war die der Bayerischen Versicherungskammer. Die Kammer war ursprünglich eine Körperschaft des öffentlichen Rechts mit Sitz in München, unter deren Dach sowohl die Wettbewerbsversicherungen als auch die gesetzlichen Pflichtversorgungskassen betrieben wurden. Bereits als Innenminister hatte Edmund Stoiber 1992 eine Untersuchung zur strategischen Weiterentwicklung der Versicherungskammer in Auftrag gegeben. Schon damals bestand die Überlegung, diese mit der Sparkassen-Finanzgruppe Bayern zusammenzuschließen und hierdurch in Bayern ein starkes, konkurrenzfähiges und finanziell potentes Unternehmen zu bilden. Das Konzept sah eine Verselbständigung des Versicherungsbereichs, eine Verbindung mit der Bayern-Versicherung und die Einführung einer Vorstandsverfassung vor. (Innenministerium, LT-Drs. 12/7982, 5./7. Oktober 1992)

Am 24. Mai 1994 traf der Ministerrat dann die Grundsatzentscheidung, dass sich der Freistaat vollständig aus den Versicherungsunternehmen der Bayerischen Versicherungskammer zurückzieht. Das Gesetz zur Neuordnung der Rechtsverhältnisse der öffentlich-rechtlichen Versicherungsanstalten des Freistaats besiegelte die Aufteilung in die Versicherungskammer Bayern sowie in die weiterhin als Staatsbehörde geführte Bayerische Versorgungskammer. Darin wurde dem Bayerischen Sparkassen- und Giroverband eine Übernahme des Bayerischen Versicherungsverbandes, der Bayerischen Landesbrand-Versicherungsanstalt und der Bayerischen Beamtenkrankenkasse eröffnet. Das Gesetz vom 23. Juli 1994 (GVBl. 1994: 603) ist am 1. Juli 1995 in Kraft getreten. Auf seiner Grundlage wurde die Versicherungskammer durch den Freistaat an den Bayerischen Sparkassen- und Giroverband sowie an den Sparkassen- und Giroverband Rheinland-Pfalz für 2,49 Milliarden DM verkauft.

Ordnungspolitik

Diese Privatisierungen waren auch kein Bruch mit der früheren Beteiligungspolitik, die in der Aufbauphase Bayerns erforderlich war, um sowohl bei der Luft- und Raumfahrt als auch in der Energiepolitik eine leistungsfähige Infrastruktur zu schaffen. Diese Ziele wären ohne Beteiligung des Staates nicht zu verwirklichen gewesen. Angesichts der Vollendung des Binnenmarktes gab es jetzt einen starken Trend zur Konzentration und zu strategischen, teilweise globalen Unternehmensallianzen. Die staatliche Beteiligung daran würde bedeuten: Der Staat müsste sich massiv und nachhaltig ins Wirtschaftsgeschehen einschalten, um im globalen Wettbewerb zu bestehen. Dies stand im Widerspruch zu den ordnungspolitischen Vorstellungen, die nicht mehr, sondern weniger Staat verlangten. (Stoiber 1994/1) Seinerzeit bestand auch Konsens mit den Gewerkschaften über die Privatisierungspolitik. So wurden mit dem DGB im Beschäftigungspakt auch Rahmenbedingungen für weitere Privatisierungen vereinbart: die Wahrung des hoheitlichen Kerns, die Gewährleistung des notwendigen Maßes an Qualitätsstandards sowie die sozialverträgliche Gestaltung personeller Maßnahmen.

Auch fiskalisch waren die Privatisierungen vorteilhaft. Es wurde nicht nur der Grundstock erhalten, sondern auch die laufenden Erträge. Aus dem Beteiligungsbesitz von Bayernwerk und Messerschmitt-Bölkow-Blohm hat die Staatsregierung vor der Privatisierung im Zeitraum von 1980 bis 1990 Dividenden von insgesamt 530 Millionen DM bezogen. (Interpellation 1991) Die jährliche Dividende des Bayernwerks lag zuletzt bei 76 Millionen DM. (LT-Protokoll 13/49, 23. Mai 1996) Für die Zeit von 1999 bis 2002 sind von der VIAG AG 430 Millionen DM geflossen und von der E.on AG von 2003 bis 2010 insgesamt 253 Millionen Euro. (DHH 1999/2000 bis 2009/2010, Anlage D zum Epl. 13) Mithin war der Dividendenertrag trotz der Anteilsreduzierung nach der Privatisierung sogar höher als davor. Zudem flossen dem Freistaat nach der Privatisierung auch Erträge von jährlich 65,8 Millionen aus den Erlösen der Fonds zu, die mit der Offensive Zukunft Bayern eingerichtet wurden, davon aus dem Arbeitsmarkt- und Sozialfonds 28 Millionen DM, aus dem Kulturfonds 21 Millionen DM und aus dem Umwelt- und Naturschutzfonds 16,8 Millionen Deutsche Mark. (DHH 1999/2000, Epl. 13)

Ein derartiger Einsatz von Privatisierungsmitteln ist seither bundesweit einzigartig geblieben. Einen ähnlichen Weg haben nur die Länder Baden-Württemberg mit der „Zukunftsoffensive Junge Generation" und Rheinland-Pfalz mit den Stiftungen für Innovationen beschritten, allerdings mit weit geringeren Beträgen. Die Privatisierungen des Bundes mit der ersten Phase von 1959 bis 1965 und der zweiten von 1983 bis 1990 hatten zwar ein deutlich höheres Volumen, dienten aber in erster Linie haushaltspolitischen Zwecken und nicht der investiven Zukunftsvorsorge.

Über die einzelnen Privatisierungen hinaus wurde das Prinzip, dass sich der Staat nur in Ausnahmefällen unternehmerisch betätigen soll, 1994 auch normativ verankert. Bis dahin galt im Haushaltsrecht die Soll-Vorschrift, dass eine Beteiligung bei Bestehen eines „wichtigen staatlichen Interesses, das sich nicht besser auf andere Weise erreichen ließ", eingegangen werden sollte. Daraus wurde jetzt die zwingende Voraussetzung, dass ein „unmittelbares, wichtiges Interesse des Staates" vorliegen musste, das auf andere Weise nicht „ebenso gut oder besser" erfüllt werden kann. (Gesetzentwurf, LT-Drs. 12/14967, 28. März 1994) Bis heute gilt seither unverändert: „Der Staat beteiligt sich, außer in den Fällen des Absatzes 5, an der Gründung eines Unternehmens in einer Rechtsform des privaten Rechts oder einem bestehenden Unternehmen in einer solchen Rechtsform nur, wenn ein unmittelbares, wichtiges Interesse des Staates vorliegt und sich der vom Staat angestrebte Zweck nicht ebenso gut oder besser auf andere Weise erreichen lässt." (Art. 65 Abs. 1 Nr. 1 BayHO)

Der Gesetzgeber hat damit den Vorrang der Privatisierung und Entstaatlichung aus ordnungspolitischen und finanzwirtschaftlichen Erwägungen festgelegt. In Zweifelsfällen wird daher von einer staatlichen Übernahme beziehungsweise Erfüllung von Aufgaben abzusehen sein. Auch mit dieser Regelung hat sich Bayern zum Maßstab gemacht, an dem sich der Bund und die anderen Länder messen lassen müssen. Diese haben bis heute daran festgehalten, dass es für eine staatliche Beteiligung ausreichend ist, wenn ein wichtiges Interesse des Staates vorliegt und sich der vom Staat angestrebte Zweck nicht besser und wirtschaftlicher auf andere Weise erreichen lässt. Dabei hat die Staatsregierung der Beteiligungspolitik keineswegs eine Absage erteilt, sie hat nur die Schwerpunkte neu gesetzt. Anstelle von Beteiligungen an Wirtschaftsunternehmen, die am Wettbewerb teilnehmen, sind mit der Offensive Zukunft Bayern staatliche Gesellschaften der Technologie-Infrastruktur, wie Bayern Innovativ, Bayern International und Bayern Kapital, oder Beteiligungen an Fonds, wie dem Arbeitsmarkt-, Kultur- und Umweltfonds, getreten.

3.3 Nachhaltige Haushaltspolitik

„Der Gedanke der Nachhaltigkeit, der in der Ökologie unbestritten ist, muss auch für die staatlichen Finanzen und andere Teile der Politik gelten. Denn in beiden Fällen – bei der Ökologie und den Finanzen – geht es um Lebens- und Zukunftschancen unserer Kinder und Enkel." (Stoiber 1998)

Der Grundsatz der Nachhaltigkeit war Richtschnur für die Verwendung der Privatisierungserlöse und die Haushaltspolitik darüber hinaus. Er wurde nicht nur als fiskalisches Prinzip verstanden, sondern als ethischer Grundsatz der Verantwortung gegenüber künftigen Generationen. Die Offensive Zukunft Bayern hat das Staatsvermögen in seinem Bestand erhalten und zugleich den Einstieg in einen ausgeglichenen Haushalt auf den Weg gebracht. Damit wurden dauerhafte Werte geschaffen und Entwicklungen für die Zukunft eingeleitet.

Grundstock erhalten

Der Erhalt des Staatsvermögens folgte dem bundesweit einzigartigen Gebot der Bayerischen Verfassung, wonach der Erlös aus der Veräußerung von Bestandteilen des Grundstockvermögens zu Neuerwerbungen für dieses Vermögen zu verwenden ist. (Art. 81 Satz 2 Bayerische Verfassung vom 2. Dezember 1946) Bereits die Bamberger Verfassung von 1919 enthielt eine solche Vorschrift. (Meder-Brechmann 2014, Rn. 4 zu Art. 81 BV)

Die veräußerten Staatsbeteiligungen waren Teil dieses Grundstocks. Nach der Definition des Bayerischen Verfassungsgerichtshofs in seiner „Maxhütte-Entscheidung" ist „als Grundstockvermögen alles Vermögen des Staates zu erachten, das nicht als Kassenbestand, Reserven (Rücklagen) oder Einnahmen durch den Haushaltsplan oder gesetzliche Anordnung zur Verwendung für einen bestimmten Staatszweck zur Verfügung gestellt ist." (BayVerfGH, 3. November 1954, GVBl.: 329, berichtigt 358) Zu diesem im Wert nicht verminderbaren Vermögen gehören zum Beispiel neben Kapitalbeteiligungen auch Amtsgebäude, Hochbauten des Staates oder Grundstücke. Dementsprechend müssen mit Privatisierungserlösen dauerhafte Werte geschaffen werden. Zur Schuldentilgung, wie das der Bayerische Oberste Rechnungshof damals vorgeschlagen hat, oder für laufende konsumtive Ausgaben, wie seinerzeit von der Opposition gefordert, durften sie nicht eingesetzt werden. Diese kluge Vorgabe der Bayerischen Verfassung verhinderte a priori, den Einsatz von Privatisierungserlösen für Ausgaben vorzusehen, die nur kurzfristige Effekte wie Konjunkturprogramme erzielen. Das wäre in der Tat ein Verschleudern von Tafelsilber gewesen.

Das Konzept zur Verwendung der Erlöse stellte sicher, dass das Grundstockvermögen in seinem Bestand ungeschmälert erhalten blieb. Bei der Auswahl der Projekte wurde darauf geachtet, dass es sich entweder um völlig neue, also zusätzliche Maßnahmen handelte oder um solche, die ohne die Privatisierungserlöse jedenfalls in nächster Zeit nicht hätten realisiert werden können. Bei vielen Projekten wurde damit ein erheblicher Zeitgewinn erzielt.

Die Erlöse aus der Privatisierung von Beteiligungen, für die kein unmittelbares staatliches Interesse mehr bestand, wurden seinerzeit in erster Linie zum Ausbau staatlicher Einrichtungen wie Hochschulen eingesetzt. Zum Teil wurden sie aber auch wieder für die Gründung von staatlichen Unternehmen in privater Trägerschaft verwendet. Hier sind in erster Linie die als GmbH geschaffenen

Einrichtungen der Technologie-Infrastruktur wie Bayern Innovativ, Bayern International und Invest in Bavaria zu nennen, die der Stärkung des Technologie-transfers und der Internationalisierung von Wirtschaft und Wissenschaft und damit primär der politischen Gestaltung dienen. Aber auch der Einsatz in Fonds für Arbeit und Soziales, Umwelt und Kultur im Volumen von insgesamt 1,1 Milliarden DM stellte nicht nur den Bestand des Vermögens sicher, sondern auch die Verwendung der Zinserträge für die jeweiligen Zwecke. Gleichwohl konnten im Rahmen der Offensive Zukunft Bayern auch laufende Ausgaben finanziert werden. Durch den Einsatz von Privatisierungserlösen wurden Haushaltsmittel frei, die für flankierende Maßnahmen eingesetzt werden konnten. Hierfür wurde eine Sonderrücklage „Ersparte Haushaltsmittel" geschaffen. Deren Entwicklung ist jeweils als Sondervermögen der Haushaltspläne dokumentiert. (Epl. 13 Anlage B; für 1994 bis 2000 DHH 2001/2002: 461 ff., für 2000 bis 2016 DHH 2015/2016: 381 ff.) Ein Beispiel dafür ist die Verlagerung der Messe München, für die in der Offensive I rund 400 Millionen DM aus Mitteln der Privatisierung verwendet wurden. Die Messebeteiligung ging in das Grundstockvermögen ein. Gleichzeitig wurde dadurch der allgemeine Haushalt entlastet. Aus den freige-wordenen Haushaltsmitteln konnte unter anderem das mit 150 Millionen DM dotierte Lehrstuhl-Erneuerungsprogramm von 1996 bis 1998 finanziert werden. Dieses Programm sollte den Generationenwechsel an den bayerischen Universi-täten begleiten und durch die Ausstattung insbesondere der technischen Lehr-stühle mit modernsten Geräten eine zukunftsorientierte strukturelle Erneuerung in den natur- und ingenieurwissenschaftlichen Fächern sicherstellen.

Die Privatisierungserlöse erlaubten es auch, dringende Vorhaben, für die noch keine Haushaltsmittel verfügbar waren, vorzuziehen und damit Jahre früher zu verwirklichen. Bei den Maßnahmen im Hochschulbau hat der Freistaat den Bundesanteil vorfinanziert. Dafür erhielt Bayern die Zustimmung des Bundes und konnte ab dem Jahr 2004 wieder mit Rückflüssen aus dem Bundeshaushalt rechnen. So war es möglich, sofort anzufangen und die Infrastruktur zu schaf-fen, die es sonst erst Jahre später gegeben hätte. Das war der Einkauf von Zeit.

Es entsprach ebenfalls dem Gebot der Nachhaltigkeit, dafür Sorge zu tra-gen, dass künftige Haushalte nicht durch Folgekosten der Offensive Zukunft Bayern belastet werden. Denn jede Investition verursacht Kosten für den lau-fenden Betrieb, die nicht grundstockkonform sind. Aus den Investitionen der High-Tech-Offensive wurde 1998 mit Folgekosten von rund 100 Millionen DM pro Jahr gerechnet. Dafür wurde – wie in der Regierungserklärung 1998 ange-kündigt – im Zusammenhang mit der High-Tech-Offensive ein Bayern-Fonds eingerichtet. Dieser war mit dem Erlös aus dem Verkauf von VIAG-Aktien mit

3,1 Milliarden DM ausgestattet und diente der Finanzierung der Investitionen aus der dritten Tranche. Der verbleibende Betrag von 453 Millionen DM wurde langfristig angelegt. Die Zinserträge deckten die Folgekosten der Privatisierungsoffensiven ab. (siehe DHH 2007/2008 Epl. 13 Kap. 80 16: 428)

Ausgeglichener Haushalt

Von weitreichender Bedeutung war die Ankündigung eines ausgeglichenen Haushaltes ab 2009 durch Ministerpräsident Stoiber in der Regierungserklärung vom 29. Oktober 1998: „Wir wollen in der Verfassung festlegen, dass mittelfristig nur noch Haushalte ohne Neuverschuldung verabschiedet werden sollen. Den ersten Haushalt ohne Neuverschuldung streben wir bis zum 1. Januar 2009 an, also bis zum Ende der nächsten Legislaturperiode." Damit knüpfte Edmund Stoiber wieder an die Haushaltsentwicklung der fünfziger und sechziger Jahre in Bayern an.

Bereits 1955 hatte Ministerpräsident Hoegner festgestellt: „Die angespannte Finanzlage des Bayerischen Staates wird in den kommenden vier Jahren Parlament und Regierung vor schwere Aufgaben stellen. Sie werden nur durch unbedingten Sparwillen und im Geist einer allgemeinen Opferbereitschaft gelöst werden können. Die Staatsregierung wird sich an die goldene Regel jeder Haushaltspolitik halten, dass die Staatsausgaben, wenn auch nicht in jedem einzelnen Rechnungsjahr, so doch in einem fest umrissenen Zeitabschnitt ihre Deckung in den Staatseinnahmen finden müssen. Sie wird daher dem Landtag nicht nur formell, sondern auch materiell ausgeglichene Haushaltspläne vorlegen." (Stenographischer Bericht, 11. Januar 1955: 32) Über diese Ankündigung hinaus war der Haushalt 1955/56 nicht nur ausgeglichen, es wurde auch noch der Fehlbetrag des Haushalts 1953 in Höhe von 65,3 Millionen DM abgedeckt. (Stenographischer Bericht, 17. Januar 1956: 1433) Und 1957 konnte Finanzminister Friedrich Zietsch feststellen: „Zu den erfreulichen Merkmalen gehört es, dass der Haushalt 1957, wie auch seine Vorgänger 1955 und 1956, formell und sachlich abgeglichen werden konnte. Ich weiß mich mit dem ganzen Hause darin einig, dass ein ausgeglichener Haushalt, insbesondere in einer Zeit der Vollbeschäftigung, in der wir uns befinden, das Fundament jeder Finanzpolitik ist." (Stenographischer Bericht, 17. Januar 1957: 2959) Auch 1960, zur Zeit von Ministerpräsident Hans Ehard, wurden noch 20,3 Millionen Euro Schulden getilgt. 1970 betrug die Nettoneuverschuldung lediglich 18,3 Millionen Euro. Sie stieg dann auf 1 044,8 Millionen Euro im Jahr 1980, sank bis 1990 auf 563,1 Millionen Euro und stieg bis zum Jahr 1998 wieder auf 806,9 Millionen Euro. (Faltlhauser 2002: 17)

Erst die Ankündigung von Ministerpräsident Edmund Stoiber in der Regierungserklärung vom 29. Oktober 1998 brachte wieder eine nachhaltige Wende: „Wir haben im Ländervergleich die niedrigste Zinsausgabenquote und die niedrigste Pro-Kopf-Verschuldung. Aber auch in Bayern hat sich die Gesamtverschuldung innerhalb der letzten 20 Jahre nahezu verfünffacht. Wir wollen daher nicht den für unsere Generation einfachen Weg neuer Schulden gehen, sondern mit Konsequenz und Nachhaltigkeit Haushalte ohne Neuverschuldung bei Aufrechterhaltung einer hohen Investitionsquote erreichen. Wir wollen unseren Kindern keine neuen Lasten aufbürden. Wer heute weniger und morgen keine neuen Schulden aufnimmt, kann übermorgen mehr in die Zukunft investieren." Bereits am 4. Juli 2000 brachte die Staatsregierung ein Gesetz zur Änderung der Bayerischen Haushaltsordnung ein, das einen ausgeglichenen Haushalt noch deutlich früher als 2009 vorsah. In der Begründung zum Regierungsentwurf wurde festgehalten, dass die Staatsverschuldung vor allem auch im Interesse kommender Generationen mittelfristig nicht mehr ausgeweitet werden solle. Vielmehr sollte ein Haushalt ohne Neuverschuldung zum Regelfall werden. Dieses Ziel sollte schrittweise spätestens bis 2006 erreicht werden. (LT-Drs. 14/3979)

Mit der Festlegung auf das Zieljahr 2006 statt 2009 und der Verankerung in der Haushaltsordnung statt in der Verfassung wurde in zwei Punkten von der Ankündigung in der Regierungserklärung vom 29. Oktober 1998 abgewichen. Wie der seinerzeitige Finanzminister Kurt Faltlhauser feststellt (2013: 426), war das frühere Datum vor allem politisch bedingt, denn Bundesfinanzminister Eichel hatte Ende 1999 verkündet: „Mein Ziel ist es, bis zum Jahre 2006 einen ausgeglichenen Haushalt vorzulegen. Um das zu erreichen, sieht die mittelfristige Finanzplanung bis 2002 Einsparungen von jährlich bis zu 50 Milliarden Mark vor." (Die Welt, 24. November 1999) Dies empfand Kurt Faltlhauser als Herausforderung: „Das Selbstverständnis der Staatsregierung war tangiert. War es akzeptabel, dass eine rot-grüne Koalition einen ausgeglichenen Haushalt vor dem Freistaat Bayern vorlegt?! Die Haushaltsexperten des Finanzministeriums haben tagelang gerechnet und diskutiert, bis wir die Aussage wagten, der ausgeglichene Haushalt in Bayern könne bereits im Jahr 2006 realisiert werden. Mit diesem Ergebnis bin ich zu Stoiber gegangen, der zunächst sehr kritische Rückfragen hatte, er wollte kein unnötiges Risiko eingehen. Letztlich haben wir es aber gewagt, den Termin 2006 festzuschreiben." (Faltlhauser 2013: 426) Wie sich später gezeigt hat, wurden die politischen Risiken eines dadurch bedingten (zu) rigorosen Sparkurses schlagend.

Am 14. Dezember 2000 beschloss der Bayerische Landtag diese Änderung der Bayerischen Haushaltsordnung, die am 1. Februar 2006 in Kraft getreten ist. Darin ist seither festgelegt: „Der Haushaltsplan soll regelmäßig ohne Einnahmen aus Krediten ausgeglichen werden." (Art. 18 Abs.1 BayHO) Bereits das Absinken der Neuverschuldung sollte dazu führen, dass die aus der Kreditaufnahme folgende zusätzliche Zinslast für den Staatshaushalt sinkt und damit die politischen Handlungsspielräume erweitert werden. Finanzminister Kurt Faltlhauser hat diese Entscheidung seinerzeit so charakterisiert: „Der 14. Dezember 2000 ist ein historisches Datum in der Geschichte des bayerischen Staatshaushalts. Die heutige Festlegung gibt es in keinem anderen Land. Es gibt sie nicht nur in Deutschland nicht, sondern auch in keinem anderen Land in Europa. Wir sind zwar mittlerweile schon in ganz Europa in einem Wettlauf um mehr Solidität; aber eine Selbstbindung, wie wir sie heute beschließen werden, gibt es nirgends." (Plenarprotokoll 14/55: 3815)

Die Ankündigung, das Gebot des ausgeglichenen Haushalts in der Bayerischen Verfassung zu verankern, wurde erst 2012 verwirklicht. Die für eine Verfassungsänderung erforderliche Zweidrittelmehrheit und der notwendige Volksentscheid sorgten für einen breiten gesellschaftlichen Konsens: „Die hohen Hürden für eine Verfassungsänderung sichern ein Verschuldungsverbot am wirksamsten ab. Mit einem verfassungsrechtlich verankerten Neuverschuldungsverbot wird eine nachhaltige und generationengerechte Finanzpolitik gewährleistet, die vom Grundsatz geprägt ist, dass jede Generation mit den Mitteln auskommen muss, die sie erwirtschaftet." (LT-Drs. 16/15140: 4) Mit dieser Begründung wurde auch klargestellt, dass ein ausgeglichener Haushalt nicht nur eine finanztechnische Maßnahme ist, sondern einer ethischen Motivation folgt, wie sie Ministerpräsident Edmund Stoiber schon in seiner Regierungserklärung 1998 betont hatte. Im Jahr 2010 konnte er feststellen: „Leider hat das Argument Generationengerechtigkeit seinerzeit noch nicht ausgereicht, um die ganze Gesellschaft zu überzeugen von der Notwendigkeit eines ausgeglichenen Haushalts. Das hat sich durch die Euro-Krise schlagartig und dramatisch geändert. Kein Thema wird heute an den Stammtischen und in den Familien mehr diskutiert als die Frage, was mit der Rente der Menschen wird. Wie sie ihr Erspartes anlegen sollen. Ob die große Inflation kommt. Die Leute wissen jetzt: Geben wir dauerhaft mehr aus, als wir einnehmen, machen wir unseren Euro kaputt." (Münchner Merkur, 6. Juli 2010)

Alois Glück hat es so ausgedrückt: „Wir haben uns in den vergangenen Jahrzehnten in einer erschreckenden Selbstverständlichkeit angewöhnt, ständig mehr auszugeben als wir erwirtschaften, nicht nur vorübergehend, sondern über Jahrzehnte hinweg. (…) Bei den Entscheidungen über die Zukunft der öffentlichen Haushalte bedarf es daher einer ethischen Orientierung. In diesen insgesamt guten Zeiten ist es eine vordringliche politische Aufgabe, die Neuverschuldung allmählich zu beenden und alte Schulden zu reduzieren." (zitiert bei Faltlhauser 2002: 19)

Auch bundesweit gilt heute der Grundsatz des (strukturell) ausgeglichenen Haushalts. 2009 wurde er in Artikel 109 Grundgesetz für Bund und Länder gemeinsam verankert. Die Verfassung verpflichtet seither den Bund ab 2016 und die Länder ab 2020 unmittelbar, ihre Haushalte grundsätzlich ohne Einnahmen aus Krediten auszugleichen. Nur in den vom Grundgesetz ausdrücklich bezeichneten Ausnahmen wie Naturkatastrophen, außergewöhnlichen Notfällen und (negativen) Abweichungen von der konjunkturellen Normallage sind neue Kredite zulässig.

Abbau der Staatsverschuldung

Darüber hinaus war die Offensive Zukunft Bayern auch der Ausgangspunkt für das längerfristige Ziel des Abbaus der Staatsverschuldung. So heißt es in der Gesetzesbegründung zur Änderung der Bayerischen Haushaltsordnung im Jahr 2000: „Das darüber hinausgehende Ziel des Abbaus nicht nur der Nettoneuverschuldung, sondern der Staatsverschuldung wird als mittel- bis langfristiges Fernziel angestrebt. Nachhaltigkeit in der Finanzpolitik bedeutet, dass nach Erreichen des Haushaltes ohne Nettoneuverschuldung und bei Vorliegen der erforderlichen Voraussetzungen, insbesondere eines lang anhaltenden Wirtschaftsaufschwungs und einer konsequenten Begrenzung des Ausgabenzuwachses auf ein Niveau unter dem Einnahmenzuwachs, der Abbau der bisher aufgelaufenen Staatsschulden auch im Freistaat Bayern ins Auge gefasst wird." (LT-Drs. 14/3979, 4. Juli 2000: 2)

Ministerpräsident Horst Seehofer hat dieses Ziel wieder aufgegriffen. In seiner Regierungserklärung am 25. Januar 2012 hat er angekündigt, dass Bayern bis 2030 das erste schuldenfreie Land in Deutschland werden soll:

„Wir tilgen über 2,5 Milliarden Euro und damit 11 Prozent unserer Schulden im allgemeinen Haushalt [2012-2014]. Damit sparen wir bis zum Jahr 2030 über 1 Milliarde Euro an Zinsen." Diese Ankündigung wurde noch im gleichen Jahr rechtsverbindlich durch eine Ergänzung von Artikel 18 der Bayerischen Haushaltsordnung (Art. 5 Haushaltsgesetz 2013): „Die Verschuldung am Kreditmarkt ist bis 2030 abzubauen; die konjunkturelle Entwicklung ist dabei zu berücksichtigen." Von 2012 bis 2016 wurden bereits über 3,59 Milliarden getilgt. Der Doppelhaushalt 2017/2018 sieht eine weitere Schuldentilgung von 500 Millionen Euro pro Jahr vor. Damit werden innerhalb von sieben Jahren rund 4,6 Milliarden Euro alte Schulden zurückgeführt. Der Schuldenstand beträgt nunmehr 19,5 Milliarden Euro. Allein aus den Tilgungen von 2012 bis

2014 von 2,5 Milliarden Euro beträgt die Zinsersparnis bis zum Jahr 2030 insgesamt etwa 1,3 Milliarden Euro.

Investitionsquote

Das Ziel der Nachhaltigkeit wurde seinerzeit auch für die staatlichen Investitionen angestrebt. Das in der Regierungserklärung von 1998 genannte Ziel einer „hohen Investitionsquote" wurde in der bereits genannten Gesetzesbegründung vom 4. Juli 2000 konkretisiert: „Ein Haushalt ohne Neuverschuldung sichert langfristig Finanzspielräume für Zukunftsaufgaben und insbesondere auch ein hohes Niveau öffentlicher Investitionen. In Zukunft sollte eine Investitionsquote von 15 Prozent im Staatshaushalt gehalten werden." (LT-Drs. 14/3979: 3) Dieses Ziel wurde von 1998 bis 2003 mit durchschnittlich 15,7 Prozent erreicht. Durch die Investitionen der Offensive stieg sie für diese Zeit nach den Angaben im jeweiligen Staatshaushalt durchschnittlich um ein Prozent auf eine Quote auf 16,7 Prozent. Sie übertraf damit den Durchschnitt der westlichen Flächenländer um mehr als fünf Punkte. Dagegen liegt im Doppelhaushalt 2017/2018 die Investitionsquote im bayerischen Staatshaushalt nur noch bei 11,8 beziehungsweise 12,1 Prozent, im Nachtragshaushalt 2018 bei 12,4 Prozent. Sie ist damit aber immer noch deutlich höher als in Baden-Württemberg (9,2 Prozent), Nordrhein-Westfalen (8,9 Prozent) und der Ländergesamtheit West (9,4 Prozent). (Staatskanzlei, Pressemitteilung 17. Oktober 2017).

3.4 Kooperative Politik – Beschäftigungspakt Bayern

„Im Rahmen der Verhandlungen zu einem Beschäftigungspakt Bayern haben Gewerkschaften und Arbeitgeber übereinstimmend eine Reihe arbeitsmarktpolitischer Maßnahmen vorgeschlagen. Mit dem Arbeits- und Sozialfonds wollen wir diese Vorschläge aufgreifen und verwirklichen. Er ist ein Angebot an Gewerkschaften und Arbeitgeber für eine kooperative Beschäftigungspolitik." (Stoiber 1996)

Die deutschen Länder haben in der aktiven Arbeitsmarktpolitik Handlungsspielräume für innovative Instrumente und Maßnahmen. Diesen Spielraum hat Bayern in der Offensive Zukunft Bayern mit einem neuen, eigenständigen Konzept genutzt, der kooperativen Beschäftigungspolitik. Der Königsweg für mehr Arbeit war die Einbindung der Gewerkschaften in die Offensive. Diese Zusammenarbeit entsprach guter bayerischer Tradition, die in den fünfziger und sechziger

Jahren wesentlich zur Standortsicherung beigetragen hat. Als herausragendes
Beispiel sei das Zusammenwirken mit den IG-Metall-Funktionären Fritz Böhm
und Kurt Golda genannt.

So war die von der Daimler-Benz AG übernommene Auto Union GmbH 1958
konkret von der Verlagerung nach Nordrhein-Westfalen bedroht. Es musste ein
neues Werk gebaut werden – entweder in Ingolstadt oder in Zons bei Düsseldorf,
wo man bereits große Grundstücksflächen erworben hatte. Der damalige Betriebsratsvorsitzende der Auto Union GmbH, der Landtagsabgeordnete Fritz Böhm von
der SPD, kämpfte 1959 für den Erhalt des Standortes Ingolstadt. Die von der
Daimler AG betriebene Entscheidung für ein neues Werk in Düsseldorf hätte über
kurz oder lang das Ende der Fertigung in Ingolstadt bedeutet. Böhm formte eine
große bayerische Koalition für Ingolstadt. „Sogar mit Franz Josef Strauß hat er
paktiert, der von der Idee, es Nordrhein-Westfalen zu zeigen, sehr angetan war
und sich für Staatsbürgschaften stark gemacht hat." Die Entscheidung fiel für Ingolstadt, nicht zuletzt unterstützt durch einen Kredit über 25 Millionen DM der
Bayerischen Staatsbank. Dies ermöglichte die Werksgebäude an der Ettinger Straße, dem heutigen Firmensitz der Audi AG. (Donaukurier, 9. Juli 2009)

Nur ein Jahr später geriet BMW durch hohe Verluste aller Produktionsspar-
ten in existenzbedrohende Probleme. Die zunächst geplante Mehrheitsüber-
nahme durch Daimler wurde in der legendär gewordenen Hauptversammlung
am 9. Dezember 1959 verhindert. Der Betriebsratsvorsitzende Kurt Golda der
BMW AG hatte wesentlichen Anteil daran, dass Hauptaktionär Herbert Quandt,
anstatt das Unternehmen an Daimler-Benz zu verkaufen, in das Unternehmen
investiert und so den Grundstein für den späteren Erfolg von BMW gelegt hat.
Herbert Quandt war überzeugt davon, dass er das Unternehmen mit dem neu-
en Kleinwagen BMW 700 aus der Krise fahren konnte. Mit Hilfe staatlicher
Überbrückungshilfen wurde BMW im Folgejahr saniert. Die Landesanstalt für
Aufbaufinanzierung (LfA) stellte bis 1968 rund 90 Millionen DM an Krediten
zur Verfügung. Konkurs und Zerschlagung des Unternehmens konnten damit
abgewendet werden. Die Süddeutsche Zeitung schrieb am 21. September 1985
zum 60. Geburtstag von Kurt Golda: „Der Vorsitzende dieses Betriebsrates war,
auch unternehmerisch, viel weitsichtiger und auch mutiger als sein ganzer da-
maliger Vorstand. Deshalb wandte er sich auch mit Verve gegen eine sogenannte
Sanierung ‚seiner' Firma, die letzten Endes bloß darauf hinausgelaufen wäre, die
Bayerischen Motoren Werke AG, München, für ein Butterbrot zur Montagefab-
rik von Daimler-Benz zu machen."

Mit dieser pragmatischen Politik gegenüber den Gewerkschaften war es vorbei,
als die CDU in ihr Berliner Grundsatzprogramm von 1968 schrieb, die „über-

betriebliche Mitbestimmung der Arbeitnehmer im sozial-wirtschaftlichen Bereich solle in Arbeitnehmerkammern gesichert werden." (CDU 1968) Auch die bayerische Staatsregierung hat diese Überlegung weiter verfolgt. Sozialminister Fritz Pirkl hat die Konzeption der „Errichtung einer Arbeitskammer für den Freistaat Bayern" am 29. Januar 1969 im Landtag angesprochen. (Plenarprotokoll, 29. Januar 1969: 2770) Im Februar 1970 gab sein Ministerium bei Professor Hans Zacher ein Rechtsgutachten zur verfassungsrechtlichen Zulässigkeit der Errichtung von Arbeitskammern in Bayern in Auftrag. Das Gutachten kam zum Ergebnis: „Ob die Errichtung von Arbeitskammern durch den Freistaat Bayern rechtlich zulässig ist, lässt sich nicht für alle Fälle entscheiden. Es kommt darauf an, wie die Arbeitskammern ausgestaltet werden. (…) Zu beachten ist vor allem, dass die Arbeitskammern nicht so ausgestaltet werden dürfen, dass sie durch ihre Tätigkeit und die Belastung ihrer Mitglieder die Bereitschaft und letztlich die Möglichkeit der Arbeitnehmer ersticken, sich in Gewerkschaften zu organisieren." (Zacher: 81 f.)

Im CSU-Grundsatzprogramm von 1976 hieß es noch immer: Die Christlich-Soziale Union wird prüfen, ob die öffentlich-rechtliche Vertretung der Arbeitgeber durch die Industrie- und Handelskammern und durch die Handwerkskammern der Ergänzung durch eine öffentlich-rechtliche Vertretung der Arbeitnehmer durch Arbeitskammern bedarf. Letztlich ist das Vorhaben zu keinem Abschluss gekommen, aber die Distanz der CSU-geführten Staatsregierungen zu den Gewerkschaften ist geblieben. Erst in den achtziger Jahren wuchs die Einsicht, dass eine Annäherung vorteilhaft sein konnte. So bedauerte Franz Josef Strauß bereits 1982, dass er nicht eher einen Wandel im Umgang mit den Gewerkschaften eingeleitet hatte: „Wenn ich das vor ein paar Jahren gemacht hätte, könnte ich heute deutscher Kanzler sein." (Der Spiegel, 24. Mai 1982: 23, zitiert in Hopp 2010) Franz Josef Strauß war sich der Notwendigkeit bewusst, die Arbeitnehmer für den technischen Wandel zu qualifizieren und sah dies auch als Aufgabe von Staat und Tarifpartnern. So hat er in seiner Regierungserklärung „Politik für Bayerns Zukunft" 1986 festgestellt: „Wir wollen die Qualifikation der Arbeitnehmer verbessern. Der technische Wandel kann nur gemeistert werden, wenn die Arbeitnehmer den sich rasch ändernden Anforderungen entsprechen können. (…) Qualifizierte Ausbildung, berufliche Fort- und Weiterbildung erhöhen die Einstellungs- und Aufstiegschancen und sind Voraussetzungen für die Nutzung technischer Innovationen. Dies ist eine große Aufgabe und Herausforderung für Arbeitgeber und Arbeitnehmer, Tarifpartner und Staat sowie für das vielfältige, auch außerschulische Bildungswesen."

Ministerpräsident Edmund Stoiber ging einen Schritt weiter und leitete einen grundlegenden Wandel im Verhältnis zum DGB ein, indem er die Bekämpfung der Arbeitslosigkeit und die Gestaltung des Wandels in der Arbeitswelt als gemeinsame Aufgabe von Staat, Wirtschaft und Gewerkschaften sah. Das war ein neuer und nahezu revolutionärer Ansatz in der Gewerkschaftspolitik der Staatsregierung. Galt es bisher, den Christlichen Gewerkschaftsbund (CGB) als Gegengewicht zum DGB zu stärken und der Gewerkschaftsmacht die Bildung von Arbeitskammern entgegenzusetzen, so wurde nun der DGB als Partner für eine kooperative Beschäftigungspolitik gesucht.

Der 1947 entstandene Bayerische Gewerkschaftsbund war zwei Jahre später in dem in München gegründeten Deutschen Gewerkschaftsbund (DGB) aufgegangen. Die DGB-Gewerkschaften zählen in Bayern rund eine Million Mitglieder. Demgegenüber weist der CGB bundesweit 280 000 Mitglieder auf, wovon etwa 20 Prozent auf Bayern entfallen dürften (genauere Zahlen liegen nicht vor, da der CGB keine Mitgliederstatistiken veröffentlicht). Nach 1945 schlossen sich die christlichen Gewerkschafter den Einheitsgewerkschaften an. Die Hoffnungen auf einen gleichberechtigten christlich-sozialen Flügel im DGB („Christlich-Soziale Kollegenschaft") erfüllten sich jedoch nicht. Eine Minderheit der christlichen Arbeiter gründete daher 1955 die christliche Gewerkschaftsbewegung, der 1959 die Gründung des Gesamtverbandes der christlichen Gewerkschaften Deutschlands folgte. Dieser konnte jedoch nicht mehr an die Bedeutung der früheren christlichen Gewerkschaften anknüpfen. (Konrad-Adenauer-Stiftung 2018)

Die politische Wende kam für die Wirtschaft wie für die Gewerkschaften gleichermaßen überraschend und war zunächst von Misstrauen, Kritik und Bedenken begleitet. Greift der Staat dadurch in die Autonomie der Tarifpartner ein? Gibt er sein Gestaltungsmonopol auf? Verlieren die Arbeitgeber ihre bisher privilegierte Stellung als Partner der Staatsregierung? Führt es zu politischen Verwerfungen, wenn den der Opposition nahestehenden Gewerkschaften eine Teilhabe an staatlichen Förderentscheidungen gewährt wird? Das alles hielt den Ministerpräsidenten nicht von diesem historischen Experiment ab, das der Autor von Anfang an befürwortet hatte. Am Ende gab es eine klare Entscheidung, auch hier einen neuen Weg zu gehen und die Privatisierungserlöse im Interesse einer wirksamen Beschäftigungspolitik auch für einen Beschäftigungspakt von Staat, Arbeitgebern und Gewerkschaften zu nutzen.

Das erste Zusammentreffen mit dem Landesvorstand des DGB fand am 21. Oktober 1993 statt. Thema war die Verzahnung der Wirtschafts- mit der Arbeitsmarktpolitik. Mit dieser Zielsetzung wurden 1994 vier Programme auf den Weg gebracht: „Aktionsprogramm Standort Bayern 2000" (Innovation und Berufsbildung), „Aktionsprogramm Bayern für mehr Beschäftigung" (Existenzgründungen und Qualifizierung von Arbeitnehmern), „Aktionsprogramm

Wissenstransfer" (Technologietransfer im Mittelstand) und „Aktionsprogramm Technikakzeptanz". (Stoiber 1994: 8551) Diese beschäftigungspolitischen Initiativen, noch aus Haushaltmitteln und ohne Beteiligung der Gewerkschaften gestartet, waren auch ein erstes Signal für eine Annäherung an die Gewerkschaften.

In seiner Stellungnahme vom 12. Juli 1994 zur Offensive Zukunft Bayern begrüßte der DGB Bayern die Verwendung der Privatisierungserlöse für Wissenschaft, Forschung und Technologietransfer und schlug die Einrichtung einer „Bayerischen Initiative für Beschäftigung und Qualifikation" vor. Ministerpräsident Stoiber und der Vorsitzende des DGB Bayern, Fritz Schösser, vereinbarten am 27. September 1995 eine enge Zusammenarbeit zwischen Staatsregierung und Gewerkschaften zur Lösung der Herausforderungen für den Wirtschaftsstandort und den Arbeitsmarkt in Bayern. Danach sollte der DGB Bayern bereits im Vorfeld politischer Entscheidungen beteiligt werden. (Staatskanzlei, Pressemitteilung 27. September 1995). Bereits am 15. Januar 1996 verabschiedete die Staatsregierung den Entwurf eines Beschäftigungspaktes, der noch im gleichen Monat mit Arbeitgebern und Gewerkschaften erstmals erörtert wurde. Zur weiteren Abstimmung wurden Verhandlungsgruppen eingerichtet: Ein Leitungsgremium, bestehend aus dem Autor als Amtchef der Staatskanzlei, dem Hauptgeschäftsführer der Arbeitgeberverbände, Karl Bayer, und dem stellvertretenden Vorsitzenden des DGB Bayern, Klaus Dittrich, sowie Arbeitsgruppen zu den Fachthemen, die von Seiten des Freistaats von den Amtchefs von Arbeits- und Wirtschaftsministerium bestritten wurden. Am 18. März 1996 fand das erste Treffen auf Leitungsebene in der Staatskanzlei statt. (siehe Zeittafel DGB 1996: 16 f.)

Wie für die Offensive Zukunft Bayern gab es auch für den Beschäftigungspakt Bayern kein Vorbild und keine Blaupause. Auf Landesebene war in der Bundesrepublik Deutschland bisher kein entsprechendes Bündnis dreier Partner abgeschlossen worden. Auf nationaler Ebene gab es neben der Konzertierten Aktion von 1967 bis 1977 lediglich das „Bündnis für Arbeit und Standortsicherung", das unter der Regierung von Bundeskanzler Helmut Kohl vom damaligen IG-Metall-Vorsitzenden Klaus Zwickel am 1. November 1995 angestoßen wurde, aber Ende April 1996 scheiterte.

Dementsprechend waren die Gespräche, die der Autor zur Vorbereitung des Paktes ab Februar 1996 führte, ausgesprochen schwierig. Vor allem die Vertreter der Wirtschaft zögerten lange, einem solchen Bündnis beizutreten. Dem Autor kam zugute, dass er nach mehrjähriger Tätigkeit im Sozialministerium besonderes Verständnis für soziale Strukturen und Fragestellungen gewonnen hatte. Es gelang schließlich, die Arbeitgeberseite davon zu überzeugen, dass die Einbindung der Gewerkschaften im Interesse der Unternehmen war, und die Gewerkschaften, dass sie bei einer Mitwirkung am Beschäftigungspakt weit mehr von ihren Vorstellungen durchsetzen konnten, als es ihnen von außen jemals möglich gewesen wäre. Es galt vor allem, Vertrauen zwischen den Partnern zu schaffen und Wunschvorstellungen auf ein realistisches Maß zurückzuführen. Diese Balance ist gelungen. So hat der Präsident der Arbeitgeberverbände in Bayern, Hubert Stärker, dem Autor bescheinigt, dass er sich stets gegenüber den Problemen der Wirtschaft sehr aufgeschlossen gezeigt habe. „Die neuesten Entwicklungen der Arbeitslosenzahlen zeigen uns, wie dringend wir den Beschäftigungspakt in Bayern in die Tat umsetzen müssen." (Schreiben vom 11. Februar 1997) Der Vorsitzende des DGB Bayern, Fritz Schösser, stellte fest: „Den Ausschlag für unsere Zustimmung zum Beschäftigungspakt haben die Maßnahmen im eigenen Verantwortungsbereich der Landesregierung gegeben. Hier ist die Staatsregierung in vielen Bereichen über ihren eigenen Schatten gesprungen und hat mit bisherigen politischen Tabus gebrochen." (DGB 1996: 9) Christiane Berger, später stellvertretende DGB-Vorsitzende in Bayern, hat im Juli 2000 bestätigt: „Rund ein halbes Jahr dauerten die zum Teil sehr schwierigen Vorbereitungen für den Beschäftigungspakt Bayern. Nach dem Zwickel-Vorschlag für ein Bündnis für Arbeit war es vor allem die Bayerische Staatsregierung gewesen, die, gut ausgestattet mit finanziellen Mitteln aus Privatisierungserlösen, auf die bayerische Variante eines Bündnisses für Arbeit drängte. Der Beschäftigungspakt Bayern hat in weiten Teilen den Charakter einer konzertierten Aktion. Einigten sich doch die Akteure auf ein millionenschweres staatliches Ausgaben- und Förderprogramm zur Stabilisierung und Verbesserung des bayerischen Arbeitsmarktes." (Berger 2000)

Noch im April 1996 war völlig ungewiss, ob es zu einem Abschluss des Paktes kommen würde. Eine Vielzahl von Differenzpunkten war noch zu bereinigen, einige mussten offen bleiben. Am Gravierendsten war die Forderung des DGB, eine feste Zielvorgabe von jährlich 50 000 neu zu schaffenden Arbeitsplätzen zu vereinbaren. Das war nicht realistisch, auch wenn die stellvertretende DGB-Vorsitzende Engelen-Kefer im Herbst 1996 aufgrund von Modellrechnungen des Instituts für Arbeitsmarkt- und Berufsforschung der Bundesanstalt für Arbeit (IAB) eine bundesweite Halbierung der Arbeitslosigkeit für möglich gehalten hat. (dpa, 3. Oktober 1996) Auf Vorschlag des Autors einigte man sich auf eine Absichtserklärung, die Zahl der Arbeitslosen in Bayern bis zum Jahr 2000 abhängig von den Rahmenbedingungen zu halbieren. Damit bestand wenigstens die Chance, mit dem Pakt und den vorgesehenen gemeinsamen Maßnahmen beginnen zu können. Dass die Halbierung im Jahr 2000 nicht in vollem Umfang erreicht wurde, spielte dann keine Rolle mehr. Tatsächlich ist die Arbeitslosenquote in Bayern von 1966 bis 2000 immerhin um 30 Prozent (von 7,9 auf 5,5 Prozent) gesunken. Das war deutlich mehr als im Bund, wo die Reduzierung nur rund 16 Prozent (von 11,5 auf 9,6 Prozent) betrug.

In vier Sitzungen auf Leitungsebene und sechs Sitzungen von Arbeitsgruppen zu den Fachthemen wurde um eine gemeinsame Lösung gerungen. Nach intensiven Beratungen, die immer wieder vom Scheitern bedroht waren, ist es dem Autor am 17. Mai 1996 gelungen, Konsens über einen Beschäftigungspakt mit grundlegenden Zielsetzungen und Vereinbarungen und über ein Beschäftigungsprogramm mit konkreten Maßnahmen zu erzielen. In einem abschließenden Bericht vom 20. Mai 1996 an den Ministerpräsidenten hat der Autor seinerzeit die politisch bedeutsamen Punkte festgehalten. Neben dem neuen Ansatz einer kooperativen Beschäftigungspolitik und der gemeinsamen Zielsetzung, die Arbeitslosigkeit zu halbieren, waren dies vor allem die Selbstverpflichtungen der drei Partner. Der DGB sagte zu, auf beschäftigungsorientierte Tarifabschlüsse hinzuwirken, die Wirtschaft erklärte sich zur Schaffung neuer Arbeitsplätze bereit und die Staatsregierung zu einem umfangreichen Mitteleinsatz im Rahmen der Privatisierungserlöse. Damit bestand die Chance, jedenfalls bis 2000 einen großen Stabilitätsfaktor für die wirtschaftliche und soziale Entwicklung in Bayern zu sichern, mit einem beschäftigungspolitischen Stabilitätspakt als weiterem positiven Standortfaktor für den Freistaat.

Noch vor dem Abschluss des Paktes nannte Ministerpräsident Stoiber in der Regierungserklärung vom 12. Mai 1996 konkrete Vorschläge des Staates. Ein Experimentiertopf sollte Mitarbeiter in finanzschwachen kleinen und mittleren Unternehmen für den technologischen Wandel qualifizieren. Regiestellen sollten durch Beratung, Qualifizierung und Vermittlung von unternehmerischem Wissen den Übergang in eine neue Beschäftigung oder in die Selbstständigkeit vorbereiten und steuern. Regionale Arbeitsmarktinitiativen und Modellprojekte, wie Dienstleistungszentren, sollten als Arbeitgeber den Einsatz von Arbeitnehmern abstimmen. Mit der Koordinierung der regionalen Initiativen und Projekte sollten neu eingerichtete Beschäftigungsreferate bei den Bezirksregierungen beauftragt werden. Der Ausbau der Arbeitnehmerüberlassung in gemeinnütziger Trägerschaft sollte helfen, vor allem Langzeitarbeitslose wieder in den regulären Arbeitsmarkt einzugliedern. Mit einem einmaligen Startzuschuss sollte Frauen, die besonders von Arbeitslosigkeit betroffen waren, der Schritt in die Selbstständigkeit erleichtert werden. Mit einem Arbeitsplatzprogramm sollten in strukturschwachen Gebieten neue Unternehmen unterstützt, bestehende Arbeitsplätze erhalten sowie neue Arbeitsplätze und Qualifizierung gefördert werden.

Am 11. Juni 1996 wurde der Beschäftigungspakt Bayern vom Präsidenten der Vereinigung der Arbeitgeberverbände Bayern, Hubert Stärker, dem Vorsitzenden des DGB Bayern, Fritz Schösser, und Ministerpräsident Edmund Stoiber unterzeichnet. Die drei Partner vereinbarten darin eine kooperative Beschäftigungspolitik mit dem vorrangigen Ziel, die Arbeitslosigkeit in Bayern deutlich zu reduzieren. Damit wurde ein völlig neuer Weg der Beschäftigungspolitik auf der Grundlage der sozialen Marktwirtschaft beschritten. Gemeinsames Ziel aller drei Partner war es, den Beschäftigungsabbau zu stoppen, die Zahl der Arbeitslosen bis Ende 2000 zu halbieren und ein ausreichendes Ausbildungsplatzangebot zu schaffen. Dabei gingen sie davon aus, dass sich die nationalen und internationalen Rahmenbedingungen bis 2000 positiv weiterentwickeln würden.

Zur Erreichung dieser Ziele verpflichteten sich die Verbände der Wirtschaft und der DGB vor allem, auf beschäftigungsorientierte Tarifverträge und flexible Arbeitszeiten hinzuwirken und bis zum Jahr 2000 Ausbildungsplätze für jeden Schulabgänger und mehr Teilzeitarbeitsplätze zu schaffen. Die Organisationen der Wirtschaft sagten zu, bei ihren Mitgliedsfirmen für eine verstärkte Investitionstätigkeit am Standort Bayern zu werben und auf mehr Teilzeitarbeitsplätze und Ausbildungsplätze hinzuwirken. Die Staatsregierung erklärte sich bereit, mit dem Einsatz von Privatisierungserlösen von 1,2 Milliarden DM in der Offensive II wiederum einen wesentlichen Beitrag zur Wirtschafts- und Beschäftigungsförderung zu leisten und das vereinbarte Beschäftigungsprogramm umzusetzen. Dies betraf sowohl Maßnahmen auf Landesebene wie Initiativen auf Bundesebene. Die Staatsregierung verpflichtete sich, die gemeinsam beschlossenen Maßnahmen im Gesetzgebungsverfahren zu unterstützen und das Modell des Beschäftigungspaktes in die Beratungen der Ministerpräsidentenkonferenz einzubringen, was dann auch geschah. Der angestrebte nationale Beschäftigungspakt konnte jedoch nicht erreicht werden.

Vor allem das Beschäftigungsprogramm enthielt viele Punkte, die nach wie vor aktuell sind. Neben den Maßnahmen der Offensive Zukunft Bayern wurden arbeitnehmerspezifische Projekte einbezogen wie eine Initiative für Qualifizierung und Arbeitsförderung durch schulische Maßnahmen, die Integration des Technologietransfers in die Aus- und Fortbildung, die Verbesserung der Technikakzeptanz mit Technologieberatung für Arbeitnehmer sowie Strukturerneuerungshilfen für Regionen mit besonderen Beschäftigungsproblemen unter Einbeziehung traditioneller Industriestädte in die landeseigene Regionalförderung. Für weitere Privatisierungen von Aufgaben und Beteiligungen wurden die Wahrung des hoheitlichen Kerns, die Gewährleistung des notwendigen Maßes an Daseinsvorsorge und Infrastruktur unter Beachtung von Qualitätsstandards sowie die sozialverträgliche Gestaltung personeller Maßnahmen vereinbart. Als Arbeitgeber und Auftraggeber verpflichtete sich der Freistaat Bayern zum Abbau von Überstunden, zu Arbeitszeitmodellen, mehr Ausbildungsplätzen sowie Tariftreueerklärung und Nachunternehmererklärung für öffentliche Aufträge.

Initiativen auf Bundesebene waren ein nationaler Stabilitätspakt zur Konsolidierung der öffentlichen Haushalte, die Fortsetzung der Unternehmenssteuerreform, die steuerliche Begünstigung von Kapitalbeteiligungen an innovativen Existenzgründungen und jungen Technologieunternehmen sowie die Reform des Sozialstaats und die Senkung der Lohnnebenkosten. Darüber hinaus war eine verstärkte Beteiligung der Arbeitnehmer am wachsenden Produktivvermögen Thema des Beschäftigungspakts. Zur Vermögensbildung sollten verbesserte Möglichkeiten der Beteiligung der Arbeitnehmer am Unternehmen geprüft werden. Einige Punkte wurden ausdrücklich als strittig bezeichnet. So bestand kein Konsens mit der vom DGB geforderten Rückkehr zur 40-Stunden-Woche. Der Landesverband der Bayerischen Industrie und die Industrie- und Handelskammern wandten sich gegen staatliche Tariftreue- und Nachunternehmererklärungen. Im Gegensatz dazu hat der Präsident der bayerischen Arbeitgeberverbände, Hubert Stärker in einem Gespräch mit dem Ministerpräsidenten am 31. Juli 1996 erklärt, dass auch durch die Nachunternehmer- und Tariftreueerklärung ein mutiges Zeichen gesetzt worden sei, der Existenzbedrohung von kleinen und mittleren Unternehmen der Bauwirtschaft durch ausländische Billiganbieter und Lohndumping entgegenzutreten.

Ein Kernstück des Beschäftigungspaktes war neben dem mit 250 Millionen dotierten Beschäftigungsprogramm die Einrichtung eines Arbeitsmarkt- und Sozialfonds mit 400 Millionen DM. Über den Einsatz der Zinserlöse für den Arbeitsmarkt sollten die Partner des Beschäftigungspaktes gemeinsam bestimmen. Anders als bei den anderen Fonds für Kultur, Umwelt und Soziales entschieden nicht Ministerrat und Haushaltsausschuss des Landtags über die einzelnen Projekte. Diese wurden vielmehr im Konsensprinzip von der Arbeitsgruppe der Vertragspartner ausgesucht und festgelegt. Mit dem Fonds wurde die im Rahmen der Verhandlungen zum Beschäftigungspakt gegebene Zusage der Einbindung von Arbeitgebern und Gewerkschaften in die Verwendung der Privatisierungserlöse eingelöst. Die einhellig vorgeschlagenen arbeitsmarktpolitischen Maßnahmen wurden mit diesem Fonds aufgegriffen. Er war, wie es Ministerpräsident Stoiber in der Regierungserklärung vom 23. Mai 1996 festgestellt hat, ein Angebot für eine kooperative Beschäftigungspolitik.

Ergebnisse

Der mit dem Beschäftigungspakt verfolgte kooperative Ansatz hat bereits 1998 mit zur Trendwende auf dem Arbeitsmarkt und insbesondere zur positiven Ausbildungsstellensituation beigetragen. So wurden seit Abschluss des Paktes im Juni 1966 in Bayern mit staatlicher Unterstützung in den ersten zwei Jahren rund 150 000 Arbeitsplätze gesichert und rund 52 000 neu geschaffen. Bis Ende 1998 wurden 137 Projekte mit einem Fördervolumen von rund 75 Millionen DM durch den Arbeitsmarktfonds ausgewählt. Zudem wurden aus dem Fonds Mobilitätshilfen für Auszubildende und Zuschüsse für Betriebe gewährt, die sozial benachteiligte Jugendliche zusätzlich ausbilden. Die Staatsregierung forderte bei der Vergabe staatlicher Bauaufträge von den Bietern die Abgabe einer Tariftreue- und Nachunternehmererklärung, was heimische Arbeitsplätze in der Baubranche gesichert hat. Die Tarifabschlüsse in Bayern enthielten in zunehmendem Maße beschäftigungswirksame Elemente (zum Beispiel moderate Lohnabschlüsse und Rahmen für flexible Arbeitszeitmodelle), die durch das positive Klima im Rahmen des Beschäftigungspakts begünstigt wurden. Zudem wurden Arbeitgeber und Gewerkschaften in das Regionalkonzept der High-Tech-Offensive einbezogen. (Sozial- und Arbeitsmarktbericht 1999 der Staatsregierung)

Die Projekte der Offensive, und das gilt für alle drei Tranchen, hatten in mehrfacher Hinsicht einen beschäftigungswirksamen Effekt: Sie sicherten kurzfristig Arbeitsplätze in der Bauwirtschaft und langfristig Arbeitsplätze in Wissenschaft und Wirtschaft. Mit der Einbindung der Offensive in den Beschäftigungspakt wurde auch strukturell sichtbar, dass die Schaffung und der Erhalt von Arbeitsplätzen das Oberziel der Offensive war. Die Ergebnisse von Wissenschaft und Forschung dienten der Sicherung und Schaffung von qualifizierten Arbeitsplätzen. Als rohstoffarmes Land mit hoher Exportquote war (und ist) Bayern darauf angewiesen, den Rohstoff Geist in allen Phasen der Innovationskette von der Wissenschaft bis zur Produktion einzusetzen. Im Bericht der Staatsregierung zur sozialen Lage in Bayern aus dem Jahr 1999 wurden die beschäftigungspolitischen Ziele und Strategien der Staatsregierung präzise beschrieben:

– „Die nachhaltige Bekämpfung der Arbeitslosigkeit hat für die Staatsregierung in den nächsten Jahren weiterhin absolute Priorität. Neben den wirtschaftlichen Folgen – der Material- und Analyseband geht zu Recht von fiskalischen Kosten der Arbeitslosigkeit von schätzungsweise 17,6 Milliarden DM 1997 in Bayern aus – hat Arbeitslosigkeit eine tiefgreifende soziale Dimension. Es geht um die menschenwürdige Existenz des einzelnen und seiner Teilnahme an der

Gesellschaft. Der weitaus größte Teil der Menschen ist auf Erwerbsarbeit zur Sicherung des Lebensunterhalts und zur Alterssicherung angewiesen."

— „Die Sicherung bestehender und die Schaffung neuer Arbeitsplätze ist deshalb eine gemeinsame Aufgabe von Wirtschaft, Gewerkschaften und Staat. Neben dem Staat, der die passenden Rahmenbedingungen für Vollbeschäftigung zu setzen hat, trifft die Hauptverantwortung die Lohnpolitik der Tarifpartner. Unabdingbare und zentrale Voraussetzung für mehr Beschäftigung bleiben der Erhalt und die Sicherung des wirtschaftlichen Wachstums: Ohne Wirtschaftswachstum kann weder die Arbeitskräftenachfrage erhöht und das Arbeitsvolumen stabilisiert noch die Einkommenssituation breiter Bevölkerungsschichten verbessert werden. Als Folge ungenügender Beschäftigung wird dann auch die Finanzierung der sozialen Sicherung zunehmend in Frage gestellt. Unverzichtbarer Bestandteil einer erfolgversprechenden Wirtschafts- und Arbeitsmarktpolitik ist deshalb die Förderung der Wachstumskräfte, die möglichst in Abstimmung von Politik und Tarifparteien erfolgen sollte."

— „Von der Staatsregierung wird diese auf Konsens ausgerichtete Politik im Rahmen des Beschäftigungspakts Bayern mit Erfolg praktiziert, verbunden mit einer intensiven Innovations-, Forschungs-, Bildungs- und Technologiepolitik, um den Strukturwandel offensiv bewältigen zu können und die Voraussetzungen für neue, zukunftsträchtige Arbeitsplätze zu schaffen." (Sozialbericht Bayern 1999)

Der kooperative Umgang mit den Gewerkschaften zahlte sich nicht nur in der Beschäftigungsentwicklung, sondern auch politisch für die Staatsregierung aus. Ein sichtbarer Ausdruck der konstruktiven Zusammenarbeit mit dem DGB war, dass die große Wanderausstellung „Acht Stunden sind kein Tag" zur Geschichte der Gewerkschaftsbewegung am 29. April 1997 zuerst in der Bayerischen Staatskanzlei präsentiert wurde. Bedeutsamer noch war, dass der Landesbezirk Bayern der Industriegewerkschaft Bergbau, Chemie und Energie Wirtschaftsminister Otto Wiesheu am 26. November 1997 die Hans-Böckler-Medaille als „Anerkennung der außergewöhnlichen Leistungen im Interesse der Arbeitnehmer" verlieh. (Plenarprotokoll 15/54, 29. November 2005: 4094)

Während Gewerkschaftsmitglieder bis zu den neunziger Jahren mehrheitlich SPD wählten, kehrte sich die Präferenz in der Amtszeit von Ministerpräsident Edmund Stoiber um. Bei der Wahl 1998 war die CSU insoweit nur noch geringfügig unter der SPD, während sie im Jahr 2003 fast 15 Prozentpunkte über den Stimmen der Gewerkschaftsmitglieder für die SPD lag. (Hopp 2010: 136) So hat auch der DGB-Vorsitzende Michael Sommer im Jahr 2003 anerkannt, dass die CSU in Bayern als „Schutzmacht der kleinen Leute" angesehen wird. (Hamburger Abendblatt, 28. Oktober 2003) An dieser Entwicklung hat sich nichts geändert: Bei der Landtagswahl 2013 lag die CSU bei Gewerkschaftern bei 40 Prozent, die SPD lediglich bei 28 Prozent. (einblick dgb, 2013) Klar war allerdings auch, was der Beschäftigungspakt nicht leisten konnte: Er konnte Interessengegensätze zwischen Gewerkschaften und Arbeitgebern nicht aufheben, den politischen Standort des DGB nicht grundsätzlich ändern, Streiks nicht verhindern, Tarifverhandlungen nicht ersetzen, nationale und internationale Rahmenbedingungen nicht garantieren. (dpa, 10. Juni 1996)

3.5 Dezentrale Regionalpolitik – Regionalkonzept Bayern

„Silicon Valley ist unser Vorbild. Aber wir wollen nicht ein oder mehrere Silicon Valleys in Bayern schaffen, vielmehr soll ganz Bayern ein Silicon Valley werden." (Hanisch 1999)

Bayern ist ein Flächenstaat, der größte in Deutschland. Es war seit jeher politisches Ziel der Staatsregierung, den Rahmen für gleichwertige Lebensverhältnisse in allen Landesteilen zu setzen. Schon Ministerpräsident Ehard hat in seiner Regierungserklärung vom 9. Januar 1951 festgestellt, dass die Industriepolitik „unter besonderer Berücksichtigung der notleidenden Gebiete und der bayerischen Grenzlande fortzusetzen" ist. (Stenographischer Bericht 2/4: 23 ff.) Ministerpräsident Goppel hat in seiner Regierungserklärung am 19. Dezember 1962 das Ziel der Staatsregierung bekräftigt, „die Wirtschaftskraft breit über das ganze Land hin und nicht nur an ihren bisherigen Schwerpunkten wachsen zu lassen." (Stenographischer Bericht 5/3: 11)

Dieses Ziel galt unabhängig davon, dass es erst im Jahre 2013 als Staatsziel durch einen Volksentscheid in die Bayerische Verfassung aufgenommen wurde. Nach deren Artikel 3 Absatz 2 Satz 2 fördert und sichert der Freistaat „gleichwertige Lebensverhältnisse und Arbeitsbedingungen in ganz Bayern, in Stadt und Land". Damit wurde explizit verankert, was seit jeher Ziel der bayerischen Politik ist, nicht nur Zentren und Metropolen, sondern auch den ländlichen Raum weiter zu entwickeln. Bayern geht damit bewusst einen anderen Weg als die meisten deutschen Länder. Mit der Verfassungsänderung sollte auch einem in die gegenteilige Richtung zielenden Vorschlag des Zukunftsrates der Staatsregierung von 2009 entgegengewirkt werden, sich auf den Ausbau der Leistungszentren zu konzentrieren. (Plenarprotokoll, 12. Dezember 2012: 10755)

Mit der Offensive Zukunft Bayern wurde dieses Ziel mit einem völlig neuen Ansatz verfolgt: methodisch entsprechend dem Subsidiaritätsprinzip durch von unten nach oben entwickelte Vorhaben, inhaltlich durch einen gezielten Ausbau der jeweiligen technologischen Infrastruktur. Die Basis dafür wurde in den ersten beiden Tranchen der Offensive gelegt mit der Schaffung von Fachhochschulen für Wissenschaft und Technik als regionale Zentren des Wissenstransfers und der Einrichtung von Gründerzentren als Motoren der Unternehmensgründung. Mit der High-Tech-Offensive kamen dann von der jeweiligen Region selbst entwickelte und auf ihre spezifische Struktur ausgerichtete Innovationsprojekte hinzu, die sich in der Folge zu regionalen Netzwerken verdichtet haben, die noch heute das Profil des jeweiligen Regierungsbezirks bilden.

Ausgangspunkt für die Offensive Zukunft Bayern war auch hier der 1993 festgestellte Handlungsbedarf, weil sich abzeichnete, dass die regionale Entwicklung in Bayern nach dem vorübergehenden Boom der Deutschen Einheit immer weiter auseinanderdriftete. Der Beschäftigungsschub in den strukturschwachen Gebieten Nord- und Ostbayerns nach dem Fall des Eisernen Vorhangs hat sich als Strohfeuer entpuppt. Das Nord-Süd-Gefälle innerhalb Bayerns hat nach der Wende in Ostdeutschland, dem Vereinigungsboom und der anschließenden Rezession tendenziell eher noch zugenommen. Das galt gleichermaßen für die Beschäftigtenzahl wie für die Durchschnittsverdienste, die sich in den bayerischen Regionen zwischen 1980 und 1993 nicht angeglichen haben. (Ifo-Institut 1995, zitiert in Die Welt, 7. August 1995)

Daher bestand auch kein Einverständnis mit den Vorstellungen der externen Berater, nur die international herausragenden Zentren von Wissenschaft und Technologie in Bayern zu fördern. Es sollte vielmehr ein Konzept entwickelt werden, das auch und gerade den Technologietransfer in den Regionen sicherstellen sollte. Ziel der Offensive Zukunft Bayern war es, nicht nur einzelnen Zentren oder Regionen, sondern ganz Bayern einen Innovationsschub zu geben. Dieses Gebot war auch Richtschnur für die Offensive und galt für alle Tranchen, in besonderem Maße aber für die High-Tech-Offensive. Die Erstellung des Regionalkonzeptes war ein wesentlicher Schwerpunkt, um im Flächenstaat Bayern auch auf regionaler Ebene die technologische Kompetenz weiter zu entwickeln. Das gesamte Land sollte am technologischen Aufbruch ins neue Jahrtausend teilhaben. In allen Regionen sollten Unternehmer und Arbeitnehmer die gleichen Chancen haben. Neben dem Auf- und Ausbau einer landesweiten Infrastruktur sollte daher jeder Regierungsbezirk seine eigenen Kräfte mobilisieren und ein Konzept zur Stärkung seines Technologieprofils entwickeln. Leitgedanken waren die weitestmögliche Dezentralisierung regionalpolitischer Handlungs- und

Entscheidungskompetenzen durch regionale Entscheidungseinheiten und durch Bündelung der regionalen Kräfte sowie die Bereitstellung eigener Finanzmittel für einzelne dezentrale Einheiten.

Der Autor war damit betraut, das Regionalkonzept zu entwickeln. Dabei hat er erstmals einen Weg beschritten, die Projekte nicht „von oben nach unten" vorzugeben, sondern entsprechend dem Subsidiaritätsprinzip „von unten nach oben" zu entwickeln. Dazu erschien ihm die Einrichtung Runder Tische in den sieben Regierungsbezirken als das geeignete Vorgehen. In drei Gesprächsrunden hat der Autor das Konzept der High-Tech-Offensive und die Struktur des Regionalkonzepts erörtert: In einem ersten Gespräch mit den Regierungspräsidenten am 2. Juli 1998 in der Staatskanzlei, dann in der Zeit vom 11. August 1998 bis zum 7. September 1998 in den Regierungsbezirken. Eine dritte Runde von Gesprächen zur Erstellung der regionalen Technologiekonzepte hat der Autor zwischen dem 5. und 16. Oktober 1998 in den sieben Regierungsbezirken geführt.

Beteiligt waren die jeweiligen Regierungspräsidenten als Koordinatoren, die Präsidenten der Universitäten und Fachhochschulen, die Industrie- und Handelskammern und die Handwerkskammern, die Vertreter der Gewerkschaften sowie der Städte und Landkreise. Die Beteiligung der Gewerkschaften am Regionalkonzept entsprach der Zielsetzung des Beschäftigungspaktes. Die Aufgabe der Runden Tische war es, die technologischen Stärken der jeweiligen Region zu ermitteln und Vorschläge zu entwickeln, wie diese Stärken weiter ausgebaut und vernetzt werden könnten. Dies sollte in eine Prioritätenliste regionaler Maßnahmen münden. Diese Vorhaben sollte durch Gutachter im Auftrag der Staatsregierung evaluiert und mit dem interministeriellen Koordinierungsausschuss abgestimmt werden. Bis Ende 1999 sollte das Regionalkonzept stehen.

Mit dem Regionalkonzept sollte die breite technologische Basis verstärkt werden, die in allen Regierungsbezirken vorhanden war. Dabei sollten die Stärken und Eigenheiten jeder Region zur Geltung kommen. Daher gab es auch keine Planung am Reißbrett und keine zentralen Festlegungen aus München für die regionalen Projekte. Vielmehr lautete die Philosophie für die Regionalkonzepte: Subsidiarität, Konsens und Effizienz. Die Akteure in den Regionen selbst, regionale Wirtschaft und Wissenschaft, waren aufgerufen, die technologischen Stärken ihrer Region festzustellen, Projekte zum Ausbau dieser Schwerpunkte zu entwickeln und letztlich auch Prioritäten für die Förderung zu vereinbaren. In einem landesweiten Ideenwettbewerb sollte Kreativität für die Nutzung vorhandener Chancen geweckt und zu einem gemeinsamen Konzept der Region ausgebaut werden.

Glieder der regionalen Innovationskette waren die Universitäten und vor allem die Fachhochschulen als Einrichtungen des Technologietransfers, die Industrie- und Handelskammern und die Handwerkskammern für die Wirtschaft und die Gewerkschaften für die Arbeitnehmer der Region sowie die Landkreise und kreisfreien Städte als Träger notwendiger Infrastruktur. Sie bildeten unter Leitung des Regierungspräsidenten in jeder Region eine Arbeitsgruppe. Diese sollte nach der ersten Phase der Ideensammlung ab Februar/März 1999 das Technologiekonzept ihrer Region entwickeln. Dabei sollte ein Gutachter in jedem Regierungsbezirk die Arbeitsgruppe beraten.

Bei allen Informationsveranstaltungen und Kontakten in ganz Bayern konnte der Autor feststellen: Allein die Tatsache, dass alle Innovationsakteure in einer Region an einem Tisch saßen und miteinander Bestandsaufnahme, Ideen und Projektvorschläge austauschten, war ein erheblicher Gewinn für alle Regionen in Bayern. Die Diskussionen um das Regionalkonzept haben überall Aufbruchsstimmung, Gestaltungswillen und kreative Kräfte geweckt und die Bindung an die Region gestärkt. Erfreulich war, dass auch viele regionale Medien diesen Ideenwettbewerb begleitet haben.

Kriterien des Regionalkonzepts

Damit der regionale Ideenwettbewerb auch zu einem Höchstmaß an Effizienz führt, gab es Kriterien, die bei der Erstellung aller Regionalkonzepte zu berücksichtigen waren. Danach waren im Rahmen der High-Tech-Offensive nur solche Projekte förderfähig, die im internationalen Maßstab innovativ waren, zu einer Beschleunigung des Technologietransfers führten und auf vorhandenen technologischen Stärken der Region aufbauten. Sie sollten sich in das landesweite High-Tech-Netzwerk einfügen, zur Sicherung bestehender oder zur Schaffung neuer zukunftsorientierter Arbeitsplätze und Unternehmen führen und sich positiv auf Mittelstand und Handwerk auswirken. Bei kommerzieller Ausrichtung war mindestens eine hälftige Eigenbeteiligung der Wirtschaft erforderlich. Nach staatlicher Anschubfinanzierung sollten sich die Projekte später möglichst selbst tragen.

Diese Regeln sollten sicherstellen, dass der staatliche Mitteleinsatz zu dauerhaften und erfolgreichen Projekten in den Regionen führt, und dass die Netzwerke der Regionen möglichst eng miteinander verzahnt würden. Sinnvoll waren aus Sicht des Autors etwa zehn derartiger Projekte pro Regierungsbezirk, also nicht zwangsläufig in jedem Landkreis, nicht an jedem Mittelzentrum, aber in allen wichtigen Teilräumen. Dabei sollten natürlich auch strukturpolitische Aspekte wie vor allem die Beschäftigungssituation eine wichtige Rolle spielen. Besonders förderwürdig waren aus Sicht des Autors Anwendungs- und Kompetenzzentren, wie sie auch vom seinerzeitigen Leiter des Informatik-Zentrums der Gesellschaft für Mathematik und Datenverarbeitung in Bonn, Professor Dennis Tsichiritzis, gefordert wurden. (Tsichiritzis 1998) Ein Schwerpunkt lag dabei im Technologietransfer für das Handwerk. In allen Regierungsbezirken sollten Kompetenzzentren des Handwerks geschaffen oder ausgebaut werden. Diese sollten miteinander, mit den Ausbildungseinrichtungen des Handwerks und mit den Hochschulen vernetzt werden.

Dabei waren die regionalen Vorhaben nicht zwingend an die Schlüsseltechnologien gebunden, die für die Zentren von Weltrang galten. In den Regionalkonzepten sind darüber hinaus regionale Projekte und Netzwerke unter anderem in den Bereichen Verfahrens- und Messtechnik, Design, Bauchemie, Klimaforschung, Keramik-, Glas-, Textil- und Kunststofftechnologie, Verkehr, Energie, Ernährung und Laseroptik entstanden. Externe Gutachter haben die in der jeweiligen Region entwickelten Vorschläge im Einzelnen geprüft und nach ihrer forschungs- und technologiepolitischen Bedeutung, der Stärkung des Forschungs- und Technologienetzes, der Arbeitsplatzrelevanz vor allem für Handwerk und Mittelstand sowie der Nutzen-Kosten-Relation kategorisiert und zur Finanzierung vorgeschlagen. Für die regionalen Technologiekonzepte waren für jeden Regierungsbezirk rund 50 Millionen DM, insgesamt 350 Millionen DM an Privatisierungserlösen vorgesehen. Diese Mittel wurden völlig ausgeschöpft. Zusätzlich zu diesen staatlichen Mitteln flossen noch rund 407 Millionen DM (208 Millionen Euro) aus anderen Quellen. Damit stand für das Regionalkonzept mehr als das doppelte Volumen für Innovationsprojekte zur Verfügung, das heißt insgesamt 757 Millionen DM (387 Millionen Euro) und damit rund 108 Millionen DM (55 Millionen Euro) für jeden Regierungsbezirk. Die hieraus geförderten Projekte und ihre Entwicklung bis zur Gegenwart sind Gegenstand der Darstellung im zweiten Teil dieses Buches.

3.6 Langfristige Strukturpolitik

„Ziel der Offensive Zukunft Bayern war die Aufstellung eines überzeugenden Konzepts, das Bayern auch in den kommenden Jahrzehnten noch prägt." (Stoiber, Fraktionsvorstand 20. Juni 1995)

Die Programme und Reformen der Offensive Zukunft Bayern waren nicht auf eine Legislaturperiode, sondern auf lange Frist angelegt. Im Schnitt wurden die Maßnahmen fünf Jahre nach ihrer Ankündigung in der jeweiligen Regierungserklärung von 1994, 1996 und 1998/1999 verwirklicht. Damit umfasste die

Umsetzung der Offensive bis zum Wirken aller Vorhaben den Zeitraum über 2005 hinaus. Der Leiter der Staatskanzlei stellte in seinem Abschlussbericht am 9. Oktober 2009 fest, dass zehn Jahre nach dem Beginn der Umsetzung 83 Prozent der insgesamt 290 Vorhaben der High-Tech-Offensive einschließlich der Verwendungsnachweisprüfung vollständig abgeschlossen waren. Nur wenige Projekte wie der Technologiepark Mittelfranken (zehn Millionen DM), das Informationszentrum Garching (neun Millionen DM), das Energiezentrum Bifie Nürnberg (7,2 Millionen DM) oder Teile des Umwelttechnologischen Gründerzentrums Augsburg (9,9 Millionen DM) konnten nicht realisiert werden und wurden durch Ersatzprojekte ausgetauscht. Beim Regionalkonzept waren von vornherein Nachrücker-Projekte eingeplant. Nahezu alle Maßnahmen wurden zeitgerecht und vollständig umgesetzt. Die angekündigten Projekte wurden zu nahezu 100 Prozent verwirklicht. Die geplanten Ausgabegrenzen aus den Privatisierungserlösen wurden vollständig eingehalten. Vom Gesamtvolumen der Offensive von rund sieben Milliarden DM wurden über 99 Prozent eingesetzt wie vorgesehen.

Anders als bei vielen Großprojekten oder Programmen der heutigen Zeit gab es auch keine Kostensteigerung, sondern nur vereinzelt Ausgabereste, die für weitere Projekte in Anspruch genommen wurden. So wurde aus nicht mehr benötigten Mitteln für das ausgefallene Projekt eines dritten Bauabschnitts für das Umwelttechnologische Gründerzentrum Augsburg (UTG) die Errichtung und Erstausstattung des zweiten Bauabschnitts des Innovations- und Gründerzentrums BioPark II in Regensburg finanziert. Die für den Technologiepark Mittelfranken eingeplanten Gelder wurden gemäß Ministerratsbeschluss vom 22. Juni 1999 für Alternativprojekte als Anschubhilfen und zeitlich befristete Betriebskostenzuschüsse zur Verfügung gestellt: für die ÖPNV-Akademie in Nürnberg, die Fraunhofer-Kompetenzzentren für Netzzugangstechnik und Optische Kommunikationstechnik in Nürnberg und für die Ultrafeinfokus-Röntgenprüfung in Fürth. Aus Mitteln des nicht realisierten Projekts eines Bayerischen Instituts für intelligentes Energiemanagement (Bifie) wurde später der Energiecampus Nürnberg gefördert.

Weiterführung der Wissenschafts- und Technologiepolitik

Mit der Offensive Zukunft Bayern wurde ein neues Kapitel in der Geschichte der Wissenschafts- und Technologiepolitik in Bayern aufgeschlagen. (zur Entwicklung von 1946 bis 1993 siehe Kapitel eins, Abschnitt zwei) Auch in der Folgezeit wurde sie maßgebend von den Zielsetzungen und Strukturen, Investitionen und

Reformen der Offensive bestimmt. Das gilt für die weiteren Privatisierungen in der Amtszeit von Edmund Stoiber ebenso wie für die Innovationspolitik seiner Nachfolger.

Edmund Stoiber

Ministerpräsident Edmund Stoiber hat auch nach der Offensive Zukunft Bayern bis zum Ende seiner letzten Amtsperiode Ende September 2007 weitere Programme auf den Weg gebracht, die durch Privatisierungserlöse finanziert wurden. Diese betrafen zum Teil auch Investitionen für Wissenschaft und Technik. Die Offensive IV von 2001, die mit 450 Millionen Euro Erlösen aus der Veräußerung von E.on-Anteilen dotiert war, hatte den Schwerpunkt Kinder, Familie und Bildung. Für Kinder und Familien wurden davon 105 Millionen Euro eingesetzt, vor allem für Einrichtungen der Kinderbetreuung und für Investitionen für Behinderte. Auf die Bildung entfielen 215 Millionen Euro, die vorwiegend der Stärkung des bayerischen Schulwesens in der Zeit hoher Schülerzahlen dienten. Der dritte Schwerpunkt betraf mit 130 Millionen Euro wirtschaftsfördernde Maßnahmen für die von der EU-Osterweiterung betroffenen bayerischen Regionen und den Staatsstraßenbau.

Das Investitionsprogramm „Zukunft Bayern" (IZB) von 2005 bis 2008 hatte ebenfalls den Schwerpunkt Kinder, Bildung und Arbeit. Von den Gesamtkosten von 615 Millionen Euro wurden 380 Millionen Euro an Privatisierungsmitteln aus E.on-Erlösen für Baumaßnahmen der Hochschulen und ihrer Kliniken sowie für medizinische Großgeräte eingesetzt. (DHH 2005/2006 180 Millionen Euro, DHH 2007/2008 200 Millionen Euro) Hervorzuheben sind die Vorhaben, die dem weiteren Ausbau der in der Offensive Zukunft Bayern getroffenen Schwerpunktsetzung dienten. Im Bereich der Life Sciences waren dies vor allem

- die Neubauten des Instituts für molekulare Infektionsbiologie und des Forschungszentrums für Biomedizin sowie das Rudolf-Virchow-Zentrum an der Universität Würzburg,
- die Vernetzung der Nuklearmedizin mit den Kliniken der Inneren Medizin und der Dermatologie an der Universität Erlangen-Nürnberg;
- das neue Forschungsgebäude der Medizinischen Fakultät am Klinikum der Universität Regensburg,
- der weitere Ausbau der Universitätskliniken in Würzburg, Erlangen-Nürnberg und München (Rechts der Isar und Großhadern) sowie der Neubau des Wissenschaftszentrums am Kompetenzzentrum für Nachwachsende Rohstoffe in Straubing.

Die Informations- und Kommunikationstechnologie wurde mit Neubauten für angewandte Informatik an den Universitäten in Augsburg und Bayreuth sowie dem Neubau für die Hochschule für Fernsehen und Film in München gestärkt. Die Fachhochschulen in Nürnberg, Weihenstephan und Würzburg-Schweinfurt wurden weiter ausgebaut. Dazu wurden die Beschaffung von Großgeräten an Hochschulen gefördert und ein „Innovationsfonds Hochschule" zur Fortführung des Profilierungsprozesses der Universitäten und Fachhochschulen und der Bewältigung der ansteigenden Zahl der Studierenden geschaffen.

Insgesamt wurden in der Amtszeit von Ministerpräsident Stoiber von Juni 1993 bis Oktober 2007 Privatisierungserlöse von 7,194 Milliarden Euro erzielt, davon die Hälfte für die Offensive Zukunft Bayern. Vom Gesamtvolumen wurden 6,994 Milliarden Euro für Investitionsprogramme verwendet. Davon wiederum entfielen mit rund 4,5 Milliarden Euro knapp zwei Drittel auf die Bereiche Forschung und Technologie. (Faltlhauser 2013: 465 ff.) Auch bei diesen Beträgen sind Komplementärmittel der Wirtschaft, des Bundes und der EU sowie aus dem Staatshaushalt, die zu einer Verdoppelung führen, nicht berücksichtigt.

Günther Beckstein

Ministerpräsident Günther Beckstein hat die Innovationspolitik in seiner Amtszeit vom 9. Oktober 2007 bis zum 27. Oktober 2008 fortgesetzt. In der Regierungserklärung vom 15. November 2007 (Plenarprotokoll 15/109) hat er angekündigt, das bereits von Ministerpräsident Stoiber vorbereitete Privatisierungskonzept „Bayern 2020" zu realisieren: „Eine wichtige Weichenstellung für die künftige wirtschaftliche Stärke und Dynamik ist das Zukunftsprogramm ‚Bayern 2020 – Kinder, Bildung, Arbeit'. (…) Wir werden die angekündigten Leuchtturmprojekte realisieren. (…) Wir unterstützen die Einrichtung neuer Fraunhofer-Institute und einen möglichen Ausbau der Max-Planck-Forschungsgruppe für Optik und Photonik in Erlangen zu einem Institut. Zu den technologischen Leuchttürmen zählt auch der Transrapid."

Zur Umsetzung hat die bayerische Staatsregierung am 8. Juli 2008 das Programm „Bayern FIT – Forschung, Innovation, Technologie" mit einem Gesamtvolumen von 1,5 Milliarden Euro beschlossen. Es umfasste das bisherige Programm „Zukunft Bayern 2020" sowie ein aus Privatisierungserlösen gespeistes Förderprogramm von insgesamt 590 Millionen Euro, die für Hochschulen (195 Millionen Euro), Forschungseinrichtungen (235 Millionen Euro) und die beiden regionalen Strukturprogramme für Nord- und Ost-Bayern (80 Millionen Euro) und für Nürnberg-Fürth (78 Millionen Euro) verwendet wurden. Dafür wurden

die für den Transrapid vorgesehenen 490 Millionen Euro eingesetzt sowie weitere
100 Millionen Euro aus der Veräußerung weiterer E.on-Aktien. Neben Einrichtungen der Infrastruktur und Leitprojekten der angewandten Forschung (180
Millionen Euro) wurden insbesondere das neue Leibniz-Rechenzentrum (55
Millionen Euro), Baumaßnahmen für Universitäten und Fachhochschulen (200
Millionen Euro) sowie die Demenzforschung (60 Millionen Euro) gefördert. Für
das Strukturprogramm Nürnberg-Fürth wurden rund 80 Millionen Euro und
für das Haus der Forschung 20 Millionen Euro aufgewandt.

Zielvorgabe der Staatsregierung vom 9. Juli 2008 für die künftige bayerische
Forschungspolitik war, den Anteil der Ausgaben für Forschung und Entwicklung
am Bruttoinlandsprodukt in Bayern bis 2020 auf einen Wert von 3,6 Prozent zu
erhöhen.

Horst Seehofer

In die erste Amtsperiode von Ministerpräsident Horst Seehofer von 2008 bis
2013 fiel der formelle Abschluss der High-Tech-Offensive. Am 9. Dezember
2009 hat Staatskanzleiminister Schneider den Abschlussbericht im Haushaltsausschuss des bayerischen Landtags vorgelegt und dabei festgestellt: „Die HTO
war und ist ein Meilenstein in der Geschichte Bayerns."

Das bis 31. Dezember 2014 laufende Programm BayernFIT wurde in der
Regierungszeit von Ministerpräsident Seehofer umgesetzt. Neue Privatisierungserlöse wurden seither nicht mehr eingesetzt. Ministerpräsident Horst Seehofer
hat mehrfach die Bedeutung der Offensive für die technologische Entwicklung
Bayerns hervorgehoben. So hat er 2011 festgestellt: „Wir sind stolz: Bayern
ist heute ein Fünf-Sterne-Premiumland, mit hochwertigen Arbeitsplätzen, einer hervorragenden Wissenschaftslandschaft und niedrigster Arbeitslosigkeit.
Schon früh haben wir – Politik, Wirtschaft, Wissenschaft und die Menschen in
Bayern – erkannt: Wissen, Erfindergeist und Innovationsbereitschaft sind der
Schlüssel für eine erfolgreiche Zukunft in Bayern. Diesen bayerischen Weg hat
die Staatsregierung in den vergangenen zwanzig Jahren mit der Offensive Zukunft Bayern, der High-Tech-Offensive, der Clusterstrategie und mittlerweile
40 Gründerzentren erfolgreich eingeschlagen. Diesen Weg setzen wir mit unserer Zukunftsstrategie Aufbruch Bayern konsequent und folgerichtig fort." (Seehofer 2011)

Investitionen in Wissenschaft und Forschung standen in dieser Legislaturperiode nicht im Zentrum des Regierungshandelns. Es war die Zeit der Koalitionsregierung, in der die FDP-Minister Martin Zeil und Wolfgang Heubisch

für Wirtschaft und Wissenschaft zuständig waren. Mit der Akzentsetzung in der Sozial- und Finanzpolitik wurde die Politik des Koalitionspartners marginalisiert. (Glaab 2013: 136 f.) So vereinte die mit Haushaltsmitteln von 1,1 Milliarden Euro dotierte und später noch ausgeweitete Initiative „Aufbruch Bayern" vor allem Maßnahme zur Förderung von Familien, Bildung, Innovation, erneuerbaren Energien und ländlichem Raum. Sie knüpfte damit an die Thematik der Offensive IV von 2001 an.

Dementsprechend war die Legislatur der Koalitionsregierung bis Herbst 2013 eine Zeit nachlassender Dynamik für Wissenschaft und Technologie in Bayern. Der wichtigste Auftrag aus der Koalitionsvereinbarung für Wirtschaftsminister Martin Zeil war es, „die schnelle Internetverbindung in unterversorgten Gebieten innerhalb der nächsten drei Jahre sicherzustellen". Zwar wurde eine Grundversorgung von mindestens einem Megabit pro Sekunde für 99 Prozent der bayerischen Haushalte bis 2011 erreicht. Beim schnellen Internet lag Bayern 2013 jedoch mit einem Versorgungsgrad von 53,4 Prozent für 50 Megabit deutlich unter dem Bundesdurchschnitt von 68,7 Prozent. Im ländlichen Raum betrug diese Quote lediglich 15,7 Prozent. (Breitbandatlas 2013: 11)

Darüber hinaus wurden Ergebnisse der kooperativen Beschäftigungspolitik von Ministerpräsident Edmund Stoiber vor allem auf Betreiben des Wirtschaftsministers wieder rückgängig gemacht. Das bayerische Bauaufträge-Vergabegesetz wurde im Dezember 2009 aufgehoben. Die auch von Ministerpräsident Seehofer in der Regierungserklärung 2008 befürwortete Weiterbildungsinitiative von Arbeitgebern und Gewerkschaften wurde nicht verwirklicht. Seitdem gibt es lediglich in Bayern und Sachsen kein Tariftreuegesetz und kein Weiterbildungsgesetz. (Schulte 2015) Auch im Hochschulrecht kam es nach der grundlegenden Reform von 2006 in den Novellen von 2009 und 2010 nur zu punktuellen Verbesserungen, wie zur Einrichtung von Forschungsprofessuren an Universitäten und Fachhochschulen, die in anderen Ländern bereits vorgesehen waren.

Eine zentrale Weichenstellung für die künftige Gestaltungskompetenz des Freistaates war die Ankündigung von Ministerpräsident Horst Seehofer im Januar 2008, den Freistaat Bayern bis 2030 zum ersten schuldenfreien Land in Deutschland zu machen. Diese Ankündigung wurde noch im gleichen Jahr umgesetzt durch eine Ergänzung der Bayerischen Haushaltsordnung (Art. 5 Haushaltsgesetz 2013): „Die Verschuldung am Kreditmarkt ist bis 2030 abzubauen; die konjunkturelle Entwicklung ist dabei zu berücksichtigen." Damit wurde das im Jahr 2000 von Ministerpräsident Edmund Stoiber anvisierte „mittel- bis langfristige Fernziel des Abbaus nicht nur der Neuverschuldung, sondern der Staatsverschuldung" verbindlich verankert.

In seiner Regierungserklärung vom 12. November 2013 zu Beginn der neuen Legislaturperiode von 2013 bis 2018 hat Ministerpräsident Horst Seehofer Forschung und Innovation, Technologietransfer- und Gründerzentren sowie Spitzenpositionen bei den Schlüsseltechnologien wieder zu einem Schwerpunkt des Regierungshandelns gemacht. „Wir wollen Spitzenpositionen auf den Feldern der Zukunft: Gesundheit und Ernährung, natürliche Ressourcen und Neue Materialien, Energie und Umwelt, Mobilität und vernetzte Infrastruktur, Luft- und Raumfahrt, Information und Kommunikation." Der Umsetzung diente vor allem die Zukunftsstrategie Bayern Digital:

„Mit unserer Strategie Bayern Digital machen wir Bayern zur Leitregion für den digitalen Aufbruch. Wir investieren bis 2018 massiv in das digitale Zeitalter. Damit sichern wir gleichzeitig die Arbeitsplätze von morgen und Chancen überall im Lande. (…) Wir schaffen bis 2018 ein digitales Hochgeschwindigkeitsnetz, und zwar flächendeckend. (…) Der digitale Aufbruch umfasst aber viel mehr als den Breitbandausbau. Die digitalen Möglichkeiten verändern alle Zukunftsfelder – Lernen und Arbeiten, Mobilität und Gesundheit, Wohnen und sicheres Datenmanagement." (Seehofer 2013)

Bayern Digital I umfasst für den Zeitraum von 2015 bis 2018 ein Investitionsvolumen von bis zu 2,5 Milliarden Euro. Davon sind für den weiteren Netzausbau 1,5 Milliarden Euro vorgesehen. Eine Milliarde Euro betrifft Vorhaben wie den Digitalbonus für Handwerk und Mittelstand, digitale Gründerzentren, den Wachstumsfonds Bayern für Wagniskapital, den Ausbau des Zentrums „Digitalisierung.Bayern" für Forschung und Gründerförderung, 20 neue Professuren sowie die Stärkung von Sicherheit und Datenschutz mit dem Fraunhofer-Institut für Angewandte und Integrierte Sicherheit (AISEC). (Wirtschaftsministerium, Dokumentation 20. Juli 2015) Der Masterplan für Digital II vom 30. Mai 2017 sieht von 2018 bis 2022 weitere drei Milliarden Euro für die Digitalisierung Bayerns vor. Davon entfallen eine Milliarde Euro auf eine Gigabit-Infrastruktur und zwei Milliarden Euro auf rund 50 Initiativen zum Ausbau der IT-Sicherheit, der schulischen und universitären Bildung, der digitalen Kompetenzen im Mittelstand, digitaler Technologien, Anwendungen und Mobilitätskonzepte, digitaler Medizin und Pflege sowie für die digitale Verwaltung. (Staatskanzlei, Pressemitteilung, 30. Mai 2017) Im Nachtragshaushalt 2018 sind in einem ersten Schritt Investitionen von über einer Milliarde Euro für Projekte in den Bereichen Bildung, Sicherheit, Mobilität, Verbraucherschutz, Klimawandel, Gesundheit und Pflege vorgesehen. (Staatskanzlei, Pressemitteilung 24. Oktober 2017)

Der zweite große Schwerpunkt dieser Legislaturperiode ist die Weiterentwicklung der Universitätslandschaft in Bayern. Der Ausbau des Forschungs-Campus

in Garching und des High-Tech-Campus Martinsried-Großhadern wurde fortgesetzt. Straubing wurde am 1. Oktober 2017 Universitätsstadt. Zwei Jahrhun-
dert-Entscheidungen, für die der Ministerrat am 4. Juli 2017 den Startschuss
gegeben hat, gehen auf Initiativen von Ministerpräsident Horst Seehofer zurück:

– Das Klinikum Augsburg soll Anfang 2019 in die Trägerschaft des Freistaates übergehen. Bis 2028 soll es zum sechsten Universitätsklinikum in Bayern
  ausgebaut werden. Schwerpunkte der medizinischen Forschung in Augsburg
  werden die Umweltmedizin und die Medizininformatik sein. Dieses Milli-
  ardenprojekt ist nach dem Ausbau der Physik vor 25 Jahren der wichtigste
  Baustein für die Weiterentwicklung der Universität Augsburg.

– Die Errichtung einer neuen Universität in Nürnberg ist die erste Neugründung in Bayern seit den siebziger Jahren. Die Begründung für die neue Universität liegt darin, dass Nürnberg als einzige Stadt dieser Größe in Deutschland bisher keine eigene Universität hat. Für die Stadt Nürnberg geht ein lang
  gehegter Traum in Erfüllung, der über 150 Jahre zurückreicht. Die städtischen
  Kollegien waren bereits 1857 bereit, für eine Technische Hochschule in der industriell entwickelten Stadt jedes Opfer zu bringen. Gleichwohl wurde München 1864 zum Sitz der Technischen Hochschule erkoren, aus der dann die
  Technische Universität München erwuchs. 1962 bewarb sich Nürnberg als
  Sitz einer technischen Fakultät, doch der Bayerische Landtag beschloss die
  Errichtung einer technischen Fakultät in Erlangen, die 1966 als siebte Fakultät
  eröffnet wurde. Der Nordbayerische Kurier titelte am 7. Juli 1962: „München
  sahnt ab, Nürnberg kriegt nichts".

Die Nürnberger Universität soll 5 000 bis 6 000 Studenten aufnehmen, die von
200 bis 240 Professoren betreut werden, über eine Milliarde Euro kosten und bis
2025 in Betrieb gehen. Der Schwerpunkt der Universität soll auf Technikwissenschaften liegen und komplementär zur Technischen Fakultät der FAU Erlangen-Nürnberg konzipiert werden. Vorgesehen ist ein inter- und transdisziplinä-
res Zusammenwirken von Technik-, Natur-, Sozial- und Geisteswissenschaften
in sechs Departements. Eine Strukturkommission unter Leitung des Präsidenten
der TU München, Wolfgang A. Herrmann, erarbeitet das Konzept für die neue
Universität. Es soll bis Herbst 2018 dem Wissenschaftsrat vorgelegt werden.

Teil 2:

Entwicklung und Bilanz

„Genau das wollen wir tun: Unsere Stärken stärken, damit wir auch in Zukunft an der Spitze des wissenschaftlichen Fortschritts marschieren und gleichzeitig so viel neue Unternehmen und zukunftsorientierte Arbeitsplätze wie möglich bekommen.“ (Stoiber, Rede 1998)

„Globalisierung, Informationstechnologie und Strukturwandel führen zu gesellschaftlichen Umbrüchen, die wir alle spüren. Die anbrechende Internet-Gesellschaft bietet riesige Chancen: weltweite Einkaufsmöglichkeiten und umfassende Informationsangebote. Diese Chancen für Innovation, Kreativität und Produktivität wollen wir nutzen.“ (Stoiber 1999)

Der zweite Teil des Buches ist der Entwicklung und der Bilanz der Offensive Zukunft Bayern gewidmet. Auf einen Überblick folgt die Beschreibung der wichtigsten Highlights von Investitionen und Reformen mit ihrer Entwicklung bis zur Gegenwart. Bayern sollte für den globalen Wettbewerb gerüstet werden. Nachfolgend wird aufgezeigt, wie die mit der Offensive angekündigten Maßnahmen in den vergangenen zwei Jahrzehnten umgesetzt und weiterentwickelt wurden, wie der aktuelle Stand ist und was sie für den Standort Bayern bewirkt haben. Dies betrifft gleichermaßen die Entwicklung herausragender Zentren und Netzwerke wie die Schaffung neuer Einrichtungen und Strukturen. Dazu gehört auch die Darstellung, wie das Ziel, für ganz Bayern gleichwertige Zukunftschancen zu bieten, durch das Regionalkonzept, den Beschäftigungspakt, einen ausgeglichenen Haushalt und die Internationalisierung verwirklicht wurde. Die Fülle der Maßnahmen zwingt zu einer Beschränkung auf wesentliche Beispiele. Dabei geht es nicht um eine Momentaufnahme, vielmehr stehen Investitionen und Reformen ebenso im historischen Kontext wie im Zusammenhang ihrer Entwicklung bis zur Gegenwart. Die Darstellung der Investitionen und Reformen führt hin zur Bilanz, die aufzeigt, welchen Beitrag die Offensive in den vergangenen 25 Jahren zum wissenschaftlichen, wirtschaftlichen und sozialen Aufstieg Bayerns geleistet hat.

Kapitel 4:

Investitionen

Für die Investitionen der Offensive Zukunft Bayern galt der oberste Grundsatz, vorhandene Stärken von Wissenschaft und Technik in allen Landesteilen Bayerns weiter zu stärken und zu vernetzen. Dazu wurden sowohl internationale Leuchttürme für Schlüsseltechnologien als auch regionale Technologiekompetenzen ausgebaut. Aus wissenschaftlichen Leistungen sollten neue Produkte entstehen und neue Unternehmen gegründet und angesiedelt werden.

Es sollten keine Projekte auf der grünen Wiese initiiert werden, die nicht an eine bestehende Kompetenz anknüpfen konnten. Alles andere wäre eine Vergeudung von Ressourcen gewesen. Das galt gleichermaßen für Vorhaben von internationalem Rang, wie für regionale Projekte. Zu den bereits bestehenden Stärken gehörte die bayerische Wissenschafts- und Technologielandschaft, wie sie bis dahin als Ergebnis kontinuierlicher Politik entwickelt worden war. Vor allem die hohe Forschungskompetenz der bayerischen Universitäten war eine exzellente Basis für die Offensive. Bayern mit seiner vielfältigen Hochschullandschaft verfügte über mehrere Zentren von herausragender wissenschaftlich-technologischer Kompetenz mit spezifischen Stärken in den Schlüsseltechnologien der Zukunft. Auf diesem wissenschaftlichen und wirtschaftlichen Potenzial sollte die Offensive aufbauen.

Die neun staatlichen Universitäten in Bayern waren und sind maßgebende Impulsgeber für Innovation und Fortschritt. Das gilt nicht nur für die vier „klassischen" Universitäten mit ihrer traditionsreichen Vergangenheit, denen Bayern bisher 30 Nobelpreisträger verdankt:

- Die Ludwig-Maximilians-Universität München (LMU): Im Jahr 1472 in Ingolstadt gegründet, 1800 nach Landshut verlagert und 1826 nach München umgezogen, ist sie mit über 50 000 Studierenden die größte Universität in Deutschland.

- Die Technische Universität München (TUM): 1868 als „Königlich-Bayerische Polytechnische Schule zu München" gegründet, erhielt sie 1901 das Promotionsrecht und heißt seit 1970 „Technische Universität München". Sie ist mit 40 000 Studierenden die zweitgrößte deutsche technische Universität.

- Die Friedrich-Alexander-Universität Erlangen-Nürnberg (FAU): 1743 gegründet und seit 1961 auch in Nürnberg beheimatet, ist mit rund 40 000

Studenten die zweitgrößte Universität Bayerns. In Deutschland gehört sie zu den zehn größten Universitäten.

– Die Julius-Maximilians-Universität Würzburg (JMU): Mit ihrer Erstgründung 1402 ist die 1582 wiedergegründete Alma Mater des Verfassers die älteste Universität in Bayern und die viertälteste in Deutschland. Mit 30 000 Studenten ist sie die viertgrößte in Bayern.

Von großer Bedeutung für die Forschung am Standort Bayern weit über die jeweilige Region hinaus waren aber auch die „jungen" bayerischen Universitäten, die in den sechziger und siebziger Jahren vornehmlich mit dem Ziel gegründet wurden, gleichwertige Bildungschancen in allen Landesteilen zu schaffen. Die Universität Regensburg von 1962, die Universität Augsburg von 1970, die Universität Bayreuth von 1972, die Universität Passau von 1978, und als jüngste (Wieder-)Gründung im Jahre 1979 die Otto-Friedrich-Universität Bamberg, die auf die Academia Bambergensis von 1674 und die Universitas Ottoniana Fridericiana von 1773 zurückgeht. Dabei lag der Schwerpunkt der Offensive wegen ihrer primär naturwissenschaftlich-technischen Ausrichtung auf den Hochschulen in Augsburg, Bayreuth und Regensburg.

Neben den Universitäten waren die Fachhochschulen Ausgangspunkt für die technologische Stärkung der Regionen: Die 1971 gegründeten Hochschulen in Augsburg, Coburg, München, Nürnberg, Regensburg, Rosenheim, Weihenstephan-Triesdorf und in Würzburg-Schweinfurt, 1974 gefolgt von der Fachhochschule für öffentliche Verwaltung in Hof und 1978 von den Einrichtungen in Kempten und Landshut.

Starke Zentren von Wissenschaft und Forschung bestanden auch in den Forschungsgesellschaften außerhalb der Hochschulen. Schon seit 1949 hatte die Fraunhofer-Gesellschaft ihre Zentralverwaltung in München. Später hat die Max-Planck-Gesellschaft, die aus Berlin stammte, ihren Sitz von Göttingen nach München verlegt. Helmholtz- und Leibniz-Gemeinschaft besaßen führende Institute im Freistaat.

Zu den Stärken des Standortes gehörten auch die Forschungs- und Technologieleistungen der Industrie, auf die zwei Drittel der gesamten Forschung und Entwicklung entfielen. Nach dem Zweiten Weltkrieg siedelten sich starke Firmen wie Siemens, Allianz und Auto Union (heute Audi) in Bayern an. BMW baute seine Autos nicht mehr in Eisenach, sondern in München. Auch viele mittelständische Unternehmen wurden durch Förderprogramme nach Bayern gezogen und als Forschungspartner der Hochschulen geschätzt.

Um diese Kompetenzen weiter zu stärken, galt es, sie in der Offensive Zukunft Bayern fachlich, räumlich und institutionell weiter zu vernetzen. Ganz Bayern sollte ein Silicon Valley werden. Nachfolgend können nur die wichtigsten von insgesamt 320 Investitionen aufgezeigt werden, ohne mit der Reihenfolge eine Wertung über ihre Bedeutung zu verbinden. Die Darstellung von neun investiven Highlights der Offensive zeigt zum einen die breite Fächerung des Konzepts über die wichtigsten Technologien und alle Regionen hinweg, zum andern die erfolgreiche Entwicklung der seinerzeitigen Ansätze und Impulse für den Aufstieg ganz Bayerns in der Globalisierung.

4.1 Digital Valley Garching

Der Raum München mit der herausragenden Forschungskompetenz zweier Spitzenuniversitäten, Sitz der Max-Planck-Gesellschaft (MPG) und der Fraunhofer-Gesellschaft (FhG) sowie zahlreicher High-Tech-Unternehmen, war prädestiniert für den Ausbau einer Innovationsarchitektur von Weltrang. War für die Life Sciences die Ludwig-Maximilians-Universität (LMU) hierfür der tragende Pfeiler, so war es für die Informations- und Kommunikationstechnik und die neuen Materialien die Technische Universität München (TUM) mit damals über 125 Jahren erfolgreichen Wirkens in den Natur- und Ingenieurwissenschaften. Sie war damit der geborene Partner für die Offensive Zukunft Bayern in den „Technical Sciences". Hinzu kam, dass mit Professor Wolfgang A. Herrmann ein neuer Hochschulpräsident gewählt wurde, der sich dem Ausbau und der Modernisierung seiner Hochschule verschrieben hatte und damit ein Vierteljahrhundert der Universität prägen sollte. Der Autor konnte diesen Weg über zwei Jahrzehnte begleiten; erst in der Offensive und von 1999 bis 2007 als Mitglied im Kuratorium der TU München.

Dank der wissenschaftlichen Kompetenz der TU München und der Präsenz zahlreicher IT-Unternehmen war der Raum München schon zu Beginn der Offensive Zukunft Bayern einer der führenden Standorte in Europa für Informations- und Kommunikationstechnik. Nicht viel anders war es bei der Materialtechnik, wo sich die universitären Stärken vor allem im Maschinenbau mit der wirtschaftlichen Potenz führender Automobilhersteller vereinten.

Das Ziel der Offensive war es, die Technische Universität München in diesen Feldern als Innovationsmotor weiter auszubauen und sie zugleich als Kristallisationspunkt für diese Technologien landesweit zu vernetzen. Es gelang, ihre Stärken zu stärken: sie als Eliteuniversität mit dem Markenzeichen einer Entrepreneurial

University zu etablieren und damit Spitzenplätze in den internationalen Rankings zu besetzen. Und es gelang, dass der Raum München vor London und Paris zum führenden Standort in Europa für die Informations- und Kommunikationstechnik wurde. Zentrale Voraussetzung dafür war der Ausbau des Forschungscampus Garching mit der Neutronenquelle im Mittelpunkt.

Die Neutronenquelle

„In den nächsten Jahren werden wir zusätzliche Mittel, die wir über die Privatisierung von Staatsanteilen erzielen, bereitstellen. Damit können wir im Interesse des Wissenschaftsstandortes Bayern sicherstellen, dass die Erneuerung des Forschungsreaktors in Garching schnellstmöglich begonnen und realisiert werden kann." (Stoiber 1993)

Die Garchinger Neutronenquelle war das weltweit bekannteste und zukunftsträchtigste Projekt der Offensive Zukunft Bayern, wie McKinsey seinerzeit festgestellt hat. Es war 1993 das erste Flaggschiff der Offensive und, wie sich noch zeigen sollte, zugleich ein Prüfstein für die Realisierung international umkämpfter Spitzentechnologie. Für dieses Leuchtturmvorhaben wurden 450 Millionen DM aus den Privatisierungserlösen eingesetzt. Die Neutronenquelle sollte den am 31. Oktober 1957 in Betrieb genommenen Forschungsreaktor im Garchinger Atom-Ei ablösen, das zugleich Symbol für die Souveränität der Bundesrepublik Deutschland wie für den Aufbau der Spitzenforschung in Bayern war. Den Weg für den Ausbildungs- und Forschungsreaktor in Garching hatte der amerikanische Präsident Dwight D. Eisenhower in seiner Rede „Atoms for Peace" am 8. Dezember 1953 vor der UN-Vollversammlung in New York geebnet, in der er seine Vorstellungen von der friedlichen Nutzung der Kernenergie zur Energieerzeugung und für die Medizin präsentierte.

Die Geburtsstunde des Garchinger Reaktors war der 6. Juni 1956. (zur Vorgeschichte siehe oben Kapitel eins, Abschnitt zwei) An diesem Tag hielt Bundesminister Franz Josef Strauß nach Rückkehr von einer USA-Reise in Anwesenheit von Ministerpräsident Hoegner und einigen Kabinettsmitgliedern einen Vortrag vor der „Bayerischen Kommission zur friedlichen Nutzung der Atomkräfte" in der Staatskanzlei. Er berichtete, dass das von der Bundesrepublik mit den USA am 13. Februar 1956 abgeschlossene Forschungsabkommen die Lieferung von sechs Kilogramm angereichertem Uran ermöglichte. Das war die für den Betrieb eines Forschungsreaktors erforderliche Menge. Zugleich berichtete er von der Ankündigung der USA, jedem Staat, der einen Kernreaktor bestellte, einen Zuschuss von 350 000 US-Dollar zu gewähren. Das entsprach damals etwa 1,5 Millionen DM und damit fast einem Viertel der Gesamtkosten jener Anlage. Das deutsche Bundesland, das innerhalb von vier Wochen einen solchen Reaktor bestellt, sollte den „atoms-for-peace-Zuschuss" erhalten. Ministerpräsident Hoegner befragte umgehend die anwesenden Minister. Als er bei neun seiner Minister Zustimmung feststellte, meinte er: „G'langt scho!" Damit war beschlossen, dass Bayern den ersten „Schwimmbad-Reaktor" (so Franz Josef Strauß) kaufen sollte. Nur sechs Tage später, am 12. Juni 1956, flog Professor Heinz Maier-Leibnitz, der Initiator des Projektes, zu Kaufverhandlungen in die USA. Das Vorhaben wurde dann in Rekordzeit umgesetzt. Vom Beschluss am 6. Juni 1956 bis zur ersten Erzeugung von Neutronen durch eine kontrollierte Kettenreaktion am 31. Oktober 1957 vergingen nicht einmal anderthalb Jahre. Neben den Kosten für den Kauf des Reaktors wendete der Freistaat zehn Millionen DM für Bau und Ausstattung des Atom-Eis und der zugehörigen Laboratorien der TH München auf. (Papst 1997: 27; Deutinger 2001: 145, Fn. 673)

Bereits damals war anerkannt, dass die Atomforschung die Forschung disziplinübergreifend befruchten würde. So hat der damalige Kultusminister und vormalige Rektor der Technischen Hochschule München, Professor August Rucker, 1956 festgestellt, dass der Erwerb dieses „Laborreaktors" „für alle Forschungsrichtungen, nicht nur für die unmittelbaren Zwecke des Instituts wichtig (ist) und wird weiter dazu beitragen, die Bedeutung und das Ansehen Münchens und Bayerns auf diesen Forschungsgebieten zu steigern." (Stenographischer Bericht, 5. Juli 1956: 2368)

Ganz anders verlief die Geschichte um die Entscheidung, anstelle des im Jahr 2000 eingestellten Forschungsreaktors München (FRM I) einen Nachfolgereaktor zu errichten und zu betreiben. Es war eine Via Dolorosa, die elf Jahre dauern sollte.

Der Reaktor im Atom-Ei war auf einen Betrieb bis zum Jahr 2000 ausgelegt. Bereits in den achtziger Jahren begann die TU München, ein Konzept für seinen Nachfolger, die Hochfluss-Neutronenquelle FRM II zu entwickeln. Der Wissenschaftsrat hat die forschungspolitische Notwendigkeit einer überregionalen Neutronenquelle und insbesondere den geplanten Neubau bestätigt. In seiner Empfehlung von 1989 heißt es: „Der Wissenschaftsrat unterstützt (…) die Initiative des Freistaates Bayern, mit dem geplanten Neubau eines Forschungsreaktors für die Technische Universität München einen modernen Hochflussreaktor zu schaffen, der interessierten Wissenschaftlern aus der Bundesrepublik Deutschland sowie ausländischen Gästen offenstehen soll. Das Vorhaben ist geeignet, sehr gute Bedingungen für die Forschung mit Neutronen sowie für die nationale

und internationale Zusammenarbeit auf diesem Gebiet zu schaffen." (Wissenschaftsrat, Drs. 9414-89, 12. Mai 1989)

1993 wurden das Konzept von Staatsregierung und Landtag gebilligt und der
Antrag auf atomrechtliche Genehmigung gestellt. Es dauerte drei Jahre, bis am 4.
April 1996 die erste Teilgenehmigung für das Gesamtkonzept erteilt wurde und
der erste Spatenstich am 1. August des gleichen Jahres vorgenommen werden
konnte. Im Herbst 1997 folgte die zweite Teilgenehmigung für das technische
Anlagenkonzept. Mit dem Regierungswechsel in Berlin im Herbst 1998 trat zunächst einmal Stillstand ein: Im Zusammenhang mit dem von ihr geplanten
Atomausstieg verzögerte die rot-grüne Bundesregierung die Realisierung des Vorhabens über Jahre hinweg – zum Nachteil des Forschungsstandortes Bayern und
Deutschland. Ministerpräsident Edmund Stoiber hatte sich in seiner Regierungserklärung vom 29. Oktober 1998 klar zur weiteren Nutzung der Kernenergie
positioniert und auf die heute noch aktuellen Folgen für Klima, Kosten und Arbeitsplätze bei einem Atomausstieg hingewiesen: „Wir wollen die umweltfreundliche Kernenergie weiter nutzen. Ausstieg aus der Nutzung der Atomenergie bedeutet mehr Belastung der Umwelt durch CO_2 und höhere Strompreise. (…)
Wenn Sie alle Kernkraftwerke in Bayern abschalten und durch Kohlekraftwerke
ersetzen, wird allein in Bayern unsere Luft mit 47 Millionen Tonnen CO_2 zusätzlich belastet. Mit Rot-Grün werden Energieunternehmen Strom zu Preisen
importieren, die ihnen diktiert werden. Das wird unseren Standortvorteil vor allem für die energieintensiven Industrien zunichtemachen. Mit Rot-Grün werden
wir Strom aus Kernenergie beziehen, zum Teil aus ausländischen Kernkraftwerken mit deutlich niedrigerem Sicherheitsstandard. Mit Rot-Grün werden rund
40 000 Arbeitsplätze allein bei Energieversorgern und in der Kraftwerksindustrie
verlorengehen, von den Arbeitsplatzverlusten in den energieintensiven Industri-
en gar nicht zu reden."

Es blieb nicht bei den nationalen Widerständen. Auch aus den USA wurde
versucht, dem Wissenschaftsstandort Bayern im internationalen Wettbewerb zu
schaden. Edmund Stoiber berichtet über heftige Auseinandersetzungen mit dem
amerikanischen Politiker und Diplomaten Richard Holbrooke, der eigens nach
München gekommen war: „Mit diplomatischer Finesse erläuterte mir Holbrooke, wie besorgt man in den Vereinigten Staaten sei, dass bei diesem Forschungsreaktor hoch angereichertes Uran zum Einsatz kommen solle. Ich hörte höflich
zu, doch irgendwann konnte ich mich nicht mehr beherrschen: Gänzlich un-
diplomatisch konfrontierte ich Holbrooke mit meiner Position: Es geht Ihnen
doch hier überhaupt nicht um angebliche Sicherheitsfragen. Es geht Ihnen einzig
und allein darum, Konkurrenz zu den eigenen US-Forschungseinrichtungen wie

Oak Ridge National Laboratorium zu verhindern. Wir werden Ihre Argumente widerlegen und wir werden den neuen Forschungsreaktor bauen." (Stoiber 2012: 138)

Erst ein Treffen mit dem Generaldirektor und späteren Nobelpreisträger Mohamed El Baradei am 15. April 1998 in der Staatskanzlei brachte den Durchbruch. Bei diesem Gespräch hat El Baradei bestätigt: „Die Planung der Neutronenquelle erfüllt alle Anforderungen an einen sicheren Betrieb und eine friedliche Nutzung für die Forschung." (Staatskanzlei, Pressemitteilung 15. April 1998) Als Fazit lässt sich feststellen, dass der Reaktor FMR I mit maßgebender Unterstützung der USA in einem überparteilichen Konsens zwischen Bundes- und Staatsregierung in 17 Monaten verwirklicht werden konnte, während die Realisierung des Reaktors FRM II gegen den Widerstand der USA und der Bundesregierung über zehn Jahre hartnäckigen Durchsetzungswillens bedurfte. Erst Ostern 2003 wurde mit der dritten Teilgenehmigung das Sicherheitskonzept bestätigt. Am 2. März kamen die ersten Neutronen heraus, am 9. Juni 2004 wurde der FRM II in Betrieb genommen – ganze elf Jahre nach der Antragstellung.

Das Festhalten an der Neutronenquelle hat sich für Wissenschaft und Wirtschaft gelohnt, gerade für den Fortschritt in der Medizin, den bereits Präsident Eisenhower 1953 für die friedliche Nutzung der Kernkraft im Auge hatte. Nach zehn Jahren Betrieb der Neutronenquelle konnte TU-Präsident Herrmann am 12. März 2014 feststellen: „Aus einer bayerischen Initiative ist die deutsche Hochfluss-Neutronenquelle geworden, die es kraft ihres breiten Anwendungsspektrums mit allen Konkurrenten weltweit aufnimmt. Mit einer technisch neuartigen Konfiguration des Brennelements konnte ein intensiver und gleichzeitig homogener Neutronenfluss in Kernnähe erreicht werden." (TUM 2014)

Als Forschungsneutronenquelle dient der Reaktor der Grundlagenforschung und der angewandten Forschung. Bei einem Treffen am 4. Juli 2017 mit Professor Winfried Petry, seit 2001 Wissenschaftlicher Direktor der Neutronenquelle, konnte sich der Autor davon überzeugen, dass die seinerzeitigen Erwartungen realisiert wurden. Große deutsche Forschungseinrichtungen, wie die Max-Planck-Gesellschaft, die Helmholtz-Gemeinschaft sowie mehrere deutsche Universitäten, haben in Garching mit eigenen Mitteln Forschungsinstrumente aufgebaut und betreiben sie mit ihren Wissenschaftlern. Das Heinz Maier-Leibnitz Zentrum (MLZ) repräsentiert die Zusammenarbeit der TU München mit drei Forschungszentren der Helmholtz-Gemeinschaft, dem Forschungszentrum Jülich, dem Geesthacht Zentrum für Material- und Küstenforschung (HZG) und dem Zentrum Berlin für Materialien und Energie (HZB) zur wissenschaftlichen Nutzung der Neutronenquelle. Nutzer sind auch Wissenschaftler anderer

Universitäten und der Max-Planck-Gesellschaft. Durch diese Kooperation entsteht ein weltweit führendes Zentrum für Forschung mit Neutronen und Posi-
tronen. Diese strategische Zusammenarbeit wird derzeit weiter ausgebaut durch
zwei neue Gebäude, die 2019 mit voraussichtlichen Baukosten von 32 Millionen
Euro bezugsfertig sein werden. (Forschungszentrum Jülich, Pressemitteilung 20.
Februar 2017) Etwa 30 Prozent des nutzbaren Neutronenflusses sind für kommerzielle Dienstleistungen beziehungsweise für gemeinsame Projekte mit der Industrie und Medizin reserviert. Die Angebotspalette reicht von Materialanalysen
wie zerstörungsfreier Prüfung über die Erzeugung von stabilen und radioaktiven
Isotopen bis zur direkten Tumorbestrahlung. So werden die Neutronen genutzt
von der Automobil- und der Halbleiterindustrie, der Luft- und Raumfahrt, den
Branchen Maschinenbau, Chemie, Medizintechnik, Umwelt und Energie sowie
der Geologie, Archäologie und Kunstgeschichte. Mittlerweile nimmt auch die
von TU-Präsident Herrmann 2014 angekündigte Bestrahlungsanlage für das am
häufigsten in der Nuklearmedizin eingesetzte Isotop Technetium Gestalt an, die
2018 in Betrieb gehen soll. Zusätzlich werden notwendige Forschungs- und Entwicklungsarbeiten zur Optimierung der Bestrahlung vom Bundesministerium
für Gesundheit gefördert. Von den derzeit sieben großen Bestrahlungsanlagen
zur Produktion von Technetium in der westlichen Welt werden sechs bis 2028
außer Betrieb gehen. Mit der geplanten Produktion kann der Forschungsreaktor
künftig bis zu 50 Prozent des europäischen Bedarfs decken.

Die Feststellungen in der Regierungserklärung von 1994 zur herausragenden
Bedeutung dieser Forschungseinrichtung für die Anwendung der dort entwickelten Verfahren und Produkte treffen unverändert zu: „Neutronenforschung und
Strukturaufklärung mit Neutronen stellen unverzichtbare Voraussetzungen für
wissenschaftliche und technologische Spitzenleistungen dar. Auf den Gebieten
der Festkörperphysik, der Materialforschung, der Chemie, der Biowissenschaften, der Mikroelektronik, der Umweltforschung und der Krebstherapie spielt
die Neutronenforschung eine entscheidende Rolle. Ohne sie gäbe es heute keine
Hochleistungskeramiken, die härter sind als Stahl, oder Hochtemperatur-Sup-
raleiter und leistungsfähige neue Katalysatoren. Die gesamte Halbleitertechnik
hätte sich ohne Neutronenquelle nicht entwickeln können."

Daher wurde zur wirtschaftlichen Nutzung der Neutronenquelle durch die
Industrie bereits in der High-Tech-Offensive 1998 ein industrielles Anwenderzentrum (IAZ) angekündigt, in dem die Nutzer Büro- und Laborräume für ihre
Forschungen und Entwicklungen anmieten können. Dafür wurden zwölf Millionen DM bereitgestellt. Das Anwenderzentrum ist am 21. Juni 2005 in Betrieb
gegangen. Seither steht die Forschungs-Neutronenquelle Heinz Maier-Leibnitz

auch Industrie- und Dienstleistungsunternehmen für Forschungszwecke offen. Auf rund 1 000 Quadratmetern bietet das Anwenderzentrum ausreichend Kapazität für bis zu fünf Unternehmen. Dabei ist die unmittelbare Nachbarschaft zur Forschungs-Neutronenquelle von besonderem Vorteil für den gefahrlosen Umgang mit radioaktiven Elementen.

Vor allem Unternehmen im Bereich Radiopharmazie finden hier ein ideales Umfeld zur Entwicklung neuer, innovativer Produkte vor. 2007 wurde die Isotopes Technologies Garching GmbH gegründet mit dem Ziel, eine technologische Plattform für die Produktion diagnostischer und therapeutischer Radionuklide zu schaffen. Dies ist mit einem Marktanteil von 90 Prozent beim ersten Produkt gelungen. Nunmehr folgt der nächste strategische Schritt vom Anbieter von Radionukliden zum radiopharmazeutischen Unternehmen. Aktuell werden potentielle Medikamente in unterschiedlichen klinischen Stadien entwickelt mit dem Ziel, ein wachsendes Produktportfolio zur Präzisionsonkologie aufzubauen. Die Mitarbeiterzahl ist von 23 auf 100 gestiegen. Man geht davon aus, dass der Weltmarkt für Radiopharmaka in den nächsten zehn bis 15 Jahren auf zehn bis 20 Milliarden Euro wachsen wird.

50 Jahre Informatik München, Nukleus der Digitalisierung

„Die Region München stellt nach dem Raum London mit 70.000 Beschäftigten (London 80.000) die Nummer 2 der IuK-Industrie in Europa. Jetzt wollen wir an die Spitze. Den Focus dafür soll die Wissenschaftsstadt Garching geben." (Stoiber, Rede 17. Juni 1998)

„Mit dem Neubau der Fakultäten für Informatik und Mathematik der Technischen Universität München auf dem Forschungscampus in Garching werden wir einen Kristallisationspunkt für die Informatikforschung für ganz Bayern schaffen. Ein Softwarecampus wird anwendungsorientierte Forschergruppen, Unternehmensgründer und Schulungsangebote im Softwarebereich unter einem Dach zusammenfassen, und ganz Bayern wird davon profitieren." (Stoiber 1999)

Ausgangslage für den Ausbau der Informations- und Kommunikationstechnik in der Offensive Zukunft Bayern waren die Feststellungen von McKinsey 1998, dass Bayern mit insgesamt 104 000 Beschäftigten in über 1 800 Unternehmen der bedeutendste Informations- und Kommunikationsstandort in Europa ist. Schwerpunkt war dabei der Großraum München. So befanden sich seinerzeit allein im Landkreis München Global Player, wie Microsoft, Sun Microsystems,

Siemens, Infineon, Intel, Apple oder Motorola. Für den weiteren Ausbau dieser Spitzenstellung wurden in der Offensive für ganz Bayern insgesamt 400 Millionen DM eingesetzt. Wissenschaftliche Basis dafür war die besondere Exzellenz der Technischen Universität München in der Informatik und der Informationstechnik. Heute besteht die Informatik bereits ein halbes Jahrhundert in München. Schon im Wintersemester 1967/68 wurde der Studiengang „Informationsverarbeitung" angeboten. Einen eigenständigen Studiengang der Informatik gibt es seit 1972. 20 Jahre später entstand durch Teilung der bisherigen Fakultät für Mathematik eine eigene Fakultät für Informatik mit zunächst zwölf Ordinariaten. Derzeit gibt es an der Fakultät für Informatik 24 Lehrstühle, 39 Professoren sowie 4744 Studierende. (Wintersemester 2016/17) Neben der Informatik steht die Informationstechnik. 1987 wurde die Fakultät für Elektrotechnik in „Fakultät für Elektrotechnik und Informationstechnik" umbenannt. Sie ist die größte und forschungsstärkste ihrer Art in Deutschland mit dem bundesweit höchsten Anteil internationaler Studierender und Gastwissenschaftler. Sie ist nicht zuletzt geprägt durch eine intensive internationale Zusammenarbeit unter anderem in den Bereichen Energie-, Informations- und Kommunikations- sowie Automatisierungs- und Automobiltechnik. Die Siemens AG ist seit Jahrzehnten der stärkste industrielle Partner. Heute (2016) weist die Fakultät 45 Lehrstühle und Professuren, neun Kompetenzzentren, 3289 Studierende und mehr als 400 wissenschaftliche Mitarbeiter auf.

Kern der Investitionen in die Informations- und Kommunikationstechnik war der Campus Garching der TU München. Dort wurde ein Kompetenzzentrum geschaffen, in dessen Mittelpunkt der Neubau für die Fakultäten für Mathematik und Informatik mit 208 Millionen DM aus Haushaltsmitteln und elf Millionen DM aus Privatisierungserlösen stand. Hinzu kamen der Software-Campus Garching mit 36 Millionen DM sowie das Technologie- und Gründerzentrum „gate Garching" mit 18 Millionen DM. Auch die landesweite Initiative Bayern Online wurde in Garching verankert.

Mit der Einbettung in den Campus und der interdisziplinären Zusammenarbeit mit den dortigen Fakultäten für Chemie, Physik und Maschinenbau konnte die Informatik-Fakultät noch effektiver arbeiten. Der starke Studentenanstieg in der Informatik, die Absicht der Hochschule, die Informatik um vier bis sechs Lehrstühle auszuweiten sowie die geplante Anhebung des Ausbauziels für die Informatik von 1195 auf 1600 Studierende erforderten eine Ausweitung der Neubauflächen. Das Gebäude wurde im November 2002 in Betrieb genommen. Die Finanzierung erfolgt über 20 Jahre hinweg in einem Ratenkaufverfahren aus dem Haushalt, je zur Hälfte durch den Bund und den Freistaat.

Durch den Software-Campus in Garching wurde die Kompetenz des Standortes weiter ausgebaut. Neben der Unterstützung bei der Unternehmensgründung bieten Forschergruppen von Hochschulen und Unternehmen gemeinsame Forschungs- und Entwicklungsprojekte sowie Schulung und Service zu wichtigen Softwareprodukten an.

Die Errichtung eines Technologie- und Gründerzentrums „gate Garching" sollte das Potenzial der im November 2002 eingeweihten Informatik und der Software-Offensive für Unternehmensgründungen im Bereich der Hochtechnologie nutzen. In dem Oktober 2002 fertiggestellten Gründerzentrum wurde seit 2003 auch der Software-Campus räumlich untergebracht. Die enge Verbindung von Forschergruppen und Unternehmensgründern ermöglichte es, dass Forscher ihre Ergebnisse im eigenen Unternehmen wirtschaftlich umsetzen. Damit waren zu Beginn des Jahres 2003 alle Voraussetzungen für ein interaktives Forschen und Gründen in der Informations- und Kommunikationstechnik im Campus Garching geschaffen.

Der Spatenstich für den ersten Bauabschnitt der Fakultät für Elektrotechnik und Informationstechnik mit einem Volumen von 53 Millionen in Garching ist für 2018 geplant. Ende 2019/Anfang 2020 sollen dann zunächst zehn der aktuell 45 Professuren in die neuen Gebäude einziehen. Mit insgesamt 520 Millionen Euro handelt es sich um das größte Projekt in der Geschichte der Technischen Universität München.

Die Zielsetzung einer führenden Position des Raumes München in Europa im Bereich der Informations- und Kommunikationstechnik wurde mit Hilfe der Offensive Zukunft Bayern erreicht. Eine Studie der Europäischen Union vom 14. April 2014 bestätigt, dass München nunmehr vor London und Paris die Spitzenstellung in diesem Bereich einnimmt. (EU, Pressemitteilung 2014) Die Studie katalogisiert regionale Cluster von Firmen und Forschungseinrichtungen als „European ICT Poles of Excellence" (EIPE). Mit 100 von 100 möglichen Punkten ist München die Nummer eins. In der Studie wurden alle 134 europäischen Regionen untersucht, die nach der NUTS-Charakteristik („Nomenclature des unités territoriales statistiques") eine nennenswerte Produktion in der Informations- und Kommunikationstechnik haben. Dabei waren drei Elemente mit besonderer Gewichtung für das Ranking maßgebend: Forschung und Entwicklung (die Nähe zu einer technischen Universität und deren Ranking, Forschungsinstitute vor Ort), Internationalisierung (beteiligte ausländische Partner und Kooperationen) und die Vernetzung innerhalb der Region (Forschungscluster mit Firmen vor Ort, lokales Risikokapital). Zur Bestimmung der Leistung im Bereich Forschung und Entwicklung wurde außerdem analysiert, wie viele

Patente aus der Region stammen und wie häufig wissenschaftliche Arbeiten international zitiert wurden. Hier lag München eindeutig an der Spitze.

Die internationale Spitzenstellung der TU München in der Forschung bestätigen auch ihre aktuellen Rankings für die Bewertung der Informatik. Im Einzelfächerranking ist sie für den Bereich „Computer Science" bei allen drei großen Ranking-Agenturen unter den ersten 50 Universitäten weltweit zu finden: bei Times Higher Education (THE) Ranking 2018 Rang 16, beim Shanghai-Ranking 2015 auf Rang 28 und beim QS-Ranking 2017 auf Rang 40, was jeweils den Spitzenplatz für eine deutsche Universität bedeutet.

Auch die Cluster-Statistiken belegen die Spitzenposition der IT-Region München. So sieht sich die Europäische Metropolregion München (EMM) heute als führende IT-Region in Deutschland und Europa. Ihr Umgriff geht über den Großraum München hinaus und umfasst weite Teile Südbayerns unter Einschluss von Augsburg, Landshut und Ingolstadt. Für die Metropolregion werden 22 000 Unternehmen der Informations- und Kommunikationsbranche angegeben, hinzukommen 5 000 Medienunternehmen. Insgesamt erwirtschaften 240 000 Beschäftigte in der Informations-, Kommunikations- und Medienbranche der EMM jährlich mehr als 70 Milliarden Euro Umsatz.

Der Freistaat Bayern ist heute europaweit und international mit mehr als 380 000 Beschäftigten in der Informations- und Kommunikationstechnik führend. (invest-in-bavaria.com, aufgerufen 21. November 2017) Das bedeutet nahezu das Vierfache der in dieser Branche in Bayern zu Beginn der Offensive Beschäftigten. Der bayernweite Cluster für Informations- und Kommunikationstechnologie vernetzt unter der Bezeichnung „BICCnet" Unternehmen und Forschungseinrichtungen und fördert dadurch den Wissenstransfer. Seine thematischen Schwerpunkte sind die Unterstützung von Unternehmen der Information und Kommunikation bei der Aufstellung im internationalen Kontext, Wissenstransfer aus der Forschung in die Wirtschaft zur Erhöhung der Produktivität der Unternehmen sowie Kooperationsunterstützung. Die Geschäftsstelle des Clusters ist beim Zentrum „Digitalisierung.Bayern" im Campus Garching angesiedelt. In den bayernweiten Cluster sind auch die Kompetenzzentren in Augsburg, Passau und Nordbayern einbezogen. (siehe auch Kapitel fünf, Abschnitt vier)

Materialtechnik seit 1868

„Die dritte Zukunftstechnologie, die ebenfalls auf breiter Ebene Innovationsprozesse auslösen wird, ist die Querschnittstechnologie der Neuen Werkstoffe." (Stoiber, Rede 17. Juni 1998)

„In Garching werden Neubauten für die Fakultät Maschinenwesen der Technischen Universität München unter Einsatz von 340 Millionen DM Privatisierungserlösen errichtet. Hier werden Ingenieure ausgebildet, die künftig Spitzentechnologie in Bayern entwickeln sollen. Deshalb müssen wir die herausragende Qualität der Technischen Universität München in Forschung und Lehre im Maschinenwesen auch für die Zukunft sichern." (Stoiber 1994/1)

Mit dem Neubau der Fakultät Maschinenwesen in Garching begann ein neuer Abschnitt in der Geschichte von Maschinenbau und Werkstoffkunde der TU München, die untrennbar verbunden ist mit ihrer Gründung als königliche Technische Hochschule in München im Jahr 1868. Im gleichen Jahr wurde das mechanisch-technische Laboratorium in Betrieb genommen, das den Beginn von Maschinenbau und Materialwissenschaft an der heutigen Technischen Universität markiert. In der Gründungsurkunde des Laboratoriums heißt es: „Das mechanisch-technische Laboratorium war bei seiner Gründung das erste Institut dieser Art auf dem Kontinent und das erste überhaupt, das staatlich dotiert wurde und als Attribut einer Hochschule neben technischen auch rein wissenschaftliche Zwecke verfolgen sollte. Seine Aufgabe besteht im allgemeinen darin, die Constanten der Mechanik, deren Kenntniß für die Anwendung der Prinzipien dieser Wissenschaft notwendig ist, zu bestimmen; es hat aber bisher seine Thätigkeit hauptsächlich auf Untersuchungen über die Festigkeit und Elastizität der in der Bau- und Maschinen-Mechanik wichtigsten Materialien gesehen."

Aus dem Lehrstuhl für technische Mechanik und graphische Statik von 1868 wurde der heutige Lehrstuhl für Werkstoffkunde und Werkstoffmechanik. Andere materialwissenschaftliche Lehrstühle folgten, wie 1964 der für Leichtbau und Flugzeugbau oder 2009 der Stiftungslehrstuhl für Carbon Composites. Hinzu kamen Lehrstühle aus der Physik wie die Physik der kondensierten Materie und der Chemie mit dem Lehrstuhl für Anorganische Chemie mit Schwerpunkt neue Materialien, um nur einige zu nennen. Die bereits in der Regierungserklärung vom 30. Juni 1993 angekündigte und am 21. Juli 1994 mit 340 Millionen DM bedachte Verlagerung der Fakultät Maschinenbau in der Offensive I bedeutete weit mehr als eine bloße räumliche Verschiebung einer Fakultät. Die Bündelung von Spitzenforschung in einem modernen Campus war Voraussetzung und

Chance einer grundlegenden Neuorientierung der ingenieurwissenschaftlichen Forschung und Ausbildung. Sie bot zugleich die erneute Möglichkeit zur Beteiligung der Industrie am Bau und der Finanzierung einer Fakultät der TU München. War es bei der Fakultät für Physik noch die Siemens AG gewesen, die sich an einer Public-private-Partnership (PPP) beteiligt hatte, so übernahm nunmehr die BMW AG die Bauherrschaft, Vorfinanzierung und einen Zuschuss von 30 Millionen DM. Bereits am 14. Mai 1997 konnte die neue Fakultät eröffnet werden. Es war nur konsequent, dass der Zukunftskongress der High-Tech-Offensive am 17. Juni 1998 in der Fakultät für Maschinenbau in Garching stattfand.

Hinzu kam 2001 ein Zentrum für biomedizinische Materialien mit einem Zentralinstitut für Medizintechnik mit 54 Millionen DM ebenfalls aus dieser Offensive. Für den neu geschaffenen Lehrstuhl für Medizintechnik konnte mit Hilfe des Autors Professor Erich Wintermantel von der renommierten Eidgenössischen Technischen Hochschule (ETH) Zürich gewonnen werden. Dieser wurde, Ingenieur und Mediziner zugleich, 2006, 2007 und 2008 jeweils zum Professor des Jahres gewählt (Wettbewerb Unicum/KPMG) und erhielt 2013 einen bedeutenden deutschen Medienpreis, den Dr.-Richard-Escales-Preis, „für die einzigartige Kommunikationsleistung zwischen dem Fach Medizin und der Kunststofftechnik".

Auch für diese Schlüsseltechnologie war der Standort Garching kein isoliertes Zentrum, sondern ein Kristallisationspunkt für die Vernetzung mit anderen Zentren und Netzwerken, hier insbesondere mit dem Forschungsnetzwerk Franken mit Bayreuth, Erlangen/Fürth und Würzburg sowie dem Anwenderzentrum Schwaben in Augsburg, die noch darzustellen sind.

Bayern gehört heute beim Thema „Neue Werkstoffe" zur internationalen Spitze und hat sich die besten Voraussetzungen erarbeitet, hier auch in Zukunft ganz vorne mitzuspielen. Im Freistaat gibt es auf diesem Gebiet rund eine Million Beschäftigte in 4 000 Betrieben, eine hohe Kompetenz in Forschung, Wissenschaft und Hochschulen sowie eine besondere Innovationskraft. Wie das Forschungszentrum Jülich feststellt, kann Bayern mit seiner ausgeprägten materialtechnischen Kompetenz im internationalen Vergleich einen Spitzenplatz für sich in Anspruch nehmen. Die Materialtechnik ist auch in Bayern eine der wichtigsten Säulen der Wirtschaft. Mit dem Aktionsprogramm „Neue Werkstoffe in Bayern", das der Projektträger Jülich im Auftrag des bayerischen Wirtschaftsministeriums umsetzt, wird die Erforschung, Entwicklung und Erprobung von modernen Werkstoffen und neuen Verfahrenstechnologien unterstützt. Seit Beginn der Förderung im Rahmen des Programms „Standort Bayern 2000" vom Herbst 1993 bis Ende 2016 wurden rund 107 Millionen Euro bereitgestellt. (Projektträger Jülich, ptj.de, aufgerufen 2. Januar 2018) Gefördert werden Vorhaben von Unternehmen in Kooperation mit Hochschulen und außeruniversitären Einrichtungen sowie Vorhaben mehrerer Unternehmen, wenn mindestens ein kleines oder mittleres Unternehmen beteiligt ist. Das Förderprogramm „Neue Werkstoffe" soll die Erforschung, Entwicklung und Erprobung von modernen Werkstoffen und neuen Verfahrenstechnologien unterstützen. Insbesondere soll mit dieser Maßnahme das technische und innovative Potenzial bei material- und werkstoffherstellenden und -verarbeitenden Unternehmen, vor allem im Mittelstand, für die Lösung der anstehenden Probleme erschlossen werden. (Richtlinien Werkstoffe, 2014)

Forschungscampus Garching

Die Offensive Zukunft Bayern brachte einen neuen Schub für die Vollendung des Forschungscampus Garching und die Ausgestaltung der Technischen Universität München als Campus-Universität. Der neue Forschungsreaktor und die Ansiedlung der Fakultäten für Maschinenbau, für Mathematik und Informatik sind Meilensteine, die mit der bereits in Angriff genommenen Verlagerung der Fakultät für Elektrotechnik und Informationstechnik ihren fachlichen Abschluss finden werden.

Die Campus-Bildung von Universitäten zur räumlichen Konzentration von Forschung und Lehre, von Professoren und Studenten ist seit der Princeton University für die renommierten US-Universitäten wie Berkeley, Harvard oder Stanford prägend. In Deutschland wurde das Konzept einer Campus-Hochschule erst bei den Neugründungen der Universitäten Bochum (1961), Regensburg (1962) und Konstanz (1966) umgesetzt. (Paulus 2010: 521) Auch die in den siebziger Jahren in Bayern gegründeten Universitäten Augsburg, Bayreuth und Passau wurden sämtlich als Campus-Universitäten konzipiert. Dagegen sind die „klassischen" bayerischen Universitäten in Würzburg, München und Erlangen innerstädtisch entstanden und wurden erst sukzessive und in Teilen auf ein Campusgelände verlagert.

Die Schaffung von Campus-Strukturen wurde im Bericht „Wissenschaftsland Bayern 2020" der sogenannten Mittelstraß-Kommission von 2005 ausdrücklich empfohlen. (Wissenschaftsland 2005) Diese sollten dort gebildet oder nachdrücklich unterstützt werden, wo eine räumliche Konzentration großer Forschungs- und Lehreinrichtungen, gegebenenfalls unterschiedlicher Hochschulen und außeruniversitärer Forschungseinrichtungen, mit fachlich kohärenten Strukturen gegeben ist. Als Beispiele wurden in diesem Bericht Garching, Martinsried/

Großhadern und Weihenstephan/Freising genannt. Dabei handelt es sich bei den beiden Münchner Universitäten nicht um Campus-Universitäten, wohl aber um Campus-Strukturen für wesentliche Teilbereiche: naturwissenschaftlich-technisch in Garching, medizin- und biotechnologisch in Martinsried/Großhadern und agrar-, bio- und ernährungswissenschaftlich in Weihenstephan/Freising.

Für die TU München ist schon in den sechziger Jahren eine Campus-Universität propagiert worden. Diese Campus-Idee ging auf den Nobelpreisträger Rudolf Mößbauer zurück. Nur so könne der Wettbewerb mit den nordamerikanischen Universitäten bestritten werden. Nukleus des Campus war das Atom-Ei, das 1957 in Betrieb gegangen ist und zunächst die Einrichtung von Instituten der Max-Planck-Gesellschaft in Garching nach sich zog. In den siebziger Jahren wurden dann die Fakultäten für Physik (1970) und für Chemie (1978) nach Garching verlagert. Danach stockte der weitere Ausbau der TU München in Garching für zwei Jahrzehnte. Als Alternative wurde das Areal der ehemaligen Türkenkaserne ins Spiel gebracht. Erst die Überlegungen im Jahr 1990, auf diesem Gelände die Pinakothek der Moderne zu errichten, brachten die Wende zugunsten des Standortes Garching. (Herrmann 2007)

Mit den Maßnahmen der Offensive Zukunft Bayern und einem finanziellen Einsatz von über 500 Millionen Euro allein an Privatisierungserlösen wurde der Campus ab Ende der neunziger Jahre tatsächlich zu einem Forschungscampus der TU München ausgebaut. Erster Schritt und damit Initialzündung für den Ausbau war die Verlagerung der Fakultät für Maschinenwesen nach Garching. Mit der Offensive I wurde auch die Neutronenquelle auf den Weg gebracht. In der Offensive II von 1996 wurde die Finanzierung des Hochleistungsrechners der Akademie der Wissenschaften mit 60 Millionen DM eingeplant, der 2000 gemeinsam von TUM und LMU in Garching in Betrieb genommen wurde.

Mit der High-Tech-Offensive wurde der Ausbau des Garchinger Campus konsequent fortgesetzt. Im September 2001 wurde das Zentrum für biomedizinische Materialien mit Privatisierungsmitteln eröffnet. Der Neubau der Fakultäten für Mathematik und Informatik ging am 14. November 2002 in Betrieb. Das Potenzial des Standorts wurde durch die Errichtung eines Softwarecampus und eines Technologie- und Gründerzentrums („gate") weiter gestärkt und zum Zentrum eines landesweiten Netzwerks für Informations- und Kommunikationstechnik ausgebaut. Dabei kamen dem Standort Garching auch die landesweiten Initiativen der Offensive Zukunft Bayern wie Bayern Online, die Software Offensive und die Cluster-Offensive zugute mit Einrichtungen wie dem Software Campus und dem Clusterbüro für den Cluster BICCNet für Information und Kommunikation. Das Garchinger Gründerzentrum „gate" wurde am 1. Oktober 2002 fertiggestellt (18 Millionen DM), der Einzug des Software-Campus (36 Millionen DM) folgte am 1. Januar 2003. Beide wurden aus der High-Tech-Offensive finanziert. Zur Komplettierung der Fakultäten im Campus fehlt heute lediglich noch die Fakultät für Elektro- und Informationstechnik, deren Verlagerung bereits ins Werk gesetzt wird.

Und es geht weiter mit der TU München am Campus Garching. Mit dem am 9. Mai 2016 eröffneten TUM Catalysis Research Center (CRC) setzt sie einen Akzent in der internationalen Katalyseforschung. Wissenschaftler aus fünf Fakultäten sowie industrielle Kooperationspartner forschen unter einem gemeinsamen Dach an den Herausforderungen der energie- und ressourcenschonenden Produktion von chemischen Grundstoffen, Feinchemikalien und pharmazeutischen Produkten. An den Baukosten des Forschungsneubaus von 84,5 Millionen Euro beteiligte sich das Bundesforschungsministerium aufgrund der überregionalen Bedeutung des Zentrums mit knapp 29 Millionen Euro.

Heute befinden sich über 30 Forschungseinrichtungen unterschiedlicher Träger im Forschungscampus. Dazu gehören neben den Einrichtungen der TU München solche der LMU München, der Max-Planck-Gesellschaft, der Fraunhofer-Gesellschaft, der Leibniz- und der Helmholtz-Gemeinschaft, so dass neben den beiden Exzellenz-Universitäten alle großen deutschen Forschungsgesellschaften hier vertreten sind. Hinzu kommt das Europa-Forschungszentrum von General Electric (GE), das 2002 hier angesiedelt wurde. Es ist eines der sechs globalen Forschungseinrichtungen des US-Konzerns, der sich als führendes digitales Industrieunternehmen versteht.

Am 4. Juli 2017 hatte der Autor Gelegenheit, mit dem Leiter des Forschungszentrums, Carlos Härtel, der zugleich General Manager von GE Deutschland ist, über seine Erfahrungen zum Standort und zu den Perspektiven der technologischen Entwicklung in Deutschland und in den USA zu sprechen. Für die Entscheidung, das europaweite Forschungszentrum in Garching und nicht in Berlin zu errichten, war die Nähe zu den Spitzenuniversitäten und Forschungseinrichtungen ebenso maßgebend wie zu den Leitkunden, die Attraktivität des Großraums München für die Mitarbeiter und die Verkehrsanbindung. Die Kontinuität auch der politischen Rahmenbedingungen hat sich als Vorteil herausgestellt, insbesondere die Einhaltung aller gegebenen Zusagen. Deshalb wurde jetzt auch das Zentrum um weitere 250 Arbeitsplätze erweitert. Im Fokus stehen vor allem Entwicklungen im Zusammenhang mit dem 3-D-Druck. Für die Zukunft gelte es, den Randbedingungen zunehmender Volatilität und Unsicherheit der technologischen Entwicklung zu begegnen, was nach Ansicht von General Electric für die deutsche Unternehmenskultur schwieriger werden dürfte als in den

USA. Die Herangehensweise an die Industrie 4.0 sei daher unterschiedlich: In den USA sei sie geprägt vom Internet und seiner innovativen Nutzung für neue, auch experimentelle Dienstleistungen, während in Deutschland die Digitalisierung der Produktion im Vordergrund stehe im Sinne einer Modellierung der physischen Welt. Wichtig sei für Deutschland vor allem die digitale Stärkung des Mittelstands, der in den USA weniger Bedeutung habe.

Chronik und Bilanz

Aus der langen Gründungsphase des Campus, die sich über drei Jahrzehnte erstreckte, stammen folgende Institutionen (TUM steht dabei für die Technische Universität München, LMU für die Münchner Ludwig-Maximilians-Universität):
– Atom-Ei der TUM (1957)
– Max-Planck-Institut für Plasmaphysik (1960)
– Max-Planck-Institut für extraterrestrische Physik (1963)
– Gesellschaft für Reaktor- und Anlagensicherheit GRS (1963)
– Walter-Meißner-Institut für Tieftemperaturforschung (1967)
– Fakultät für Physik der TUM (1970)
– Maier-Leibnitz-Laboratorium der LMU und der TUM (1970)
– Sektion Physik und Kristallographie der LMU München (1971)
– Deutsche Forschungsanstalt für Lebensmittelchemie DFA (1977-2010)
– Fakultät für Chemie der TUM (1978)
– Max-Planck-Institut für Astrophysik (1979)
– European Southern Observatory ESO (1981)
– Max-Planck-Institut für Quantenphysik (1986)
– Walter Schottky Institut der TUM (1988)
– Zentrum für angewandte Energieforschung ZAE Bayern (1991)

Die zweite Phase brachte in nur acht Jahren den Aufstieg des Campus zur deutschen Spitze mit zehn weiteren Einrichtungen, die sämtlich durch die Offensive Zukunft Bayern und die High-Tech-Offensive auf den Weg gebracht wurden:
– Fakultät für Maschinenwesen der TUM (1998)
– Zentralinstitut für Medizintechnik der TUM (2001)
– Fakultät für Mathematik der TUM (2002)
– Fakultät für Informatik der TUM (2002)
– Garchinger Technologie- und Gründerzentrum (2002)
– Software Campus Bayern (2003)

– Neutronenquelle FRM II der TUM (2004)
– General Electric Global Research Center (2004)
– Leibniz-Rechenzentrum der Akademie der Wissenschaften (2006)
– BICCNet Cluster für Informations- und Kommunikationstechnik (2006)

Auf dieser Grundlage folgt seit 2010 die dritte Phase mit dem Ausbau des Campus zu europäischem Format, deren Planungen weit über das Jahr 2020 hinausreichen:
– Exzellenzzentrum der TUM (2010)
– Zentrum für Nanotechnologie und Nanomaterialien der TUM (2010)
– Fraunhofer Institut AISEC (2013)
– Institut für Sicherheitstechnologie ISTec des TÜV (2014)
– Zentralinstitut für Katalyseforschung der TUM (2016)
– Center for Advanced Laser Applications von LMU und TUM (2016)

Auch das ist nur eine Momentaufnahme in der rasanten Entwicklung des Forschungscampus. Mittlerweile entstehen zwei Studentenwohnheime auf dem Campusgelände, das von der Studentenstadt mit ihren 2 500 Studierenden nur wenige U-Bahn-Minuten entfernt ist. 2017 wurde der Forschungsneubau des 2001 gegründeten „Bayerischen Kernresonanz-Zentrum" mit einem der weltweit leistungsfähigsten Spektrometer fertiggestellt. 2018 soll eine Anlage für die Produktion von Molybdän-99 entstehen, einem wichtigen Isotop für die Nuklearmedizin. Im gleichen Jahr soll die neue Mensa eröffnen. Und schließlich hat die Gemeinsame Wissenschaftskonferenz (GWK) am 19. Juni 2015 beschlossen, dass Bund und Land einen Neubau eines Zentrums für Proteinforschung auf dem Campus Garching mit insgesamt rund 40 Millionen Euro fördern. Die größte Baustelle ist derzeit die für 2018 geplante „Neue Mitte" im Zentrum des Campus, die 160 Millionen Euro kosten soll. Hier entsteht das Kongresszentrum „Galileo" mit Hörsälen, Kongresshalle, Büros und einem Hotel.

Die Siemens AG hat am 8. Dezember 2015 angekündigt, auf dem Garchinger Campus einen neuen Forschungsstandort zu schaffen. Dort werden über 100 Wissenschaftler des Unternehmens mit Forschern der TU München zusammenarbeiten. Die wichtigsten Kooperations-Schwerpunkte sind Robotik/Autonome Systeme und die IT-Sicherheit. Dazu entsteht ein Forschungsgebäude unmittelbar neben den Neubaustandorten der Fakultät für Elektro- und Informationstechnik sowie der Fraunhofer-Institute. (TUM, Pressemitteilung 8. Dezember 2015)

Am 31. Mai 2017 hat die Bayerische Staatsregierung den Masterplan „Bayern Digital II" bei einer Sitzung im Institute for Advanced Study (IAS) der TU München beschlossen. Er sieht unter anderem vor, mit der Technischen Universität ein weltweit führendes Kompetenzzentrum für Assistenzrobotik aufzubauen, das Institut „fortiss" zum Bayerischen Zentrum für Künstliche Intelligenz zu erweitern und einen Wissenschaftsverbund der bayerischen Universitätskliniken für digitale Medizin zu gründen. Seine universitäre Vollendung findet der Campus in der jetzt begonnenen Verlagerung der Fakultät für Elektrotechnik und Informationstechnik, dem größten Bauvorhaben in der 150-jährigen Geschichte der TUM.

Auch die außeruniversitären Forschungseinrichtungen verstärken ihre Präsenz am Standort Garching weiter. Heute ist die Max-Planck-Gesellschaft mit vier Instituten und insgesamt fast 1 500 Mitarbeitern in Garching vertreten. Im Jahr 2020 soll das Institut für Physik mit allen 350 Mitarbeitern von Freimann nach Garching umziehen. Der Neubau ist bisher mit 54 Millionen Euro veranschlagt. (Merkur.de, 17. März 2017) Damit will die Max-Planck-Gesellschaft Synergien nutzen, da sich in Garching bereits ihre Institute für Quantenoptik, Plasmaphysik, Astrophysik und extraterrestrische Physik befinden. Die drei zuletzt Genannten sind als Tochterinstitute in den sechziger und siebziger Jahren aus dem Institut für Physik hervorgegangen. Auch die Fraunhofer-Gesellschaft plant eine Konzentration ihrer Münchner Einrichtungen im Garchinger Campus. Langfristig sollen alle in München tätigen Fraunhofer-Einrichtungen, bis auf die Zentrale und das Institut für Verfahrenstechnik und Verpackung in Freising, in einem Fraunhofer-Institutszentrum auf dem Campus in Garching zusammengeführt werden. (Staatskanzlei, Pressemitteilung 27. Mai 2008)

Am 14. Dezember 2017 wurde in München der Vertrag über die Lieferung des nächsten Höchstleistungsrechners am Leibniz-Rechenzentrum der Bayerischen Akademie der Wissenschaften unterzeichnet. Der neue „SuperMUC-NG" wird den aktuellen „SuperMUC" ersetzen und 26,7 PetaFlop/s an Rechenleistung insbesondere für die Big-Data-Forschung bieten. PetaFlops bedeuten als Maßeinheit für Computerleistungen zehn hoch 15 Gleitkommazahl-Operationen (Additionen oder Multiplikationen, sogenannte Flops), die von ihnen pro Sekunde ausgeführt werden. Er soll im Oktober 2018 in Garching in Betrieb gehen und nach heutigem Stand die Nummer drei unter den weltweit leistungsfähigsten Rechnern werden. Der neue Rechner wird im Rahmen eines Strategie- und Finanzierungsplanes für das „Gauss Centre for Supercomputing" gemeinsam von Bund und Freistaat Bayern je zur Hälfte finanziert. Die Gesamtkosten des Projektes betragen bei einer Laufzeit von sechs Jahren 96 Millionen Euro. (badw.de, 14. Dezember 2017)

Das Fazit der Entwicklung ist: Zu Beginn der Offensive Zukunft Bayern gab es in Garching 15 Forschungseinrichtungen mit rund 2 000 Mitarbeitern. (Websites der Institute sowie Michler 2005:180) Lediglich 1330 Studierende waren im Sommersemester 1997 auf dem Campus, zehn Jahre später waren es 8 322. Heute, eine weiteres Jahrzehnt später, ist das Hochschul- und Forschungszentrum Garching mit bald 35 Forschungseinrichtungen, 9 000 Mitarbeitern und 12 000 Studenten der größte Forschungscampus in Europa. Die Offensive hat damit dazu beigetragen, dass Bundespräsident Frank-Walter Steinmeier beim Festakt zum 150-jährigen Bestehen der Technischen Universität München am 12. April 2018 feststellen konnte: „Die TU München ist ein Aushängeschild unter den technischen Universitäten."

4.2 Gene Valley Martinsried

„Wir wollen Bayern zum führenden Biotechnologie-Zentrum Europas ausbauen. Bereits jetzt liegt der Raum München mit dem High-Tech-Campus Martinsried-Großhadern für Biowissenschaften an zweiter Stelle in Europa. Hier erweitern wir das Innovations- und Gründerzentrum." (Stoiber 1998)

Der Ausbau der Biotechnologie war die zweite Säule der Offensive Zukunft Bayern. Dabei konnte sie in den Biowissenschaften auf einem starken Fundament im Münchner Raum aufbauen. Wichtigster Baustein war hier die Ludwig-Maximilians-Universität München (LMU). Ihr Profil ist die forschungsstarke „universitas" mit dem umfassenden Fächerspektrum von den Geistes- und Kulturwissenschaften über Rechts-, Wirtschafts- und Sozialwissenschaften bis hin zur Medizin und den Naturwissenschaften. Hierfür wurde sie als eine von drei Exzellenz-Universitäten der ersten Auswahlrunde in Deutschland ausgezeichnet. Maßgebend geprägt hat diese Entwicklung Professor Bernd Huber, seit 2002 als Rektor und seit 2006 als Präsident der Universität.

Im Bereich der Life Sciences hatte sich der Münchner Raum bereits seit den achtziger Jahren zu einem regionalen Cluster der Biotechnologie zwischen dem Genzentrum der Universität, den Martinsrieder Max-Planck-Instituten und der Boehringer-Mannheim-Biotechnologie in Tutzing entwickelt. In enger Zusammenarbeit zwischen natur- und biowissenschaftlichen Forschungseinrichtungen und den hier ansässigen Unternehmen waren alle Voraussetzungen für eine erfolgreiche Entwicklung gegeben. Das Gutachten von Roland Berger für die High-Tech-Offensive hat bestätigt, dass Martinsried im europäischen Ranking an zweiter Stelle steht und daher als Nukleus für die Entwicklung eines international führenden Zentrums der Biotechnologie weiter ausgebaut werden sollte.

Bereits mit der Offensive I von 1994 wurde das Innovations- und Gründerzentrum Biotechnologie in Martinsried (IZB) auf den Weg gebracht, mit der
Offensive II von 1996 wurden Forschungsvorhaben für die molekulare Medizin gefördert und mit der High-Tech-Offensive 1998 die Erweiterung des IZB
aus Privatisierungserlösen initiiert. Parallel dazu wurde 1999 die Verlagerung
der Fakultäten für Chemie und Pharmazie der Universität München aus dem
Veräußerungserlös für das bisherige Areal der Karl-, Meiser- und Sophienstraße
finanziert. Mit diesen Vorhaben hat die Staatsregierung die Grundlagen für den
Ausbau des High-Tech-Campus Großhadern/Martinsried der Ludwig-Maximilians-Universität geschaffen.

Die Offensive Zukunft Bayern zielte darauf ab, die hohe Forschungskompetenz nicht nur auszubauen und zu vernetzen, sondern auch in Unternehmensgründungen und Arbeitsplätze umzusetzen. Partner und treibende Kraft bei dieser Entwicklung war der Biochemieprofessor Horst Domdey, einer der Gründer
der Medigene AG. Ein erster Meilenstein war der Gewinn im BioRegio-Wettbewerb des Bundesforschungsministeriums im Jahr 1996. 1998 wurde er Vorstand
der von ihm gegründeten BioM AG. Von 1988 bis März 2008 war er auch wissenschaftlicher Geschäftsführer im Innovations- und Gründerzentrum Biotechnologie (IZB) in Martinsried/Freising. Seit 2006 ist er Geschäftsführer der aus
der BioM AG hervorgegangenen BioM BioTech Cluster Development GmbH
und des bayernweiten Biotechnologie-Clusters, sowie von 2010 bis 2015 auch
des Münchner Spitzenclusters „m4 – Personalisierte Medizin und zielgerichtete
Therapien“.

Der Einsatz von Professor Domdey hat entscheidend dazu beigetragen, dass
sich der Großraum München zu einem der führenden Biotechnologie-Standorte
in Deutschland und Europa entwickelt hat. So ist die Zahl der BioTech-Unternehmen im Raum München von 30 mit rund 3 000 Mitarbeitern im Jahr
1997 auf 188 mit rund 12 000 Mitarbeitern bis 2016 angestiegen. Im Ranking
2016 der Zeitschrift Genetic Engineering and Biotechnology News (GEN) belegt Deutschland den ersten Platz unter den europäischen Biopharma Clustern
vor Großbritannien (London und Schottland) und Frankreich (Großraum Paris). (Top 10, 16. Mai 2016, aufgerufen 9. März 2017) Entscheidenden Anteil
daran haben der Münchner Biotechnologie-Cluster und dessen Clustermanage-
ment-Organisation BioM.

Im Bereich Biomedizin vernetzen sich im Südwesten Münchens das Klinikum Großhadern, das Genzentrum der Ludwig-Maximilians-Universität sowie
die Max-Planck-Institute für Biochemie und Neurobiologie. Zusätzlich wurde
im Oktober 2015 das neue „Biomedizinische Centrum " auf dem High-Tech

Campus der Universität in Großhadern eröffnet. Die Schwerpunkte der Arbeits-
felder der Unternehmen liegen in der „roten Biotechnologie" – also im phar-
mazeutisch-medizinischen Bereich. Hinzu kommt im Norden Münchens der
Forschungsschwerpunkt in Freising-Weihenstephan für die Agrar-, Bio- und
Ernährungswissenschaften mit der Technischen Universität München und der
Hochschule für angewandte Wissenschaften Weihenstephan-Triesdorf sowie
dem lokalen Ableger des Martinsrieder Gründerzentrums, der sich jedoch bisher
nicht in einer größeren Welle von Firmengründungen niedergeschlagen hat.

Genzentrum

Was das Garchinger Atom-Ei für die Entwicklung der technischen Forschung im
modernen Bayern darstellt, ist das Genzentrum der LMU in Martinsried für die
Life Sciences.

Der Aufstieg von Martinsried von einem kleinen Bauerndorf bei München
zu einem führenden Zentrum der Biotechnologie in Deutschland und Europa
ist einzigartig. Er begann 1973 mit dem von der Max-Planck-Gesellschaft errichteten Institut für Biochemie. 1984 folgte das von Professor Ernst Ludwig
Winnacker ins Leben gerufene Genzentrum, das die Münchner „Genforschung"
auf akademischer und industrieller Seite zusammenführte und die Anwendung
stärker in den Blick nahm. Winnacker und das Genzentrum initiierten und be-
flügelten auch die ersten Biotech-Firmengründungen. 1989 wurde das erste Biotechnologie-Unternehmen, die Mikrogen GmbH, gegründet. Zwischen Genzentrum und anderen Münchner Instituten und der Boehringer-Biotechnologie
in Tutzing fand ein regelmäßiger Austausch statt. Eine erste Cluster-Beziehung
hatte sich mit wissenschaftlicher Kompetenz und Visionen von wichtigen Beteiligten in der Region gebildet. (Buckel 2013; bio.m.org 2017)

Das Genzentrum sollte die Gentechnik in Deutschland etablieren und für medizinische und industrielle Zwecke nutzen. Es war zunächst im Max-Planck-Institut für Biochemie in Martinsried untergebracht. Aus dem Genzentrum und
dem Institut für Biochemie heraus erfolgte 1992 die Ausgründung der Morpho-
Sys AG, die heute rund 400 Mitarbeiter hat und weltweit führend im Bereich
der humanen Antikörper ist. 1993 wurde die Micromet GmbH gegründet. Sie
wurde 2012 von Amgen, dem größten amerikanischen Biotechunternehmen, für
1,2 Milliarden US-Dollar übernommen. 1994 folgte der Spin-Off der Medigene AG, die heute auf Krebstherapien spezialisiert ist. Im gleichen Jahr hat das
Genzentrum das jetzige Gebäude der Ludwig-Maximilians-Universität auf dem
neu gegründeten „High-Tech-Campus" bezogen. Von Beginn an hat das Gen-

zentrum wissenschaftlich und organisatorisch eine Vorreiterrolle nicht nur in der bayerischen, sondern auch in der deutschen Forschungslandschaft gespielt. Es war maßgeblich auch daran beteiligt, München/Martinsried zu einem führenden Standort der entstehenden Biotech-Industrie zu entwickeln. Roland Berger hat beim Zukunftskongress in Garching am 17. Juni 1998 Martinsried als Musterbeispiel einer idealen Konfiguration nach dem Vorbild des Silicon Valley mit den Einrichtungen der Münchner Universität und der Max-Planck-Gesellschaft, dem Gründerzentrum, Wagniskapital und dem Netzwerk der BioM AG, das unten näher dargestellt wird, bezeichnet.

Das Genzentrum umfasst als zentrale Forschungseinrichtung der Universität München das gesamte Department für Biochemie, zentral geförderte Nachwuchsgruppen sowie kooptierte Mitglieder der medizinischen und veterinärmedizinischen Fakultäten. Es ist von 2007 bis 2015 stark gewachsen: Die Summe der eingeworbenen Drittmittel hat sich verdreifacht, die Zahl der Mitarbeiter ist von 150 auf 320 angestiegen. Dementsprechend hat sich auch die Forschungsleistung enorm gesteigert, gemessen an Parametern wie Veröffentlichungen in Topjournalen und Forschungspreisen. (genzentrum.lmu.de, aufgerufen 9. März 2017) In den letzten Jahren hat das Genzentrum begonnen, sein Forschungsportfolio in Richtung Systembiologie zu erweitern. Sie macht es sich zur Aufgabe, mit Hilfe von Big Data zu ermitteln, welches die gesamten relevanten Komponenten eines biologischen Systems sind und wie sie miteinander interagieren. Die Systembiologie stellt daher den nächsten logischen Schritt in der Entwicklung der Lebenswissenschaften und Medizin als Systemmedizin dar, mit enormem Potenzial für technologische und konzeptuelle Innovation.

Das Innovations- und Gründerzentrum

Das Innovations- und Gründerzentrum Biotechnologie in Martinsried (IZB) wurde bereits mit der Offensive I von 1994 auf den Weg gebracht und ein Jahr später mit 30 Mitarbeitern in Betrieb genommen. Die Anschubfinanzierung für den ersten Bauabschnitt betrug fünf Millionen DM. 1997 zogen die ersten Firmen von Hochschulabsolventen ein, darunter Toplab, ein erfolgreiches Unternehmen für Protein-Bioanalytik, und Micromet, ein Unternehmen mit starkem Fokus auf Krebsdiagnostik und -therapie, das 15 Jahre später von Amgen übernommen wurde.

Die in der High-Tech-Offensive 1998 angekündigte erste Erweiterung des Innovations- und Gründerzentrums in Martinsried wurde 2000 in Betrieb genommen. 2002 folgten die Eröffnung der Dependance in Weihenstephan und die

West-Erweiterung in Martinsried. Die Innovations- und Gründerzentren in Martinsried und Weihenstephan bieten hochmoderne Laboreinheiten und Büroräume für junge Biotechnologie-Unternehmen. Diese profitieren von den Kontakten und dem kreativen Umfeld im Gründerzentrum und von der Nähe zur akademischen Forschung am Campus Martinsried und in Weihenstephan. Die Zentren werden von der Fördergesellschaft IZB GmbH betrieben, die 1995 als Tochtergesellschaft des Freistaates Bayern gegründet wurde, um junge Life Science-Unternehmen zu unterstützen und im Raum München anzusiedeln. Gesellschafter sind der Freistaat Bayern mit 76 Prozent und mit je sechs Prozent die Gemeinde Planegg, der Landkreis München, die Stadt und der Landkreis Freising. Von den Gesamtkosten von 70 Millionen Euro für das Zentrum in Martinsried entfielen 14 Millionen auf die ersten beiden Bauabschnitte (August 1997), neun Millionen auf den dritten Bauabschnitt (Februar 2000), 25 Millionen auf die beiden Westerweiterungen (Juli 2002 und November 2010) sowie zehn Millionen auf das Seminarhotel IZB Residence (Oktober 2014). Heute sind in beiden Innovations- und Gründerzentren auf 26 000 Quadratmetern Fläche über 60 Biotech-Unternehmen mit mehr als 650 Mitarbeitern angesiedelt. (Website IZB)

Die Entwicklung der Biotechnologie-Unternehmen in Martinsried verlief rasant: 1991 gab es dort noch keine BioTech-Firma, 1997 waren es 27, ein Jahr später 44. In den Jahren 1997 und 1998 wurde alle 14 Tage ein neues Unternehmen gegründet. 90 Prozent davon waren Ausgründungen aus den Münchner Max-Planck-Instituten, dem Genzentrum oder den Fakultäten für Chemie und Biologie sowie den Kliniken der Universität München. Schon 2001 bestanden dort über 50 Firmen mit 1 700 Mitarbeitern. (Die Welt vom 19. März, 5. April und 21. Oktober 2001 zur seinerzeitigen Entwicklung in Martinsried) Heute sind es 188 Unternehmen. Insgesamt ist die Zahl der Beschäftigten in Biotechnologie-Unternehmen des Großraums München von 370 im Jahr 1997 bis 2002 auf 2 700 angestiegen. Nimmt man die Pharma-Industrie mit ihren 8 100 Beschäftigten dazu, dann ergeben sich insgesamt 10 800 Arbeitsplätze im Jahr 2002. (Geschäftsbericht BioM, 2003) Seither hat sich die Zahl der in BioPharma-Unternehmen Beschäftigten auf rund 23 000 mehr als verdoppelt. Allein bis 2015 hat BioM über 100 Start-ups bei der Gründung unterstützt. (IZB, 4. Auflage 11/2015: 25) Bei Neugründungen in der Biotechnologie führt der Raum München nach wie vor Berlin. Das jüngste Beispiel für die hohe Qualität des Campus ist der Zuzug des aus dem hochattraktiven Wissenschaftsumfeld 2016 in Heidelberg gegründeten Unternehmens iOmx. Es hat sich bewusst Martinsried als Firmensitz gewählt, um die dort offensichtlich bessere Business-Umgebung inklusive der Nähe zu seinen Investoren zu nutzen. Ebenso hat sich der

US-Investor MPM Capital geäußert: „Das Umfeld in Martinsried/München ist optimal in Bezug auf seine internationale Anbindung, die Rekrutierung von Mitarbeitern und das akademische wie unternehmerische Umfeld." (EY, Biotechnologiereport 2017: 37, 48)

BioM AG

Ein entscheidendes Instrument für die Vernetzung von Wirtschaft und Wissenschaft und für die Entwicklung neuer Unternehmen wurde die von Professor Domdey 1997 in Martinsried gegründete BioM AG Munich Biotech Development. Die Gesellschaft diente der Umsetzung des Münchner „BioRegio-Konzepts", das 1996 als eine von drei Modellregionen vom Bundesforschungsministerium mit 50 Millionen DM prämiert wurde. Die BioM AG begann mit Netzwerkaktivitäten, Beratungsleistungen und Seed-Finanzierungen, unter anderem von 2001 bis 2012 mit der BioM Venture Capital GmbH & Co. Fonds KG. Der Autor hat die Entwicklung der BioM AG als Mitglied des Aufsichtsrates von Mitte 2001 bis Mitte 2004 begleitet. Das erfolgreiche Wirken der BioM AG wurde 2007 im Bio-Industrie-Wettbewerb 2021 (mit fünf Millionen Euro) und 2010 im Spitzencluster-Wettbewerb des Bundesforschungsministeriums (mit 40 Millionen Euro) ausgezeichnet. Seit 2014 konzentriert sich die BioM AG ausschließlich auf das Management des bestehenden Portfolios. Die 2006 gegründete BioM BioTech Cluster Development GmbH hat die Netzwerkaktivitäten zur Standortförderung von der BioM AG sowie das Clustermanagement des neu gegründeten bayernweiten Biotechnologie Clusters übernommen. Beide Gesellschaften werden von Professor Domdey geleitet.

Ihr Fokus liegt auf der roten Biotechnologie, also der Entwicklung von Produkten und Technologien für die Medizin. In innovativen Biotech-Unternehmen werden seit den neunziger Jahren molekularbiologische Methoden zur Medikamentenentwicklung eingesetzt. In jüngerer Zeit verfolgen auch traditionelle Pharmaunternehmen diesen Ansatz, zum Beispiel durch therapeutische Antikörper. Die Clusterorganisation BioM unterstützt vor allem die 180 kleinen und mittleren Biotechnologie-Unternehmen, von denen die meisten neue Medikamente oder Diagnostika entwickeln oder Technologien dafür zur Verfügung stellen.

Spitzencluster m4 – Kompetenzregion für personalisierte Medizin

Der Gewinn im Spitzencluster-Wettbewerb des Bundesministeriums für Bildung und Forschung (BMBF) 2010 bedeutete einen nachhaltigen Schub für die Region und schärfte das Profil des Standortes München im Hinblick auf die Biomarker-gestützte Medikamentenentwicklung. Insgesamt führte dieser Erfolg zu einer Förderung von rund 100 Millionen Euro für den Spitzencluster „m4 – Personalisierte Medizin und zielgerichtete Therapien": 40 Millionen Euro Förderung des Bundes, rund zehn Millionen Euro aus dem bayerischen Staatshaushalt sowie Investitionen aus der Industrie in mindestens gleicher Höhe. Bis 2015 wurde damit der Grundstein für ein „International Competence Center for Personalized Medicine" im Großraum München und in globaler Wahrnehmung gelegt. 2011 richtete das bayerische Wirtschaftsministerium den mit 2,5 Millionen Euro dotierten „m4 Award" für ganz Bayern ein, einen Wettbewerb zur Überführung exzellenter Ergebnisse der Forschung in die Gründung junger Unternehmen im Bereich der personalisierten Medizin, der seither alle zwei Jahre sehr erfolgreich durchgeführt wird. Die Vision des Münchner Biotech Cluster m4 bis 2020 ist es, Center of Excellence für personalisierte Medizin zu werden und zur digitalisierten Medizin weiterzuentwickeln. (bavarian biotech inside 2017)

Der Münchner Biotech-Cluster m4 zeichnet sich durch eine enge Vernetzung von Industrie und akademischer Forschung aus. Zwei Drittel der Firmen sind kleine und mittlere Unternehmen und in der Mehrzahl Ausgründungen aus den akademischen Einrichtungen der Münchner Universitäten, der biowissenschaftlichen Max-Planck-Institute und des Helmholtz-Zentrums München. Hinzu kommen Zweigstellen von global tätigen Biotech- und Pharmaunternehmen, Zulieferern und Dienstleistungsunternehmen.

Der Standort München/Martinsried macht heute etwa 90 Prozent der Biotechnologieaktivitäten im Freistaat aus, die im Übrigen in der BioRegio Regensburg, in Straubing und in Nordbayern (Würzburg, Erlangen, Bayreuth) konzentriert sind. Der Cluster Biotechnologie bündelt die Stärken dieser Standorte und bindet Unternehmen und Institute anderer bayerischer Regionen aktiv in das bayernweite Netzwerk ein. Darüber hinaus repräsentiert der Münchner Biotech-Cluster die bayerische Biotechnologie auch auf internationaler Ebene. Mit dem Projekt „Innovations through Munich-Nippon Cooperations in healthcare" (InnoMuNiCH) wurde eine deutsch-japanische Kooperation zur Entwicklung von biomedizinischen Innovationen begründet, die seit Januar 2017 im Rahmen der Fördermaßnahme „Internationalisierung von Spitzenclustern, Zukunftsprojekten und vergleichbaren Netzwerken" vom Bundesforschungsministerium gefördert wird. Insgesamt wurden seit 1996 sechs Milliarden Euro in den Münchner Cluster investiert, davon vier Milliarden Euro privates Kapital in kleine und mittlere Unternehmen und zwei Milliarden in die Infrastruktur. (zum Cluster siehe auch Kapitel fünf, Abschnitt vier)

High-Tech-Campus Martinsried/Großhadern

„Durch eine zukunftsorientierte und verlässliche Wissenschaftspolitik und kraftvolle Investitionen haben wir in Großhadern-Martinsried einen in Europa einmaligen Medizin- und Wissenschaftscampus errichtet." (Seehofer, 26. Oktober 2015)

Was der Forschungscampus Garching als naturwissenschaftlich-technisches Zentrum der TU München ist, stellt der High-Tech-Campus Martinsried/Großhadern für die Natur- und Lebenswissenschaften der Ludwig-Maximilians-Universität dar. Das historische Hauptgebäude der Universität im Herzen Münchens beherbergt heute hauptsächlich die Sozial- und Geisteswissenschaften. Nukleus des Campus sind die 1973 und 1984 von der Max-Planck-Gesellschaft errichteten Institute für Biochemie und Theoretische Psychiatrie (jetzt Neurobiologie) sowie das 1984 errichtete Genzentrum. Mit der Gründung der drei Unternehmen MorphoSys, Micromet und Medigene 1992, 1993 und 1994 sowie mit der Inbetriebnahme des Innovations- und Gründerzentrums 1995 begann das eigentliche Gründerzeitalter in Martinsried. 1999 wurden die neuen Gebäude der Fakultäten für Chemie und Pharmazie, 2004 die der Fakultät für Biologie der LMU in Großhadern eröffnet und damit ein entscheidender Schritt hin zum Wissenschaftscampus Martinsried/Großhadern getan. Schon 2002 wurde festgestellt: „Zwar ist die Bayerische Technologiepolitik fachlich sehr breit angelegt. Der Bereich der Biotechnologie sticht allerdings heraus und erfährt eine besonders intensive Förderung. Hier konnte die Staatsregierung mit ihrer OZB auf schon relativ gut entwickelten Strukturen in einigen Teilräumen aufbauen. Diese werden nun konsequent in Wissenschaft und Forschung, gewerblicher Förderung und Gründerförderung weiterentwickelt. Langsam arbeitet sich Bayern vom Spitzenplatz in Deutschland in die europäische Spitze der Bioregionen vor." (Berger 2002: 41)

Heute ist der High-Tech-Campus Martinsried-Großhadern eines der größten Zentren Europas, in dem wissenschaftliche Grundlagenforschung, Lehre klinische Forschung und technologische Innovationen für die Biotechnologie zusammengeführt werden. Auf dem Campus befinden sich in direkter Nachbarschaft Fakultäten, Zentren und Institute der Universität München, Institute der Max-Planck-Gesellschaft und der Helmholtz-Gemeinschaft sowie die dargestellten Gründer- und Clustereinrichtungen. Über 20 wissenschaftliche Einrichtungen von Weltrang sind heute dort zu finden (dabei steht LMU für die Ludwig-Maximilians-Universität München):

– Genzentrum der LMU,
– Max-Planck-Institut für Biochemie,

- Max-Planck-Institut für Neurobiologie,
- Institute des Helmholtz-Zentrums-München,
- Fakultäten für Biologie, Pharmazie und Chemie der LMU,
- Forschungszentrum für Molekulare Biosysteme (BioSysM) der LMU,
- Biomedizinisches Zentrum der LMU (BMC),
- Neurologisches Forschungszentrum der LMU,
- Zentrum für Neuropathologie und Prionforschung der LMU (ZNP),
- Institut für Schlaganfall- und Demenzforschung der LMU,
- Graduate School of Systemic Neurosciences (GSN) and Munich Center for Neurosciences Brain and Mind der LMU,
- Klinikum Großhadern der LMU,
- Innovations- und Gründerzentrum Biotechnologie IZB
- sowie die BioM AG, die BioM Biotech Cluster Development GmbH und die Industrielle Biotechnologie Bayern Netzwerk GmbH.

Zwei dieser Einrichtungen sind erst in jüngster Zeit entstanden: Am 19. April 2016 wurde das Forschungszentrum für Molekulare Biosysteme (Bio-SysM) der Universität München offiziell eröffnet. Dort konzentriert sie ihre systembiologische Forschung mit rund 200 Mitarbeitern. Nur wenige Monate später wurde am 25. Oktober 2016 das neue Herzstück des Campus eingeweiht, das „Biomedizinische Centrum" der Universität (BMC), einer der deutschlandweit größten Forschungsbauten der letzten Jahre. Von den Gesamtbaukosten von 125 Millionen Euro trägt der Freistaat Bayern 83,2 Millionen Euro, die übrigen der Bund. Das Zentrum steht beispielhaft für den Brückenschlag zwischen Grundlagenforschung und klinischer Anwendung. Es bietet Labors für derzeit etwa 60 Forschergruppen und insgesamt rund 450 Mitarbeiter. Bis zu 2 000 Studierende werden hier ausgebildet.

Damit ist der Ausbau des Campus noch nicht zu Ende. Die herausragende Stellung des Campus in den Life Sciences wird mit einem international hoch sichtbaren Forschungsschwerpunkt in der chemischen Biologie und in der Epigenetik weiter gestärkt. Derzeit wird ein Institut für chemische Epigenetik (ICEM) errichtet, für das der Wissenschaftsrat im April 2015 eine Förderempfehlung gegeben hat. Der Forschungsbau mit Gesamtkosten von 38,7 Millionen Euro wird in unmittelbarer Nähe des Klinikums der Universität München und der Fakultät für Chemie und Pharmazie errichtet. Damit wird ein neues Forschungsfeld an der Schnittstelle zwischen Chemie und Biologie erschlossen. Das Vorhaben basiert auf dem von den beiden Münchner Universitäten gemeinsam verantworteten Exzellenzcluster „Center for integrated Protein Science Munich" (CiPSM).

Die Staatsregierung hat angekündigt, den Wissenschafts- und Medizinstandort Martinsried-Großhadern mit weiteren Großprojekten auszubauen. Am 28. Januar 2015 hat sie einen Grundsatzbeschluss über den Abriss des Klinikums Großhadern und einen Neubau mit mehreren krankheitsbezogenen Zentren im Klinikgelände gefasst. Danach soll in den nächsten 20 Jahren ein Neubau des Klinikums Großhadern errichtet werden, der im Endausbau etwa eine Milliarde Euro kosten wird. Der erste Spatenstich für dieses Jahrhundertprojekt könnte 2020 erfolgen. (Plenarprotokoll 17/102, 25. April 2017: 9073)

Heute kann man feststellen: Das mit der Offensive Zukunft Bayern angestrebte Ziel wurde erreicht. Der High-Tech-Campus Martinsried-Großhadern gilt als eine der weltweit führenden Adressen für Life Sciences mit einer nahezu einmaligen Ballung renommierter Forschungseinrichtungen, die beste Voraussetzungen für hochkarätige interdisziplinäre Forschung ebenso wie für Technologietransfer und die Gründung von innovativen Unternehmen der Hochtechnologie bietet. Rund 12 000 Studenten sind dort eingeschrieben. (Wintersemester 2017/18, Münchner Merkur, 12. Oktober 2017) Zusammen mit den rund 10 000 Beschäftigten im Klinikum Großhadern, den weiteren Wissenschaftlern und Unternehmen kann man von 25 000 Personen in diesem Bereich und der lokalen Clusterung sprechen. Die Ludwig-Maximilians-Universität belegt 2017 in allen Bereichen der Life Sciences global herausragende Spitzenplätze bei den drei großen internationalen Universitätsrankings: in der Biologie Rang 18 im Shanghai-Ranking, in der Biotechnologie Rang 29 im QS-Ranking, in der Medizin Rang 35 im THE-Ranking und in der Medizintechnik Rang fünf (!) im Shanghai-Ranking. (aktuelle Websites, aufgerufen 10. Januar 2018)

Der Campus ist das Herzstück der Biotechnologie in der Europäischen Metropolregion München (EMM), zu der über Oberbayern hinaus auch Teile Schwabens (mit Augsburg) und Niederbayerns (mit Landshut) gehören. In der Münchner Metropolregion haben 15 Prozent der deutschen Biotechnologie-Unternehmen ihren Hauptsitz. 30 Prozent der nationalen biotechnologischen Wirkstoffentwicklung finden hier satt. Ausschlaggebend für die erfolgreiche Entwicklung ist die enge Zusammenarbeit zwischen natur- und biowissenschaftlichen Forschungseinrichtungen und in München ansässigen Firmen. Nationale und internationale Unternehmen wie Amgen, Bavarian Nordic, Bio-Rad Laboratories, GE Health Care Deutschland, Merck Sharp Dohme, Bristol-Myers Squibb, GlaxoSmith-Kline (GSK) und viele andere haben ihren Sitz in München. (München.de, Biotechnologie und Pharma, Stand Juli 2016, aufgerufen 16. Juni 2017) Bayernweit sind nach dem Report 2016/2017 von Biotech in

Bavaria derzeit 32 000 Mitarbeiter und 10 000 Wissenschaftler in BioTech und Pharma ohne Medizin und Medizintechnik beschäftigt.

4.3 Medical Valley Erlangen

„Ein europaweit führendes Zentrum für Medizintechnik schaffen wir in Erlangen/ Nürnberg.“ (Stoiber 1998)

Ausgangspunkt für diese Ankündigung waren die hervorragenden wissenschaftlichen und technologischen Rahmenbedingungen im Raum Erlangen-Nürnberg: Die Friedrich-Alexander-Universität Erlangen-Nürnberg (FAU) als eine der deutschen Spitzenuniversitäten, das deutschlandweit größte Fraunhofer-Institut, die medizintechnische Forschung und Fertigung durch das international führende Unternehmen Siemens AG sowie das Engagement der Stadt Erlangen, diese Aktivitäten nachhaltig zu fördern. Herausragendes Beispiel für die wissenschaftliche Exzellenz und Kooperation am Standort Erlangen ist das inzwischen weltweit standardmäßig eingesetzte Audiocodierformat mp3, das ursprünglich von den Professoren Dieter Seitzer, Heinz Gerhäuser und Karlheinz Brandenburg an der Universität Erlangen-Nürnberg und den Fraunhofer-Instituten entwickelt wurde. (FAU Website: 41, Seitzer 2017) Zugleich galt es, der schlechten gesamtwirtschaftlichen Situation entgegenzuwirken, die auch Erlangen empfindlich getroffen hatte, als ab 1993 binnen weniger Jahre fast 5 000 Arbeitsplätze verlorengingen. Hätte Heinrich von Pierer damals auf seine Finanzinvestoren gehört, hätte sich Siemens von der schwächelnden Medizintechnik getrennt. (Süddeutsche Zeitung, 1. Dezember 2017; Pierer 2011)

Vor diesem Hintergrund verkündete Oberbürgermeister Siegfried Balleis bei seinem Amtsantritt am 2. Mai 1996 die Vision, Erlangen bis 2010 zur „Bundeshauptstadt der medizinischen Forschung, Produktion und Dienstleistung“ zu entwickeln. (Balleis, 1996) Das war die Geburtsstunde des „Medical Valley“, das erstmals als Begriff in einem Antrag für den Forschungsverbund FORMED 1998 offiziell genannt wurde. Siegfried Balleis war zusammen mit der Siemens AG und der Universität die treibende Kraft für den Ausbau des Medizinstandorts Erlangen in der Offensive Zukunft Bayern. Dabei konnte diese auf der traditionell herausragenden Kompetenz des Standortes Erlangen für die Medizintechnik aufbauen, die schon Ende des 19. Jahrhunderts begründet wurde. Ausgangspunkt für die industrielle Herstellung elektromedizinischer Geräte war 1886 die Firma Reiniger, Gebbert und Schall, aus der 1932 die Siemens-Reiniger-Werke AG und 1969 der Unternehmensbereich Medizinische Technik der Siemens AG

– seit 2001 Medical Solutions genannt – hervorgegangen sind. Im Jahr 2001 waren hier 4 300 Mitarbeiter beschäftigt, heute sind es rund 5 700.

Mit einem weltweiten Umsatz von rund 250 Milliarden Euro und jährlichen Wachstumsraten von sechs bis acht Prozent war und ist die Medizintechnik eine der Schlüsselbranchen der Zukunft. Die von Roland Berger seinerzeit festgestellte Spitzenposition Bayerns im internationalen Wettbewerb wurde durch die Vorhaben der Offensive in Erlangen gefestigt und ausgebaut.

Ausbau der Wissenschaft

Mit dem Einsatz der Privatisierungserlöse für den Medizinstandort Erlangen wurde bereits 1994 begonnen. Er galt zunächst dem Ausbau der wissenschaftlichen Einrichtungen. Die Forschungsaktivitäten wurden, neben den Forschungsbereichen von Siemens, vor allem von der Universität Erlangen-Nürnberg und dem Fraunhofer-Institut für integrierte Schaltungen betrieben. Eine tragende Säule war dabei die seit 1961 auch in Nürnberg beheimatete Erlanger Universität, die heute eine der zehn größten und forschungsintensivsten in Deutschland ist. Durch die Verbindung der medizinischen mit der 1966 neu eingerichteten technischen Fakultät wurden die Voraussetzungen für die wissenschaftliche Begleitung der Medizintechnik geschaffen. (FAU 2016: 87 ff.) Der Rektor der Universität, Professor Gotthard Jasper, und der langjährige Kanzler, Thomas Schöck, waren wichtige Ansprechpartner des Autors für die Offensive Zukunft Bayern. (Erlanger Stadtlexikon 2002: 491; Leven 2016: 354 ff.)

Bereits in der ersten Tranche der Offensive wurde ein bedeutender Baustein für den Ausbau der Universität Erlangen-Nürnberg zu einem Zentrum der deutschen Gesundheitsforschung gesetzt: „An der Friedrich-Alexander-Universität Erlangen-Nürnberg werden wir ein Verfügungszentrum für klinische experimentelle Forschung errichten, wofür wir 40 Millionen DM zur Verfügung stellen. Hier werden Forschergruppen interdisziplinär in modernsten Laboratorien an schwierigsten medizinischen Problemen arbeiten. Es geht um Grundlagenforschungen zu Infektionserkrankungen einschließlich Aids, zu Krebs und zu rheumatischen Erkrankungen. Der Neubau schafft gleichzeitig die Voraussetzungen dafür, dass die Universität Erlangen-Nürnberg künftig ein Zentrum der Gesundheitsforschung der Bundesrepublik wird". (Stoiber 1994/1)

Am 12. Oktober 2000 wurde dieses „Verfügungszentrum" als „Nikolaus Fiebiger-Zentrum für Molekulare Medizin Erlangen" (NFZ) eingeweiht. Die Namensgebung ehrte den ehemaligen Präsidenten der Universität Erlangen, der sie von 1975 bis 1990 geführt und geprägt hat. Den Autor hat vor allem in der Bayerischen Forschungsstiftung mit Professor Fiebiger intensiv zusammengearbeitet, der die Stiftung als Geschäftsführer von 1993 bis 1998 betreut hat. Nikolaus Fiebiger, der sich, zum Beispiel mit dem sogenannten Fiebiger-Plan zur Sicherung und Förderung des wissenschaftlichen Nachwuchses, bleibende Verdienste für Forschung und Lehre in Deutschland erworben hat, starb am 6. April 2014 im Alter von 92 Jahren. (Zur Bedeutung von Nikolaus Fiebiger für die Entwicklung Erlangens zur Medizinhauptstadt siehe Leven 2016: 341 ff.) Der Autor ist ihm anlässlich des 80. Geburtstages von Professor Dieter Seitzer ein Jahr zuvor in Erlangen zuletzt begegnet. Das Zentrum zielt mit zwei Lehrstühlen für experimentelle Medizin darauf ab, die biomedizinische Forschung durch Kooperationen zwischen Grundlagen- und klinischen Forschern zu stärken und in der Lehre für Studierende der Medizin, Molekularmedizin und Biologie zu wirken. Heute sind dort insgesamt rund 130 Mitarbeiter tätig. (website NFZ, 28. August 2017)

Parallel zu diesem Forschungszentrum wurde in der Offensive I 1994 auch angekündigt, die Vernetzung des Fraunhofer-Instituts für Mikroelektronik in Erlangen weiter zu fördern: „Die Staatsregierung wird die bayerischen Fraunhofer Mikroelektronik-Institute in Erlangen und München mit 50 Millionen DM für die Anschaffung einer neuen Generation von Prozesssoftware unterstützen. Damit können sie ihren Auftrag erfüllen, für kleine und mittlere Unternehmen praxisorientierte Forschung zu betreiben." Das 1985 gegründete Fraunhofer-Institut für Integrierte Schaltungen (IIS) in Erlangen ist eine weltweit führende anwendungsorientierte Forschungseinrichtung für mikroelektronische und informationstechnische Systemlösungen und Dienstleistungen. Es ist heute das größte Institut der Fraunhofer-Gesellschaft und mit der maßgeblichen Beteiligung an der Entwicklung der Audiocodier-Verfahren mp3 weltweit bekannt geworden. In enger Kooperation mit den Auftraggebern betreiben die Wissenschaftler internationale Spitzenforschung in den Forschungsfeldern Audio und Multimedia, Bildsysteme, Energiemanagement, IC-Design und Entwurfsautomatisierung, Kommunikationssysteme, Lokalisierung, Medizintechnik, Sensorsysteme, Sicherheitstechnik, Versorgungsketten sowie zerstörungsfreie Prüfung. Rund 950 Mitarbeiter arbeiten in der Vertragsforschung für die Industrie, Dienstleistungsunternehmen und öffentliche Einrichtungen. Das Institut mit Hauptsitz in Erlangen hat weitere Standorte in Nürnberg, Fürth und Dresden sowie in Bamberg, Waischenfeld, Coburg, Würzburg, Ilmenau und Deggendorf. Das Budget von 130 Millionen Euro pro Jahr wird bis auf eine Grundfinanzierung von 22 Prozent aus der Auftragsforschung finanziert. (Website IIS 9/2016)

Der 1996 gegründete Fraunhofer-Verbund Mikroelektronik ist ein Forschungs- und Entwicklungsdienstleister auf den Gebieten Mikroelektronik und

Smart Systems Integration. Als Teil der Fraunhofer-Gesellschaft, der größten Organisation für anwendungsorientierte Forschung in Europa, bündelt er langjährige Erfahrung und die Expertise von rund 3 000 Mitarbeitern aus elf Fraunhofer-Instituten und sieben Gastinstituten aus anderen Fraunhofer-Verbünden. Die zusätzliche Finanzierung über die High-Tech-Offensive hat die bayerischen Mikroelektronik-Institute der Fraunhofer-Gesellschaft zu einem koordinierten Verbund zusammengeführt und mit neuester Technologie zur Entwicklung modernster Bauelemente ausgestattet. Die Förderung wurde 1998 abgeschlossen.

Auch die Offensive II von 1996 hat zur Förderung der wissenschaftlichen Kompetenz für die Medizintechnik in Erlangen beigetragen. Schwerpunkt war der Ausbau der technischen Fakultät der Universität: „An der Friedrich-Alexander-Universität Erlangen-Nürnberg wird die Fakultät Maschinenbau erweitert. Damit löse ich mein Versprechen ein, das ich dem Rektor der Universität, Herrn Prof. Dr. Gotthard Jasper, anlässlich der 250-Jahr-Feier am 4. November 1993, gegeben habe, mich für die Verwirklichung des Abrundungskonzepts einzusetzen. Dafür stellen wir 40 Millionen DM bereit. Wir wollen ein ehemaliges US-Militärgelände erwerben und das Gebäude auf einen Stand bringen, das modernen Anforderungen entspricht. Das setzt aber voraus, dass uns die Stadt Erlangen in den laufenden Verhandlungen entsprechend entgegenkommt." (Stoiber 1994/1)

Das 1987 von der Universität vorgelegte Abrundungskonzept hatte zum Ziel, die Ingenieurwissenschaften mit 20 neuen Lehrstühlen auszubauen und auch die ingenieurwissenschaftlich ausgerichtete Informatik im nordbayerischen Raum entsprechend einzurichten. Die Förderung der Offensive Zukunft Bayern betraf auch die beiden Lehrstühle für Systemsimulation und Sensorik für die Produktionstechnik in der Elektrotechnik, die seit 1999 zum Department für Elektrotechnik, Elektronik und Informationstechnik der Hochschule gehören. Die Stärkung der technischen Fakultät sollte den nordbayerischen Raum insgesamt erschließen, Forschungsaktivitäten im mittelfränkischen Bereich schaffen und einen qualifizierten Nachwuchs für den Wirtschaftsstandort Nordbayern sicherstellen. (Staatssekretär Rudolf Klinger, Plenarprotokoll 13/580)

Zur Verbesserung der räumlichen Unterbringung waren bauliche Maßnahmen einschließlich Grunderwerb erforderlich. Dafür wurden aus Privatisierungserlösen insgesamt rund 40 Millionen DM bereitgestellt. Die Stadt Erlangen hat das ehemalige US-Gelände der Ferris-Barracks 1997 für 34 Millionen DM gekauft und dort einen neuen Stadtteil entwickelt, den Röthelheim-Park. (dazu Balleis 2006: 40) Die unter Denkmalschutz stehenden Gebäude um den Exerzierplatz hat der Freistaat Bayern erworben, umgebaut und der Universität zur Verfügung gestellt. Im sogenannten „Röthelheim Campus" der Erlanger Universität begann ab Mitte 1997 die Gesamtsanierung der Gebäude. Die meisten der historischen Bauwerke werden überwiegend von Lehrstühlen der Technischen Fakultät genutzt. Am 7. Juli 2001 wurde der Campus offiziell eröffnet. Die dort beheimateten Lehrstühle der technischen Fakultät mit den Ingenieurwissenschaften, Maschinenbau und Elektrotechnik gehören auch zu den Erlanger Studieninhalten der Medizintechnik, wesentlich insbesondere für medizinische Produktionstechnik, Gerätetechnik und Prothetik. Damit war die Erweiterung der Fakultät auch für die Zielsetzung Medizintechnik bedeutsam.

Ebenfalls 1996 folgte in der Offensive II die Ankündigung, die Universitätsklinik weiter auszubauen: „An der Universitätsklinik Erlangen-Nürnberg werden wir zwei Medizinische Kliniken mit Poliklinik unter Einbeziehung von Notfallaufnahme und Röntgendiagnostik zu einem hochmodernen Nichtoperativen Zentrum in einem Neubau zusammenfassen. Dazu investieren wir 150 Millionen DM. Die Universität erhält damit modernst ausgestattete Kliniken für die medizinische Versorgung der Region auf höchstem Niveau." (Stoiber 1996)

Ein weiterer wichtiger Schritt auf dem Weg zur „Medizintechnik-Hauptstadt Erlangen" war der von der Bayerischen Forschungsstiftung mit sechs Millionen DM von 1998 bis 2001 geförderte Forschungsverbund FORBILD (ursprünglich FORMED) für Medizinische Bildgebung und Bildverarbeitung. Durch die Zusammenarbeit mit Industriepartnern stand dem Verbund ein Gesamtbudget von rund 15 Millionen DM für die ersten drei Jahre zur Verfügung. (Informationsdienst 2000) Der Begriff des Medical Valley als Verbund von industriellen Forschungs- und Entwicklungsabteilungen und universitären Forschungseinrichtungen, der im Erstantrag von 1998 noch als Vision dargestellt wurde, ist mittlerweile als Markenzeichen für die Region um Erlangen-Nürnberg etabliert und mit Leben erfüllt. Neben den unterschiedlichen Initiativen aus Politik und Wirtschaft hat auch dieser Forschungsverbund dazu beigetragen, den Ruf Erlangens und der Region als führenden medizintechnischen Standort in Deutschland zu festigen. (FORBILD Abschlussbericht 9/2000:1) Die Zusammenarbeit der Universität und ihrem Klinikums mit der Siemens AG mündete Ende 1999, ermuntert durch die High-Tech-Offensive, in einen Partnerschaftsvertrag über die verstärkte Zusammenarbeit auf den Gebieten der Medizintechnik, der Informationstechnologie und des Prozessmanagements im Gesundheitswesen. Heute (2017) belegt die Universität Erlangen-Nürnberg im Shanghai-Ranking globale Spitzenplätze in der Medizintechnik (Rang 47) und in der Energietechnik (Rang 21).

Siemensfabrik

Entscheidend für den Ausbau der Erlanger Medizintechnik in der High-Tech-Offensive war die Entscheidung von Siemens, 200 Millionen DM in eine neue Fabrik für Medizintechnik mit 5 000 Arbeitsplätzen zu investieren. Am 3. Oktober 1997 hat die Siemens AG in einer Pressekonferenz bekannt gegeben, dass dieses Werk nicht in England oder in den USA gebaut wird. Ein wesentlicher Faktor für diese Standortentscheidung war die hier vorhandene einzigartige Konzentration von Forschung, Kliniken und Unternehmen und qualifizierten Arbeitnehmern sowie das effektive Engagement der Stadt Erlangen. In der Pressekonferenz äußerte der Vorstandsvorsitzende der Siemens AG, Heinrich von Pierer, die Erwartung, dass die Baugenehmigung für die neue Fabrik genauso schnell erfolgen werde wie die für eine Mikroelektronikfabrik in Dresden kurz zuvor. Er nannte dabei einen Zeitraum von drei Monaten. Der Erlanger Oberbürgermeister Siegfried Balleis erwiderte, dass man schneller als Dresden sein werde, dass die Uhr aber erst zu laufen beginne, sobald die letzte Tektur eingereicht sei. Das Ergebnis war, dass die insgesamt 200 Millionen DM teure Med-Fabrik innerhalb von sechs Wochen vom Bauaufsichtsamt der Stadt Erlangen genehmigt wurde. (Pierer 2011)

Hinzu kam der Glücksfall, dass das von der Stadt Erlangen erworbene ehemalige US-Militärgelände Platz schuf für die notwendigen wissenschaftlichen und industriellen Einrichtungen. (dazu Balleis 2006: 40) Bereits am 14. Februar 2000 wurde die Siemens Med-Fabrik in Erlangen in Betrieb genommen. Damit waren Verbleib und Ausbau der Produktion von Medizintechnik in Erlangen gesichert. Dementsprechend konnten auch im 2006 eröffneten Anbau der Strahlenklinik der Universität die modernsten Großgeräte für die Strahlentherapie eingesetzt und wissenschaftlich weiterentwickelt werden. Heute zählt die Erlanger Strahlenklinik zu den drei führenden in Deutschland.

Gründerzentrum und Institut für Medizintechnik

Auf der Basis der Investitionsentscheidung von Siemens wurde von der Stadt Erlangen, der Universität und der Siemens AG ein Konzept zum Ausbau der Region Nürnberg/Fürth/Erlangen zu einem „Kompetenzzentrum Medizintechnik" entwickelt. Dieses wurde dem Autor am 15. Juli 1998 in Erlangen von Oberbürgermeister Siegfried Balleis, dem Vorstandschef des Bereichs Siemens-Med, Professor Erich Reinhardt, und dem bisherigen Aufsichtsratsvorsitzenden der Siemens AG, Hermann Franz, der nunmehr den Vorsitz im Wissenschaftlich-Technischen Beirat der Staatsregierung übernommen hatte, präsentiert. Die

Eckpunkte dieser Vorstellungen sind im Rahmen der High-Tech-Offensive verwirklicht worden. Das betrifft vor allem das Innovations- und Gründerzentrum
Medizintechnik und Pharma (IZMP) (21,5 Millionen DM), das am Seed-Capital-Fonds Medizintechnik und Pharma (neun Millionen DM) und an medizintechnischen Forschungs- und Entwicklungs-Projekten (13,5 Millionen DM)
beteiligt wurde, sowie das Institut für Medizintechnik mit einem entsprechenden
Aufbaustudiengang (32 Millionen DM) und einem Neubau für innovative strahlentherapeutische Großgeräte für die Universität (21,2 Millionen DM).

Das Innovations- und Gründerzentrum und das Zentrum für Medizintechnik, die das Herzstück der Medizintechnik in Erlangen bilden, wurden im gleichen Gebäudekomplex verwirklicht, um wissenschaftliche Arbeit und Unternehmensgründungen so weit wie möglich zu verzahnen. Zur optimalen Nutzung
von Wissenstransfer und Synergien stehen große Teile der Infrastruktur beiden
Einrichtungen zur Verfügung. Ministerpräsident Edmund Stoiber hat diesen Zusammenhang in seiner Festansprache zur Einweihung des Gründerzentrums und
zum gleichzeitig stattfindenden Richtfest des Forschungsinstituts am 12. Mai
2003 so beschrieben: „Institut für Medizinische Technik und Innovationszentrum dokumentieren in besonderer Weise den direkten Weg von der Wissenschaft
in die wirtschaftliche Anwendung und sind weitere Meilensteine auf dem Weg
des Raumes Erlangen zum Medical Valley." In nur 17 Monaten ist das Innova-
tions- und Gründerzentrum in unmittelbarer Nachbarschaft zum Firmensitz von
Siemens Medical Solutions entstanden. Nur einen Steinwurf entfernt produzier-
te Siemens vor über 100 Jahren die ersten Röntgengeräte. Erlangens Tradition
als Medizinstandort hat seine Wurzeln am Standort des Innovations- und Gründerzentrums. Auf 4 000 Quadratmetern Nutzfläche standen Mietern modernste
Büroräume und Laborflächen zur Verfügung. Zugleich bot das Erlanger Inno-
vations- und Gründerzentrum für Medizintechnik und Pharma durch seine Be-
triebsgesellschaft ein breit gefächertes Dienstleistungsangebot und ein gerade für
junge Firmen wichtiges Netzwerk von Kontakten und Partnern an. Das Gründerzentrum brachte Erlangen gemeinsam mit der neuen Siemens-Fabrik und
dem Universitätsinstitut für Medizintechnik auf dem Weg zur Bundeshauptstadt
für Medizin und Gesundheit entscheidend voran. (Balleis 2003)

Das neue Gründerzentrum sollte die in Erlangen bereits vorhandene Grün-
derszene ausbauen und auf Medizintechnik und Pharma fokussieren. Bereits
1986 hatte die Stadt Erlangen zusammen mit den Städten Fürth und Nürnberg
das Innovations- und Gründerzentrum Nürnberg/Fürth/Erlangen GmbH (IGZ)
im Erlanger Stadtteil Tennenlohe gegründet. Das Erlanger IGZ war eines der ersten zehn Gründerzentren in Deutschland. Nach 30 Jahren konnte eine Erfolgsbi-

lanz gezogen werden, zu der unter anderem die universitären Start-ups Wavelight AG und November AG gehören. Bis Dezember 2016 wurden hier 154 junge Unternehmen betreut, 13 Einrichtungen für Beratung und Technologietransfer aufgenommen und 30 assoziierte Partner integriert. Über 110 dieser Partner haben das Zentrum bereits wieder verlassen. Im Jahr 2016 hat es 38 jungen Unternehmen Beschäftigung für rund 230 hochqualifizierte Arbeitnehmer geboten. (website IGZ, aufgerufen 24. Oktober 2017) An diese Erfolge knüpfte das neue Innovations- und Gründerzentrum für Medizintechnik und Pharma an. „Schon wenige Wochen nach der Fertigstellung des Gebäudes waren über 80 Prozent der Nutzfläche an zehn Firmen vermietet", konnte Oberbürgermeister Balleis 2003 feststellen. Angesichts dieser hohen Auslastung wurde bereits im März 2006 der Grundstein für eine erste Erweiterung gelegt. Seit Juni 2007 sind insgesamt rund 5 000 Quadratmeter Mietfläche verfügbar.

Das Zentralinstitut für Medizintechnik

In der Folgezeit genoss das Gründerzentrum auch die Vorteile der unmittelbaren Verbindung zum Institut für Medizintechnik der Universität Erlangen-Nürnberg, das im März 2004 fertiggestellt worden war. Im Neubau dieses Instituts sind auf rund 3 000 Quadratmetern Seminarräume und Büros für das Zentralinstitut für biomedizinische Technik und das Institut für medizinische Physik entstanden. In der biomedizinischen Technik werden Lösungen für Fragestellungen aus der aktuellen klinischen Praxis erarbeitet und mit Partnern in industrielle Produkte umgesetzt. Die medizinische Physik erforscht und entwickelt in Kooperation mit Unternehmen Lösungen auf den Gebieten der medizinischen Bildverarbeitung, der computer- und robotergestützten Chirurgie sowie der jeweiligen Softwareentwicklung. Zudem wurden mit der Einrichtung eines Studienganges Medizintechnik die Voraussetzungen dafür geschaffen, dass auch die Studierenden in die Arbeiten des Instituts einbezogen werden.

Mit dem Institut und dem damit verbundenen Gründerzentrum konnte die Universität Erlangen-Nürnberg mit ihren medizinischen und medizintechnischen Forschungsschwerpunkten als Motor zur Gründung und Ansiedlung von Firmen im Bereich Medizintechnik und Pharma wirken. Ausgründungen aus der Universität sind auch die beiden Start-ups Human Optics und Wavelight, die 2002 mit dem Deutschen Gründerpreis ausgezeichnet wurden. An der großen Anzahl erfolgreicher Unternehmensgründungen aus der Friedrich-Alexander-Universität heraus zeigt sich zudem ihr starker Bezug zur Wirtschaft. Rund 1 500 Arbeitsplätze wurden seit Beginn des Jahrtausends durch diese innovativen

Unternehmen geschaffen, deren Ziel es ist, aus Forschungsergebnissen neue Produkte zu entwickeln und zu vermarkten. (Website Ludwig Erhard Symposium 2016) Am 1. Dezember 2009 wurde das Institut weiterentwickelt zum Zentralinstitut für Medizintechnik (ZiMT), das die Medizintechnikkompetenz der Universität unter einem Dach bündelt. Das Zentralinstitut übernimmt seither als strukturelle Schnittstelle zwischen Forschung, Lehre und Wirtschaft die Rolle des Initiators für überregionale und internationale Spitzenforschung und Lehre im Bereich der Medizintechnik.

Das Medical Valley Center

Nur zwei Jahre später wurde das Erlanger Innovations- und Gründerzentrum für Medizintechnik und Pharma zum Medical Valley Center (MVC). Damit wurde der bereits in den neunziger Jahren aufgekommene Begriff zur Dachmarke für die Region. Seit 2011 beherbergt das Center nicht nur Universitätslabore, mittelständische Firmen und Unternehmensgründer, sondern auch das Zentralinstitut für Medizintechnik, das Medical Valley Clustermanagement, eine Geschäftsstelle der Industrie- und Handelskammer, Chancenkapitalgeber und zahlreiche andere Einrichtungen. Damit ist das Center durch eine einzigartige Dichte von Forschungseinrichtungen, Medizintechnikfirmen und Netzwerksteuerung tatsächlich das Herz des Medical Valley geworden. Nach den Feststellungen von Professor Erich Reinhardt bei einem Treffen mit dem Autor am 15. September 2016 ist das Center mit 35 Unternehmen ausgebucht. Seit seiner Inbetriebnahme vor 13 Jahren wurden bis dahin 100 Unternehmen ausgegründet.

Forum MedTech Pharma

Entsprechend dem Grundsatz der Offensive Zukunft Bayern, keine isolierten Zentren, sondern Netzwerke der Hochtechnologie zu schaffen, wurde bereits im Januar 1998 das Forum MedTech Pharma e.V. gegründet. Eine Studie von Roland Berger hatte empfohlen, durch einen Verein „den Erfahrungsaustausch und die Kontaktvermittlung innerhalb der Branche, zwischen kleinen und größeren Unternehmen und mit der Forschung und Anwendung in Klinik und Praxis" zu forcieren. Die Geschäftsführung des Vereins wurde von der Bayern Innovativ GmbH wahrgenommen.

Der Verein sollte ein effizientes Informationsnetz schaffen und die sinnvolle Nutzung von Synergien, regional, überregional und international, unterstützen. Heute ist das Forum das größte Netzwerk der Gesundheitsbranche in Deutsch-

land und Europa. Es fördert Kooperationen, vermittelt Kontakte und informiert
über neueste Trends und Innovationen auf Workshops, Fachtagungen, Kongressen und Weiterbildungsveranstaltungen. Seine 600 Mitglieder aus Wissenschaft,
Wirtschaft und dem Gesundheitswesen kommen aus dem gesamten Bundesgebiet und 14 weiteren Ländern; aus der Medizin, Medizintechnik, Pharma und
angrenzenden Bereichen. Thematische Schwerpunkte liegen unter anderem in
den Bereichen Elektronik und IT, medizinische Bildgebung, minimalinvasive
Technologien, Biomaterialien und Werkstoffe, Diagnostics und Pharma, Kran-
kenhaus und Prozesse, Märkte und Produkte, Regulatory Affairs und gewerblicher Rechtsschutz. Das Forum hat über 10 000 Kunden aus 4 000 Unternehmen
und rund 1 500 Instituten und Kliniken aus insgesamt 31 Ländern. (Website
Forum MedTech Pharma e.V., aufgerufen 24. Oktober 2017)

Metropolregion Nürnberg – Verein Medical Valley

Zusätzlich zum bayernweiten Forum Medtech Pharma wurde 2007 der regionale Verein Medical Valley EMN e.V. gegründet. Gründungsvorsitzender war
der Erlanger Oberbürgermeister Siegfried Balleis. Dieser Verein organisiert den
Wissensaustausch innerhalb des Netzwerkes, vermarktet den Cluster national
und international, bietet Fortbildungsmaßnahmen an oder berät bei Unternehmensgründungen, Marketing- und Vertriebsmaßnahmen sowie bei internationalen Aktivitäten. Er zählt heute (2016) 185 Mitglieder aus Politik, Wirtschaft,
Wissenschaft und Gesundheitsversorgung. Mit den Maßnahmen sollen Wirtschaftskraft und Attraktivität der Region in der Gesundheitsversorgung weiter
erhöht werden.

Auf einer Fläche von 21 600 Quadratkilometern agieren 500 Unternehmen
der Medizintechnik mit etwa 16 000 Mitarbeitern sowie über 65 Krankenhäu-
sern, in denen jährlich mehr als 500 000 Patienten stationär behandelt werden.
Außerdem arbeiten über 20 außeruniversitäre Forschungseinrichtungen sowie
mehr als 80 einschlägige Lehrstühle und Professuren an Universität und Fachhochschule an medizintechnischen Lösungen. (medical-valleyemn.de, aufgerufen 12. April 2018) Die außergewöhnliche Dichte an Partnern bietet zusammen
mit der internationalen Markt- und Wettbewerbsposition einzelner Akteure optimale Voraussetzungen, um Ideen schneller in Produkte und Dienstleistungen
zu verwandeln. Hochspezialisierte Forschungseinrichtungen und international
etablierte Marktführer, wie Siemens oder das Fraunhofer-Institut für Integrierte
Schaltungen, stehen in engem Dialog mit heranwachsenden und mittelständischen Unternehmen aus der Branche. Sie sind bestens vernetzt und profitieren

von kurzen Wegen. Das ist optimal für Forschungs- und Entwicklungsprozesse, bedeutet Wettbewerbsvorteile und damit Wachstumsmöglichkeiten in einem globalen Marktumfeld. Ziel ist es, eine internationale Modellregion für optimale Gesundheitsversorgung zu schaffen. Seit 2010 ist das Medical Valley EMN der einzige Spitzencluster für Medizintechnik in Deutschland – ausgezeichnet und mit 40 Millionen Euro gefördert durch das Bundesforschungsministerium. Zusätzlich konnten weitere 50 Millionen Euro von Unternehmen und sonstige Organisationen eingeworben werden. In diesem Cluster werden unter der Führung der Professoren Erich Reinhardt und Jürgen Schüttler vor allem zwischen Siemens, Universität und Universitätsklinikum sowie zahlreichen weiteren Technologieträgern die technologisch-wissenschaftlichen Leitthemen definiert. In den fünf Leitthemen Augenheilkunde, bildgebende Diagnostik, horizontale Innovationen, intelligente Sensorik und Therapiesysteme haben die Partner im Medical Valley EMN bis 2015 insgesamt 45 Forschungs- und Entwicklungs-Projekte umgesetzt, die alle darauf abzielen, die Effektivität und Effizienz der Gesundheitsversorgung zu erhöhen. (Website Medical Valley, aufgerufen 30. Mai 2017)

Cluster Medizintechnik

Im Zuge der Cluster-Offensive Bayern wurde 2007 der bayernweite Cluster Medizintechnik ins Leben gerufen. Gemeinsame Träger dieses Clusters sind die bereits genannten Vereine, das Forum MedTech Pharma und das Medical Valley, das auch das Management des Clusters wahrnimmt. Zentrale Aufgaben sind dabei die Weiterentwicklung, Koordination und Vermarktung des Clusters. Clustersprecher sind Professor Michael Nerlich, Vorstandvorsitzender des Forums MedTech Pharma e.V., und Professor Erich Reinhardt, geschäftsführender Vorstand des Medical Valley EMN e.V.

Die dargestellte Entwicklung zeigt, dass die in der Offensive Zukunft Bayern gemachten Ankündigungen für den Ausbau der Medizintechnik in Bayern sämtlich erfüllt wurden. Die seinerzeit getroffenen Maßnahmen haben dazu beigetragen, dass die Medizintechnik heute einer der wichtigsten Innovations- und Wirtschaftsmotoren im Freistaat ist. Bayern nimmt mittlerweile eine Führungsrolle in der deutschen und europäischen Medizintechnik ein. Das Forum MedTech Pharma e.V. hat 2015 in einer umfassenden Datenerhebung festgestellt, dass in Bayern insgesamt knapp 1 000 Unternehmen mit rund 80 000 Beschäftigten und einem Umsatz von rund 15 Milliarden Euro als Hersteller, Zulieferer und Dienstleister für Medizintechnik tätig sind. Diese wurden hauptsächlich seit Beginn der neunziger Jahre gegründet. Rund ein Drittel der deutschen und mehr als drei Prozent der weltweiten medizintechnischen Produkte werden heute in Bayern hergestellt. Etwa zwei Drittel der Produktion, gemessen am Umsatz, sind für den Export bestimmt. Mit einem Umsatz von rund 9,5 Milliarden Euro liegt der Freistaat Bayern 2015 gleichauf mit Ländern wie Frankreich und Italien. Hinzu kommt eine hochkarätige medizinisch-klinische Infrastruktur mit rund 400 zugelassenen Akutkrankenhäusern, 58 000 Ärzten, 11 000 Zahnärzten, 285 Vorsorge- oder Rehabilitationseinrichtungen sowie 62 Heilbädern und Kurorten. (MedTech Pharma, Website 2016)

Das „Medical Valley Europas" hat die Investitionsentscheidung von Siemens für eine neue Medizintechnikfabrik in Erlangen mit den Zielsetzungen der Stadt Erlangen und der Staatsregierung in der Offensive Zukunft Bayern verbunden. Die Fabrik, das Zentrum für Molekulare Medizin, das Innovations- und Gründerzentrum, der Wagniskapitalfonds für Medizintechnik sowie anwendungsorientierte Forschungs- und Entwicklungsprojekte für die Gründung und Ansiedlung junger Unternehmen haben die Schaffung neuer Arbeitsplätze für die ganze Region, einschließlich Forchheim, vorangebracht. Derzeit sind im Bereich Medizintechnik („Siemens Healthineers") an den Standorten Erlangen und Forchheim insgesamt rund 8 750 Mitarbeiter beschäftigt, davon allein rund 2 000 Wissenschaftler. (Information der Siemens AG, 24. November 2017) Heute ist Siemens Healthineers Weltmarktführer bei den bildgebenden Verfahren. Mit einem Gesamtwert von über 30 Milliarden Euro wurde der Bereich anteilig an die Börse gebracht. Das Forum „Medizintechnik und Pharma in Bayern" mit Sitz in Nürnberg hat den Technologietransfer, die Gründungs- und die Ansiedlungsaktivitäten gesteuert. All das war und ist erfolgreich. Die damals geschaffenen Einrichtungen, insbesondere das Gründerzentrum und das Forum MedTech Pharma, sind auch heute tragende Säulen für den Erfolg der Erlanger Medizintechnik.

Aus den Forschungslaboren des Spitzenclusters gelangten allein in den letzten zwei Jahren zahlreiche wesentliche Produktinnovationen auf den Medizintechnikmarkt. Siemens Healthcare entwickelte beispielsweise den ersten medizinischen Ganzkörper-Scanner, der Magnetresonanz-Tomographie (MRT) und Positronen-Emissions-Tomographie (PET) in einem System vereint. Dieses Verfahren eröffnet neue Möglichkeiten für Diagnose und Therapie für Krankheiten wie Krebs und Demenz. Deutschlandweit nimmt das Medical Valley EMN bei den Patenterstanmeldungen aus dem Bereich Diagnostik, Chirurgie und Identifizierung heute eine Spitzenstellung ein. (BMBF, Spitzencluster, aufgerufen 28. Februar 2017)

Die Entwicklung des Medical Valley in Erlangen ist damit ein einzigartiges Beispiel für ein erfolgreiches kommunales Engagement im Zusammenwirken mit Industrie, Forschung und Staat. Oberbürgermeister Siegfried Balleis konnte am Ende seiner dritten Amtszeit im April 2014 feststellen, dass das von ihm 1996 proklamierte Ziel, Erlangen zur deutschen Gesundheits-Hauptstadt zu machen, erreicht wurde. In diesem Zeitraum ist die Zahl der Arbeitsplätze in der Stadt Erlagen von 78 000 auf 104 000 angestiegen. (Balleis 2017) Wie keine andere Stadt in Deutschland ist Erlangen heute von medizinischen und medizintechnischen Einrichtungen und Firmen geprägt. Beinahe jeder vierte Arbeitnehmer ist in den Bereichen Medizintechnik und Gesundheit beschäftigt. Mehr als ein Viertel der Arbeitsplätze entfallen direkt auf Siemens.

Auch die Forschung an der Universität Erlangen-Nürnberg hat Arbeitsplätze geschaffen. Um Wissenschaftlern beim Transfer in die Wirtschaft zu helfen, unterhält die Universität seit Anfang des Jahrtausends ein eigenes Gründerbüro. An der großen Anzahl von erfolgreichen Unternehmensgründungen aus der Hochschule zeigt sich ihr starker Bezug zur Wirtschaft. Rund 1 500 Arbeitsplätze wurden seit Beginn des Jahrtausends durch diese innovativen Unternehmen hervorgebracht, deren Ziel es ist, aus Forschungsergebnissen neue Produkte zu entwickeln und zu vermarkten.

Die Zukunft des Medical Valley

Die Entwicklung des Medical Valley geht weiter. Wie schon zu Beginn der High-Tech-Offensive vor 20 Jahren, ist es wiederum die Siemens AG, die mit einer großen Investitionsentscheidung den Standort Erlangen und Bayern vorantreibt. Siemens ist der weltgrößte Elektronik-Konzern und zugleich größter Arbeitgeber in der Metropolregion Nürnberg. Von den weltweit 350 000 Mitarbeitern der Siemens AG sind 37 000 in Mittelfranken beschäftigt. Die Medizintechnik war zuletzt mit einem Umsatz von 13,5 Milliarden Euro und einem Gewinn von 2,3 Milliarden Euro eine der Ertragsperlen des Konzerns. Von den weltweit knapp 49 000 Mitarbeitern dieser Sparte sind etwa 10 000 in der Region tätig.

Anfang September 2013 wurde der Bau eines Siemens-Campus in Erlangen in einer gemeinsamen Presseerklärung von Ministerpräsident Horst Seehofer und dem Vorstandsvorsitzenden der Siemens AG, Joe Kaeser, angekündigt. Am 12. Februar 2014 wurde die Rahmenvereinbarung zum Erlanger Siemens-Campus unterschrieben. Daran nahmen neben Ministerpräsident Horst Seehofer und Siemens-Chef Joe Kaeser auch Oberbürgermeister Siegfried Balleis und der Finanzvorstand der Siemens AG teil. Die Planung sieht vor, im Süden der Stadt bis 2030 einen modernen und nachhaltig gestalteten „Siemens-Campus Erlangen" zu errichten. Dort sollen zukunftsweisende Büro-, Forschungs- und Laborarbeitsplätze entstehen, aber auch Hotels und Appartements für Gäste aus aller Welt. Der Campus soll auch ein Zentrum des Austausches von universitärer und außeruniversitärer Forschung und Entwicklung sein. Das Bauprojekt hat ein voraussichtliches Investitionsvolumen von rund 500 Millionen Euro und erstreckt sich über eine Fläche von 54 Hektar. Der Bau des Siemens-Campus unterstreicht das langfristige Bekenntnis der Firma Siemens zum Standort Erlangen und soll für die Mitarbeiter wie auch für die Region ein Symbol für Innovationskraft sein. Die Planung und Ausgestaltung des Projekts erfolgt in enger Zusammenarbeit mit dem Freistaat Bayern und der Stadt Erlangen. Mit der Grundsteinlegung am 9. Dezember 2016 wurde der offizielle Beginn der Bauarbeiten zum ersten Modul des Siemens Campus Erlangen gefeiert.

Der Erfolg des Medical Valley Erlangen hat auch zur Einrichtung des Medical Valley Center in der nahegelegenen oberfränkischen Stadt Forchheim geführt. Das am 9. Januar 2017 eröffnete Forchheimer Center bietet wachstumsstarken Unternehmen im Bereich Medizintechnik und Gesundheitswirtschaft, insbesondere Start-ups und kleinen und mittleren Unternehmen, attraktive Büroflächen und Dienstleistungen. (fo.medical-valley-center.de, aufgerufen 10. Januar 2017) Am Siemens-Standort Forchheim werden seit 1990 Angiographie-Systeme hergestellt. Wenig später begann die Fertigung von Computer-Tomographen (CT) in der weltgrößten CT-Fabrik. Seither ist der Standort am Rhein-Main-Donau-Kanal stetig gewachsen. Der im Sommer 2016 fertiggestellte Neubau hat Forchheim neben der Unternehmenszentrale in Erlangen endgültig zum zweiten großen Standort von Siemens Healthineers in Deutschland gemacht. (siemens. com/healthineers, aufgerufen 30. November 2017) Heute sind in Forchheim über 3 000 Siemens-Mitarbeiter in der Medizintechnik tätig, davon über ein Drittel Forscher und Entwickler. (Information der Siemens AG, 24. November 2017)

Auch die Staatsregierung fördert mit ihrer Strukturpolitik weiterhin die Aktivitäten und die Vernetzung des Medical Valley. Am 1. August 2016 hat der Ministerrat den Umzug des bayerischen Staatsministeriums für Gesundheit und Pflege von München nach Nürnberg beschlossen. Zur Begründung heißt es in der Pressemitteilung der Staatskanzlei: „Die Arbeit des Ministeriums ist stark vom engen Kontakt mit den Akteuren im Gesundheitsbereich geprägt. Die Europäische Metropolregion Nürnberg hat sich unter der Bezeichnung Medical Valley EMN besonders der Medizintechnik verschrieben mit Global Playern wie Siemens und mittelständischen Betrieben. Die Universitätsklinika in Erlangen und

Würzburg sind Pioniere für Spitzenmedizin. An der Hochschule für angewandte Wissenschaften Aschaffenburg werden wir den Gesundheitsbereich ausbauen. Hinzu kommen das Green Hospital Lichtenfels, das Zentrum für Telemedizin in Bad Kissingen und zahlreiche weitere Projekte im Gesundheitsbereich. Diese fachlichen Vernetzungen sind neben den strukturpolitischen Zielen wichtige Gründe für den Umzug des Gesundheitsministeriums."

4.4 Biomedizin Nordbayern

„Wir errichten eine Bio-Med-Technologie-Achse Franken zwischen Würzburg, Erlangen/Nürnberg und Bayreuth. (…) Die Bio-Regio in Regensburg wollen wir weiter stärken." (Stoiber 1998)

Weitere Schwerpunkte beim Ausbau der Life Sciences über die Biotechnologie in Martinsried und die Medizintechnik in Erlangen hinaus wurden in Nordbayern in der Bio-Medizin und in Ostbayern in der Biotechnologie gesetzt. Der Ausbau dieser Spitzentechnologien war geprägt vom Prinzip der Vernetzung der vorhandenen Stärken an den Universitätsstandorten in Franken und in der Oberpfalz. Auch hier gilt: Ziel waren keine isolierten Zentren und Netzwerke, sondern ein landesweiter Verbund mit den dargestellten Kristallisationspunkten. Diese haben Wissenschaft und Wirtschaft in Franken und Ostbayern deutlich gestärkt.

Ein Schwerpunkt des Life-Science-Netzwerkes wurde in Franken geschaffen. Mit dem Forschungsnetzwerk BioMedTech Würzburg/Erlangen/Bayreuth wurden die Potenziale der drei fränkischen Universitäten in Biotechnologie, Biochemie und Medizin gebündelt und verstärkt für Gründungen und Ansiedlung von Firmen genutzt. Hierfür wurden 254 Millionen Euro eingesetzt. Das fränkische Netzwerk für Biomedizin wurde 1999 gegründet. Ausgangspunkt waren die Ergebnisse des Forschungsverbundes Biomaterialien I (FORBIOMAT I), der von 1996 bis 1999 von der Bayerischen Forschungsstiftung gefördert wurde. Der bis Juni 2002 laufende Folgeverbund Biomaterialien II (FORBIOMAT II) war mit 3,5 Millionen DM aus der High-Tech-Offensive dotiert. Er diente der Strukturierung und der Funktionalisierung von Werkstoffoberflächen für Medizinprodukte zur Langzeitanwendung am menschlichen Körper. Im April 2004 wurde ein namensgleicher Dienstleister für Medizintechnikunternehmen ausgegründet. Er bietet Unterstützung bei der Umsetzung aktueller Forschungsergebnisse in die Produktentwicklung und ein bedarfs- und zeitgerechtes Projektmanagement für Neuentwicklungen, Produktpflege und wissenschaftliches Marketing.

Kern des Kooperationsnetzwerks der Universitäten Würzburg, Bayreuth und Erlangen/Nürnberg und der Innovations- und Gründerzentren war die in der High-Tech-Offensive mit 2,3 Millionen DM geförderte Leitgesellschaft Bio-MedTech Franken e.V. Kopfstelle war die Universität Würzburg. Sie hat nicht nur die Forschung intensiviert, sondern auch innovative Firmengründungen aus der Wissenschaft gefördert. Ihre akademische Stärke und das entsprechende wirtschaftliche Potenzial wurden mit Hilfe der Offensive weiterentwickelt. Wichtige universitäre Einrichtungen sind geschaffen worden, anwendungsbezogene Forschung an Hochschulen und in Unternehmen sowie begleitende Netzwerkaktivitäten wurden durch Projektförderung unterstützt. Und nicht zuletzt ist mit den Innovationszentren in Würzburg („BioMed/ZmK") und in Erlangen („IZMP") eine neue Infrastruktur für Gründer entstanden. Heute bündelt der Cluster Biotechnologie die Stärken der Standorte München/Martinsried, Regensburg und Nordbayern (Würzburg, Erlangen, Bayreuth) und bindet Unternehmen und Institute anderer bayerischer Regionen aktiv in das bayernweite Netzwerk ein.

Biomedizin Würzburg

Die Würzburger Julius-Maximilians-Universität hat seit jeher einen herausragenden Schwerpunkt im Bereich der Medizin. Die Würzburger medizinische Fakultät zählt zusammen mit Heidelberg, Köln und Erfurt zu den vier ältesten in Deutschland. Sie kann heute auf eine über 600-jährige Geschichte zurückblicken. Schon bei der Erstgründung der Universität im Jahr 1402 war die Medizin eine der drei höheren Fakultäten neben Theologie und Jurisprudenz. Auch bei der Zweitgründung im Jahr 1582 war die Medizin von Anfang an dabei. Dank des 1579 gegründeten Juliusspitals bot Würzburg auch für die praktische Ausbildung am Krankenbett außergewöhnlich gute Voraussetzungen. Es war von Anfang an auch ein „hospitale in aegrorum curationem", also zu Behandlung von Kranken bestimmt. Im frühen 19. Jahrhundert wurde die Würzburger medizinische Fakultät schließlich zu einer der bedeutendsten in Deutschland. Dies war vor allem dem Wirken von Carl Caspar Siebold (1736 bis 1807) und seinen Bemühungen um eine Verbesserung der praktischen Ausbildung zu verdanken. Der rasche Aufstieg der medizinischen Fakultät in dieser Zeit war ein entscheidender Grund, warum nicht die Würzburger, sondern die Bamberger Universität geschlossen wurde, als beide Städte 1803 zu Bayern kamen. So blieb die Universität Würzburg erhalten und wurde durch die Übernahme führender Bamberger Professoren noch zusätzlich verstärkt. In den folgenden Jahrzehnten wurde Würzburg zunehmend zum Zentrum einer empirisch-beobachtenden und schließlich einer naturwissenschaftlich-experimentellen Medizin. So hat Wilhelm Conrad Röntgen (1845 bis 1923), Professor in Würzburg von 1888 bis 1900, im Jahr 1901 den ersten Physiknobelpreis für die Entdeckung der nach ihm benannten Strahlen im physikalischen Institut der Universität Würzburg erhalten. Der Mediziner Rudolf Virchow (1821 bis 1902) hatte als Professor in Würzburg von 1849 bis 1856 seine produktivste Zeit. (Stolberg 2017) Er gilt mit seinem Werk zur „Zellularpathologie" nicht nur als Begründer der modernen Medizin, sondern war auch ein engagierter Politiker mit großen Verdiensten um die allgemeine Hygiene.

In der Entwicklungs- und Forschungstradition Röntgens sind in Würzburg eine Reihe innovativer Institute entstanden. Die Schwerpunkte in den Forschungseinrichtungen liegen in den Bereichen Life Science, Werkstoffe, Struktur- und Oberflächentechnologien, Medizintechnik und Informatik sowie Wirtschaftsinformatik. Eine Grundlage dafür, das Zentrum für die nordbayerische Biomedizin in Würzburg zu setzen, war die hohe Kompetenz des 1997 an der Universität Würzburg geschaffenen Biozentrums. Dieser Lehr- und Forschungsverbund hat das Ziel, die fächer- und fakultätsübergreifende Kooperation auf dem Gebiet der Biowissenschaften zu intensivieren und die gemeinsame Nutzung spezieller Forschungs-, Lehr- und Service-Einrichtungen zu fördern. Dementsprechend sind heute die Lehrstühle der Fakultät für Biologie, vier Lehrstühle der medizinischen Fakultät sowie ein Lehrstuhl der Fakultät für Chemie und Pharmazie unter seinem Dach vereinigt.

Mit der High-Tech-Offensive wurde das Würzburger Biozentrum 2001 um den Lehrstuhl für Technische und Bioinformatik erweitert. Dieser, mit 13 Millionen DM geförderte, Lehrstuhl dient der systematischen Auswertung biologischer Daten an der Schnittstelle von Informationstechnik, Molekularbiologie und molekularer Biochemie.

Ein weiterer Meilenstein in der Entwicklung der Würzburger Biomedizin war die Gründung des Rudolf-Virchow-Zentrums 2001. Es war damals eines der bundesweit ersten drei Exzellenzzentren, die von der Deutschen Forschungsgemeinschaft (DFG) gefördert wurden. Die Arbeitsgruppen des Zentrums arbeiten auf dem Gebiet der Schlüsselproteine. 2003 wurde die Graduiertenschule für Biomedizin eröffnet. 2005 folgte die Einweihung des vom Freistaat eingerichteten BioImaging-Zentrums. Die Graduiertenschule für Lebenswissenschaften wurde erstmals 2006 durch die Exzellenz-Initiative gefördert. Im Oktober 2009 wurde ein Neubau für das Zentrum eingeweiht, dessen Baukosten von 78 Millionen Euro sich der Freistaat und der Bund teilten. Nachdem die maximale Förderungsdauer von zwölf Jahren durch die DFG abgelaufen war, hat Bayern 2013 die dauerhafte Finanzierung des Zentrums als zentrale Einrichtung der Universität Würzburg übernommen.

Mit dem Bau des Zentrums für experimentelle molekulare Medizin (ZEMM) wurde die Grundlagenforschung gestärkt. Das mit 59,3 Millionen DM aus Mitteln der High-Tech-Offensive geförderte Zentrum wurde Ende 2006 in Betrieb genommen. Es gehört zu den zentralen wissenschaftlichen Einrichtungen der Universität Würzburg, wie auch das 2006 ausgebaute Institut für medizinische Strahlenkunde und Zellforschung. Die Wiederbesetzung des Lehrstuhls für medizinische Strahlenkunde führte zu einer Verlagerung des Forschungsschwerpunktes in Richtung Molekularbiologie. (Uni-Intern Artikel 19. Juli 2006; DHH 2005/2006)

Der Ausbau der Biomedizin erfolgte im Gleichklang mit dem Ausbau der Universitätskliniken im Zuge der Offensive Zukunft Bayern. Insgesamt wurden aus Privatisierungserlösen über 230 Millionen DM in die Würzburger Spitzenmedizin investiert. Die Kopfkliniken wurden mit 40 Millionen DM modernisiert, das chirurgisch-operative Zentrum wurde mit 160 Millionen DM errichtet und weitere 33 Millionen DM kamen der Urologischen Universitätsklinik Würzburg zugute. (Wagner 2006: 127 ff. und 132 ff.; Hagen 2006: 333)

Die Offensive Zukunft Bayern hat damit dazu beigetragen, dass die Universität Würzburg heute eine herausragende Position in der deutschen Biomedizin einnimmt. Sie belegt im Förderatlas der Deutschen Forschungsgemeinschaft bundesweit für die Medizin den vierten, für die Lebenswissenschaften den sechsten und für die Biologie den achten Rang. In Bayern wird Würzburg in den ersten beiden Bereichen nur von der Universität München übertroffen, in der Biologie nur von den beiden Münchner Universitäten. (DFG Förderatlas 2015) Mit der Bioinformatik ist die Würzburger Universität gerüstet für das nächste Zukunftsfeld der Wissenschaft, das Zusammenwachsen von Digitalisierung und Life Science, von Algorithmen und Biochemie.

Biomedizin Erlangen

Über den bereits dargestellten eigenständigen Schwerpunkt zu Medizintechnik und Pharma hinaus wurde Erlangen auch in den Verbund „BioMedTech" eingebunden. Die medizinische Fakultät gehörte auch hier zu den Gründungsfakultäten. 1850 hielt die naturwissenschaftliche Medizin ihren Einzug in Erlangen, unter anderem durch Franz Dittrich (1815 bis 1859). Die jüngste Vergangenheit der medizinischen Fakultät ist geprägt von Wissenszuwachs, Spezialisierung und Interdisziplinarität. (Wittern-Sterzel 1993: 315-420)

Beleg dafür ist neben der Medizintechnik vor allem das bereits erwähnte, 1994 angekündigte und 2000 in Betrieb genommene Nikolaus-Fiebiger-Zentrum für Molekulare Medizin Erlangen, das mit 40 Millionen DM gefördert wurde. Mit zwei Lehrstühlen für experimentelle Medizin stärkt es sowohl die biomedizinische Forschung durch Kooperationen zwischen Grundlagen- und klinischen Forschern als auch die Lehre für Studierende der Medizin, Molekularmedizin und Biologie. Heute (2016) sind dort insgesamt rund 100 Mitarbeiter tätig. Mit der High-Tech-Offensive wurde ein biotechnologisches Entwicklungslabor (BTE) der Universität mit 31,8 Millionen DM gefördert, das 2005 fertiggestellt wurde und zum Lehrstuhl für Genetik der Universität Erlangen-Nürnberg gehört. Auch das bereits dargestellte Innovations- und Gründerzentrum IZMP in Erlangen ist in die wirtschaftliche Entwicklung der Biomedizin in Franken eingebunden. Zwar liegt der Schwerpunkt der Unternehmensgründungen im Bereich der Medizintechnik. Aber auch die Biotechnologie ist dort gut vertreten. So hat sich das US-Unternehmen Merix Bioscience, führend auf dem Gebiet der Immuntherapie, bereits 2003 das Zentrum als Standort für seine Europaniederlassung ausgewählt. Auch die Maßnahmen der Offensive Zukunft Bayern für die Biomedizin waren ein wichtiger Beitrag für die Exzellenz der Gesundheitsforschung im Raum Erlangen.

Molekularbiologie Bayreuth

Anders als in Würzburg und in Erlangen hat die Universität Bayreuth keine medizinische Fakultät und kein Universitätsklinikum. Es bestand aber eine auf hohem Niveau etablierte Methodik der Strukturbestimmung in Kooperation mit der pharmazeutischen Industrie. Daher haben sich die Bayreuther Aktivitäten im Rahmen von BioMedTech in erster Linie auf die molekularen Biowissenschaften konzentriert. Diese wurden im Grenzgebiet zwischen Biologie, Chemie, Physik und den angewandten Naturwissenschaften Biochemie und Molekularbiologie zu einem Schwerpunkt in Forschung und Lehre mit eigenständigem Profil entwickelt. Die Arbeitsgruppen der Universität Bayreuth waren innerhalb des Verbunds in den Bereichen biochemische Analytik, Enzymologie und Strukturforschung tätig. Hierbei erreicht Bayreuth im bundesweiten Vergleich Spitzenergebnisse beim Einwerben von Forschungsmitteln. Dies hatte die Deutsche Forschungsgemeinschaft bereits im Jahr 2000 für die Bereiche Biologie/Medizin und Naturwissenschaften berichtet. (DFG, Pressemitteilung 29. Juni 2000)

Die Offensive Zukunft Bayern hat wichtige Grundlagen für diese Entwicklung geschaffen. 1998 wurde ein Kompetenzzentrum für die Forschungsfelder
neue Wirkstoffe, biologische Strukturforschung und Nanostrukturchemie als
Anwendungslabor mit Gründerzentrum an der Universität Bayreuth mit zehn
Millionen DM aus der High-Tech-Offensive auf den Weg gebracht. Im Zentrum für molekulare Biowissenschaften (BZMB) beteiligten sich Arbeitsgruppen
der Universität Bayreuth am Kompetenzzentrum BioMedTech Franken. Diese
Einrichtung arbeitet vorwiegend in der molekular-biologischen Grundlagenforschung mit besonderer Berücksichtigung der sich daraus ergebenden Anwendungen. Bereits im März 2005 hat die sogenannte Mittelstraß-Kommission
im Rahmen einer Evaluation der bayerischen Universitäten die Forschung der
Universität Bayreuth in den molekularen Biowissenschaften als „wissenschaftlich
exzellent" eingestuft und in ihrem Bericht die weitere Förderung empfohlen.
(Wissenschaftsland: 35)

Aus dem Regionalkonzept der High-Tech-Offensive stammen weitere 3,5
Millionen DM für die Baukosten des im Jahr 2000 gegründeten und im Oktober 2004 eingeweihten neuen Laboratoriums für Wirkstoffforschung des Bayreuther Zentrums für Kolloide und Grenzflächen und BioMedTech (BZKG).
Dieses Labor zielt auf die Entwicklung anwendungsorientierter Konzepte von
der molekularen Grundlagenforschung bis zum Design neuer Wirkstoffe und
dient der Intensivierung der Zusammenarbeit mit der regionalen und überregionalen Industrie bei der Bearbeitung kolloidaler Systeme. (Universität Bayreuth,
Geschäftsbericht 2004; DHH 2009/2010, Epl. 13)

2007 wurde eine weitere Forschungsstätte gegründet. Das Forschungszentrum für Bio-Makromoleküle (BIOmac) hat das Ziel, mechanistische und strukturbiologische Forschungsaktivitäten an der Universität Bayreuth zu bündeln. Es
besitzt eine im europäischen wie im weltweiten Vergleich herausragende Ausstattung für biophysikalische Untersuchungen. Um die sehr aufwändige und nur an
wenigen Instituten vorhandene Infrastruktur für strukturbiologische Forschung
auch europaweit Wissenschaftlern zur Verfügung zu stellen, hat sich eine Gruppe
führender Institute zur Arbeitsgemeinschaft „Association of Resources for Bio-
physical Research in Europe" (ARBRE) zusammengefunden. BIOmac ist seit
2014 das neueste Mitglied in dieser Runde, die namhafte Einrichtungen wie die
École Supérieure de Biotechnologie (Straßburg), das Institut Curie (Paris), das
Bijvoet Center for Biomolecular Research (Utrecht) und das Medical Research
Council (Cambridge und London) zusammenführt. (Universität Bayreuth, Pressemitteilung vom 30. September 2014) Heute liegt die Universität Bayreuth im
Förderatlas der Deutschen Forschungsgemeinschaft im Forschungsfeld Molekül-

chemie bundesweit auf dem dritten Platz und bei den Lebenswissenschaften auf Rang vier je Wissenschaftler. (DFG-Förderatlas 2015)

Die Bewilligung des Doktorandenkollegs „Leitstrukturen der Zellfunktion" und einer Nachwuchsgruppe im Elitenetzwerk Bayern, ein erfolgreicher Förderantrag der Universität Bayreuth an den Wissenschaftsrat im Umfang von über zwölf Millionen Euro, die Ausgründung eines Start-up-Unternehmens für Lebensmittelanalytik und die Teilnahme an weiteren koordinierten Forschungsaktivitäten waren sichtbare Erfolge der bisherigen Arbeit des Forschungszentrums.

BioRegio Regensburg

Die BioRegio Regensburg ist ein gutes Beispiel dafür, wie die nachhaltige Förderung einer örtlichen Initiative zum Motor für die technologische Entwicklung einer ganzen Region werden kann. Anlass für ihre Gründung war der BioRegio-Wettbewerb 1996 des Bundesforschungsministeriums. Mit der Teilnahme an diesem Wettbewerb kam es zur ersten Schärfung des biotechnologischen Potenzials in der Region Regensburg. Die Jury hat die Kompetenz der Regensburger Hochschulen und Firmen im Bereich Fluoreszenztechnologien hervorgehoben. Zwar wurde die ostbayerische Initiative, anders als die BioM-Bewerbung von Martinsried, nicht als Siegerregion prämiert, sie führte aber zu einem wissenschaftlichen und wirtschaftlichen Schwerpunkt für Biotechnologie in Ostbayern.

In der High-Tech-Offensive von 1998 wurden die im Wettbewerb herausgestellten Stärken mit insgesamt 123 Millionen DM sowohl im Bereich der Forschung wie der Unternehmensgründung ausgebaut. So wurden an der Universität Regensburg nach dem Ausbau des Klinikums mit 155 Millionen DM in der Offensive II drei Projekte gefördert: 2002 ein Kompetenzzentrum für „Fluoreszente Bioanalytik" für Diagnostik, Lebensmittelanalytik und Molekularbiologie mit sieben Millionen DM, 2004 ein Forschungs- und Entwicklungszentrum für Biotechnologie zur Zusammenführung von Grundlagenforschung und Produktentwicklung mit 8,7 Millionen DM und 2006 ein Neubau für Immunologie, medizinische Genetik und Präventivmedizin mit 89,5 Millionen DM zur Stärkung der medizinischen Grundlagenforschung.

Parallel zu den universitären Projekten wurde mit der High-Tech-Offensive der BioPark Regensburg auf den Weg gebracht. 1998 wurde die BioPark Regensburg GmbH gegründet. Eine Lenkungsgruppe von Universitäten, Wirtschaft, Stadt und Freistaat startete damals mit sechs Biotechnologie-Firmen. In nur zwei Jahren wurde das „Haus der Stiftung" zu einem Innovations- und Gründerzentrum ausgebaut, das als BioPark I, mit 18 Millionen DM aus der High-Tech-Offensive gefördert, im Mai 2001 eröffnet wurde. Bereits fünf Jahre später wurde im Juni 2006 der, aus Restmitteln der High-Tech-Offensive von 4,5 Millionen Euro geförderte, zweite Bauabschnitt BioPark II eingeweiht, und nach weiteren fünf Jahren der dritte Bauabschnitt BioPark III, der mit acht Millionen Euro aus dem Programm für Forschung, Innovation und Technologie (BayernFIT) finanziert wurde. Der dritte Bauabschnitt wurde notwendig, um dem wachsenden Raumbedarf der Gründer, Firmen und Ansiedlungen gerecht zu werden. Bereits zur Einweihung im September 2011 waren 60 Prozent der Flächen im Neubau vermietet.

Ebenfalls aus dem Programm Bayern FIT wurde die Gründung der beiden Fraunhofer Projektgruppen „Personalisierte Tumortherapie" in 2007 (fünf Millionen Euro) und „Modulare Festkörper-Technologie" in 2010 (4,5 Millionen Euro) gefördert. 2010 wurde das Regensburger „Centrum für Interventionelle Immunologie" als zentrale Einrichtung der Universität Regensburg gegründet, um darin alle universitären Forschungsbereiche zu bündeln, die an der Entwicklung neuer Immuntherapien arbeiten (unter anderem Innere Medizin und Chirurgie). Das 2012 eingerichtete „Center of Biomedical Engineering" bündelt als übergreifende Forschungseinrichtung die biomedizinische Kompetenz der Universität mit der ingenieurwissenschaftlichen und medizininformatischen Qualifikation der Ostbayerischen Technischen Hochschule Regensburg. Nunmehr soll das Immunologiezentrum ein Forschungsinstitut der Wissensgemeinschaft Leibniz werden, um die nationale und internationale Sichtbarkeit zu erhöhen. (Staatskanzlei, Pressemitteilung 24. Juli 2018)

Der Erfolg der BioRegio Regensburg lässt sich an den Zahlen des Geschäftsberichts 2017 der BioPark GmbH ablesen: Im Innovations- und Gründerzentrum sind auf 18 000 Quadratmetern 34 Mieter mit 616 Mitarbeitern tätig. (biopark-regensburg.de, Pressemitteilung Nr. 196, 2/2018) Insgesamt umfasst der Cluster in Ostbayern heute 51 Unternehmen mit 3 851 Mitarbeitern, während 1999 in der Region erst 23 Firmen mit 400 Mitarbeitern im Bereich Life Science tätig waren. (Mittelbayerische Zeitung, 2. Juli 2009) Highlights sind die Ansiedlung im Jahr 2004 von Amgen, einem der weltweit größten Biotech-Unternehmen, und die Erfolgsgeschichte der Geneart AG, die 1999 als Spin-off der Universität Regensburg gestartet ist, heute 200 Mitarbeiter hat und als Weltmarktführer für synthetisch hergestellte Gene gilt. (BMBF, 2010: 106 ff.) Die High-Tech-Offensive hat damit entscheidend dazu beigetragen, dass in Regensburg der zweitgrößte Biotechnologie-Cluster in Bayern entstanden ist, der zudem eng mit Martinsried zusammenarbeitet.

4.5 Neue Materialien Nordbayern

„Ein Kompetenznetzwerk für neue Materialien wird in Bayreuth im Verbund mit Erlangen/Fürth und Würzburg eingerichtet." (Stoiber 1998)

Neben dem Kristallisationspunkt für neue Werkstoffe in Garching und für Materialwissenschaft in Augsburg wurde im Rahmen der High-Tech-Offensive als zweiter Schwerpunkt das nordbayerische Forschungsnetzwerk „Neue Materialien" in Bayreuth, Erlangen/Fürth und Würzburg mit einer Förderung von insgesamt 128 Millionen DM eingerichtet. Dies folgte dem strategischen Konzept, in Franken nicht nur die Lebenswissenschaften zu stärken, sondern auch die Natur- und Ingenieurwissenschaften. Ausgangspunkt dafür waren die traditionellen Stärken der Standorte Würzburg und Erlangen in den Materialwissenschaften. Hinzu kamen eine gezielte Profilbildung in Bayreuth und ein neuer Standort in Fürth.

Im Fall von Bayreuth ging es darum, die junge Universitätsstadt mit einem starken Zukunftsprofil zu versehen, das nicht nur der Wissenschaft, sondern auch in hohem Maße der regionalen Wirtschaft dienen sollte. Bayreuth sollte Kopfstelle des Verbundes werden als Signal dafür, dass auch die Region Oberfranken im High-Tech-Land Bayern eine führende Rolle einnehmen soll. Für Fürth war ausschlaggebend, dass es die einzige Großstadt im Freistaat ohne Hochschuleinrichtung war. Dies traf sich mit dem wachsenden Flächenbedarf der Universität Erlangen-Nürnberg im Großraum Erlangen/Nürnberg/Fürth. Neben dem Aus- und Aufbau der jeweiligen Kompetenzen der Standorte stand deren Vernetzung, die für alle beteiligten Standorte Vorteile brachte.

Hierzu wurden das Kompetenzzentrum Neue Materialien Nordbayern mit Hauptsitz in Bayreuth (65 Millionen DM) und Verbundeinrichtungen in Fürth/Erlangen (33 Millionen DM) und Würzburg (zwölf Millionen DM) im Jahr 2000 geschaffen und stetig ausgebaut. Kopfstelle war das Kompetenzzentrum „Neue Materialien Nordbayern" GmbH (NMN) in Bayreuth. Es hatte insbesondere die Aufgabe, Forschungs- und Entwicklungs-Aktivitäten auf dem Gebiet der Materialwissenschaften und Werkstofftechnik zu fördern, die Tätigkeiten der Standortgesellschaften in Bayreuth, Fürth und Würzburg zu koordinieren und die technologischen und wirtschaftlichen Potenziale in Nordbayern und ihre internationale Ausstrahlung zu stärken. An den einzelnen Standorten wurden anwendungsnahe Forschungs- und Transfereinrichtungen (Technika) in enger Kooperation mit den jeweiligen regionalen Universitäten und Forschungseinrichtungen aufgebaut. Ergänzt wurde der Verbund um die von der Bayerischen Forschungsstiftung geförderten materialwissenschaftlichen Forschungsverbünde

für Materialwissenschaften (FORMAT) von 2004 bis 2007 und für Werkstoffe
aus Glas (FORGLAS) von 2009 bis 2012. Durch FORMAT wurden auch die
TU München und die Universität Augsburg an das Kompetenzzentrum Nordbayern angebunden. Ergänzt wurde die wissenschaftliche Entwicklung durch
die Einrichtung von Gründerzentren an den Standorten Bayreuth, Erlangen
und Würzburg. 2008 wurde das Kompetenzzentrum umstrukturiert, um seine
nachhaltige Entwicklung dauerhaft sicherzustellen. Die Standortgesellschaften
in Bayreuth und Fürth wurden in staatliche Forschungseinrichtungen umgewandelt, die Würzburger Forschungseinrichtung in das „Süddeutsche Kunststoffzentrum" (SKZ) integriert. Seither erhalten die Einrichtungen eine institutionelle
Förderung von jährlich 2,5 Millionen Euro. (Staatskanzlei, Pressemitteilung 28.
Januar 2008; DHH 2017/2018)

Das Kompetenznetzwerk Neue Materialien in Nordbayern ist ein Musterbeispiel für eine gelungene Regionalentwicklung durch wissenschaftliche und
technologische Impulse. Das Konzept, nicht nur traditionelle Standorte zu stärken, sondern Profilbildung auch an neuen Standorten zu fördern, hat sich dank
des großen Engagements aller Beteiligten in den Hochschulen und Kommunen
durch die weitere Entwicklung bestätigt. Es war richtig, nicht schematisch vor-
zugehen, sondern an die jeweiligen Gegebenheiten anzuknüpfen und Raum für
einen dynamischen Prozess zu lassen. Bereits 2008 konnte die Staatsregierung
feststellen, dass der Freistaat mit dem Kompetenzzentrum Neue Materialien
Nordbayern ein besonderes Aushängeschild der High-Tech-Offensive mit Alleinstellungsmerkmal in Deutschland und Europa geschaffen hat. (Staatskanzlei,
Pressemitteilung 28. Januar 2008) Im Zuge der Cluster-Offensive sind die Einrichtungen des nordbayerischen Netzwerks in den bayernweiten Cluster „Neue
Werkstoffe" integriert worden. Damit wurde auch die materialwissenschaftliche
Kooperation mit Garching und Augsburg gestärkt. Bayern gehört heute auf die-
sem Technologiefeld zur internationalen Spitze und hat die besten Voraussetzungen geschaffen, diese Position auch in Zukunft weiter auszubauen. (Cluster Neue
Werkstoffe, Jahresbericht 2016: 9)

Neue Materialien Bayreuth

Nukleus des Nordbayern-Verbundes war die Universität Bayreuth. Die 1972 mit
Schwerpunkt Naturwissenschaften gegründete Universität hatte auch und gerade
die Strukturverbesserung des Grenzlandgebietes Nordostbayern zum Ziel. „Bayreuth sei der Vorzug zu geben", so die Begründung der Standortentscheidung
1970 im Bayerischen Landtag: „Erstens, weil ein hochschulpolitischer Raum

erschlossen werde, der sich im Gegensatz zu Bamberg mit dem regionalen Einzugsgebiet der Universität Erlangen-Nürnberg nur unwesentlich überschneide, zweitens, weil Bayreuth in einem Gebiet liege, dessen Anteil an Hochschulstudenten weit unter dem Durchschnitt von Bund und Ländern liege, drittens, weil Bayreuth im Mittelpunkt des nordöstlichen Problemgebietes liege, das in seiner strukturellen Leistungskraft zweifellos durch die Errichtung einer neuen Universität wesentlich und entscheidend gestärkt würde." (MdL Förster, Stenographischer Bericht, 16. Juli 1970: 4603)

Mit der Ankündigung von Ministerpräsident Stoiber 1994, an der Universität Bayreuth eine neue Fakultät für angewandte Wissenschaften zu errichten, begann für die Entwicklung Bayreuths und der Region ein neuer Abschnitt. In der technisch orientierten Fakultät, die ab Februar 2013 als Fakultät für Ingenieurwissenschaften firmiert, wurde erstmals die Arbeit von theoretischen Naturwissenschaftlern mit Ingenieuren zu gemeinsamer Forschung und Lehre zusammengeführt. Der Studiengang Materialwissenschaft hat dabei die Grundlage für den Ausbau des Standorts Bayreuth zu einem Zentrum für neue Materialien gelegt. Dafür wurden aus der Offensive 95 Millionen DM bereitgestellt. (Plenarprotokoll 12/137, 21. Juli 1994: 9374) Die Einweihung der neuen Fakultät im Jahr 2000 war ein Meilenstein in der Entwicklung der Universität. (Universität Bayreuth 2015, Chronik)

Im gleichen Jahr wurden mit Hilfe der High-Tech-Offensive wesentliche Einrichtungen für den neuen Schwerpunkt geschaffen: das Bayreuther Zentrum für Kolloide und Grenzflächen (BZKG) und die „Neue Materialien Bayreuth GmbH". Das mit 2,5 Millionen DM als zentrale wissenschaftliche Einrichtung der Universität im Regionalkonzept geförderte Zentrum unterstützt Unternehmen der Region bei Kooperationen mit der Universität. Es umfasst fächerübergreifend Bereiche der Physik, Chemie, Biologie, Medizin und Ingenieurwissenschaften von der Grundlagenforschung bis zur Anwendung. Seit Ende 2006 koordiniert das Bayreuther Materialzentrum (BayMAT) als weitere zentrale Einrichtung der Universität interdisziplinäre und fakultätsübergreifende Forschungs- und Entwicklungsarbeiten für Anwendungen in der Informations-, Energie-, Verkehrs-, Fertigungs- und Medizintechnik. Insgesamt sind 16 Arbeitsgruppen im Zentrum für Kolloide und Grenzflächen sowie 14 Arbeitsgruppen mit rund 200 Wissenschaftlern im Materialzentrum tätig.

Die Neue Materialien Bayreuth GmbH (NMB) wurde mit einer Anschubfinanzierung von 35 Millionen DM aus der High-Tech-Offensive gegründet. Das Technologiezentrum ist eng mit den Lehrstühlen für polymere Werkstoffe und für Biomaterialien der Universität Bayreuth verbunden. Die Einrichtung kooperiert auch mit dem 1998 in Bayreuth gegründeten privaten Friedrich-Baur-Forschungsinstitut für Biomaterialien. Sowohl der Industrie als auch weiteren Lehrstühlen werden anwendungsnahe Forschungs- und Entwicklungskooperationen angeboten. Ihr Fokus ist insbesondere die Entwicklung von innovativen Werkstoffen und Verfahren für Metalle und Kunststoffe im Leichtbau. Seit der Umstrukturierung zur Landesforschungseinrichtung im Jahr 2009 erhält sie eine institutionelle Förderung von 2,5 Millionen Euro pro Jahr aus dem Staatshaushalt. Angesichts des erfolgreichen Betriebs und der großen Nachfrage hat die Einrichtung im Mai 2014 ein erweitertes und modernisiertes Technikzentrum erhalten, das der Freistaat mit drei Millionen Euro finanziert hat.

Neben Forschung und Technologietransfer unterstützt die Neue Materialien Bayreuth GmbH technologieorientierte Unternehmensgründer im Bereich innovativer Materialien. Das ihr angegliederte Bayreuther Gründerzentrum (BGZ) wurde mit fünf Millionen DM ebenfalls aus der High-Tech-Offensive gefördert und ist 2003 in Betrieb gegangen. Auch hier besteht eine enge Verbindung zur Universität Bayreuth, die im April 2014 eine neue Stabsabteilung „Entrepreneurship und Innovation" eingerichtet hat. Sie trägt als Serviceeinheit dazu bei, über alle Fächergrenzen hinweg ein innovationsfreundliches und innovationsförderndes Umfeld an der Universität zu schaffen und die Zusammenarbeit mit der regionalen und überregionalen Wirtschaft weiter auszubauen. Dies ergänzt das bisherige Angebot der Bayreuther Kontaktstelle für Forschungs- und Technologietransfer (FTT), die technische Innovationsberatung auf Basis eines professionellen Transfers von naturwissenschaftlich-technischem Knowhow zwischen Wissenschaft und gewerblicher Wirtschaft betreibt.

Universität und Neue Materialien Bayreuth arbeiten darüber hinaus auch mit den Einrichtungen der Fraunhofer-Gesellschaft in Bayreuth zusammen. 2006 wurden die Fraunhofer-Projektgruppen „Prozessinnovation" und „Keramische Verbundstrukturen" in Bayreuth gegründet, die 2015 ein neues Forschungsgebäude in Betrieb genommen haben. 2012 wurde das Fraunhofer-Zentrum für Hochtemperatur-Leichtbau (HTL) eingerichtet, das zum Würzburger Fraunhofer-Institut für Silicat-Forschung gehört. Im Juli 2015 ist das Zentrum in ein neues Forschungsgebäude im Bayreuther Technologiepark umgezogen, das von der Europäischen Union, vom Bund sowie vom Freistaat Bayern mit 20 Millionen Euro finanziert wurde und Platz für 80 Mitarbeiter bietet. Auch der Forschungsschwerpunkt Polymer- und Kolloidforschung wurde über Lehrstuhlgrenzen hinweg weiter ausgebaut. 2012 wurde das mit 8,2 Millionen Euro errichtete neue Forschungsgebäude für Polymer-Wissenschaften „Polymer Nanostructures" in Betrieb genommen. Es zielt auf die Exzellenzinitiative des Bundes und der

Länder, in der die Universität Bayreuth einen Antrag für ein Exzellenzcluster „Advanced Functional Polymer Systems" eingereicht hat. Die herausragende Qualität der Bayreuther Polymerforschung wird durch den ersten Rang beim Förderranking der Deutschen Forschungsgemeinschaft belegt. (uni-bayreuth.de, Pressemitteilung 3. Dezember 2010)

Das mit der High-Tech-Offensive aufgerufene Konzept eines nordbayerischen Kompetenzzentrums für Neue Materialien wurde im Juli 2016 gekrönt durch die Vereinbarung der Universitäten Bayreuth, Erlangen-Nürnberg und Würzburg zur Errichtung eines „Bayerischen Polymerinstituts" (BPI) in Bayreuth. Im Rahmen der Nordbayern-Initiative der Staatsregierung vom August 2014 zur Förderung von Leuchtturmprojekten investiert der Freistaat Bayern rund 15 Millionen Euro in das Zentrum mit dem Ziel, eine national führende Forschungseinrichtung in Nordbayern zu etablieren. Dieser Zusammenschluss ist beispielhaft für die bereits in der High-Tech-Offensive angelegte Kooperation und Vernetzung der bayerischen Wissenschaftslandschaft. Im Bayerischen Polymerinstitut bringen die drei Universitäten ihre jeweils unterschiedlichen Kompetenzen in der kunststofftechnischen Forschung ein: Bayreuth als bedeutendes Polymerzentrum mit einem Fokus in der Polymerchemie bis hin zu technischen Anwendungen, die Polymerforschung in Würzburg mit der besonderen Nähe zur Medizin sowie die anwendungsnahe Kunststofftechnik der Universität Erlangen-Nürnberg mit Schwerpunkten aus Werkstofftechnik und Maschinenbau. Darüber hinaus gibt es eine enge Kooperation der Neuen Materialien Bayreuth GmbH mit der Neue Materialien Fürth GmbH, dem Süddeutschen Kunststoffzentrum in Würzburg, dem Kunststoffcampus Bayern in Weißenburg sowie dem „Bayerischen Zentrum für Angewandte Energieforschung" in Erlangen und Würzburg und dem Fraunhofer-Institut für Silicatforschung in Würzburg. (Website BPI, aufgerufen 30. November 2017) Als Impulsgeber für Innovationen stärkt die Anwendungsorientierung des Polymerinstituts auch die Wirtschaft der jeweiligen Region, die Zugang zu Prozess- und Produktinnovationen erhält. (Wissenschaftsministerium, Pressemitteilung 25. Juli 2016) Mit der wissenschaftlichen Kompetenz der Universität in der Material- und Energietechnik in Verbindung mit dem Polymerinstitut ist sie auch prädestiniert für das nun angekündigte neue Forschungs- und Entwicklungszentrum für Batterietechnik. (Söder 2018)

Das besondere Markenzeichen der Universität Bayreuth ist ihr Verständnis als Verbunduniversität zur Stärkung der regionalen Wissenschaft und Wirtschaft. Die Universität hat sich immer zu der Zielsetzung ihrer Gründung bekannt, die Leistungskraft Oberfrankens zu stärken, und sich dazu verpflichtet, einen aktiven Beitrag zum Erhalt der Wettbewerbsfähigkeit dieser Wirtschaftsregion zu leisten.

Ziel ist es dabei, den Transfer universitären Wissens in Wirtschaft und Gesellschaft zu verbessern, die Potenziale der Universität regional abzuschöpfen, Inno-
vationstransfer durch Ausbildung unternehmerisch denkender und handelnder
Fach- und Führungskräfte für die Wirtschaft zu befördern sowie die Gründung
neuer und die Weiterführung bestehender Unternehmen zu realisieren. (Universität Bayreuth 2015)

Ausdruck dieser Zielsetzung ist auch die Anfang 2013 an der Universität Bayreuth gestartete „TechnologieAllianzOberfranken" (so die offizielle Schreibweise,
abgekürzt TAO), die mit 65 Millionen Euro vom Freistaat gefördert wird. Das
landesweit einzigartige Konzept dieser Allianz bündelt die Kompetenzen und
Potenziale der vier oberfränkischen Hochschulen, der Universitäten Bayreuth
und Bamberg und der Hochschulen in Coburg und Hof, insbesondere in den
Bereichen Technik, Informatik und Naturwissenschaft. Konzeptionelle Schwerpunkte sind neben der Kooperation in Forschung und Lehre nutzerbezogener
Technologietransfer und zielgerichtete Weiterbildung durch enge Zusammen-
arbeit mit Unternehmen und Wirtschaftsverbänden. Inhaltlich befasst sich die
Allianz mit den Schwerpunktfeldern Energie und Mobilität sowie mit den drei
Querschnittstechnologien Werkstoffe, Informationstechnologie/Sensorik sowie
Mensch und Technik. (Website TAO, aufgerufen 5. März 2017) Im Zentrum
für Materialwissenschaft und Werkstofftechnik (ZMW) in Bayreuth werden die
Kompetenzen der Ingenieurlehrstühle für Biomaterialien, Keramische Werkstoffe, Polymere Materialien, Material- und Prozesssimulation und Metallische
Werkstoffe zusammengeführt. Um Synergieeffekte durch enge Kooperation zu
nutzen, wurden Keylabs für Elektronenmikroskope, thermophysikalische und
chemische Analytik, Materialographie, mechanische Prüfung und Großgerätebe-
reiche eingerichtet. Mitte 2018 soll das mit 44 Millionen Euro geförderte Gebäude der Technologie-Allianz mit den Zentren für Energietechnik, Materialwissenschaft und Werkstofftechnik an der Universität Bayreuth fertiggestellt sein. Die
Bündelung der Kompetenzen im Bereich der Werkstoffe soll den Wissenstransfer
zwischen Wissenschaft und den branchenrelevanten heimischen Unternehmen
weiter intensivieren. (Website ZMW, 5. März 2017)

Erlangen – Wiege der modernen Werkstoffwissenschaft

Die Universität Erlangen-Nürnberg kann mit Fug und Recht als die Wiege der
übergreifenden Material- oder Werkstoffwissenschaft in Deutschland bezeichnet werden. Bereits im August 1965, im Jahr vor der offiziellen Gründung der
Technischen Fakultät, wurde Professor Bernhard Ilschner auf den Lehrstuhl für

Allgemeine Werkstoffwissenschaften an die Universität berufen. Ein Jahr später hat sie als erste deutsche Universität einen eigenständigen Studiengang für die Ausbildung eines Diplom-Ingenieurs der Werkstoffwissenschaften eingerichtet, der bis heute rund 2 000 Diplom-Ingenieure hervorgebracht hat. Ilschner hat den Begriff „Werkstoffwissenschaften" als neuen integrativen Ansatz der Werkstoffklassen übergreifenden Forschung und Lehre im Bereich der Materialien und Werkstoffe geprägt. Gab es bislang viele einzelne Spezialdisziplinen wie Metallkunde und Metallurgie, Eisenhüttenwesen, Glas, Keramik und Kunststoffe, so wurde in Erlangen ein neues Konzept in der Ausbildung der Studierenden begründet, das wegweisend für viele andere Standorte wurde. Die Zahl der Lehrstühle wurde sukzessive bis auf neun ausgebaut: 1966 Werkstoffwissenschaften II (heute Werkstoffe und Technologie der Metalle), 1968 Glas und Keramik, 1970 Korrosion und Oberflächentechnik, 1973 Polymerwerkstoffe und 1974 Werkstoffe der Elektrotechnik (heute Materialien der Elektronik und der Energietechnologie). 1989 kam der Lehrstuhl für Mikrocharakterisierung hinzu, der 2009 in den Lehrstuhl für Biomaterialien umgewandelt wurde. 2010 wurde der Lehrstuhl für Werkstoffsimulation geschaffen, der in Fürth angesiedelt ist, und 2014 der Lehrstuhl für Mikro- und Nanostrukturforschung. Damit deckt das Department heute die gesamte Breite des Faches in Forschung und Lehre ab. Ein wichtiger Meilenstein war die ab 2001 einsetzende Etablierung eines zweiten werkstoffwissenschaftlichen Standortes in der Nachbarstadt Fürth, wo heute neben der Neue Materialien Fürth GmbH (NMF), dem Zentralinstitut für neue Materialien und Prozesstechnik (ZMP), und dem Lehrstuhl für Werkstoffsimulation auch mehrere Arbeitsgruppen des Departments untergebracht sind. Damit wurde nicht nur der beginnenden Platznot auf dem Campus in Erlangen begegnet, sondern auch ein regionalpolitischer Akzent gesetzt.

Der Forschungsbereich „Neue Materialien" wurde mit der High-Tech-Offensive weiter ausgebaut. Mit 13,7 Millionen Euro wurde ein Neubau für den Lehrstuhl für Kristallographie und Strukturphysik geschaffen, der zur naturwissenschaftlichen Fakultät gehört. Der im Mai 2005 eingeweihte Lehrstuhl forscht an Materialien unter anderem für High-Tech-Anwendungen für Laser und Computerchips, zur Energiegewinnung oder im Bereich Lebenswissenschaften. Untersucht werden Nanoteilchen, Einkristalle, Oberflächen und dünne Schichten durch Röntgen- und Neutronenquellen. Die herausragende wissenschaftliche Expertise der Universität Erlangen-Nürnberg in der Materialforschung mit Neutronen und Röntgenstrahlen hat dazu geführt, dass das Bundesforschungsministerium seit September 2016 im Rahmen der Verbundforschung fünf Projekte der Neutronen- und Röntgenstrahlforschung mit insgesamt 2,5 Millionen Euro

fördert. Ziel ist es, mit dem Know-how der Universität Forschungs-Infrastruktu-
ren wie beispielsweise die Neutronenquelle im Heinz Maier-Leibnitz Zentrum in
Garching weiter zu entwickeln.

In der Folge der starken Expansion des Departments wurden 2010 der Energiecampus und 2014 das Helmholtz-Institut Erlangen-Nürnberg (HI-ERN) mit
Beteiligung der Werkstoffwissenschaften gegründet. Auch die Erlanger Abteilung des Zentrums für Angewandte Energieforschung (ZAE) wird seit 2005 von
Werkstoffwissenschaftlern geleitet und verfügt seit 2012 über ein eigenes neues
Institutsgebäude in unmittelbarer Nähe zu den Gebäuden der Werkstoffwissenschaften. (ww.tf.fau, aufgerufen 3. März 2017; Hentschel 2011)

Das Department Werkstoffwissenschaften ist heute die deutschlandweit größte wissenschaftliche Einrichtung dieser Art. Es besteht aus neun Lehrstühlen mit
derzeit 18 hauptamtlichen Professoren und rund 190 wissenschaftlichen Mitarbeitern. Damit nimmt es im nationalen wie internationalen Vergleich eine herausragende Stellung ein. Die hohe Qualität des Fachbereichs wird durch eine
Vielzahl von Forschungsinitiativen und Sonderforschungsbereichen verstärkt.
(ww.tf.fau, aufgerufen 3. März 2017)

Die national und international herausragende Kompetenz der Universität Erlangen-Nürnberg in der Materialwissenschaft wurde im November 2007
mit dem einzigen deutschen Exzellenzcluster für Materialwissenschaften „Engineering of Advanced Materials" (EAM) ausgezeichnet, der bis Ende Oktober
2017 für jeweils fünf Jahre mit insgesamt rund 42,2 Millionen Euro gefördert
wurde. Das positive Votum der Gemeinsamen Kommission von Deutscher
Forschungsgemeinschaft und Wissenschaftsrat ist ein deutlicher Beweis für die
Forschungsstärke der Friedrich-Alexander-Universität im Verbund mit den weiteren Forschungseinrichtungen im dortigen Raum. Zu nennen sind hier das
Max-Planck-Institut für die Physik des Lichts, das Fraunhofer-Institut für Integrierte Schaltungen (IIS), das Fraunhofer-Institut für Integrierte Systeme und
Bauelementtechnologie (IISB), die Neue Materialien Fürth GmbH, das bayerische Laserzentrum, das Zentrum für Angewandte Energieforschung (ZAE) sowie weitere namhafte Partner aus Forschung und Industrie. Der Exzellenzcluster
hat dazu geführt, dass im Raum Erlangen weitere Einrichtungen der Spitzenforschung eingerichtet wurden: 2010 das Center for Nanoanalysis and Electron
Microscopy (CENEM) und 2013 das Anwenderzentrums VerTec und 2014 das
Helmholtz-Institut Erlangen-Nürnberg für Erneuerbare Energien (HI-ERN).

Wissenschaftsstadt Fürth

Im Februar 2007, im Jahr ihres tausendjährigen Jubiläums, ist Fürth als erste Stadt in Bayern zur Wissenschaftsstadt ernannt worden. In der Begründung der Entscheidung der Staatsregierung heißt es: „Damit wird der Stadt Fürth die Möglichkeit gegeben, den besonderen wissenschaftlichen Status, den die verschiedenen Einrichtungen von Wissenschaft, Forschung und Lehre der Stadt verleihen, nach außen zu dokumentieren". Diese Entwicklung war das erklärte Ziel der High-Tech-Offensive: „Ohne die High-Tech-Offensive des Freistaats wäre das Technikum erst gar nicht entstanden, geschweige denn das Zentralinstitut." (Professor Robert Singer, Fürther Nachrichten, 3. Juni 2006). In Abstimmung mit der Fraunhofer-Gesellschaft und der Universität Erlangen-Nürnberg ist Fürth seit 1999 zu einem Kompetenzzentrum für neue Materialien und Werkstofftechnik ausgebaut worden. Davor war Fürth die einzige Großstadt in Bayern ohne Hochschuleinrichtung. Mit Mitteln der High-Tech-Offensive sind in einem Technikum in der Uferstadt, dem ehemaligen Grundig-Gelände, drei wissenschaftliche Einrichtungen entstanden:

— Die Pionierarbeit hat das Fraunhofer-Institut für Integrierte Schaltungen geleistet. Bereits 1999 hat sich das Erlanger Institut in Fürth angesiedelt. Das Ultrafein-Röntgenzentrum betreibt dort ein Entwicklungszentrum für zerstörungsfreie Prüfung an neuen Materialien in der Luft- und Raumfahrt. Das Zentrum stellt Industrie und Mittelstand modernste Geräte zur Materialprüfung zur Verfügung. Mittel aus der High-Tech-Offensive von fünf Millionen DM wurden hierfür aus dem nicht realisierten Technologiepark Mittelfranken eingesetzt. Im Juli 2013 wurde der Neubau für dieses Entwicklungszentrum der Röntgentechnik eingeweiht. Seither arbeiten dort rund 100 Wissenschaftler und Techniker sowie 70 Teilzeitkräfte, wissenschaftliche Hilfskräfte, Doktoranden und Masteranden. Besonders zugenommen haben die Forschungs- und Experimentierarbeiten in der Testhalle mit einem Linearbeschleuniger, in der große Komponenten wie Flugzeugtragflächen, Rotorblätter, ganze Personenkraftwagen oder auch Container zerstörungsfrei untersucht werden können. (Hanke 2014)

— Seit 2001 entwickelt die Neue Materialien Fürth GmbH (NMF) in der Uferstadt mit 23 Mitarbeitern neueste Verfahren zur Verarbeitung von neuen Materialien und Werkstoffen bis zur Produktionsreife. Seit 2008 ist sie eine Landesforschungseinrichtung des Freistaates Bayern, in der heute 40 Mitarbeiter tätig sind. Schwerpunkt ist die Entwicklung von Leichtbauwerkstoffen, Leichtbauteilen und innovativen Fertigungsverfahren im Industriemaßstab.

Mit der Neue Materialien Bayreuth GmbH (NMB) ist die Fürther Einrichtung eng verbunden. (Website NMF, aufgerufen 3. März 2017)

— Im Juni 2006 hat die Universität Erlangen-Nürnberg das „Zentralinstitut für Neue Materialien und Prozesstechnik" (ZMP) in Fürth in Betrieb genommen. Es bearbeitet interdisziplinäre Forschungsthemen, die zwischen Werkstoffwissenschaft, Maschinenbau, Chemie und Physik angesiedelt sind. Das Institut entwickelt mit heute 85 Mitarbeitern Ideen aus der Grundlagenforschung der beteiligten Lehrstühle bis in das Prototypenstadium weiter. Die dort eingerichtete Arbeitsgruppe Kohlenstoffwerkstoffe wurde mit acht Millionen Euro aus Mitteln der High-Tech-Offensive und der Europäischen Union gefördert.

Diese Einrichtungen wurden in den letzten Jahren konsequent weiter entwickelt. Die Universität hat im Februar 2014 ein neues Technikum in der Uferstadt eröffnet. Dort sind neben dem Lehrstuhl für Werkstoffsimulation ein Zentrum für Nanometalle und eine Forschungsgruppe für Elektro- und Energietechnik untergebracht. Mittlerweile sind 100 Wissenschaftler der Universität Erlangen-Nürnberg in Fürth tätig. (Website Stadt Fürth, 25. Februar 2014, aufgerufen 30. November 2017) Im Juli 2017 wurde das Bayerische Polymerinstitut (BPI) auch am Standort Fürth in Betrieb genommen. Das bereits im Zusammenhang mit Bayreuth dargestellte Gemeinschaftsprojekt der Universitäten Bayreuth, Erlangen-Nürnberg und Würzburg wird hier in direkter Nachbarschaft zum Zentralinstitut für Neue Materialien und Prozesstechnik angesiedelt. Beide Institute arbeiten fachübergreifend in Forschungsprojekten zusammen. Eine zukunftsorientierte Initiative für den weiteren Ausbau der Wissenschaftsstadt Fürth ist die 2015 ins Leben gerufene Wissenschaftsmeile Nürnberg-Fürth entlang der Fürther Straße. Sie soll die Ansiedlung weiterer technischer Institute und Forschungseinrichtungen ermöglichen.

Material- und Energieforschung Würzburg

Glas, Keramik, Baustoffe, das waren die Kernthemen, die seit der Gründung des Instituts für Silikatforschung als Kaiser-Wilhelm-Institut in Berlin im Jahr 1926 im Fokus der Forschung und Entwicklung standen. Wie bereits in Kapitel eins dargestellt, wurde das Institut im Kriegsjahr 1943 in die Rhön verlegt und dort auf vier unterfränkische Ortschaften bei Fladungen aufgeteilt. Im März 1948 beschloss der Senat der Max-Planck-Gesellschaft, das Institut als selbständiges Institut für Silikatforschung wieder zu begründen und nach Aachen zu verlegen, dem Sitz großer Unternehmen der Glasindustrie.

Damit gaben sich vor allem die Vertreter der Stadt Würzburg nicht zufrieden und machten Druck auf die zunächst zögerliche Staatsregierung. Am 23. Juni 1949 beschloss der Landtag auf einen gemeinsamen Dringlichkeitsantrag von CSU und SPD hin, bei der Bewilligung der Mittel für die Max-Planck-Gesellschaft sei „mit allem Nachdruck darauf hinzuwirken, dass das Institut für Silikatforschung in Bayern und in Würzburg ausgebaut wird." Ministerpräsident Hans Ehard richtete daraufhin in seinem Schreiben vom 5. Juli 1949 an den Senat der Max-Planck-Gesellschaft in Göttingen die dringende Bitte, die Frage der Wegverlegung des Instituts aus Bayern in einem für Bayern günstigen Sinne zu überprüfen. Dabei hob er die Bedeutung des Instituts für die Industrialisierung in Bayern hervor: „Bayern ist durch die Not der Verhältnisse, die der Zustrom von Flüchtlingen in diesem Lande herbeiführte, zu einer starken Industrialisierung schon aus Gründen seiner Selbsterhaltung gezwungen. (…) Aber auch die bayerische Glas- und keramische Industrie verspricht sich von dem Verbleib des Instituts in Bayern eine erhebliche Förderung ihrer Belange. Es bedarf keiner Ausführungen, dass jeder Verlust, der Bayern in seiner jetzigen kritischen Situation der Umstellung auf Industrialisierung trifft, besonders empfindlich ist." (Zitiert von Deutinger 2001: 70 f.)

Nachdem bei der Kultusministerkonferenz am 18./19. Oktober 1949 der Verzicht von Nordrhein-Westfalen auf den Standort Aachen erreicht worden war, entschied der Senat der Max-Planck-Gesellschaft am 18. November 1949, dass das Institut in Würzburg errichtet werden könne. Der Bayerische Landtag beschloss die Ansiedlung in Würzburg, wo das Institut am 14. November 1952 in Anwesenheit von Professor Otto Hahn, damals Präsident der Max-Planck-Gesellschaft, feierlich wiedereröffnet wurde. Die sehr komplexen politischen und persönlichen Interessenkonstellationen und die Abläufe im Einzelnen werden von Stephan Deutinger minutiös dargestellt. (Deutinger 2001: 49 bis 83)

Knapp zwei Jahrzehnte später führte die Industrienähe des Instituts am 11. November 1971 zur Übernahme in die Fraunhofer-Gesellschaft als Institut für Silicatforschung (ISC), seither mit „c" geschrieben. Die kontinuierliche Weiterentwicklung der Forschungsaktivitäten und des Materialspektrums wurde der Schlüssel zum Erfolg des Instituts. Wesentliche Schritte zum Ausbau waren die Inbetriebnahme des Technikums I (1986), die Gründung des Anwenderzentrums Beschichtungen (1989), der Neubau des Technikums II (1996) und die Inbetriebnahme des Erweiterungsbaus Technikum III (2013, Kosten 33 Millionen Euro) in Würzburg. Weitere Standorte des ISC in Franken wurden 2011 in Alzenau (Wertstoffkreisläufe und Ressourcenstrategie), 2012 in Bayreuth (Überführung der Projektgruppe Keramische Verbundstrukturen in Bayreuth in das Fraunhofer-Zentrum für Hochtemperatur-Leichtbau HTL) und 2016 in Münchberg (Anwendungszentrum Faserkeramiken (TFK) in Kooperation mit der Hochschule Hof) gegründet. Das im Juli 2015 eröffnete Forschungsgebäude des Fraunhofer-Zentrums in Bayreuth beherbergt 80 Mitarbeiter. Insgesamt sind rund 400 Mitarbeiter für das Institut für Silicatforschung tätig, das außerhalb Bayerns mit Standorten in Baden-Württemberg (Bronnbach) und Hessen (Hanau) vertreten ist.

Das Institut für Silicatforschung wird nunmehr auch zu einem Forschungs- und Entwicklungszentrum für Elektromobilität in Bayern. Die bisher auf zwei Standorte, Würzburg und Garching, verteilten Aktivitäten der Batterieentwicklung sollen zukünftig in Würzburg konzentriert werden. Der Grundstein dafür wurde 2011 mit der Gründung der Fraunhofer-Projektgruppe Elektrochemische Speicher in Garching und dem Zentrum für Angewandte Elektrochemie ZAE des Fraunhofer-Instituts für Silicatforschung ISC in Würzburg gelegt. Das Würzburger Zentrum erhält eine Förderung von sechs Millionen Euro aus dem Staatshaushalt. (ISC, Pressemitteilung 11. März 2016)

Süddeutsches Kunststoffzentrum

Die zweite Säule des Materialstandortes Würzburg war und ist das Süddeutsche Kunststoffzentrum (SKZ). Am 20. Januar 1961 fand in München ein Schulterschluss zwischen Industrieunternehmen der Kunststoffbranche, Handwerksbetrieben und behördlichen Stellen statt. In einer gemeinsamen Aktion gründeten sie eine Fördergemeinschaft für das Zentrum, das zunächst in der ehemaligen staatlichen Hufbeschlagschule in Würzburg untergebracht war. Im Jahr 1996 wurde mit finanzieller Unterstützung der Staatsregierung ein modernes Weiterbildungszentrum eröffnet. Bis dahin lag der Schwerpunkt des Kunststoffzentrums in der Aus- und Fortbildung des Ingenieurnachwuchses und von Fachkräften aus Industrie, Handwerk und Handel sowie als Prüfzentrum auf dem Kunststoffsektor.

Mit der Einweihung des Verarbeitungs-Technikums im Jahr 2002 wurde die Basis für den Aufbau einer anwendungsorientierten Forschung und Entwicklung geschaffen. 2005 wurde das Kunststoff-Technologie-Zentrum (KTZ) in Betrieb genommen, das auch der Prüfung, Überwachung und Zertifizierung von Kunststofferzeugnissen dient. Von den Investitionskosten von rund 15 Millionen Euro hat der Freistaat knapp die Hälfte übernommen. 2009 folgte die Inbetriebnahme des Kompetenz-Zentrums Direktspritzgießen, 2015 ein Forschungsverbund zum Thema „Fasernutzungspotenziale für das Direktspritzgießen im Leichtbau".

Heute sind über 250 Kunststofftechniker, Physiker, Chemiker, Maschinenbauer und Wirtschaftswissenschaftler im Technologiezentrum beschäftigt, etwa doppelt so viele wie zum Zeitpunkt der Eröffnung. 2018 soll eine weltweit einzigartige Modellfabrik für die Industrie 4.0 am Süddeutschen Kunststoffzentrum in Betrieb gehen. Die „Modellfabrik 2020" ist als zukunftsweisende Anlage geplant, die mit modernsten Konstruktions-, Design- und Visualisierungsmitteln arbeiten wird. Dabei sollen neue Verfahren und Vorgehensweisen zur schnelleren und effizienteren Entwicklung von Produkten erprobt und Ansichtsmuster durch Rapid-Prototyping-Prozesse hergestellt werden, um additive Fertigungsverfahren wie 3D-Druck oder selektives Lasersintern für deutlich breitere Anwendungsfelder zu entwickeln. (Main-Post, 9. Mai 2016)

Bereits 2014 hat das Süddeutsche Kunststoffzentrum das europaweit einmalige Europäische Zentrum für Dispersionstechnologien (EZD) im oberfränkischen Selb eingerichtet. Die in enger Kooperation mit der Industrie und einer Anschubfinanzierung des Freistaates Bayern aufgebaute Einrichtung ist ein interdisziplinäres Forschungs- und Technologie-Transferzentrum, dessen Hauptaugenmerk auf der Herstellung und Charakterisierung von Dispersionen liegt. Dort werden alle wesentlichen Entwicklungsarbeiten für Mischungen und auch entsprechende Dienstleistungen angeboten. Aufgrund der positiven Entwicklung der Einrichtung, die bereits europaweit tätig ist, ist eine baldige Erweiterung vorgesehen. Die Zahl der Mitarbeiter könnte dann auf 30 steigen. Ideengeber für das Zentrum waren Firmen aus Selb und Wunsiedel. (SKZ, Pressemitteilung 31. Oktober 2016)

Zentrum für angewandte Energietechnik

Bedeutsam für die Materialforschung ist auch das 1991 gegründete bayerische Zentrum für Angewandte Energieforschung e.V. (ZAE Bayern) mit Sitz in Würzburg. Das ZAE Bayern dient der Förderung der Energieforschung, der Aus-, Fort- und Weiterbildung sowie der Beratung, Information und Dokumentation auf allen Gebieten, die für die Energieforschung bedeutsam sind. Der Verein unterhält ein wissenschaftliches Forschungsinstitut mit den Standorten Würzburg (Energieeffizienz), Garching (Energiespeicherung), Erlangen (Erneuerbare Energien), Nürnberg (Solarfabrik der Zukunft) und Hof (intelligente Stromnetze) mit insgesamt über 200 Mitarbeitern.

Seit seiner Gründung hat sich das Zentrum zu einer national und international anerkannten Forschungseinrichtung entwickelt. Der Verein kooperiert in besonderer Weise mit den Universitäten in Würzburg, Erlangen-Nürnberg und der TU in München, deren Hochschullehrer jeweils Funktionen in der Leitung des Instituts wahrnehmen. Das ZAE Bayern arbeitet an der Schnittstelle zwischen erkenntnisbasierter Grundlagenforschung und angewandter Industrieforschung. Es führt eine große Zahl von Projekten mit der Industrie, vom kleinen und mittleren Unternehmen bis zum Großkonzern, sowie mit universitären und außeruniversitären Forschungspartnern durch, um die praktische Anwendung wissenschaftlicher Erkenntnisse zu fördern. Beispiel für eine erfolgreiche Ausgründung aus dem Würzburger ZAE ist va-Q-tec, das 2001 den Sprung aus der Wissenschaft in die Industrie gewagt hat. Das Unternehmen beschäftigt rund 180 Mitarbeiter, die vakuumverpackte Dämmstoffe für Haushalt, Pharma, Automotive und Gebäude produzieren. (Main-Post, 2. Mai 2013)

Kompetenzzentrum für neue Materialien

Das mit der High-Tech-Offensive begründete Kompetenzzentrum für Neue Materialien wurde zum dritten Schwerpunkt für die Materialwissenschaft in Würzburg. Das Leistungsangebot der Neue Materialien Würzburg GmbH (NMW) umfasste neben der Entwicklung neuer Werkstoff- und Anlagenkonzepte im Kundenauftrag auch die Beratung zum Einsatz solcher Materialien oder Prozesse, die Ausarbeitung von Machbarkeitsstudien und die Prüfung spezieller Eigenschaften. Anfang 2008 wurde es vom Süddeutschen Kunststoffzentrum übernommen, mit dem es schon bisher in direkter Nachbarschaft eng kooperiert hatte. Die grundlagenorientierten Arbeiten für die neuen Materialien ergänzen nun synergetisch die eher anwendungsbezogene Forschung im Süddeutschen Kunststoffzentrum. Mit den Bereichen, die im Kompetenzzentrum bereits bis zur Industriereife entwickelt wurden, soll sich in Würzburg zusätzlich ein neues Hightech-Unternehmen gründen. (Main-Post, 22. Januar 2008)

Universität Würzburg

Auch die Julius-Maximilians-Universität Würzburg (JMU) hat die Materialwissenschaft zu einem Schwerpunkt in Forschung und Lehre ausgebaut. Bereits 1992 wurde der Lehrstuhl für Silicatchemie eingerichtet. Es folgten die weiteren ingenieurwissenschaftlich orientierten Studiengänge Nanostrukturtechnik (2000), technische Informatik (2004) und Technologie der Funktionswerkstoffe (2006), letztere bereits im Januar 2001 vom Wissenschaftsrat befürwortet. (Wissenschaftsrat, Pressemitteilung 22. Januar 2001) Dafür sind die Neueinrichtung von drei Lehrstühlen und mittelfristig ein Neubau vorgesehen.

Im Zukunftskonzept zum bayerischen Innovationspakt 2005 hat die Universität festgestellt, dass der Ausbau des materialwissenschaftlichen Clusters in Unterfranken als vorrangiges Handlungsziel mit Nachdruck weiter verfolgt wird. Zum strategischen Handlungsziel wurde ein Exzellenzcluster „Funktionswerkstoffe" erklärt und 2006 ein interdisziplinäres „Wilhelm-Conrad-Röntgen-Forschungszentrum" gegründet, in dem neue Materialien und Funktionswerkstoffe im Mittelpunkt stehen. Zwar kam es nicht zu einer Auszeichnung durch das Bundesforschungsministerium, aber es wurde 2007 vom Freistaat im Sonderprogramm „Bayern excellent" mit 650 000 Euro unterstützt. Mit diesem Programm werden Forschungsprojekte gefördert, die in der Exzellenzinitiative von Bund und Ländern nicht berücksichtigt waren. (IDW, 23. September 2008)

Mit 4,23 Millionen Euro hat die Europäische Union den Aufbau von zwei Technologie-Zentren an der Universität Würzburg unterstützt, das Zentrum für innovative Nanotechnologien und das Nordbayerische Anwenderzentrum für ultrahochauflösende Analytik. Die Mittel stammen aus dem Europäischen Fonds für Regionale Entwicklung (EFRE) und wurden im Programm „Regionale Wettbewerbsfähigkeit und Beschäftigung Bayern 2007 – 2013" vergeben. Beide Zentren haben die Kooperation und den Wissenstransfer weiter verstärkt. Träger der Zentren waren das bereits etablierte Wilhelm-Conrad-Röntgen-Forschungszentrum. Untergebracht wurden die Einrichtungen in der Nähe des Physikalischen Instituts auf dem Hubland-Campus in einem Neubau.

Jüngster Beleg für die hohe Kompetenz der Würzburger Materialwissenschaft ist die Zusammenarbeit mit den Universitäten Bayreuth und Erlangen-Nürnberg bei der Gründung des Bayerischen Polymerinstituts (BPI) im Juli 2016, wie zu Bayreuth näher dargestellt. Von den insgesamt zehn Key-Labs unter dem Dach des Polymerinstituts sind zwei dieser Laboratorien an der Universität Würzburg angesiedelt. Sie decken sehr junge Forschungsbereiche mit hohem Forschungspotenzial ab; an der Universität Würzburg sind sie an den Fakultäten für Chemie (KeyLab „Supramolekulare Polymere") eingerichtet. (Universität Würzburg, Pressemitteilung 26. Juli 2016) Würzburg und Mainfranken haben durch die ansässigen Forschungs- und Entwicklungseinrichtungen eine bundesweit führende Werkstoffkompetenz erreicht. In Deutschland ist die Region unter den Top fünf mit einem Fokus auf den Funktionswerkstoffen. Die mainfränkischen Hochschulen und international renommierten Forschungseinrichtungen, namentlich das Fraunhofer-Institut für Silicatforschung, das Süddeutsche Kunststoffzentrum sowie das Zentrum für Angewandte Energieforschung (ZAE) bilden die Basis einer herausragenden regionalen Forschungslandschaft. Der zukunftsweisende Studiengang „Technologie der Funktionswerkstoffe" an der Universität Würzburg folgt den bereits vorhandenen exzellenten Forschungsaktivitäten auf diesem Gebiet. (Website Region Mainfranken, aufgerufen 2. März 2017)

4.6 Technologieregion Schwaben

„Wir wollen in Augsburg die Entwicklung eines Kompetenzzentrums für Umwelt-technologie und neue Materialien anstoßen." (Stoiber 1996)

„Kompetenzzentren für Informations- und Kommunikationstechnologie entstehen in Garching, Passau, Erlangen/Nürnberg, Augsburg und Würzburg. (...) Ein Kompe-tenznetzwerk für Mechatronik werden wir im Raum Nürnberg, im Raum München und in Augsburg schaffen." (Stoiber 1998)

Die Universität Augsburg wurde zum 1. Januar 1970 mit den Fachbereichen Wirt-schafts- und Sozialwissenschaften gegründet. Erst am 1. Oktober 1981 wurde die naturwissenschaftliche Fakultät errichtet. (Lengger 2001) In der Regierungser-klärung vom 30. Juni 1993 kündigte Ministerpräsident Edmund Stoiber an, dass die Fakultät für Physik in Augsburg zukunftsweisend ausgebaut werde. Damit begann der Ausbau zu einem Technologiezentrum für Schwaben und Bayern. Für einen Neubau der Bereiche Physik, Biologie und Chemie mit Gesamtkosten von 134 Millionen DM wurden 85 Millionen DM aus Privatisierungserlösen der Offensive Zukunft Bayern bereitgestellt. Die Staatsregierung hat zudem die Vorfinanzierung des Bundesanteils übernommen. Die am 10. September 1998 eingeweihten neuen Institutsgebäude dokumentieren den strukturellen Wandel der Universität Augsburg, die auf die Zukunft der Naturwissenschaften setzt. Ziel der neuen mathematisch-naturwissenschaftlichen Fakultät der Universität Augsburg war es, über die Hochschule hinaus positiv auf die Region zu wirken und auch zur Schaffung und Sicherung von Arbeitsplätzen beizutragen.

Der Technologiestandort Augsburg zeichnet sich dadurch aus, dass er nicht für eine einzige Spitzentechnologie steht, sondern in den Schlüsselbranchen Maschi-nenbau, Luft- und Raumfahrt und Automobilbau hervorragende Kompetenz be-sitzt. Dementsprechend wurde die Technologiekompetenz der Region Augsburg in der Offensive über anwendungsorientierte Forschung in den Schlüsseltechno-logien Materialien, Umwelttechnik, Informationstechnik und Mechatronik dis-ziplinübergreifend und produktionsbezogen weiterentwickelt. Heute beschäfti-gen Industrieunternehmen, Mittelständler, Start-ups, Forschungseinrichtungen und Institute aus den Bereichen Mechatronik und Automation, Leichtbau und Faserverbund, Umwelt- und Informationstechnik in der Region mehr als 20 000

Menschen. Das neue Technologiezentrum Augsburg bietet Wirtschaft und Wissenschaft Raum für intensiven Technologietransfer, der Innovationspark Platz für neue Produktionsstätten. Die Anstöße durch die Offensive Zukunft Bayern haben sich auf den einzelnen Innovationsfeldern so entwickelt:

Neue Materialien Augsburg

Mit der High-Tech-Offensive wurde die Kompetenz der Physik an der Universität Augsburg im Bereich der Festkörper- und Materialforschung in ein Anwenderzentrum für Material- und Umweltforschung (AMU) eingebracht (20 Millionen DM). An der Schnittstelle zwischen High-Tech-Forschung und industrieller Fertigung wurde es zu einem erfolgreichen Forschungs- und Trainingszentrum. In mehreren Forschungsverbünden konzentrierte sich das Anwenderzentrum auf das Thema Faserverbund-Werkstoffe: 2009 bis 2012 „Wissenschaftliche Kompetenzbüros Faserverbundwerkstoffe", Projekt des Europäischen Sozialfonds; 2010 bis 2013 „Isar und Combo – Neue Trägersysteme", gefördert aus dem Programm BayernFIT; 2011 bis 2014 „FORCIM3A CFK/Metall-Mischbauweisen im Maschinen- und Anlagenbau", gefördert von der Bayerischen Forschungsstiftung.

Seit 2009 unterstützt der Freistaat Bayern darüber hinaus den Aufbau eines „Zentrums für Carbonfaser-verstärkte Kunststoffe" (CFK) vom Deutschen Zentrum für Luft- und Raumfahrt (DLR) und Fraunhofer in Augsburg mit insgesamt 44 Millionen Euro. Das Zentrum für Luft- und Raumfahrt unterhält seit Mai 2011 eine eigenständige Forschungseinrichtung für Leichtbau-Produktionstechnologie (ZLP) und hat im Juni 2017 in Augsburg ein neues Institut eingerichtet, das gemeinsam mit Instituten in Dresden und Hamburg künftig die Digitalisierung der Luftfahrtforschung („virtuelles Flugzeug") vorantreiben soll. (DLR, Pressemitteilung 11. November 2016) 2009 wurde die Fraunhofer-Projektgruppe „Integrierter Leichtbau" (FIL) als Außenstelle des Karlsruher Fraunhofer-Instituts für Chemische Technologie (ICT) gegründet. Im Mai 2013 wurden unmittelbar benachbarte Neubauten der miteinander eng kooperierenden Einrichtungen für die Leichtbau-Forschung im Innovationspark eröffnet.

Das erklärte Ziel der Offensive Zukunft Bayern, dass Augsburg eines der bedeutendsten Zentren der Materialwissenschaften in Deutschland werden sollte, wurde mit der Anerkennung als deutscher Spitzencluster „MAI Carbon" im Jahr 2012 erreicht. Ausgezeichnet wurden die Aktivitäten, carbonfaserverstärkten Kunststoff (CFK) zur Werkstoffgruppe des 21. Jahrhunderts zu machen, um dessen Leichtbaueigenschaften insbesondere im Automobilbau und im Flugzeugbau bis 2020 großindustriell einsetzen und nutzen zu können. Die fünfjährige Bundesförderung von 40 Millionen Euro, die von den beteiligten Unternehmen auf 80 Millionen Euro erhöht wurde, ist Mitte 2017 ausgelaufen. Die angestrebten Ziele konnten weitgehend erreicht werden. Die Prozesskosten wurden um 65 Prozent reduziert, die Zykluszeiten auf 75 Sekunden und der Materialverschnitt auf unter fünf Prozent. Es wurden fast 6 000 Arbeitsplätze und damit 1 000 mehr als angestrebt geschaffen, dazu kommen über 1 000 Studierende, die auf Carbonfaser-Technologie spezialisiert sind. (Konstruktionspraxis, 21. Juli 2017)

Derzeit kooperieren im Städtedreieck München/Augsburg/Ingolstadt (MAI) über 100 Unternehmen, Bildungs- und Forschungseinrichtungen sowie Unternehmen und unterstützende Organisationen, darunter Audi, BMW, Siemens, Premium Aerotec, Airbus Helicopters, Voith Composites, die SGL Group sowie die Industrie- und Handelskammer Schwaben, die TU München und der Carbon Composites e. V. Das US-Unternehmen Boeing könnte dazukommen, nachdem es sich mit einer Forschungseinheit in München niedergelassen hat. Ziel ist es, die Technologieführerschaft beim Einsatz von Carbonfaser-Bauteilen in der Massenproduktion auszubauen und Deutschland im Bereich der Faserverbundtechnik zum weltweiten Vorreiter zu entwickeln.

Informatik Augsburg

Die Augsburger Informatik wurde in der High-Tech-Offensive weiter ausgebaut durch ein Kompetenzzentrum mit einem Lehrstuhl für angewandte Informatik (17,7 Millionen DM). Sie konnte sich dadurch aus einem Nebenfach der Mathematik zu einem eigenen Institut entwickeln, das zunächst der mathematisch-naturwissenschaftlichen Fakultät zugeordnet wurde. Im Jahr 2000 wurde die Informatik als eigenes Studienfach eingerichtet. Im Juni 2002 folgten die Gründung und Eröffnung des Kernkompetenzzentrums für Finanz- und Informationsmanagement, das Forschung, Praxis und Lehre an der Schnittstelle von Finanzmanagement, Informationsmanagement und Wirtschaftsinformatik verbindet. 2004 startete der erste Jahrgang des Studiengangs Finanz- und Informationsmanagement im Elite-Netzwerk Bayern an der Universität Augsburg und an der TU München. Angesichts des überproportionalen Umfangs, den die mathematisch-naturwissenschaftliche Fakultät dadurch annahm, wurden die Institute für Informatik und für Geographie 2003 als siebte Fakultät der Universität Augsburg verselbständigt. Die Augsburger Informatik wurde damit in kürzester Zeit zur drittgrößten in Bayern. Um den Kernstudiengang Informatik gruppieren sich die anwendungsspezifischen Studiengänge Informatik und Multimedia, Wirtschaftsinformatik, Geoinformatik und Ingenieurinformatik.

Seit 2006 wird dieses Angebot durch den Studiengang Software Engineering des Elitenetzwerks Bayern ergänzt. Im gleichen Jahr wurde die Partnerschaft mit dem Fraunhofer Institut für Eingebettete Systeme und Kommunikationstechnik (ESK) in München begründet. 2008 folgte die Gründung des Instituts für Software & Systems Engineering (ISSE) an der Universität Augsburg zur Bündelung der Augsburger Software-Kompetenz. Bereits im Oktober 2009 konnte das Institut für Informatik einen eigenen Neubau auf dem Campus beziehen, der seither optimale Bedingungen für Forschung und Lehre bietet. Dies hat der Universität Augsburg gleich beim ersten Master-Ranking Informatik des Centrums für Hochschulentwicklung (CHE) unter 44 untersuchten Hochschulen den ersten Rang bei der Studienzufriedenheit eingebracht. Beim CHE-Ranking 2017 für die gleichermaßen informatik- und managementorientierte Wirtschaftsinformatik wird Augsburg bundesweit auf Platz drei geführt, vor der Universität Bamberg (5.), der Universität Regensburg (7.) und der Erlanger FAU (10.). (CHE Hochschulranking, aufgerufen 13. März 2017)

Im Juli 2010 folgte der nächste Schritt beim Ausbau der Wirtschaftsinformatik mit der Einweihung des Neubaus für das Kernkompetenzzentrum Finanz- und Informationsmanagement. Fast die Hälfte der Kosten von rund sieben Millionen Euro wurde aus Drittmitteln finanziert. In dem Zentrum sind auch die Aktivitäten der im gleichen Jahr neu eingerichteten deutschlandweit ersten Fraunhofer-Projektgruppe Wirtschaftsinformatik untergebracht mit einer Anschubfinanzierung von fünf Millionen Euro aus dem Programm „Aufbruch Bayern". Aktuell besteht deren Team aus rund 120 Mitarbeitern am Standort Augsburg und 30 Mitarbeitern am Standort Bayreuth. Im Oktober 2011 wurde auf dem Campus der Universität Augsburg der Neubau des 2002 gegründeten „Zentrums für IT-basierte, technische Dienstleistungen" (ZITDL) eingeweiht, der mit rund vier Millionen Euro aus dem Staatshaushalt gefördert wurde. In diesem Zentrum werden sowohl die Drittmittelforschung der Augsburger Wirtschaftsinformatik als auch die neu eingerichtete Fraunhofer-Projektgruppe Wirtschaftsinformatik untergebracht.

Mechatronik Augsburg

Besonders zukunftsweisend war die Einrichtung eines Bayerischen Kompetenzzentrums für Mechatronik. Mechatronik ist die Zusammenführung der traditionellen industriellen Stärken des Maschinenbaus und der Elektronik mit der Informations- und Kommunikationstechnik. Als interdisziplinäres Wissensgebiet hat sie durch die Integration der Informationstechnik in elektromecha-

nische Systeme den modernen Maschinenbau und nahestehende Industriegruppen nachhaltig geprägt. Der Aufbau der Mechatronik war die Grundlage
für die Digitalisierung der Industrie unter dem Signum Industrie 4.0. In der
High-Tech-Offensive wurde erstmals ein Bayerisches Kompetenzzentrum für
Mechatronik (BKM) geschaffen. Mit 63 Millionen DM wurde ein Verbund mit
der Geschäftsstelle in Augsburg eingerichtet, die für die Koordinierung und Vermarktung des Netzwerks zuständig war. Partner waren das Institut für Werkzeugmaschinen und Betriebswissenschaften (iwb) der TU München in Garching und
sein Augsburger Anwenderzentrum, das Institut für Robotik und Mechatronik
des Deutschen Zentrums für Luft- und Raumfahrt und das Fraunhofer-Institut für Zuverlässigkeit und Mikrointegration (IZM) in Oberpfaffenhofen, der
Lehrstuhl für Fertigungsautomatisierung und Produktionssystematik (FAPS) der
Universität Erlangen-Nürnberg und das Institut Elsys der Technischen Hoch-
schuschule Nürnberg. In über 40 industrienahen Projekten wurde wesentliche
Grundlagenarbeit geleistet, um den Vorsprung der bayerischen Industrie durch
den neuen Ansatz der Mechatronik weiter auszubauen. Das Kompetenzzentrum
Mechatronik war von 2000 bis 2005 aktiv. Nachfolger ist seit 2006 der Cluster
Mechatronik und Automation e.V., dessen Geschäftsstelle weiterhin in Augsburg
ist. (zum Cluster siehe Kapitel fünf, Abschnitt vier)

Umwelttechnik Augsburg

Weiteres Ziel der Offensive Zukunft Bayern war es, Augsburg zum Zentrum der
Umwelttechnologie in Bayern auszubauen. Dort bestand bereits das 1991 von der
Staatsregierung, der Stadt Augsburg und der Industrie- und Handelskammer für
Schwaben gegründete Bayerische Institut für Abfalltechnik (bifa). Der Ausbau
dieses Instituts zu einer anwendungsorientierten Einrichtung für Forschung, Entwicklung und Beratung, dem Umweltinstitut Bifa, wurde in der High-Tech-Offensive mit 17,1 Millionen DM gefördert. Es bietet heute ein breit gefächertes
Leistungsspektrum rund um den technischen Umweltschutz. (Website Bifa 2016)
      Entscheidende Weichenstellung für Augsburg als Umweltzentrum war die
Festlegung in der Regierungserklärung vom 23. Mai 1996, den Neubau des Landesamtes für Umweltschutz mit 145 Millionen Euro in Augsburg zu errichten
und nicht in Grub, wie ursprünglich beabsichtigt. Das Landesamt für Umweltschutz sollte Motor und Förderer der Innovationen dieser Zukunftstechnologie
sein. Im Herbst 1999 eingeweiht, wurde es im August 2005 zum Landesamt für
Umwelt (LfU), in dem die drei ehemaligen Landesämter für Wasserwirtschaft,
Geologie und Umweltschutz sowie Teile des Landesamtes für Arbeitsschutz, Ar-

beitsmedizin und Sicherheitstechnik zusammengelegt wurden. Am Landesamt arbeiten heute über 800 Wissenschaftler, Ingenieure, Techniker, Labor- und Verwaltungskräfte. Der Hauptsitz liegt in Augsburg. Eine große Dienststelle befindet sich in Hof, weitere sind in Kulmbach, Marktredwitz, Wielenbach, Garmisch-Partenkirchen (Staatliche Vogelschutzwarte), München und Nürnberg (Bionicum). Ein Erweiterungsbau für 16,3 Millionen Euro wurde im Frühjahr 2013 eingeweiht.

Mit einem Bündel von Maßnahmen der High-Tech-Offensive wurde die Umweltkompetenz in Augsburg weiter gestärkt: durch ein Wissenschaftszentrum an der Universität, Laboreinrichtungen an der Fachhochschule, ein staatliches Institut für Umwelttechnik, ein Informations- und Dokumentationszentrum am Landesamt, ein Gründerzentrum und einen Förderverein:

– Das Wissenschaftszentrum für Umweltkompetenz (WZU) wurde mit 8,1 Millionen DM als internationale Forschungs- und Begegnungsstätte konzipiert. Ziel des Zentrums ist es, alle umweltrelevanten Forschungs- und Lehrtätigkeiten innerhalb der Universität Augsburg zu koordinieren, die Entwicklung neuer interdisziplinärer Lehrangebote und Forschungsprojekte zu initiieren und zu fördern, Schulungen und Kongresse zu veranstalten und Gastaufenthalte auswärtiger Wissenschaftler zu unterstützen. In dem 2004 fertiggestellten Neubau sind heute 15 Mitarbeiter tätig. Von 2001 bis 2012 befand sich das Europabüro des in Washington D.C. angesiedelten NGO World Environment Center (WEC) am Wissenschaftszentrum Umwelt. Auch nach dem Umzug des Büros nach München wird die Partnerschaft fortgesetzt.

– Die Umweltkompetenz der Fachhochschule Augsburg wurde durch umwelttechnologische Laboreinrichtungen und eine Koordinierungsstelle ausgebaut (2,7 Millionen DM). Die Laboreinrichtungen dienen der anwendungsorientierten Forschung im Rahmen der Technologieberatung von kleinen und mittleren Unternehmen, die Koordinierungsstelle gestaltet die Zusammenarbeit mit den Partnern im Raum Augsburg.

– Bereits mit der Offensive I wurde die Errichtung eines umwelttechnologischen Gründerzentrums (UTG) mit zehn Millionen DM gefördert. In den ersten beiden Bauabschnitten wurde ein Gebäude mit Labors, Werkstätten und Büroräumen auf 4 000 Quadratmetern vermietbarer Fläche errichtet. Seit der Gründung 1998 bis heute hat das Zentrum über 140 junge Unternehmen betreut. Themenschwerpunkte sind unter anderem Green Tech, Clean Tech, Energie- und Umwelttechnik, aber auch angrenzende Technologiebereiche. Aktuell (2016) werden dort rund 40 Unternehmen mit 250 Mitarbeitern betreut. Träger des Gründerzentrums sind die IHK und die HWK Schwaben. Die überregionalen

Umweltnetzwerke Umweltcluster Bayern und der Verein KUMAS haben ihren
Sitz im UTG. (Website UTG, aufgerufen 25. Februar 2017)
– Der 1998 als Initiative der High-Tech-Offensive gegründete Förderverein
„KUMAS – Kompetenzzentrum Umwelt e.V. in Augsburg" wurde mit 13,5
Millionen DM ausgestattet. Der Verein mit seinen heute rund 200 Mitgliedern versteht sich als zentrale Schaltstelle im Netzwerk für Umweltkompetenz
mit dem Ziel, das Know-how umweltrelevanter Einrichtungen und Unternehmen zusammenzuführen und zu vernetzen. Die Unterstützung gilt jungen
Unternehmen in der Gründungsphase, bestehenden Unternehmen im nationalen und internationalen Wettbewerb und Unternehmen, die sich am Standort Bayern ansiedeln wollen. Er arbeitet eng mit dem oben dargestellten Wissenschaftszentrum für Umweltkompetenz zusammen, wo er auch seinen Sitz
hat. Als KUMAS-Leitprojekt wurde das Forschungsvorhaben „eco-effizienz"
der Universität Augsburg von 2000 bis 2003 mit 4,9 Millionen DM durch die
High-Tech-Offensive gefördert. Das dabei entwickelte und erprobte Konzept
zur Steigerung der Effizienz von Materialflüssen in mittelständischen Produktionsunternehmen bei gleichzeitiger Verringerung von Umweltbelastungen
stieß national und international auf großes Interesse und hohe Akzeptanz. Die
Ergebnisse waren nicht zuletzt Grundlage der heute weltweit gültigen ISO-
Norm 14051 zum Umweltmanagement mit dem Titel „Materialflusskosten-
rechnung." (Universität Augsburg, Pressemitteilung 13. November 2015)

Technologiezentrum Augsburg

Alle diese Kompetenzen werden nunmehr im Technologiezentrum Augsburg
(TZA) interdisziplinär gebündelt, das am 10. April 2016 als gemeinsames Projekt von Stadt und Landkreis Augsburg mit Unterstützung des Freistaates Bayern
eingeweiht wurde. Zu den Baukosten von insgesamt 27 Millionen Euro steuert
der Freistaat 10,5 Millionen Euro an Fördermitteln bei. Das Vorhaben trägt der
Tatsache Rechnung, dass der Wirtschaftsraum Augsburg sich zu einem führenden Zentrum für Ressourcen-Effizienz entwickelt hat. Ziel ist es, Innovationen
für Produktionsunternehmen in den Bereichen Mechatronik, Automation, Industrie 4.0, Faserverbund, Leichtbau, Umwelttechnologie und Ressourceneffizienz umzusetzen und voranzutreiben. Im ersten Bauabschnitt des Technologiezentrums ist auf 8 250 Quadratmetern Nutzfläche Platz für 15 bis 30 Firmen
und Forschungseinrichtungen. Erste Mieter sind der Computerhersteller Fujitsu
Technology Solutions und der Carbon Composites e.V. (CCeV). Betrieben wird
das Technologiezentrum durch die Augsburg Innovationspark GmbH.

Das Technologiezentrum ist das Herzstück des neuen Augsburger Innovationsparks, der in direkter Nachbarschaft zur Universität Augsburg, dem Landesamt für Umwelt und einer Fertigungsanlage der EADS-Tochter Premium Aerotec entsteht. Der 70 Hektar große Park wird finanziert von Stadt und Landkreis Augsburg, von Bund und Freistaat, der Industrie- und Handelskammer und der Handwerkskammer Schwaben, dem Landkreis Aichach-Friedberg, der Region Augsburg Wirtschaft GmbH, der Stadtsparkasse Augsburg sowie dem Carbon Composites e. V.

Neben dem Technologiezentrum Augsburg befinden sich hier bereits die Büro- und Technikumsgebäude der Fraunhofer-Gesellschaft und des Deutschen Zentrums für Luft- und Raumfahrt, die an Produktionstechnologien für Leichtbaumaterialien forschen. Daneben entstehen das Institut für Materials Resource Management der Universität Augsburg, eine weitere Fraunhofer Projektgruppe für „Ressourceneffiziente Produktion und Verarbeitung" und die Green Factory der Fraunhofer-Gesellschaft. Das Institut für Materials Resource Management wurde 2010 als Institut der mathematisch-naturwissenschaftlich-technischen Fakultät der Universität Augsburg gegründet. Es ist eine interdisziplinäre Einrichtung, die an der technischen Entwicklung und ökonomisch nachhaltigen Implementierung strategischer, regenerativer Funktionsmaterialien, Prozesse, Produkte und Technologien forscht. Die beteiligten Professoren und wissenschaftlichen Mitarbeiter entstammen dem Institut für Physik, dem Kernkompetenzzentrum Finanz- und Informationsmanagement und weiteren Lehrstühlen der wirtschaftswissenschaftlichen Fakultät der Universität Augsburg. Das Institut hat seinen Sitz im Innovationspark Augsburg, wo bis 2019 ein Neubau mit 43 Millionen Euro aus Mitteln des Aktionsplans „Demografischer Wandel, ländlicher Raum" geschaffen wird.

Mit dem 70 Hektar umfassenden Innovationspark Augsburg entsteht einer der größten Innovationsparks Europas. Das moderne Campusgelände verbindet Arbeiten, Wohnen und Leben auf besondere Weise. Langfristig sollen tausende neuer Arbeitsplätze entstehen. Das Investitionsvolumen wird auf eine halbe Milliarde Euro geschätzt. Unternehmen und wissenschaftlichen Einrichtungen bietet der Innovationspark vielfältige Möglichkeiten zur Zusammenarbeit. Dadurch sollen Innovationen etwa in Leichtbau, Automation, IT und Umwelttechnologie schneller in marktreife Produkte umgesetzt werden.

4.7 Biotechnologie Weihenstephan und Straubing

„Ein Zentrum der Grünen Biotechnologie wird in Weihenstephan ausgebaut." (Stoiber 1998)

Das dritte Highlight der Offensive Zukunft Bayern im Bereich der Life Sciences ist die Biotechnologie der Pflanzen mit der grünen und weißen Biotechnologie im Freisinger Stadtteil Weihenstephan und in Straubing. Ausgangspunkt war dabei Weihenstephan, Ziel waren Innovationen für die Agrarwirtschaft.

Wissenschaftszentrum Weihenstephan

In Weihenstephan bestand bereits zu Beginn der High-Tech-Offensive eine hohe Kompetenz von Einrichtungen der Wissenschaft und der Praxis auf dem Gebiet der Biotechnologie der Pflanzen. Die 1895 eingerichtete „Königliche Bayerische Akademie für Landwirtschaft und Brauereien" wurde in den Jahren 1928 bis 1930 in die damalige TH München, die 1970 zur TU München wurde, eingegliedert. 1970 folgte auch ein planmäßiger Ausbau von Campus, Mensa und zentralem Hörsaalgebäude. Ende der neunziger Jahre befanden sich weiterhin die 1971 gegründete Fachhochschule Weihenstephan-Triesdorf sowie die forstwissenschaftliche Fakultät der Ludwig-Maximilians-Universität und die Landesanstalten für Bodenkultur und Pflanzenbau und für Wald und Forstwirtschaft des Landwirtschaftsministeriums in Weihenstephan.

Mit der High-Tech-Offensive wurden die biobezogenen Einrichtungen der TU München ausgebaut und miteinander verzahnt. Es wurde ein Paket von 134 Millionen DM geschnürt mit einem Zentrum für Biowissenschaften als Kristallisationspunkt für einen Life Science-Campus (34 Millionen DM), einem Institut für Tierwissenschaften für die molekularbiologische Forschung (30 Millionen DM), einem Innovations- und Gründerzentrum (IZB) für grüne Biotechnologie (23,2 Millionen DM) sowie einer Zentralbibliothek als Begegnungsstätte für alle Weihenstephaner Studenten (26,9 Millionen DM). Dazu gehörten auch Leitprojekte für Pflanzenzüchtung und Lebensmitteltechnologie (neun Millionen DM), die Begleitforschung und Überwachung genetisch veränderter Organismen (4,5 Millionen DM), die Einrichtung eines Studienganges Biotechnologie (fünf Millionen DM) sowie die Verknüpfung mit Martinsried über die BioM AG und Forschungsverbünde (1,8 Millionen DM).

Parallel zur Umsetzung dieser Projekte wurde Weihenstephan als Zentrum der Lebenswissenschaften für die TU München neu strukturiert. Er begann 1998 mit der Verlagerung der Biologie-Lehrstühle als Leitwissenschaft aus Garching nach Weihenstephan. 1999 folgte die Integration der forstwissenschaftlichen Fakultät der Ludwig-Maximilians-Universität in die Technische Universität. Im Oktober 2000 wurden die drei Weihenstephaner Fakultäten zu einer neuen Fakultät Wissenschaftszentrum Weihenstephan für Ernährung, Landnutzung und Umwelt zusammengefasst. Dabei wurden die bestehenden Fakultäten für Landwirtschaft und Gartenbau, Brauwesen, Lebensmitteltechnologie und Milchwissenschaft sowie Forstwissenschaft mit der für Biologie zu einer interdisziplinär aufgestellten Fakultät zusammengeschlossen. Danach kam es zum Ausbau und zur Ausrichtung der Leitwissenschaft Biologie zur Systembiologie und zur Einrichtung des in der High-Tech-Offensive vorgesehenen Studienganges Biotechnologie. In diesem Zeitraum wurden die in der Offensive Zukunft Bayern angekündigten Vorhaben verwirklicht: 2001 der Neubau Tierwissenschaften, 2002 das Gründerzentrum, 2003 die Zentralbibliothek, 2005 das Zentrum für Biowissenschaften. Die Schwerpunkte des im März 2002 eröffneten Innovations- und Gründerzentrums für grüne Biotechnologie (IZB) sind Phyto-Pharmaka sowie Innovationen der Agro- und Lebensmittelbranche. Auf 3 200 Quadratmetern Fläche beherbergt das Weihenstephaner IZB derzeit sieben Unternehmen. Ein Highlight ist die 2001 dort gegründete Biotech-Firma Pieris Proteolab AG mit Sitz in Freising-Weihenstephan, die nunmehr an der Nasdaq gelistet ist.

Ferner wurde zum 1. Januar 2003 die Landesanstalt für Landwirtschaft errichtet, die auch die Aufgabe hat, anwendungsorientierte Forschung zu betreiben sowie Versuche und Modellvorhaben durchzuführen. In ihr sind die Landesanstalten für Bodenkultur und Pflanzenbau, für Tierzucht, für Ernährung, für Betriebswirtschaft und Agrarstruktur, für Landtechnik und für Fischerei aufgegangen.

Anlässlich der Einweihung des neuen Zentrums für Biowissenschaften am 13. April 2005 hat TU-Präsident Wolfgang A. Herrmann festgestellt: „Mit einem kohärenten Gesamtkonzept errichten wir auf dem Traditionsstandort einen Leuchtturm der Lebenswissenschaften und angewandten Bio-Wissenschaften von internationalem Rang. Heute ist das Zentralinstitut für Ernährung und Lebensmittelwissenschaften angesagt. Es ist ein wichtiger Baustein des neuen Weihenstephan, aus Mitteln der Offensive Zukunft Bayern ebenso realisiert wie nebenan die Campusbibliothek und der Neubau der Tierwissenschaften, sichtbare Beweise dafür, dass Bildung, Wissenschaft und Forschung in Bayern an der Spitze der politischen Agenda stehen." (TUM, Pressemitteilung 13. April 2005)

Auf dieser Grundlage wurde Weihenstephan weiterentwickelt. In der Folgezeit hat der Freistaat Bayern weitere 68 Millionen Euro investiert für die Verlagerung der Lebensmittelchemie von Garching nach Weihenstephan im Jahr 2006,

das internationale getränkewissenschaftliche Zentrum (2012), das Hans-Eisenmann-Zentrum (2013) und die Modernisierung agrarwissenschaftlicher
Forschungsstationen. Im Hans-Eisenmann-Zentrum für Agrarwissenschaften
sind die Lehrstühle für Ökologischen Landbau und Pflanzenbausysteme, für
Pflanzenzüchtung, für Tierernährung und die Fachgebiete Biostatistik und Po-
pulationsgenetik untergebracht. Als Zentralinstitut vernetzt es alle agrarwissen-
schaftlich ausgerichteten Lehrstühle und Institutionen der TU München. Als
Ansprechpartner der Agrarwissenschaft vermittelt es fachliche Expertise, unterstützt den Wissenstransfer und bietet eine Plattform für Kommunikation und
Dialog. Es hat zum Ziel, den inter- und transdisziplinären sowie systemwissen-
schaftlichen Charakter der Agrarwissenschaft am Standort Weihenstephan weiter
zu entwickeln.

Das Agrarwissenschaftszentrum bildet auch eine Lehr- und Forschungskoope-
ration zwischen der TU München, der Hochschule Weihenstephan-Triesdorf
und der Landesanstalt für Landwirtschaft. Die räumliche und fachliche Konzentration der drei Institutionen am Campus Weihenstephan bildet die Basis
für die Bündelung der Kompetenzen in der Grundlagen-, der Ressort- und der
angewandten Forschung und somit für eine intensive Zusammenarbeit in der
agrarwissenschaftlichen Ausbildung und Forschung. Sie ist Bestandteil des vom
Ministerrat 2008 beschlossenen Konzepts zur Stärkung der Agrarwissenschaften.
Die Baukosten von rund 20 Millionen Euro wurden aus dem Verkaufserlös des
ehemaligen Versuchsguts Hirschau der TU München finanziert.

Im Jahr 2010 kam auch die Deutsche Forschungsanstalt für Lebensmittelchemie (DFA), 1918 in München gegründet und seit 1977 in Garching angesiedelt, mit einem Neubau nach Weihenstephan. (dfal.de, 2017) Die Forschungsanstalt gehört zu den 1966 in Hannover gegründeten, interdisziplinären und
praxisorientierten Einrichtungen der Wissensgemeinschaft Gottfried Wilhelm
Leibniz, die bundesweit 86 Forschungseinrichtungen umfasst, darunter sechs
in Bayern, wie zum Beispiel das Institut für Wirtschaftsforschung (ifo). (leib-
niz-de, aufgerufen 17. März 2017) Diese sind auf Forschungsfeldern tätig, die
eine langfristig angelegte Bearbeitung erfordern, in der Regel interdisziplinär
ausgerichtet sind und sich wegen ihres Umfangs, ihrer langfristigen Anlage oder
ihrer Inhalte nicht für die typische Universitätsforschung eignen. TU München
und Forschungsanstalt arbeiten im Zentrum für Lebensmittelchemie in Weihenstephan eng zusammen. 2011 fand die offizielle Einweihung des Neubaus
statt, den Forschungsanstalt und Universität je zur Hälfte nutzen. Mit inzwischen drei Lehrstühlen und 70 Mitarbeitern hat die Technische Universität die
Lebensmittelchemie nach deren Umzug von Garching nach Weihenstephan

stark ausgebaut. Eine drohende Insolvenz der Forschungsanstalt wurde im Dezember 2016 durch einen Sanierungsplan abgewendet. (focus, 6. Dezember 2016) TU-Präsident Wolfgang A. Herrmann erwägt die Eingliederung in die Technische Universität und einen Neubau für den Bereich Sensorik. (Süddeutsche Zeitung, 11. November 2016)

Heute hat sich Weihenstephan als Wissenschaftszentrum für Ernährung, Landnutzung und Umwelt mit 90 Professuren, 1 900 Beschäftigten und über 3 500 Studierenden national und international etabliert. (Wissenschaftszentrum Weihenstephan, 2010) Dies wird auch durch das herausragende globale Ranking 2017 der TU München dokumentiert, die mit der Ernährungswissenschaft Rang 28, der Agrarwissenschaft Rang 38 und der Umwelttechnik Rang 14 belegt. (jeweils Shanghai-Ranking)

Keine grüne Biotechnologie

Ein Manko, das politisch bedingt ist, hat der Standort freilich: Die Gentechnik in der Pflanzenforschung und damit ein wesentliches Ziel des Ausbaus von Weihenstephan konnte nicht weiter verfolgt werden. Biotechnologische Verfahren in der Landwirtschaft werden als grüne Biotechnologie oder Agrobiotechnologie bezeichnet. Dazu gehört vor allem die Pflanzengenomforschung, die auf die Züchtung neuer Pflanzensorten zielt. Ohne solche Methoden ist die moderne Landwirtschaft nicht mehr denkbar. Mit diesem Ziel ist das Wissenschaftszentrum Weihenstephan für Ernährung, Landnutzung und Umwelt entstanden. Angesichts der großen Herausforderungen des 21. Jahrhunderts wie Sicherung der Welternährung, Verknappung fossiler Energieträger und Klimawandel ist Spitzenforschung nötig, sowohl in den Grundlagen als auch in der Anwendung. Nach einer Studie von PricewaterhouseCoopers (PWC) vom Dezember 2016 bedeutet ein zu erwartendes Wachstum der Weltbevölkerung auf über neun Milliarden Menschen bis zum Jahr 2050, dass die Lebensmittelproduktion bis dahin um 70 Prozent gesteigert werden müsste. Dies bedingt auch den Einsatz grüner Biotechnologie, um dürre- und hitzebeständiges Anbaugut zu produzieren und die Folgen der globalen Erwärmung abzumildern. (dpa, 3. Dezember 2016; Süddeutsche Zeitung, 18. November 2017)

Seit die Bundesregierung 2009 auf Betreiben Bayerns den Anbau von Gen-Mais in Deutschland verboten hat, sind auch in Bayern Freilandversuche für die Forschung nicht mehr möglich. Das ursprüngliche Konzept der High-Tech-Offensive, in Weihenstephan ein deutsches Forschungszentrum für grüne Biotechnologie zu schaffen, ist damit obsolet geworden. 2012 hat die BASF hat ihre

Forschungsaktivitäten in die USA verlagert und die Bayer AG nunmehr den amerikanischen Marktführer Monsanto übernommen. Damit steht zu befürchten, dass künftig Produkte, deren Standards nicht den deutschen und europäischen Grundsätzen des Vorsorgeprinzips für den Gesundheits-, Natur- und Umweltschutz entsprechen, den Weltmarkt beherrschen werden.

Nachwachsende Rohstoffe Straubing

Das Zentrum für nachwachsende Rohstoffe in Straubing ist ein besonderes Beispiel für die Entstehung eines Highlights der Offensive Zukunft Bayern. Hier gab es 1998 noch keine wissenschaftliche Kompetenz, wohl aber eine wirtschaftliche Basis mit den nachwachsenden Rohstoffen als Stärken der Region. Zugleich ist Straubing ein herausragendes Exempel dafür, was engagierter Bürgerwille bewirken kann. Daher soll ausführlicher betrachtet werden, wie es zu diesem Leuchtturm gekommen ist.

„Straubing ist Goldstandard für die Regionalisierung von Wissenschaft", so hat TU-Präsident Herrmann 2012 den Standort Straubing charakterisiert. (Herrmann, Rede 3. März 2012) Bis dahin war es aber ein weiter Weg. Am 7. August 1998 hat Ministerpräsident Stoiber bei der Eröffnung des Gäubodenfestes in Straubing in Aussicht gestellt, Straubing solle im Rahmen der High-Tech-Offensive eine Fachhochschule oder eine „hochschulähnliche" Forschungs- oder Bildungseinrichtung erhalten. Damit sollte kompensiert werden, dass das benachbarte Deggendorf im Jahr 1991 Standort einer Fachhochschule wurde und nicht Straubing. Einen derartigen Ausgleich hatte Hermann Balle, Verleger und Herausgeber des Straubinger Tagblattes, bei einem medienpolitischen Gespräch mit dem Ministerpräsidenten am 29. Juli 1998 in der Staatskanzlei nachdrücklich gefordert.

Der Ministerpräsident hat daraufhin den Autor beauftragt, nach einer Lösung für Straubing zu suchen. Konkrete Vorstellungen, wie sie aussehen sollte, gab es dafür nicht. Auch nicht in Straubing, wie Hermann Balle anlässlich des zehnjährigen Jubiläums des Wissenschafts- und Forschungszentrums raisonnierte. (Stuhlfelner 2011) Die erste Überlegung war natürlich, in Straubing eine Fachhochschuleinrichtung zu schaffen, gegebenenfalls als Doppelstandort Deggendorf-Straubing nach dem Muster von Amberg-Weiden. Entsprechende Gespräche hat der Autor mit dem Wissenschaftsministerium und den Vertretern von Stadt und Landkreis Deggendorf aufgenommen, Oberbürgermeister Dieter Görlitz und Landrat Georg Karl. Sie haben Kooperationslösungen befürwortet, sofern sie den eigenen Standort nicht schwächen würden. Insgesamt hielt sich die Begeisterung freilich in Grenzen. Der Amtchef des Wissenschaftsministeriums, Wolfgang Quint, hat deutlich gemacht, dass angesichts der geringen Entfernung von 35 Kilometern zwischen Straubing und Deggendorf kein Bedarf für eine eigene Fachhochschule in Straubing bestehe, zumal in anderen Regionen noch Nachfrage gegeben war.

Damit stellte sich die Frage, welche andere „Forschungs- oder Bildungseinrichtung" in Straubing in Betracht kommen könnte. Da es nicht angehen konnte, irgendeine Institution auf der grünen Wiese zu errichten ohne Bezug zur Kompetenz der Region, nur „ut aliquid fiat", dass irgend etwas geschehe, waren die beiden Grundsätze „Stärken stärken" und „Kompetenzen vernetzen" Ausgangspunkt der Überlegungen des Autors. Die Stärke des Straubinger Landes war zweifelsfrei die Qualität des Gäubodens und seiner Produkte, insbesondere Saatgut und Getreide. Der Gäuboden gehört zu den landwirtschaftlich wertvollsten Böden Europas. Damit bot sich der Bereich der nachwachsenden Rohstoffe als originäre Kompetenz an, die man ausbauen und wissenschaftlich vernetzen könnte.

In Bayern gab es bereits einen Verein mit dem schönen Namen C.A.R.M.E.N., der für ein „Centrales Agrar-Rohstoff Marketing- und Energie-Netzwerk e.V." stand. Dieser Verein wurde 1992 als Netzwerk für nachwachsende Rohstoffe in Bayern gegründet und hatte seinen Sitz mit 20 Mitarbeitern in Rimpar in Unterfranken. Nach einem Gespräch im August 1998 mit dessen Aufsichtsratsvorsitzenden Theo Weber, seinerzeit Abteilungsleiter im Landwirtschaftsministerium, schien es dem Autor möglich, diese Institution nach Straubing zu verlagern, wenngleich mit politischen Widerständen im unterfränkischen Raum zu rechnen war.

Damit war aber die Frage einer „hochschulähnlichen Forschungs- oder Bildungseinrichtung" noch nicht gelöst, denn C.A.R.M.E.N. war keine wissenschaftliche Einrichtung. Es lag nahe, das Thema der nachwachsenden Rohstoffe der grünen Biotechnologie und damit der Hochschule Weihenstephan zuzuordnen. Ein Anruf beim TU-Präsidenten, eingeleitet mit der provokanten Frage „Kennen Sie Straubing", genügte, um die Bestätigung hierfür zu finden und das Interesse der TU München zu wecken, sich an der Entwicklung in Straubing zu beteiligen. Auch ein Gespräch mit dem Präsidenten der Fachhochschule Weihenstephan, Professor Josef Herz, verlief sehr positiv. Damit konnte der Autor das Thema in den Koordinierungsausschuss für die High-Tech-Offensive einbringen mit dem Fernziel, die Geburtsstadt von Joseph Fraunhofer zur Universitätsstadt werden zu lassen.

In der Sitzung des Koordinierungsausschusses am 2. Oktober 1998 wurde die Frage der Errichtung einer Forschungs- oder Bildungseinrichtung in Straubing intensiv erörtert. Ausgangspunkt war die in Straubing nach wie vor vorhandene Missstimmung über die Standortentscheidung der Staatsregierung aus dem Jahr 1991 zugunsten von Deggendorf. TU-Präsident Herrmann sah die Möglichkeit, in Straubing ein Zentrum für Saatgut und Pflanzenforschung in Anbindung an Weihenstephan zu errichten. Im Raum Straubing-Regensburg gab es die größten Saatzuchtwirtschaften Bayerns, die nicht nur europaweit, sondern weltweit bekannt waren. Diese Unternehmen kooperierten sehr eng mit der Landesanstalt für Bodenkultur und Pflanzenbau, aber auch mit dem Lehrstuhl für Pflanzenbau und Pflanzenzüchtung der TU München in Weihenstephan. Herrmann hielt deshalb aus wissenschaftlicher und strukturpolitischer Sicht ein Kompetenzzentrum „Getreide" in Verbindung mit Weihenstephan und der Region Straubing als Keimzelle für Innovationen auf dem Biomassesektor sowohl im Food- als auch im Non-Food-Sektor für zukunftsträchtig.

Ergebnis der Sitzung war: Das Landwirtschaftsministerium wird prüfen, ob im dortigen Ressort Ansatzpunkte für ein derartiges Kompetenzzentrum in Straubing bestehen. Der Autor wurde beauftragt, die entsprechenden Überlegungen bei einem Gespräch mit dem Regierungspräsidenten von Niederbayern und den Oberbürgermeistern von Straubing und Deggendorf näher zu erläutern. Im Anschluss daran sollte entschieden werden, ob eine eigene Arbeitsgruppe unter Beteiligung der TU München zur Vorbereitung eines Kompetenzzentrums für Saatgut in Straubing eingerichtet werden sollte.

An dem entscheidenden Gespräch am 7. Oktober 1998 in Landshut nahmen neben dem Regierungspräsidenten von Niederbayern, Friedrich Giehl, die Oberbürgermeister Reinhold Perlak (SPD) von Straubing und Dieter Görlitz (CSU) von Deggendorf, der Landrat des Landkreises Straubing, Ingo Weiß (CSU), der Straubinger Verleger, Herrmann Balle, und der Stimmkreisabgeordnete, Staatssekretär Ernst Hinsken (CSU), teil. Die über drei Stunden währenden, sehr intensiven Verhandlungen gestalteten sich schwierig, da eine Fachhochschullösung, die Straubing befriedigt hätte, nicht realistisch war. Der Vorschlag des Autors, in Straubing ein Kompetenzzentrum für nachwachsende Rohstoffe einzurichten, mit der Verlagerung von C.A.R.M.E.N. zu beginnen und mit Hilfe der TU München sukzessive auch Einrichtungen der Wissenschaft und Forschung anzusiedeln, wurde erst mit großer Skepsis betrachtet, dann aber grundsätzlich mitgetragen. Es war in der Tat für die Straubinger Vertreter keine einfache Perspektive, da es keine Garantie für die künftige Ausgestaltung und Entwicklung dieser Lösung gab. Letztlich war es ein großes Stück Vertrauen, das der Staatsregierung damals über Parteigrenzen hinweg entgegengebracht wurde.

Zwei Tage später hat der Autor in der Kabinettsklausur am 9./10. Oktober 1998 berichtet und den Vorschlag eingebracht, dass in Straubing ein wissenschaftliches Kompetenzzentrum Biotechnologie mit dem Schwerpunkt Pflanzenzucht entwickelt werden sollte. Dem stimmte das Kabinett zu. Daraufhin wurde das Straubinger Projekt in die weitere Arbeit des Koordinierungsausschusses einbezogen und mit der TU München ein Grobkonzept insbesondere für die Verknüpfung mit Weihenstephan entwickelt. Ursprünglich für das Regionalkonzept vorgesehen, wurde das Straubinger Vorhaben im Zusammenhang mit dem Ausbau der grünen Biotechnologie in Weihenstephan in die Liste der international bedeutsamen Vorhaben aufgenommen.

Am 19. Oktober 1998 fasste der Stadtrat der Stadt Straubing einstimmig folgenden Beschluss: „Der Stadtrat Straubing begrüßt und erwartet als ersten geeigneten Schritt auf dem Weg zu einer Fachhochschuleinrichtung in Straubing die von der Bayerischen Staatskanzlei entwickelten konkreten Überlegungen für ein wissenschaftliches Kompetenzzentrum Biotechnologie in Straubing. Der Stadtrat Straubing nimmt zustimmend davon Kenntnis, dass als Ergebnis des Koordinierungsgesprächs vom 07.10.1998 bei der Regierung von Niederbayern auf dieser Grundlage eine Arbeitsgruppe aus Vertretern von Wissenschaft, Wirtschaft und Verwaltung einen Projektvorschlag für die High-Tech-Offensive erarbeitet."

Das Kompetenzzentrum

In der Regierungserklärung vom 29. Oktober 1998 hat Ministerpräsident Edmund Stoiber dann festgestellt: „In Straubing konzentrieren wir Einrichtungen der Forschung, Verwertung und Vermarktung für nachwachsende Rohstoffe. Durch die Verknüpfung mit der Grundlagenforschung in Weihenstephan entsteht dafür ein international herausragendes Kompetenzzentrum."

Mit dem gleichen Wortlaut hat er diese Festlegung in der Regierungserklärung vom 12. Oktober 1999 bekräftigt. Für die grüne Biotechnologie in Weihenstephan und Straubing wurde seinerzeit ein Betrag von insgesamt 160 Millionen DM vorgesehen. Davon waren 26 Millionen im Nachtragshaushalt 2000 für ein Kompetenzzentrum für nachwachsende Rohstoffe in Straubing angesetzt. Damit begann der kontinuierliche Aufbau des „Kompetenzzentrums für Nachwachsende Rohstoffe" (KoNaRo), das sich aus dem Wissenschaftszentrum Straubing (WZS), dem Verein C.A.R.M.E.N. und dem Technologie- und Förderzentrum (TFZ) zusammensetzt. Im Januar 2001 fand die offizielle Eröffnung des Kompetenzzentrums statt. Zugleich war C.A.R.M.E.N. von Rimpar nach Straubing in das renovierte ehemalige Männerkrankenhaus umgezogen, nicht ohne politische Proteste aus Unterfranken. Im Juli 2001 wurde das Wissenschaftszentrum, zunächst als gemeinsame Einrichtung der TU München und der Fachhochschule Weihenstephan, begründet. In diesem Zentrum wurden drei Lehrstühle der Technischen Universität und drei Professuren der Weihenstephaner Fachhochschule angesiedelt. Ihre Aufgabe war die Bearbeitung und Vermittlung wissenschaftlicher Fragestellungen aus dem Bereich der nachwachsenden Rohstoffe einschließlich einer interdisziplinär ausgerichteten Grundlagenforschung.

2005 folgten die Inbetriebnahme des neuen Technikums und die Erweiterung des Wissenschaftszentrums durch die Kooperation mit der Universität Regensburg und der Fachhochschule Deggendorf, in die 2006 auch die Hochschule Regensburg einbezogen wurde. Dieser zweite Bauabschnitt mit Kosten von sechs Millionen Euro wurde überwiegend mit Mitteln des Investitionsprogramms Zukunft Bayern finanziert. Am 29. Juli 2005 ist Straubing dem Ziel, Hochschulstadt zu werden, wieder einen Schritt näher gekommen. Mit der Unterzeichnung eines Kooperationsvertrages zwischen TU München, Fachhochschule Weihenstephan, Universität Regensburg und Fachhochschule Deggendorf wurde ein bundesweit einzigartiges Beispiel einer Zusammenarbeit von Universitäten und Fachhochschulen geschaffen. Sie bündelten im Straubinger Wissenschaftszentrum ihre Forschungstätigkeit auf dem Sektor nachwachsender Rohstoffe. 2007 wurden im Rahmen eines Master-Studiengangs bereits die ersten Studenten unterrichtet. Im gleichen Jahr begann auch der Neubau des Wissenschaftszentrums mit Gesamtkosten von 17,5 Millionen Euro und eines zweiten Bauabschnitts des Technikums. 2008 startete der Masterstudiengang Nachwachsende Rohstoffe in Straubing. 2009 wurden die Neubauten fertiggestellt und die Fraunhofer-Projektgruppe „BioCat" eingerichtet. Der Aufbau dieser Projektgruppe, die Einsatzmöglichkeiten und Anwendungen nachwachsender Rohstoffe als Ausgangsmaterialien für eine nachhaltige Energie- und Rohstoffversorgung untersucht und etabliert, wurde ebenfalls aus Privatisierungserlösen finanziert. (5,8 Millionen Euro, Programm Nord- und Ost-Bayern)

Das Kompetenzzentrum für Nachwachsende Rohstoffe befasst sich mit der energetischen und stofflichen Nutzung nachwachsender Rohstoffe und leistet auf diesem Gebiet Koordinierungs-, Entwicklungs- und Beratungsarbeit. In Zusammenarbeit mit der Grundlagenforschung am Life Science Center in Weihenstephan bündelt es landesweit alle Aktivitäten, die sich mit der Umsetzung wissenschaftlicher Erkenntnisse in die Praxis befassen. Darüber hinaus werden Rohstoffpflanzen züchterisch und produktionstechnisch weiterentwickelt, Werkstoffprüfungen einschließlich der Anwendungsforschung durchgeführt, die erforderlichen Technologien entwickelt sowie Projektberatung, -bewertung, -trägerschaft und -förderung vorgenommen. Maßnahmen der Markterschließung ergänzen das Leistungsspektrum. Damit verfügt das Kompetenzzentrum über eine europaweit einzigartige Konstellation. Es steht auf drei Säulen:

- Dem Technologie- und Förderzentrum, das zum 1. Februar 2002 als Behörde des Landwirtschaftsministeriums errichtet wurde. Es untersteht heute der Fachaufsicht des Landwirtschafts- und des Wirtschaftsministeriums. Die Tätigkeit des Zentrums erstreckt sich insbesondere auf die Entwicklung von Rohstoffpflanzen und Technologien zu ihrer energetischen und stofflichen Nutzung, die Durchführung von Versuchen und Modellvorhaben, die Bewertung der Verfahren für Bioenergie, die Fachberatung von Landwirtschaft, Unternehmen, Politik und Verwaltung sowie die Demonstration, Ausstellung und Schulung.

- Dem Netzwerk C.A.R.M.E.N. als Informations- und Koordinierungsstelle zwischen Wissenschaft und Praxis, die mittlerweile bundesweit und auch international tätig ist. Mit über 70 Mitgliedern aus allen Teilen der Wertschöpfungskette nachwachsender Rohstoffe vermittelt der Verein Informationen zur industriellen und energetischen Nutzung von Biomasse und zu den Themenfeldern Windenergie, Solarenergie, Geothermie sowie Energie- und Ressourceneinsparung. Behörden, Wissenschaft, Wirtschaft, Landwirtschaft und Verbraucher werden gleichermaßen beraten. Das Netzwerk vermittelt zwischen Wissenschaft und Praxis, indem es Forschungs- und Entwicklungsbedarf kommuniziert sowie Demonstrationsvorhaben initiiert und unterstützt.

- Dem Wissenschaftszentrum Straubing, in dem vor der Errichtung des Lehr- und Forschungszentrums „Technische Universität München – Campus Straubing für Biotechnologie und Nachhaltigkeit" zwei Universitäten und vier Hochschulen (TU München, Universität Regensburg sowie die Hochschulen Weihenstephan-Triesdorf, Regensburg, Deggendorf und Landshut) sowie eine Fraunhofer-Projektgruppe „Bio-Cat" zum Thema „Nachwachsende Rohstoffe" kooperierten. Die Zielsetzungen der TU München für den Campus Straubing sind nunmehr grundlagenorientierte Forschung und technologische Entwicklungen zu nachwachsenden Rohstoffen, Biotechnologie und Bioökonomie. Schwerpunkte sind dabei die chemisch-stoffliche Nutzung und die energetische Verwertung, sowie ökonomische Aspekte rund um die Erzeugung, Vermarktung und Verwendung nachwachsender Rohstoffe. Auch regenerative Energiesysteme, die Verwertung von Reststoffen, Geothermie und Solarenergie werden erforscht. In Forschung und Lehre findet auch der Grundsatz der Nachhaltigkeit besondere Beachtung. Die akademische Ausbildung am TUM Campus Straubing erfolgt im Rahmen der Studiengänge Nachwachsende Rohstoffe, Chemische Biotechnologie, technologie- und managementorientierte Betriebswirtschaftslehre, Biomassetechnologie und ab dem Wintersemester 2018/2019 in Bioökonomie sowie Bachelor- und Masterarbeiten und Promotionen. (Website TUM Campus Straubing, aufgerufen 7. Juni 2018)

Der Industriepark

Das Wissenschaftszentrum wurde frühzeitig durch einen Industriepark ergänzt. Das Silicon Valley hat modellhaft gezeigt, dass für einen nachhaltigen Zukunftsstandort die Verbindung von hochkarätiger Wissenschaft mit Einrichtungen der Wirtschaft entscheidend ist. So begann die Entwicklung des Silicon Valley 1951 mit der Einrichtung des Stanford Industrial Park, einem Forschungs- und Industriegebiet neben der 1891 gegründeten Stanford University. Dieses war die Grundlage für die Gründung und Ansiedlung von Unternehmen der Hochtechnologie. Straubing hat dafür Sorge getragen, dass neben dem Wissenschaftszentrum auch die notwendigen Flächen und Einrichtungen für unternehmerische Aktivitäten bereitstehen. Betrieben wird das Entwicklungsgebiet durch den kommunalen Zweckverband Hafen Straubing-Sand (ZVH), in dem sich die Stadt Straubing, der Landkreis Straubing-Bogen und die Gemeinde Aiterhofen zusammengeschlossen haben.

Der 1996 fertiggestellte neue Donauhafen Straubing-Sand mit seinem 220 Hektar großen Industriepark ist auf nachwachsende Rohstoffe spezialisiert. Bei seiner Festansprache zur Eröffnung am 28. Juni 1996 hatte Ministerpräsident Edmund Stoiber festgestellt, dass das Entwicklungsgebiet Straubing-Sand die größte Industrie- und Gewerbeansiedlung ist, die seit 1975 in Niederbayern gefördert wurde. Sie ermöglicht die problemlose Bereitstellung von Millionen Tonnen von Biomassen für deren kommerzielle Nutzung. Für die Gründung und Ansiedlung von Industriebetrieben wurde sukzessive eine herausragende Infrastruktur aufgebaut. Ende 2015 beherbergt das Hafengelände 75 Unternehmen (Handel und Logistik: 30, Produktion: 17, Dienstleistungen: 28) mit 2 680 Beschäftigten.

Die Clariant AG mit Sitz in Basel gehört zu den weltweit führenden Unternehmen für Spezial-Chemikalien. 2011 hat sie die Münchner Süd Chemie AG übernommen und deren bereits begonnene Entwicklung einer Bioethanol-Anlage in Straubing weitergeführt. Im Juli 2012 hat die bislang größte Anlage Deutschlands im Industriepark Straubing ihren Betrieb aufgenommen. Das von der bayerischen Staatsregierung und dem Bundesforschungsministerium mit jeweils fünf Millionen Euro geförderte Zukunftsprojekt umfasst ein Gesamtvolumen von rund 28 Millionen Euro. Es stellt aus etwa 4 500 Tonnen Weizenstroh jährlich bis zu 1 000 Tonnen Zellulose-Ethanol her.

Gleichermaßen bedeutsam ist die von der Archer Daniels Midland Company (AMD AG) im Hafengebiet betriebene Ölmühle. Das Unternehmen ist mit 33 000 Mitarbeitern weltweit einer der größten Verarbeiter von agrarischen Rohstoffen und Produkten für die Lebensmittel-, Tierfutter- und chemische Industrie sowie für die Energiegewinnung. Es hat 2008 die mit Kosten von 60 Millionen Euro errichtete neue Ölmühle übernommen. Die Mühle bezieht Rapssaat aus der Region und via Donauhafen Straubing-Sand auch aus Ländern des Donauraums und verarbeitet dieses zu Rapsöl. Mit der Übernahme erweiterte das Unternehmen seine Aktivitäten im Bereich der Ölsaatenverarbeitung in Mittel- und Osteuropa, wo es bisher noch über keine Produktionsanlagen verfügte. Am 19. Oktober 2015 wurde der Ausbau des Ölmühlenstandorts in Straubing bekanntgegeben. Die Anlage soll in Zukunft auch Sojabohnen verarbeiten können. Laut dem Unternehmen ermöglicht der Umbau die Verarbeitung von nicht-genveränderten Sojabohnen aus dem Donauraum und damit die Versorgung der Kunden mit Sojaschrot in Deutschland, Österreich und in der Schweiz.

Eine neue biotechnologische Demonstrationsanlage ist bereits geplant. Sie soll allen Interessenten zu marktüblichen Konditionen zur Verfügung stehen. Dort können sie ihre im Labor entwickelten Produkte und Verfahren intensiv testen und bis zur Marktreife weiterentwickeln. Die Staatsregierung beabsichtigt, sich mit bis zu 20 Millionen Euro an der Finanzierung zu beteiligen. Die erste Tranche hiervon ist im Entwurf des Doppelhaushalts 2017/2018 mit drei Millionen Euro für 2017 veranschlagt, die zweite mit sieben Millionen für 2018. Die Anlage ist ein weiterer Impuls für die Ansiedlung von Biotech-Firmen.

Der Zweckverband Hafen Straubing-Sand hat auch die Aufgabe, als regionaler Cluster die Profilierung der gesamten Region Straubing-Bogen als Technologiestandort für nachwachsende Rohstoffe voranzutreiben. Dazu dient auch der Betrieb von zwei Gründer- und Unternehmerzentren im Entwicklungsgebiet Straubing-Sand: BioCampus und BioCubator. Das Gründerzentrum BioCampus wurde dort bereits 1998 aus Mitteln der Offensive I eröffnet. Es bietet als Partner des Kompetenzzentrums Raum für unternehmerische Initiativen aus dem Bereich der nachwachsenden Rohstoffe. Aus dem BioCampus sind bis Ende 2016 99 Unternehmen ausgegründet worden, 27 Mieter befinden sich derzeit im Gründerzentrum. (Stefan Niedermeier, e-mail 11. Juli 2017) Im Mai 2010 wurde der BioCubator eröffnet, ein Zentrum für nachwachsende Rohstoffe mit

Labor- und Technikumsflächen für junge Unternehmen der Biotechnologie. Für dieses Projekt wurden aus Restmitteln der High-Tech-Offensive insgesamt zwei Millionen Euro zur Verfügung gestellt. Bisher beherbergt es zwei Firmengründungen aus dem Wissenschaftszentrum. In 2016 wurde ein Ausbau der Flächen des BioCubators vorgesehen.

Die Wissenschaftsstadt

Das Zentrum für nachwachsende Rohstoffe hat die bei der Ankündigung im Jahre 1998 geweckten Erwartungen erfüllt. Aufgrund der erfolgreichen wissenschaftlichen Aktivitäten wurde Straubing am 11. August 2007 durch Ministerpräsident Stoiber der Titel „Wissenschaftsstadt" verliehen. Diese Auszeichnung erhielt Straubing als vierte Stadt in Deutschland nach Darmstadt, Ulm und Fürth. Die positive Entwicklung wird auch durch die geschaffenen Arbeitsplätze am Zentrum belegt: Heute arbeiten dort 260 Mitarbeiter, während es 2001 noch 27 waren. Doch die Entwicklung des Kompetenzzentrums war damit noch lange nicht abgeschlossen. Die Energiewende hat seine strategische Bedeutung ebenso weiter gesteigert wie die wachsenden Bedürfnisse der Welternährung.

Daher ist es nur folgerichtig, dass das Zentrum kontinuierlich weiter ausgebaut wird. So ist der Neubau eines Informations-, Beratungs- und Bildungszentrums für erneuerbare Energien und Rohstoffe vorgesehen. Der Ausschuss für Staatshaushalt und Finanzfragen des Bayerischen Landtags hat die Gesamtkosten von 20 Millionen Euro am 3. Dezember 2015 genehmigt. Das „NAWAREUM – natürlich erneuerbar" soll die Thematik der Energiewende, erneuerbarer Energien im Zeitalter der Bioökonomie, des Umbaus der Rohstoffbasis sowie die Prägung der Kulturräume der breiten Öffentlichkeit zugänglich machen. Bereits ab 2017 findet begleitend zur Errichtung ein Vorlaufbetrieb statt. Anfang 2020 soll die Eröffnung sein.

Auch das erfolgreiche Wissenschaftszentrum im Kompetenzzentrum für nachwachsende Rohstoffe in Straubing wird kontinuierlich weiter entwickelt. Für die Mikrobiologie, organische Chemie, Mikroreaktionstechnologie, Verbundwerkstoffe sowie Verfahrenstechnik entstehen seit Mai 2017 moderne Forschungslabore, ein Hörsaal, Seminar- und Praktikumsräume. Für den Neubau bringt der Freistaat Bayern 40,5 Millionen Euro auf. Bis 2019 sollen insgesamt 1 000 Studienplätze im Bachelor- und Masterbereich geschaffen werden.

Die Universitätsstadt

19 Jahre nach der Grundsatzentscheidung in der High-Tech-Offensive hat die Stadt Straubing das Ziel erreicht, Universitätsstadt zu werden. Ministerpräsident Horst Seehofer, Wissenschaftsminister Ludwig Spaenle und TU-Präsident Wolfgang A. Herrmann haben sich am 25. Juni 2016 darauf verständigt, dass das Straubinger Wissenschaftszentrum zu einer Hochschule für Biotechnologie und Nachhaltigkeit ausgebaut werden soll. Der Bayerische Landtag hat am 19. Juli 2017 einstimmig das von der Staatsregierung eingebrachte Gesetz zur Errichtung des Lehr- und Forschungszentrums „Technische Universität München – Campus Straubing für Biotechnologie und Nachhaltigkeit" verabschiedet. Damit wurde Straubing zum 1. Oktober 2017 vierter Standort der TU München und zugleich Universitätsstadt. Ministerpräsident Horst Seehofer hat beim Festakt am 29. September 2017 zur Gründung des TUM-Campus für Biotechnologie und Nachhaltigkeit festgestellt: „Der Wissenschaftsstandort Straubing hat in weniger als 20 Jahren einen Kick-Start von Null auf Hundert hingelegt. Straubing zeigt, was möglich ist, wenn vor Ort alle Verantwortlichen an einem Strang ziehen."

Die in der High-Tech-Offensive mit diesem Projekt angestrebten Ziele wurden damit in vollem Umfang erreicht. Davon konnte sich der Autor vor Ort selbst überzeugen. (Straubinger Tagblatt, 18. Oktober 2016) Straubing wurde durch die Verknüpfung mit Weihenstephan ein international herausragendes Kompetenzzentrum. In der Tat findet sich weder in Deutschland noch in Europa eine derartige Konfiguration mit einem vergleichbaren Potenzial. Zudem hat die Stadt Straubing ebenso wie das Umland durch die Profilbildung als Region der nachwachsenden Rohstoffe nicht nur an wissenschaftlicher Reputation gewonnen, sondern auch an Wirtschaftskraft. Straubing ist ein Zentrum der weißen Biotechnologie geworden, die als industrielle Biotechnologie zu den Schlüsseltechnologien des 21. Jahrhunderts gehört. Angesichts der Energiewende und der Endlichkeit der fossilen Ressourcen bekommt diese eine herausragende und weiter wachsende Bedeutung. Der nächste Schritt ist schon angekündigt: Die Errichtung eines Fraunhofer-Forschungszentrums für synthetische Kraftstoffe („Bayern-Sprit") mit Demonstrationsanlage für 30 Millionen Euro. (Söder 2018; idowa.de, 27. April 2018) Beim Gäubodenfest am 11. August 2018 hat Ministerpräsident Markus Söder diese Ankündigung bekräftigt und in Aussicht gestellt, dass der BioCubator mit 15 Millionen Euro ausgebaut werden soll. (idowa, 11. August 2018)

4.8 Regionalkonzept Bayern

„Silicon Valley ist unser Vorbild. Aber wir wollen nicht ein oder mehrere Silicon Valleys in Bayern schaffen, vielmehr soll ganz Bayern ein Silicon Valley werden." (Hanisch 1999)

Für das im ersten Teil dieses Buches dargestellte Regionalkonzept wurden bei den Bezirksregierungen insgesamt 495 Projektskizzen eingereicht. Daraus haben die regionalen Koordinierungskreise 200 Projekte zur Förderung im Rahmen der High-Tech-Offensive vorgeschlagen. Viele Vorhaben haben sich zu maßgebenden Leuchttürmen für den jeweiligen Regierungsbezirk und zusammen mit den Hochschulen, Gründerzentren und Netzwerken seine spezifische Wirtschaftsstruktur gestärkt, wie die nachfolgenden Beispiele zeigen:

Region Oberfranken

In Oberfranken weist die stark mittelständisch geprägte Wirtschaft nach wie vor viele Unternehmen in den klassischen Zweigen der Porzellanindustrie, den Herstellern von Möbeln und Textilien sowie der Nahrungsmittelindustrie auf. Ein Schwerpunkt der 30 Projekte dieses Regierungsbezirks lag auf diesen Feldern. Damit wurde die Innovationskraft der Region mit dem landesweiten Kompetenzzentrum für neue Materialien in Bayreuth an der Spitze weiter gestärkt:

– An den Standorten Rehau, Selb und Münchberg wurde das Forschungs- und Innovationscenter für die Werkstoffe Keramik, Kunststoffe und Textilien (KE-KUTEX) mit vier Millionen DM gefördert. Die Einrichtung ist auf der Basis der schulischen und hochschulischen Kompetenzen der Region in Zusammenarbeit mit der Industrie geschaffen worden und versteht sich als zentrale Koordinierungs- und Vernetzungsstelle für die genannten Branchen. Sie wird von einem Verein mit Mitgliedern aus der Industrie, den regionalen Fach- und Hochschulen für Keramik, Textil- und Kunststofftechnik sowie den Landkreisen Hof und Wunsiedel getragen. Partner sind das Kunststoff-Technikum Rehau, das Textil-Technikum Münchberg, das Keramik-Technikum Selb, das textiltechnische Prüflabor in Münchberg, das keramische Prüflabor in Selb sowie die Fachhochschule Hof. (kekutex.de, aufgerufen 28. Dezember 2017)

– Ein anderes Vorzeigeprojekt der Region ist das Kompetenzzentrum für „Werkkunst und Modelltechnologie Hochfranken" in Selb, das mit 1,1 Millionen DM gefördert wurde. (coris.eu, aufgerufen 5. April 2017; spd-oberfranken.de, 13. Juni 2016) Das Zentrum ist eng verbunden mit der dortigen Fachschule für Produktdesign, die viele Jahrzehnte zentrale Ausbildungsstätte für die Porzellanindustrie war. Bedingt durch den Strukturwandel der Branche hat sich auch die Ausrichtung der Ausbildung hin zum allgemeinen Produkt verändert. Im Jahr 2000 erfolgte die Namenserweiterung zur „Fachschule für Porzellan und industrielle Formengestaltung". Heute ist die Schule ein international angesehenes Zentrum für innovative Produktgestaltung, Industriedesign und Designmodellbau. Die enge Vernetzung mit zahlreichen Unternehmen und die projektorientierte Ausbildung prägen ihr Profil.

— Ein weiteres Netzwerk wurde mit der mit insgesamt 3,2 Millionen DM geförderten High-Tech-Initiative der nordostbayerischen feinkeramischen Industrie in Wunsiedel eingerichtet. Darin haben Porzellanhersteller zum ersten Mal zur Optimierung von Produktionsverfahren zusammengearbeitet. Insgesamt fünf Projekte der Verbundforschung mit einem Gesamtvolumen von acht Millionen DM wurden von den neun industriellen Partnern definiert. Die Ergebnisse der von 2000 bis 2003 laufenden Vorhaben waren bedeutsam für die Erschließung neuer Marktsegmente, die Stärkung der einzelnen Betriebe und die angestrebte Sicherung und Rückverlagerung von Arbeitsplätzen.

— Flankierend dazu wurde von 1998 bis 2001 der bayerische Forschungsverbund für keramische Materialentwicklung und Prozesstechnik (FORKERAM) eingerichtet mit dem Ziel, die Wettbewerbsfähigkeit der bayerischen keramischen Industrie durch Prozess- und Produktionsinnovationen zu steigern. Teilziele waren ein schnellerer Technologietransfer und gemeinsame Nutzung vorhandener Kompetenzen, die Verzahnung der Bereiche Feinkeramik und technische Keramik sowie Kostensenkung und Beschleunigung der Innovationszyklen. Dazu wurden die in der Industrie und an den Hochschulen vorhandenen Kompetenzen im Bereich Keramik gebündelt. Der Erfolg des Verbundprojekts ist an den in die Praxis umgesetzten Ergebnissen abzulesen. (forkeram, aufgerufen 6. April 2017)

— Das Regionalkonzept hat auch dem technologischen Strukturwandel im regionalen Handwerk Rechnung getragen. Ein branchenübergreifendes Kompetenzzentrum für Fertigungstechnik im Handwerk wurde mit 8,5 Millionen DM bei der Handwerkskammer für Oberfranken in Bayreuth eingerichtet und 2007 zum ersten „Exzellenzzentrum Technologie- und Innovationsmanagement" des Handwerks in Deutschland weiterentwickelt. Für eine bedarfsorientierte Aus- und Weiterbildung der 16 000 oberfränkischen Handwerksbetriebe werden aktuelle Innovationsfelder aus Markt und Technik analysiert und für Weiterbildungs- und Technologietransfer interdisziplinär für alle Berufs- und Technologiefelder zur Verfügung gestellt. Schwerpunkte sind Informations- und Kommunikationstechnik, Fertigungs- und Bearbeitungstech-

nik, Steuerungs- und Automatisierungstechnik, Kfz-Diagnosetechnik und
Multimedia-Distribution.

– Kulmbach ist neben Fürth und Straubing ein weiteres Beispiel dafür, wie aus
einer Initiative der High-Tech-Offensive zur Stärkung einer regionalen Kompetenz sukzessive eine Universitätsstadt entstehen kann. Waren in Straubing
die nachwachsenden Rohstoffe maßgebend, so bildeten in Kulmbach Nah-
rungsmittelbetriebe und die seinerzeitige Bundesanstalt für Fleischforschung
(BAF) die Basis, um vorhandene Stärken zu stärken. So ist im Regionalkonzept mit 4,9 Millionen DM ein Informations- und Transferzentrum für Le-
bensmittelsicherheit/-technologie (ITL) entstanden, das zur Grundlage für
die 2009 gegründete „Forschungsstelle für Nahrungsmittelqualität" (ForN)
der Universität Bayreuth wurde. Im Max-Rubner-Institut, das als Bundesfor-
schungsinstitut für Ernährung und Lebensmittel 2008 aus der Bundesanstalt
hervorgegangen ist, hat die Universität einen Lehrstuhl für Bioanalytik und
Lebensmittelanalytik eingerichtet. (Universität Bayreuth, Pressemitteilung 23.
Juli 2009) 2011 wurde das Kompetenzzentrum für Ernährung des Freistaates
(KErn) in Kulmbach und Weihenstephan eröffnet, das auch Sitz des bayernweiten Clusters Ernährung ist. Das im Regionalkonzept geschaffene Zentrum
war damit der erste Nukleus für die Entscheidung der Staatsregierung vom
20. Juni 2017, in Kulmbach eine Fakultät für Lebensmittelwissenschaften,
Ernährung und Gesundheit der Universität Bayreuth zu schaffen. Ziel ist es,
bis 2020 20 Professuren für 1 000 Studierende mit 400 Mitarbeitern einzurichten. (frankenpost.de, 22. Oktober 2017)

– In Bayreuth selbst wurde ein Zentrum für Kolloide und Grenzflächen (BZKG)
mit 3,5 Millionen DM als zentrale Einrichtung der Universität geschaffen.
Dieses Labor entwickelt anwendungsorientierte Konzepte von der molekularen Grundlagenforschung bis zum Design neuer Wirkstoffe und hat die Zusammenarbeit mit der regionalen und überregionalen Industrie bei der Bearbeitung kolloidaler Systeme intensiviert. (Universität, Geschäftsbericht 2004;
DHH 2009/2010 Epl. 13)

Region Mittelfranken

Die Wirtschaft in Mittelfranken war und ist stark geprägt von der Elektro- und
Energietechnik. Mit 50 000 Beschäftigten ist sie der wichtigste regionale Industriezweig mit den Hauptprodukten Turbinen, Kraftwerken, Systemen zur Energieübertragung sowie leistungselektronischen Komponenten. Bundesweit gibt es
in Bayern die höchste Konzentration an Unternehmen, Forschungseinrichtun-

gen und Beschäftigten der Energietechnik in Deutschland. (Innovationsmonitor 2013) Die Energieregion Nürnberg ist das Herz der deutschen Energietechnik. Die Stärkung der Innovationskraft im Energiesektor war daher ein wesentlicher Schwerpunkt der 20 Projekte im Regionalkonzept.

– Eine Säule dafür ist das Energietechnologische Zentrum (ETZ, ursprünglich ETG) in Nürnberg. Es wurde als Deutschlands erstes Gründer- und Innovationszentrum für Energie-Technologie 2001 mit 4,6 Millionen DM aus Mitteln der High-Tech-Offensive gegründet. Bis heute wurden 20 Projekte mit etwa 50 beteiligten Firmen abgeschlossen. Auf 3 000 Quadratmetern Fläche sind 25 Firmen mit 125 Mitarbeitern derzeit Mieter. Seit 2014 hat das Zentrum einen zweiten Standort in Nürnberg, den Inkubator etz 2.0. (Energie Campus Nürnberg, Pressemitteilung 10. Juni 2016) Im gleichen Jahr entstand ebenfalls im Regionalkonzept mit 2,5 Millionen DM das Institut für Energie und Gebäude an der TH Nürnberg.

– Das energietechnologische Netzwerk der Region wurde 2009 weiterentwickelt mit dem Energie Campus Nürnberg (EnCN) auf dem ehemaligen AEG-Gelände. Dafür wurden auch Mittel des nicht realisierten Projekts eines Bayerischen Instituts für intelligentes Energiemanagement (Bifie) in Nürnberg eingesetzt. Als deutschlandweit einmaliges Energieforschungszentrum entwickelt es neue Technologien entlang der Energiekette für ein ganzheitliches Energiesystem. Forschungspartner sind die Universität Erlangen-Nürnberg, die TH Nürnberg, die Erlanger Fraunhofer-Institute für Integrierte Schaltungen (IIS), für Integrierte Systeme und Bauelemente-Technologie (ISB) sowie für Bauphysik (IBP) und das Zentrum für angewandte Energieforschung (ZAE).

– Nürnberg ist heute nicht nur Sitz des von Bayern Innovativ geführten bayernweiten Clusters Energietechnik. Auch der Cluster Leistungselektronik, eine Schlüsseltechnologie für die Bereiche Maschinenbau, Elektrotechnik und Automobil, geht auf die High-Tech-Offensive und das Regionalkonzept zurück. Ein besonderer, ebenfalls mit dieser Offensive geförderter, Forschungsschwerpunkt liegt dabei in Erlangen bei der Universität und den Fraunhofer-Instituten. Das Clustermanagement obliegt dem „Engineering Center for Power Electronics" (ECPE e.V.), ein industriegeführtes europäisches Forschungsnetzwerk der Leistungselektronik. Die Einrichtung der Geschäftsstelle im Nürnberger Energietechnologischen Zentrum wurde 2003 als Vorhaben des Regionalkonzepts mit drei Millionen DM gefördert. Heute stellen die 550 Unternehmen der Leistungselektronik in Bayern etwa 110 000 Arbeitsplätze.

– Ein zweiter Schwerpunkt im Regionalkonzept für Mittelfranken war das ländlich geprägte, strukturschwache Westmittelfranken. Dort wurden die regionalen Kompetenzen in zwei Netzwerken gebündelt: In Triesdorf im Landkreis Ansbach wurde 2001 das mit 2,5 Millionen geförderte Kompetenznetzwerk für erneuerbare Energien (EBA) zu einem Entwicklungs-, Beratungs- und Anwendungszentrum vor allem für Landwirtschaft und Handwerk. Es hat sich zu einem wesentlichen Baustein für den Aufbau des Netzwerks für erneuerbare Energien in Westmittelfranken unter Beteiligung der Fachhochschulen Weihenstephan-Triesdorf und Ansbach entwickelt.

– In Ansbach wurde das Kompetenz-Netzwerk Kunststoff mit vier Millionen DM auf den Weg gebracht. Die über 250 Betriebe der kunststoffverarbeitenden Branche im westlichen Mittelfranken sind zwischenzeitlich mit über 4 000 Beschäftigten zum wichtigsten Industriezweig in der Region geworden und in ihrer Konzentration und Infrastruktur nach Angaben des Netzwerks einmalig in Bayern. Ein Highlight der Kunststofftechnik der Region ist die Entwicklung des Getriebe-Konzepts Wave Drive. Diese Kunststoff-Getriebe werden insbesondere in elektrischen und optischen Geräten, in der Gebäude- und Klimatechnik, in der Medizin- und Kommunikationstechnik sowie bei Industriemöbeln eingesetzt. Zu diesem mittelständischen Projekt des Lehrstuhls für Konstruktionstechnik der Universität Erlangen-Nürnberg in Zusammenarbeit mit der Oechsler AG in Ansbach hat das Regionalkonzept rund 1,9 Millionen DM beigetragen. Wave Drive wurde 2004 mit dem Innovationspreis der bayerischen Wirtschaft ausgezeichnet.

Region Unterfranken

In Unterfranken war das Konzept der Region darauf ausgerichtet, die technologische Infrastruktur mit einer Vielzahl von 61 kleineren Projekten an unterschiedlichen Standorten flächendeckend weiterzuentwickeln. Ein Schwerpunkt war dabei das „Zentrum für Technologie, Existenzgründung und Cooperation" Großwallstadt (ZENTEC) als Plattform für die Koordinierung innovativer Vorhaben.

– Die ZENTEC GmbH betreibt in Großwallstadt ein Gründerzentrum, organisiert Technologie-Kooperationsprojekte mit und ohne öffentliche Förderung, managt regionale Kompetenznetze und ist Träger des Regional- und Standortmarketings in der Region Bayerischer Untermain. Der Landkreis Aschaffenburg hat diese Gesellschaft zusammen mit dem Landkreis Miltenberg und der Stadt Aschaffenburg, den regionalen Sparkassen und Genossenschaftsbanken sowie mit der Industrie- und Handelskammer und der Handwerkskammer ins Leben gerufen. Sie ist im Jahr 2000 hervorgegangen aus der Fusion der

1998 errichteten Gründerzentren TIZ (Technologie- und Innovationszentrale
Aschaffenburg GmbH) und der „innoZ" (Mil Gründerzentrum Großwallstadt GmbH), die aus Mitteln der Offensive mit 1,5 Millionen DM gefördert
wurde. (LT-Drs. 17/4858, 27. Februar 2015) Im Rahmen des Regionalkonzepts hat die Gesellschaft insbesondere die nachfolgend dargestellten Vorhaben IT-Cluster Unterfranken, TEMASYS, Regeltechnik und Fahrzeugsicherheit koordiniert.

– Der IT-Cluster Unterfranken wurde 2003 in Kooperation zwischen dem
  Technologie- und Gründerzentrum Würzburg (TGZ) sowie der ZENTEC
  GmbH begründet und bis Ende 2005 mit 400 000 DM in der High-Tech-Offensive gefördert. Ziel war die Profilierung und Entwicklung Unterfrankens
  als IT-Standort durch Netzwerkbildung von Unternehmen und Dienstleistern
  aus den Bereichen Software, IT und Multimedia. Der IT-Cluster Unterfranken wurde später in die Nürnberger Initiative für die Kommunikationswirtschaft e.V. integriert. (tgz-wuerzburg.de, aufgerufen 6.April 2017)

– Das mit 2,4 Millionen DM geförderte Projekt TEMASYS (Technologie und
  Management intelligenter Systeme) wurde vom Fraunhofer Institut für Sili-
  catforschung Würzburg und der ZENTEC GmbH initiiert und koordiniert.
  Das Netzwerk umfasst Unternehmen, Hochschulen und außeruniversitäre
  Forschungseinrichtungen unter anderem in den Bereichen Adaptronik, An-
  triebstechnik, Maschinenbau, Messtechnik und neue Materialien. Es bietet
  Unterstützung bei Projektkonzeption, Technologiemanagement und Techno-
  logietransfer an, um Innovationsprozesse zu initiieren und zu beschleunigen.

– Das Zentrum für Technologie, Existenzgründung und Cooperation war auch
  Koordinator für das Projekt „Kompetenzzentrum Regelungstechnik" (KoR-
  Tec) an der Fachhochschule Aschaffenburg, das von 2001 bis 2003 mit 1,9
  Millionen DM gefördert wurde, und des Forschungs- und Kooperationsver-
  bundes „Fahrzeugsicherheit" Großwallstadt 2006 mit dem Ziel, die Sicherheit im Straßenverkehr von den individuellen Fehlern der Verkehrsteilnehmer
  unabhängiger zu machen. Das Projekt hat erstmals Automobilzulieferer, die
  im Wettbewerb zueinander stehen, unter der koordinierenden Leitung der
  ZENTEC zu gemeinsamen Entwicklungen zusammen gebracht. Es wurde
  mit 240 000 DM im Regionalkonzept gefördert.

– Heute ist die Gesellschaft Koordinator bundesweiter Leuchtturmprojekte für
  die Bereiche Automotive und Sicherheit. In der von 2009 bis 2013 laufenden
  Forschungsinitiative „Kooperative Sensorik und kooperative Perzeption für
  die präventive Sicherheit im Straßenverkehr" (Ko-FAS) wurden Technologien,
  Komponenten und Systeme erforscht, die den Verkehrsteilnehmern ein umfas-

sendes Bild der Verkehrsumgebung bereitstellen mit dem Ziel, kritische Verkehrssituationen frühzeitig zu erkennen. Gefördert wurde Ko-FAS durch das Bundesministerium für Wirtschaft und Energie mit rund 15 Millionen DM. Zum 1. Juni 2015 startete ein Konsortium aus Automobilherstellern, Automobilzulieferern und Partnern aus der Forschung mit Unterstützung des Bundeswirtschaftsministeriums das bis November 2018 laufende Projekt „Kooperatives hochautomatisiertes Fahren" (Ko-HAF). Mit einem Gesamtvolumen von 36,3 Millionen Euro und der Kooperation mit Unternehmen wie Audi, BMW und Daimler ist es ein großes und strategisch wichtiges Vorhaben für die Zukunft der Automobilwirtschaft. Beteiligt sind auch die TU München, die Universitäten Würzburg und Passau sowie die TU Braunschweig.

– Ein Glanzpunkt des Regionalkonzepts in Unterfranken ist auch die Förderung der Nanotechnologie mit der Ausgründung des Unternehmens „nanoplus Nanosystems and Technologies GmbH" aus der Universität Würzburg. Die auf Laserdioden für die Gas-Sensorik spezialisierte Firma mit 65 Mitarbeitern ist heute weltweit Marktführer. Einer dieser Halbleiterlaser kam 2012 bei der Erkundung des Mars mit dem Rover Curiosity zum Einsatz. 2009 hat das Unternehmen, das weiterhin mit der Universität Würzburg zusammenarbeitet, eine Produktionsstätte in Thüringen und 2017 in den USA gegründet. (nanoplus. com, aufgerufen 28. Dezember 2017)

Region Oberpfalz

Auch in der Oberpfalz wurde die technologische Weiterentwicklung der regionalen Wirtschaft erfolgreich gefördert. Das gilt vor allem für die Entwicklung der Glas- und Keramikindustrie, aber auch der Schlüsselindustrie Mechatronik.

– Im Vordergrund der 32 Vorhaben im Regionalkonzept Oberpfalz stand die Glasindustrie mit dem Projekt Werkstoffverbünde und oberflächenveredelte Produkte aus Glas (WOPAG) in Mitterteich mit 8,2 Millionen DM. Ausgehend von diesem Verbundprojekt haben Lehrstühle aus verschiedenen Fakultäten der Universität Bayreuth im Rahmen von Industrieprojekten Zusatzkompetenzen für das Thema Glas aufgebaut und in Forschung und Lehre eingebracht. In einem zweiten, mit 1,3 Millionen DM ebenfalls im Regionalkonzept geförderten Verbundprojekt WOPAG II wurden die Kooperation mit Unternehmen der regionalen und internationalen Glasindustrie vertieft und eine innovative Forschungsstelle WOPAG-KEYLAB eingerichtet, die dem Lehrstuhl der Werkstoffverarbeitung zugeordnet ist und sich mit dem Kompetenzbereich der Glasforschung beschäftigt.

– Die Universität Bayreuth war gemeinsam mit den Universitäten in Erlangen und Würzburg sowie dem Fraunhofer-Institut für Silicatforschung in Würzburg auch Partner in einem bayernweiten Forschungsverbund für Werkstoffe aus Glas (FORGLAS) von 2009 bis 2012. Dieser Verbund hat unter Einbindung führender Glashersteller in der Oberpfalz das Ziel verfolgt, mit Hilfe neuer multifunktionaler glasbasierter Werkstoffe eine wesentliche Verringerung des Energiebedarfs von Gebäuden zu erzielen. Besonders erfolgreich war das Projekt IMPAtouch mit dem Unternehmen Irlbacher in Schönsee, das mit 400 000 Euro aus dem Regionalkonzept gefördert wurde. IMPAtouch steht für „schaltbares Glas". Die patentierte Technologie ermöglicht es, gedruckte Schaltungen einschließlich Mikroprozessoren direkt auf Glasfrontplatten aufbringen. Design und technische Anwendungen sind nahezu unbegrenzt. Das Unternehmen mit heute 500 Mitarbeitern hat mit dieser Technologie und ihrer Weiterführung IMPALed, bei der Leuchtdioden direkt auf Glas bestückt werden, eine führende Position bei der innovativen Fertigung und Anwendung von Glas erreicht. (irlbacher.com, aufgerufen 10. Oktober 2017)

– Diese Projekte haben wesentlich dazu beigetragen, die klassische Glasindustrie in eine neue Zukunft zu führen. Die Glasindustrie in Bayern beschäftigt ein Viertel aller bundesweit in diesem Wirtschaftszweig tätigen Arbeitnehmer. Bereits 2008 hat sie nach einem jahrelangen Stellenabbau seit 2001 erstmals wieder neue Arbeitsplätze geschaffen. Die Zahl der Beschäftigten ist um drei Prozent auf rund 13 650 gestiegen. Weil viele Glasunternehmen in der Oberpfalz, in Oberfranken und in Unterfranken angesiedelt sind, gewinnt dadurch gerade auch der ländliche Raum zusätzlich an Beschäftigung. Mit einer Umsatzsteigerung von fast 14 Prozent war die Glasindustrie 2007 der Wachstumsspitzenreiter in der bayerischen Industrie. Im Vergleich zu anderen Branchen hatte die Glasindustrie die Konjunkturschwankungen in den vergangenen Jahren gut weggesteckt und ihren Umsatz fast in jedem Jahr gesteigert. Seither profitiert sie von der starken Nachfrage aus der Automobil- und der Solarbranche. (dpa, 1. Juli 2008) Die Anzahl der Beschäftigten in der Glasindustrie blieb 2015 bundesweit konstant bei 53 000 Mitarbeitern. (Website Bundesverband Glasindustrie, aufgerufen 18. November 2017)

– Im Regionalkonzept wurde auch die feinkeramische Industrie in der Oberpfalz gefördert. In das gemeinsame Regionalprojekt Nordostbayern war neben – wie dargestellt – Oberfranken auch die Oberpfalz mit 0,96 Millionen DM einbezogen. Hinzu kam das Projekt Hohlfaserkeramik Eschenbach mit 2,4 Millionen DM.

– Ein zweiter Schwerpunkt des Regionalkonzepts für die Oberpfalz lag im Bereich der Mechatronik mit dem im Jahr 2000 gegründeten Kompetenznetzwerk Mechatronik Ostbayern in Cham (drei Millionen DM). Aufgrund seiner
positiven Entwicklung wurde das Netzwerk zehn Jahre später durch den Aufbau eines Technologie-Campus für Mechatronik in Cham weiterentwickelt.
Der Campus ist fokussiert auf die Auftragsentwicklung für Unternehmen,
Qualifizierung von Fach- und Führungskräften, Partnerschaft mit der tsche-
chischen Universität Pilsen, die Lehre und ein Schülerlabor. Der Campus wird
von zehn Wissenschaftlern und Ingenieuren betreut. Bisher wurden 16 Arbeitsplätze in der Region geschaffen.

Heute besteht das Netzwerk Mechatronik Ostbayern aus über 30 Unternehmen unterschiedlicher Branchen (Maschinenbau, Elektrotechnik, Kunststofftechnik, Logistik, Glastechnik und Lebensmittelindustrie), den Hochschulen
Deggendorf, Amberg-Weiden und Regensburg, Weiterbildungseinrichtungen
sowie der Industrie- und Handelskammer. Projektträger ist die 1996 gegründete Wirtschaftsförderungsgesellschaft im Landkreis Cham, die bis heute 56
Unternehmen mit insgesamt 258 Mitarbeitern auf ihren Weg in die Selbstständigkeit begleitet, über 400 Mechatroniker ausgebildet und mehr als 8 000
Mitarbeiter in Technologiethemen weitergebildet hat. (landkreis.cham.de,
2017) Heute ist das Netzwerk Mechatronik Ostbayern ein regionaler Partner
im landesweiten Cluster Mechatronik.

Region Oberbayern

Die High-Tech-Offensive war für Oberbayern keineswegs auf München und die
Leittechnologien Informations- und Kommunikationstechnik und Biotechnologie beschränkt. In den 13 Projekten des Regierungsbezirks befinden sich neben
der Satellitennavigation auch klassische Wirtschaftsbereiche wie die Bauchemie
und der Holzbau. Beispielhaft dafür seien Projekte in Oberpfaffenhofen, Trostberg und Rosenheim angeführt:

– Ein Schwerpunkt war die Forschung und Entwicklung in der Luft- und
Raumfahrt, für die bereits mit der ersten und zweiten Tranche der Offensive 1994 und 1996 jeweils 30 Millionen DM bereitgestellt wurden. Ende
2001 wurde im Rahmen des Regionalkonzepts mit sieben Millionen DM im
Zentrum der deutschen Luft- und Raumfahrt (DLR) in Oberpfaffenhofen
der erste deutsche Inkubator für die Wachstumsfelder Navigation, Satelliten-
und Mobilkommunikation sowie Geoinformation gestartet. 2005 wurde er in
eine eigenständige Gesellschaft, die „Anwendungszentrum GmbH Oberpfaf-

fenhofen" (AZO), umgewandelt. Die Erfolge des Inkubators führten 2009 zum Einstieg der europäischen Raumfahrtagentur ESA in das Anwendungszentrum, das seither als „ESA Business Incubation Centre" (BIC) firmiert und Zweigstellen in Nürnberg, Berchtesgaden und Ottobrunn gegründet hat. Aus diesem Engagement sind bis Stand 2013 durch Neugründungen 1 000 hochwertige Arbeitsplätze in Bayern entstanden.

– Darüber hinaus wurde mit der Fokussierung auf Satellitennavigation eine Entwicklung vorbereitet, die zu einer wesentlichen Beteiligung Bayerns am größten Industrieprojekt der Europäischen Union geführt hat. Im Dezember 2005 einigten sich die beteiligten Industrieunternehmen, dass das Kontrollzentrum (Galileo Control Center, GCC) für das europäische Satelliten-Navigationssystem seinen Sitz in Oberpfaffenhofen haben wird. (focus.de, 6. Dezember 2005) Der Grundstein für das neue GCC-Gebäude in Oberpfaffenhofen wurde am 7. November 2006 gelegt und der Bau im September 2009 dem Deutschen Zentrum für Luft- und Raumfahrt übergeben. Schon seit 2003 war in Ottobrunn bei München der Hauptsitz des Auftragnehmer-Konsortiums für Galileo. In Berchtesgaden wurde ein Testfeld für die unterschiedlichen Anwendungen errichtet. Mithilfe von acht virtuellen Galileo-Satelliten, die auf Bergen rund um das Testgebiet im Raum Berchtesgaden installiert wurden, können die unterschiedlichsten Testszenarien unter realistischen Bedingungen dargestellt werden. Seither schreitet der Aufbau der Satellitenkonstellation gut voran. Im November 2016 wurden erstmals vier Satelliten mit der europäischen Trägerrakete Ariane 5 gestartet. Seit Dezember 2016 stehen erste Dienste des Galileo-Systems für die Nutzer zur Verfügung. (Bundesregierung 2017: 12) Bis 2020 sollen alle 30 Satelliten in der Erdumlaufbahn sein. (heise.de, 12. Dezember 2017)
Mit dem Programm Bayern 2020 wurden branchenübergreifend Anwendungspotenziale der Satellitennavigation im Zusammenhang mit dem Technologieprojekt „Galileo" identifiziert und weiterentwickelt. Die digitale Gesellschaft ist zunehmend auf eine genaue und verlässliche Positionsbestimmung von Personen und Fahrzeugen angewiesen. Die Satellitennavigation stellt damit eine Schlüsseltechnologie dar und ist Grundvoraussetzung für die weitere Digitalisierung, insbesondere im Mobilitätsbereich. Darüber hinaus wurden die Mittel auch im Bereich der Erdbeobachtung eingesetzt. „Global Monitoring for Environment and Security" (GMES) ist eine Initiative der Europäischen Union, die Galileo-Dimensionen erreichen kann. Deutschland hat die Führungsrolle bei diesem Vorhaben übernommen. Vorreiter ist der Freistaat mit der Einrichtung von Diensten für Umwelt und

Sicherheit. (Epl. 13 DHH 2017/2018, Erläuterungen zu 13 30/686 63 und 893 63)

— In Trostberg, dem Geburtsort der deutschen Bauchemie, wurde ein Zentrum für internationale Bauchemieforschung mit 12,5 Millionen DM gefördert. Seinerzeit noch zur SKW Trostberg und dann zur Degussa gehörig, ist es heute ein Standort des weltweit führenden Chemieunternehmens BASF mit 430 Mitarbeitern. Im seinem globalen Forschungs- und Entwicklungszentrum „Construction Materials & Systems" betreiben Experten in Trostberg Grundlagenforschung und entwickeln konkrete Produkte in den Bereichen Bauchemie, Ölfeld-, Wasserbehandlungs- und Bergbau-Chemikalien sowie Bausysteme.

— Das Projekt „Holzbau der Zukunft" in Rosenheim geht zurück auf eine Initiative des Holz-Innovations- und Technologiezentrums (HITAG), dem Zusammenschluss kleiner und mittelständischer Unternehmen der Holzwirtschaft zu gemeinsamer Forschung, sowie der Deutschen Gesellschaft für Holzforschung e.V. München. Es basierte auf der besonderen Kompetenz Rosenheims für Holztechnik, die mit dem Holztechnikum bereits 1925 begründet wurde. Das Vorhaben wurde als Verbundprojekt der Fachhochschule Rosenheim mit der TU München und dem Institut für Fenstertechnik in Rosenheim durchgeführt. Von der Universität koordiniert, umfasste es 20 Einzelprojekte zu den Bereichen Bauen im Bestand mit biogenen Baustoffen, vielgeschossiger Holzbau mit biogenen Baustoffen, neue Werkstoffe und Bauteile und Informationstechnologie im Holzbau. Zusätzlich zu den 3,1 Millionen DM aus der High-Tech-Offensive konnten 300 000 DM an Drittmitteln gewonnen werden. Am 10. Juli 2008 wurde das Forschungsvorhaben abgeschlossen. 52 wissenschaftliche Mitarbeiter waren an diesem bisher größten deutschen Holzforschungsprojekt beteiligt.

Region Niederbayern

Im Regionalkonzept Niederbayern waren vor allem zwei der 22 Projekte prägend für die regionale Technologiestruktur:

— Die Einrichtung des Innovations- und Technologiecampus (ITC) Deggendorf wurde mit 5,2 Millionen DM gefördert. Auf dem Gelände einer ehemaligen Fabrik in Deggendorf wurden im Jahr 2000 rund 12 500 Quadratmeter multifunktionale Ansiedlungsflächen für technologieorientierte Firmen und Gründer geschaffen. Betreiber ist die kommunale ITC GmbH, die zu 60 Prozent der Stadt und zu 30 Prozent dem Landkreis Deggendorf gehört sowie zu zehn Prozent der Sparkasse Deggendorf. Im ITC-Campus sind die Bereiche Automotive, Elektrotechnik, Nanotechnologie, Medizin- und Medientechnik, Marketing/Kommunikation, Software- und Hardwareentwicklung sowie Transportsystemtechnik vertreten. Durch die Studiengänge Medientechnik und Infotronik sowie durch das Forschungs-, Technologie- und Wissenstransferzentrum (FTW) ist der Innovationscampus eng mit der Technischen Hochschule Deggendorf vernetzt. Seit seiner Gründung sind in der Region Deggendorf mehr als 2 000 Arbeitsplätze entstanden. Derzeit (2017) arbeiten dort rund 400 Personen in über 30 Firmen. (Thomas Keller, 6. Juni 2017) Seit 2010 besteht in Deggendorf ein weiterer Innovations-Technologie-Campus (ITC2) mit einem technologieorientierten Gewerbepark, der Teile der Deggendorfer Hochschule, ein Gründerzentrum und rund 30 Firmen beherbergt. Ab dem 1. Januar 2017 ist der Innovations- und Technologiecampus auch Sitz des Gründerzentrums Digitalisierung Niederbayern.

— Ein zweiter bedeutsamer Schwerpunkt ist das Kompetenzzentrum Mikrosystemtechnik in Landshut. Mit dem im Rahmen des Regionalkonzepts mit zehn Millionen DM errichteten Neubau eines Kompetenzzentrums für Mikrosystemtechnik wurde 2004 der letzte Bauabschnitt der Fachhochschule Landshut abgeschlossen. Die Hochschule hat dort einen überregionalen Cluster Mikrosystemtechnik eingerichtet, der sich als gemeinsame Plattform für fachlichen Austausch und Kooperation zwischen Hochschulen und Forschungseinrichtungen sowie Herstellern und Anwendern aus den vielfältigen Bereichen der Mikrosystemtechnik versteht. Partner sind insbesondere die Hochschulen Deggendorf, Landshut, München, Regensburg sowie Würzburg-Schweinfurt, mehrere Fraunhofer-Institute, über 40 vorwiegend mittelständische Unternehmen sowie der landesweite Cluster Mechatronik und Automation.

Region Schwaben

Auch in Schwaben, wo insgesamt 22 Vorhaben gefördert wurden, sind regionale Netzwerke für Mikrosystemtechnik geschaffen worden, aber auch für Robotik und Ernährung.

— Ziel der mit acht Millionen DM geförderten Technologieoffensive Allgäu war es, die Mikrosystemtechnik als Zukunftstechnologie im Allgäu zu etablieren. Das Unternehmen pro-micron in Kaufbeuren ist Bestandteil dieser regionalen Offensive. Es wurde durch die High-Tech-Offensive bis 2005 zu 50 Prozent gefördert. Weitere 50 Prozent wurden durch die Stadt Kaufbeuren, den Landkreis Ostallgäu, der Industrie- und Handelskammer sowie Banken und

Unternehmen der Region aufgebracht. Gesellschafter von pro-micron sind die Industrie- und Handelskammer, die Fraunhofer Gesellschaft und der Verein Micro-tec Schwaben (MTS). Auf der Grundlage eines Kooperations-Vertrages mit der Fachhochschule Kempten wurde ab dem Wintersemester 2004 ein Wahlfach Mikrosystemtechnik an der Fachhochschule Kempten eingerichtet, bei dem die Studenten Praktika bei pro-micron absolvieren und dort Studien- und Diplomarbeiten machen können. Damit gab es drei Säulen für die Technologieoffensive Allgäu: das mit Fördergeldern gegründete Unternehmen pro-micron, die berufliche Aus- und Weiterbildung an der IHK-Akademie und die Fachhochschule Kempten. Die pro-micron GmbH & Co. KG hat sich zu einem der Technologieführer in der drahtlosen Sensorik für Überwachungs- und Steuerungsaufgaben entwickelt. Mit heute 30 Mitarbeitern fertigt es innovative mechatronische Sensorlösungen für namhafte Kunden aus dem Anlagen- und Maschinenbau, der Medizintechnik, der Lebensmittelindustrie und der Luft- und Raumfahrt.

— Das Technologie-Centrum-Westbayern (TCW) für Informations- und Kommunikationstechnik und Robotik wurde 2001 in Nördlingen als regionales Innovations- und Gründerzentrum mit 1 800 Quadratmetern gegründet. Im Regionalkonzept wurden dafür fünf Millionen Euro eingesetzt. In diesem Zentrum ist das „Hochschulzentrum Donau-Ries" mit einem Institut für Produktionsmechatronik, einem Weiterbildungs- und einem Studienzentrum der Hochschule Augsburg angesiedelt. Themenschwerpunkte sind die industrielle Bildverarbeitung, Inline Prozess- und Produktionsmesstechnik, Sensortechnik und Robotik. Zum Stand 13. Februar 2009 wurden 26 Gründungsprojekte realisiert und weitere 53 externe Gründungsvorhaben beratend begleitet. Rund 70 Mitarbeiter haben im Zentrum einen Arbeitsplatz gefunden. Neuansiedlungen und der Erhalt bedeutsamer Unternehmen führten zu weiteren 150 Arbeitsplätzen. Im Fokus aktueller Forschungsvorhaben mit renommierten Partnern steht die Produktion 4.0. Im Jahr 2015 wurde eine Roboterhalle mit 650 Quadratmetern Versuchsfeld für die sichere Mensch-Roboter-Kooperation (MRK) als zentraler Bestandteil des im Verbund mit der Kuka AG initiierten, weltweit ersten „MRK Tec-Camp" errichtet. Zudem entsteht in Nördlingen eine Modellproduktion nach den Leitgedanken der Industrie 4.0.

— Ein anderer Schwerpunkt in Schwaben galt der Ernährungswirtschaft. In Kempten wurde die Milchwirtschaftliche Untersuchungs- und Versuchsanstalt (muva) mit zehn Millionen DM gefördert. Heute ist sie Teil eines nationalen und internationalen Forschungsnetzwerks unter anderem mit den Universitäten in München und Hohenheim, den Hochschulen Weihenstephan, Kempten und Fulda, dem Fraunhofer-Institut für Verfahrenstechnik und Verpackung, der Bundesforschungsanstalt für Ernährung und Lebensmittel, dem Zentralinstitut für Ernährungs- und Lebensmittelforschung, der Bundesanstalt für Alpenländische Milchwirtschaft in Österreich und der Forschungsanstalt Agroscope in der Schweiz. (muva.de, 2017)

Erfolgsmodell Regionalkonzept

Staatsminister Siegfried Schneider, seinerzeit Leiter der Staatskanzlei, hat am 9. Dezember 2009 seinen Abschlussbericht zur High-Tech-Offensive im Haushaltsausschuss des Bayerischen Landtags gegeben. In seiner Bilanz hat er festgestellt, dass zu diesem Zeitpunkt von den 200 Regionalprojekten, die der Ausschuss einzeln bewilligt hatte, 168 endgültig abgeschlossen waren. Bei den Übrigen fehlten im Wesentlichen nur die Prüfung der Verwendungsnachweise. Weiter ergab sich nach seinem Bericht: Die zur Verfügung stehenden Privatisierungserlöse von 179 Millionen Euro (350 Millionen DM), das waren pro Regierungsbezirk 50 Millionen DM (25,2 Millionen Euro), wurden völlig ausgeschöpft. Zusätzlich zu diesen 179 Millionen Euro an staatlichen Mitteln flossen noch rund 208 Millionen Euro aus anderen Quellen. Somit stand den Bezirksregierungen ein Gesamtvolumen von 387 Millionen Euro für das Regionalkonzept zur Verfügung, das heißt über 50 Millionen Euro je Region.

Die Staatsregierung hat viele der Maßnahmen weiter gefördert, um die Attraktivität gerade der nord- und ostbayerischen Bezirke auch nach dem Einsatz von Privatisierungserlösen im Regionalkonzept der High-Tech-Offensive zu steigern. Zu Recht hat sie im Januar 2011 die Empfehlungen des Zukunftsrates abgelehnt, außerhalb der Landeshauptstadt München nur Großstädte zu „Leistungszentren" auszubauen. Ländliche Regionen in Niederbayern, Ober- und Unterfranken sollten hingegen davon abgekoppelt werden. Gebiete in Oberfranken könnten sich stattdessen nach Sachsen, der Raum Passau nach Österreich orientieren. (Zukunftsrat: 31 f.) Stattdessen hat die Staatsregierung regionale Strukturprogramme für Nord- und Ost-Bayern (80 Millionen Euro) und für Nürnberg-Fürth (78 Millionen Euro) von 2008 bis 2013 aufgelegt, die noch aus Privatisierungserlösen gespeist wurden. Seither erfolgt die Förderung der Regionen wieder allein aus Haushaltsmitteln und mit den klassischen Instrumenten staatlicher Förderung. Schwerpunkte sind Maßnahmen zum Ausbau des Breitbandnetzes, Initiativen für regionale Innovationen in Nord- und in Südbayern, zur Dezentralisierung der Wissenschaft und für einen gemeinsamen

Wirtschaftsraum Bayern-Böhmen sowie Behördenverlagerungen. (Plenarprotokoll 17/30, 27. November 2014)

Die oben dargestellten Beispiele zeigen, dass das Regionalkonzept auch ein sehr erfolgreiches und bis heute wirksames zusätzliches Instrument der Regionalförderung war. Die Regionen erhielten über die Haushaltsmittel hinaus Mittel von 387 Millionen Euro zur eigenen Gestaltung und damit einen deutlichen Entwicklungsschub für die Regionalentwicklung. Die Gesamtzahl der mit dem Regionalkonzept direkt und indirekt geschaffenen oder gesicherten Arbeitsplätze lässt sich naturgemäß schwer quantifizieren. Aus einem Vergleich mit den Ergebnissen der Regionalförderung kann man aber immerhin eine Größenordnung ableiten: Im Jahr 2015 wurden dafür 155 Millionen Euro bereitgestellt, die zu 86 Prozent in den ländlichen Raum geflossen sind. 568 Investitionsmaßnahmen führten zu 2 000 neuen und zum Erhalt von 16 000 bestehenden Arbeitsplätzen. Nimmt man diese Zahlen zum Maßstab, dann ist davon auszugehen, dass das Regionalkonzept mit 387 Millionen Euro dazu beigetragen hat, dass mindestens 5 000 zukunftsorientierte neue Arbeitsplätze geschaffen und 40 000 Arbeitsplätze gesichert wurden. Das Regionalkonzept hat zudem einen wesentlichen Beitrag dafür geleistet, dass der regionale Zusammenhalt gestärkt wurde und in Bayern heute eine soziale und wirtschaftliche Ausgewogenheit der Regionen herrscht, wie im dritten Teil dieses Buches näher auszuführen sein wird. Das gilt auch mit Blick auf die Herausforderungen, die sich mit der Bevölkerungsentwicklung und der Digitalisierung für die Zukunft von Bayerns Regionen stellen.

4.9 Gründerland Bayern

„Wir brauchen mehr kreative Unternehmer, um die Strukturkrise unserer Wirtschaft zu meistern. Unser Arbeitsplatzmangel ist zu einem beachtlichen Teil Folge einer Unternehmerlücke. Wir werden deshalb auf verschiedenen Qualifikationsstufen helfen, unternehmerischen Talenten den Weg in die Selbständigkeit zu ebnen. Unternehmerischer Nachwuchs sichert wirtschaftliche Dynamik." *(Stoiber 1994/1)*

Pionier der Unternehmensgründer in Bayern war der in Oberfranken geborene Ingenieur und Erfinder Carl von Linde. Wie die Chronik „125 Jahre Linde" aus dem Jahr 2004 festhält, strebte der junge von Linde, damals noch nicht einmal 25 Jahre alt, aus dem Zeichenbüro hinaus in die Wissenschaft und Lehre. Auf Empfehlung des Gründungsrektors der Polytechnischen Schule in München, der heutigen Technischen Universität München, wurde er am 24. August 1868 zum außerordentlichen und am 24. Dezember 1872 zum ordentlichen Profes-

sor der Maschinenlehre ernannt. In seinen Lehrplan schloss er auch die Theorie
der Kältemaschinen ein. Damit er seinen Studenten auch praktischen Unterricht
geben konnte, genehmigte ihm die bayerische Regierung 70 000 Gulden für die
Einrichtung eines Maschinenlaboratoriums, das erste seiner Art in Deutschland.
Es sollte der Ausgangspunkt seiner bahnbrechenden Entwicklungen in der Kälte-
technik und der Gründung der Linde AG werden. Seine unternehmerische Einstellung hat er in einem Brief an den Göttinger Mathematiker Felix Klein 1895
dokumentiert: „Das Einzige, was ich der höheren Befriedigung einer wissenschaftlichen Thätigkeit im Verkehr mit hochstrebenden und productiven Män-
nern an die Seite stelle, das ist das eigene Produciren im eigenen Berufsgebiete."

In dieser Tradition stand die Offensive Zukunft Bayern mit ihrem Ziel, Anreize und Hilfestellung zu geben, um Unternehmensgründungen vor allem aus
der Wissenschaft heraus zu erleichtern und zu fördern. Dieser Prozess sollte neue
Ideen mobilisieren, Kreativität, Risikobereitschaft und Eigenverantwortlichkeit
stärken und auch den Erneuerungsprozess der Gesellschaft fördern. Erforderlich
sind für technologieorientierte Gründungen neben der technischen Innovation
geeignete Räume, betriebswirtschaftliches Know How und ausreichendes Kapital. Mit der flächendeckenden Einrichtung und Vernetzung von Gründerzentren, den Angeboten zur Vermittlung der notwendigen Qualifikation und der Bereitstellung von Wagniskapital wurde in der Offensive Zukunft Bayern erstmals
in Deutschland ein umfassendes Gründerkonzept entworfen und umgesetzt, das
bis heute über 65 000 hochqualifizierte Arbeitsplätze geschaffen hat. Mit ihren
Einrichtungen und Programmen, die auch heute noch Bestand haben, hat die
Offensive wesentlich dazu beigetragen, dass ganz Bayern ein Gründerland geworden ist. Wesentliche Elemente sind dabei die Gründerzentren, die Gründerpro-
gramme und das Gründerkapital.

Gründerzentren

Ein wesentlicher Baustein zur Förderung von Gründerkultur und Unternehmertum war und ist die Einrichtung von Gründerzentren. Sie sollen Unternehmensgründern und jungen Unternehmen in allen Landesteilen eine optimale Start-
und Entwicklungsumgebung anbieten. Hierzu zählen neben kostengünstigen
und flexiblen Räumlichkeiten eine gemeinsam nutzbare Infrastruktur sowie umfassende Unterstützungs- und Betreuungsleistungen. Allgemeine Gründerzentren sind auf Existenzgründer ohne Bezug auf bestimmte Branchen ausgerichtet.
Dagegen zielen innovative oder technologieorientierte Gründerzentren speziell
auf Unternehmensgründer im High-Tech-Bereich, mit oder ohne Bezug auf be-

stimmte Technologien. Setzen die Innovationen einen Internet-Zugang voraus, spricht man von digitalen Gründerzentren.

Bis zur Offensive Zukunft Bayern gab es nur wenige Gründerzentren in Bayern. Das Konzept stammte aus den USA. Als erster Inkubator wird gemeinhin das Batavia Incubation Center angesehen, das bereits 1959 von Charles Mancuso im Staat New York gegründet wurde. (Batavian 2009) Doch dieses Konzept, jungen Unternehmen Hilfen in einer gemeinsamen Einrichtung zu gewähren, hat bis Ende der siebziger Jahre nur wenige Gemeinden in den Vereinigten Staaten überzeugt, wie die National Business Incubators Association (NBIA) auf ihrer Webseite berichtet. (aufgerufen 27. März 2017) 1980 gab es nur etwa zwölf Gründerzentren in den USA – sämtlich im industriellen Nordosten, der von Fabrikschließungen besonders betroffen war. Erst in den Jahren danach wuchs die Zahl der Inkubatoren signifikant, als erkannt wurde, dass die wirtschaftliche Entwicklung sich nicht allein auf die Großunternehmen stützen konnte. Dann erst wurden Gründung und Wachstum junger Unternehmen großflächig unterstützt. Heute schätzt man deren Zahl auf 5 000 weltweit, davon etwa 500 in Deutschland. (Schwartz 2010: 352)

Schon bald nach den ersten deutschen Zentren 1983 in Berlin und Aachen folgte Bayern 1985 mit dem Innovations- und Gründerzentrum (IGZ) in Erlangen, 1987 mit dem Technologie- und Gründerzentrum (TGZ) in Würzburg und 1988 mit dem Münchner Technologiezentrum (MTZ). Alle drei technologisch orientierten Inkubatoren haben erfolgreich gewirtschaftet und bis Ende 2016 insgesamt rund 3 000 Arbeitsplätze geschaffen (davon München und Erlangen je 1 500 und Würzburg 450, Website der Gründerzentren). Das MTZ München wurde im Rahmen der „9th Annual Science Based Incubation Conference and Awards" vom 17. bis 19. November 2010 in Liverpool vom global agierenden Technopolicy Network bei über 1 000 Bewerbern mit dem dritten Platz als „Bester Wissenschafts-Inkubator" ausgezeichnet. (Landeshauptstadt München, Pressemitteilung 13. Dezember 2010)

Kommunale Gründerzentren

Gründerzentren der Landkreise und Gemeinden waren der Ausgangspunkt für die mit der Offensive Zukunft Bayern ab Mitte der neunziger Jahre begonnene flächendeckende und systematische Einrichtung von Gründerzentren in Bayern. Insgesamt wurden im Rahmen der Offensive 40 neue Zentren geschaffen, von denen heute noch 36 wirtschaften. Damit stammen von derzeit (2016) rund 50 aktiven Gründerzentren über zwei Drittel aus der Offensive Zukunft Bayern.

Die Angaben zur aktuellen Gesamtzahl der Gründerzentren variieren zwischen 47 (Wirtschaftsministerium LT-Drs. 17/4858), 48 (BayStartUp) und 52 (Arge TGZ).

Bereits in der Regierungserklärung vom 21. Juli 1994 hatte Ministerpräsident Stoiber angekündigt, mit 30 Millionen DM die Einrichtung von Existenzgründerzentren zu fördern, die jungen Unternehmen bei den ersten Schritten in die Selbständigkeit helfen. Zunächst sollte in jedem Regierungsbezirk ein Gründerzentrum entstehen in der Erwartung, dass Kommunen diese mitfinanzieren und mitbetreiben. Auf der Grundlage der vom Ministerrat am 1. August 1995 festgelegten Fördergrundsätze sind daraufhin insgesamt 23 kommunale Gründerzentren in überwiegend strukturschwachen Gebieten Bayerns entstanden. Ihre Errichtung wurde mit Zuschüssen aus der Offensive von insgesamt rund 23 Millionen Euro gefördert. Träger und Betreiber dieser Gründerzentren sind überwiegend die jeweiligen Landkreise und Gemeinden. Beteiligt sind darüber hinaus auch örtliche Kreditinstitute wie Sparkassen und Raiffeisenbanken sowie Industrie- und Handelskammern und Privatunternehmen.

Von den ursprünglich 23 kommunalen Gründerzentren bestehen heute noch in allen Regierungsbezirken insgesamt 19, die in der Regel zwischen 1996 und 1998 auf den Weg gebracht wurden. Sie haben sich sämtlich positiv entwickelt und bis Ende 2016 über 15 000 Arbeitsplätze geschaffen (Hochrechnung an Hand der Zahlen des Existenzgründerzentrums Ingolstadt). Davon befinden sich zwei Drittel in Nordbayern mit Bamberg und Kronach in Oberfranken, Nürnberg und Schwabach in Mittelfranken, Bad Kissingen, Großwallstadt und Schweinfurt in Unterfranken sowie Grafenwöhr, Maxhütte-Haidhof, Roding/ Furth im Wald, Sulzbach-Rosenberg, Waldkirchen und Waldsassen in der Oberpfalz. Im Süden Bayerns sind es die Standorte Ingolstadt und Töging am Inn in Oberbayern, Straubing-Sand in Niederbayern sowie Kempten, Memmingen und Neu-Ulm in Schwaben. Lediglich die Gründerzentren in Freilassing, Gunzenhausen, Hof und Passau werden heute nicht mehr betrieben. (LT-Drs.16/4343, 25. März 2010; LT-Drs. 17/4858, 27. Februar 2015) Ein Beispiel für das erfolgreiche Wirken der kommunalen Gründerzentren ist das Existenzgründerzentrum (EGZ) Ingolstadt mit aktuell 65 Mietern mit 170 Mitarbeitern, aus dem seit 1998 bis zum 31. März 2017 275 Unternehmen mit 635 Arbeitsplätzen gegründet wurden. (Franz Glatz, 14. April 2017)

Bei der ersten Gründungswelle zwischen 1996 und 1998 handelte es sich noch weitgehend (und zunächst) um allgemeine Gründerzentren ohne besonderen Technologiebezug. Damals wurden aber auch zwei Zentren auf den Weg gebracht, die auf Schlüsseltechnologien konzentriert waren: für Biotechnologie in Martins-

ried und für Umwelttechnik in Augsburg. Diese waren für die Entwicklung der
Standorte von wesentlicher Bedeutung, wie in Abschnitt zwei und sechs dieses Ka-
pitels dargestellt. Im Rahmen der Offensive II folgte 1997 das Logistik- und Kompetenzzentrum LKZ Prien am Chiemsee. Ein Jahr später wurde in Kaufbeuren der
Innova Allgäu Hightech-Park Kaufbeuren als erster privater Gründer- und Technologiepark in Bayern eingerichtet, der heute weitere Gründerzentren in Kempten
(Cometa), in Sonthofen (Sontra) und in Wolfertschwenden (WiNN) betreibt.

High-Tech-Gründerzentren

Mit der High-Tech-Offensive kam die zweite große Welle von nunmehr ausschließlich High-Tech-bezogenen Gründerzentren in den Jahren von 2000 bis
2003. 16 Zentren wurden mit insgesamt rund 100 Millionen DM gegründet
oder erweitert, davon fünf aus dem Regionalkonzept. Darunter sind sowohl
Zentren, die nicht auf eine bestimmte Technologie festgelegt sind, wie auch themenspezifische Gründerzentren, zum Beispiel für Gründer aus dem Bereich der
Medizintechnik, der Informations- und Kommunikationstechnologie oder der
Biotechnologie. Alle diese Zentren sind bis heute erfolgreich tätig. Technologieorientierte Zentren erfordern aufgrund ihrer technologie-spezifischen Ausrichtung meist einen höheren Ausstattungsaufwand, zum Beispiel für Labortechnik,
und daher auch eine höhere Finanzierung. Vor allem Start-ups der Biotechnologie mit ihren langen Entwicklungszyklen benötigen mehr Kapital. Technologieorientierte Gründungen sind besonders bedeutsam, weil ihre Innovationen in
konkrete Produkte und Dienstleistungen umgesetzt werden. Sie tragen darüber
hinaus mit rund zehn bis 15 Arbeitsplätzen pro Ausgründung noch stärker als
konventionelle Unternehmensgründungen zur Schaffung von Arbeitsplätzen bei.
(startup-Monitor 2016: 7)

Innovative Gründer spielen eine wichtige volkswirtschaftliche Rolle, wie der
KfW-Monitor 2016 bestätigt. Denn sie sind es vor allem, die im Sinne Schumpeters „schöpferisch zerstörend" wirken, indem sie zum technologischen Fortschritt beitragen und den strukturellen Wandel vorantreiben. Steigt ihr Anteil,
fällt dieser volkswirtschaftlich positive Effekt des Gründungsgeschehens größer
aus.

Die technologieorientierten High-Tech-Gründerzentren der Offensive Zukunft Bayern bilden den innovativen Nukleus der jeweiligen regionalen High-
Tech-Netzwerke. Auch mit der zweiten Welle von 1995 bis 2003 wurde wieder
ein flächendeckendes Netz für alle Regierungsbezirke geschaffen, komplementär
zu den Projekten des Regionalkonzepts. In jeder Region wurden ein oder meh-

rere Zentren eingerichtet, die sich an der jeweiligen Leittechnologie ausrichteten und Hochschulprofile, Kompetenzzentren und Netzwerke ergänzten. Alle damals gegründeten Einrichtungen haben erfolgreich gearbeitet und tragen heute unverändert zur Gründung innovativer Unternehmen und zu qualifizierter Beschäftigung bei. Nach einer Erhebung des Autors, zu der dankenswerter Weise die Geschäftsleiter von Gründerzentren beigetragen haben, wurden bis Ende 2016 rund 21 000 Arbeitsplätze geschaffen, zusätzlich zu den rund 15 000 der kommunalen Zentren.

Nachfolgend die „Steckbriefe" mit den wichtigsten Eckdaten für die einzelnen Zentren (siehe im Einzelnen die jeweilige Website 2017, Ernst & Young 2013 und oben Abschnitt acht):

Oberfranken

In Oberfranken liegt der regionale Technologiefokus auf dem Kompetenzzentrum Neue Materialien. Das gilt auch für das Bayreuther Gründerzentrum (BGZ), das der „Neue Materialien Bayreuth GmbH" angegliedert ist. Das mit fünf Millionen DM in der High-Tech-Offensive geförderte Zentrum betreut seit 2003 Unternehmensgründer vor allem aus dem Bereich moderner Werkstoffe, deren Herstellung und Verarbeitung sowie verwandter Dienstleistungen. Besonders hilfreich ist dabei der unmittelbare Kontakt mit den Ingenieuren und Wissenschaftlern der Neue Materialien Bayreuth GmbH. Derzeit sind auf einer Fläche von 1 600 Quadratmetern 16 Gründer tätig. Bis Ende 2016 hat das Bayreuther Gründerzentrum 42 Unternehmensgründungen hervorgebracht und über 260 Arbeitsplätze geschaffen. (Stefan Kollböck, 16. Oktober 2017)

Mittelfranken

In Mittelfranken wurden Einrichtungen für Medizin- und Energietechnik geschaffen. Das 2003 eingeweihte Innovations- und Gründerzentrum Medizintechnik und Pharma in Erlangen (IZMP) wurde mit 21,5 Millionen DM in der High-Tech-Offensive gefördert. Da es mit dem Institut für Medizintechnik im gleichen Gebäudekomplex verwirklicht wurde, stehen große Teile der Infrastruktur beiden Einrichtungen zur Verfügung. Das 2011 in Medical Valley Center (MVC) umbenannte Gründerzentrum mit rund 5 000 Quadratmetern Mietfläche wird seither von der Medical Valley Center GmbH getragen. Nach den Feststellungen von Professor Erich Reinhardt im Gespräch mit dem Autor am 15. September 2016 war das MVC 2016 mit 35 Unternehmen ausgebucht. Seit seiner Inbetrieb-

nahme wurden 100 Unternehmen ausgegründet, die mindestens 1 000 Arbeitsplätze geschaffen haben. Zwei Start-ups des Zentrums, die aus der Universität Erlangen-Nürnberg stammen, erhielten im Jahr 2002 den Deutschen Gründerpreis:
Wavelight (300 Arbeitsplätze) und HumanOptics (100 Arbeitsplätze).

Die Start-up-Aktivitäten im Raum Erlangen wurden wesentlich gefördert
durch Alfred Bomhard, den innovativen Vorstandschef der Sparkasse Erlangen,
mit dem der Autor eng zusammengearbeitet hat. Bundesweit einmalig ist, dass
nicht nur drei Träger des Deutschen Gründerpreises aus dem Kundenkreis der
Sparkasse stammten, sondern auch viele regionale Preisträger des StartUp-Wett-
bewerbes.

Deutschlands erstes Gründer- und Innovationszentrum für Energie-Technologie (ETZ) entstand 2001 in Nürnberg. Mit 4,6 Millionen DM wurde es aus
dem Regionalkonzept der High-Tech-Offensive gefördert. Auf 3 000 Quadratmetern Fläche haben 25 Firmen mit 125 Mitarbeitern Mietverträge mit dem
ETZ. (Energie Campus Nürnberg, Pressemitteilung 10. Juni 2016) In die regionale Vernetzungsplattform sind Fraunhofer-Forscher, das Institut für Energie
und Gebäude (IEG) der Technischen Hochschule Nürnberg und das Europäische Leistungselektronik-Netzwerk (ECPE) ebenso eingebunden wie innovative
Firmen. Seit 2014 hat das Zentrum einen zweiten Standort in Nürnberg, den
Inkubator etz 2.0. Das ETZ ist Herzstück der Energieregion Nürnberg.

Unterfranken

Die Biomedizin ist der Schwerpunkt für Unterfranken. Das 2001 gestartete In-
novations- und Gründerzentrum IGZ Würzburg ist das größte Technologie- und
Gründerzentrum in Unterfranken. Es wird von Stadt und Landkreis Würzburg,
der Sparkasse Mainfranken sowie der IHK Würzburg-Schweinfurt getragen. In
der High-Tech-Offensive mit 20,5 Millionen DM gefördert, beherbergt es auf
5 500 Quadratmetern Büro- und Laborflächen insgesamt 30 Unternehmen mit
etwa 400 Mitarbeitern aus verschiedenen Branchen. Hierzu gehören neben Biomedizin, Medizintechnik und Umwelttechnik auch die Informations- und Kommunikationstechnik sowie moderne Dienstleistungen und Handel/Produktion.
Bis 2013 wurden 22 Unternehmen ausgegründet. (Ernst & Young, Studie 2013)

Oberpfalz

Für die Gründerzentren in der Oberpfalz sind Biotechnologie und IT bestimmend. Die BioPark Regensburg GmbH als Betreiber des Innovations- und

Gründerzentrums BioPark wurde 1999 von der Stadt Regensburg gegründet. Aus der High-Tech-Offensive wurden 27 Millionen DM für die Baumaßnahmen von 2001 und 2006 auf dem Gelände der Universität zur Verfügung gestellt. Die Multifunktionsgebäude bieten auf 18 000 Quadratmetern Labor-, Büro- und Lagerflächen für Firmen und Institute aus dem Bereich Biotechnologie, Pharma, Medizintechnik, Analytik/Diagnostik und verbundene Dienstleister. Derzeit sind 36 Mieter mit 600 Mitarbeitern im BioPark tätig. Von 1999 bis 2014 wurden 254 Millionen Euro in die Entwicklung der Life Sciences investiert. Seit 1999 wurden 46 Ausgründungen betreut, die 368 zusätzliche Arbeitsplätze geschaffen haben. Die Firma Geneart AG ging 2006 als erste BioPark-Firma an die Frankfurter Börse. Die AMGEN Research GmbH war das erste europäische Forschungszentrum des führenden US-Biotech-Unternehmens. (Thomas Diefenthal, 31. Mai 2017)

Das 2001 als IT-Speicher Regensburg gegründete IT-Gründerzentrum Ostbayern erhielt 1,7 Millionen DM aus dem Regionalkonzept der High-Tech-Offensive. Betreiber ist die R-Tech GmbH der Stadt Regensburg. Nach einem Umzug in neue Räumlichkeiten in unmittelbarer Nähe zu Universität und Hochschule im Jahr 2016 firmiert der Inkubator als TechBase, dessen Fokus nicht mehr ausschließlich auf der Informationstechnologie liegt. Auch Unternehmen aus Bereichen wie Maschinenbau, Sensorik, Energietechnik oder Optik können sich bewerben. Bis Ende 2016 wurden durch ehemalige Mieter des Gründungszentrums 716 Arbeitsplätze geschaffen, zusätzlich zu 430 Mitarbeitern der aktuell in Techbase befindlichen Unternehmen. (Alexander Rupprecht, 2. Juni 2017)

Oberbayern

In Oberbayern liegt der Schwerpunkt auf Informations- und Kommunikationstechnik, Biotechnologie sowie Luft- und Raumfahrt. Das am 1. Oktober 2002 fertiggestellte Technologie- und Gründerzentrum „gate" in Garching zielt auf Unternehmensgründungen aus der Informations- und Kommunikationstechnik, vor allem aus der Fakultät für Informatik der TU München und aus dem Software-Campus, der gate angegliedert ist. In dem mit 18 Millionen DM aus der High-Tech-Offensive finanzierten Gründerzentrum sind heute auf 5 000 Quadratmetern Fläche 62 Unternehmen mit 220 Mitarbeitern tätig. Träger sind acht Gesellschafter: Stadt Garching, Landkreis München, Landesanstalt für Aufbaufinanzierung, Kreissparkasse München/Starnberg/Ebersberg, Industrie- und Handelskammer Oberbayern, Munich Network sowie die TU-Gesellschaften

TUM Tech und TUM International (bis 1. Juli 2014 BayernLB). Seit der Inbetriebnahme bis Ende 2016 wurden 320 Unternehmen mit geschätzt 3 200 Arbeitsplätzen ausgegründet. (Franz Glatz, 14. April 2017)

Das Gründerzentrum für Neue Medien (GZM) wurde 1999 im Rahmen
der High-Tech-Offensive in Unterföhring bei München gegründet. Der Freistaat Bayern, der Landkreis München und die Gemeinde Unterföhring haben
es gemeinsam mit Medienunternehmen und Investoren ins Leben gerufen. Der
Freistaat hat sich mit 26 Prozent beteiligt. (DHH 2001/2002, Epl. 13: 302,
526) Im August 2006 wurde es in „b-neun Media & Technology Center" umbenannt. Dieses hat 2013 die Dependance „WERK1.Bayern" in München mit
2 000 Quadratmetern eröffnet und ein Jahr später das Zentrum in Unterföhring
geschlossen. Sämtliche Aktivitäten wurden nach München verlagert und 2015
in WERK1.Bayern GmbH umfirmiert. Der Freistaat Bayern ist hieran weiterhin
mit 26 Prozent beteiligt. (DHH 2017/2018, Epl. 13: 402) Die Landeshauptstadt
München hat den Zehn-Prozent-Anteil der Gemeinde Unterföhring übernommen. (Beschluss des Ausschusses für Arbeit und Wirtschaft, 23. Juni 2015) Von
1999 bis zur Verlagerung Ende 2014 gab es 182 Ausgründungen mit (geschätzt)
1 800 Arbeitsplätzen. Im Werk 1 gibt es Stand Ende 2016 34 Unternehmen mit
120 Arbeitsplätzen. Seit 2013 bis Ende 2016 wurden 67 Unternehmen mit (geschätzt) 670 Arbeitsplätzen ausgegründet. (Besuch des Autors, 30. März 2017;
Franz Glatz, 14. April 2017)

Das Innovations- und Gründerzentrum Biotechnologie IZB Martinsried ist
1995 mit 30 Mitarbeitern als Teil der Offensive I entstanden und seither mehrfach erweitert worden. 23 Millionen DM sind damals in das Vorhaben geflossen,
aus der High-Tech-Offensive weitere 19 Millionen DM. Das Gründerzentrum
bietet heute auf 23 000 Quadratmetern Laboreinheiten und Büroräume für über
60 junge Biotechnologie-Unternehmen mit 650 Mitarbeitern. Getragen wird es
von der Fördergesellschaft IZB mbH, die 1995 gegründet wurde, um junge Life
Science-Unternehmen zu unterstützen und im Raum München anzusiedeln.
Hauptgesellschafter der Fördergesellschaft ist der Freistaat Bayern. Bis 2013
wurden aus dem Campus 53 Unternehmen ausgegründet, 90 Prozent davon aus
Max-Planck-Instituten, dem Genzentrum oder den Fakultäten für Chemie und
Biologie der Ludwig-Maximilians-Universität.

Im März 2002 wurde das im Rahmen der High-Tech-Offensive mit 23,2
Millionen DM geförderte Gründerzentrum für grüne Biotechnologie IZB Weihenstephan eröffnet. Träger und Betreiber sind wie beim IZB Martinsried. Der
Schwerpunkt des IZB Weihenstephan liegt auf Phytopharmaka sowie der Agro-
und Lebensmittelbranche. 3 200 Quadratmeter Fläche stehen zur Verfügung.

Derzeit beherbergt das Weihenstephaner IZB sieben Unternehmen. Ein High-light ist die dort gegründete Biotech-Firma Pieris Proteolab AG mit Sitz in Frei-sing-Weihenstephan, die nunmehr an der Nasdaq gelistet ist.

Der erste deutsche Inkubator für die Navigation, Satelliten- und Mobilkom-munikation sowie Geoinformation wurde Ende 2001 im Rahmen des Regio-nalkonzepts der High-Tech-Offensive mit sieben Millionen DM im Deutschen Zentrum für Luft- und Raumfahrt (DLR) in Oberpfaffenhofen gestartet. Im Jahr 2005 wurde er in eine eigenständige Gesellschaft, die Anwendungszentrum GmbH Oberpfaffenhofen (AZO), umgewandelt. Seit 2009 beteiligt sich auch die Europäische Weltraumorganisation zusammen mit den Partnern DLR, Freistaat Bayern und Kreissparkasse München Starnberg Ebersberg an dem Projekt. Es firmiert seither unter der Bezeichnung „ESA Business Incubation Centre" (BIC) mit Zweigstellen in Nürnberg, Berchtesgaden und Ottobrunn. Von 2001 bis heute wurden 125 Unternehmensgründungen an den vier Standorten begleitet. Die Unternehmen haben rund 1 600 Arbeitsplätze geschaffen und in 2016 einen Gesamtumsatz von 140 Millionen Euro erzielt. Das ESA BIC Bavaria ist das erfolgreichste Gründungszentrum unter den heute 19 Zentren in Europa. Die äußerst positive Standortentwicklung des Technologieparks in Oberpfaffenhofen wurde maßgeblich mit dem Anwendungszentrum als Ankermieter vorangetrie-ben. Darüber hinaus organisiert das Anwendungszentrum die beiden Innovati-onsnetzwerke für Galileo und Copernicus und ist damit ein wichtiger Baustein der neuen europäischen Raumfahrtstrategie. (Thorsten Rudolph, 30. Mai 2017)

Niederbayern

Zwei Gründerzentren sind in Niederbayern entstanden. Das ITC Deggendorf (ITC 1) ist ein technologieorientierter Gewerbepark mit Gründerzentrum. Die Errichtung im Jahr 2000 wurde mit 2,6 Millionen DM aus dem Regionalkonzept der High-Tech-Offensive gefördert. Betreiber ist die kommunale ITC GmbH, die von Stadt, Landkreis und Sparkasse Deggendorf getragen wird. Auf rund 12 500 Quadratmetern Ansiedlungsfläche sind über 30 Firmen mit rund 400 Mitarbei-tern ansässig. Schwerpunkte des ITC sind Elektrotechnik, Nanotechnologie, Me-dizintechnik, Medientechnik, Marketing und Kommunikation, Software- und Hardwareentwicklung sowie Transport-Systemtechnik. Durch die Studiengänge Medientechnik und Infotronik sowie durch das Forschungs-, Technologie- und Wissenstransferzentrum (FTW) ist das ITC eng mit der Technischen Hochschule Deggendorf vernetzt. Insgesamt wurden seit der Gründung ITC bis Ende 2016 rund 2 000 Arbeitsplätze geschaffen. (Thomas Keller, 6. Juni 2017)

Das Gründerzentrum Straubing-Sand wurde 1998 aus Mitteln der Offensive I von 2,6 Millionen DM in Straubing errichtet. Als BioCampus Straubing wurde es zum Partner des bereits dargestellten Kompetenzzentrums für Nachwachsende Rohstoffe mit 2 650 Quadratmetern Fläche für unternehmerische Initiativen auf einem 220 Hektar großen Gelände. Träger ist die Biocampus Straubing GmbH. Aus dem Biocampus sind bis Ende 2016 insgesamt 99 Unternehmen ausgegründet worden, 27 Mieter befinden sich derzeit im Zentrum. (Stefan Niedermeier, 11. Juli 2017) Im Mai 2010 wurde ebenfalls in Straubing-Sand der BioCubator eröffnet, ein Zentrum mit über 1 000 Quadratmetern Labor- und Technikums-flächen für junge Unternehmen der Biotechnologie. Für dieses Projekt wurden aus Restmitteln der High-Tech-Offensive insgesamt zwei Millionen Euro zur Verfügung gestellt. Bisher beherbergt es zwei Firmengründungen aus dem Wis-sensschaftszentrum. Ein Ausbau der Flächen des BioCubators ist vorgesehen. (Information beim Besuch des Autors, 14. Oktober 2016)

Schwaben

In Schwaben wurde das Gründerzentrum Umwelttechnik in Augsburg (UTG) 1998 mit zehn Millionen DM aus der Offensive I errichtet und mit weiteren 9,9 Millionen DM aus der High-Tech-Offensive erweitert. Träger des Zentrums mit 4 000 Quadratmetern vermietbarer Fläche sind die Industrie- und Handelskam-mer und die Handwerkskammer Schwaben. Seit der Gründung wurden über 140 junge Unternehmen insbesondere in den Schwerpunkten Green Tech, Clean Tech sowie Energie- und Umwelttechnik betreut. Derzeit befinden sich dort 40 Un-ternehmen mit 250 Mitarbeitern. (Website UTG, aufgerufen 24. August 2017)

2002 wurde der „aiti-Park Augsburg für Informations- und Kommunikati-onstechnik" eröffnet. Aus dem Regionalkonzept wurden 500 000 DM in das Technologie- und Gründerzentrum investiert. Von 2007 bis 2015 erfolgte unter dem Projekttitel „IT-Offensive Bayerisch-Schwaben" eine Förderung aus dem EU-Fonds für regionale Entwicklung (EFRE). Zu den Gesellschaftern des ai-ti-Parks mit einem Flächenangebot von 4 000 Quadratmetern zählen neben Stadt und Landkreis Augsburg auch private Einrichtungen. 2016 wurde der 100. Mieter begrüßt. (Website aiti-Park, aufgerufen 24. August 2017)

Das „Technologie Centrum Westbayern GmbH" (TCW) in Nördlingen für Informations- und Kommunikationstechnik und Robotik wurde 2001 im Zuge der High-Tech-Offensive als regionales Innovations- und Gründerzentrum mit 1 800 Quadratmetern gegründet, getragen vom Landkreis und der Stadt Nörd-lingen. Im Regionalkonzept wurden dafür fünf Millionen DM eingesetzt. Im

Technologie Centrum ist das „Hochschulzentrum Donau-Ries" mit einem Institut für Produktionsmechatronik, einem Weiterbildungs- und einem Studienzentrum der Hochschule Augsburg angesiedelt. Themenschwerpunkte sind die industrielle Bildverarbeitung, Inline Prozess- und Produktionsmesstechnik, Sensortechnik und Robotik. Zum Stand 13. Februar 2009 wurden 26 Gründungsprojekte realisiert und weitere 53 externe Gründungsvorhaben beratend begleitet. Rund 70 Mitarbeiter haben im Technologie-Centrum einen Arbeitsplatz gefunden. Neuansiedlungen und der Erhalt bedeutsamer Unternehmen führten zu weiteren 150 Arbeitsplätzen.

Digitale Gründerzentren

Zur Einrichtung neuer Gründerzentren kam es erst wieder in den letzten Jahren, fast zwei Jahrzehnte nach der High-Tech-Offensive. In Anpassung an die fortschreitende Entwicklung der Informations- und Kommunikationstechnik werden ab 2017 landesweit digitale Gründerzentren geschaffen. Ministerpräsident Horst Seehofer hat in seiner Regierungserklärung vom 12. November 2013 diese neue Initiative für Existenzgründer angekündigt, die im Rahmen der Zukunftsstrategie Bayern Digital vom 20. Juli 2015 konkretisiert wurde. Die dort intendierten Gründerzentren stellen primär auf einen Internet-Bezug der Innovationen ab. Ihre Geschäftsmodelle sind vielfältig und können rein digital sein, wie bei App-Entwicklern, oder zumindest eine wesentliche digitale Komponente beinhalten, wie etwa bei Online-Händlern. Finanz- und versicherungstechnische Innovationen gehören ebenso dazu wie etwa Softwareentwickler, Webdesigner oder Online-Marketing-Berater. Wie der Gründungsmonitor 2016 der Kreditanstalt für Wiederaufbau (KfW) feststellt, ist jeder fünfte Gründer (21 Prozent) heute ein digitaler Gründer.

Das erste digitale Gründerzentrum wurde bereits mit der High-Tech-Offensive auf den Weg gebracht. Das bereits dargestellte Münchner Gründerzentrum WERK1.Bayern wird ausdrücklich als Blaupause für die neuen digitalen Gründerzentren in Bayern bezeichnet. (Bayern Digital 2016: 2) Es ist aus dem b-neun Media & Technology Center in Unterföhring bei München hervorgegangen, das auf Initiative von Wirtschaftsminister Otto Wiesheu und dem Medienunternehmer Leo Kirch im Jahr 1999 als erstes digitales Gründerzentrum – damals noch Neue Medien genannt – in Deutschland eingerichtet wurde. Es wird jetzt zu einem Zentrum für Internet und Digitale Medien für ganz Bayern ausgebaut. (Wirtschaftsministerium, Pressemitteilung 25. Juni 2015; Besuch des Autors, 30. März 2017)

Im Rahmen der Initiative Bayern Digital entstehen derzeit in allen Regierungsbezirken mit 80 Millionen Euro neun weitere digitale Gründerzentren
und Netzwerke, die ab 2017 ihren Betrieb aufnehmen. Im Einzelnen handelt es
sich um digitale Gründerzentren für Oberfranken in Bamberg und in Hof, für
Mittelfranken in Nürnberg-Zollhof, für die Oberpfalz (DGO) in Regensburg,
Amberg und Weiden, für Mainfranken (ZDI) in Würzburg, Schweinfurt und
Bad Kissingen, für die Region 10 (DGZ) in Ingolstadt („das dallwigk"), das Stell-
werk 18 in Rosenheim sowie für Niederbayern (GDN) in Passau, Landshut und
Deggendorf. Darüber hinaus werden für die Bereiche Bayerischer Untermain
(LT-Drs. 17/12819, 14. Oktober 2016), Neustadt an der Aisch/Bad Windsheim
(Potenzial fraglich, nordbayern.de, 1. Dezember 2016) und Cham Modelle für
weitere Gründerzentren entwickelt. Im Rahmen des Projekts „Digitale Gründer-
zentren im Landkreis Cham" werden 740 Quadratmeter in den Innovations- und
Gründerzentren Roding und Furth im Wald für digitale Gründer zur Verfügung
gestellt. (Wochenblatt, 4. November 2017).

Von den bisher zehn regionalen Netzwerken bauen – neben der zentralen Ein-
richtung des „Flaggschiffs" WERK1 in München – sechs auf Gründerzentren der
Offensive Zukunft Bayern auf: Das Digitale Gründerzentrum für Oberfranken
in Bamberg wird unter der Leitung des seit 1998 bestehenden Bamberger Grün-
derzentrums IGZ stehen. Zu den zentralen Partnern des Zentrums für digitale
Innovationen Mainfranken (ZDI) in Würzburg gehören das Technologie- und
Gründerzentrum (TGZ) und das Innovations- und Gründerzentrum (IGZ) in
Würzburg sowie das Gründer-, Innovations- und Beratungszentrum (GRIBS) in
Schweinfurt und das Rhön-Saale Gründer- und Innovationszentrum RSG in Bad
Kissingen. Das Netzwerk des digitalen Gründerzentrums Oberpfalz (DGO) wird
von der Regensburger R-Tech GmbH in Kooperation mit den ostbayerischen
Technischen Hochschulen Regensburg und Amberg-Weiden sowie der Universi-
tät Regensburg eingerichtet. Das Gründerzentrum Digitalisierung Niederbayern
(GDN) ist ein Verbundkonzept der drei niederbayerischen Hochschulstandorte
Passau, Landshut und Deggendorf mit den neuen Gründerzentren InnoRivers
in Passau (2013) und Linkwork in Regensburg (2015) sowie dem seit 2000 etablierten ITC in Deggendorf. Das digitale Zentrum Schwaben (DZ.S) in Augsburg und Kempten ist aus der gemeinsamen Bewerbung der IT-Gründerzentrum
GmbH (aiti-Park) mit dem Netzwerk aitiRaum e.V., der Stadt Kempten und der
Allgäu GmbH hervorgegangen. Nordschwaben wird über das Technologie Centrum Westbayern TCW Nördlingen integriert, die Umweltbranche über das Um-
welt-Technologische Gründerzentrum UTG in Augsburg. Ebenso sind die Gründerzentren in Kaufbeuren, Memmingen und Sonthofen Partner des Netzwerkes.

Das digitale Gründerzentrum im Landkreis Cham baut auf den kommunalen Gründerzentren der Offensive Zukunft Bayern in Roding und Furth im Wald auf.

Gründernetzwerk

Die bayerischen Technologie- und Gründerzentren haben sich 2002 zu einer Arbeitsgemeinschaft (Arge TGZ) zusammengeschlossen, die derzeit 52 Zentren mit über 1 000 Unternehmen und mehr als 5 000 Mitarbeitern umfasst. Die vom Freistaat geförderte Arbeitsgemeinschaft dient dem Informationsaustausch und der Unterstützung von innovativen Unternehmensgründungen. Neben Standortanalysen und Studien führt sie auch Weiterbildungsmaßnahmen für die Zentrumsmanager durch. (Website Arge TGZ; Presse Box Regensburg, 5. April 2013)

Zusätzlich zu den Gründerzentren wurde mit der Offensive Zukunft Bayern im Jahr 1998 ein Gründernetzwerk Bayern mit zehn Millionen DM auf den Weg gebracht. Dieses Netzwerk ist ein bayernweiter Zusammenschluss von Einrichtungen der Wirtschaft, der Wissenschaft und von regionalen Initiativen zur nachhaltigen Stimulierung und Unterstützung von innovativen und wachstumsorientierten Unternehmensgründungen. In einem Aktionsprogramm wurden Synergien zwischen den regionalen Gründungsaktivitäten geschaffen und neue Angebote für Gründungswillige implementiert. Träger wurden vor allem Kammern und Verbände der Wirtschaft, Universitäten und Fachhochschulen, außeruniversitäre Forschungseinrichtungen sowie Gründer- und Technologiezentren. (Anlage zur Regierungserklärung 12. Oktober 1999)

Daneben wurde mit der High-Tech-Offensive auch der Aufbau der für technologieorientierte Unternehmensgründungen erforderlichen Qualifikation mit 15 Millionen DM gefördert. Dies betraf die Akquisition, Zertifizierung und das Training von Coaches, aber auch Kurse für Gründer und Jungunternehmer zur „technologieorientierten Unternehmensgründung" sowie Einzelberatung durch externe Träger für Gründer und Jungunternehmer zu speziellen Themen, vor allem für Studenten und Absolventen von Universitäten oder Fachhochschulen.

Businessplan-Wettbewerbe

Aufbau und Förderung der Businessplan-Wettbewerbe in Bayern waren ein wesentliches Anliegen der Offensive Zukunft Bayern. Die wichtigsten seinerzeit entstandenen Gründernetzwerke sind die Münchner Businessplan Wettbewerb GmbH (MBPW, seit 2011 evobis GmbH) und der Förderverein innovatives Unternehmertum Nordbayern e.V. (F.U.N.), beide seit 2014 zusammengefasst in der „Bay-StartUp" GmbH. Ihre Hauptaufgabe war und ist die Durchführung von Businessplan-Wettbewerben.

Die Idee dazu stammt aus den USA. Als Geburtsstätte gilt das renommierte Massachusetts Institute of Technology (MIT) in Boston. Der erste Wettbewerb war die 1989 gestartete „MIT US-Dollar 10K Entrepreneurship Competition", die 2006 als „MIT US-Dollar 100K" zum führenden Businessplan-Wettbewerb der USA wurde. (Website MIT Sloan School, aufgerufen 20. Dezember 2017) In Deutschland begann die Wettbewerbe-Bewegung mit dem Jahr 1995 in Berlin-Brandenburg und in München.

Die ersten Businessplan-Wettbewerbe (BPW) in Bayern wurden 1996/1997 in München mit dem „Münchener Business Plan Wettbewerb" und 1997/1998 in Nürnberg mit dem „Businessplan Wettbewerb Nordbayern" gestartet. Die High-Tech-Offensive zielte mit ihrer Förderung von 15 Millionen DM darauf ab, auf der Grundlage der Erfahrungen mit diesen Projekten flächendeckend in allen bayerischen Regierungsbezirken derartige Wettbewerbe durchzuführen, um Anreize zur Gründung von High-Tech-Unternehmen zu geben. So wurden regionale Wettbewerbe mit den Businessplan-Wettbewerben „BPW10" in Ingolstadt (1999), „BPW Schwaben" in Augsburg (2002), dem „Gipfelstürmer BPW" in Rosenheim (2006) und dem „BPW ideenReich" für Südostbayern (2007) eingerichtet und jeweils in Kooperation mit dem Münchener Businessplan-Wettbewerb durchgeführt.

Die Münchner Businessplan Wettbewerb GmbH (MBPW) wurde 1996 in München gegründet und firmiert seit dem 16. Mai 2011 unter dem Namen evobis GmbH. Gesellschafter waren unter anderem die LfA Förderbank Bayern und die Landeshauptstadt München. (Beschluss der Landeshauptstadt München, 23. November 2005 und 22. Juli 2014) Aufgaben der Gesellschaft waren insbesondere die Planung, Vorbereitung und Durchführung von Businessplan-Wettbewerben in Südbayern, Coaching (Seminare, Workshops, Einzelcoachings), Finanzierung (Beratung, Vernetzung, Business-Angel-Netzwerk), Netzwerkarbeit als Teil der Gründer- und Start-up-Szene (Veranstaltungen) sowie die Unterstützung von Unternehmensgründern. Bis 2013 wurden 874 aktive Unternehmen mit über 6600 Arbeitsplätzen von den Teilnehmern am Münchner Businessplan-Wettbewerb geschaffen.

Mit der gleichen Zielsetzung für Nordbayern wurde 1997 die „netzwerk nordbayern GmbH" in Nürnberg eingerichtet, die vom „Förderverein innovatives Unternehmertum Nordbayern F.U.N. e.V." mit jetzt 200 Mitgliedern getragen wird. (F.U.N., Pressemitteilung 17. Januar 2014) Die GmbH hat bis 2014

wachstumsorientierte Gründer und Unternehmer aus Franken und der Oberpfalz bei der Unternehmensplanung, der Businessplan-Erstellung und der Unter-
nehmensfinanzierung begleitet und den Businessplan-Wettbewerb Nordbayern
(BPWN) ausgerichtet. Dessen Teilnehmer haben bis 2013 insgesamt 616 aktive
Unternehmen mit über 5 349 Arbeitsplätzen geschaffen. (Website 2013)

Parallel zu den Wettbewerben wurden flankierend Maßnahmen für wachs-
tumsstarke Unternehmensgründungen gefördert. Dazu gehörten die wissenschaftliche Begleitung und Evaluierung der Wettbewerbe, der allgemeine Grün-
derwettbewerb „Geschäftsidee 2000" in der Region Passau sowie die stärkere
Mobilisierung potentieller Gründer an Hochschulen in Nordbayern durch den
vom Autor initiierten Hochschulgründerpreis seit 2000.

Im Jahr 2014 haben sich die Träger der Businessplanwettbewerbe von Nordbayern (netzwerk nordbayern GmbH) und München (evobis GmbH) im Rahmen der „Initiative Gründerland Bayern" der Staatsregierung unter der neuen
Marke „BayStartUP" zusammengeschlossen. Die Gesellschaft hat die Funktion
eines bayernweiten Netzwerkes übernommen und organisiert Workshops für
Start-ups, Coaching und das bayerische Finanzierungsnetzwerk mit Business
Angels und Venture-Capital-Investoren. Insgesamt sind rund 200 privat investie-
rende Business Angels und rund 100 institutionelle Investoren im Finanzierungsnetzwerk gelistet. Pro Jahr können so 20 bis 30 Millionen Euro an Gründungs-
und Wachstumskapital in Bayern vermittelt werden. Die zentralen Büros sind in
Nürnberg und München angesiedelt. Die bayerischen Businessplan-Wettbewerbe werden nunmehr von BayStartUP ausgerichtet: der Münchener Businessplan
Wettbewerb und der Businessplan Wettbewerb Nordbayern sowie die Wettbewerbe in Bayerisch-Schwaben und Südostbayern. (Wirtschaftsministerium, Pressemitteilung 28. November 2014)

Ebenfalls 2014 wurde in München der Förderverein innovatives Unternehmertum Südbayern e.V. gegründet, der die Gesellschafteranteile aller evobis Gesellschafter übernommen hat. Vereinszweck ist die nachhaltige Förderung des
innovativen Unternehmertums in der Landeshauptstadt München und den südbayerischen Regierungsbezirken Oberbayern, Niederbayern und Schwaben. Wie
beim F.U.N. Nordbayern entsteht ein Netzwerk zur ideellen Unterstützung und
Förderung von Unternehmensgründungen, in dem sich die Mitglieder aus Kommunen, Hochschulen, Start-ups (zum Beispiel ehemalige Wettbewerbsteilnehmer)
und etablierten Unternehmen (primär aus dem Mittelstand) engagieren. In einem
Zeitraum von vier bis fünf Jahren soll der Verein auf 200 Mitglieder anwachsen.

Die Erfolgsgeschichte der bayerischen Businessplan Wettbewerbe währt nunmehr 20 Jahre. Ihre eindrucksvolle Bilanz: Im Zeitraum von 1996 bis 2016 wur-

den über 1 600 innovative Unternehmen unterstützt, die aktuell noch aktiv sind. Diese Unternehmen haben bisher einen Umsatz von rund einer Milliarde Euro erwirtschaftet und rund 12 000 Arbeitsplätze geschaffen. (Website BayStartUp 2016)

Gründerkapital

Neben Gründerzentren und Coaching ist Gründerkapital die dritte wesentliche Voraussetzung für Unternehmensgründungen. Hierfür wurde 1995 Bayern Kapital als Venture-Capital-Gesellschaft des Freistaates Bayern mit einem Beteiligungsvolumen von 150 Millionen DM aus der Offensive I gegründet und durch die High-Tech-Offensive mit weiteren 65 Millionen DM ausgestattet. Seither stellt Bayern Kapital Gründern innovativer High-Tech-Unternehmen sowie jungen, innovativen Technologieunternehmen Beteiligungskapital zur Verfügung, das ihnen den Zugang zu Venture-Capital für die Entwicklung und Markteinführung neuer Produkte und Verfahren erleichtert. Voraussetzung ist, dass die Innovationsvorhaben in wesentlichen Teilen vom Gründer selbst in Bayern durchgeführt werden, eine technologische Chance mit kalkulierbarem Risiko bieten und spürbare Impulse für den wirtschaftlichen Erfolg erwarten lassen.

Bayern Kapital ist in den über 20 Jahren seit der Gründung eine wesentliche Grundlage für die erfolgreiche Entwicklung der Gründerkultur in Bayern geworden. 2016 betreute die Gesellschaft mit 25 Mitarbeitern elf Beteiligungsfonds. Mit einem Beteiligungsvolumen von 340 Millionen Euro wurde das in der High-Tech-Offensive eingesetzte Kapital mittlerweile verdreifacht. Als langfristiger Investor wirkt Bayern Kapital stabilisierend im Verhältnis zu privaten Investoren wie Venture-Capital-Gesellschaften, Business Angels und Business Coaches. Darüber hinaus werden die Unternehmensgründer in Zusammenarbeit mit den regionalen Businessplanwettbewerben, den Gründerzentren und gründungsorientierten Einrichtungen beraten und qualifiziert. Im Finanzierungsnetzwerk sind Business Angels, Family Offices, Venture-Capital-Fonds, öffentliche Kapitalgeber und strategische Investoren gelistet, denen potenzialträchtige Start-ups und junge Unternehmen aus Bayern vorgestellt werden. Der Fokus von Bayern Kapital liegt nach wie vor vor allem auf den in der High-Tech-Offensive geförderten Schlüsseltechnologien wie Biotechnologie/Life Science, Software und IT, Medizintechnik, Werkstoffe und Neue Materialien, Nanotechnologie und Umwelttechnologie. Bayern Kapital hat seit 1995 rund 238 Millionen Euro Beteiligungskapital in 250 innovative technologieorientierte Unternehmen investiert.

So sind bis heute über 5000 Arbeitsplätze dauerhaft in zukunftsfähigen Unternehmen entstanden. (Website Bayern Kapital, aufgerufen 4. Oktober 2017)

Des Weiteren wurde mit der Offensive II bei der 1972 gegründeten Bayerischen Beteiligungsgesellschaft mbH (BayBG) ein Kapitalfonds mit 20 Millionen DM eingerichtet. Seither konnte die Gesellschaft über die bisherigen Bundes- und Landesgarantien hinaus stille Beteiligungen eingehen. Über das Programm „Beteiligungskapital für Existenzgründer" hat sie seit dem Jahr 1997 insgesamt Beteiligungen im Wert von rund 47,5 Millionen genehmigt, wovon bisher rund 41 Millionen Euro ausbezahlt wurden (einschließlich Dezember 2016). Dadurch wurden bisher insgesamt knapp 6500 Arbeitsplätze (davon rund 1250 Teilarbeitsplätze) geschaffen oder gesichert.

Schließlich wurde im Rahmen der Software-Offensive das Programm zur Förderung technologieorientierter Unternehmensgründungen (BayTOU) für die Bereiche Software und Informations- und Kommunikationstechnik um 17 Millionen DM aufgestockt und ein entsprechender Seed-Capital-Fonds mit neun Millionen DM eingerichtet. Das 1996 erstmals aufgelegte Programm ist auf die Förderung von technologisch und wirtschaftlich mit Risiken behafteten Unternehmensgründungen beziehungsweise auf Investitionen in jungen Unternehmen in Bayern zugeschnitten. Die Förderung durch das Programm BayTOU kann durch Angebote der Bayerischen Beteiligungsgesellschaft und von Bayern Kapital ergänzt werden. (Richtlinien BayTOU, 18. Dezember 2014)

Venture-Capital-Gesetz

Bei der Bereitstellung staatlichen Kapitals für die Gründung von Start-ups war man sich dessen bewusst, dass darüber hinaus privates Wagniskapital für das Wachstum der jungen Unternehmen erforderlich war. „Nur durch die Mobilisierung von venture capital privater Investoren wird die Investitionsdynamik in Deutschland entscheidend verbessert, die Umsetzung innovativer Ideen gewährleistet und eine wichtige Grundlage für mehr Beschäftigung geschaffen", so ausdrücklich die Begründung der bayerischen Gesetzesinitiative zur steuerlichen Förderung von Wagniskapital. (Bundesrats-Protokoll, 27. November 1998)

Eine repräsentative Umfrage der Deutschen Ausgleichsbank hatte seinerzeit eindrucksvoll belegt, dass rund 70 Prozent der befragten erfolglosen Existenzgründer im Fehlen von Kapital den Hauptgrund ihres Scheiterns sahen. Angesichts des Defizits an privatem Venture-Capital ist die bayerische Staatsregierung auf Bundesebene tätig geworden. Auf Initiative des Landtagsabgeordneten Joachim Haedke hat sie im Juli 1997 eine Bundesratsinitiative für ein Gesetz zur Förderung von Wagniskapital gestartet. Sie hatte das Ziel, die Rahmenbedingungen für private Venture-Capital-Finanzierungen zu verbessern, um neue Arbeitsplätze zu schaffen. (Bocklet 1998: 519)

Die Beratungen in den Ausschüssen des Bundesrates haben dann leider ergeben, dass der bayerische Gesetzesantrag in unveränderter Form in der Länderkammer keine Mehrheit finden würde, so dass ein Kompromiss erforderlich war. Der Bundesrat hat in seiner Sitzung am 8. Mai 1998 daraufhin beschlossen, den Gesetzentwurf mit folgenden Eckpunkten im Deutschen Bundestag einzubringen, die deutlich machen, wie wenig attraktiv die Regelung war:

Der Anleger erhält für seine Beteiligung an der Wagnisbeteiligungsgesellschaft eine Prämie in Gestalt einer Steuerermäßigung. Diese beträgt 30 Prozent der Anlagesumme, jedoch höchstens 60 000 DM in einem Zeitraum von acht Jahren. Zur Gegenfinanzierung wird der steuerliche Abzug von Verlusten aus ausländische Betriebsstätten eingeschränkt. Unternehmen dürfen entsprechende Verluste nur noch dann steuerlich geltend machen, wenn auch die im Gesetz vorgesehene Besteuerung der zukünftigen Gewinne gewährleistet ist. Zudem wird die Abziehbarkeit der Verluste auf fünf Jahre begrenzt. Mit diesen Restriktionen wurde das Gesetz zur Förderung von Wagniskapital am 18. Juni 2004 mit den Stimmen von Union, SPD und Grünen im Bundestag verabschiedet. Der damalige Finanzminister Kurt Faltlhauser hat festgestellt, dass seines Wissens dieser Vorschlag die einzige CSU-Länderoffensive war, die unter Rot-Grün beschlossen wurde. (18. Juni 2004)

Dieser unzureichende Minimalkompromiss konnte nur ein erster Einstieg sein, um mehr privates Venture-Capital zu mobilisieren. Gegen weitere Initiativen hat der Bundesfinanzminister hartnäckig Widerstand geleistet. Erst am 14. September 2016 hat die Bundesregierung einen Gesetzentwurf beschlossen, wonach über die bisherige Regelung hinaus Verlustvorträge von privaten Investoren bei vollständigem oder teilweisem Erwerb von mit Wagniskapital finanzierten Start-ups erhalten bleiben und steuerlich genutzt werden können. (Balleis 2017) Dass es zwölf Jahre gedauert hat, bis 2016 ein zweiter Schritt erfolgt ist, wirft ein Schlaglicht auf den Stellenwert der Gründungskultur in Deutschland. Zudem wurde damit nur ein Teil der erforderlichen Anreize für Investoren und entgegen der Koalitionsvereinbarung vom 2013 kein umfassendes Venture-Capital-Gesetz geschaffen. Dass hier weiterer Handlungsbedarf besteht, wenn die digitalen und Bio-Tech-Unternehmensgründer in Bayern erfolgreich wachsen sollen, wird im dritten Teil dieses Buches aufgezeigt.

Kapitel 5:

Reformen

„Wir müssen Rahmenbedingungen verändern und Reformen anpacken" (Stoiber 1998)

Die Offensive Zukunft Bayern beschränkte sich nicht darauf, den Einrichtungen von Wissenschaft und Forschung in Bayern im Rahmen eines Investitionsprogramms Finanzmittel zum Ausbau der technologischen Kompetenz und zur Schaffung von Arbeitsplätzen zukommen zu lassen. Zugleich wurden Reformen auf den Weg gebracht, um die Strukturen des Wissenschafts- und Wirtschaftsstandorts Bayern im internationalen Wettbewerb zu sichern und zu stärken und damit die Investitionen noch effektiver zu machen. Diese Reformen betrafen neben der bereits dargestellten Haushaltsreform vor allem die Hochschulen, den Technologietransfer und die Technologiequalifikation sowie die Internationalisierung. Sie haben die Entwicklung des Freistaats Bayern nachhaltig geprägt.

5.1 Hochschulreform

„Alle bayerischen Hochschulen haben mit der Umsetzung der Hochschulreform begonnen. Das wird zu mehr Effizienz, Wirtschaftlichkeit und Profilierung der Hochschulen führen und sie auch international noch attraktiver machen." (Stoiber 1998)

Die Hochschulreform wurde in der Regierungserklärung vom 23. Mai 1996 angekündigt. Sie war ein integraler Bestandteil der Offensive Zukunft Bayern und ein wesentlicher Eckpfeiler, um Bayern zu einem europäischen Silicon Valley machen. Die Hochschulen in Bayern sollten die Gestaltungsmöglichkeiten erhalten, um sich mit den Hochschulen nicht nur in Deutschland, sondern in Europa und in den USA messen zu können. Dabei ging es nicht darum, Spitzenuniversitäten wie Stanford und Berkeley einfach zu kopieren, wohl aber darum, wesentliche Erfolgsfaktoren in die heimischen Hochschulen zu implementieren.

Ausgangspunkt und Leitlinien waren die vom Wissenschaftlich-Technischen Beirat der Staatsregierung (WTB) im Jahr 1995 entwickelten Leitlinien für die Reform. (WTB, Hochschule 2000) Sie sahen vor allem die Stärkung der Hochschulautonomie und die Einführung eines Hochschulrates vor. Diese Struktur

folgte dem amerikanischen Modell des Board of Trustees, das sich als Aufsichts-
ratsorgan an den US-Universitäten bereits Ende des 19. Jahrhunderts ausgebildet
hatte, um dem Handlungsspielraum der Hochschulen auch eine Kontrolle entgegenzusetzen und gemeinsam mit der Hochschulleitung die Entwicklungslinien
der Hochschule als Mission Statement festzusetzen. Der Wissenschaftlich-Technische Beirat hat damit erstmals in Deutschland wieder Überlegungen aufgegriffen, die 50 Jahre zuvor an den Kultusministern gescheitert waren. (Burtscheidt
2010: 69, 161 ff.)

Bei der Umsetzung der Reformvorstellungen war die TU München der wichtigste Partner für die Staatskanzlei: Sowohl in fachlicher Hinsicht, weil sie als
Technische Universität die Technikwissenschaften in besonderer Weise repräsentierte, als auch in der Bereitschaft ihres seit 1. Oktober 1995 amtierenden neuen
Präsidenten Wolfgang A. Herrmann zu Reformen. Bereits in seiner ersten Rede
am „Dies academicus" am 7. Dezember 1995 zum Thema „Die TUM heute:
alma mater oder aufmüpfige Tochter" hat er erkennen lassen, dass er die Universität in wesentlichen Punkten reformieren wollte. Wenig später, am 12. Januar
1996, hat der Autor in einem ersten Gespräch feststellen können, dass in einer
Vielzahl von Punkten, von der Stärkung der Leitungsfunktion bis hin zur Internationalisierung, Übereinstimmung mit den Vorstellungen des Wissenschaftlich-Technischen Beirats bestand. Ergebnis des nachfolgenden Treffens mit dem
Ministerpräsidenten am 5. März 1996 war, dass auf dieser Basis ein Aktionsplan
für eine Hochschulreform erarbeitet werden sollte. Das Wissenschaftsministerium wurde beauftragt, die notwendigen Änderungen des Bayerischen Hochschulgesetzes vorzubereiten.

Am 13. Mai 1996 wurden die Grundlinien der geplanten Hochschulreform
von Ministerpräsident Edmund Stoiber und Wissenschaftsminister Hans Zehetmair mit den Rektoren und Präsidenten der bayerischen Hochschulen eingehend
erörtert. Der Wissenschaftsminister hat die Grundzüge der Reform in einer Regierungserklärung am 29. Januar 1997 im Landtag vorgestellt. (Plenarprotokoll
13/70: 5051 ff.) Ihre Ziele entsprachen den Vorstellungen, die auch der Offensive Zukunft Bayern zugrunde lagen: Verbesserung des Hochschulmanagements,
Erweiterung der Eigenverantwortung und Autonomie der Hochschulen sowie
Förderung der Leistung, des Wettbewerbs und der Profilbildung.

Der erste Entwurf des Ministeriums blieb jedoch noch hinter den Refor-
merwartungen zurück und wurde von der Presse sehr kritisch aufgenommen.
Ministerpräsident Stoiber stellte in einem Interview am 1. Juli 1997 klar, dass
„weitergehende Experimentierklauseln den Hochschulen die Chance geben (sollten), auch weiterführende Strukturveränderungen wie zum Beispiel das Orga-

nisationsmodell der TUM zu erproben." (Süddeutsche Zeitung, 1. Juli 1997)
Die Reaktion der Hochschulen auf die angekündigte Hochschulreform war sehr
unterschiedlich. Auf der einen Seite stand die Technische Universität München,
deren Präsident Autonomie, Wettbewerb und Weltoffenheit als Grundprinzipien
einer Reform postuliert hatte. Mit einem eigenen Konzeptvorschlag zur Hochschulleitung und Hochschulorganisation vom 28. Mai 1997 ging die TU München über die Vorstellungen des Ministeriums weit hinaus:

— „Der Staat überträgt die Führungs- und Entscheidungshoheit soweit wie möglich auf die Hochschule. Er konzentriert sich auf die Eigentümer- und Richt-
   linienfunktion, insbesondere in der hochschulübergreifenden politischen
   Verantwortung. Diese Verantwortung kann in Ausnahmefällen durchaus in
   fachlichen Vorgaben münden (z.B. Schwerpunktbildungen, Erhalt seltener
   Fächer). Insgesamt erwartet man eine Zurücknahme der ausgedehnten Fachaufsicht durch den Staat. Die Führung sollte durch Zielvereinbarungen zwischen Hochschule und Ministerien erfolgen, deren Erfüllung in erster Linie
   durch den Hochschulrat beobachtet wird."

— „Die Hochschule überträgt die fachlichen Entscheidungen soweit wie möglich
   auf die Fachbereiche (Fakultäten bzw. Departments; Zentrale Einrichtungen).
   Die Ernennung der Professoren bleibt dem Ministerium vorbehalten. Hochschulleitung, Senat und Hochschulrat nehmen fachübergreifende Angelegenheiten wahr. Die kollegiale Hochschulleitung unter Vorsitz des Rektors hat die
   strategische Führung der Hochschule, während die operative Führung bei den
   Entscheidungsträgern (z.B. Lehrstühle, Institute, Fachbereiche/Dekane) liegt.
   Der Fachbereichssprecher (Dekan) ist der Hochschulleitung gegenüber für alle
   in seinem Bereich zu entscheidenden Angelegenheiten verantwortlich."

— „Der Verzicht des Staates auf viele unmittelbare Entscheidungsbefugnisse begründet und rechtfertigt die Stärkung der Kontrollinstanzen in der Universität
   in Gestalt des Hochschulrates. Dieser hat nach Auffassung der TU München
   dann einen besonderen Wert für die Hochschulentwicklung, wenn er mit dem
   Senat zusammenwirkt. Er soll nicht ein vom Senat abgekoppeltes Gremium
   werden."

Für die Ludwig-Maximilians-Universität München war das gemeinsame Ziel un-
strittig, mehr Wettbewerbsfähigkeit und Autonomie anzustreben. Sie sah allerdings die Regelungen über den Hochschulrat kritisch, weil dessen Kompetenzen
zu weit gefasst seien. Dies galt vor allem für das Berufungsverfahren: Hier sollte
der Hochschulrat nur informiert werden, aber keine Entscheidungsbefugnisse
erhalten. (LMU, Pressemitteilung 1998)

In diametralem Gegensatz zu den Reformvorstellungen der TU München erklärte der Präsident der Julius-Maximilians-Universität Würzburg, Professor Theodor Berchem, die anstehende Hochschulreform schlichtweg für überflüssig. Die Reformziele mehr Wettbewerb, mehr Autonomie und moderne Managementstrukturen waren nach seiner Ansicht keine notwendigen Punkte. Stattdessen brauche man mehr Geld, mehr Personal, mehr Mittel und mehr Räume. Die Einrichtung eines Hochschulrates hielt er für den schwersten Eingriff in die Universitätsstrukturen in der 600-jährigen Geschichte der Universität Würzburg. Darin sah er den Versuch, die Universität total zu „verwirtschaften" und aus ihr eine Art GmbH zu machen. Eine Experimentierklausel für Organisationsmodelle würde er nur dazu nutzen, um beim Alten zu bleiben: „Und im Übrigen steht es jedem Präsidenten frei, sie zu nützen. Ich kenne einen, der das gerne möchte, soll er doch. Dann werden wir mal vergleichen nach zehn Jahren, wo das meiste rausgekommen ist." Sein Fazit: „Für mich hätte es keine Novelle gegeben. Ich kann in meiner Universität gut regieren und das, was rausgekommen ist, ist sehr wohl vorzeigbar, in Bayern und anderswo." (JMU, Pressemitteilung 5. November 1997)

Trotz dieser Widerstände hat der bayerische Landtag nach intensiver Diskussion das Hochschulreformgesetz am 24. Juli 1998 (GVBl. 1998: 443) verabschiedet, das am 1. August 1998 zum Auftakt der High-Tech-Offensive in Kraft getreten ist. Damit hat der Freistaat Bayern als erstes deutsches Land eine tiefgreifende Reform der Hochschulen eingeleitet. Ziel der Reform war die Stärkung der Eigenverantwortung der Hochschulen und ihrer Wettbewerbsfähigkeit. Dazu wurden staatliche Zuständigkeiten abgebaut und Organisationsstrukturen reformiert, insbesondere mit der Einführung eines Hochschulrats. Die Hochschulen wurden zuständig für die Genehmigung von Promotions- und Habilitationsordnungen und für die Erteilung der Lehrbefugnis. Sie konnten Bachelor- und Masterstudiengänge zur Erprobung einführen und bis zu einem Drittel der zur Verfügung stehenden Studienplätze im Rahmen eines Auswahlverfahrens vergeben. Die Hochschulplanung wurde als gemeinsame Aufgabe von Staat und Hochschule zur Sicherstellung eines abgestimmten Leistungsangebots definiert. Entscheidendes Merkmal des Reformgesetzes war freilich eine Experimentierklausel.

Die Experimentierklausel

Angesichts der großen Spannbreite zwischen Reformern und Bewahrern war es nachvollziehbar, dass weder die weitergehenden Vorstellungen der TU München

noch die restriktive Position der Würzburger Universität in das Gesetz Eingang
gefunden haben. Die Lösung war die Einfügung einer Experimentierklausel in
Artikel 135 Absatz 2 des Bayerischen Hochschulgesetzes (BayHochSchG 1998).
Ihre Formulierung hatte der Vorsitzende des kulturpolitischen Ausschusses des
bayerischen Landtags, MdL Paul Wilhelm, in der Aussprache zur Regierungserklärung zur Hochschulreform am 29. Januar 1997 vorgeschlagen. „Das Staatsministerium wird ermächtigt, zur Erprobung neuer Modelle der Organisation
der Hochschulen mit dem Ziel einer Verbesserung der Leistungsfähigkeit und
Wirtschaftlichkeit der Hochschule auf deren Antrag von den Bestimmungen der
Art. 21 bis 30, 32, 38 bis 42, 55, 68 und 69 abweichende organisationsrechtli-
che Regelungen durch Rechtsverordnung zu treffen, soweit höherrangiges Recht
nicht entgegensteht." (Plenarprotokoll 13/70: 5073)

Die von der TU München geforderte und von der Staatskanzlei unterstützte
Klausel war die eigentliche Reformleistung des Jahres 1998. Sie eröffnete die
Möglichkeit, abweichende Regelungen insbesondere für die Leitungsstruktur,
die Einrichtung und Zusammensetzung der Organe sowie die Aufgabenvertei-
lung zu treffen. Ausdrücklich angeführt wurde in der Begründung des Hoch-
schul-Reformgesetzes die Umsetzung des von der TU München am 28. Mai
1997 beschlossenen Konzeptvorschlags zur inneren Organisation der Universitäten: „Auf der Grundlage der Experimentierklausel könnten abweichende Modelle, wie etwa der vom Senat der Technischen Universität München am 28. Mai
1997 beschlossene Konzeptvorschlag zur inneren Organisation der Universitäten
im Rahmen der Verordnungsermächtigung und des höherrangigen Rechts umgesetzt werden." (LT-Drs. 13/9713: 48)

Diese Klausel wurde lediglich von der TU München genutzt. Im Rahmen einer Rechtsverordnung, die am 1. Januar 1999 in Kraft getreten ist (GVBl. 1998:
941), ist sie weitgehend von der gesetzlich vorgesehenen Organisation abgewichen. So hat sie, wie vom Wissenschaftlich-Technischen Beirat der Staatsregierung vorgeschlagen, dem Verwaltungsrat nicht nur eine Beratungsfunktion, sondern auch die Befugnis zur Wahl der Mitglieder der Hochschulleitung und zur
Änderung der Grundordnung übertragen.

Die TU München hat damit als erste deutsche Universität einen Hochschulrat
im Sinne der Kompetenzen eines aktienrechtlichen Aufsichtsrates bereits Ende
1998 realisiert. Diese Struktur war eine erhebliche Innovationsleistung, mit der
die Hochschulautonomie wesentlich gestärkt wurde. (Hofmann 2013) Der erste
Hochschulrat in Deutschland nahm am 14. Dezember 1998 seine Arbeit auf.
Sein erster Vorsitzender war mit Jochen Holzer, dem früheren Vorstandsvorsitzenden des Bayernwerks, ein Vertreter der Wirtschaft.

Zeitgleich mit dem Hochschulrat wurden auch die Prinzipien Wettbewerb, Internationalität und Subsidiarität der Hochschulverfassung der TU München zugrunde gelegt. Erwähnt seien beispielhaft die Einführung der sogenannten Eignungsfeststellung, mit der die Studierenden nach Begabung und Eignung für den Studiengang bestmöglich zum Studium ausgewählt werden, die Einführung der zweistufigen akademischen Ausbildung sowie der Aufbau eines systematischen Fundraising zur Erschließung privater sowie institutioneller Geldquellen. Auch damit war die TU München landes- und bundesweit Vorreiter im Reformprozess. Mit der Novelle vom 23. Mai 2006 (GVBl. 2006: 245) wurden die Regelungen der Experimentierklausel entsprechend der seit 1999 praktizierten Organisation der TU München für alle Hochschulen in Bayern verbindlich.

Benchmark Kalifornien

Ein Besuch des Autors bei den amerikanischen Spitzenuniversitäten Stanford und Berkeley im Silicon Valley im November 1998 mit den Präsidenten der TU München und der Universität Erlangen-Nürnberg, Wolfgang A. Herrmann und Gotthard Jasper, diente der Orientierung, ob Bayern mit der Hochschulreform weiterhin auf dem richtigen Weg ist. (Süddeutsche Zeitung, 16. November 1998) Dabei hat sich bestätigt, dass die Eckpunkte der Reform mit mehr Autonomie, Profilbildung, Kooperation und Arbeitsteilung, mehr Auswahl und Elitebildung, mehr Unternehmertum und Gründungskultur und mehr Internationalisierung, zielführend waren, den internationalen Wettbewerb erfolgreich zu bestreiten, aber noch weiter optimiert werden konnten.

Professor Gerhard Casper, seinerzeit Präsident der Stanford University, ist beim Gespräch am 18. November 1998 vor allem auf die Unterschiede zwischen dem Erfolgsmodell des Silicon Valley und der überkommenen Struktur der deutschen Universitäten eingegangen. Als Mitglied der Bund-Länder-Kommission für Bildungsplanung und Forschungsförderung (BLK) war ihm die Hochschulsituation in Deutschland gut vertraut. Den Vorteil von Stanford hat er in einem Satz zusammengefasst, der auch den in deutscher Sprache gehaltenen Wahlspruch der Stanford University bildet: „Die Luft der Freiheit weht", der auf den fränkischen Ritter und Humanisten Ulrich von Hutten zurückgeht. (dazu Sinn 2003: 40, Fn. 15)

Casper hat seinerzeit Feststellungen zur Situation der deutschen Hochschulen getroffen, die (leider) noch immer aktuell sind. Die Freiheit jeder Fakultät, die besten Studenten auszuwählen, sei der entscheidende Erfolgsfaktor für eine Spitzenuniversität. Nur das führe zu Wettbewerb, auch bei den Professoren, und bestimme die Qualität der ausgebildeten Studenten und die Ausbildung exzellenter Unternehmer. Er verwies auch auf die deutlich besseren Arbeits- und Studienbedingungen in Stanford: 1 500 Professoren für 14 000 Studierende (6 500 Studenten, 7 500 Post-Docs), die fast alle auf dem Campus studieren und wohnen.

In Deutschland sei die Forschung gut, da schaue man auch von Stanford nach München zur Max-Planck-Gesellschaft, zu den Münchner Universitäten. Aber durch den Massenbetrieb erfolge eine Nivellierung. Es gebe eine Selbstzufriedenheit vieler Universitäten. Das Bundesrahmengesetz sollte abgeschafft werden. Es müsse mehr Wettbewerb stattfinden. Hochschulräte seien notwendig. Es fehle der Mut zur Exzellenz, zur Elite. Ein Verbot von Studiengebühren sei unsozial, „weil dann die Reichen alles umsonst bekämen". Stipendien gebe es nur bei herausragenden Leistungen. Eine verfasste Studentenschaft sei nicht zielführend.

Das Erfolgsmodell Silicon Valley mit seinem Campus und seinem Research Park könne man durchaus in Teilen kopieren. Um die Rahmenbedingungen für die deutschen Universitäten zu verbessern, müsse man die Auswahl stärken und die Studentenzahlen pro Professor verringern. Das System öffentlicher Universitäten in Deutschland habe durchaus Charme, man müsse es nicht privatisieren. Die TU München könne Modell sein. Deutsche seien in Stanford hinreichend vertreten, vor allem bei den Post-Docs. Dass so wenige amerikanische Studenten in Deutschland studieren, liege in erster Linie an der deutschen Sprache. Wichtig sei es vor allem, gute Studenten in Deutschland zu halten.

Casper machte deutlich, dass man bei Hochschulreformen in Deutschland nicht nur auf die Privatuniversitäten in den USA schauen dürfe, sondern auch auf staatliche Spitzenuniversitäten wie die Universität Berkeley, die der Autor am nächsten Tag besucht hat. Die University of California (UC) Berkeley weist anders als die private Universität Stanford einige strukturelle Gemeinsamkeiten mit den öffentlichen Universitäten in Deutschland auf. Sie ist eine staatliche Universität, die mit insgesamt zehn Universitäten des Staates Kalifornien einen Verbund bildet. Mit heute rund 38 000 Studenten ist sie eine Massenuniversität in der Größenordnung wie die beiden Münchner Universitäten oder die Universität Erlangen-Nürnberg. Sie erhält staatliche Mittel, die seinerzeit ein Drittel des Budgets ausgemacht haben. Bis 2014 sind diese auf nur noch 14 Prozent des Gesamtbudgets von 2,3 Milliarden US-Dollar gesunken. 28 Prozent des Haushalts kommen aus Studiengebühren, 58 Prozent aus Fonds- und Drittmitteln. (UC Berkeley, Budget Plan 2013-14) Die Studiengebühren lagen seinerzeit bei 3 700 US-Dollar für einen Kalifornier, für die übrigen Studierenden bei 12 600 US-Dollar pro Semester. Heute betragen sie 13 518 US-Dollar beziehungsweise 41 078 US-Dollar. (Wikipedia für 2015)

Anders als für Stanford ist die Auswahl der Studenten an der Universität Berkeley nicht unbeschränkt. In das dreistufige Hochschulsystem Kaliforniens müssen insgesamt alle Highschool-Absolventen aufgenommen werden, wobei aber eine Differenzierung nach dem jeweiligen Hochschultyp gilt. Die besten 12,5 Prozent kommen nach individueller Auswahl an eine der zehn Universitäten der University of California (UC, neben Berkeley unter anderem San Diego, San Francisco, Los Angeles), weitere 33,3 Prozent werden ebenfalls nach individueller Auswahl von einer der 23 Hochschulen der California State University (CSU) aufgenommen, und die verbleibenden Absolventen erhalten freien Zugang zu einem der 112 California Community Colleges (CCC). (Wissenschaftsrat, 12. November 2010: 116) Abgesehen von diesen Zugangsregeln ist die Universität Berkeley autonom, was zum Beispiel die Berufung von Professoren und die innere Organisation angeht. So gilt ein strenges Leistungs- und Evaluierungsprinzip: Berkeley lässt seine Professoren ständig benoten mit erheblichen Folgen auch finanzieller Art. (Die Zeit, 13. Dezember 2005)

Profilbildung

Ein entscheidendes Kriterium für die Wettbewerbsfähigkeit der bayerischen Universitäten war und ist ihre Profilbildung, die bereits mit der Schwerpunkt- und Netzwerkbildung der Offensive Zukunft Bayern vorgezeichnet war. Diese Entwicklung wurde mit der Hochschulreform 1998 weiter verstärkt. Staatliche Mittel für Forschung und Lehre wurden leistungs- und belastungsbezogen zugewiesen. Dabei sollte der Hochschulrat der Hochschule wichtige Impulse geben. Seiner Zustimmung bedurfte auch die Umwidmung von Professuren, die für die Profilbildung der Hochschule von besonderer Bedeutung sind. (HSchG 1998, Begründung zu Art. 26 Gesetzentwurf, LT-Drs. 13/9713)

Wesentlich für die weitere Profilbildung waren die Empfehlungen der von Professor Jürgen Mittelstraß geleiteten Expertenkommission „Wissenschaftsland Bayern 2020" vom 1. April 2005, an der auch Professor Casper mitgewirkt hat. Danach sollten die Universitätsprofile unter dem Gesichtspunkt unterschiedlicher Funktionen für international führende Universitäten einerseits und der Förderung der regionalen Entwicklung andererseits weiter entwickelt werden. Zugleich sollten die leistungsabhängig eingesetzten Mittel deutlich erhöht werden. Die Schwerpunktbildung sollte auch zwischen den Universitäten unter Einbeziehung der Fachhochschulen und der außerhochschulischen Forschungseinrichtungen erfolgen. Wie die Kommission festgestellt hat, war die Optimierung des universitären Wissenschaftssystems durch Fächer- und Studiengangabgleich in

Nordbayern zwischen den Universitäten in Bamberg, Bayreuth, Erlangen-Nürnberg und Würzburg am weitesten gediehen. In Südbayern war insbesondere die Kooperation und Abstimmung zwischen den beiden Münchner Universitäten noch zu verbessern. (Wissenschaftsland 2005)

Verbindlich wurden die Empfehlungen der Kommission mit dem zwischen dem Freistaat und den Hochschulen abgeschlossenen Innovationsbündnis Hochschule 2008 vom 21. Juli 2006 und dessen Fortschreibungen vom 24. Juni 2008 und vom 8. Juli 2013 (Wissenschaftsministerium, Innovationsbündnis) und den auf dieser Grundlage abgeschlossenen Zielvereinbarungen zwischen den einzelnen Hochschulen und dem Staatsministerium für Wissenschaft und Kunst (Wissenschaftsministerium, Zielvereinbarungen). Das Verhältnis von Freistaat Bayern und bayerischen Hochschulen stand nunmehr, wie bereits vom Wissenschaftlich-Technischen Beirat 1995 vorgeschlagen, auf einer neuen Grundlage. Diese war nicht mehr hoheitlich-obrigkeitlich, sondern partnerschaftlich geprägt. Mit den bereits im Konzept der TU München von 1997 vorgesehenen Zielvereinbarungen legten Staat und Hochschule Schwerpunkte für die Entwicklung und Profilbildung der nächsten Jahre transparent und nachprüfbar fest. Zugleich zog sich der Staat aus der Detailsteuerung in der Umsetzung zurück. Der so entstehende hochschulinterne und -übergreifende Wettbewerb führte zu einem dynamischen Veränderungsprozess.

Hochschulprofile

Die einzelnen Universitäten haben in ihren Optimierungskonzepten und Zielvereinbarungen mit dem Ministerium ihre jeweilige Profilbildung und deren Ausbau festgelegt. Für den Bereich der Lebens- und Technikwissenschaften hat sich die Entwicklung ihres jeweiligen Profils maßgebend an der Offensive Zukunft Bayern ausgerichtet.

– Die TU München beschreibt als ihre primären Kernkompetenzen die Ingenieur-, Natur- und Lebenswissenschaften sowie die Medizin. Von den in der Zielvereinbarung 2008 als profilgebend angeführten Bereichen wurde gut die Hälfte durch die Offensive Zukunft Bayern auf den Weg gebracht. Bei den Forschungszentren betrifft dies die Neutronenquelle FRM II, das gemeinsame Beschleunigerlaboratorium der beiden Münchner Universitäten, das Zentralinstitut für Ernährung und Lebensmittelforschung in Weihenstephan, das Zentralinstitut für Medizintechnik in Garching, das Kompetenzzentrum für Bauchemie in Trostberg. Von den Forschungsschwerpunkten sind zu nennen: Neutronenforschung und -anwendung auf allen Gebieten von Naturwissen-

schaft, Technik und Medizin, Software-Engineering, molekulare Biowissenschaften, Biotechnologie, nachwachsende Rohstoffe, Lebensmittel- und Ernährungswissenschaften auf biomolekularer Grundlage, Medizintechnik mit
Zielrichtung klinische Therapie und Biomedical Engineering, Material- und
technische Werkstoffforschung sowie technische Umweltforschung.

— Das Zukunftskonzept der Universität München benennt als zu vernetzende
Schwerpunktthemen: Moderne Arbeitswelt und Bildung, Area Studies, Kultur
und Herkunft, Governance, Lebenswissenschaften, Biomedizin, Molekular-
und Nanowissenschaften. Den umfangreichsten Schwerpunkt in der Profilbildung bilden dabei die von der Offensive Zukunft Bayern geförderten Felder
der Lebenswissenschaften und der Biomedizin.

— Die Profilbildung der Universität Erlangen-Nürnberg wurde durch die mit
der Offensive entwickelten Schwerpunkte Medizintechnik und neue Materialien geprägt. Die Medizintechnik wird optimiert durch das Health Technology Assessment, neue Lehrstühle für Biomaterialien und für Medizinische
Biotechnologie sowie durch den Exzellenzbereich „Advanced Materials and
Processes“. Die interdisziplinäre Materialforschung (Zentrum für Molekulare
Medizin, Studiengang Molecular Science) der Offensive Zukunft Bayern wird
weiter ausgebaut mit einem Zentrum für Molekulare Materialien. Zu dem
im Rahmen der High-Tech-Offensive geschaffenen Lehrstuhl für Kristallographie und Strukturphysik wird die Würzburger Professur für Kristallstruk-
turlehre nach Erlangen verlagert. Ferner sieht das Optimierungskonzept der
Universität Erlangen-Nürnberg auch den Aufbau eines gemeinsam mit der
Universität Bayreuth und dem Süddeutschen Kunststoffzentrum Würzburg
getragenen Zentrums für Polymerforschung vor. Der Schwerpunkt „Optik
und optische Technologien“ mit den Erlanger Fraunhofer-Instituten und dem
Max-Planck-Institut für die Physik des Lichts wird durch die Einrichtung eines Lehrstuhls „Photonische Technologien“ verstärkt.

— Besondere Schwerpunkte in der Forschung der Universität Würzburg für die
Schlüsseltechnologien wurden, wie in der Offensive Zukunft Bayern angelegt, im Bereich Biomedizin gesetzt. Dies zeigen die im Optimierungskonzept dargestellten zwölf Zentren, darunter das Zentrum für Magnetresonanz,
gefördert aus der High-Tech-Offensive. Einen weiteren Schwerpunkt in der
Materialwissenschaft bildet die Nanotechnologie mit zwei Forschungsverbünden, FORNano und FORnel, sowie 2006 mit dem Cluster „Nanoskalige
Systeme“ mit Sitz in Würzburg. Weitere Cluster mit Würzburger Beteiligung
werden für Informationstechnologie, Funktionswerkstoffe und Life-Sciences
genannt.

- Die Universität Augsburg baut die vorhandenen Schwerpunkte zu drei Kompetenzzentren aus: Innovative Technologien, Material Sciences und Angewandte
  Informatik (Forschungsverbund), Global Business and Law (Forschungsverbund) und Kultur- und Bildungswissenschaft (Lehr- und Forschungsverbund).
  Ausdrücklich wird in der Zielvereinbarung 2008 die Bedeutung der Offensive
  für die Profilbildung der Universität Augsburg hervorgehoben: „Im Rahmen
  der Offensive Zukunft Bayern und der High-Tech-Offensive Bayern wurden
  wesentliche Akzente zur Neuprofilierung der Universität gesetzt. In den Bereichen Material Sciences und Informatik investierte der Freistaat beträchtliche
  Mittel und Stellen zur Errichtung des Anwenderzentrums für Material- und
  Umweltforschung (AMU) und zum Ausbau der Informatik zu einer neuen
  Fakultät für angewandte Informatik. Aktuell errichtet der Freistaat Bayern auf
  dem Universitätscampus einen zentralen Neubau für Angewandte Informatik.
  Die Nachhaltigkeit dieser Investitionen soll durch weitere Stellen und durch
  einen neuen profilierenden Forschungsverbund verstetigt und gestärkt werden.“
- Die Universität Bayreuth hat neun Profilfelder definiert, die fachübergreifende
  Forschungscluster bilden. Im Bereich der von der Offensive Zukunft Bayern
  geförderten Technikwissenschaften sind hervorzuheben: Die Makromolekül-
  und Kolloidforschung, neue Materialien, molekulare Biowissenschaften und
  nichtlineare Dynamik.

Für die Profilbildung der primär geisteswissenschaftlich ausgerichteten Universitäten Bamberg, Passau und Regensburg war die technologische Zielsetzung der
Offensive naturgemäß nicht in gleichem Maße bedeutsam wie bei den vorrangig
natur- und ingenieurwissenschaftlich orientierten Hochschulen. Aber auch dort
wurden die Zielsetzungen der Offensive Zukunft Bayern in das jeweilige Profil
aufgenommen.

- Dazu gehört bei der Universität Bamberg das Forschungsnetzwerk Wirtschaftsinformatik Nordbayern (FORWIN), für das die Universitäten in Bamberg,
  Bayreuth, Erlangen-Nürnberg, Regensburg und Würzburg 9,5 Millionen DM
  erhalten haben. Forschungsgegenstand des von 2000 bis 2005 bestehenden
  Verbundes war der Einsatz von Softwarebausteinen in Unternehmen und Verwaltung. Der Verbund führte zur Errichtung der Fakultät Wirtschaftsinformatik und Angewandte Informatik (WIAI) an der Universität Bamberg zum
  1. Oktober 2001. Diese verbindet die Wirtschaftsinformatik mit kultur- und
  humanwissenschaftlich ausgerichteten angewandten Informatiken sowie klassischen Fachgebieten der theoretischen und praktischen Informatik. Dieser im

deutschsprachigen Raum bislang einmalige interdisziplinäre Zuschnitt wird
aktuell weiter ausgebaut. Im November 2015 hat ein Zentrum für innovative
Anwendungen der Informatik seine Tätigkeit aufgenommen, das sich vor allem mit der Erforschung, Entwicklung und Erprobung von innovativen Informationstechnologien für geistes-, kultur-, sozial- und humanwissenschaftliche
Disziplinen befasst.

— Die Entwicklung der Universität Passau bestimmen weiterhin die Profilberei-
che Kulturwirtschaft, Internationalisierung und Sprachenerwerb, Informatik
und Informationstechnologie, Recht und Wirtschaft sowie Lehrerbildung.
Damit haben auch die Maßnahmen der Offensive Zukunft Bayern zum Ausbau der Informations- und Kommunikationstechnik in Passau mit der angewandten Informatik, dem Zentrum für Anwendungen der Informatik der
Universität Passau und dem Campuszentrum für IT-Dienstleistungen zur
Profilbildung beigetragen. Im April 2006 wurde das mit dem „International
House" in einem Gebäude untergebrachte IT-Zentrum eröffnet, das unter anderem den Forschungscampus Informatik beherbergt. Darin sind die Univer-
sitätsinstitute IFIS (Institut für Informationssysteme und Softwaretechnik),
FORWISS (Institut für Softwaresysteme in technischen Anwendungen der
Informatik) und ISL (Institut für IT-Sicherheit und Sicherheitsrecht) untergebracht. Ein Gründerzentrum wurde in der Universität Passau nicht verwirklicht, wohl aber eine Transferstelle mit Gründerberatung.

— An der Universität Regensburg wurde die Biomedizin im Rahmen der Offensive Zukunft Bayern als profilgebende Schlüsseltechnologie gefördert. Im
Optimierungskonzept sind dementsprechend neben dem Ausbau des Schwer-
punkts Mittel-, Ost- und Südosteuropa der Aufbau eines Zentrums für zel-
luläre Biochemie und Biophysik und der weitere Auf- und Ausbau des Neu-
rowissenschaftlichen Zentrums vorgesehen. In der Zielvereinbarung wird die
Biomedizin in Regensburg mit einem Sonderforschungsbereich „Struktur,
Funktion und Biogenese von Ribonukleoprotein-Komplexen" weiter entwickelt.

Auswahl und Elitebildung

Wie Präsident Casper im November 1998 festgestellt hat, ist das Recht, die Studenten selbst auszuwählen, ein entscheidendes Kriterium für eine internationale
Spitzenuniversität.

Die Hochschulreform 1998 brachte einen ersten Einstieg zur Förderung des
Wettbewerbs zwischen den Hochschulen und zur Stärkung ihrer Eigenverant-

wortung. Es wurde die Möglichkeit geschaffen, einen Teil der zur Verfügung
stehenden Studienplätze nach einem von den Hochschulen durchzuführenden
Auswahlverfahren zu vergeben. Mit dem bayerischen Hochschulgesetz 2006
wurde die Regelung deutlich ausgeweitet auf alle Fächer, für die kein numerus
clausus besteht. Seither können die Hochschulen in Bayern den Nachweis der
Eignung in einem Eignungsfeststellungs-Verfahren verlangen, wenn das betref-
fende Studium besondere qualitative Anforderungen stellt. Das betrifft derzeit
20 Bachelor- und 102 Master-Studiengänge an der TU München. (tum.de, Arten der Zulassung, aufgerufen 30. Dezember 2017)

Die Förderung besonders begabter junger Menschen hat in Bayern eine lan-
ge Tradition. Sie reicht zurück bis ins Jahr 1852, als König Maximilian II. von
Bayern die noch heute bestehende Stiftung Maximilaneum zu dem Zweck
gegründet hat, hochbegabten bayerischen Abiturienten ein Studium an einer
Münchner Universität zu ermöglichen. Diese Tradition wurde im Rahmen der
High-Tech-Offensive weitergeführt. Auf dem Zukunftskongress in Garching am
17. Juni 1998 von Ministerpräsident Stoiber angekündigt, wurde die Bayerische
Elite-Akademie noch im gleichen Jahr als Stiftung der bayerischen Wirtschaft gegründet. Zu den Gründungsstiftern gehörten unter anderem die Unternehmen
Allianz, BMW, Siemens und VIAG. (Website eliteakademie.de) Das Vermögen
der Stiftung betrug 2012 rund 20 Millionen Euro. Die Initiative hierfür ging
vom Wissenschaftlich-Technischen Beirat aus und da besonders von Professor
Franz Mayinger. Die Elite-Akademie mit Sitz in München im ehemaligen Gebäude der bayerischen Staatskanzlei in der Prinzregentenstraße nimmt jedes Jahr
rund 35 Studenten auf.

Ein weiterer Baustein der Eliteförderung war das von Ministerpräsident Stoiber in der Regierungserklärung am 29. Januar 2003 angekündigte Elitenetzwerk
Bayern, das der Freistaat im Folgejahr als erstes deutsches Land für besonders
motivierte und leistungsfähige Studierende, Promovierende und Postgraduier-
te eingerichtet hat. Die Staatsregierung hat dafür 223 Stellen und mit Unterstützung der Vereinigung der bayerischen Wirtschaft insgesamt 14 Millionen
Euro als Anschubfinanzierung bereitgestellt. Die bisherige Förderung durch das
Bayerische Begabtenförderungsgesetz von 1966 wurde im Jahr 2004 als Bayerisches Eliteförderungsgesetz in das neue Gesamtkonzept zur Begabtenförderung
integriert. Das Netzwerk umfasst derzeit neben 27 Elitestudiengängen an den
bayerischen Universitäten das Max Weber-Programm Bayern, internationale
Doktorandenkollegs, Forschungsstipendien sowie internationale Nachwuchsfor-
schergruppen. Pro Jahr werden 400 Stipendien vergeben.

Mehr Finanzautonomie

Zur Autonomie einer Hochschule gehört auch die Finanzautonomie. Wesentliche Elemente sind dabei Globalhaushalte, Drittmittel und Studienbeiträge. Auch hierzu hat die Offensive Zukunft Bayern beigetragen. Obwohl Globalhaushalte an Hochschulen bereits in vielen anderen deutschen Ländern eingeführt oder erprobt wurden, hat Staatsminister Hans Zehetmair in seiner Erklärung zur anstehenden Hochschulreform 1998 festgestellt, einen Globalhaushalt, der die Bereitstellung einer einzigen Gesamtsumme für jede Hochschule vorsehen würde, werde es nicht geben. Er werde von den bayerischen Hochschulen auch nicht angestrebt. Stattdessen sollte die Flexibilisierung der Hochschulhaushalte vor allem dadurch erfolgen, dass Sach- und Personalmittel weitgehend zusammengefasst würden. (Plenarprotokoll 13/70, 29. Januar 1997) Demgegenüber hat Ministerpräsident Edmund Stoiber Ende 2003 angekündigt: „An Hochschulen, die bereits jetzt über das notwendige Instrumentarium verfügen, erproben wir jetzt Globalhaushalte." (Stoiber 2003) Der Hochschulrat der TU München hat diese Aussage mit einer Resolution für mehr Finanzautonomie aufgegriffen und die Einrichtung eines Globalhaushalts gefordert, der fünf Jahre Planungssicherheit für die staatliche Grundfinanzierung gibt. (TUM 2004) Nachdem das Bayerische Hochschulgesetz 2006 die Einführung von Globalhaushalten ermöglicht hat, wurde entsprechend der Zielvereinbarung 2008 mit der TU München zum Doppelhaushalt 2007/2008 ein Globalhaushalt mit vier Haushaltstiteln als „4-Säulen-Modell" eingeführt. Mit Ausnahme der Hochschule München haben die anderen Hochschulen in Bayern diese Möglichkeit bis heute nicht genutzt.

Im Hochschulgesetz 1998 wurde zur Förderung des internen und externen Wettbewerbs der Hochschulen bestimmt, dass Mittel für Lehre und Forschung leistungs- und belastungsbezogen zugewiesen werden. (Art. 7 Abs. 1 Satz 2) Neben anderen Kriterien ist dabei auch der Anteil der eingeworbenen Drittmittel angemessen zu berücksichtigen. Als Drittmittel gelten die Mittel zur beziehungsweise aus der Förderung der Wissenschaft, aus sonstigen Zuweisungen vom Bund, Einnahmen aus dem Betrieb der Institute und Laboratorien, aus Zuschüssen der Deutschen Forschungsgemeinschaft, der Europäischen Union, von Sonstigen für Stiftungsstellen und Zuschüssen für die Exzellenzinitiative. (DHH 2015/2016, Epl. 15 TUM) Drittmittel werden als Indikator für die wissenschaftliche Leistungsfähigkeit einer Hochschule angesehen. Eine Analyse der Finanzierungsstruktur der bayerischen Universitäten (ohne Klinika) seit Beginn der Hochschulreform 1998 bis heute zeigt folgende Entwicklung auf:

Zum einen ist der Anteil der Drittmittel an den Gesamtausgaben bis 2015
von 21 auf 29,5 Prozent gestiegen, während der Anteil der staatlichen Grundsicherung von 74,7 auf 67 Prozent gesunken ist. Die TU München weist 2015
mit 36,9 Prozent den höchsten Drittmittelanteil auf, gefolgt von der Universität
Erlangen-Nürnberg mit 33,5 Prozent, der Universität Würzburg mit 31 Prozent
und der Universität München mit 28,7 Prozent. (LT-Drs. 17/14769, 8. Dezember 2016) Damit ist der Anteil der Drittmittel im nationalen Vergleich überpro-
portional hoch. Nach Darstellung der Hochschulrektorenkonferenz (HRK) vom
22. November 2011 ist er bundesweit von 2000 bis 2010 lediglich von elf auf
20 Prozent der Hochschulausgaben angestiegen. Zieht man den Vergleich zur
Finanzierungsstruktur der Universität Berkeley, dann fällt auf, dass die staatlichen Mittel dort nur noch 14 Prozent des Gesamtbudgets von drei Milliarden
US-Dollar ausmachen, während 58 Prozent aus Fonds- und Drittmitteln stammen. Der gravierendste Unterschied ist freilich der Anteil von 28 Prozent aus
Studiengebühren. (UC Berkeley, Budget Plan 2013-14)

Das Thema Studiengebühren war in Deutschland anders als in den USA immer höchst umstritten. Die Hochschulrektoren befürworteten Studiengebühren, die Studenten lehnten sie ab. Im Bayerischen Hochschulgesetz 1998 wurde
an der grundsätzlichen Gebührenfreiheit festgehalten, aber gleichwohl ab dem
Sommersemester 1999 eine Gebühr von 1 000 DM je Semester für ein Zweit-
studium eingeführt. Demgegenüber stellte Ministerpräsident Stoiber in seiner
Regierungserklärung vom 6. November 2003 fest:

„Wir treten dafür ein, Studiengebühren zuzulassen. Studiengebühren sind für
uns untrennbar verbunden mit leistungsabhängigen Stipendien, sozial ausgewo-
genen Studiendarlehen sowie einem Mehrwert für die Studenten durch verbesserte Studienbedingungen. Für die Überschreitung der Regelstudienzeiten werden
künftig Gebühren erhoben." Nachdem das Bundesverfassungsgericht der Nor-
menkontrollklage Bayerns und der anderen unionsgeführten Länder im Urteil am
20. Mai 2005 (BVerfGE 112, 226 ff.) stattgegeben und das bisherige Verbot von
Studiengebühren im Hochschulrahmengesetz aufgehoben hatte, war der Weg frei
für allgemeine Studiengebühren in Bayern. Diese wurden ab dem Sommersemester 2007 erhoben, ebenso wie in sechs weiteren Ländern. (Baden-Württemberg,
Hamburg, Hessen, Niedersachsen, Nordrhein-Westfalen, Saarland)

Das Ende der Studiengebühren in Bayern kam im Jahre 2013 mit dem Volksbegehren „Nein zu Studiengebühren in Bayern". Ab Oktober dieses Jahres sind
die Studiengebühren in Bayern damit weggefallen. Verblieben sind lediglich die
Semesterbeiträge von derzeit 117 Euro für die Leistungen der Studentenwerke.
Auch die anderen Bundesländer haben bis 2014 die Studiengebühren wieder

abgeschafft. Diese Entscheidung bedeutete, über die strukturelle Veränderung der Hochschulfinanzierung hinaus, eine erhebliche Mehrbelastung für den bayerischen Staatshaushalt. Der Anteil der Studienbeiträge an der Gesamtfinanzierung der Hochschulen hatte – bezogen auf die im Staatshaushalt veranschlagten Mittel – etwa 4,4 Prozent betragen. Zum Ausgleich für die entfallenden Studiengebühren stellte der Freistaat im Doppelhaushalt 2013/14 den Hochschulen 219 Millionen Euro zur Verfügung, in den Folgejahren jährlich 194 Millionen Euro.

Unternehmertum

Im Hochschulgesetz 1998 wurde die traditionelle Aufgabenstellung der Universitäten, wonach sie vornehmlich der Forschung und Lehre dienen und diese zu einer vorwiegend wissenschaftsbezogenen Ausbildung verbinden, ergänzt durch die Feststellung: „Die Hochschulen wirken entsprechend ihrer Aufgabenstellung mit der Wirtschaft und der beruflichen Praxis zusammen und fördern den Wissens- und Technologietransfer." (Art. 2 Abs. 1 Satz 4, Absatz 6 Satz 3) Damit wurde anerkannt, dass die Universitäten auch Motoren für Innovationen und unternehmerisches Denken und Handeln sind. Dies führte zu einem neuen Leitbild, der „unternehmerischen Universität". Ausgangspunkt war die Öffnung der Universitäten für einen mit externen Persönlichkeiten besetzten Hochschulrat, um die Hochschulen erfolgsorientiert und evaluiert wie ein Unternehmen zu führen. Dazu kam die Ausrichtung auf Technologietransfer in die Wirtschaft, insbesondere auch durch Ausgründung von Unternehmen.

Die TU München nahm sich der unternehmerischen Ausrichtung der Universität besonders konsequent an. Sie verweist auf ihre lange Gründungstradition mit Carl von Linde als erstem Entrepreneur, aus dessen „Gesellschaft für Lindes Eismaschinen AG" von 1877 das heutige Weltunternehmen „The Linde Group" hervorging. Sie gab sich das Leitbild „Unternehmerisch Denken und Handeln". Dabei versteht die TU München die „unternehmerische Universität" ausdrücklich nicht als Wirtschaftsunternehmen, sondern als Wissenschaftsunternehmen, als Gegenentwurf zur traditionellen behördlichen Universität. Wissenschaftlichkeit, Wettbewerblichkeit und Internationalität sind die Unternehmensziele, um der Gesellschaft am besten zu dienen. Als Entrepreneurial University verfolgt sie ein umfassendes Programm zur Fokussierung auf die Spitzenforschung (TUM Institute for Advanced Study), zur Förderung des wissenschaftlichen Nachwuchses, zur Ausgestaltung einer modernen „Gender und Diversity-Politik" sowie zur Dynamisierung der unternehmerischen Universitätskultur. (tum.de, 5/2011, aufgerufen 30. Dezember 2017)

Mit diesem Konzept konnte sie in der Exzellenz-Initiative des Bundes und der Länder 2006 den Titel einer Eliteuniversität erringen und ihn 2012 wieder verteidigen. Ein wesentlicher Baustein dafür war die Förderung von Unternehmensgründungen aus der Hochschule heraus. Hierzu hatte Staatsminister Hans Zehetmair in seiner Regierungserklärung am 29. Januar 1997 festgestellt: „Bayern braucht deshalb in den nächsten fünf Jahren einen Zuwachs von neuen, selbständigen Unternehmen, um den wirtschaftlichen Strukturwandel erfolgreich bewältigen zu können. Besonders wichtig sind hierbei Existenzgründungen aus dem Bereich der Hochschule heraus. Nur wenn es uns gelingt, auf den Gebieten der strategisch wichtigen Technologien wie zum Beispiel der Informations- und Kommunikationstechnologie, der Biotechnologie, der neuen Werkstoffe oder der Lasertechnik eine Führungsposition auf den Weltmärkten zu erobern oder zu behaupten, können wir Arbeitsplätze sichern und zukunftsträchtige neue Arbeitsplätze schaffen. Deshalb legt die Staatsregierung ein Förderprogramm für den leichteren Übergang in eine Gründerexistenz – FLÜGGE genannt – auf." (Plenarprotokoll 13/70: 5051 ff.)

Das 1997 erstmals eingeführte und noch heute erfolgreiche Programm wurde in der High-Tech-Offensive mit 11,4 Millionen DM gefördert. Es ermöglicht Absolventen und Mitarbeitern der Hochschulen mit innovativen Ideen, parallel zur Vorbereitung einer Unternehmensgründung für ein bis zwei Jahre an einer Hochschule zu arbeiten und dadurch ihren Lebensunterhalt zu sichern. Die Förderung erfolgt in Höhe der Vergütung einer Halbtagskraft mit Hochschulabschluss im öffentlichen Dienst. (Wirtschaftsministerium 2015) Für dieses Programm wurden bis einschließlich 2015 elf Millionen Euro aus Privatisierungserlösen und Haushaltsmitteln aufgewendet. Bisher wurden 153 Vorhaben gefördert. 95 Unternehmen mit über 1 350 Arbeitsplätzen sind weiter eigenständig am Markt, davon drei börsennotiert. (4 SC-Würzburg, BioGate-Erlangen, Wilex-TU München; siehe fact sheet Flügge, LMU 1. April 2016) Die in diesem Zeitraum geförderten Projekte verteilen sich nach Angaben des Wirtschaftsministeriums wie folgt auf die Regierungsbezirke: Oberbayern 76, Niederbayern zehn, Oberpfalz neun, Oberfranken sieben, Mittelfranken 22, Unterfranken 17, Schwaben zehn. (LT-Drs. 17/3056, 19. September 2014)

In der Folgezeit wurden weitere Programme, Einrichtungen und Netzwerke geschaffen, um Unternehmensgründungen aus den Universitäten und Fachhochschulen heraus zu aktivieren. Zu nennen sind hier insbesondere das im Jahr 2000 im Rahmen der High-Tech-Offensive ins Leben gerufene Programm Hochsprung. Es bietet eine hochschulnahe Gründungsberatung, die Einrichtung von Gründerbüros und Transferstellen an den Hochschulen sowie die Beteiligung an Gründerzentren. Diese Einrichtungen haben sich im Jahr 1994 in der „Arbeitsgemeinschaft der Transferstellen Bayerischer Universitäten" (TBU) zusammengeschlossen unter anderem mit dem Ziel, die Gründung von Unternehmen aus den Universitäten zu begleiten und den Wissenstransfer zwischen Universitäten und Wirtschaft zu fördern. Soweit universitäre Ausgründungen nicht aus Gründerzentren erfolgen (siehe Kapitel vier, Abschnitt neun), liegen nur vereinzelt Zahlen vor. So berichtet die Transferstelle der Universität Würzburg, dass sich seit 1990 über hundert Start-ups aus der Hochschule etablieren konnten. (JMU 2017) Die Erlanger Universität teilt mit, dass 107 Ausgründungen aus den vergangenen 20 Jahren am Markt aktiv sind, die rund 2 180 Arbeitsplätze geschaffen haben. (FAU 2013) Die meisten Unternehmensgründungen werden von der TU München vermeldet. Danach sind seit 1990 rund 650 Unternehmen mit rund 14 300 Beschäftigten aus der Technischen Universität hervorgegangen. (TUM Rankings 2014)

Der „Gründungsradar" 2016 des deutschen Stifterverbandes, der die Hochschulprofile in der Gründungsförderung an deutschen Hochschulen vergleicht, bestätigt, dass die TU München ex aequo mit der Hochschule München insoweit an der Spitze steht. Von den weiteren bayerischen Hochschulen belegen die Universität Würzburg Rang zehn, die FAU Erlangen, die Ludwig-Maximilians-Universität und die Universität Regensburg die Plätze 20, 25 und 28. (Deutscher Stifterverband 2016: 16 f.)

Patentförderung

Der Wissens- und Technologietransfer aus den Hochschulen ist ein wesentliches Element zur Modernisierung der Wirtschaftsstrukturen und zur Förderung der wirtschaftlichen Dynamik. Zu den notwendigen Voraussetzungen des Technologietransfers gehört auch der wirksame Schutz des geistigen Eigentums für innovative Ideen. Das ist für eine technologieorientierte Wirtschaft ein zentrales und existenzielles Thema, damit sich Innovationen im Markt etablieren und behaupten können. Mit der Hochschulpatent-Initiative „Bayern Patent", in der High-Tech-Offensive mit sieben Millionen DM gefördert, wurde im Jahr 2000 eine Infrastruktur zur Patentierung und Verwertung von Erfindungen aus den bayerischen Hochschulen geschaffen, die den Transfer wissenschaftlicher Ergebnisse in die Wirtschaft bis heute intensiviert.

Ziel der Patentinitiative ist die verstärkte Nutzung des Patentsystems durch die Hochschulen im Freistaat. Alle Dienstleistungen und Aufwendungen, die zur Erlangung und Aufrechterhaltung eines Patentes notwendig sind, werden durch die

Initiative getragen und sind für die Erfinder kostenfrei. Zudem partizipiert der Hochschulerfinder verglichen mit anderen Arbeitnehmern stark an den Erlösen. Dazu wurden neben dem Einsatz von Erfinderberatern an den Hochschulen an der Fraunhofer-Patentstelle für die deutsche Forschung (PST) in München ein Patentbüro zur Beurteilung der Diensterfindungen und ein Lizenzbüro für die Verwertungsstrategie eingerichtet, das die Bayerische Patentallianz GmbH (Bay-PAT) mit Sitz in München, ein Unternehmen der Universität Bayern e.V. und der Hochschule Bayern e.V., im Jahr 2007 übernommen hat. Die Patent- und Verwertungsagentur (PVA) evaluiert und vermarktet die Erfindungen von mehr als 23 000 Wissenschaftlern an den 28 Hochschulen in Bayern. In der Summe hat die Bayerische Patentallianz von 2007 bis 2015 2 263 Erfindungsmeldungen aus den Bereichen Life Sciences und Physical Sciences evaluiert, 1 800 aktive Firmenkontakte generiert, 559 Patentanmeldungen initiiert, 223 Verwertungs- verträge mit der Industrie abgeschlossen und dabei 6,74 Millionen Euro Umsatz erzielt. (baypat.de, aufgerufen 10. Oktober 2017)

Exzellenz

Bester Gradmesser der positiven Auswirkungen der Offensive Zukunft Bayern für die bayerischen Universitäten sind die Ergebnisse der Exzellenzinitiative von Bund und Ländern. Diese Initiative wurde am 16. Juni 2005 beschlossen mit dem Ziel, den Wissenschaftsstandort Deutschland nachhaltig zu stärken, seine internationale Wettbewerbsfähigkeit zu verbessern und die universitäre Spitzen- forschung sichtbarer zu machen. Für die beiden Förderphasen (2005 bis 2011 und 2011 bis Ende 2017, verlängert bis Ende Oktober 2019) stellen Bund und Länder den deutschen Hochschulen insgesamt rund 4,6 Milliarden Euro zur Ver- fügung. Die Kosten für das Eliteprogramm teilen sich der Bund und das jeweilige Sitzland im Verhältnis 75 zu 25 Prozent. Die Exzellenzinitiative hat die Förde- rung der universitären Spitzenforschung im Fokus mit dem Ziel, die deutschen Universitäten für das erfolgreiche Bestehen im schärfer werdenden nationalen und internationalen Wettbewerb zu stärken. Ihre strategischen Zielsetzungen verfolgt die Initiative in drei projektbezogenen Förderlinien: Graduiertenschu- len für den wissenschaftlichen Nachwuchs, gefördert mit 1,2 bis 1,8 Millionen Euro, Exzellenzcluster zur Förderung von Spitzenforschung, ausgestattet mit 4,2 bis 10,8 Millionen Euro, und Zukunftskonzepte zum Ausbau der universitären Spitzenforschung mit 9,6 bis 13,4 Millionen Euro pro Jahr.

Die herausragende Position der bayerischen Universitäten manifestiert sich darin, dass sowohl die Münchner Ludwig-Maximilians-Universität mit dem

Konzept „LMU excellent – Perspektiven für die Spitzenforschung" als auch die
Technische Universität München mit dem Projekt „TUM. Die unternehmerische Universität" in der ersten Auswahlrunde 2006 als Elite-Universitäten ausge-
zeichnet wurden. Damals wurden nur drei Zukunftskonzepte prämiiert, neben
den beiden Münchner Hochschulen die Universität Karlsruhe. In der zweiten
Förderphase 2011 kamen elf Universitäten zum Zug, darunter wieder die beiden
Münchner Universitäten. Hinzu kommen sechs Exzellenzcluster (von 43) für
die Universitäten in Erlangen-Nürnberg („Neue Materialien und Prozesse") und
München (Ludwig-Maximilians-Universität und TU München gemeinsam für
Photonik, Proteinwissenschaften, Nanosystems sowie Ursprung und System des
Universums) sowie acht Graduiertenschulen (von 45) in Bamberg, Bayreuth, Er-
langen, Garching, München, Regensburg und Würzburg. Angesichts von aktuell
110 Universitäten in Deutschland sind die bayerischen Universitäten glänzend
vertreten.

Im Endbericht der Evaluation der Exzellenzinitiative vom Januar 2016 wurde
festgestellt, dass sie eine neue Dynamik in das deutsche Universitätssystem gebracht hat. „Sie ist zu einem Symbol geworden für den Willen, die deutschen
Universitäten international besser zu qualifizieren und hat einigen der leistungsfähigsten Universitäten zusätzliche Mittel an die Hand gegeben, um ihre Forschung
zu stärken und ihre Strukturen zu optimieren." Bund und Länder haben daher am
16. Juni 2016 beschlossen, die laufende Förderphase bis Ende Oktober 2019 zu
verlängern und dann für den Zeitraum bis 2026 eine neue Exzellenzinitiative auf-
zulegen. Damit können ab 2019 elf Hochschulen in Deutschland für einen sieben-
jährigen Zeitraum mit zusammen 533 Millionen Euro pro Jahr als Exzellenz-Universitäten gefördert werden. (Verwaltungsvereinbarung Exzellenzstrategie)

Bei der nächsten Exzellenzinitiative werden die bisherigen herausragenden
Forschungsleistungen unter anderem nach Parametern der wissenschaftlichen
Leistungsfähigkeit unter Einbeziehung von vorliegenden Daten (zum Beispiel
Drittmittel, Forschungspreise) im Rahmen der Begutachtung bewertet. Damit
könnte eine bei der Evaluierung vorgeschlagene Kombination von eingeworbe-
nen Drittmitteln der Deutschen Forschungsgemeinschaft (DFG) und Preisen
(Leibniz-Preise, Humboldt-Professuren, Starting, Consolidator und Advanced
Grants des European Research Council), jeweils auf die Anzahl der Professuren
normiert, ein Ausgangspunkt für die Entwicklung einer Methode für die Vergabe
der Exzellenzprämie sein. Auch an diesen Parametern gemessen zeigt sich für die
bayerischen Universitäten eine hervorragende Bilanz:
– Die 40 nach der Höhe der Drittmittel stärksten Universitäten werden im Förderatlas der Deutschen Forschungsgemeinschaft ermittelt. Danach ergibt sich

für die Universitäten in Bayern für 2014 bis 2016: Über alle Wissenschaftsfelder hinweg liegt die Münchner LMU bundesweit auf Platz eins, die TU
München auf vier, die FAU Erlangen-Nürnberg auf elf und die JMU Würzburg auf 25 von insgesamt 110 deutschen Universitäten. Für die einzelnen
Wissenschaftsfelder ist das Bild differenzierter: Bei den Lebenswissenschaften
erreicht die Universität München Platz eins, die TU München Rang fünf,
die Würzburger Universität Rang 14. Bei den Naturwissenschaften belegt die
LMU München den vierten, die TU München den fünften und die Universität Erlangen-Nürnberg den 18. Platz. Bei den Ingenieurwissenschaften nimmt
die Universität Erlangen-Nürnberg den zweiten, die TU München den sieb-
ten und die Universität Bayreuth den 34. Platz ein. (DFG Förderatlas 2018)

— Seit 1986 wird der mit 2,5 Millionen Euro dotierte Gottfried Wilhelm Leib-
niz-Preis an herausragende Wissenschaftler verliehen. Von 2009 bis 2017 ha-
ben ihn 92 Persönlichkeiten erhalten, davon 14 Wissenschaftler bayerischer
Universitäten. Darunter waren fünf Wissenschaftler der TU München, vier der
Universität Würzburg, drei der LMU München und je einer der Universität
Erlangen-Nürnberg und der Universität Bayreuth. (dfg.de/leibnizpreis, 2017)

— Die Alexander von Humboldt-Professur ist mit fünf Millionen Euro der
höchstdotierte Forschungspreis Deutschlands und holt internationale Spitzenforscher an deutsche Universitäten. Von 2009 bis 2017 wurden 60 Preisträger
gekürt, davon gingen 13 an bayerische Universitäten, je fünf für die beiden
Münchner Universitäten und drei für die Universität Erlangen-Nürnberg.
LMU und TU München liegen damit bundesweit an der Spitze vor der Universität Bonn (vier) und der Universität Erlangen-Nürnberg (drei) gemeinsam
mit fünf weiteren Universitäten. (Humboldt 2017)

— Neun Spitzenforscher bayerischer Universitäten haben 2017 einen der renommierten Advanced Grants des Europäischen Forschungsrates (ERC) zugespro-
chen bekommen. Kein anderes Bundesland war erfolgreicher. Die Stipendien
gehen an je vier Wissenschaftler der TU und der LMU München sowie an
einen der Universität Regensburg. Der Preis des Europäischen Forschungsrates ist Teil der Fördersäule „Exzellenz in der Wissenschaft" des Forschungsrah-
menprogramms der Europäischen Union „Horizon 2020". (Kultusministeri-
um, Pressemitteilung 1. Dezember 2017)

Rankings

Rankings haben im angelsächsischen Raum eine lange Tradition. In Deutschland sind sie erst ab dem Jahr 2000 üblich geworden. Wie der Wissenschaftsrat

feststellt, können sie „die Leistungstransparenz im Wissenschaftssystem erhöhen, wissenschaftliche Einrichtungen in ihren strategischen Entscheidungen unterstützen und wesentlich zu einem effektiven und effizienten Wettbewerb beitragen". (Wissenschaftsrat 2004: iii) Sicherlich sind die internationalen Rankinglisten wegen ihrer methodischen Schwächen und der Bevorzugung anglophoner Publikationen und Bewerter nicht unkritisch zu sehen, zumal sie oft auch zu unterschiedlichen Bewertungen kommen. (Wissenschaftsrat 2013) Gleichwohl erfahren sie nach wie vor viel Aufmerksamkeit und bestimmen das internationale Ansehen von Universitäten ebenso wie das jeweilige Marketing. Auch die Politik und die Hochschulen in Bayern werben mit der Platzierung auf diesen Listen.

International führend sind das seit 2003 bestehende „Academic Ranking of World Universities" für die Top 500 Universitäten (Shanghai-Ranking), das ein Jahr später erstmals publizierte „Times Higher Education World University Rankings" (THE) für 1 000 Universitäten und das ebenfalls seit 2004 publizierte „QS World University Ranking" (QS). Danach ergibt sich für 2017 folgendes Bild:

Weltweit liegen die angloamerikanischen Universitäten wie Stanford, Harvard, Oxford und Cambridge in allen drei Rankings weiterhin unangefochten an der Spitze. In Kontinentaleuropa führt die Eidgenössische Technische Hochschule (ETH) Zürich deutlich mit Rang zehn (THE, QS) beziehungsweise 19 (Shanghai). Das deutsche Spitzentrio von LMU München, TU München und Universität Heidelberg weist folgende Platzierungen auf: LMU 34, 57 und 66, TUM 41, 50 und 64 und Heidelberg 45, 72 und 68 (jeweils THE, Shanghai und QS). Die anderen Universitäten im Freistaat, die in diese Listen aufgenommen wurden, sind die FAU Erlangen-Nürnberg (162, 151-200, 287) und die JMU Würzburg (165, 151-200, 481-490). Die wohl wichtigste Feststellung für die künftige Entwicklung ist freilich der Aufstieg chinesischer Universitäten, von denen mindestens eine bei allen drei Rankings schon vor dem deutschen Spitzentrio liegt. (siehe unten Kapitel sieben)

5.2 Neue Fachhochschulen

„Damit können wir im Interesse des Wissenschaftsstandorts Bayern sicherstellen, (…) dass neue Fachhochschulen in ganz Bayern für die Bereiche Technik und Wirtschaft errichtet werden können." (Stoiber 1993)

Mit der Gründung neuer Fachhochschulen (FH) und deren Ausrichtung auf Technik und Wirtschaft wurde mit der Offensive Zukunft Bayern ein ganz wesentliches

Netzwerk für den Technologietransfer in allen Landesteilen geschaffen. Die erste Gründungswelle für Fachhochschulen in Bayern stammte aus den siebziger Jahren. 1971 wurden die ersten bayerischen Fachhochschulen in Augsburg, Coburg, München, Nürnberg, Regensburg, Rosenheim, Weihenstephan-Triesdorf und in Würzburg-Schweinfurt eingerichtet. 1974 folgte die Fachhochschule für öffentliche Verwaltung in Hof, 1978 wurden die Fachhochschulen in Kempten und Landshut gegründet. Das war der Bestand, den das Kabinett Stoiber zwanzig Jahre später vorgefunden hat, als es mittels der Offensive eine zweite Phase der Gründung und des Ausbaus von Fachhochschulen in Bayern auf den Weg gebracht hat.

Neue Standorte

In dieser zweiten Gründungswelle wurden sieben weitere Fachhochschulen in Amberg-Weiden, Ansbach, Deggendorf, Hof, Ingolstadt und Neu-Ulm errichtet. Dabei lag der Schwerpunkt der Gründungen und Erweiterungen entsprechend der Zielsetzung der Offensive auf den Feldern Technik und Wirtschaft. Sämtliche sieben neuen Hochschulen wurden mit dem Gesetz zur Errichtung der Fachhochschulen vom 28. April 1994 (GVBl. 1994: 292) rechtlich gegründet, die neue Fachhochschule in Ansbach mit Wirkung vom 1. Mai 1996. Die bisherige Abteilung Neu-Ulm der Fachhochschule Kempten/Neu-Ulm wurde mit Wirkung vom 1. Oktober 1998 selbstständig. Einschließlich der neuen Abteilung in Aschaffenburg sollten an den neuen Hochschulen insgesamt 7 500 neue Studienplätze entstehen. Die Gesamtkosten beliefen sich auf 612,9 Millionen DM. Für die notwendigen Baumaßnahmen wurden aus Privatisierungserlösen 300 Millionen DM bereitgestellt. Im Einzelnen handelte es sich stichwortartig um folgende, zwischen 1994 und 1998 verwirklichte Vorhaben:
– Fachhochschule Amberg-Weiden: Ausbildungsrichtungen Technik und Wirtschaft. In Amberg 1 000 flächenbezogene Studienplätze in den Studiengängen Elektrotechnik, Umwelttechnik und Maschinenbau, in Weiden 350 Studienplätze für die erste Ausbaustufe im Studiengang Betriebswirtschaft. Gesamtkosten 148,9 Millionen DM, davon 64 Millionen aus Privatisierungserlösen.
– Fachhochschule Ansbach: Ausbildungsrichtungen Technik und Wirtschaft, 1 000 Studienplätze in den Studiengängen Betriebswirtschaft, Bau- und Wirtschaftsingenieurwesen, Energie- und Umweltsystemtechnik sowie Fachkommunikation Technik, Information und Multimedia. Gesamtkosten 100 Millionen DM, davon 20 Millionen aus Privatisierungserlösen.
– Fachhochschule Aschaffenburg: Ausbildungsrichtungen Technik und Wirtschaft, zunächst als Abteilung der Fachhochschule Würzburg-Schwein-

furt-Aschaffenburg. 1 000 Studienplätze in den Studiengängen Betriebswirtschaft, Elektrotechnik, Mechatronik und Wirtschaftsingenieurwesen.
Gesamtkosten 69,5 Millionen DM, davon 50 Millionen aus Privatisierungserlösen.

– Fachhochschule Deggendorf: Ausbildungsrichtungen Technik und Wirtschaft, 1 000 Studienplätze in den Studiengängen Betriebswirtschaft, Bauinge-
nieurwesen, Elektrotechnik und Maschinenbau. Gesamtkosten 110 Millionen
DM, davon 70 Millionen aus Privatisierungserlösen.

– Fachhochschule Hof: Ausbildungsrichtung Wirtschaft, 600 Studienplätze in
den Studiengängen Betriebswirtschaft, Wirtschaftsinformatik und Internationales Management in der ersten Ausbaustufe. Errichtung unmittelbar neben
dem Fachbereich Allgemeine Innere Verwaltung der Beamtenfachhochschule.
Gesamtkosten 31 Millionen DM, davon 15 Millionen aus Privatisierungserlösen.

– Fachhochschule Ingolstadt: Ausbildungsrichtungen Technik und Wirtschaft,
1 000 Studienplätze in den Studiengängen Betriebswirtschaft, Elektrotechnik,
Maschinenbau und Wirtschaftsingenieurwesen. Gesamtkosten 108,5 Mio.
DM, davon 70 Millionen DM aus Privatisierungserlösen.

– Fachhochschule Neu-Ulm: Ausbildungsrichtung Wirtschaft, im ersten Ausbauabschnitt 500 Studienplätze mit den Studiengängen Betriebswirtschaft,
Wirtschaftsingenieurwesen, einem betriebswirtschaftlichen Ergänzungsstudi-
um sowie einem Sprachenzentrum im Aufbau. Weitere 500 Studienplätze im
zweiten Ausbauabschnitt. Gesamtkosten 45 Millionen DM, davon elf Millionen aus Privatisierungserlösen. (DHH 1999/2000, Epl. 13 07: 163 ff.)

Die neuen Fachhochschulen haben sich erfolgreich entwickelt, wie die tatsächlichen Studienzahlen zwanzig Jahre später zum 31. Dezember 2015 im Vergleich
mit den ursprünglichen Ansätzen (in Klammern) belegen: Amberg-Weiden 3 273
(1 500), Ansbach 2 923 (1 000), Aschaffenburg 3 333 (1 000), Deggendorf 4 786
(1 000), Hof 3 536 (600), Ingolstadt 5 200 (1 000), Neu-Ulm 3 702 (500). Damit wurden die ursprünglich vorgesehenen 7 500 Studienplätze mit rund 27 000
zum Ende 2015 um mehr als das Dreifache übertroffen. Daneben wurden mit
der Offensive Zukunft Bayern auch bereits bestehende Fachhochschulen in den
Feldern Technik und Wirtschaft in Nürnberg (41 Millionen DM für Wirtschaft
und Sozialwesen sowie eine Million für Multimediatechnik), Regensburg (30
Millionen DM für Maschinenbau) und Rosenheim (22 Millionen DM für Elektrotechnik) ausgebaut.

Neue Aufgabenstellung

Mit dem Ausbau des Fachhochschulwesens in der Offensive Zukunft Bayern war zugleich eine wesentliche Änderung seiner Aufgabenstellung verbunden: Die Fachhochschulen sollten zusätzlich zur Aufgabe, eine praxisbezogene Ausbildung zu gewährleisten, die Forschungs- und Entwicklungskompetenz in der Region verstärken und Motor des regionalen Technologietransfers werden. Vor allem mittelständische Unternehmen sollten vom kurzen Weg zu qualifizierter Forschung und qualifiziertem Personal profitieren. Dementsprechend kam den Fachhochschulen eine maßgebende Rolle beim Technologietransfer im Regionalkonzept zu. In die dort angeführten Beispiele ist regelmäßig auch die regionale Fachhochschule eingebunden. (Kapitel vier, Abschnitt acht) Entsprechendes gilt für die Gründer- und Technologietransferzentren. (Kapitel vier, Abschnitt neun) Diese praxis- und anwendungsbezogene Aufgabenstellung der Fachhochschulen in Lehre und Forschung wurde 1998 erstmals im Hochschulgesetz verankert: „Die Fachhochschulen vermitteln durch anwendungsbezogene Lehre eine Bildung, die zu selbständiger Anwendung wissenschaftlicher Methoden und künstlerischer Tätigkeiten in der Berufspraxis befähigt; die Fachhochschulen können im Rahmen der vorhandenen Ausstattung Forschungs- und Entwicklungsvorhaben durchführen, soweit diese dem Bildungsauftrag der Fachhochschulen dienen und überwiegend aus Drittmitteln finanziert sind." (BayHochSchulG idF. der Bek. vom 2. Oktober 1998, GVBl. 1998: 740, Art. 2 Abs. 1 Satz 4 und 6)

Mit dem Hochschulgesetz vom 23. Mai 2006 (GVBl. 2006: 245) wurde die Namensgebung der Fachhochschulen an diese neue Aufgabenstellung angepasst. Alle bayerischen Fachhochschulen haben davon Gebrauch gemacht, ihrem Namen die Bezeichnung „Hochschule für angewandte Wissenschaften" (HaW) hinzufügen. Mit Gesetz vom 9. Juli 2012 (GVBl. 2012: 342) wurde darüber hinaus geregelt, dass die Bezeichnung Technische Hochschule (TH) geführt werden kann, wenn die Fachhochschule nach ihrem Fächerspektrum, ihrer Leistungsfähigkeit, ihrer internationalen Bedeutung und ihrer Kooperation mit Wissenschaft und Wirtschaft dieser Bezeichnung entspricht. Eine damit einhergehende technikorientierte Profilbildung sollte ein wichtiger Lösungsbaustein zur Behebung des absehbaren Fachkräftemangels werden. (Begründung Regierungsentwurf vom 21. März 2012, LT-Drs. 16/11984) Mit Beschluss der Staatsregierung vom 19. März 2013 wurde der Titel „Technische Hochschule" an die Hochschulen für angewandte Wissenschaften Amberg-Weiden, Deggendorf, Ingolstadt, Nürnberg und Regensburg verliehen.

Darüber hinaus hat die Hochschulreform die Autonomie der Fachhochschulen ebenso erweitert wie die der Universitäten. Die dort dargestellten Freiräume zur Ausgestaltung haben die Fachhochschulen in gleicher Weise bei Struktur, Profil-bildung, Finanzstruktur und Bologna-Prozess genutzt. Nunmehr soll die Präsenz in der Region verdichtet werden: von bisher 30 Standorten der Universitäten und Fachhochschulen auf 60 Standorte. (Staatsminister Ludwig Spaenle, 7. Juli 2016)

Der Technikbezug der Fachhochschulen wurde seit 2008 durch die Einrich-tung von Technologietransferzentren (TTZ) weiter gestärkt. Aus staatlichen Mit-teln erfolgt eine Anschubfinanzierung über fünf Jahre für Technik und Personal, während Unterbringung und Betriebskosten von den Kommunen finanziert wer-den. Am Ende dieser Phase sollen sich diese Zentren nach Möglichkeit selbst tragen. Mittlerweile bestehen an den Fachhochschulen 17 Zentren, die mit einer Anschubfinanzierung von über 60 Millionen Euro für die ersten fünf Jahre ge-fördert wurden oder werden.

Damit gibt es ein Netzwerk in Bayern, das bis auf Oberfranken alle Re-gierungsbezirke umfasst. In Niederbayern sind sechs Standorte (Dingolfing, Freyung, Grafenau, Ruhstorf, Spiegelau, Teisnach), in Schwaben vier (Kaufbeu-ren, Kempten, Memmingen, Nördlingen), je drei in der Oberpfalz (Amberg, Cham, Weiden) und in Mittelfranken (Ansbach, Triesdorf, Weißenburg), zwei in Unterfranken (Bad Neustadt, Obernburg) und einer in Oberbayern (Weihen-stephan). Die staatliche Anschubfinanzierung der Technologietransferzentren erfolgt zumeist aus Sondermitteln, wie dem Nord- und Ost-Bayern-Programm, Aufbruch Bayern oder dem Aktionsplan Demografischer Wandel und Ländlicher Raum. Die Beschäftigungswirkung wurde vom bayerischen Wirtschaftsministe-rium zum Stand 2015 mit 338 Mitarbeitern in den Zentren selbst und weiteren 60 Mitarbeitern in den bis dahin erfolgten 18 Ausgründungen angegeben. (LT-Drs. 17/12322, 9. September 2016)

5.3 Ausbau der Spitzenforschung

„Auch Wissenschaftspolitik ist für uns Standortpolitik. Deshalb haben wir uns erfolg-reich für den Verbleib der Zentralverwaltung der Max-Planck-Gesellschaft und der Fraunhofer-Gesellschaft in München eingesetzt. Dies war nicht leicht, meine Damen, meine Herren, weil fünf neue Länder hinzugekommen sind, die auch ihre Ansprüche geltend machen. Die Zentralen der führenden deutschen Wissenschaftseinrichtungen bleiben damit auf Dauer in Bayern.“ (Stoiber, 28. November 1996, LT-Protokoll 13/63: 4577)

Der Standortvorteil Bayerns in Wissenschaft und Forschung beruht nicht nur auf der Qualität seiner Universitäten und Fachhochschulen, sondern auch auf den Spitzenleistungen der außeruniversitären Forschungseinrichtungen im Freistaat. Hier hat der Freistaat Bayern das bundesweite Alleinstellungsmerkmal, dass sowohl die Max-Planck-Gesellschaft als international herausragende Gesellschaft für Grundlagenforschung als auch die Fraunhofer-Gesellschaft als weltweit einzigartige Institution für angewandte Forschung ihren Sitz in München haben. Der Verbleib des Sitzes beider Einrichtungen in München war allerdings Anfang der neunziger Jahre als Folge der deutschen Einheit in Frage gestellt und musste gegen starke Widerstände erkämpft werden. Erst dann konnte an einen weiteren Ausbau gedacht werden.

Max-Planck-Gesellschaft

Die Max-Planck-Gesellschaft (MPG) wurde 1948 in Göttingen gegründet mit dem Auftrag, Grundlagenforschung in eigenen Instituten zu fördern. Die Neugründung unter dem Namen des Physik-Nobelpreisträgers Max Planck (1858 – 1947), der an der Ludwig-Maximilians-Universität München studiert und sich habilitiert hat, stand im Zeichen des demokratischen Neuanfangs Deutschlands nach dem Ende des Nationalsozialismus. Die Max-Planck-Gesellschaft trat die Nachfolge der Kaiser-Wilhelm-Gesellschaft (KWG) an, die auf Wunsch der West-Alliierten aufgelöst worden war.

Adolf Butenandt, von 1960 bis 1972 Präsident der Max-Planck-Gesellschaft, hat ab Ende 1961 schrittweise bis 1968 die Verlegung des Präsidialbüros und der Generalverwaltung von Göttingen nach München betrieben. Maßgebend war die Nähe zu seinem Max-Planck-Institut für Biochemie. Die Entscheidung über den Verbleib des Sitzes in München wurde noch vor Beginn der Offensive Zukunft Bayern von Ministerpräsident Max Streibl 1992 auf den Weg gebracht. Peter Gutjahr-Löser, in den siebziger Jahren Referent bei der Generalverwaltung der Max-Planck-Gesellschaft in München und ab 1991 langjähriger Kanzler der Universität Dresden, hat die damalige Situation sehr plastisch geschildert. 1952 hatte Otto Hahn den späteren Protokollchef der Max-Planck-Gesellschaft Heinz Pollay damit beauftragt, „in der Nähe des Sitzes der Bundesregierung Vorbereitungen für den Aufbau einer neuen Generalverwaltung der MPG zu treffen. Als Sitz war zunächst die Landeshauptstadt von Nordrhein-Westfalen, Düsseldorf, vorgesehen, weil nach dem Grundgesetz für die Wissenschaftsförderung eindeutig und ausschließlich die Länder als zuständig galten, die außerordentlich eifersüchtig über die Einhaltung ihrer Kulturhoheit wachten. Damals gab es übrigens feierliche Beschlüsse des Senats als oberstem Entscheidungsgremium der MPG, dass man sofort den Sitz nach Berlin verlegen werde, wenn die Stadt wieder Sitz der deutschen Regierung werde."

„Diese heiligen Schwüre gerieten nach 1990 schnell ins Wanken: Bereits zu Beginn der sechziger Jahre war die Generalverwaltung nach München verlegt worden, weil Adolf Butenandt als Präsident der Gesellschaft die Verwaltung in der Nähe des von ihm geleiteten Instituts für Biochemie haben wollte. Als dann die Wiedervereinigung überraschend kam, war ein Niederbayer, der Sozialrechtler Hans Zacher, Präsident, der sich mit dem Wechsel (scil. nach Berlin) nicht anfreunden wollte. Da inzwischen auch die große Belegschaft der Generalverwaltung wenig Neigung nach einem Ortswechsel verspürte und die bayerische Staatsregierung es nicht nur bei verbalen Bekenntnissen zur Förderung der Gesellschaft beließ, sondern ihr ein traumhaftes Grundstück direkt am Münchner Hofgarten überließ, wurden die früheren Beschlüsse rabulistisch wie folgt gedeutet: Man verlegte zwar den Sitz der Gesellschaft auf dem Papier nach Berlin, indem sich der eingetragene Verein MPG bei dem Berliner Vereinsregister registrieren ließ, die Zentralverwaltung mit Präsidialbüro blieben aber in München und zogen inzwischen in ein modernistisches Gebäude aus Glas, Stahl und Aluminium, einschließlich eigenem künstlichen Wasserlauf, in den – wie man es wohl nennen muss – steingewordenen Wortbruch!" (Gutjahr-Löser 2005:73)

Tatsächlich hatte der Senat der Max-Planck-Gesellschaft in den fünfziger Jahren beschlossen, den Sitz sofort nach Berlin zu verlegen, wenn die Stadt wieder deutscher Regierungssitz werden würde. Damit war München eigentlich nur ein Interim für die auf Betreiben ihres Präsidenten Adolf Butenandt schrittweise bis 1968 vorgenommene Verlegung des Präsidialbüros und der Generalverwaltung von Göttingen nach München. (Schlemmer/Woller 2004: 155) Mit der Wiedervereinigung stellte sich die Sitzfrage neu. In der Max-Planck-Gesellschaft habe es ein „starkes Verlangen" nach dem Umzug nach Berlin gegeben, sagte der damalige Präsident Hans Zacher einmal im Rückblick. Staatsregierung und Landeshauptstadt wollten diesen Reputationsverlust nicht akzeptieren. Der Freistaat überließ der Gesellschaft für 99 Jahre ein unentgeltliches Erbbaurecht an einem prominent gelegenen Grundstück am Marstallplatz und leistete einen Zuschuss von elf Millionen DM. Die Stadt München änderte den Bebauungsplan, der ursprünglich eine kulturelle Nutzung vorgesehen hatte. Am 6. Juni 1992 entschied sich der Senat der Max-Planck-Gesellschaft mit 181 von 202 Stimmen für München. 1993 begann die Planung, 1996 folgte der erste Spatenstich und im März 1999 erfolgte der Umzug in den 85,2 Millionen DM teuren Neubau. Berlin wurde an Stelle von Göttingen rechtlicher Sitz der Gesellschaft und bekam 2003 ein Hauptstadtbüro, das die Interessen vor Ort wahrnimmt und die Beziehungen mit Entscheidungsträgern aus Politik, Wirtschaft und Gesellschaft vertieft.

Der Verbleib der Generalverwaltung der Max-Planck-Gesellschaft mit ihren heute rund 580 Mitarbeitern ist freilich nicht für alle Zeiten gesichert. Peter Gruss, von 2002 bis 2014 Präsident der Gesellschaft, hat 2011 in einem Interview festgestellt, dass der Umzug nach Berlin langfristig eine Option bleibt: „Sobald hier in München Um- oder Neubauten fällig sind, wird man sich das erneut überlegen." (Frankfurter Rundschau, 8. Juni 2011) Das heißt nichts anderes, als dass die Staatsregierung wie in den neunziger Jahren auch weiterhin darauf achten muss, dass die zentralen Einrichtungen der Max-Planck- und auch der Fraunhofer-Gesellschaft nicht in die Bundeshauptstadt abwandern.

Nach der erfolgreichen Sicherung der Zentrale in München mit ihrer Signalwirkung für die Offensive Zukunft Bayern verblieb als strukturpolitisch wichtigste Herausforderung die Einrichtung eines Max-Planck-Instituts in Nordbayern. Die Oppositionsführerin im Bayerischen Landtag, Renate Schmidt, hatte in der Aussprache zur Regierungserklärung am 29. Oktober 1998 zu Recht darauf hingewiesen, dass Nordbayern noch immer „eine Max-Planck-freie Zone" war. (Plenarprotokoll 14/4: 63) Und in der Tat: Zur Zeit der Offensive gab es acht Max-Planck-Institute in Südbayern, aber seit der Umwandlung des Würzburger Instituts in ein Fraunhofer-Institut im Jahr 1971 keine Max-Planck-Einrichtung in Nordbayern. Die Staatsregierung hatte bereits 1992 im Landtag darauf hingewiesen, „dass im Augenblick alle großen wissenschaftlichen Gesellschaften damit beschäftigt sind, die Umstrukturierung der Forschungslandschaft in den ostdeutschen Ländern zu bewerkstelligen. Zurzeit dürften daher kaum finanzielle Reserven bestehen, um zusätzliche Forschungseinrichtungen in Bayern anzusiedeln." (LT-Drs. 12/9145, 26. November/1. Dezember 1992)

Die Einrichtung eines Max-Planck-Instituts in Nordbayern war daher selbstverständlich auch Thema der High-Tech-Offensive. Am 17. Dezember 1998 hat der Autor ein Gespräch mit dem damaligen Präsidenten der MPG, Professor Hubert Markl, geführt, bei dem es auch um die Frage ging, ob und wie in Nordbayern die Lücke geschlossen werden könnte. Markl hat die dringende Empfehlung gegeben, Bayern sollte derzeit nicht auf die Errichtung eines neuen Instituts drängen, da zunächst der Nachholbedarf in den neuen Ländern und in Nordrhein-Westfalen Priorität habe. So waren von 1991 bis 1998 insgesamt 18 Max-Planck-Institute in den neuen Ländern initiiert worden und nur eines in Nordrhein-Westfalen. Daher sollte man den „organischen Weg" mit der Einrichtung einer Max-Planck-Forschergruppe gehen. Daraus würde sich im Lauf der

Zeit ein neues Institut entwickeln. Dies hat der Autor auch der SPD-Fraktion am 13. Januar 1999 mitgeteilt und darauf hingewiesen, dass die Staatsregierung diese Initiative weiter verfolgen werde.

So kam es denn auch: Im März 2002 beschloss der Senat der Max-Planck-Gesellschaft die Einrichtung einer Forschergruppe zur Photonik, die zwei Jahre später in Erlangen eingerichtet wurde. Am 6. November 2003 konnte Ministerpräsident Edmund Stoiber feststellen, dass an der Universität in Erlangen eine Max-Planck-Forschungsgruppe für Optik, Information und Optronik aufgebaut wird. Nach ihrer positiven Evaluierung folgte 2009 das Institut für die Physik des Lichts als jüngstes Institut in Bayern. (Leuchs 2009) Dort werden seither mit heute 350 Mitarbeitern Themen moderner Optik in Biologie und Medizin sowie die Wechselwirkung von Licht und Materie erforscht. Am 7. Oktober 2016 wurde der Neubau des Instituts eröffnet, den der Freistaat mit rund 60 Millionen Euro finanziert hat.

Und es geht weiter in Nordbayern: Im Staatshaushalt 2015/2016 sind Mittel für ein Max-Planck-Centrum für Physik und Medizin (MPC) in Erlangen veranschlagt. Es soll gemeinsam mit der Universität Erlangen-Nürnberg betrieben werden und mit dem Max-Planck-Institut Physik des Lichts sowie mit Siemens Healthineers kooperieren. Das Centrum für Physik und Medizin mit voraussichtlich 100 Mitarbeitern soll sich Innovationen in der Biomedizin widmen. An der Schnittstelle von Physik und Biomedizin soll es physikalische Grundlagenforschung mit klinischer Entwicklung verbinden. Der Beitrag des Freistaats ist als Sonderfinanzierung von 60 Millionen Euro für den von 2016 bis 2019 geplanten Neubau vorgesehen.

Mit der Offensive Zukunft Bayern wurde eine Entwicklung gefestigt, die Bayern die stärkste Präsenz dieser Forschungsorganisation von Weltrang gebracht hat. Aus den Reihen der Max-Planck-Gesellschaft sind seit ihrer Gründung 18 Nobelpreisträger hervorgegangen, davon fünf aus bayerischen Instituten (Feodor Lynen, Konrad Lorenz, Klaus von Klitzing, Bert Sakmann, Theodor Hänsch). Von den 30 vorwiegend in Berlin konzentrierten Instituten der KWG befand sich mit dem 1924 angegliederten Institut für Psychiatrie lediglich eines in Bayern. Heute ist Bayern nicht nur Sitzland der Gesellschaft, sondern beherbergt auch die meisten der insgesamt 83 Max-Planck-Institute, die heute Grundlagenforschung in den Natur-, Bio-, Geistes- und Sozialwissenschaften in Deutschland, Italien und den USA betreiben. Im Freistaat Bayern gibt es heute 13 Institute gegenüber zwölf in Nordrhein-Westfalen und zehn in Baden-Württemberg. Davon sind fünf in München (Innovation und Wettbewerb, Physik, Psychiatrie, Sozialrecht und Sozialpolitik, Steuerrecht und öffentliche Finanzen), vier in

Garching (Astrophysik, extraterrestrische Physik, Plasmaphysik, Quantenoptik), zwei in Martinsried (Biochemie, Bioneurologie), je eines in Erlangen (Physik des Lichts) und in Seewiesen (Ornithologie). (Website der MPG und ihrer Institute)

Die Fraunhofer-Gesellschaft

„Mit 55 Millionen DM wollen wir den Neubau der Zentralverwaltung der Fraunhofer-Gesellschaft fördern. Damit sichern wir in einem schwierigen Konkurrenzkampf den Sitz dieser hochangesehenen Einrichtung der angewandten Forschung in Bayern. Bayern bleibt damit auch in Zukunft Standort der beiden angesehensten Forschungseinrichtungen Deutschlands: der Max-Planck-Gesellschaft und der Fraunhofer-Gesellschaft." (Stoiber 1996)

Anders als die Max-Planck-Gesellschaft ist die Fraunhofer-Gesellschaft für angewandte Wissenschaften (FhG) ein urbayerisches Gewächs. Als frühes Glanzlicht bayerischer Wissenschaftspolitik wurde sie auf Initiative des bayerischen Wirtschaftsministeriums am 26. März 1949 in München gegründet. (siehe Kapitel eins, Abschnitt zwei) Es sollte freilich über zwanzig Jahre dauern, bis in Bayern Institute der Fraunhofer-Gesellschaft entstanden sind.

Erst nach der Übernahme der Grundfinanzierung durch den Bund und der Öffnung für Sonderfinanzierungen der Länder begann Ende der siebziger Jahre der eigentliche Aufstieg der Fraunhofer-Gesellschaft, der Bayern zunächst nur sehr zögerlich zu Gute kam. Bis dahin waren hier erst drei Fraunhofer-Institute eingerichtet worden: 1971 das Würzburger Institut für Silicat-Forschung durch Umwandlung des bisherigen Max-Planck-Instituts für Silikatforschung, 1974 das von TU-Professor Ingolf Ruge gegründete Münchner „Institut für Festkörpertechnologie" (IFT) und 1978 ebenfalls in München das „Institut für Verfahrenstechnik und Verpackung" (IVV) durch Übernahme des seit 1941 dort bestehenden „Instituts für Lebensmittelforschung".

Mit der deutschen Wiedervereinigung wurde parallel zur Max-Planck-Gesellschaft auch die Sitzfrage für die Fraunhofer-Gesellschaft neu aufgeworfen. Hier ging es darum, die Stadt Bonn für die am 20. Juni 1991 vom Deutschen Bundestag beschlossene Verlagerung der Bundeshauptstadt nach Berlin zu entschädigen. Der zweite Zwischenbericht der Konzeptkommission des Ältestenrates vom 17. Juni 1992 zum Hauptstadtbeschluss sah die Neugründung von Instituten der Fraunhofer- und der Max-Planck-Gesellschaft in Bonn vor. (BT-Drs. 12/2850) Darüber hinaus wurde aber auch intensiv die Sitzverlagerung der Fraunhofer-Gesellschaft nach Bonn betrieben. Anlässlich der Einweihung des

Neubaus in München am 8. Juli 2003 hat die Gesellschaft die Situation plastisch geschildert: „Das Projekt drohte zu scheitern, bevor es begonnen hatte: Mit der Wiedervereinigung wurde Berlin zur neuen Bundeshauptstadt erklärt, ein Jahr später der Umzug des Bundestages von Bonn nach Berlin beschlossen. Um die alte Hauptstadt für den Verlust zu entschädigen, sollten verschiedene Organisationen in Bonn angesiedelt werden – auch die Fraunhofer-Zentrale. Doch nun packte die Bayern der Ehrgeiz: Um den Hauptsitz der Fraunhofer-Gesellschaft in ihrer Geburtsstadt München zu halten, übernahm der Freistaat 80 Prozent der Baukosten. Auf den Bund entfielen damit nur noch 20 Prozent. Der Einsatz erfüllte seinen Zweck: Die Fraunhofer-Gesellschaft durfte bleiben." (FhG, Pressemitteilung 8. Juli 2003) Eine Abwanderung der 1949 in München gegründeten Gesellschaft nach Bonn hätte einen erheblichen Reputationsverlust für den Wissenschafts- und Wirtschaftsstandort Bayern bedeutet. Von den Gesamtkosten von 90 Millionen DM hat der Freistaat im Rahmen der High-Tech-Offensive 80 Prozent übernommen und damit letztlich den Sitz mit 500 Mitarbeitern für Bayern gesichert. Die heute mit rund 24 000 Mitarbeitern, davon 4 000 in Bayern, größte Organisation für angewandte Forschung in Europa hat damit weiterhin ihre Zentrale in München.

Zu den Aufgaben der Fraunhofer-Gesellschaft zählt heute in erster Linie die Vertragsforschung durch Anpassung der Forschungskapazität ihrer Institute und Einrichtungen an den Bedarf der Wirtschaft. Daneben steht die „Vorlaufforschung" zur Förderung der wissenschaftlichen Leistungsfähigkeit ihrer Forschungseinrichtungen durch anwendungsorientierte Grundlagenforschung und die wissenschaftliche und technische Innovation. Hierzu verstärkt sie den Transfer von technischem Wissen und Forschungsergebnissen sowohl in die Wirtschaft und in die öffentliche Verwaltung als auch zwischen den verschiedenen Disziplinen und Branchen. Das Forschungsvolumen der Gesellschaft beträgt mehr als 2,1 Milliarden Euro jährlich, davon über 1,8 Milliarden Euro in der Vertragsforschung. Über 70 Prozent werden mit Aufträgen aus der Industrie und mit öffentlich finanzierten Forschungsprojekten erwirtschaftet, knapp 30 Prozent von Bund und Ländern als Grundfinanzierung beigesteuert. Derzeit betreibt Fraunhofer in Deutschland 67 Institute und Forschungseinrichtungen, davon sieben Institute und vier Institutsteile in Bayern. Der gemeinsam aufzubringende Zuwendungsbedarf der Gesellschaft wird grundsätzlich vom Bund und den Sitzländern im Verhältnis 90:10 getragen. Grunderwerb, Bau und Erstausstattung der Fraunhofer-Institute werden durch den Bund und das jeweilige Sitzland im Verhältnis 50:50 finanziert. Daneben erhält die Fraunhofer-Gesellschaft auch Zuwendungen des Bundes und der Länder für Projekte sowie vom Freistaat Bayern Zuwendungen für Maßnahmen von besonderem Landesinteresse. (Website Fraunhofer, aufgerufen 19. März 2017)

Die Offensive Zukunft Bayern zielte aber nicht nur darauf ab, diese Einrichtung der Spitzenforschung in Bayern zu halten. Es ging auch darum, ihre Institute in Bayern weiter auszubauen und sie mit den Hochschulen und der Wirtschaft zu vernetzen. Mit der Offensive begann ein neues Kapitel im Verhältnis Bayerns zur Fraunhofer-Gesellschaft. Diese wurde nunmehr als bedeutsames Instrument für den Technologietransfer vor allem in den Mittelstand verstanden. Insgesamt erhielt die Fraunhofer-Gesellschaft seinerzeit aus Privatisierungserlösen rund 150 Millionen DM. Anders als bei der Max-Planck-Gesellschaft bestand zu Beginn der Offensive Zukunft Bayern bei den Fraunhofer-Instituten ein erheblicher Nachholbedarf für Bayern, obwohl die Gesellschaft eine bayerische Gründung war und seit 1977 bei Standortentscheidungen neben wissenschaftspolitischen Gesichtspunkten auch die regionale Ausgewogenheit zu berücksichtigen ist. (Fraunhofer 1977) Seinerzeit gab es in Bayern lediglich vier von bundesweit 33 Fraunhofer-Instituten gegenüber 13 in Nordrhein-Westfalen und 14 in Baden-Württemberg.

In der Offensive I von 1994 wurden 50 Millionen DM für den Ausbau der Mikroelektronik in den Fraunhofer-Instituten in Erlangen und München eingesetzt. Damit sollten sie ihren Auftrag erfüllen, „praxisorientierte Forschung für kleine und mittlere Unternehmen zu betreiben. (…) Das ist Politik für die Zukunft unserer mittelständischen Industrie." (Stoiber 1994/2) Im Fokus stand dabei vor allem das 1985 gegründete Fraunhofer-Institut für Integrierte Schaltungen (IIS) in Erlangen. Im Rahmen der High-Tech-Offensive wurden Arbeitsgruppen dieses Instituts für Netzzugangstechnik, Optische Kommunikationstechnik und Interoperative Systeme in der Forschungsfabrik Nürnberg eingerichtet, dazu die Projektgruppe Ultrafeinfokus-Röntgentechnologie im Technikum Neue Materialien Fürth. Dafür wurden insgesamt 35,1 Millionen DM bereitgestellt einschließlich von Mitteln aus dem nicht realisierten Technologiepark Mittelfranken. Mit diesen Maßnahmen hat die Offensive dazu beigetragen, dass das Institut in Erlangen heute zu den führenden deutschen Forschungseinrichtungen für Telekommunikation zählt. Neben dem Hauptsitz in Erlangen hat das IIS weitere Standorte in Nürnberg, Fürth und Dresden sowie in Bamberg, Coburg, Deggendorf, Ilmenau und Würzburg eröffnet. Am 11. Mai 2015 wurde in Waischenfeld in der Fränkischen Schweiz ein neuer Forschungscampus eingeweiht.

Mit rund 950 Mitarbeitern ist das Institut für Integrierte Schaltungen heute das größte Institut der Fraunhofer-Gesellschaft. Das Erlanger Schwesterins-

titut für Integrierte Systeme und Bauelementetechnologie (IISB) ist 1993 ein
selbständiges Institut geworden, das 1999 die Abteilung Kristallzüchtung und
2000 die Abteilung Leistungselektronische Systeme gegründet hat. Neben dem
Hauptsitz in Erlangen hat es heute Außenstellen in Nürnberg und Freiberg und
ist Partner im Energie Campus Nürnberg (EnCN). (Website IIS und IISB, aufgerufen 19. März 2017)

Auch die Fraunhofer-Mikroelektronik in München hat von der Offensive Zukunft Bayern nachhaltig profitiert. 1999 noch Institutsteil des Berliner Fraunhofer-Instituts für Zuverlässigkeit und Mikrointegration (IZM), ist sie seit 1. Juli
2010 als Fraunhofer-Institut für Mikrosysteme und Festkörper-Technologien
(EMFT) wieder eine selbständige Einrichtung in der Fraunhofer-Gesellschaft.
Sie beschäftigt derzeit 92 Mitarbeiter und betreibt seit 2010 eine Arbeitsgruppe
für Sensormaterialien in Regensburg. Die Fraunhofer-Institute wurden auch in
das Kompetenznetz für Mechatronik (BKM) der High-Tech-Offensive einbezogen: In Mittelfranken wurde der Bereich Bauelemente des Erlanger Fraunho-
fer-Institutes gefördert, in Oberbayern der Münchner Institutsteil des Fraunhofer-Instituts für Zuverlässigkeit und Mikrointegration (IZM), jeweils mit 27
Millionen DM.

Der nächste Schritt im Ausbau der Fraunhofer-Aktivitäten in Bayern folgte
zehn Jahre später. Ausgangspunkt einer flächendeckenden Regionalisierung war
eine im Jahr 2007 von der Staatsregierung in Auftrag gegebene Untersuchung.
Diese hatte ergeben, dass Bayern im Vergleich zu anderen Ländern unterreprä-
sentiert war, was die Präsenz von Fraunhofer-Einrichtungen angeht. Im Rahmen
eines mit der Fraunhofer-Gesellschaft abgestimmten Konzepts wurde 2008 beschlossen, mit den Programmen Bayern 2020 und Bayern Forschung, Innovation und Technologie (FIT) weitere Privatisierungserlöse von 150 Millionen Euro
für Sonderfinanzierungen einzusetzen, um die Fraunhofer-Aktivitäten am Standort Bayern weiter auszubauen. Nach dem Grundsatz „Stärken stärken – Kräfte
bündeln" sollten Themenfelder wie Kommunikationstechnik, Mikroelektronik,
Materialwissenschaften oder Life Science zielgerichtet weiter entwickelt werden.
Seinerzeit waren in den bayerischen Fraunhofer-Einrichtungen etwa 2 900 Mitarbeiter beschäftigt. Aus den neuen Aktivitäten sollten mittelfristig bis zu fünf
neue Fraunhofer-Institute mit zusätzlichen 500 Mitarbeitern entstehen. (Fraunhofer, Pressemitteilung 8. Juli 2008)

Die im Konzept von 2008 vorgesehenen Maßnahmen sind heute alle verwirklicht oder auf den Weg gebracht. (Website der einzelnen Institute) Das betrifft
einmal Projektgruppen für Leichtbau und Mechatronik in Augsburg, den Institutsteil BioCat in Straubing, das Lebensmittel-Technikum in Weihenstephan

und den Ausbau der Standorte Erlangen, Fürth und Nürnberg des Instituts für
Integrierte Schaltungen. In Würzburg wurden das Zentrum für Smart Materials,
der Erweiterungsbau Technikum III und der Institutsteil Translationszentrum realisiert, in Bayreuth der Ausbau der beiden Projektgruppen Keramische Verbundstrukturen und Prozess-Innovation. In Regensburg wurden die Projektgruppe für
die Diagnose und Therapie von Tumor-, Stoffwechsel- und Alterserkrankungen
ausgebaut und eine neue Projektgruppe Materialien für die Chemo- und Biosen-
sorik eingerichtet. Langfristig sollen alle in München tätigen Fraunhofer-Einrichtungen bis auf die Zentrale und das Fraunhofer-Institut (IVV) in Freising in
einem Fraunhofer-Institutszentrum auf dem Campus in Garching zusammengeführt werden. Auch die Zusammenarbeit mit den Fachhochschulen wurde weiter
intensiviert. Dazu gehört das Fraunhofer-Anwendungszentrum für Textile Faserkeramiken in Münchberg mit der Hochschule Hof ebenso wie die Einbindung
der Hochschule Amberg-Weiden im Weiterbildungsprogramm „Lernlabor Cy-
bersicherheit". (Wirtschaftsministerium, Pressemitteilung 4. Mai 2016; oth-aw.
de, 19. Januar 2017)

Damit gibt es nunmehr neben der Münchner Zentrale 32 Fraunhofer-Einrichtungen in allen bayerischen Regierungsbezirken, davon sieben Institute und
vier Institutsteile, vier Arbeitsgruppen, elf Projektgruppen und acht Zentren.
Insgesamt beschäftigen diese Einrichtungen rund 4 000 Mitarbeiter in Bayern.

Helmholtz-Gemeinschaft

Die 1995 gegründete Hermann von Helmholtz-Gemeinschaft Deutscher For-
schungszentren e.V. (HGF) ist hervorgegangen aus der Arbeitsgemeinschaft deutscher Großforschungseinrichtungen von 1970. In diesem Verbund haben sich 18
Forschungszentren zusammengeschlossen, darunter auch das Max-Planck-Institut für Plasmaphysik in Garching als assoziiertes Mitglied. Mit insgesamt 38 000
Mitarbeitern und einem Jahresbudget von 4,45 Milliarden Euro in 2015 ist die
Helmholtz-Gemeinschaft die größte Wissenschaftsorganisation in Deutschland.
Mitglieder des Vereins mit rechtlichem Sitz in Bonn und Geschäftsstelle in Berlin
sind die rechtlich selbständigen Forschungszentren. Die Finanzierung des Budgets erfolgt zu 30 Prozent über Drittmittel, im Übrigen durch öffentliche Förderung von Bund (90 Prozent) und Ländern (zehn Prozent). Helmholtz-Institute
werden institutionell mit drei bis fünf Millionen Euro pro Jahr gefördert und
berufen ihre leitenden Wissenschaftler gemeinsam mit der Partneruniversität.

Zu Beginn der Offensive Zukunft Bayern gab es in Bayern zwei Einrichtungen der Helmholtz-Gemeinschaft, die aus den Schlüsseltechnologien der

sechziger und siebziger Jahre erwachsen sind: Das Deutsche Zentrum für Luft-
und Raumfahrt (DLR) für die Luft- und Raumfahrtforschung und das Deutsche Forschungszentrum für Umwelt und Gesundheit, vormals Gesellschaft für
Strahlenforschung (GSF) für die Kernenergieforschung. Heute hat die Helmholtz-Gemeinschaft vier Schwerpunkte mit über 4 000 Mitarbeitern in Bayern:
Gesundheit in München, Luft- und Raumfahrt in Oberpfaffenhofen, Leichtbau
in Augsburg, regenerative Energien in Erlangen und künftig Infektionsforschung
in Würzburg.

Luft- und Raumfahrt

Zentrum der Luft- und Raumfahrtforschung in Bayern war und ist das Deutsche
Zentrum für Luft- und Raumfahrt Oberpfaffenhofen, dessen Entwicklung in
Kapitel eins dargestellt wurde. Mit der Offensive Zukunft Bayern wurde die Forschung für die Luft-und Raumfahrttechnik in Bayern mit einem Einsatz von insgesamt 82 Millionen DM gezielt fortgeführt. Ansatzpunkt dafür war vor allem
der breite Querschnitt der Luftfahrttechnik mit Schwerpunkten in den neuen
Materialien und der Mechatronik.

Bereits mit den ersten beiden Tranchen der Offensive wurden 1994 und 1996
jeweils 30 Millionen DM für die Forschung in der Luft- und Raumfahrt bereitgestellt. Ende 2001 wurde im Rahmen der High-Tech-Offensive in Oberpfaffenhofen der erste deutsche Inkubator für die Wachstumsgebiete Navigation, Satelliten- und Mobilkommunikation sowie Geoinformation gestartet. Er
wurde im Jahr 2005 in eine eigenständige Gesellschaft privater und öffentlicher
Anteilseigner, die Anwendungszentrum GmbH Oberpfaffenhofen (AZO), umgewandelt. Die Erfolge des Inkubators führten 2009 zum Einstieg der europäischen Raumfahrtagentur ESA in das Anwendungszentrum, das seither als „ESA
Business Incubation Centre" (BIC) firmiert und Zweigstellen in Berchtesgaden,
Nürnberg und Ottobrunn gegründet hat.

Mit der High-Tech-Offensive wurde Oberpfaffenhofen auch in das bayerische
Kompetenznetzwerk für Mechatronik einbezogen. Für die Kooperation des Zentrums für Luft- und Raumfahrt und des Fraunhofer-Instituts für Zuverlässigkeit
und Mikrointegration (IZM) mit dem Institut für Werkzeugmaschinen und Betriebswissenschaften der TU München wurden 27 Millionen DM bereitgestellt.
Mittlerweile ist das in Oberpfaffenhofen beheimatete Zentrum für Robotik und
Mechatronik weltweit eines der größten und bedeutendsten Forschungszentren
für angewandte Automation und Robotik. 2016 wurde hier ein neues Forschungsgebäude für die Roboter-Forschung eröffnet. Der Forschungscluster vereint drei

Institute, wobei das Institut für Robotik und Mechatronik und das Institut für Systemdynamik und Regelungstechnik hier am Standort zu Hause sind.

Auch am Standort Ottobrunn bei München hat sich das Deutsche Zentrum für Luft- und Raumfahrt mittlerweile etabliert. Am 9. Juli 2010 wurde von der TU München, der Universität der Bundeswehr München, der Ideenschmiede Bauhaus Luftfahrt (getragen von Airbus, Liebherr-Aerospace, MTU Aero Engines und IABG) und dem Zentrum für Luft- und Raumfahrt der Verein „Munich Aerospace – Fakultät für Luft- und Raumfahrt" als gemeinsame Forschungs-, Entwicklungs- und Ausbildungsplattform gegründet. Die vier Gründungspartner verfolgen das Ziel, die vielfältigen wissenschaftlich-technischen Expertisen zu bündeln, gemeinsam neue Forschungsziele zu identifizieren, Forschungsschwerpunkte von kritischer Masse zu setzen und somit die Bedeutung der Region München als europäischer Technologie-, Wissenschafts- und Ausbildungsstandort in der Luft- und Raumfahrt nachhaltig zu stärken. Munich Aerospace basiert auf einer Expertise von rund 55 Professuren. Der Verein bietet Forschungsallianzen, vernetzte Lehrangebote sowie ein Programm für Doktoranden. Ab dem 1. Januar 2012 erhält Munich Aerospace eine Förderung im Rahmen der Helmholtz-Allianz „DLR@Uni". Ihr Ziel ist der Auf- und Ausbau von Forschungsnetzwerken zwischen den DLR-Instituten und den regional ansässigen Universitäten sowie die Intensivierung der Doktorandenausbildung in strukturierten Programmen.

Darüber hinaus wurde der Ludwig Bölkow Campus (LBC) im März 2012 von den Konsortialpartnern aus Wirtschaft (unter anderem Airbus, Siemens, IABG) und Wissenschaft (TU München, Universität der Bundeswehr und Hochschule München) mit den Partnern DLR und Freistaat Bayern gemeinsam auf den Weg gebracht. Munich Aerospace und die Ludwig Bölkow Campus GmbH bilden damit die beiden Säulen dieses Campus. Sein Ziel ist die Stärkung des vorhandenen Potenzials in der Spitzenforschung für Luft- und Raumfahrt und Sicherheit. Die Forschung umfasst die gesamte Spanne von der Grundlagenforschung über die anwendungsnahe Entwicklung bis hin zur Umsetzung. Seit Mitte 2014 ist der Ludwig Bölkow Campus eine Außenstelle der Business Incubation Centres (BIC) der europäischen Weltraumorganisation ESA. Seit 2015 ist auch Bauhaus Luftfahrt auf dem Campus angesiedelt. Nunmehr soll, wie in der Regierungserklärung von Ministerpräsident Markus Söder am 18. April 2018 angekündigt, eine eigene Raumfahrtfakultät der TU München mit 30 neuen Professuren in Ottobrunn ein bayerisches Raumfahrtprogramm unter dem Signum „Bavaria One" mit der Entwicklung unbemannter suborbitaler Flugkörper vorantreiben. (Söder 2018)

Auch Airbus will die Forschung an diesem Standort stärken. Zwar werden die bisherigen zwei Gesellschaftszentralen in Suresnes bei Paris und Ottobrunn bei München nach Toulouse verlagert. Zum Ausgleich sollen die deutschen Forschungsarbeiten in Ottobrunn gebündelt werden. Ottobrunn soll künftig als einziger Standort in Deutschland neben der Zentrale Toulouse ein konzernweites Zentrum für die Forschung des Unternehmens werden. (Bayernkurier vom 9. Dezember 2016)

Neben Oberpfaffenhofen und Ottobrunn ist auch Augsburg mit seiner langen Geschichte im Flugzeugbau ein Schwerpunkt für Innovationen in der Luft- und Raumfahrt. 2009 hat das DLR dort eine neue Forschungseinrichtung für den Leichtbau gegründet, die am 14. Mai 2013 auf dem Campus der Universität als Zentrum für Leichtbauproduktionstechnologie (ZLP) eröffnet wurde. Das Zentrum hat instituts- und standortübergreifend den Arbeitsschwerpunkt Carbon-Werkstoffe. Mit dem Aufbau der Roboteranlage wurde ein Meilenstein in der Produktion von Kunststoff-Komponenten, die mit Carbonfasern verstärkt sind (CFK), für die Luft- und Raumfahrt erreicht. Das DLR arbeitet hier in einer engen Kooperation mit der unmittelbar benachbarten Forschungsgruppe „Integrierter Leichtbau" (FIL) des Fraunhofer-Instituts für Chemische Technologie (ICT) zusammen. „Das Zentrum für Leichtbauproduktionstechnologie ist unsere Antwort nicht nur auf die regionale Technologie- und Standortentwicklung. Damit kommen wir auch dem nationalen Forschungsbedarf im Bereich der zukunftsweisenden CFK-Materialien nach. Am Standort Augsburg erweitert das DLR sein Kompetenzspektrum und erarbeitet wesentliches Know-How für eine interdisziplinäre Technologienutzung in den Bereichen Luft- und Raumfahrt, Verkehr und Energie. Mit dem ZLP wollen wir einen Beitrag zur Sicherstellung einer nahtlosen Innovationskette von der Grundlagenforschung bis zum Industrieprodukt leisten." (DLR Pressemitteilung, 14. Mai 2013)

Heute ist das Forschungszentrum Oberpfaffenhofen mit seinen acht Forschungseinrichtungen in Bayern und 1 800 Mitarbeitern der größte Standort des Deutschen Zentrums für Luft- und Raumfahrt, gefolgt von Köln (1 400) und Braunschweig (1 170). Das Zentrum für Robotik und Mechatronik in Oberpfaffenhofen mit seinen insgesamt 13 wissenschaftlichen Einrichtungen und Instituten ist eines der größten und bedeutendsten Forschungszentren für angewandte Automation und Robotik weltweit. Insgesamt hat der Freistaat seit 1990 mehr als 200 Millionen Euro für die Luft- und Raumfahrt in Bayern bereitgestellt. Dazu gehören Maßnahmen wie das Galileo Kontrollzentrum in Oberpfaffenhofen, das Bayerische Luftfahrtforschungsprogramm, Organisationen wie die

Clusterplattform bavAIRia und das Bauhaus Luftfahrt, das Anwendungszentrum Oberpfaffenhofen, ein Raumfahrt-Nutzungsprogramm, die Unterstützung der Fakultät Munich Aerospace, das Carbon-Zentrum in Augsburg und nunmehr Bavaria One in Ottobrunn. Zusammen mit den Forschungseinrichtungen der Universitäten und den Fraunhofer-Instituten in Augsburg, Bayreuth, Erlangen, Fürth und München sowie mit den bestehenden und geplanten Forschungseinrichtungen des DLR und der Luftfahrtindustrie wurde ein dichtes Netzwerk geschaffen. Damit ist sichergestellt, dass der Luft- und Raumfahrtstandort Bayern mit seinen heute 60 000 Beschäftigen weiterhin neben den Produktionsstätten in Norddeutschland auch in Zukunft eine führende Rolle einnehmen kann. (siehe die Bayerische Luftfahrtstrategie 2030 vom März 2015 und die website bavAIRia, aufgerufen 11. Oktober 2017)

Strahlenschutz und Gesundheit

Auch die zweite große Helmholtz-Einrichtung im Raum München ist aus einer Schlüsseltechnologie Bayerns in der Nachkriegszeit erwachsen. Von Anfang an war die Kernforschung neben der wirtschaftlichen Nutzung der Atomkraft auch darauf ausgerichtet, den Schutz der Bevölkerung und der Umwelt vor den Gefahren der Radioaktivität zu gewährleisten. Auf Initiative des Bundesatomministeriums wurde am 1. April 1960 in Neuherberg bei München die Versuchs- und Ausbildungsstätte für Strahlenschutz gegründet. Die mit Bundesmitteln von sieben Millionen DM finanzierte Einrichtung wurde zunächst in die Karlsruher Gesellschaft für Kernforschung eingegliedert. Die am 22. Mai 1964 eigens hierfür vom Bund gegründete Gesellschaft für Strahlenforschung (GSF) übernahm die Forschungs- und Ausbildungsstätte, da sich die Trägerschaft durch Karlsruhe nicht bewährt hatte. Die Einrichtung wurde in drei Institute aufgeteilt: für Biologie, Strahlenschutz und Hämatologie zur Erforschung der Strahlenwirkung auf das blutbildende System. (Deutinger: 154 ff., Reuter-Boysen 1992)

1970 wurde eine Abteilung für Immunhämatologie angegliedert, die später als Institut für Immunologie verselbstständigt wurde. Das Ziel der allogenen Knochenmarktransplantation zur Behandlung von Leukämiepatienten wurde hier 1975 erstmals in Deutschland erreicht. Das Institut für Immunologie siedelte 1988 in das auf dem Campus des Klinikums Großhadern neu errichtete Hämatologikum über, um die Zusammenarbeit mit klinischen Einrichtungen zu vertiefen. Dort wurde es ein wesentlicher Bestandteil des mit der Offensive Zukunft Bayern geförderten Netzwerks zur Biotechnologieforschung. Heute hat das Helmholtz-Zentrum München als Deutsches Forschungszentrum für Gesundheit und Umwelt in Neuherberg bei München seinen Hauptsitz mit insgesamt 2 280 Mitarbeitern (2015). Aus dem Zentrum München wurden bisher 18 Unternehmen ausgegründet. Weitere Standorte in Bayern befinden sich in Augsburg, Garching, Großhadern und Neuperlach.

Als erste Helmholtz-Einrichtung in Nordbayern wurde 2013 das Helmholtz-Institut Erlangen-Nürnberg für erneuerbare Energien (HI-ERN) gegründet, an dem bis zu 50 Mitarbeiter tätig werden. Seine Aufgabe ist es, die Energiewende durch innovative Lösungsbeiträge in den Schwerpunkten solare Materialien und Wasserstoff als Speichermedium zu unterstützen. Das zielt auf die kostengünstige Stromerzeugung aus regenerativen Energiequellen sowie die Bereitstellung von Speicherkapazität. Vier Professuren und zwei Nachwuchsgruppen bauen das Institut auf und werden jährlich mit rund 5,5 Millionen Euro von der Helmholtz-Gemeinschaft gefördert. Der Freistaat Bayern stellt als Anschubfinanzierung für gemeinsame Forschungsvorhaben der Partner zusätzlich insgesamt fünf Millionen Euro zur Verfügung und finanziert darüber hinaus den Forschungsneubau des Instituts mit 32 Millionen Euro. Bis 2018 soll der Bau für rund 90 Wissenschaftler fertiggestellt sein.

Ein weiteres nordbayerisches Helmholtz-Institut wird demnächst in Würzburg entstehen. Am 13. Oktober 2016 hat der Senat der Helmholtz-Gemeinschaft die Errichtung eines Instituts für RNA-basierte Infektionsforschung in Würzburg (HI-WÜ) beschlossen. Das Helmholtz-Zentrum für Infektionsforschung (HZI) in Braunschweig und die Universität Würzburg (Zentrum für Infektionsforschung) wollen in Würzburg eine Kooperationsplattform aufbauen, mittels derer neuartige Arzneimittel zur Behandlung gefährlicher Infektionskrankheiten entwickelt werden. Im Staatshaushalt ist eine Anschubfinanzierung durch den Freistaat vorgesehen, um das Institut im Ausbauzustand in die gemeinsame Bund-Länder-Finanzierung (90/10) aufzunehmen. Die Gesamtkosten betragen voraussichtlich 16,5 Millionen Euro, davon eine Million Euro 2016, je fünf Millionen 2017 und 2018 und 5,5 Millionen Euro im Jahr 2019.

5.4 Bayern Innovativ, Netzwerke und Cluster

„Wir werden die Gesellschaft für Innovation und Technologietransfer mit dem Namen „Bayern – innovativ" in Nürnberg errichten." (Stoiber 1994/2)

Die Vernetzung der Forschung sowohl innerhalb der Wissenschaft als auch mit der Wirtschaft war ein grundlegendes Strukturprinzip der Offensive Zukunft

Bayern mit dem Ziel, Innovationen und dadurch Arbeitsplätze zu generieren. Ausgangspunkt war dabei die Bayerische Forschungsstiftung.

Bayerische Forschungsstiftung

Ein wesentliches Instrument der Offensive Zukunft Bayern, um universitäre und außeruniversitäre Forschungsvorhaben standortübergreifend zu vernetzen, waren die Forschungsverbünde. Als Vorsitzendem des Vorstandes der Bayerischen Forschungsstiftung (BFS) oblag dem Autor von 1993 bis 1999 die Verantwortung für die Mittelvergabe. Mit Professor Nikolaus Fiebiger, der als Geschäftsführer der Stiftung von 1993 bis 1998 tätig war, hat der Autor intensiv zusammengearbeitet.

Ausgehend von der Überlegung, Gewinne aus Wirtschaftsbeteiligungen der Wirtschaft wieder zuzuführen, wurde die Stiftung am 1. Juli 1990 als rechtsfähige Stiftung des öffentlichen Rechts zur Förderung der anwendungsorientierten Grundlagenforschung und der angewandten Forschung errichtet. (GVBl. 1990: 241) Ihr im Errichtungsgesetz verankerter Zweck war es, ergänzend zur staatlichen Forschungsförderung universitäre und außeruniversitäre Forschungsvorhaben zu fördern, die für die wissenschaftlich-technologische Entwicklung Bayerns, für die bayerische Wirtschaft oder zum Schutz der natürlichen Lebensgrundlagen bedeutsam sind. Darüber hinaus soll sie die schnelle Nutzung wissenschaftlicher Erkenntnisse durch die Wirtschaft fördern. Damit wurde ein in Deutschland einzigartiges Förderinstrument geschaffen, das universitäre und außeruniversitäre Forschungsvorhaben miteinander und mit der Wirtschaft vernetzt. Der Wissenschaftlich-Technische Beirat der Staatsregierung fungierte als Wissenschaftlicher Beirat der Forschungsstiftung.

Die Stiftung wurde von herausragenden Persönlichkeiten aus Wissenschaft und Wirtschaft geleitet. Erster ehrenamtlicher Geschäftsführer war von August 1991 bis November 1992 Hans Heitzer. Ihm folgte Professor Nikolaus Fiebiger. Im Jahr 1999 wurde die Geschäftsstelle neu strukturiert: Neben einem nunmehr hauptamtlichen Geschäftsführer wurde ein ehrenamtlicher Präsident bestellt. Erster Präsident der Bayerischen Forschungsstiftung war Professor Dieter Seitzer (Juni 1999 bis Dezember 2005). In den Jahren 2006 bis Ende 2012 hatte Professor Joachim Heinzl und von Januar 2013 bis Ende 2017 Professor Heinz Gerhäuser das Präsidentenamt der Stiftung inne. Seit Januar 2018 ist Professor Arndt Bode Präsident.

Die Stiftung erhielt ab dem Haushaltsjahr 1991 fünf Jahre lang die Erträge aus der Beteiligung des Freistaates Bayern an der Messerschmitt-Bölkow-Blohm

GmbH und zwei Drittel der Erträge aus der Beteiligung an der Bayernwerk AG. Durch das Gesetz vom 10. August 1994 (GVBl. 1994: 773), das am 1. August 1995 in Kraft getreten ist, wurden die vorstehend genannten Erträge für weitere fünf Jahre durch die Erträge aus der Beteiligung des Freistaates Bayern an der VIAG AG ersetzt. Danach erhielt die Forschungsstiftung in den Haushaltsjahren 1999 und 2000 die vollen Erträge dieser Beteiligung in Höhe von je 81,2 Millionen DM. Zur Stärkung der Fördertätigkeit hat die Stiftung aus der High-Tech-Offensive eine Aufstockung um 100 Millionen DM erhalten. Aus den Erlösen der Veräußerung von VIAG-Anteilen wurde ihr ein zinsloses Staatsdarlehen von insgesamt 51,1 Millionen Euro in drei Tranchen (2000, 2001 und 2002) gewährt. Das Darlehen hatte eine Laufzeit bis 31. Dezember 2010 und war bis zum Laufzeitende tilgungsfrei. Es wurde im Nachtragshaushalt 2010 um zehn Jahre zu gleichen Konditionen verlängert, um jährliche Bewilligungen von mindestens 20,5 Millionen Euro langfristig sicherzustellen.

Die herausragende Rolle der Stiftung für die Forschung in Bayern bis heute wird durch ihre erfolgreiche Bilanz belegt. In den 25 Jahren seit ihrer Gründung hat sie für 804 Projekte Fördermittel von rund 535 Millionen Euro bewilligt (Stand Februar 2016). Zusammen mit den Finanzierungsanteilen der bayerischen Wirtschaft wurde damit ein Gesamtfördervolumen von rund 1,2 Milliarden Euro angestoßen. Die Evaluierung der Forschungsstiftung durch eine internationale Expertenkommission unter Leitung der Max-Planck-Gesellschaft im Jahr 2014 hat ihre Bedeutung für die Entwicklung von Forschung und Technologie in Bayern bestätigt: „Die Kommission kommt bei ihrer Bewertung der BFS zu einem sehr positiven Ergebnis. Die BFS leistet seit über 20 Jahren eine wichtige Förderarbeit an der Schnittstelle von Wissenschaft und Wirtschaft. Sie trägt im Freistaat Bayern entscheidend dazu bei, das Zusammenwirken der Akteure aus beiden Bereichen nachhaltig zu verstärken. Ein wichtiges Ziel ist es darüber hinaus, die Akquisition zusätzlicher Mittel aus Bundes- oder EU-Programmen zu bewirken. Wie zahlreiche Beispiele (etwa im Bereich der Elektromobilität und der Medizintechnik) belegen, hat die BFS in jüngerer Vergangenheit hier überaus erfolgreich agiert. Die Stiftung geht sehr umsichtig mit den zur Verfügung stehenden Fördermitteln um. Ihre Verfahren sind umfassend qualitätsgesichert, und zwar sowohl in der Antragsprüfung und Entscheidungsvorbereitung als auch im Monitoring sowie in der späteren Ergebnisbewertung." (Kommission HdF 2014plus: 25)

Bayern Innovativ

Im Jahr 1995 wurde Bayern Innovativ als zentrale Schaltstelle für den Technologietransfer in Bayern geschaffen und bis 2012 von Professor Josef Nassauer geführt. Bayern Innovativ ist eine staatliche Gesellschaft für Innovation und Wissenstransfer mit Sitz in Nürnberg, für die 100 Millionen DM an Privatisierungserlösen der Offensive Zukunft Bayern eingesetzt wurden. Aufgabe der Gesellschaft war und ist es, den Wissens- und Technologietransfer zwischen Wissenschaft und Wirtschaft, aber auch innerhalb der Wirtschaft zu intensivieren. Heute (2016) beschäftigt die Bayern Innovativ GmbH rund 130 Mitarbeiter bei einem Umsatz von etwa 16 Millionen Euro.

Die Schlüsselangebote von Bayern Innovativ waren und sind Veranstaltungen, Kooperationen, Marktzugang mit Messe-Gemeinschaftsständen, Förderung und Informationen. 2006 wurde Bayern Innovativ auch für die Entwicklung und Betreuung der Cluster zuständig. Das erfolgreiche Wirken der Gesellschaft wurde durch die Ergebnisse im bundesweiten Spitzencluster-Wettbewerb bestätigt. 2010 wurde sie zur Bündelung der Innovationsinfrastruktur in Bayern zusammen mit der Bayerischen Forschungsallianz GmbH, der Forschungsstiftung und „Projektträger Bayern – ITZB" (damals Innovations- und Technologiezentrum Bayern) in die seinerzeit „Haus der Forschung" genannte Forschungs- und Innovationsagentur in Nürnberg eingebunden. Dabei hat sie sowohl ihre eigenständige Marke als auch ihre Aufgabenstellung behalten.

Zielvorgabe dieser Agentur ist es, für Hochschulen und Unternehmen in Bayern eine zentrale Anlaufstelle für alle Fragen zur Technologie- und Forschungsförderung bereitzustellen. Grundlage war eine Kooperationsvereinbarung zwischen dem Wirtschafts- und Wissenschaftsministerium und den beteiligten Organisationen. 2010 wurde das „Haus der Forschung" in Nürnberg eröffnet, ein Jahr später auch in München. In einer 2014 vorgenommenen Evaluierung wurden das Kooperationsmodell und der Erhalt der eigenständigen Marken der Partner ausdrücklich bestätigt. (Kommission HdF2014plus: 38) Entsprechend den Empfehlungen der Kommission wurde 2016 die Bayerische Patentallianz GmbH als fünfter Partner in die Kooperation einbezogen und das „Haus der Forschung" nunmehr zutreffend als „Bayerische Forschungs- und Innovationsagentur" bezeichnet.

Die Bayern Innovativ GmbH bildet Schnittmengen zwischen potenziellen Kooperationspartnern aus unterschiedlichsten Branchen und Technologien, um insbesondere die Innovationsdynamik kleiner und mittelständischer Unternehmen zu erhöhen. Bayern Innovativ verknüpft Akteure aus Wirtschaft und Wissenschaft

auf allen Stufen der Wertschöpfungskette und unterstützt sie mit maßgeschneiderten Dienstleistungen dabei, vorhandene Lücken in Technologien, Zulieferketten und Absatzkanälen zu schließen. Bei mehr als 100 internationalen Kongressen, zahllosen Foren, Arbeitskreisen und Workshops konnte die Bayern Innovativ
GmbH seit der Gründung im Jahr 1995 über 100 000 Entscheidungsträger aus
Unternehmen, Hochschulen und Forschungsinstituten zusammenführen. Die
hohe Nachfrage nach den Angeboten von Bayern Innovativ führte zu einer Steigerung des Umsatzes auf rund 16 Millionen Euro. Ihre Netzwerke umfassen aktuell
80 000 Akteure aus 40 000 Unternehmen und Forschungsinstituten und 80 partnerschaftlich verbundene Netzwerk-Organisationen. Im Fokus der Aktivitäten
stehen die fünf Kompetenzfelder Digitalisierung, Energie, Gesundheit, Material
und Mobilität. (bayern-innovativ.de, Pressemitteilung 23. Mai 2015)

Bayern Innovativ ist heute einer der größten Knotenpunkte für Innovation
und Kooperation in Europa. Durch den Ausbau interdisziplinärer Zusammenarbeit zwischen Unternehmen und den Transfer von Ergebnissen aus wissenschaftlichen Instituten werden neue Entwicklungen angestoßen. Über zahlreiche
themenspezifische Kongresse, Kooperationsforen und Gemeinschaftsstände auf
Hightech-Messen hat Bayern Innovativ in zehn Technologien und Branchen international ausgerichtete Netzwerke aufgebaut, unterstützt durch einen professionellen, multimedialen Informations- und Wissenstransfer. Einen Fokus der
Aktivitäten bildet neben den eigenen Clustern Energietechnik, Automotive und
neue Werkstoffe das „Cross-Clustering" mit den anderen bayerischen Clustern
sowie die Vernetzung mit weiteren Akteuren in der Innovationslandschaft Bayerns. (bayern-innovativ.de, aufgerufen 31. Dezember 2017)

Netzwerke und Cluster

Ministerpräsident Edmund Stoiber hat in der Garchinger Rede vom 17. Juni
1998 und in der Regierungserklärung vom 29. Oktober 1998 die Schaffung von
Netzwerken als wesentliches Element bezeichnet, um die vorhandenen Stärken
in Wissenschaft und Wirtschaft durch Synergien bei der Vernetzung weiter zu
stärken. Dementsprechend wurden landesweite, überregionale und regionale
Cluster geschaffen, die seinerzeit überwiegend noch als Netzwerke bezeichnet
wurden. Das war der Beginn der Clusterbildung in Bayern. Für die Schlüsseltechnologien waren das, wie dargestellt, insbesondere ein landesweites Netzwerk
für Informations- und Kommunikationstechnik, das Forum MedTech Pharma
für Medizintechnik und Pharma, das Netzwerk BioMedTech Franken für Biomedizin und die BioM AG für die Biotechnologie. Weitere Cluster waren ein

landesweites Informatik-Netzwerk, das Netzwerk Wirtschaftsinformatik Nord-bayern, das Kompetenznetzwerk Neue Materialien, das Netzwerk für Umwelt-technologie und das Kompetenzzentrum Bayern für Mechatronik.

Neben diesen Netzwerken für Leit- und Schlüsseltechnologien wurden auch regionale und überregionale Netze für weitere, für Bayern bedeutsame, Felder der Hochtechnologie geschaffen wie die Cluster für Energietechnik und Ver-kehrstechnik im Raum Nürnberg, für Leistungselektronik im Raum Augsburg und in Erlangen sowie für Luft- und Raumfahrt in Oberpfaffenhofen. Zusätzlich wurde mit dem Regionalkonzept eine Vielzahl regionaler Netzwerke eingerichtet. Dazu gehörten allein neun regionale Cluster wie zum Beispiel die IT-Cluster Un-terfranken und Oberfranken oder das Kompetenzcenter Mechatronik in Cham.

Die 2006 begründete Cluster-Offensive hat diese Netzwerkbildung fortge-führt und ausgebaut: „Mit der Initiative Zukunft Bayern setzen wir unsere Zu-kunftsstrategie der Clusterbildung konsequent fort." (Ministerpräsident Stoiber, 1. Dezember 2004) Der deutsche Begriff Netzwerk wurde durch die interna-tional verwendete Bezeichnung „cluster" ersetzt, die solche Unternehmen und Forschungseinrichtungen umfasst, die in der gleichen Branche und in regionaler Nähe gemeinsam ein Netzwerk bilden. Zugleich wurden die Cluster-Bereiche auf weitere Kompetenzfelder der bayerischen Wirtschaft ausgeweitet.

Dabei folgte die Staatsregierung den Grundsätzen, wie sie der US-Wirt-schaftsprofessor Michael E. Porter in seinem grundlegenden Aufsatz „Clusters and the new economics of competition" im November 1998 aufgestellt hat. Die Frage „What is a cluster" hat er so beantwortet:

„Clusters are geographic concentrations of interconnected companies and in-stitutions in a particular field. Clusters encompass an array of linked industries and other entities important to competition. They include, for example, supplier specialized inputs such as components, machinery, and services, and providers of specialized infrastructure. Clusters also often extend down-stream to channels and customers and laterally to manufacturers of complementary products and to companies in industries related by skills, technologies, or common inputs. Final-ly, many clusters include governmental and other institutions – such as univer-sities, standards-setting agencies, think tanks, vocational training providers, and trade associations – that provide specialized training, education, information, research, and technical support."

Porter hat auch die Wettbewerbsfunktion der Cluster betont: „Clusters affect competition in three broad ways: first, by increasing the productivity of compa-nies based in the area; second, by driving the direction and pace of innovation, which underpins future productivity growth; and third, by stimulating the formation of new businesses, which expands and strengthens the cluster itself. A cluster allows each member to benefit as if it had greater scale or as if it had joined with others formally – without requiring it to sacrifice its flexibility." (Porter 1998)

Cluster sind damit primär branchenbezogene Netzwerke, die gleichzeitig Konkurrenz und Kooperation erlauben, die Kompetenzen der Partner ergänzen und erweitern, die Produktivität steigern und die Innovation fördern, Unternehmensgründungen stimulieren und die Unabhängigkeit und Flexibilität der Partner erhalten. Darüber hinaus generieren zeitlich und thematisch begrenzte Forschungsverbünde konkrete Innovationsgewinne für aktuelle Problemfelder. Der seinerzeitige Präsident der Stiftung, Professor Dieter Seitzer, hat die Forschungsverbünde daher „skalierte Modelle zur Fokussierung von Clustern auf Innovationen" genannt. (BFS Jahresbericht 2005: 19)

Eine Studie des Fraunhofer-Instituts für System- und Innovationsforschung zur Cluster-Offensive vom 11. Dezember 2008 hat bestätigt, dass gerade kleine und mittlere Unternehmen durch die Clusterarbeit verstärkt mit Forschungsinstituten zusammenarbeiten. Für solche Betriebe ist Forschung und Entwicklung sonst nur schwer zugänglich. Mit der Cluster-Offensive werden mehr Kooperationen erreicht. So konnten Zukunftsthemen wie die sogenannte weiße (industrielle) Biotechnologie in den Life Sciences und Embedded Systems in der Informationstechnologie für Bayern erschlossen werden. Mit dem Projekt Energiemanagementsystem für Elektrofahrzeuge des Clusters Leistungselektronik konnte das Batteriemanagement in Elektrofahrzeugen deutlich verbessert werden. Die Experten bewerteten dies als wichtigen Schritt, um die Elektromobilität in Bayern voranzutreiben – das war vor zehn Jahren. (Fraunhofer 2008)

Mit der Cluster-Offensive fördert die Staatsregierung heute die Wettbewerbsfähigkeit bayerischer Unternehmen in 17 Schlüsselbranchen der Themenfelder Mobilität, Materialentwicklung, Mensch und Umwelt, Informations- und Elektrotechnik sowie Dienstleistungen und Medien. Clusterplattformen in jeder dieser Branchen vernetzen Unternehmen und Forschungseinrichtungen, um Forschungsergebnisse schneller in marktfähige Anwendungen zu überführen, die Wettbewerbssituation von Unternehmen durch Kooperationen zu verbessern und Wertschöpfungsketten im Land zu halten. In den Clustern wirken 5 000 bayerische Unternehmen mit. Die Cluster-Offensive hat eine große Breitenwirkung erzielt, bietet einen deutlichen Mehrwert für die Unternehmen und hat sich zu einem wichtigen Element der bayerischen Innovationspolitik entwickelt. Das Fördervolumen für die Jahre 2006 bis 2011 betrug 45 Millionen Euro, für die Jahre 2012 bis 2015 24 Millionen Euro. (LT-Drs. 16/12550, 24. Juli 2012)

Durch die Clusterpolitik wird das bestehende Angebot an staatlichen Maß-nahmen zur Innovationsförderung durch Vernetzung von Wirtschaft und Wis-senschaft ergänzt. Dabei geht es darum, einen selbstorganisierenden und offenen Strukturprozess anzustoßen. Es werden Impulse gesetzt, um die Dynamik zwi-schenbetrieblich und zwischen Unternehmen und Forschung in Gang zu setzen, alle Kooperationsmöglichkeiten auszuloten und fortzuentwickeln. Ziel ist es, die Wettbewerbsfähigkeit der Wirtschaft am Standort Bayern zu stärken und da-mit Arbeitsplätze zu sichern und zu schaffen. (DHH 2007/2008, Epl. 07: 61) Dabei wurden neben den Leit- und Schlüsseltechnologien der High-Tech-Of-fensive auch Spezialbereiche wie die Carbon-Technologie, Leistungselektronik, Sensorik und Nanotechnologie in Clustern gebündelt. Sie wurden ergänzt um Cluster für traditionelle Branchen der bayerischen Wirtschaft wie insbesondere Automotive, Chemie, Ernährung, Forst und Holz, Energietechnik, Bahntechnik und Logistik, die auch schon Gegenstand der Offensive und insbesondere des Regionalkonzepts waren. (Wirtschaftsministerium 2007: 9 f.; bayern-innovativ. de, aufgerufen 4. Januar 2017)

Die nachfolgende Darstellung der einzelnen Cluster zeigt ihre Grundlagen in der Offensive Zukunft Bayern auf und gibt zugleich einen Überblick zur aktu-ellen Position der wichtigsten Wirtschaftszweige in Bayern, beginnend mit den Clustern für Leittechnologien.

Cluster für Leittechnologien

Der Cluster Informations- und Kommunikationstechnik folgt der Bündelung der Informations- und Kommunikations-Aktivitäten von Bayern Online und der Software Offensive durch die High-Tech-Offensive im Forschungscampus Garching. Er wird dort von der Geschäftsstelle des Zentrums „Digitalisierung. Bayern" koordiniert mit dem Ziel, Kooperationen zwischen Wirtschaft und Wis-senschaft zu Schlüsselthemen der Digitalisierung auszubauen, die Forschungs-kompetenzen Bayerns weiter zu stärken und zu bündeln, Gründungsförderung zu intensivieren sowie den gesellschaftlichen Dialog zur Digitalisierung zu be-gleiten. Die IT-Cluster Unterfranken und Oberfranken des Regionalkonzepts wurden in den bayernweiten Cluster integriert. Mehr als die Hälfte der Indust-rieproduktion, die meisten modernen Dienstleistungen und 80 Prozent der Ex-porte hängen vom Einsatz der Informations- und Kommunikationstechnik ab. Heute ist Bayern in dieser Technik europaweit mit rund 380 000 Beschäftigten in mehr als 20 000 Unternehmen führend. (invest-in-bavaria.com, aufgerufen 21. November 2017)

Der Cluster Biotechnologie bündelt die Stärken der in der Offensive Zukunft Bayern geschaffenen Netzwerke von Martinsried (BioM), Regensburg (BioPark) und Nordbayern (BioMed in Würzburg, Erlangen und Bayreuth) und bindet Unternehmen und Institute anderer bayerischer Regionen aktiv in das bayernweite Netzwerk ein. Das Clustermanagement liegt bei der 2006 gegründeten BioM Bio-Tech Cluster Development GmbH in Martinsried. Sie hat die Netzwerkaktivitäten zur Standortförderung von der BioM AG übernommen. Mit 42 000 Mitarbeitern in gut 200 Biotechnologieunternehmen und knapp 150 weiteren Pharma-Unternehmen sowie in klinischer Forschung und Entwicklung nimmt Bayern heute eine Spitzenposition in Deutschland ein. Der Freistaat ist mit rund 25 Prozent der Unternehmen und des Umsatzes sowie rund 30 Prozent der Beschäftigten der führende Biotechnologie-Standort in Deutschland. (Wirtschaftsministerium 2017)

Der Cluster Medizintechnik beruht auf den mit der High-Tech-Offensive begründeten Netzwerken in Erlangen und Nürnberg. Das Clustermanagement liegt seit 2007 bei der Medical Valley EMN e.V. mit Sitz in Erlangen. Der Zusammenschluss von aktuell 185 Mitgliedern aus Wirtschaft, Wissenschaft, Gesundheitsversorgung, Netzwerken und Politik ist zu einem international führenden Cluster im Bereich Medizintechnik geworden. Das Forum MedTech Pharma e.V., das ebenfalls in den Cluster eingebunden ist, ist heute das größte interdisziplinäre Netzwerk in Deutschland im Bereich Medizintechnik und Gesundheitswirtschaft mit über 600 Mitgliedern, umfasst über 10 000 Kunden aus 4 000 Unternehmen und rund 1 500 Instituten und Kliniken aus insgesamt 31 Ländern. Allein in der Medizintechnik sind 80 000 Personen in Bayern beschäftigt. (cluster-bayern.de, 16. Juni 2017)

Der Umwelttechnologie-Cluster gründet sich auf der Vernetzung der Umwelttechnik in Bayern in der High-Tech-Offensive mit der Einrichtung des Landesamtes für Umwelt, eines Kompetenzzentrums für Umwelttechnik und des Fördervereins KUMAS in Augsburg mit seinem Netzwerk von 200 Partnern. Insgesamt wurden in der Offensive Zukunft Bayern über 300 Millionen DM in diesen Technologiebereich investiert. Der Cluster mit Sitz in Augsburg bündelt die bayerischen Kompetenzen für Abfall und Recycling, alternative Energiegewinnung, insbesondere aus Abfällen und Biomasse, Luftreinhaltung, Ressourceneffizienz, Stoffstrommanagement sowie Wasser- und Abwasseraufbereitung. Landesweit ist Bayern bei der Umwelttechnologie heute mit über 2 000 Unternehmen und über 100 Forschungseinrichtungen aufgestellt. Die bayerische Umweltwirtschaft erzielte 2013 mit 99 200 Mitarbeitern Umsätze von 23,8 Milliarden Euro und liegt damit im Bundesvergleich an der Spitze. (Statistische Landesämter, 20. Oktober 2016)

Der Cluster „Neue Werkstoffe" baut auf den regionalen Netzwerken der Offensive auf, die heute noch erfolgreich agieren: Das Kompetenzzentrum Neue Materialien Nordbayern in Bayreuth und Fürth, das auf den industriellen Leichtbau ausgerichtet ist wie auch der im Regionalkonzept geförderte Leichtbau-Cluster Landshut und das Anwenderzentrum für Material- und Umweltforschung AMU in Augsburg. Der Cluster ist die bayernweite Innovations- und Kooperationsplattform auf dem Gebiet der neuen Materialien und umfasst rund 600 Unternehmen und wissenschaftliche Institute. Zu seinen Themenfeldern gehören neben Leichtbau und Kunststoffen auch technische Textilien, Gläser und Keramik. Das Cluster-Management wird von Bayern Innovativ in Nürnberg in enger Abstimmung mit der Neuen Materialien Fürth GmbH und dem Fraunhofer Institut für Silicatforschung vorgenommen. Bayern gehört heute beim Thema „Neue Werkstoffe" zur internationalen Spitze. (Jahresbericht 2016 Cluster Neue Werkstoffe: 9) Branchenübergreifend sind in Bayern rund eine Million Mitarbeiter in 4000 Betrieben der Materialtechnik beschäftigt. (cluster-bayern.de, 14. Juni 2013)

Der Cluster Mechatronik & Automation e.V. ist Nachfolger des Forschungsprojektes der High-Tech-Offensive „Bayerisches Kompetenznetzwerk für Mechatronik". Der Cluster mit Geschäftsstelle in Augsburg bietet seinen derzeit 200 Mitgliedern und allen Interessenten Unterstützung bei der Konzeption, Entwicklung und Produktion in nahezu allen Feldern der Mechatronik (Stand: Juli 2016). In über 50 Projekten haben die Mitglieder Grundlagenarbeit geleistet und neue mechatronische Produkte entwickelt. Mit dem Cluster wird eine Bündelung und Koordinierung der Kernkompetenzen in einem übergreifenden Netzwerk erzielt. Durch die verschiedenen Standorte der beteiligten Partner in den Räumen München, Nürnberg/Erlangen, Augsburg/Schwaben und Ostbayern ist sichergestellt, dass produzierende Unternehmen in ganz Bayern die Möglichkeit haben, die Ergebnisse des Clusters zu nutzen.

Zum Cluster Mechatronik gehören alle Branchen, deren Produkte aus einem effizienten Zusammenspiel von Mechanik, Elektronik und Software bestehen, insbesondere die Fahrzeugtechnik, der Werkzeugmaschinenbau, die Elektro- und Elektronikindustrie, die Medizin- und Umwelttechnik sowie die Luft- und Raumfahrt. Die Mechatronik hat durch die Integration der IT in elektromechanische Systeme den modernen Maschinenbau nachhaltig geprägt und ist Basis für die Industrie 4.0. Allein die von der Mechatronik besonders betroffenen Industriegruppen Maschinenbau, Automobilindustrie sowie Elektro- und Elektronikindustrie beschäftigen im Freistaat über 550000 Mitarbeiter und erwirtschaften Umsätze von jährlich rund 190 Milliarden Euro. Das sind etwa 50 Prozent der

1,27 Millionen Beschäftigten und über 55 Prozent des Umsatzes von 350 Milliarden Euro des verarbeitenden Gewerbes in Bayern. (Wirtschaftsministerium 2018)

Der Cluster Energietechnik wird von Bayern Innovativ in Nürnberg geführt.
Sein zentraler Ansatz ist die weitere Intensivierung bestehender Netzwerkstruktu-
ren in der Energieregion Nürnberg. Diese wurden bereits in der High-Tech-Offensive angelegt und mit 50 Millionen DM gefördert wie das Energietechnologische Zentrum (etz), das Institut für Energie und Gebäude (ieg) und letztlich
auch der Energie Campus Nürnberg (EnCN). Bayern hat die höchste Konzentration an Energietechnik-Unternehmen, Forschungseinrichtungen und Beschäftigten in Deutschland. (Innovationsmonitor 2013) Die Energieregion Nürnberg
ist das Herz der deutschen Energietechnik. Mit 50 000 Beschäftigten in 600
Unternehmen ist sie zugleich der wichtigste regionale Industriezweig mit den
Hauptprodukten Turbinen, Kraftwerke, Systeme zur Energieübertragung sowie
leistungselektronische Komponenten. Insgesamt sind in Bayern im Bereich der
klassischen Energien 29 000, bei den erneuerbaren Energien 60 000 Menschen
tätig.

Der Aerospace-Cluster bavAIRia e.V. mit Sitz in Gilching bei Oberpfaffenhofen wurde 2006 von der bayerischen Staatsregierung mit dem Management der
beiden Cluster Luft- und Raumfahrt sowie Satellitennavigation beauftragt. Sie
sollen die bayerischen Kompetenzträger in Luftfahrt, Raumfahrt und Satellitennavigation stärker miteinander vernetzen. Die Luft- und Raumfahrt wurde in der
Offensive Zukunft Bayern mit insgesamt 82 Millionen DM gefördert. Die Satellitennavigation stellt eine Schlüsseltechnologie dar und ist Grundvoraussetzung
für die weitere Digitalisierung, insbesondere im Mobilitätsbereich. Insgesamt
umfasst die bayerische Luft- und Raumfahrt heute mehr als 500 Unternehmen
und Institutionen mit über 60 000 Mitarbeitern und einem Umsatz von sieben
Milliarden Euro.

Cluster für Spezialtechnologien

Weitere Cluster wurden für Teilbereiche der Leittechnologien der Offensive Zukunft Bayern entwickelt:

Der Cluster Nanotechnologie als Teilgebiet der Materialwissenschaft wird geführt von der 2006 gegründeten Nano-Initiative Bayern GmbH mit Sitz auf dem
Gelände der Universität Würzburg. Gesellschafter sind die Industrie- und Handelskammer Würzburg-Schweinfurt und die Universität. Zudem wurde 2007
der Förderverein Nanonetz Bayern als offene Plattform für Kernkompetenzen
aus den Bereichen Forschung, Industrie, Lehre und Dienstleistung geschaffen.

Die Würzburger Nanotechnologie wurde bereits im Regionalkonzept gefördert. Heute ist Bayern ein führender Nanotechnologiestandort in Europa, was insbesondere kleinen und mittelständischen Unternehmen zu Gute kommt. Bayerns Nanotechnologienetz umfasst heute etwa 325 Akteure aus Wirtschaft und Forschung

Der Cluster MAI Carbon betrifft ein weiteres Teilgebiet der neuen Werkstoffe. Der 2007 gegründete Cluster des Carbon Composites e.V. (CCeV) ist ein Verbund von Unternehmen und Forschungseinrichtungen im Städtedreieck München/Augsburg/Nürnberg (MAI), der die Wertschöpfungskette der Hochleistungs-Faserverbundwerkstoffe abdeckt. Mit seinen rund 200 Mitgliedern vernetzt er Forschung und Wirtschaft in Deutschland, Österreich und der Schweiz. Sitz ist das neue Technologiezentrum in Augsburg. Der Hauptfokus des Clusters liegt auf den Branchen Automobilbau, Luft- und Raumfahrt sowie dem Maschinen- und Anlagenbau. Auch für MAI Carbon wurden Grundlagen in der Offensive Zukunft Bayern gelegt mit Augsburg als einem Schwerpunkt der Materialforschung und als Kompetenzzentrum für Umwelttechnik.

Der Cluster Sensorik als Teilgebiet des Maschinenbaus hat seine Wurzeln in einer regionalen Clusterinitiative des Wirtschaftsraums Regensburg und Ostbayern. Dort haben sich seit 2004 rund 30 Unternehmen, Hochschulen und Institute auf Initiative der Stadt Regensburg in einem Netzwerk zusammen geschlossen. Seit 2006 führt der Verein „Strategische Partnerschaft Sensorik" das Clustermanagement mit Sitz im BioPark Regensburg. Zum Cluster zählen heute rund 70 Unternehmen und Institute aus Wirtschaft und Wissenschaft sowie 200 Partner. Thematische Schwerpunkte sind die Bereiche Automation und Mechatronik, Automotive, Life Sciences, Umwelttechnik, Informations- und Kommunikationstechnik sowie Safety and Security. Deutschland ist in dieser Schlüsseltechnologie für die Industrie 4.0 mit einem Anteil von rund 30 Prozent Weltmarktführer, Bayern die Nummer eins in Deutschland.

Der Cluster Leistungselektronik betrifft eine Schlüsseltechnologie für die Bereiche Maschinenbau, Elektrotechnik und Automobil. Das Clustermanagement obliegt dem „Engineering Center for Power Electronics" (ECPE e.V.), einem industriegeführten europäischen Forschungsnetzwerk im Bereich der Leistungselektronik. Der Verein wurde mit Hilfe der High-Tech-Offensive 2003 gegründet und hat seine Geschäftsstelle im Nürnberger energietechnologischen Gründerzentrum (etz). Neben regionalen Schwerpunkten im Raum Nürnberg und München sind die Hochschulen in Aschaffenburg, Augsburg, Ingolstadt und Schweinfurt in den Cluster eingebunden. Ein besonderer, ebenfalls mit der High-Tech-Offensive geförderter, Forschungsschwerpunkt liegt in Erlangen bei der Universität und den Fraunhofer-Instituten. Heute stellen die rund 550 Unternehmen der Leistungselektronik in Bayern etwa 110 000 Arbeitsplätze.

Cluster für klassische Technologien

Schließlich wurden Cluster für weitere wesentliche Technikbereiche in Bayern eingerichtet, für die in der High-Tech-Offensive nicht eigens Netzwerke geknüpft worden waren:

Der Cluster Automotive umfasst eine Vielzahl von Technologiefeldern vom Maschinenbau bis hin zur Elektromobilität und zum autonomen Fahren. Nach dem Maschinenbau beschäftigt der Kraftwagenbau mit rund 197 500 die meisten Mitarbeiter in Bayern. (bayern.de, 8. August 2016) Der Cluster erfasst 730 bayerische Unternehmen und Institute aus dem Automobilsektor und allen für das Automobil relevanten Bereichen. Leitthemen sind Elektromobilität, Elektrik/Elektronik, Antriebskonzepte, Interieur/Komfort sowie nachhaltige Mobilitätskonzepte. Das Clustermanagement wird von Bayern Innovativ in Nürnberg durchgeführt.

In der Offensive Zukunft Bayern war ein eigenes Netzwerk für Automotive nicht vorgesehen, wohl aber die Förderung von Vorhaben der Verkehrstechnik mit insgesamt 70 Millionen DM. Darunter waren Pilotprojekte zur Einführung moderner Verkehrsleitsysteme und Modellversuche für neue Antriebstechnologien auf der Basis von Biokraftstoffen, Erdgas, Wasserstoff und Strom. In den Regionalkonzepten betrafen insgesamt 15 geförderte Vorhaben den Bereich Automotive, so insbesondere Projekte für Leichtbauweise (Landshut, Ingolstadt), Fahrzeugsicherheit (Aschaffenburg, Großwallstadt, Kitzingen), Antriebstechnik (Ansbach), Getriebetechnik (Ansbach), Keramik-Bremsscheiben (Meitingen), Karosserieverklebungen (Schweinfurt), Schalthebel (Vilsbiburg) sowie die Einrichtung eines Instituts für Fahrzeugtechnik an der TH Nürnberg.

Thematische Schwerpunkte des Clusters Bahntechnik sind Infrastruktur und Energie, Betrieb und Instandhaltung, Zugsteuerung und -sicherung sowie Fahrzeuge. Das Management des Clusters Bahntechnik liegt beim Center for Transportation and Logistics Neuer Adler (CNA) in Nürnberg. Der Verein ist ein 1996 gegründeter Zusammenschluss aus öffentlichen Trägern, Instituten und Unternehmen der Region Nürnberg/Fürth/Erlangen und Schwabach zur Clusterplattform für innovative Bahntechnik in Bayern. Ein eigenes Netzwerk für Bahntechnik wurde in der Offensive Zukunft Bayern nicht vorgesehen. Aus den Mitteln für Verkehrstechnik wurden unter anderem auch neue Technologien zur Rationalisierung des Güterverkehrs, zur Verbesserung der Kooperation und der Vernetzung zwischen den Verkehrsträgern Straße, Schiene, Wasser und Luft sowie zur Optimierung des Übergangs des Personen- und Güterverkehrs an den Schnittstellen dieser Verkehrsträger gefördert.

Im Chemie-Cluster Bayern vernetzen sich mehr als 260 Unternehmen und Forschungseinrichtungen der bayerischen Chemiebranche. Der Cluster betreut jährlich 50 bis 60 Forschungs- und Entwicklungsverbünde in enger Zusammenarbeit mit dem Verband der Chemischen Industrie Bayern und dem Verein Universität Bayern. Der Cluster mit Sitz in München gehört zu den leistungsstärksten Clustermanagement-Einrichtungen in Europa und wurde mit dem „Gold Label for Cluster Excellence" der Europäischen Kommission ausgezeichnet. Das Management obliegt der Chemie-Cluster Bayern GmbH. Zum Cluster gehören auch regionale Netzwerke wie das Zentrum für internationale Bauchemieforschung in Trostberg und das Bayreuther Zentrum für Kolloide und Grenzflächen (BZKG), die beide im Regionalkonzept gefördert wurden, aber auch die grüne Chemie des Zentrums für nachwachsende Rohstoffe in Straubing. Im Bereich chemischer Erzeugnisse waren 2016 45 000 Mitarbeiter in Bayern tätig.

Der neu geschaffene Cluster Ernährung versteht sich als Netzwerk der bayerischen Ernährungswirtschaft, in der heute 240 000 Menschen beschäftigt sind. (cluster-bayern-ernaehrung.de, aufgerufen 1. Januar 2018) Er wird vom Landwirtschaftsministerium geführt und ist im Kompetenzzentrum für Ernährung (KErn) in Kulmbach eingerichtet mit einem weiteren Sitz in Weihenstephan, dort angebunden an die bayerische Landesanstalt für Landwirtschaft. Das Zentrum zielt auf einen dauerhaften praxisorientierten Wissenstransfer zwischen Forschungseinrichtungen, Hochschulen und Unternehmen. Mit dem Ausbau von Weihenstephan zu einem national und international vernetzten Zentrum der Ernährungsforschung hat die Offensive Zukunft Bayern wesentliche Grundlagen für diesen Cluster geschaffen. Das Ernährungsnetzwerk wurde im Regionalkonzept ergänzt durch die Milchwirtschaftliche Untersuchungs- und Versuchsanstalt (muva) in Kempten und das Informations- und Transferzentrum für Lebensmittelsicherheit und Lebensmitteltechnologie (ITL), das zur Forschungsstelle für Nahrungsmittelqualität (ForN) der Universität Bayreuth geführt hat und Kulmbach nunmehr Universitätsstadt werden lässt.

Der Cluster Forst und Holz umfasst unter anderem die Forstwirtschaft mit der holzbe- und verarbeitenden Industrie, die überwiegend international agierende Zellstoff- und Papierindustrie, das handwerkliche Holzgewerbe sowie den Energieholzsektor. Das Management des Clusters wird von der gemeinnützigen Cluster-Initiative Forst und Holz in Freising wahrgenommen. In 22 500 Unternehmen sind 159 000 Personen beschäftigt. (lwf.bayern.de, aufgerufen 1. Januar

2018) In der High-Tech-Offensive wurden in diesem Bereich das Kompetenz-zentrum für nachwachsende Rohstoffe in Straubing und das Forschungsprojekt Holzbau der Zukunft in Rosenheim als bisher größtes Holzforschungsprojekt in Deutschland gefördert.

Evaluierung

Die mit der Cluster-Offensive eingerichteten Plattformen haben sich mit mitt-lerweile rund 8 500 beteiligten Unternehmen zu wichtigen Akteuren in der bay-erischen Innovationslandschaft etabliert. Durch mehr als 9 100 Veranstaltungen mit über 513 000 Teilnehmern haben sie mehr als 1 300 Projekte mit über 8 700 Projektteilnehmern angestoßen. Die Cluster haben für ihre Mitgliedsunterneh-men gut 240 Millionen Euro Fördergelder vom Bund und über 34 Millionen Euro EU-Gelder akquiriert. Sie vernetzen zahlreiche kleinere und mittlere Unter-nehmen und führen auch bisher forschungsferne Unternehmen an Wissensträger heran. (Cluster-Offensive Bayern, Februar 2017: 9)

In zwei Evaluierungsrunden externer Experten ist den bayerischen Clustern bescheinigt worden, Wirtschaft und Wissenschaft erfolgreich miteinander zu vernetzen, Kooperationen anzustoßen, Wertschöpfungsketten zu stärken und die Innovationsdynamik zu erhöhen. Die Cluster haben seit 2006 bei einem Einsatz von rund 63 Millionen Euro an Landesmitteln über 270 Millionen Euro vom Bund und von der EU eingeworben. Dieses Erfolgsmodell soll weitergeführt und auch die Eigenfinanzierung der Cluster nochmals gesteigert werden. Auch die Schnittstellen zwischen Clustern bieten zahlreiche Innovationspotenziale, die in den kommenden Jahren noch systematischer erschlossen werden sollen. Daher hat der Ministerrat zugestimmt, die Cluster-Förderung mit einer dritten Förder-periode bis zum Jahr 2019 fortzusetzen, wobei Fördermittel von 17 Millionen Euro für die Jahre 2016 bis 2019 bereitgestellt werden. Neue Akzente sollen im Bereich der Cluster-Internationalisierung gesetzt werden sowie auf dem Gebiet der clusterübergreifenden Kooperationen, dem sogenannten Cross-Clustering. Eine weitere Herausforderung für die zukünftige Clusterarbeit liegt im Megathe-ma der Digitalisierung. (Wirtschaftsministerium, Pressemitteilung 28. Juli 2016)

Spitzencluster und Exzellenzcluster

Die hohe Qualität der Netzwerke in Bayern erweist sich auch in den Auszeichnun-gen für bayerische Cluster bei den Spitzencluster-Wettbewerben, die vom Bun-desforschungsministerium seit 2007 durchgeführt werden. Ziel der Wettbewerbe ist es, die Innovationskraft der leistungsfähigsten Cluster aus Wissenschaft und Wirtschaft zu stärken und sie auf dem Weg in die internationale Spitzengruppe zu unterstützen. In insgesamt drei Wettbewerbsrunden hat eine unabhängige Jury 15 Spitzencluster aus mehr als 80 Beiträgen ausgewählt, die über einen Zeitraum von bis zu fünf Jahren mit jeweils bis zu 40 Millionen Euro gefördert werden. Der „Münchner Biotech Cluster – m4" für Therapeutika und Diagnostika in der personalisierten Medizin, das „Medical Valley Europäische Metropolregion Nürnberg" als Exzellenzzentrum für Medizintechnik und „MAI Carbon Augsburg" für kohlenstofffaserverstärkte Kunststoffe im Städtedreieck München, Augsburg und Ingolstadt gehörten zu den Gewinnern. Als maßgebend für den bundesweiten Erfolg dieser Cluster hat die Jury vor allem die übergreifende Kooperation der wissenschaftlichen Einrichtungen hervorgehoben: Beim Münchner „Biotech Cluster – m4" die Partnerschaft der beiden Münchner Universitäten sowie der jeweiligen Klinika, der Hochschulen München und Weihenstephan, des Helmholtz-Zentrums München für Umwelt und Gesundheit, mehrerer Max-Planck-Institute sowie der Fraunhofer-Gesellschaft. Am Cluster „Medical Valley Europäische Metropolregion Nürnberg" waren die Erlanger Universität, das Universitätsklinikum Erlangen und das Fraunhofer-Institut für Integrierte Schaltungen beteiligt. Die Förderung des Clusters Medical Valley EMN galt dem Konzept „Aufbau eines internationalen Innovationssystems der Medizintechnik und Gesundheitswirtschaft". Im Cluster „MAI Carbon" war die intensive Zusammenarbeit namhafter deutscher Großunternehmen und Technologieführer der Anwendungsbranchen Automobilbau, Luft- und Raumfahrt, Maschinen- und Anlagenbau sowie Faser- und Halbzeughersteller maßgebend für den Erfolg.

Auch im weiteren bundesweiten Cluster-Wettbewerb des Bundesforschungsministeriums zur „Internationalisierung von Spitzenclustern und Netzwerken" waren bayerische Cluster besonders erfolgreich. Von den 2015 insgesamt elf mit jeweils vier Millionen Euro ausgezeichneten Clustern stammen drei aus Bayern. Zu den beiden erneut ausgezeichneten Spitzenclustern „Medical Valley Cluster" und „MAI Carbon" ist der Erlanger Cluster Leistungselektronik hinzugekommen, der im Projekt „Die nächste Generation der Leistungselektronik – Leistungshalbleiter-Bauelemente mit hohem Bandabstand und deren Systemintegration (CLINT-WPE)" unter anderem Elektronikbauteile zur effizienteren Umwandlung von Energie erforscht. Diese Cluster sollen ihre Kontakte zu internationalen Kooperationen ausbauen und mit gemeinsamen Projekten Innovationssprünge realisieren.

Die insgesamt vier prämiierten bayerischen Cluster stammen aus Netzwerken, die mit der Offensive Zukunft Bayern begründet wurden. Das gilt in besonderen

Maße für den „Münchner Biotech Cluster – m4", der aus der BioM AG hervorgegangen ist, und für das Medical Valley, das seinen Ursprung im Erlanger Inno-
vations- und Gründerzentrum Medizintechnik und Pharma (IZMP) hatte. Aber
auch MAI Carbon und das European Center for Power Electronics (ECPE) wurden mit der Förderung durch die High-Tech-Offensive auf den Weg gebracht:
Mit dem Raum Augsburg als Kompetenzzentrum für Materialtechnik und dem
Raum Erlangen-Nürnberg als Entwicklungszentrum für Leistungselektronik.

Auch bei den Exzellenzinitiativen haben die bayerischen Universitäten ausgezeichnet abgeschnitten. Die Exzellenzcluster genannte Förderlinie der Exzellenzinitiative stellt die wissenschaftliche Forschung zu einem weiter gefassten
Themenkomplex an einem Standort in den Vordergrund und wird mit rund 6,5
Millionen Euro pro Jahr gefördert. Es geht darum, 25 hervorragend ausgewie-
sene Wissenschaftler zu einem Thema von gesellschaftlicher oder wirtschaftlicher Relevanz zusammenzubringen, das gemeinsam bearbeitet wird. Dabei sind
strukturelle Auswirkungen auf das organisatorische Gefüge einer Universität ausdrücklich gewollt. In der ersten Runde 2007 kamen von 19 geförderten Clustern
sechs aus Bayern. So wurde 2007 die Universität Erlangen-Nürnberg für den
Cluster „Engineering of Advanced Materials" ausgezeichnet, die TU München
für „Cognition for Technical Systems" und „Origin and Structure of the Univer-
se" und die Ludwig-Maximilians-Universität für „Center for Integrated Protein
Science Munich", „Munich-Center for Advanced Photonics" und „Nanosystems
Initiative Munich". 2012 kam der LMU-Cluster für Systemneurologie hinzu.

5.5 Bayern Online

*„Die Staatsregierung wird konkrete Projekte auf den Weg bringen, um den breite-
ren Einsatz moderner Kommunikationstechniken auf verschiedenen Gebieten zu
beschleunigen. Dafür stehen 100 Millionen DM zur Verfügung. (…) Wir wollen
Telekommunikationsnetze als elektronische Straßen und Autobahnen des 21. Jahrhunderts nutzen. Wir stehen in diesem Bereich vor einem neuen industriellen Quan-
tensprung. Die Informationstechniken werden Auswirkungen auf alle Bereiche unseres Lebens haben"* (Stoiber 1994/1)

Das Internet war zu Beginn der neunziger Jahre ein außerhalb der USA weitgehend unbekanntes, nicht kommerzielles Netz zum Austausch von Daten zwischen Hochschulen. Erst am 30. April 1993 begann das Internetzeitalter, als das
europäische Kernforschungszentrum CERN bei Genf das World Wide Web kostenfrei für die Allgemeinheit zur Verfügung stellte. Einwahlmöglichkeiten gab

es in Deutschland nur in wenigen Ballungsräumen. In der Regierungserklärung vom 21. Juli 1994 kündigte Ministerpräsident Stoiber an, die Nutzung dieser Technik in Bayern voranzutreiben. Ein kleines Team in der Staatskanzlei erstellte ein Konzept zum systematischen Einsatz von Informations- und Kommunikationstechnik in Verwaltung, Schulen und Hochschulen unter dem Stichwort „Bayern Online". Vorbild war die Entwicklung des Internets in den USA.

Senator Al Gore hatte 1988 den Begriff des „Superhighway" geprägt. Damit wollte er die Bereitschaft von Wirtschaft und Gesellschaft wecken, die neuen Kommunikationswege zu nutzen, um dem Verfall des US-Bildungs- und Gesundheitswesens entgegenzuwirken. Er war einer der Verfasser des High Computing Act, den der Kongress 1991 verabschiedete. Damit wurde die Finanzierung eines National Research and Education Networks abgesichert, das den Zugang zum Internet neben Verwaltung und Wirtschaft auch Schulen und Bibliotheken ermöglichte. Als Vizepräsident hat Al Gore dann 1993 maßgeblich die National Infrastructure Initiative auf den Weg gebracht mit den Eckpunkten für die Verwirklichung des Information Superhighway. (Breitenfeld 2001: 21) Er hat das Internet in seiner Agenda for Cooperation vom Februar 1995 als globale Informations-Infrastruktur erkannt, die damals etwa 20 bis 30 Millionen Nutzer hatte mit einem Zuwachs von monatlich zehn bis 15 Prozent. (Al Gore 1995: 5)

Bei einer Informationsreise des Autors vom 23. bis 28. Februar 1995 in die USA mit den Fachleuten der Staatskanzlei wurde die dortige Entwicklung mit dem eigenen Konzept abgeglichen. Die Gespräche im White House Office, im US-Handelsministerium und bei Unternehmen der Medien- (Time Warner, Burda) und der Technikbranche (Silicon Graphics, Oracle und Pyramid) haben gezeigt, dass der Vorsprung der USA technologisch nicht so groß war, wohl aber politisch und gesellschaftlich. Die Resonanz auf die breit angelegte Al Gore-Initiative war gekennzeichnet durch größere Experimentierfreude, Innovationsbereitschaft, Flexibilität und Dienstleistungsbereitschaft der Gesellschaft. Als wesentliche Folgerungen, die im Kern für die Digitalisierung immer noch gelten, hat der Autor damals notiert:

- „Unser Bayernmodell (Bayernnetz mit praxisorientierten Anwendungen) ist das richtige Konzept. Allerdings dürfen wir bei der Umsetzung und der weiteren Ausgestaltung nicht nachlassen. Wenn wir nicht an der Spitze bleiben, werden wir von der Entwicklung überrollt, die auf breitester Front in den USA anläuft."
- „Sowohl für die industrielle Entwicklung wie für die Schaffung von Arbeitsplätzen im Dienstleistungssektor ist eine Spitzenposition Bayerns (Deutschlands) auf diesem Sektor unerlässlich, auch wenn eine breite Anwendung der

technischen Möglichkeiten erst in fünf bis zehn Jahren realisierbar sein wird. Die Weichen werden aber jetzt gestellt!"

- „Massive Öffentlichkeitsarbeit ist notwendig, um die Vorteile der Informationsgesellschaft darzulegen."
- „Die Staatskanzlei muss wie das Weiße Haus das Thema weiter als Chefsache betreiben; die Staatskanzlei muss Demonstrationsobjekt werden für Konzeption und Anwendung von modernster Informationstechnik (Anschluss ans Internet, Ausstellung)."
- „Die Verwaltungsreform muss gekoppelt werden mit einem Qualitätssprung in der informationstechnischen Ausstattung der Verwaltung; hier muss die Staatsregierung Zeichen setzen."
- „Eine Ausweitung der bisherigen Modellprojekte insbesondere auf den Bereich Schule und Ausbildung ist zwingend notwendig, um gerade die Jugend von Anfang an mit den Anforderungen des Informationszeitalters vertraut zu machen (2. Tranche der Privatisierungserlöse). Das US-Konzept setzt gerade hier an: Die dort vorgesehenen Mittel sollen vor allem in die Infrastruktur (Ausstattung von Schulen, Bibliotheken, Hochschulen und anderen öffentlichen Einrichtungen) fließen."

Nur drei Wochen später, am 21. März 1995, beschloss der Ministerrat das Konzept von Bayern Online, das zu einem Schwerpunkt für die Entwicklung des Internetstandortes Bayern wurde. Mit einer Anschubfinanzierung von 100 Millionen DM aus den Privatisierungserlösen der Offensive Zukunft Bayern wurden mit Bayern Online I eine Netzinfrastruktur geschaffen und 16 neue Projekte gestartet, um Anwendungen für Verwaltung, Wissenschaft, Wirtschaft und Bürger zu fördern. Das Konzept betraf vor allem den Aufbau eines Hochgeschwindigkeitsnetzes einschließlich der Entwicklung und Erprobung innovativer Anwendungen sowie von Telearbeitsplätzen. Der wichtigste Teil des Bayernnetzes, das Hochschulnetz, ist im Frühjahr 1996 in Betrieb gegangen. Das Hochgeschwindigkeitsnetz zur Verknüpfung der 26 bayerischen Hochschulstandorte hatte eine Übertragungsleistung von bis zu 155 Megabit pro Sekunde (MBit/s).

Ein Jahr danach, in der Kabinettsitzung vom 5. März 1996, wurden für Bayern Online II weitere 48 Millionen DM im Rahmen der zweiten Tranche der Offensive gebilligt. Neben Multi-Media-Anwendungen in Schule und Bildung wurden Pilotprojekte für Telearbeit vor allem im ländlichen Raum gefördert. Auch die Errichtung eines Behördennetzes wurde vorangetrieben. Am 21. Januar 1997 wurden darüber hinaus 37 Projekte beschlossen, die über die Hochschulen hinaus in die Fläche und in die Haushalte wirken sollten. Sie wurden in einer

Pressekonferenz am gleichen Tage vorgestellt. Ziel war: „Online für jedermann" mit einer Anschubwirkung für Bayern insgesamt. Bürgernetze erhielten über das Hochschulnetz Zugang zum Internet. Alle Landesteile profitierten in mehrfacher Weise. Beim Telekonzept Bauindustrie oder dem Projekt MODA wurden Firmen aus verschiedenen Landesteilen in die Pilotvorhaben einbezogen. In allen geeigneten Landkreisen wurde die Erarbeitung von Konzepten für Telezentren angeregt. Ende 1999 waren bereits 25 Telezentren bewilligt und 15 davon in Betrieb. Mit Ausnahme der Projekte im rein staatlichen Bereich wurde eine Eigenbeteiligung der Projektpartner aus der Wirtschaft eingefordert. Mit Bayern Online wurde bis zum Jahr 2000 insgesamt ein Projektvolumen von über 500 Millionen DM angestoßen. (LT-Drs. 14/2603, 21. Juni 2000)

Die Initiative Bayern Online wurde durch die Software-Offensive Bayern ergänzt. Ziel war es, den besonderen Informations-, Kommunikations- und vor allem auch Kooperationsanliegen von jungen Firmen im Bereich der Information und Kommunikation Rechnung zu tragen. Die mit 110 Millionen DM in der High-Tech-Offensive geförderte Software-Offensive wurde von einer Vielzahl von Partnern unterstützt, die sich im Software Forum Bayern zusammengeschlossen haben. Den Vorsitz hatte der Autor bis 2003 inne. Die Partner kamen aus dem Bereich von Unternehmen wie BMW, Siemens, Softlab, Microsoft und IBM, Kreditinstituten wie HypoVereinsbank, Bayerische Landesbank und der Förderbank LfA, und vom Freistaat, hier vertreten durch die Staatskanzlei. (in.tum.de, 1. Januar 2003, aufgerufen 1. Januar 2018) Die Aktionen der Software-Offensive umfassten unter anderem ein Programm Softwarestandort Bayern, den Software-Campus München/Garching, die Einrichtung von Förderprogrammen und eines Seed-Capital-Fonds für Gründer im Bereich von Software und Informations- und Kommunikationstechnik, den Aufbau neuer und den Ausbau bestehender Informatikstudiengänge an bayerischen Hochschulen und eine Qualifizierungsoffensive für Informations- und Kommunikationstechnik. (Berger 2002: 29)

In der High-Tech-Offensive wurde die Stärkung der Technologiekompetenz für das beginnende Zeitalter der Digitalisierung fortgesetzt. Landesweit wurden 254 Millionen DM in den Ausbau der Informations- und Kommunikationstechnik investiert und weitere 314 Millionen DM in die dazugehörige Infrastruktur. Dazu gehörte auch ein landesweites Qualifizierungsprogramm für Bildung, Ausbildung und Verwaltung, das ergänzt wurde durch Maßnahmen im Beschäftigungspakt Bayern. Das Programm hatte vor allem zum Ziel, Technologiekompetenz und Technologieakzeptanz zu stärken. Daher wurden die bestehenden Ansätze der Offensive Zukunft Bayern weiter verstärkt und insgesamt 568 Millionen DM hierfür investiert. Mit den Folgeprojekten der High-Tech-Offensive hat Bayern Online Investitionen von über einer Milliarde DM auf den Weg gebracht.

Wichtigstes Ziel von Bayern Online war die Schaffung einer modernen Netzinfrastruktur für Bayern in einem möglichst kurzen Zeitraum. Als Basis für den Einsatz der aktuellsten Technologien der Information und Kommunikation wurde ab 1996 das Bayernnetz eingerichtet und in der Folgezeit weiter angepasst. Das Bayernnetz bestand aus dem Behördennetz, dem Hochschulnetz, dem Schulnetz und dem Bürgernetz. Das Behördennetz hat alle bayerischen Behörden und die Staatsregierung sukzessive zu einem integrierten Behördennetz für Daten- und Sprachübertragung verbunden. Als Bayerisches Behördennetz (BYBN) ist es auch heute noch die Datenverbindung der bayerischen Staatsverwaltung. Mit dem Hochschulnetz, das seit Frühjahr 1996 alle bayerischen Universitäten und Fachhochschulen verbunden hat, wurde gleichzeitig das Rückgrat des Bayernnetzes, die „bayerische Datenautobahn" realisiert. Hierdurch erhielt Bayern bereits damals ein in alle Regierungsbezirke reichendes Glasfasernetz. Im August 1998 wurde eine Teststrecke für die neue Gigabit-Übertragungstechnik zwischen München und Erlangen/Nürnberg in Betrieb genommen. Damit wurden die Grundlagen gelegt für einen künftig breiteren Einsatz dieser Technik in Bildung, Wissenschaft und Forschung. Der Regelbetrieb des deutschen Gigabit-Wissenschaftsnetzes wurde im Februar 2000 aufgenommen. Im Hochschulnetz stieg das transportierte Datenvolumen im kurzen Zeitraum von 1996 bis 2000 um mehr als den Faktor 30. Die Entwicklung von 1999 bis heute in den zehn-Gigabit-Bereich ist dokumentiert in den Jahresberichten des regionalen Rechenzentrums der Universität Erlangen-Nürnberg (beginnend 1999: 80; 2000: 101; 2016: 101). Im Schulnetz waren Mitte 1999 bereits 97 Prozent der Gymnasien, 95 Prozent der Fachoberschulen, 89 Prozent der Berufsschulen, 88 Prozent der Realschulen, 87 Prozent der Wirtschaftsschulen und 74 Prozent der Hauptschulen an das Internet angeschlossen.

Das Bürgernetz war das bis 1998 befristete Angebot an die Bürger und mittelständischen Unternehmen, das Bayernnetz mit seinem Zugang zum Internet unentgeltlich für nichtkommerzielle Zwecke zu nutzen. Ziel des Angebotes war es, über Bürgernetz-Vereine die Bürger in allen Landesteilen zur Nutzung des Internets hinzuführen. Bis Ende 1998 wurden 81 Bürgernetzvereine mit 130 000 Mitgliedern gegründet, die über 99 Prozent der Bürger Bayerns erreichten. Diese Vereine führten auch Schulungen durch, um die Bürger und Unternehmen im Umgang mit dem Internet vertraut zu machen. Die Initiative Bürgernetz war ein international beachteter Erfolg. Bei der Verleihung des Carl-Bertelsmann-Preises

1998, bei der Bayern Online als weltweit beste Initiative zur Vermittlung von Nutzerkompetenz für die Bürger hervorgehoben wurde, spielten die Bürgernetze eine entscheidende Rolle.

Im Zuge ihrer Mitgliederwerbung erzeugten die Bürgernetzvereine auch Nachfrage nach kommerzieller Internetnutzung. So wurde der Boden dafür bereitet, dass neben jedem nichtkommerziellen Bürgernetz-Einwahlknoten auch jeweils kommerzielle Einwahlknoten eingerichtet wurden. Viele Vereine bestehen auch heute noch. Von den insgesamt 30 im deutschen Bürgernetzverband aktuell zusammengeschlossenen Vereinen mit insgesamt 25 000 Mitgliedern stammen 27 aus Bayern. Eine der heutigen Aufgaben der Bürgernetzvereine ist es, dem Nutzer die Philosophie des Internets zu vermitteln, um das Medium für sich zu nutzen und sich nicht vom Internet beherrschen zu lassen. Dies beinhaltet eine ständige Fortbildung. (wikipedia, Bürgernetz, aufgerufen 10. Dezember 2017)

Auch der Entwicklung und Verbreitung von Telearbeit wurde seinerzeit große Bedeutung beigemessen. Die Erfahrungen mit dem Pilotprojekt Telearbeit in einem Ballungsraum (TWIST) haben deutlich gemacht, dass Telearbeit qualifizierten Mitarbeitern die Möglichkeit gibt, flexibel und effizient zu arbeiten und private und berufliche Bedürfnisse besser zu vereinen. Telearbeit kann den städtischen Ballungsraum entlasten und den ländlichen Raum bei vermindertem Verkehrsaufkommen stärken. Telearbeit wird, so die damalige Prognose, die sich in der Praxis nicht erfüllt hat, durch die neuen technischen Möglichkeiten und fallenden Kommunikationskosten zum Nutzen von Arbeitnehmern und Unternehmen weiter zunehmen. Dabei wurde vor allem bei der im Projekt TWIST erprobten alternierenden Telearbeit ein größerer Verbreitungsgrad erwartet angesichts vieler sozialer Vorteile gegenüber ausschließlicher Telearbeit.

Technologiekompetenz

„Unser politisches Ziel ist es vielmehr, dass das gesamte Land am technologischen Aufbruch ins neue Jahrtausend Teil hat. Deshalb wollen wir die Technikakzeptanz weiter stärken, vor allem an den Schulen und durch Technologieberatung der Arbeitnehmer." (Stoiber, Rede 17. Juni 1998)

Dementsprechend wurde auf der Grundlage des Bayernnetzes eine Vielzahl von Projekten ins Leben gerufen, die der Nutzung und Akzeptanz der Internettechnologie dienten. Hier können nur einige Schwerpunkte zur Verbreitung der Technologiekompetenz angeführt werden: Verwaltung, Schulen, Hochschulen und Betriebe.

Verwaltung

Für die Verwaltung hat die Staatsregierung in der High-Tech-Offensive zusammen mit den kommunalen Spitzenverbänden, dem Landesamt für Statistik und Datenverarbeitung und der Anstalt für kommunale Datenverarbeitung mit 15 Millionen DM das Projekt „Bürgerservice Online" entwickelt. Teilprojekte waren unter anderem ein elektronischer Behördenwegweiser, ein virtueller Marktplatz, ein geographisches Informationssystem, eine Bürgerkarte und ein Online-Verfahren Bürgerbehörde. Zur Umsetzung dieser Ziele wurde am 15. Juli 2002 mit den kommunalen Spitzenverbänden ein E-Government-Pakt geschlossen. Diese Vereinbarung sah insbesondere die Schaffung eines elektronisch nutzbaren gemeinsamen Behördenwegweisers, das Angebot von Formularen in elektronischer Form, die Vereinfachung und Optimierung von Verwaltungsabläufen, den Einsatz elektronischer Verfahren bei Beschaffungen und Ausschreibungen sowie den Zugang der Kommunen zum Bayerischen Behördennetz vor. (Mayer 2002)

Wie Professor Manfred Mayer feststellt, der das Referat für E-Government ab 2003 in der Staatskanzlei und von 2009 bis 2011 im Finanzministerium geleitet hat, wurde seinerzeit ein erster Höhepunkt des E-Government erreicht, dem eine lange Phase der Ernüchterung und der Stagnation folgte. (Mayer 2014) Am 25. November 2009 wurde der Pakt fortgeschrieben, um den veränderten technischen, organisatorischen und rechtlichen Rahmenbedingungen seit 2002 Rechnung zu tragen. Als Ergänzung des Angebots vor Ort und als Serviceerweiterung sollten Staat und Kommunen den Bürgern und der Wirtschaft einen orts-, zeit- und personenunabhängigen Zugang zu den Serviceleistungen der öffentlichen Verwaltung bieten und das Verwaltungshandeln transparenter machen. Bei der Umsetzung aller E-Government-Maßnahmen sollten IT-Sicherheit, Datenschutz und Barrierefreiheit im Mittelpunkt stehen. Die Aufgabe des Staates, im Rahmen der staatlichen IT-Steuerung auch kommunale Belange zu berücksichtigen, wurde ausdrücklich in die Vereinbarung aufgenommen.

Erst in den letzten Jahren hat E-Government wieder Fahrt aufgenommen. Im November 2014 ist es zu einer weiteren Fortschreibung gekommen. Der neue E-Government-Pakt ist eine Säule von Montgelas 3.0, der Digitalisierungsstrategie des Freistaats. Das Bayern-Portal als zentrale E-Government-Plattform für Freistaat und Kommunen schafft eine einheitliche Anlaufstelle sowie einen einheitlichen Zugang zu staatlichen und kommunalen Verwaltungsdienstleistungen in Bayern. Der Freistaat stellt hierfür den Kommunen die technische Infrastruktur zur Verfügung und investiert dafür jährlich zwei Millionen Euro. Die technische Infrastruktur umfasst verschiedene Module, die über das Bayern-Portal zusammengeführt werden. Dabei handelt es sich um die sichere Authentifizierung (BayernID), die sichere Kommunikation mit den Verwaltungskunden („Mein Postfach") sowie eine sichere Bezahlfunktion („E-Payment"). Ab 2015 überlässt der Freistaat Dienste, die diese Aufgaben erledigen, betriebskostenfrei und zentral den staatlichen und kommunalen Dienststellen zur Nutzung. Wichtiger weiterer Eckpunkt des neuen E-Government-Pakts ist eine sichere IT-Infrastruktur für alle Behörden in Bayern. Dies beinhaltet auch den Anschluss von Kommunen an das Behördennetz des Freistaats, das eine hoch sichere und beschleunigte Kommunikation zwischen staatlichen und kommunalen Behörden gewährleistet. Im Behördennetz werden die Daten verschlüsselt übertragen. Der bayerische Sicherheitsstandard ist unter den deutschen Ländern führend. Eine Anti-Hacker-Einheit schlägt täglich rund 40 000 Angriffe zurück. Rechtlich abgesichert wird E-Government für den Vollzug von Bundesrecht durch das Bundesgesetz zur Förderung der elektronischen Verwaltung, während der für das Landesrecht notwendige Rechtsrahmen mit dem Bayerischen E-Government-Gesetz geschaffen wurde, das am 30. Dezember 2015 in Kraft getreten ist. Am 29. Januar 2018 wurde in Nürnberg das Landesamt für Sicherheit in der Informationstechnik (LSI) eröffnet. Eine solche Landesbehörde ist unter den Bundesländern einzigartig. Ziel des LSI ist es unter anderem, die IT-Infrastruktur wie etwa das bayerische Behördennetz sicherer zu machen.

Schulen

Die frühzeitige Heranführung der Schüler in Bayern an die neuen Informationstechnologien wurde als zentraler Aspekt für die Berufschancen der jungen Menschen im Freistaat gesehen. Der Einsatz von Informations- und Kommunikationstechnik an den Schulen begann mit der Einrichtung eines bayerischen Schulnetzes und eines zentralen Schulservers in der Offensive I und II. In der High-Tech-Offensive wurde die EDV-Ausstattung der Schulen mit 60 Millionen DM aufgrund eines gemeinsamen Beschlusses der Fraktionen von CSU und SPD intensiviert. (LT-Drs. 14/1815, 12. Oktober 1999) Die Schulen im Freistaat sollten in die Lage versetzt werden, die neue Technik möglichst in allen Unterrichtsfächern einzusetzen und den Schülern Medienkompetenz zu vermitteln. Daher wurde die flächendeckende Ausstattung aller Schulen mit Computern auf den Weg gebracht. Am 17. Juli 2000 hat die bayerische Staatsregierung einen Rahmenvertrag mit Fujitsu Siemens abgeschlossen. Die rund 5 000 Schulen in Bayern wurden in den folgenden 30 Monaten mit moderner IT-Hardware ausgestattet. Neben den bereits vorhandenen 100 000 Personal Computern (PC) in den Rechnerräumen sollte in Zukunft in jeder bayerischen Schulklasse mindestens ein PC stehen. (heise.de, 17. Juli 2000)

Maßnahmen zur Fortbildung der Lehrer in den Bereichen Telekommunikation und Multimedia wurden weitergeführt und auf die Grundschulen ausgeweitet. Systembetreuer, die den Einsatz der elektronischen Datenverarbeitung an Schulen koordinieren und betreuen, wurden gezielt fortgebildet. Verschiedene Landesinstitute haben die Informations- und Kommunikationstechniken verstärkt in die Beratung und in die Aus- und Fortbildung der Lehrer mit einbezogen bis hin zur Einrichtung einer virtuellen Lehrerfortbildungsakademie in Abstimmung mit der Virtuellen Hochschule Bayern. Darüber hinaus wurden in Zusammenarbeit mit der Wirtschaft innovative Schulprojekte im Bereich Informations- und Kommunikationstechnik gefördert.

Berufliche Bildung

Ein zentrales Anliegen der Offensive Zukunft Bayern war die Ausrichtung der beruflichen Bildung auf die neuen technologischen Anforderungen. Der Anschluss von Fachhochschulen, Forschungsinstituten, überbetrieblichen Bildungseinrichtungen sowie Technologie- und Gründerzentren der IHKs und der Handwerkskammern an Hochgeschwindigkeitsnetze wurde in der High-Tech-Offensive mit 23 Millionen DM gefördert. Seinerzeit waren die bayerischen Fachhochschulen mit einer Übertragungskapazität von zwei Megabit pro Sekunde an das Hochschulnetz und damit an das Internet angeschlossen. Um künftig verstärkt multimediale Lehrangebote und die Telekooperation mit anderen Hochschulen und Wirtschaftspartnern zu ermöglichen, wurden die Netzinfrastrukturen vor Ort weiter ausgebaut und die Auffahrten der Fachhochschulen auf die „Datenautobahn" verbreitert. Auch die Vernetzung der Fachhochschulen mit Unternehmen und Einrichtungen der Region wurde dadurch gefördert.

Die Mittel dienten auch zur bedarfsgerechten Modernisierung der informations- und kommunikationstechnischen Ausstattung technologieorientierter Gründerzentren und zu deren Anschluss an Telekooperation, andere Gründerzentren sowie Wirtschaftsunternehmen, Hochschulen und wissenschaftliche Einrichtungen. In gleicher Weise wurde die Anbindung der außeruniversitären Forschungseinrichtungen modernisiert.

Die Vernetzung von Berufsbildungs- und Kompetenzzentren diente der Verbesserung der Ausbildung im Bereich des Handwerks und der Industrie- und Handelskammern. Durch Anpassung und Höherqualifizierung von Mitarbeitern und Unternehmen wurden hochwertige Arbeitsplätze erhalten und neue geschaffen sowie Unternehmensgründungen erleichtert. Im Rahmen des Projekts „Virtuelle Handwerkskammer und High-Tech-bezogene Ausstattungen von Berufsbildungs- und Technologiezentren des Handwerks" wurde der „Lehrvertrag Online" der bayerischen Handwerkskammern entwickelt. Das Gesamtprojekt wurde in der High-Tech-Offensive mit drei Millionen DM gefördert. Heute ist diese Form des Lehrvertrags Standard aller Kammern in Bayern.

Um das hohe Niveau der beruflichen Bildung an die wachsenden technologischen Anforderungen anzupassen, wurde in der High-Tech-Offensive mit 20 Millionen DM eine Qualifizierungsoffensive zur erfolgreichen Anwendung der Informations- und Kommunikationstechnologien auf den Weg gebracht. Damit sollte auch dem Engpass an Fachkräften begegnet werden. Der Aus- und Weiterbildung dienten vor allem die Modernisierung der Berufsbildungs-Infrastruktur, der Ausbau der IHK-Akademie Schwaben zu einem Zentrum für Informations- und Kommunikationstechnik, die Förderung eines breiten Wissens- und Technologietransfers und die Behebung von Qualifizierungsdefiziten in wichtigen Branchen, die vom Strukturwandel besonders betroffen sind.

Ein wesentliches Element der Qualifizierungsoffensive war die Einrichtung einer Technologie- und Beratungsagentur in Bayern e.V. (TIBAY) im Rahmen des Beschäftigungspaktes Bayern mit dem Ziel, über Beratung und Qualifikation betriebliche Innovationsprozesse und den Strukturwandel im Interesse der Arbeitnehmer in Bayern sozial verträglich zu gestalten. Diese wurde seinerzeit zu je 50 Prozent durch den Freistaat, vertreten durch das Sozialministerium, und den DGB Bayern sowie einige Mitgliedsgewerkschaften finanziert. Als nunmehr allein von den Gewerkschaften getragene Einrichtung ist sie heute noch erfolgreich aktiv, wie im nachfolgenden Abschnitt zum Beschäftigungspakt Bayern aufgezeigt wird. Dort wird auch die seinerzeitige Initiative für ein bayerisches Weiterbildungsgesetz dargestellt.

Virtuelle Hochschule Bayern

Für Studierende wurde mit 22 Millionen DM eine völlig neuartige Hochschuleinrichtung geschaffen, die Virtuelle Hochschule Bayern (vhb). Als Verbundeinrichtung der bayerischen Universitäten und Fachhochschulen mit Koordinierungsstellen in Hof und Bamberg brachte sie die Möglichkeiten der modernen Kommunikations- und Informationstechnologien in die Lehre an den bayerischen Hochschulen ein, um die bestehenden Studienangebote zur Fort- und Weiterbildung zu ergänzen und auszuweiten.

Auch hier hat sich die Staatskanzlei an der Entwicklung in den USA orientiert. Auf der Informationsreise des Autors im November 1998 wurden die Vorbereitungen für eine „Virtual university" an der Universität Berkeley in Kalifornien begutachtet, die als „online-extension e-berkeley" aufgebaut wurde. Im Oktober 1995 waren die ersten Kurse mit 2000 Teilnehmern aufgelegt worden, gegründet von der Sloan Foundation und gesponsert von America Online. Ende 1998 gab es 125 Kurse mit 72 000 Teilnehmern. Ziel der Kurse waren nicht Bachelor- oder Master-Abschlüsse, sondern ein ergänzendes Angebot zur Weiterbildung. Die Gebühren je Kurs wurden mit 350 US-Dollar angegeben. Ein Team von rund 20 Personen hat den Aufbau betreut. (UC Berkeley, 11. Januar 2000)

Mit der am 15. Mai 2000 „eröffneten" Virtuellen Hochschule Bayern war der Freistaat das erste deutsche Land, das für den Aufbau eines derartigen Lehrangebotes auf die Beiträge und das Know-how aller seiner Hochschulen zurückgegriffen hat. Damals prognostizierte Wissenschaftsminister Hans Zehetmair, dass die virtuelle Lehre an den Hochschulen bis 2010 im Durchschnitt mit rund 10 000 Lehrveranstaltungen 15 bis 20 Prozent der gesamten Hochschullehre ausmachen würde: „Wir können entweder abwarten, bis sich die Studierenden diese virtuelle Lehre von außerhalb Bayerns oder Deutschlands holen. Oder wir können uns das Ziel setzen, diesen Anteil durch die bayerischen Hochschulen selbst anzubieten." (Wissenschaftsministerium, Pressemitteilung 15. Mai 2000)

Die Virtuelle Hochschule ist damit keine eigenständige Hochschule, sondern eine gemeinsame Einrichtung aller Hochschulen in Bayern. Seit dem Auslaufen der Förderung aus der High-Tech-Offensive Ende 2002 wird ihr Lehrangebot aus dem regulären Haushalt des Wissenschaftsministeriums finanziert. Der Verbundcharakter gewährleistet, dass das fachliche, technische und didaktische Potenzial der bayerischen Hochschulen im Bereich der Online-Lehre für die Studierenden unabhängig von ihrem Studien- und Wohnort nutzbar wird. Darüber hinaus fördert die Virtuelle Hochschule auch Austausch und Zusammenarbeit zwischen Hochschullehrern der verschiedenen Hochschulen und Hochschularten.

In der Praxis hat sich die Virtuelle Hochschule Bayern hervorragend bewährt, wie mehrere Evaluierungen belegen. Im Jahr 2005 erfolgte eine erste Bewertung durch eine internationale Kommission unter Leitung des Centrums für Hochschulentwicklung (CHE). (CHE-News, 11. Oktober 2005, aufgerufen 14. Mai 2017) Eine weitere Auditierung durch eine internationale Expertengruppe im Jahr 2013 hat bestätigt, dass sie eine sehr effektiv und hoch effizient operierende Einrichtung ist, die insbesondere im Hinblick auf die ihr zugrunde liegende Kooperationsleistung der bayerischen Hochschulen auch in internationaler Perspektive Modellcharakter besitzt. „Dass der Freistaat Bayern im Bundesvergleich im Hinblick auf Akzeptanz, Verbreitung und Integration von E-Learning an Hochschulen eine Spitzenposition einnimmt, ist deutlich auf die koordinierende, immer wieder impulsgebende Arbeit der vhb zurückzuführen." (vhb/Audit, Empfehlungen 2013, aufgerufen 14. März 2017)

Eine best-practice Studie von Roland Berger im Auftrag des Bundeswirtschaftsministeriums hat im gleichen Jahr den bundesweiten Modellcharakter der Virtuellen Hochschule Bayern bestätigt: „Die zentrale vhb-Plattform schafft erheblichen Mehrwert für Studierende und Hochschulen in Bayern. Sie erweitert das Lehrangebot für Studierende um qualitativ hochwertige Kurse, ermöglicht eine flexiblere, individuelle Gestaltung des Studiums und entlastet die Kapazitäten, die in der Präsenzlehre gebunden sind. (…) Die Replikation außerhalb Bayerns nach dem vorliegenden Modell ist grundsätzlich jederzeit möglich, und der kooperative Austausch mit anderen Bundesländern wird von der vhb ausdrücklich angestrebt." (Roland Berger 2013: 55 ff.)

15 Jahre nach Betriebsbeginn hat der Geschäftsführer der Virtuellen Hochschule in einem Interview im Juli 2016 ein positives Résumé zu ihrem aktuellen Stellenwert für das bayerische Hochschulwesen gezogen: „Die vhb hat gegenwärtig 31 Trägerhochschulen mit rund 360 000 Studierenden. Das sind 95 Prozent aller Studierenden in Bayern. Mehrere hundert bayerische Professorinnen und Professoren engagieren sich als Kursanbietende und Gremienmitglieder in der vhb. Insgesamt haben wir derzeit gut 450 verschiedene Kurse, rund 100 weitere sind in Arbeit. Damit erweitert die vhb das Angebotsspektrum der bayerischen Hochschulen ganz erheblich. Im Studienjahr 2015/2016 können wir über 170 000 Kursbelegungen von weit mehr als 50 000 Studierenden verzeichnen. Seit der Gründung der vhb gab es insgesamt mehr als eine Million Kursbelegungen. Das in vhb-Kursen geleistete Studiervolumen macht derzeit rund drei Prozent des gesamtbayerischen Studiervolumens aus. Für die Finanzierung der vhb wurden von 2000 bis einschließlich 2016 insgesamt rund 64,4 Millionen Euro aufgewendet."

„Für die Jahre 2017 und 2018 verfügt die vhb über mindestens 6,2 Millionen Euro pro Jahr – Verhandlungen für den Doppelhaushalt dieser Jahre laufen gerade. Diese Mittel wurden und werden ganz überwiegend vom Freistaat Bayern zur Verfügung gestellt. Die Trägerhochschulen, die ihrerseits ja auch vom Staat finanziert werden, entrichten einen eher symbolischen Mitgliedsbeitrag von einem Euro je immatrikuliertem Studierenden und Semester." (Hochschulforum Digitalisierung, 28. Juli 2016)

Bayern Digital

Bayern Online hat mit einer Anschubfinanzierung von 148 Millionen DM aus
Privatisierungserlösen für insgesamt 63 Projekte ein Projektvolumen von über
500 Millionen DM angestoßen. Durch die Folgeprojekte der High-Tech-Offensive kamen weitere Mittel in gleicher Höhe dazu. Im Umfeld dieser Projekte
entstanden in allen Landkreisen weiterführende Initiativen und Vorhaben, teils
von Kommunen, teils von der Wirtschaft getragen. Fast zwei Drittel der über
2 000 bayerischen Städte und Gemeinden präsentierten sich 1999, ebenso wie
alle Ministerien, Regierungsbezirke und Landratsämter, mit einem Auftritt im
Internet zur internen und externen Kommunikation. Nach einer Studie von
1999 hatten damals bereits 85 Prozent der mittelständischen Unternehmen
Bayerns einen Internet-Zugang, und jedes Fünfte davon generierte Umsatz online. Somit bestätigten sich die Feststellungen in der Regierungserklärung von
1994, dass den neuen Informations- und Kommunikationstechnologien eine
Schlüsselrolle für die Zukunft Bayerns zukommt. Vor allem aber hatte diese
Branche ein erhebliches Beschäftigungspotenzial. Insgesamt zählte Bayern nach
Expertenschätzungen dort bereits 1999 über 250 000 Beschäftigte.

Mit Bayern Online und dem Software Forum Bayern, bei dem der Autor bis
2003 den Vorsitz innehatte, wurde der Prozess der Digitalisierung mittels In-
formations- und Kommunikationstechnik in Bayern eingeleitet, als das Schlag-
wort noch nicht allgemein gebräuchlich war. In der Offensive Zukunft Bayern
wurde für ein Gesamtvolumen von rund einer Milliarde DM erstmals ein umfassendes Konzept zur digitalen Zukunft Bayerns vorgelegt. Auf der Grundlage
von Bayern Online und der Software-Offensive wurde damit begonnen, breit-
bandige Datenautobahnen bis zu einem Gigabit zu schaffen, E-Government
und E-Commerce zu begründen, digitale Kompetenzen in Hochschulen, Schulen und Betrieben einzuführen, den Wandel in der Arbeitswelt zu begleiten und
Projekte des digitalen Rundfunks, des digitalen Fernsehens und der digitalen
Kartierung auf den Wege zu bringen. Schon damals wurde die grundlegende
Bedeutung dieser Entwicklung für Wirtschaft und Gesellschaft vorhergesehen:
„Vor allen Dingen die Informations- und Kommunikationstechnologie beschleunigt den strukturellen Wandel in der Industrie. Die Digitalisierung der
Information kommt einer Aufhebung von Raum und Zeit gleich. Produkte,
deren Herstellung früher eine besondere Ausbildung und viele Fachkräfte erforderten, können heute mit Hilfe von computergesteuerten Maschinen überall in
der Welt von wenigen Spezialisten in kurzer Zeit hergestellt werden." (Stoiber
1999)

In der Folgezeit ließ die Dynamik der Digitalisierung in Bayern wie in Deutschland zunächst nach. 2004 hat die Staatskanzlei die Zuständigkeit für Information und Kommunikation an das Wirtschaftsministerium abgegeben. Der Breitbandausbau wurde nunmehr als Aufgabe des Marktes gesehen. Zur Beratung und Information wurde 2006 die Breitbandinitiative Bayern durch die Industrie- und Handelskammern, den Städtetag, den Landkreistag und das Wirtschaftsministerium gegründet. Im Juli 2008 wurde die Breitbandförderung mit Bundes- und Landesmitteln wieder aufgenommen. Bis Ende 2011 wurden nach Angaben des Wirtschaftsministeriums rund 100 Millionen Euro zur Verfügung gestellt. Bis dahin war für 99 Prozent der bayerischen Haushalte eine Breitbandversorgung von einem Megabit pro Sekunde (Mbit/s) verfügbar. (Wirtschaftsministerium 2012: 8 ff.) Taktgeber für die Ausbauziele wurde jetzt die EU-Kommission, die in ihrer Digitalen Agenda von 2010 eine Breitband-Grundversorgung für alle EU-Bürger mit zwei Megabit, schnelle Breitbanddienste bis 2020 mit mindestens 30 Megabit und sehr schnelle Breitbanddienste bis 2020 mit Internetzugang über 100 Megabit pro Sekunde in 50 Prozent der Haushalte postulierte.

2013 hat Ministerpräsident Horst Seehofer die digitale Revolution als eine der vier großen Herausforderungen für die Zukunft Bayerns neben der Internationalisierung, der demografischen Entwicklung und den kulturellen Auswirkungen dieser Veränderungen bezeichnet. Zur Digitalisierung Bayerns hat er einen umfassenden politischen Ansatz angekündigt, die Zukunftsstrategie Bayern Digital (Plenarprotokoll 17/5, 12. November 2013: 107): „Mit unserer Strategie Bayern Digital machen wir Bayern zur Leitregion für den digitalen Aufbruch. Wir investieren bis 2018 massiv in das digitale Zeitalter. Damit sichern wir gleichzeitig die Arbeitsplätze von morgen und Chancen überall im Lande. Wir schaffen bis 2018 ein digitales Hochgeschwindigkeitsnetz, und zwar flächendeckend. (…) Der digitale Aufbruch umfasst aber viel mehr als den Breitbandausbau. Die digitalen Möglichkeiten verändern alle Zukunftsfelder – Lernen und Arbeiten, Mobilität und Gesundheit, Wohnen und sicheres Datenmanagement". Die Aufgabe Information und Kommunikation sowie Breitbanderschließung wurde im Oktober 2013 dem Staatsministerium für Finanzen, Landesentwicklung und Heimat übertragen. Das bisherige Landesamt für Vermessung wurde zum Landesamt für Digitalisierung, Breitband und Vermessung ausgebaut, ein Breitbandzentrum 2014 in Amberg eingerichtet.

Die Strategie Bayern Digital wurde Mitte 2015 vorgestellt. (bayern.de, 27. Juli 2015) Neben Vertretern von Wirtschaft und Wissenschaft haben sich alle Fraktionen des Bayerischen Landtags und alle Ressorts in die Vorbereitung eingebracht. Einen Begleitprozess mit Experten hat die Deutsche Akademie der Technikwissenschaften (acatech) in Kooperation mit dem Münchner Kreis moderiert. Sie hat am 9. März 2015 ein Ergebnispapier mit Vorschlägen vorgelegt, die in diese Strategie eingeflossen sind. Ziel war ein jährliches Wirtschaftswachstum bis 2030, das im Durchschnitt rund einen halben Prozentpunkt über dem des Bundes liegen sollte. Weiter wurden angeführt die Gründung von 3000 neuen IT-Unternehmen und die Schaffung von mehr Arbeitsplätzen in Zukunftsfeldern als anderen Orts wegfallen, sowie die Verbesserung und Angleichung der Lebensgrundlagen in ganz Bayern durch die Digitalisierung, insbesondere auch in den vom demografischen Wandel besonders betroffenen Regionen. (acatech 2015)

Insgesamt umfasst das Programm Bayern Digital I ein Investitionsvolumen von bis zu 2,5 Milliarden Euro. Davon entfallen auf den Netzausbau 1,5 Milliarden, eine weitere Milliarde auf Vorhaben wie den Digitalbonus für Handwerk und Mittelstand, digitale Gründerzentren in jedem Regierungsbezirk, den Wachstumsfonds Bayern für Wagniskapital, den Ausbau des Zentrums „Digitalisierung.Bayern" für Forschung und Gründerförderung, zwanzig neue Professuren sowie die Stärkung von Sicherheit und Datenschutz mit dem Fraunhofer-Institut für Angewandte und Integrierte Sicherheit (AISEC).

Grundlage jeder erfolgreichen Digitalisierung ist eine leistungsstarke Versorgung mit Breitbanddiensten. Bis 2018 sollen im Freistaat flächendeckend Hochgeschwindigkeitsnetze zur Verfügung zu stehen. Ende 2017 ist der Freistaat mit Anschlüssen von mindestens zwei Mbit/s zu 99,7 Prozent und damit flächendeckend versorgt. Mit einer Verfügbarkeit der Privathaushalte für mindestens 50 Megabit pro Sekunde liegt Bayern mit 80,1 Prozent noch knapp unter dem Bundesdurchschnitt von 80,5 Prozent. Bei den großen Flächenländern liegt Nordrhein-Westfalen mit 86,5 Prozent vor Hessen mit 84,0 Prozent und Baden-Württemberg mit 81,3 Prozent an der Spitze. (Breitbandatlas, Stand Ende 2017: 10 ff.) Innerhalb Bayerns sind die städtischen Räume zu 94,1 Prozent, die halbstädtischen zu 75,7 Prozent und die ländlichen Räume zu 54,0 Prozent angebunden. (Breitbandatlas, Stand Ende 2017: 11)

Die EU-Kommission hat die Ziele der Digitalen Agenda von 2010 im September 2016 erheblich ausgeweitet. Bis 2025 sollen Einrichtungen der Infrastruktur eine Internetanbindung von einem Gigabit pro Sekunde und alle Privathaushalte einen Internetanschluss von mindestens 100 Megabit pro Sekunde haben, die auf Gigabit-Geschwindigkeit aufgerüstet werden kann. Alle Stadtgebiete sowie alle wichtigen Straßen- und Bahnverbindungen sollen durchgängig mit einer 5 G-Anbindung versorgt werden.

Die Wirtschaft in Bayern hat diese Ausbauziele als richtigen Weg bezeichnet und die Anhebung der bisherigen Zielwerte gefordert. (vbw, 17. Oktober 2016)

Beim Digitalisierungsgipfel in der Staatskanzlei mit führenden Vertretern aus Wirtschaft und Wissenschaft am 15. Februar 2017 hat Ministerpräsident Horst Seehofer einen Masterplan für Bayerns digitale Zukunft angekündigt. Bayern soll das erste Gigabit-Bundesland werden. (Staatskanzlei, Pressemitteilung 21. Februar 2017) Der Masterplan wurde mit dem am 30. Mai 2017 beschlossenen Investitionsprogramm Bayern Digital II aufgestellt. Von 2018 bis 2022 sollen drei Milliarden Euro in die Digitalisierung Bayerns investiert werden, davon eine Milliarde für eine Gigabit-Infrastruktur und zwei Milliarden in rund 50 Initiativen. Ziele sind der Ausbau der IT-Sicherheit, die schulische und universitäre Bildung, die digitalen Kompetenzen im Mittelstand, digitale Technologien, Anwendungen und Mobilitätskonzepte, digitale Medizin und Pflege sowie E-Government für digitale Verwaltung. (Staatskanzlei, Pressemitteilung 30. Mai 2017)

5.6 Beschäftigungspakt Bayern

„Der technologische Fortschritt revolutioniert auch die Arbeitswelt. Industriegeprägte Erwerbsarbeit nimmt tendenziell ab. Neue Arbeitsplätze werden vorwiegend im Dienstleistungsbereich geschaffen. Hier werden neue Produkte entwickelt und langfristig neue Märkte erschlossen. Die Erwerbsbiographien der Menschen verändern sich. Lebenslange Beschäftigung bei nur einem Arbeitgeber wird künftig sicherlich nicht mehr die Regel sein." (Stoiber 1999)

Zielsetzung und Entstehung des Beschäftigungspaktes Bayern wurden bereits im ersten Teil dieses Buches dargestellt (Kapitel drei, Abschnitt vier). Auch nach seinem formalen Ende werden wesentliche Instrumente des Paktes bis heute erfolgreich weitergeführt.

Nach knapp sechs Jahren erfolgreicher Umsetzung wurde der Beschäftigungspakt Ende Mai 2002 seitens des bayerischen DGB-Vorsitzenden Fritz Schösser gekündigt. Seine Begründung war, dass Bayern im Bundesrat dem Tariftreuegesetz des Bundes nicht zugestimmt hat. Demgegenüber hat Ministerpräsident Stoiber seinerzeit darauf hingewiesen, dass sich an der gesetzlichen Tariftreueregelung in Bayern durch die Abstimmung im Bundesrat nichts ändere: „Wir stehen für eine Tariftreueregelung, die unsere Bauarbeiter gegen unfaires Lohndumping aus Osteuropa schützt, aber auch die Chancen zur Bekämpfung der Arbeitslosigkeit gerade in der ostdeutschen Bauwirtschaft nicht verschlechtert." Letztlich war der Bundestagswahlkampf, in dem Fritz Schösser für die SPD und Edmund Stoiber als Kanzlerkandidat für die Union antraten, der maßgebende Grund für die Aufkündigung des Beschäftigungspaktes Bayern.

Bis dahin hatte der Beschäftigungspakt nach den gemeinsamen Berechnungen der Vertragspartner rund 100 000 Arbeitsplätze neu geschaffen und rund 300 000 gefährdete Arbeitsplätze gesichert. Zudem war seit Abschluss des Paktes jeder vierte in den alten Ländern neu geschaffene Arbeitsplatz in Bayern entstanden. Gemeinsam mit den am Pakt Beteiligten wurden Vorstellungen zur Ausweitung der flexiblen Arbeitszeit, der sozialversicherungspflichtigen Teilzeitarbeit und zum freiwilligen Abbau von Überstunden entwickelt und umgesetzt. (Staatskanzlei, Pressemitteilung 31. Mai 2002; Sozialministerium, Pressemitteilung vom gleichen Tag)

Alle Beteiligten waren sich darüber einig, dass der Beschäftigungspakt ein erfolgreicher politischer Handlungsansatz war. (Berger 2002: 44) Auch das bayerische Handwerk hat den Pakt positiv bewertet. Als besonders erfolgreiche Maßnahme bezeichneten die bayerischen Handwerkskammern die Tariftreue- und Nachunternehmererklärung bei öffentlichen Aufträgen. Sie habe dazu beigetragen, allein in den Bau- und Ausbaubetrieben des bayerischen Handwerks über 30 000 Arbeitsplätze zu sichern. Auch die hervorragende Ausbildungsplatzbilanz in Bayern wäre ohne die gemeinsame Ausbildungsinitiative Bayern nicht möglich gewesen. (Arbeitsgemeinschaft der bayerischen Handwerkskammern, Pressemitteilung 26. Januar 2002)

Mit der Kündigung durch den DGB war der Pakt freilich nur in der gemeinsamen Verfolgung gesetzgeberischer Initiativen beendet, nicht aber in seiner Aufgabenstellung, konkrete Beschäftigungsfragen in Bayern gemeinsam zu lösen. Alle staatlichen Verpflichtungen aus dem Beschäftigungspakt Bayern wurden unverändert weiter eingehalten, wie die konkreten Maßnahmen zur Verbesserung der Ausbildungssituation im Rahmen der Ausbildungsinitiative 2006, das Bayern-Modell zum Abbau beziehungsweise zur Vermeidung von Überstunden durch Gewährung von Lohnkosten-Zuschüssen sowie der Aufbau der Technologie- und Innovations-Beratungsagentur Bayern des Deutschen Gewerkschaftsbundes (TIBAY) und die Fortführung des Arbeitsmarktfonds. Dies galt zunächst auch für die Tariftreue-Regelung.

Tariftreuegesetz

Der Freistaat Bayern war das erste Bundesland, das sich verpflichtet hatte, Tariftreue- und Nachunternehmererklärungen bei der Vergabe von Bauaufträgen von den Auftragnehmern einzuholen. Mit dem Bauaufträge-Vergabegesetz vom 28. Juni 2000, novelliert zum Jahreswechsel 2007/2008, wurde die Zahlung von Tariflöhnen als Voraussetzung für die Erteilung von Bauaufträgen aller Einrichtungen des Freistaats gesetzlich vorgegeben. Auf Initiative Bayerns (LT-Drs. 15/8615, 11. Juli 2007) hat der Bundesgesetzgeber mit dem Vergaberechtsänderungsgesetz aus dem Jahr 2008 (Art. 97 Abs. 4) festgelegt, dass bei Vergaben der öffentlichen Hand auch ökologische und soziale Kriterien Berücksichtigung finden dürfen.

Das Bundesverfassungsgericht hat 2006 am Beispiel des Berliner Vergabegesetzes festgestellt, dass Tariftreueklauseln einen Verdrängungswettbewerb über Lohnkosten verhindern, Arbeitslosigkeit bekämpfen, die Sozialkassen entlasten und das Tarifvertragssystem „als Mittel zur sozialen Sicherung" unterstützen. (BVerfG 11. Juli 2006, BVerfGE 116: 202 ff.) Dennoch hat der bayerische Landtag auf Empfehlung der neuen bayerischen Koalitionsregierung am 16. Dezember 2009 das Bayerische Bauaufträge-Vergabegesetz ersatzlos gestrichen. Besonders heftig hat der damalige FDP-Wirtschaftsminister Martin Zeil ein Tariftreuegesetz im Freistaat abgelehnt. Seither gibt es heute lediglich in Bayern und Sachsen kein Tariftreuegesetz mehr. (Schulten 2015) Zuletzt hat die CSU-Mehrheit im bayerischen Landtag ein solches Gesetz am 17. Mai 2018 abgelehnt, weil es überflüssig sei. (dpa, 17. Mai 2018)

Weiterbildungsgesetz

Im Beschäftigungspakt Bayern wurde seinerzeit auch für die berufliche Bildung ein Ergebnis erzielt, das dem Gebot des lebenslangen Lernens im anbrechenden digitalen Zeitalter entsprach. Bei einem Spitzengespräch zum bayerischen Beschäftigungspakt am 2. November 2001 wurde zur Frage eines bayerischen Weiterbildungsgesetzes beschlossen, dass „diese Ziele mit einem bayerischen Maßstäbegesetz zur beruflichen Weiterbildung, durch Tarifvertrag oder Maßnahmen sonstiger Art erreicht werden sollen". Arbeitnehmer sollten das Recht auf vom Arbeitgeber bezahlte berufliche und gesellschaftspolitische Fortbildung bekommen. Der Ausstieg des DGB aus dem strategischen Teil des Beschäftigungspaktes 2002 hat dazu geführt, dass dieser gemeinsame Ansatz nicht mehr weitergeführt wurde. Damit sind Bayern und Sachsen heute auch die einzigen Länder ohne Weiterbildungsgesetz.

Technologie-Beratungsagentur TIBAY

Dagegen hat die Einrichtung einer Technologie- und Beratungsagentur in Bayern e.V. (TIBAY) im Rahmen des Beschäftigungspaktes Bayern noch heute Bestand. Diese wurde seinerzeit je zur Hälfte durch den Freistaat, vertreten durch das

Sozialministerium, und den DGB Bayern sowie einige Mitgliedsgewerkschaften getragen. Christiane Berger, zuletzt stellvertretende Vorsitzende des DGB in Bayern, hat Entstehung und Aufgabenstellung der Agentur in einem Diskussionspapier aus dem Jahr 2002 wie folgt beschrieben (Berger 2002: 38): „Die Gründung von TIBAY als gewerkschaftliche Technologieberatungsstelle war erst im Jahr 2000 nach über zehnjährigen Bemühungen des DGB Bayern gegenüber der Staatsregierung möglich geworden. Entstehen konnte TIBAY nur aufgrund einer Vereinbarung im Beschäftigungspakt Bayern. Dort zählt es zu den Aufgaben der bayerischen Staatsregierung, die Technologieberatung für Arbeitnehmer zu fördern."

Die Technologie-Beratungsagentur verfolgt das Ziel, über Beratung und Qualifikation betriebliche Innovationsprozesse und den Strukturwandel im Interesse der Arbeitnehmer in Bayern sozialverträglich zu gestalten. Die Beratereinrichtung soll den wirtschaftlichen und technologischen Wandel in den bayerischen Unternehmen, Branchen und Regionen aktiv zu begleiten. Sie soll helfen, gute und sinnvolle Arbeit zu gestalten, Arbeitsplätze zu sichern und neue Beschäftigungschancen zu erkennen. Maßgebend ist der Beratungsbedarf der Beschäftigten und ihrer Interessenvertretungen hinsichtlich betrieblicher Innovationsprozesse. Die Leistungen der Agentur umfassen die Beratung von Betriebs- und Personalräten auf der Grundlage des Betriebsverfassungsgesetzes und der Personalvertretungsgesetze, die Beratung von Unternehmensleitungen gemeinsam mit dem Betriebs- oder Personalrat im Unternehmensauftrag sowie entsprechende Schulungen, Qualifizierungen und Seminare. Ferner werden die Bildung von Netzwerken durch Zusammenarbeit mit Experten und Organisationen unterstützt und Hilfen bei der Inanspruchnahme von Förderprogrammen gewährt, die die Gestaltung einer sozialverträglichen und sinnvollen Arbeit zum Ziel haben. TIBAY unterhält Geschäftsstellen in München und Bayreuth.

Die Erwartungen der bayerischen Gewerkschaften an die Beratungsagentur waren sehr hoch. Neben der Hauptaufgabe, über Schulungen und den Einsatz von Sachverständigen einen Beitrag zum Technologietransfer und damit zur sozialverträglichen Gestaltung des Technologieeinsatzes zu leisten, sollte sie auch nach innen wirken und helfen, die technologie- und innovationspolitischen Kompetenzen von Gewerkschaften in Bayern zu stärken. „Zu den Aufgaben von TIBAY gehört auch der Aufbau eines Betriebsrätenetzes. Damit könnte ein dauerhafter und kontinuierlicher Informationsaustausch zwischen der betrieblichen Ebene und der Beratungsagentur gewährleistet werden. TIBAY stellt den Kern der gewerkschaftlichen Beratungsinfrastruktur in Sachen Technologie- und Innovationspolitik dar." (Berger 2002: 38)

Die Beratungsagentur erhielt seit dem Gründungsjahr bis 2010 eine Förderung aus Haushaltsmitteln des Sozialministeriums von insgesamt 3,1 Millionen Euro. Die Förderung begann 2000 mit einer Million DM, danach nahm sie jährlich um zehn Prozent bis zu einer Grundförderung von 30 Prozent ab. Ziel war es, bei betrieblichen Veränderungen ein produktives Zusammenwirken der Betriebsräte mit der Unternehmensleitung herbeizuführen. Betriebsräte sollten durch entsprechende Schulungen in die Lage versetzt werden, technologische Neuerungen für den Betrieb zu beurteilen, Vorurteile abzubauen und entsprechende Umstellungen positiv zu begleiten. Durch die Anpassung an die technologischen Veränderungen sollten Arbeitsplätze erhalten und geschaffen werden. (DHH bis 2009/2010, Erläuterungen zu Epl. 10)

Zur Einstellung der Förderung der Technologieberatungs-Agentur durch die bayerische Koalitionsregierung ab 2011 wurden Einsparungsgründe angegeben. Damit wurde eine strategisch bedeutsame Kooperation zwischen Staat und Gewerkschaften aufgegeben. Seit 2013 ist TIBAY eine Einrichtung im DGB Bildungswerk Bayern. Sie leistet heute unverändert einen relevanten Beitrag zur sozialverträglichen Technikgestaltung und zur Förderung der Aufgeschlossenheit der Arbeitnehmer für Innovationen in der Arbeitswelt. Ziel ist es, gesundheitsförderliche und verantwortungsvolle Arbeit sowie verbesserte Arbeitsbedingungen für Beschäftigte in Bayern mitzugestalten. Die Beschäftigten als Experten ihrer Arbeit sollen in der gemeinsamen Beratung von Betroffenen zu Beteiligten werden.

Arbeitsmarktfonds

Zu einem besonders wichtigen Instrument des Arbeitsmarktes hat sich der Arbeitsmarkt- und Sozialfonds entwickelt. Die Förderung der Projekte aus diesem Fonds wurde auch nach der formellen Aufkündigung des Beschäftigungspaktes im Jahr 2002 unverändert fortgeführt. Das betraf nicht nur die bereits gemeinsam beschlossenen Projekte. Vielmehr nahmen und nehmen die Vertreter des Deutschen Gewerkschaftsbundes Bayern bis heute an der Auswahl der weiteren Vorhaben und der Vergabe der Mittel aus dem Arbeitsmarktfonds teil. Damit besteht das Kernstück des Beschäftigungspaktes seit über zwanzig Jahren unverändert fort. Die Mittel des Arbeitsmarktfonds von jährlich bis zu zehn Millionen Euro aus Zinserträgen von Privatisierungserlösen der Offensive Zukunft Bayern werden derzeit vorrangig in den von Arbeitslosigkeit überdurchschnittlich betroffenen Arbeitsamtsbezirken eingesetzt. Die Verteilung der Mittel wird nach wie vor durch eine Arbeitsgruppe der Vereinigung der Bayerischen Wirtschaft e.V. (vbw), der Industrie- und Handelskammern und der Handwerkskammern, des DGB und des CGB, der Regionaldirektion Bayern der Bundesagentur für Arbeit sowie von Arbeits-, Wirtschafts- und Finanzministerium beschlossen. Die Arbeitsgruppe legt die inhaltlichen und regionalen Schwerpunkte des Fonds fest und wählt auch im Konsens die Einzelmaßnahmen für eine Förderung aus. Dieser bundesweit einmalige kooperative Ansatz der Beschäftigungspolitik hat sich nach den Feststellungen der Staatsregierung bestens bewährt. Die Abwicklung der von der Arbeitsgruppe ausgewählten Maßnahmen erfolgt durch das Arbeitsministerium und die Regierungen in enger Rückkoppelung mit der Arbeitsgruppe Arbeitsmarktfonds.

Für die Erfolgskontrolle der Projekte hat das Arbeitsministerium das Internationale Institut für empirische Sozialökonomie (INIFES) mit der Evaluierung des Arbeitsmarktfonds beauftragt. Das Institut legt jeweils in der Jahresmitte einen Bericht über dessen Entwicklung vor. Im Jahresbericht für 2014 hat Institut folgende Bilanz gezogen:

„Mit dem Berichtsjahr 2014 besteht der bayerische Arbeitsmarktfonds seit mittlerweile 17 Jahren. In diesem Zeitraum wurden 513 Projekte mit einem Gesamtvolumen von 101 Millionen Euro gefördert. Insgesamt wurden bisher sogar 544 Projekte ausgewählt, davon sind 28 aber nicht gestartet und drei weitere haben erst 2015 begonnen. Für 2014 stehen 4,8 Millionen Euro zur Verfügung. Bereits jetzt sind für die kommenden Jahre 2015-2017 weitere 6,1 Millionen Euro an Fördermitteln fest eingeplant. Im Rahmen von bisher 444 Teilnehmer-Projekten wurden dabei insgesamt 55 865 Teilnehmende betreut. Dabei handelte es sich überwiegend um arbeitslose (61 Prozent arbeitslos, 18 Prozent waren langzeitarbeitslos) und benachteiligte Jugendliche mit Schwierigkeiten beim Berufseinstieg."

„Durch die im Rahmen des Arbeitsmarktfonds geförderten Projekte konnten mehr als die Hälfte der Teilnehmenden, also über 25 000 Menschen, erfolgreich vermittelt werden. Auch in Quoten ausgedrückt bleibt ein positives Bild: 56 Prozent (inkl. Unbekannte) bzw. 67 Prozent (ohne Unbekannte) der Teilnehmenden konnten erfolgreich vermittelt werden. In 69 Nicht-Teilnehmer-Projekten wurden innovative Maßnahmen mit vorwiegend koordinierender und organisatorischer Funktion gefördert."

Die Arbeitsmarktpolitik ist nach wie vor ein Schwerpunkt der Regierungspolitik. Angesichts der insgesamt sehr guten Arbeitsmarktsituation in Bayern wird die Arbeitsmarktförderung noch stärker auf marktbenachteiligte Menschen fokussiert. Sie zielt vor allem auf bessere Chancen für Langzeitarbeitslose, ältere Menschen, Jugendliche und junge Erwachsene mit Vermittlungshemmnissen und Menschen mit Behinderung auf dem Arbeitsmarkt. Für 2017 stehen 8,263 Millionen Euro für Maßnahmen zur Qualifizierung und Arbeitsförderung aus dem Arbeitsmarktfonds zur Verfügung. Aus dem Fonds sind von 2000 bis heute weitere 25 000 Arbeitsplätze geschaffen worden. Hinzugekommen ist die Aufgabe, zur Ausbildungs- und Arbeitsmarktintegration von Flüchtlingen beizutragen. Die Partner des Arbeitsmarktfonds unterstützen die Initiative Integration durch Ausbildung und Arbeit vom 13. Oktober 2015 der bayerischen Staatsregierung, der Spitzenorganisationen der bayerischen Wirtschaft und der Regionaldirektion Bayern der Bundesagentur für Arbeit bei dem Ziel, bis Ende 2019 60 000 Flüchtlinge erfolgreich in den Arbeitsmarkt zu integrieren. Mittlerweile wurden bereits 48 000 Flüchtlinge in eine reguläre Beschäftigung gebracht. (Süddeutsche Zeitung, 8. November 2017)

Damit lässt sich feststellen: Der Beschäftigungspakt Bayern hat allen drei Akteuren, vor allem aber dem Standort Bayern wesentliche Vorteile gebracht: Der Staat konnte seine Beschäftigungsziele im Konsens mit den maßgebenden Akteuren auf dem Arbeitsmarkt besser erreichen als in (partieller) Konfrontation und demonstrieren, dass er für die sozialen Belange seiner Bürger auch bereit war, Gestaltungsmacht ideologiefrei zu teilen. Die Arbeitgeber konnten für ihre Betriebe Störpotenziale verringern und so vom Betriebsfrieden mehr Planungs- und Produktionssicherheit gewinnen. Die Gewerkschaften konnten soziale Anliegen für die Arbeitnehmer durchsetzen, um die sie sich allein vergeblich bemüht hatten. Der Beschäftigungspakt Bayern mit seinem Kernstück Arbeitsmarktfonds ist ein Erfolgsmodell von hoher Kontinuität, das noch heute mit der Mittelvergabe durch Staat, Arbeitgeber und Gewerkschaften weiterbesteht und bundesweit einmalig geblieben ist. In den nunmehr 20 Jahren seines Bestehens hat der Pakt über 100 000 Arbeitsplätze geschaffen, 300 000 Arbeitsplätze gesichert und rund 25 000 Arbeitslose in Arbeit vermittelt, dazu kommen 30 000 durch die Tariftreue gesicherte Arbeitsplätze im Handwerk. Der Beschäftigungspakt hat dazu beigetragen, dass sich die Situation der Arbeitslosigkeit seit Ende der neunziger Jahre fundamental verbessert hat und heute Vollbeschäftigung in Bayern herrscht.

5.7 Internationalisierung

„Die dritte Herausforderung heißt Internationalisierung. (…) Die weltweite Vernetzung hat die Internationalisierung nahezu aller Lebensbereiche zur Folge. Darauf müssen wir uns einstellen, auch in Schule und Hochschule." (Stoiber 1998)

Die Globalisierung war auch maßgebend dafür, Bayerns Wissenschaft und Wirtschaft international auszurichten.

Hochschule International, Bologna-Prozess und Ausländeranteil

Die Internationalisierung der Hochschulen war bereits ein Schwerpunkt in der Offensive II von 1996. Kern war der 1997 eingerichtete Fonds Hochschule International mit 20 Millionen DM, mit dem unter anderem das „Bayerisch-Französische Hochschulzentrum" von den beiden Münchner Universitäten gefördert wird. Auch die Zusammenarbeit in der Lehre zwischen den medizinischen Fakultäten der TU München und der Harvard University gehört dazu. Die Zinserträge aus dem Fonds dienen dem Austausch von Studierenden und Wissenschaftlern, der Zusammenarbeit zwischen bayerischen und ausländischen Hochschulen sowie Forschungs- und Entwicklungsprojekten im Rahmen dieser Zusammenarbeit. Neben den Zinserträgen stehen für diese Maßnahmen auch Mittel von derzeit jährlich 2,3 Millionen Euro zur Verfügung. (DHH 2017/2018, Kap. 13 08/161 65, 13 12/161) In der High-Tech-Offensive wurden weitere 19 Millionen Euro für die Internationalisierung der Hochschulen eingesetzt. Davon entfielen 14,8 Millionen Euro auf die Aufstockung des Fonds Hochschule International mit der bayerisch-kalifornischen Hochschulzusammenarbeit an der Universität in Erlangen. An der Universität Passau wurde ein Zentrum für internationale Beziehungen mit 3,2 Millionen Euro gefördert, das 2004 in Betrieb gegangen ist. Nach der Offensive wurde an der Universität Erlangen-Nürnberg 2007 das Bayerische Hochschulzentrum für Lateinamerika (BAYLAT) auf den Weg gebracht, das im Juli 2018 ein bayerisches Lateinamerika-Forschungsnetzwerk einrichten wird. Das 2008 an die Hochschule Hof angegliederte Bayerisch-Indische Zentrum für Wirtschaft und Hochschulen hat im Mai 2013 ein „science office" in Bangalore eröffnet.

Mit der Hochschulreform von 1998 wurde Bayern auch Vorreiter bei der Einführung international kompatibler Abschlüsse. Noch vor der namensgebenden Bologna-Konferenz vom 19. Juni 1999 hat der Freistaat als erstes Bundesland die Bachelor- und Master-Studiengänge zur Erprobung eingeführt. Das hat dazu beigetragen, dass die Beschäftigungschancen bayerischer Absolventen im Ausland ebenso ansteigen konnten wie die Attraktivität bayerischer Hochschulen für ausländische Studenten. (Goppel 2005; KMK und BMBF, 12. Februar 2015) Entsprechend den Zielvereinbarungen mit dem Wissenschaftsministerium haben die bayerischen Hochschulen bis zum Wintersemester 2008 sämtliche Studiengänge auf Bachelor und Master im Sinne des Bologna-Prozesses umgestellt. 15 Jahre nach dessen Beginn wurde bei einer Veranstaltung der Hanns-Seidel-Stiftung am 30. November 2015 Bilanz gezogen aus der Sicht von Wissenschaft, Wirtschaft, Studenten, Hochschulen und Politik. Dabei wurde der Bologna-Prozess von allen beteiligten Institutionen als erfolgreich bewertet, wobei laufende Anpassungen und weitere Reformschritte zur Optimierung erfolgen müssten. Wesentliche Feststellungen waren insbesondere ein deutlicher Anstieg des Zugangs zu akademischer Bildung, die Steigerung der Auslandsmobilität der Studierenden, eine stärkere Internationalisierung der Hochschulen, die Verkürzung der Studienzeiten sowie Vorteile für die Wirtschaft.

Der Bologna-Prozess förderte auch die 1996 vom Deutschen Akademischen Auslandsdienst (DAAD) geforderte Anhebung des Ausländeranteils an den Studierenden auf zehn Prozent. Dieses Ziel wurde im Landesdurchschnitt der bayerischen Universitäten im Wintersemester 2016/17 mit 12,5 Prozent übertroffen. (Landesamt für Statistik) Dabei gibt es bei den einzelnen Universitäten erhebliche Unterschiede: Mit weitem Abstand hat die TU München mit 24 Prozent den höchsten Wert vor der Ludwig-Maximilians-Universität mit 15 und der Universität Erlangen-Nürnberg mit elf Prozent. Knapp unter dem seinerzeitigen Zielwert liegen die Universitäten Augsburg und Passau mit je 9,6 sowie die Würzburger Universität mit 9,5 Prozent, dann folgen die Universitäten Bamberg mit 8,6 und Regensburg mit acht Prozent. (Angaben der Universitäten für das Wintersemester 2016/2017) Bayern hat zudem 2012 als einziges Land neben den Bund-Länder-Instrumenten ein eigenes Landesprogramm zur Unterstützung der Internationalisierung der bayerischen Hochschulen auf den Weg gebracht. (LT-Protokoll 17/102, 25. April 2017: 9072)

Beispiele für die Internationalisierung der Hochschulen sind auch deren Auslandsvertretungen. Mit „TUM Asia" eröffnete die TU München 2002 als erste deutsche Universität eine eigene Dependance außerhalb Deutschlands. Weltweit unterhält sie heute Büros und Vertretungen in Asien (Peking und Mumbai), in Afrika (Kairo), in Lateinamerika (São Paulo) und in Nordamerika (San Francisco). Die Ludwig-Maximilians-Universität ist seit 2005 in den USA, Brasilien und China präsent. Die Universität Erlangen-Nürnberg unterhält über 500, die Würzburger Universität über 400 internationale Partnerschaften.

Bayern International und Invest in Bavaria

Ein zweiter Schwerpunkt lag in der Internationalisierung der bayerischen Wirtschaft. „Wir wollen bayerische Unternehmen unterstützen, neue Märkte zu erschließen. Wir werden eine Gesellschaft für internationale Wirtschaftsbeziehungen, Bayern International, gründen. Sie wird vor allem dem Mittelstand helfen, Exportmärkte zu nutzen." (Stoiber 1994/2) Zentraler Baustein dafür war die bereits 1995 gegründete staatliche Gesellschaft für internationale Wirtschaftsbeziehungen Bayern International GmbH. Zur Finanzierung wurde in der Offensive I ein mit 100 Millionen DM ausgestatteter Fonds eingerichtet. Ziel der Gesellschaft war und ist neben dem Standortmarketing die Förderung des Exports kleiner und mittelständischer Unternehmen aus Bayern. Dazu gehört die Außenwirtschaftsförderung, vor allem mit dem Gemeinschaftsstand für kleine und mittlere Unternehmen bei Auslandsmessen, der Organisation von Besuchen ausländischer Wirtschaftsdelegationen in Bayern und bayerischer Wirtschaftsdelegationen im Ausland sowie der Betreuung einer Firmendatenbank mit heute rund 29 000 Einträgen in den „Key Technologies in Bavaria". Mit aktuell 50 Mitarbeitern werden diese Maßnahmen umgesetzt.

Nach zehn Jahren konnte Wirtschaftsminister Erwin Huber in einer ersten Bilanz feststellen, dass die Gesellschaft wesentlich zur positiven Entwicklung des bayerischen Exports beigetragen hat. Im Gründungsjahr von Bayern International lag die Exportquote der bayerischen Industrie noch bei 32,9 Prozent, 2005 erreichte sie fast 45 Prozent. Für den bayerischen Mittelstandes ist sie zwischen 1994 und 2004 von 17,2 auf knapp 28 Prozent gestiegen. Diese Entwicklung hat sich bis heute fortgesetzt. Von 1994 bis 2008 hat die bayerische Wirtschaft 15 Jahre lang Exportrekorde verbucht. Nach dem Einbruch im Jahr 2009 um 20,4 Prozent aufgrund der globalen Finanz- und Wirtschaftskrise nahmen 2010 die Exporte wieder zu. Während die Ausfuhren 1993 noch bei rund 50 Milliarden Euro lagen, sind sie seither fast aus das Vierfache gestiegen und erreichten im Jahr 2017 einen Höchststand von 192 Milliarden Euro. Von 1994 bis 2016 ist die Exportquote des verarbeitenden Gewerbes von 32,9 auf 53 Prozent gewachsen. Der Wert für 2016 lag damit auch deutlich über dem bundesdeutschen Durchschnitt von 48 Prozent. (Website Außenwirtschaft Bayern, aufgerufen 23. Mai 2018; Außenhandelsreport, Stand Februar 2018; Industriebericht, 31. Juli 2018)

Heute wird das Förderinstrumentarium der Außenwirtschaft durch ein Netzwerk von Institutionen getragen, das mit Bayern International eng verzahnt ist. Eines davon ist die Projektgruppe Invest in Bavaria, die Bayern als attraktiven Standort für Investitionen vermarktet. Sie wurde 1999 auf Initiative von Wirt-

schaftsminister Otto Wiesheu als Ansiedlungsagentur des Freistaates Bayern gegründet, zunächst als Stabsstelle im Wirtschaftsministerium. Mit Ministerratsbeschluss vom 17. Oktober 2000 wurde das Standortmarketing auf eine breitere
Basis gestellt. Neben dem strategischen Referat Invest in Bavaria im Ministerium
besteht seit 2001 die operative Projektgruppe gleichen Namens bei Bayern International mit dem Ziel, weltweit Standortwerbung für Bayern zu betreiben, neue
Investoren zu gewinnen und zu betreuen und Standortpflege bei angesiedelten
Unternehmen zu leisten. Finanziert wurden diese Aktivitäten aus Privatisierungs-
und Haushaltsmitteln. (DHH 2003 Kap. 13 12/683 91 2,7 Millionen Euro,
Kap. 07 03/686 21 1,765 Millionen Euro)

Daneben hatte die bayerische Staatskanzlei im Jahr 2000 zusammen mit elf
weiteren Gesellschaftern zur speziellen Förderung von Informations- und Kommunikationstechnologie und Medien die Standortmarketing-Agentur „gotoBavaria" (Firmierung BayernMIT GmbH) als Public-Private-Partnership ins Leben
gerufen. Sie war als Task Force organisiert mit 13 Mitarbeitern an den Standorten
München (zehn), Palo Alto (zwei) und Bangalore (einer). Nach der Verlagerung
der Zuständigkeit für Information und Kommunikationstechnik in das Wirtschaftsministerium im Jahr 2004 hat Invest in Bavaria die Aufgaben für diesen
Bereich übernommen, während der Bereich Standortmarketing/Medienförde-
rung bei der FilmFernsehFonds Bayern GmbH als Abteilung „gotoBavaria" eingegliedert wurde. Heute betreut Invest in Bavaria zusammen mit dem seit Mitte
der neunziger Jahre eingerichteten weltweiten Netz bayerischer Auslandsrepräsen-
tanzen in 26 Staaten bayerische Unternehmen im Ausland und unterstützt sie bei
der Erschließung neuer Exportmärkte oder beim Auf- und Ausbau von Vertriebs-
strukturen. Darüber hinaus wirbt die Einheit für den High-Tech-Standort Bayern
und betreut potenzielle Investoren im Ausland von den ersten Expansionsüberle-
gungen bis hin zur Ansiedlung in Bayern. Seit ihrer Gründung bis zum Jahr 2015
hat Invest in Bavaria mit insgesamt 50 Mitarbeitern 1 450 Investitionsvorhaben
erfolgreich begleitet und zu 40 000 neuen direkten Arbeitsplätzen in Bayern beigetragen. (Website Invest in Bavaria, aufgerufen 11. Januar 2017) Damit ist es
auch gelungen, führende internationale Unternehmen vor allem mit ihren Forschungsaktivitäten in Bayern anzusiedeln. Hier seien nur einige wenige Beispiele
aus der Zeit der High-Tech-Offensive bis zur Gegenwart genannt:

– Das 1997 in Moskau gegründete Unternehmen Kaspersky Lab ist heute einer
   der weltweit führenden Hersteller für Sicherheitslösungen gegen Schadpro-
   gramme, Hackereinbrüche und Spam. 2003 wurde das Ingolstädter Büro als
   Zentrale für Deutschland, Österreich und die Schweiz eröffnet. Seitdem ist es
   auf über 150 Mitarbeiter gewachsen.

– 2004 eröffnete General Electric (GE) auf dem Forschungscampus in Garching sein Europäisches Forschungszentrum. Dort arbeitet es an der Entwicklung neuer Technologien für alle Geschäftsbereiche des Unternehmens. Schwerpunkte sind derzeit unter anderem erneuerbare Energien und Energiesysteme, 3D-Druck, Antriebstechnik, Fertigungsmethoden für Faser-Verbundwerkstoffe, Mess- und Regelungstechnik, Turbomaschinen und bildgebende Verfahren für die medizinische Diagnostik. Seit der Gründung hat General Electric rund 100 Millionen Euro in die Infrastruktur und die Forschungsarbeit am Standort München investiert. 2014 wurde mit der TU München ein neuer Rahmenvertrag für zehn Jahre geschlossen. Die Investition von weiteren 43 Millionen Euro schafft rund 200 neue Stellen. Im Oktober 2016 hat General Electric für 549 Millionen Euro die Mehrheit an „Concept Laser" im oberfränkischen Lichtenfels übernommen, einem weltweit führenden Anbieter von Maschinen für den 3D-Druck von Metallbauteilen.

– Google hat sich 2006 in München mit einem eigenem Büro niedergelassen. Im Juni 2016 wurde ein neues Entwicklungszentrum mit heute bereits über 500 Mitarbeitern eröffnet. Langfristig sollen es 800 werden. München ist für Google neben der Zentrale in Hamburg der größte Standort in Deutschland.

– Mitte September 2016 hat die Microsoft Deutschland GmbH, mit 2 700 Mitarbeitern die zweitgrößte Tochtergesellschaft der Microsoft Corporation (Redmond, USA), ihre im Jahr 2000 in Unterschleißheim bezogene und mittlerweile zu klein gewordene Unternehmenszentrale für 1 900 Mitarbeiter nach München verlegt. Sie ist für das Marketing der Produkte und die Betreuung von Kunden und rund 31 500 Partnern in Deutschland zuständig. Microsoft realisiert in München seine Vorstellungen vom Arbeiten 4.0 im Sinne des Smart Workspace und des Advanced Technology Lab Europe (ATLE) mit den Forschungsschwerpunkten IT-Sicherheit, Datenschutz, Mobilität, mobile Anwendungen und Web Services.

– Am 14. Februar 2017 hat IBM das Forschungszentrum für den Supercomputer Watson in München eröffnet. Die weltweite Watson-Zentrale für künstliche Intelligenz, in die IBM 200 Millionen Euro investiert hat, zielt auf eine bessere Vernetzung von Mensch, Maschine und Computer. Innerhalb des ersten Jahres will das Unternehmen zunächst 700 Mitarbeiter an dem Standort beschäftigen. Geplant sind bis zu 1 000 Stellen für Entwickler, Berater, Forscher und Designer. Für die Standortwahl war laut IBM ausschlaggebend, dass Deutschland an der Spitze der Industrie-4.0-Initiative steht und München das Herz des industriellen Sektors ist.

– Kurz darauf, am 1. Dezember 2016, hat die chinesische Alibaba Group mitgeteilt, dass im Rahmen der strategischen Expansion des Unternehmens die
Entscheidung für zwei erste Länderbüros in München und Paris gefallen ist.
Das 1999 in Hangshou gegründete Industrie- und Handelsunternehmen ist
gemessen am Netto-Warenvolumen mittlerweile das größte E-Commerce-Un-
ternehmen der Welt noch vor Amazon. Ausschlaggebend für die Niederlassung
in München ist nach Firmenangaben vor allem die hohe Präsenz erstklassiger
und innovativer Unternehmen in Bayern. In Deutschland will sich Alibaba
zunächst darauf konzentrieren, deutschen Firmen zu ermöglichen, ihre Produkte an chinesische Kunden zu verkaufen.

Außenwirtschaftszentrum

*„Der Standort Bayern soll noch besser international vermarktet werden. Unser Stand-
ortmarketing wird intensiviert und auf unsere technologischen Stärken ausgerichtet.
Unser Netz an Auslandsbüros wird erweitert und auf Standortwerbung und Investo-
renbetreuung in Forschungs- und Technologiefeldern konzentriert. (…) In Nürnberg
wird mit unserer Unterstützung ein Außenwirtschaftszentrum Bayern der Industrie-
und Handelskammern eingerichtet."* (Stoiber 1999)

Das mit 15 Millionen DM aus der High-Tech-Offensive geförderte Außenwirtschaftszentrum (AWZ) wurde 2001 in Nürnberg als Gemeinschaftsinitiative der
Industrie- und Handelskammern und der Handwerkskammern in Bayern gegründet. Trägerin ist die Bayerische Industrie- und Handelskammertag (BIHK)
Service GmbH. (Außenwirtschaftsportal Bayern, 2016) Entsprechend der Zielsetzung, bayerischen Firmen bei der Erschließung neuer Märkte zu helfen, bietet
das Außenwirtschaftszentrum vor allem Veranstaltungen in Bayern, internationale Geschäftskontaktbörsen, Unterstützung bei der Erschließung neuer Märkte
und Online-Informationen zum Auslandsgeschäft an. Partner bei der Umsetzung
der Projekte sind neben dem bayerischen Wirtschaftsministerium die deutschen
Außenhandelskammern und Senior-Experten. In den ersten zehn Jahren konnten die bayerischen Kammern mit über 150 Außenwirtschafts-Projekten rund
14 000 kleine und mittlere Betriebe unterstützen und ihnen Exporthilfen bieten.
Damit wurden Umsätze gesteigert und zahlreiche Arbeitsplätze im bayerischen
Mittelstand gesichert sowie neue geschaffen. Wichtigstes Förderinstrument des
Außenwirtschaftszentrums ist das 2004 gestartete Projekt „Fit für Auslandsmärk-
te – Go international", bei dem kleine und mittlere Unternehmen individuell
beraten werden. Ehemalige Manager mit langer Berufserfahrung im Auslands-

geschäft erarbeiten gemeinsam mit den Unternehmen ein maßgeschneidertes
Programm zur Internationalisierung. Mehr als 1 100 bayerische Unternehmen
haben an diesem Förderprojekt teilgenommen. (AWZ, Pressemitteilung 24. Januar 2011)

Technologiepartnerschaften

*„Unsere weltweiten Kooperationen, von Québec bis Südafrika, vor allen Dingen die
Forschungs- und Technologiepartnerschaft mit Kalifornien, wollen wir ausbauen"*
(Stoiber 1998)

Ministerpräsident Edmund Stoiber hat in seiner Rede in Garching am 17. Juni
1998 angekündigt: „Wir wollen unsere weltweiten Partnerschaften gezielt zur
High-Tech-Kooperation einsetzen." Das betraf einmal die Ausrichtung der seinerzeit bestehenden Kooperationen vor allem mit Ungarn, Slowenien, Kroatien
und Serbien. (Fischer 2013) Kernstück für die High-Tech-Offensive waren freilich die internationalen Technologiepartnerschaften mit Südfrankreich, Québec
und Kalifornien, die seinerzeit vom Autor im Auftrag des Ministerpräsidenten
begründet und ausgebaut wurden. (Staatskanzlei, Pressemitteilung 15. Dezember 1998) Als Offizier der französischen Ehrenlegion und Ritter des Ordens der
Provinz Québec war und ist der Autor vor allem Frankreich und Québec eng
verbunden.

Frankreich

Der Freistaat Bayern hat im Rahmen der Zielsetzung eines „Europa der Regionen" 1996 mehrere Verträge der Zusammenarbeit mit den französischen Regionen Languedoc-Roussillon, Midi-Pyrénées und Provence-Alpes-Côte d'Azur
abgeschlossen. Große Veranstaltungen wie 1995 das Internationale Forschungs-
forum in München mit dem Partnerland Frankreich, 1997 der „Französische
Frühling in Bayern" und 2000 die „Bayerischen Kultur- und Wirtschaftstage
in Frankreich" („Rendez-vous avec la Bavière") haben diese besonderen Beziehungen unter Beweis gestellt. In diesem Zusammenhang stehen auch das Bayerisch-Französische Hochschulzentrum, das 1997 in München gegründet wurde,
und eine Vielzahl von Kooperationen von bayerischen Universitäten und Fachhochschulen mit französischen Hochschulen.

Die 1996 vom Autor initiierte und betreute Kooperation des Freistaats mit
den Regionen Südfrankreichs diente auch der Zusammenarbeit im neu einge-

richteten Ausschuss der Regionen der Europäischen Union. Dessen erster Präsident wurde Jacques Blanc, der Regionalpräsident des Languedoc, erster Generalsekretär Dietrich Pause, Abteilungsleiter in der Bayerischen Staatskanzlei. Mit dieser Zusammenarbeit sollten den Regionen im Zentralstaat Frankreich die Vorteile des Subsidiaritätsprinzips und der Bürgernähe nahegebracht und gemeinsame Initiativen entwickelt werden.

Mit der Dezentralisierungsreform in Frankreich wurden Kompetenzen auf die französischen Regionen übertragen. Damit ergaben sich neue Betätigungsfelder für die praktische Zusammenarbeit von Ländern und Regionen, die eine intensive Kooperation zwischen den Regierungen einerseits und auf kommunaler Ebene andererseits ermöglicht haben. Diese Kooperationen waren in technologischer Hinsicht geprägt von der Luft- und Raumfahrt mit Airbus und Eurocopter in Toulouse und Marignane sowie der Informations- und Kommunikationstechnik mit dem französischen Technologiezentrum Sophia Antipolis bei Nizza. Der Wissenschaftlich-Technische Beirat der Staatsregierung war eng in diese Kooperation eingebunden. In zwei Delegationsreisen, vom 12. bis 14. September 1995 nach Toulouse zu Airbus Industries und nach Grenoble zum Europäischen Synchrotron und vom 11. bis 14. März 1997 nach Sophia Antipolis bei Nizza, wurde ein intensiver Meinungs- und Erfahrungsaustausch mit den Wissenschaftlern dieser Regionen begründet. (WTB 1999: 30 f.)

Senator Pierre Laffitte, Motor der Innovationspolitik in Frankreich, hatte 1968 den Technologie- und Wissenschaftspark Sophia Antipolis bei Nizza an der Côte d'Azur als französisches Gegenstück zum Silicon Valley gegründet. Heute sind auf dem 2 300 Hektar großen Areal etwa 30 000 Mitarbeiter in rund 1 300 Technologieunternehmen beschäftigt. Auch nach der Offensive Zukunft Bayern war der Autor intensiv in die Kooperation mit Sophia Antipolis eingebunden, so im Venture-Capital-Fonds Sophia Euro Lab. Im Jahr 2004 hat der Autor gemeinsam mit Senator Laffitte das Innovation Champions Network (ICN) begründet, einen Zusammenschluss von Unternehmen und Forschungseinrichtungen der IT-Standorte Montréal (C.R.I.M.), Sophia Antipolis (Fondation), Cambridge (YTKO), Tel Aviv (Matimop) und München (FAST). Gemeinsames Ziel war es, den Autausch zwischen den Technologieregionen zu intensivieren, die Stärken der Standorte weiter auszubauen und die Zusammenarbeit weltweit zu fördern. Konferenzen dieses Vereins fanden in München, Cambridge, Shanghai, das 2005 beitrat, und Sophia Antipolis statt. (Computerwoche, 21. Mai 2004)

Geschäftsführer war der TU-Professor für Informatik und Mathematik Rudolf Haggenmüller. Er hat von 1994 bis 2008 auch das Forschungsinstitut für angewandte Software Technologie (FAST) geleitet, das vom Wissenschaft-

lich-Technischen Beirat initiiert und ab 2000 von der Bayerischen Landesbank
und BMW getragen wurde. 2008 wurde FAST vom japanischen Konzern NTT
DATA EMEA übernommen, einem der weltweit größten IT-Service-Unterneh-
men. Der Vorsitz des Innovation Champions Network ging 2006 vom Autor
auf Senator Pierre Laffitte über. Mit dieser eindrucksvollen, zutiefst humanitären
Persönlichkeit, die auch ein Motor der deutsch-französischen Zusammenarbeit
ist und dafür mit dem Adenauer-de Gaulle-Preis ausgezeichnet wurde, verbindet
den Autor heute noch eine enge Freundschaft.

Québec

Die Kooperation zwischen dem Freistaat Bayern und der kanadischen Provinz
Québec wurde bereits 1989 von Ministerpräsident Max Streibl mit Premierminister Robert Bourassa begründet. Der „WTB Québec" („Conseil de la science
et de la technologie du Québec") besuchte vom 25. bis 29. Januar 1994 Bayern
und traf mit dem Wissenschaftlich-Technischen Beirat (WTB) und Ministerpräsident Stoiber zusammen. Im September fand ein Gegenbesuch des Wissenschaftlich-Technischen Beirats in Québec statt, der vor allem der Intensivierung
der wissenschaftlich-technologischen Zusammenarbeit auf den Feldern von Wasserstoff, Luft- und Raumfahrt und Wagniskapital diente. Im Jahr 1997 konnte der Autor erreichen, dass die Provinz Québec den Sitz ihrer Vertretung für
Deutschland, Österreich und die Schweiz von Düsseldorf nach München verlegt
hat. Kooperationspartner waren die Premierminister der Provinz, erst Bernard
Landry und später Jean Charest. Auch hier hat die Zusammenarbeit zu beständi-
gen Freundschaften geführt.

Im Jahr 2014 wurde das 25jährige Bestehen des Kooperationsabkommens zwischen Bayern und Québec gefeiert. Ursprünglich auf wirtschaftliche und technologische Austausche ausgerichtet, hat sich die enge Zusammenarbeit im Laufe
der Jahre auch auf die Bereiche Wissenschaft, Kultur, Politik und Verwaltung
sowie Bildung ausgeweitet. Das Abkommen wurde in der Folge immer wieder
erneuert und ergänzt. Nach 25 Jahren wird die Zusammenarbeit aufgrund ihrer
Bandbreite und der Vielzahl der Projekte von beiden Seiten als eine der leben-
digsten und erfolgreichsten bilateralen Beziehungen angesehen. Beim Treffen der
Arbeitsgruppe Bayern-Québec in München 2012 wurden mehr als 50 aktive Ko-
operationsprojekte aufgelistet. Seit Bestehen der Partnerschaft gab es bereits 553
gemeinsame Projekte. (näher zu Bayern-Québec Feifel 2003) Ein Schwerpunkt
der Kooperation war die Wasserstofftechnologie. Am 12. April 1996 wurde in
Erlangen der erste Wasserstoff-Bus der Welt in Betrieb genommen. MAN hat-

te den Bus im Rahmen des Pilotprojekts „Euro-Québec-Hydrogen" entwickelt. Anfang 2001 war auf einer Stadtbuslinie in Erlangen noch einmal sechs Wochen lang ein Brennstoffzellen-Bus unterwegs. (Geus 2017: 99)

Kalifornien

Ein besonderer Schwerpunkt in der Technologiekooperation war Kalifornien. (dazu Thümmler/Schmied, 2000) Der erste Kontakt war eine vom Autor geleitete Informationsreise in die USA vom 23. Februar bis 1. März 1995 zum Thema neue Kommunikationstechnologien. Der Besuch bei Ministerien in Washington und Unternehmen wie Oracle im Silicon Valley hatte gezeigt, welche Bedeutung dort die IT-Entwicklung bereits hatte und wie groß der Handlungsbedarf in Europa und auch in Bayern war. Immerhin: Nur wenige Wochen nach dem Besuch wurde, wie dargestellt, Bayern Online beschlossen und am 26. Juni 1995 hatte die Bayerische Staatskanzlei ihren eigenen Internet-Auftritt. Eine weitere Frucht dieser Reise war die Studie „Bayern Online Datenhochgeschwindigkeitsnetz und neue Kommunikationstechnologie in Bayern" von 1996. Darin wurde bereits vor zwei Jahrzehnten festgehalten, was heute noch aktuell ist:

– „Mit den Schlagworten Datenautobahn und Multimedia werden Entwicklungen angesprochen, deren Bedeutung für unsere Wirtschaft und unseren Alltag nicht hoch genug eingeschätzt werden kann."
– „Wir stehen an der Schwelle zu einer neuen Epoche und das in einem doppelten Sinn: Denn der Schritt ins dritte Jahrtausend wird gleichzeitig der Schritt von der Industriegesellschaft in die Informations- oder besser Telekommunikationsgesellschaft."
– „Der Einsatz neuer Telekommunikationstechnologien bedeutet mehr Innovation, bedeutet Umstrukturierung, bedeutet den Sprung in die vernetzte Informations- und Kommunikationsgesellschaft. Die neue Telekommunikationstechnologie schafft Arbeitsplätze dort, wo die hierfür notwendige Hard- und Software entwickelt und gefertigt wird, und dort, wo die Technologien genutzt werden. Wo dies nicht der Fall ist, werden Arbeitsplätze verloren gehen, weil sich die betreffenden Unternehmen im härter werdenden Wettbewerb nicht behaupten können." (Bayern Online, Juni 1996: 18)

Diese Reise war der erste Einstieg in die High-Tech-Offensive und in die Zusammenarbeit mit Kalifornien. Nach Kontakten mit der California Trade and Commerce Agency konnte der Autor eine Technologie-Partnerschaft mit Kalifornien anbahnen. Am 20. Oktober 1997 ist er erstmals mit dem seinerzeitigen

Wirtschaftsminister Kaliforniens Lee Grissom in London zusammengetroffen. Es war ein „Überfall" in einer Sitzungspause im Queen-Elizabeth-Congress Center, wo Lee Grissom einen Vortrag hielt. Der Autor stellte ihm Bayern als eine der fünf führenden High-Tech-Regionen weltweit vor und berichtete über die Arbeiten Bayerns zur High-Tech-Offensive nach dem Vorbild des Silicon Valley. Das ohne weitere Umschweife vorgetragene Ansinnen, eine wirtschaftliche und technologische Partnerschaft mit dem Bundesstaat Kalifornien zu begründen, führte zur Zusage, eine gemeinsame Arbeitsgruppe einzurichten und Felder der Zusammenarbeit auszuloten.

In der Folgezeit fanden intensive Gespräche beider Seiten statt, die in eine Vereinbarung über eine Partnerschaft Kalifornien-Bayern auf dem Gebiet von Forschung und Technologie mündeten. Unterzeichner waren Ministerpräsident Edmund Stoiber und der Gouverneur des Staates Kalifornien Pete Wilson. Die Partnerschaft begann mit der Veranstaltung zu Risikokapital in Bayern und Kalifornien am 28. Januar 1998 in München. Sie war zunächst befristet bis März 1999. Die Leitung oblag Minister Grissom für Kalifornien und dem Autor für den Freistaat Bayern. In der Folge wurde nach London und Frankfurt auch in München ein State of California's European Office of Technology eröffnet. Ziel waren Partnerschaften und Investitionen kalifornischer Technologie-Unternehmen. Während der Amtszeit der Gouverneure Pete Wilson und Gray Davis haben diese Büros Abschlüsse im Wert von über 500 Millionen US-Dollar erzielt.

Zur Vertiefung der Partnerschaft und zur Erkundung der Entwicklung in Kalifornien unternahm der Autor im November 1998 eine Delegationsreise nach Kalifornien, die auch von der Süddeutschen Zeitung begleitet wurde. (Süddeutsche Zeitung, 16. November 1998) Nach Gesprächen mit Minister Lee Grissom fand am 16. November 1998 ein Treffen mit dem Gouverneur von Kalifornien Pete Wilson in Sacramento statt. Am nächsten Tag folgte der Besuch der Stanford University, am 18. November 1998 in Palo Alto die gemeinsame Eröffnung der Büros von BMW und des Freistaates Bayern. Den Abschluss bildeten die Universität Berkeley und die IT-Unternehmen Oracle und Cisco, wie in diesem Kapitel bereits dargestellt.

Kapitel 6:

Bilanz

„Ziel der Offensive Zukunft Bayern war die Aufstellung eines überzeugenden Konzepts, das Bayern auch in den kommenden Jahrzehnten noch prägt." (Stoiber, Fraktionsvorstand der CSU, 20. Juni 1995)

„Die High Tech Offensive war und ist ein Meilenstein in der Geschichte Bayerns." (Staatsminister Siegfried Schneider, Haushaltsausschuss Bayerischer Landtag, 9. Dezember 2009)

Das Jahr 1993 bedeutet eine Zäsur in der Entwicklung Bayerns, wie im ersten Kapitel dieses Buches dargestellt. (Treml 2006: 392) Mit der Offensive Zukunft Bayern hat ein neuer Abschnitt in der Wirtschafts- und Sozialgeschichte Bayerns begonnen: Die ersten vierzig Jahre nach dem Ende des zweiten Weltkriegs waren geprägt von einer Aufholjagd des agrarisch geprägten Bayern. In einer zweiten Phase von 1985 bis 1994 konsolidierte sich der Freistaat auf dem Bundesdurchschnitt bei Wirtschaftswachstum, Beschäftigung und Finanzkraft. Ab Mitte der neunziger Jahre ist er in Deutschland und Europa auf der Überholspur. Seither hat sich in Bayern ein deutlicher Wachstumsschub eingestellt, der auch durch die Krise der New Economy 2003 und die globale Finanz- und Wirtschaftskrise 2008 nicht lange unterbrochen wurde. Deren Auswirkungen sind in Bayern eher als im übrigen Bundesgebiet aufgetreten, wurden aber auch früher bewältigt. Die Entwicklung der Parameter Wirtschaftskraft, Finanzkraft und Beschäftigung seit Mitte der neunziger Jahre bis heute belegt den Beginn einer neuen Phase der Prosperität in Bayern.

Die Wirtschaftsentwicklung Bayerns lag von 1992 bis 1995 in Summe noch unter dem Bundesdurchschnitt. Seitdem wächst Bayern stärker als der Bund und die anderen deutschen Länder. Im Zeitraum von 1996 bis 2006 übertraf das durchschnittliche Wachstum in Bayern den Zuwachs im Bund um einen Prozentpunkt pro Jahr (2,4 gegenüber 1,4). Das Statistische Landesamt stellt dazu fest: „Damit fallen die entscheidenden Wachstumsimpulse für Bayern in den Zeitraum, in dem der Freistaat im Rahmen der Offensive Zukunft Bayern (OZB, Start: 1995) bzw. der daran anknüpfenden High-Tech-Offensive (HTO, Start: 2000) insgesamt rund 4,25 Milliarden Euro vor allem in Bildung, Forschung und Innovation, Unternehmensgründungen, Mittelstandsförderung und Infrastruktur investiert hat. Dieser zeitliche Zusammenfall lässt darauf schließen, dass Bayern mit den getätigten Investitionen wesentliche Voraussetzungen für die überdurchschnittliche Wirtschaftsentwicklung des Landes geschaffen hat." (Roncador 2015: 732 f.)

Diese Entwicklung hat sich fortgesetzt. Für 1996 bis 2016 weist Bayern mit insgesamt 32,8 Prozent das höchste Wirtschaftswachstum aller deutschen Länder auf. Der Bundesdurchschnitt lag im gleichen Zeitraum bei 21 Prozent. Die jahresdurchschnittliche Zunahme des preisbereinigten Bruttoinlandsprodukts in Bayern von 1,9 Prozent übertrifft das Wachstum des Bundes um 0,7 Prozent pro Jahr. (Statistisches Landesamt; Wirtschaftsministerium Bayern, Ländervergleich August 2016: 8) Bayern liegt auch bei der Wirtschaftskraft, gemessen am Bruttoinlandsprodukt pro Einwohner und pro Erwerbstätigem, über dem Bundesdurchschnitt. Zwischen 1996 und 2015 hat sich der Wert in Bayern um über 60 Prozent gesteigert von 26 178 Euro auf 42 950 Euro. Baden-Württemberg wurde erstmals im Jahr 2004 übertroffen. Heute steht Bayern an der Spitze der deutschen Flächenstaaten. Beim verfügbaren Einkommen der privaten Haushalte hat Bayern bereits im Jahr 1993 Baden-Württemberg überflügelt. Seither liegt Bayern beim verfügbaren Einkommen pro Kopf bundesweit vorne, knapp hinter dem Stadtstaat Hamburg. (Volkswirtschaftlicher Arbeitskreis)

Die Finanzkraft Bayerns lässt sich am Finanzausgleich von Bund und Ländern ablesen. Von 1950 bis 1992 hat Bayern 3,5 Milliarden Euro erhalten. Ab 1993 war Bayern kontinuierlich Geberland. Seither hat der Freistaat bis einschließlich 2015 insgesamt 56,6 Milliarden Euro eingezahlt, davon allein 2015 rund 5,4 Milliarden Euro. Dies entspricht über zehn Prozent des bayerischen Jahreshaushalts. Mit 57 Prozent des Ausgleichsvolumens ist Bayern weiterhin mit Abstand der größte Zahler im Länderfinanzausgleich. (Renzsch, Länderfinanzausgleich)

Anfang Dezember 2015 haben die Länder eine Einigung zur grundlegenden Reform des Finanzausgleichs erzielt. Damit kann die Belastung des Freistaats ab 2020 deutlich reduziert und der künftige Anstieg gebremst werden. Kern der Einigung ist die Abschaffung des Länderfinanzausgleichs im engeren Sinne. Der Finanzkraftausgleich soll künftig stattdessen ausschließlich über den Umsatzsteuerausgleich erfolgen. Die jährlichen Entlastungen für den Staatshaushalt werden 1,3 Milliarden Euro betragen. Das kann maßgeblich dazu beitragen, das Ziel der vollständigen Schuldentilgung bis 2030 zu erreichen, eröffnet aber auch Spielräume für Investitionen.

Auch die Entwicklung der Beschäftigung belegt eine neue Phase der sozio-ökonomischen Entwicklung in Bayern. 1994 unterbot Bayern mit 7,1 zu 7,5 Prozent zum ersten Mal für einige Jahre den langjährigen Spitzenreiter Baden-Württemberg im Vergleich der Arbeitslosenquote. Damals lag Bayern noch 33 Prozent unter der bundesweiten Quote von 10,6 Prozent. Im Zeitraum von 1996 bis 2006 vergrößerte sich der Abstand auf durchschnittlich 36 Prozent und erreichte 2016 43 Prozent. Mit einer Arbeitslosenquote von 3,2 Prozent hat Bayern 2017 den besten Wert seit 1974 erreicht. Es steht damit auch an der Spitze aller deutschen Länder, auch vor Baden-Württemberg mit 3,5 Prozent. Die Zahl der Erwerbstätigen in Bayern stieg von 1995 bis 2015 um 21 Prozent von 6,01 auf 7,27 Millionen an und war damit deutlich höher als der Anstieg der Einwohnerzahl von 11,99 auf 12,84 Millionen. Im Bund nahm die Zahl der Erwerbstätigen im gleichen Zeitraum nur um 13,4 Prozent zu.

Arbeitsplätze

Am Deutlichsten zeigt sich der Erfolg der Offensive Zukunft Bayern bei ihrem vordringlichen Ziel, Arbeitsplätze zu schaffen und damit die Arbeitslosigkeit zu bekämpfen. Die exakte Erfolgszuschreibung eines politischen Programms ist sicher schwierig. (vgl. Glaab 2013; Grüner: 429 zur Entwicklung von 1945 bis 1973; Deutinger: 233) Gleichwohl lässt sich allein anhand der konkreten Entwicklung der Beschäftigtenzahlen wesentlicher Einrichtungen und Investitionen feststellen, dass die Offensive maßgebend dazu beigetragen hat, dass in den vergangenen zwei Jahrzehnten mindestens zwei Millionen Arbeitsplätze in Bayern geschaffen und gesichert wurden. Dies ergibt sich als Summe der im Einzelnen bereits beschriebenen Auswirkungen:

— Allein durch den Beschäftigungspakt Bayern wurden bis zum Jahr 2000 rund 100 000 neue Arbeitsplätze eingerichtet und rund 300 000 bestehende gesichert, wie sich aus den miteinander abgestimmten Berechnungen von Sozialministerium, Arbeitgebern und Gewerkschaften aus dem Jahr 2002 ergibt. Weitere 25 000 Arbeitsplätze sind bis heute aus Mitteln des fortgeführten Arbeitsmarktfonds hervorgebracht worden.

— Im Regionalkonzept sind mindestens 5 000 zukunftsorientierte neue Arbeitsplätze geschaffen und rund 40 000 Arbeitsplätze gesichert worden.

— Die Gründungsinitiativen der Offensive haben insgesamt rund 66 000 weitere hochqualifizierte Arbeitsplätze entstehen lassen: Aus den Businessplan-Wettbewerben sind rund 12 000 Arbeitsplätze hervorgegangen. Die 40 im Zuge der Offensive auf den Weg gebrachten Gründerzentren haben bis heute über 36 000 Arbeitsplätze geschaffen. Die Universitäten haben weitere Arbeitsplätze durch Ausgründungen hervorgebracht: So nennt die TU München seit 1990 14 500 (TUM in Zahlen, Stand 24. August 2017), die Universität Erlangen-Nürnberg 2 180 Arbeitsplätze. Das Programm FLÜGGE hat zu 1 350 Arbeitsplätzen geführt.

- Die Zahl der Mitarbeiter an den Hochschulen ist von 2006 bis 2011 von 82 000 auf 107 000 gestiegen. (Statistisches Landesamt) In den sieben durch die Offensive gegründeten neuen Fachhochschulen sind heute über 4 500 Mitarbeiter tätig. (Statistisches Landesamt für 2015) Hinzu kommen 400 Beschäftigte in den Technologietransferzentren und deren Ausgründungen.
- Den Ansiedlungsaktivitäten allein von Invest in Bavaria sind seit der Gründung 40 000 neue direkte Arbeitsplätze in Bayern zu verdanken. (website Invest in Bavaria, aufgerufen am 11. Januar 2017) Die große Zahl von Unternehmen, die sich ohne diese Vermittlung aufgrund der Innovationspolitik und der gesteigerten Attraktivität des Standortes in Bayern niedergelassen haben, ist dabei gar nicht berücksichtigt.
- Hinzu kommen 346 000 Arbeitsplätze, die in den beiden Schlüsseltechnologien Informations- und Kommunikationstechnik und Life Sciences entstanden sind. Im Informations- und Kommunikations-Sektor sind es 276 000 neue Arbeitsplätze, die sich allein aus dem Anstieg der dort Beschäftigten in Bayern von 104 000 auf 380 000 ergeben. Weitere 70 000 sind seither im Bereich der Life Sciences (BioTech, Pharma und Medizintechnik) hinzugekommen, der heute 122 000 Beschäftigte zählt. Die Schaffung von Arbeitsplätzen in anderen Technologiebranchen ist dabei ebenso wenig angesetzt wie die Zahl der temporären Arbeitsplätze in der Bauindustrie.
- Zu diesen insgesamt rund 952 000 direkten Arbeitsplätzen sind mindestens 1,1 Millionen an indirekten Arbeitsplätzen hinzuzurechnen. Die in der Wissenschaft angenommenen Bemessungsgrößen für indirekte Arbeitsplätze bewegen sich von 1,17 für Hochschulen (Piontek 2013:3) bis 2,2 für den Automobilbau. (Legler 2009: 65)

Das macht insgesamt über zwei Millionen Arbeitsplätze aus. Bei den Arbeitsplätzen der Offensive Zukunft Bayern handelt es sich primär um besonders qualifizierte und krisenfeste Arbeitsplätze. Das zeigen auch die Ergebnisse des Regionalrankings 2016 von IW-Consult, einer Tochtergesellschaft des Instituts der deutschen Wirtschaft, die sich an den Erfolgsfaktoren Innovationskraft, Internationalisierung und Vernetzung ausrichten (IW Trends 1.2016): „Seit der Finanzmarkt- und Wirtschaftskrise 2009 haben sich viele Regionen Deutschlands positiv entwickelt. Dabei zeigen besonders die Regionen Resilienz, die eine hohe Dichte an innovativen, international agierenden und in Innovationsnetzwerken eingebundenen Unternehmen aufweisen. Wissensintensive Industrie- und

Dienstleistungsbranchen haben in den letzten sieben Jahren mit einem Plus von insgesamt 12,7 Prozent rund doppelt so stark zum Beschäftigungswachstum beigetragen als nicht wissensintensive Bereiche mit 8,7 Prozent. (BA, 2016b) Die Profiteure dieser Entwicklung stehen auch im Regionalranking ganz weit vorn. Sie gehören zu den leistungsfähigsten Regionen Deutschlands."

Nachhaltige Politik

Die Offensive Zukunft Bayern war von Anfang an nicht auf kurzfristige Erfolge, sondern auf eine mittel- und langfristige Weiterentwicklung des Wissenschafts- und Wirtschaftsstandortes Bayern ausgerichtet. Sie prägt heute noch das Bayernbild als ein Land, das für Laptop und Lederhose steht. Alle wesentlichen Elemente der seinerzeit geschaffenen Technologieinfrastruktur wirken erfolgreich weiter. Ihre Maßnahmen, Einrichtungen und Netzwerke sind eine maßgebende Grundlage für die heutige Exzellenz des Standorts Bayerns und seine Weiterentwicklung im internationalen Wettbewerb. Die Themen der Offensive sind weiterhin so aktuell wie damals. Fundamente für den Erfolg Bayerns in der fortschreitenden Globalisierung sind dabei vor allem:

– Die Stärkung der Wissenschaftslandschaft durch den Ausbau der Universitäten, Fachhochschulen und außeruniversitären Forschungsstätten sowie durch die Hochschulreform und Einrichtungen wie Eliteakademie und Elitenetzwerk, Virtuelle Hochschule und Hochschule International,
– die zentralen Einrichtungen für den Technologietransfer wie Bayern Innovativ sowie die Netzwerke und Cluster,
– das Gründernetzwerk mit seinen 40 Gründerzentren, den Businessplan-Wettbewerben und Bayern Kapital,
– die Internationalisierung der bayerischen Wirtschaft mit Bayern International, Invest in Bavaria und dem Netz der internationalen Repräsentanzen,
– die Einrichtungen für qualifizierte Beschäftigung wie der Arbeitsmarktfonds und die gewerkschaftliche Technologieberatungsagentur.

Im Einzelnen sollen hier nur die wichtigsten Einrichtungen und Reformen, die den Wissenschafts- und Technologiestandort Bayern heute noch prägen, angeführt werden:

6.1 Wissenschaft und Forschung

Die Offensive Zukunft Bayern hat den Grund gelegt für den Ausbau der Hochschullandschaft. Von 1998 bis 2013 hat Bayern den Hochschulanteil im Staatshaushalt von 7,5 auf 14,5 Prozent nahezu verdoppelt. Die Zahl der Studierenden hat sich um über zwei Drittel von 223 116 im Wintersemester 1998/99 auf
376 488 im Wintersemester 2015/16 erhöht, davon rund 27 000 allein durch
die neuen Fachhochschulen. (Statistisches Landesamt 2017) Die Quote der
Erstabsolventen ist von 16 Prozent im Jahr 2000 auf 31,6 Prozent im Jahr 2014
gestiegen. (destatis 2012/2016) Die größte Entfernung zu einem Hochschulstandort liegt heute mit 47 Kilometern unter dem Mittelwert für Flächenländer
von 50. (CHE, 13. Juli 2017) Die Ausgaben pro Student wurden von 11 154
DM in 1998 auf 13 159 Euro in 2013 gesteigert. Die Offensive hat dazu beigetragen, dass Fürth, Straubing und demnächst Kulmbach Universitätsstädte
sind.

Im universitären Bereich haben die Maßnahmen der Offensive wesentlich zur
Profilbildung und damit zur heutigen Exzellenz der Universitäten in Bayern beigetragen. An erster Stelle sei hier der Aufbau des Forschungscampus Garching
der TU München genannt, den es ohne die Offensive Zukunft Bayern so nicht
gegeben hätte. Die Grundlagen des Campus bilden nach wie vor die im Rahmen
der Offensive geförderten Einrichtungen wie die Neutronenquelle, die Fakultäten für Maschinenwesen, Informatik und Mathematik, das Leibniz-Rechenzentrum, das Zentrum für biomedizinische Materialien und das Garchinger Techno-
logie- und Gründerzentrum. Mit diesen Investitionen wurde zugleich die Basis
für den Ausbau des Campus mit seinen heute über 30 Forschungseinrichtungen
unterschiedlicher Träger geschaffen.

Ebenso wird der High-Tech-Campus Martinsried der Ludwig-Maximilians-Universität München heute noch maßgebend durch Investitionen im Zusammenhang mit der Offensive geprägt. Hervorzuheben sind das Innovations-
und Gründerzentrum Biotechnologie in Martinsried (IZB) und die Einrichtung
der BioM AG, die sich zur Kopfstelle des Clusters Biotechnologie und des Spitzenclusters m4 entwickelt hat. Auch die Verlagerung der Fakultäten für Chemie
und Pharmazie war eine der Grundlagen für den Ausbau des High-Tech-Campus
Großhadern/Martinsried mit heute über 20 Forschungseinrichtungen.

In Erlangen wurde mit dem Zentrum für Molekulare Medizin, dem Inno-
vations- und Gründerzentrum Medizintechnik und Pharma, dem Institut für
Medizintechnik und der Einrichtung des Studiengangs Medizintechnik sowie
dem Neubau für strahlentherapeutische Großgeräte der Grund gelegt für das

heutige Medical Valley. Flankiert wurden diese Investitionen durch den Ausbau der Technischen Fakultät der Universität und des Universitätsklinikums.

Mit dem Zentrum für Biowissenschaften, dem Institut für Tierwissenschaften, dem Studiengang Biotechnologie und dem Innovations- und Gründerzentrum für grüne Biotechnologie wurde das Wissenschaftszentrum für Ernährung, Landnutzung und Umwelt in Weihenstephan begründet, mit dem Kompetenzzentrum für nachwachsende Rohstoffe der Campus für Biotechnologie und Nachhaltigkeit in der Universitätsstadt Straubing.

In Würzburg haben der Lehrstuhl für Technische und Bioinformatik, das Zentrum für experimentelle molekulare Medizin und der Ausbau der Spitzenmedizin der Universitätskliniken einen Schwerpunkt in der Biomedizin begründet.

Bayreuth wurde mit der Fakultät für angewandte Wissenschaften, dem Zentrum für Kolloide und Grenzflächen, dem Kompetenzzentrum Neue Materialien und dem Bayreuther Gründerzentrum zu einem Zentrum für neue Materialien.

In Regensburg wurde mit der Gründung des Bioparks und dem Kompetenzzentrum für Bioanalytik, dem Forschungs- und Entwicklungszentrum für Biotechnologie und dem Neubau für Immunologie, medizinische Genetik und Präventivmedizin die heutige BioRegio begründet.

Augsburg wurde zum interdisziplinären Technologiezentrum für Umwelt- und Materialtechnik sowie Mechatronik ausgebaut. Zu nennen sind vor allem der Neubau für Physik, Biologie und Chemie, die Einrichtung des Landesamtes für Umwelt, das Wissenschaftszentrum für Umweltkompetenz, das Umweltinstitut Bifa, das Anwenderzentrum für Material- und Umweltforschung, der Förderverein KUMAS und das Gründerzentrum Umwelttechnik Augsburg, das Kompetenzzentrum für Mechatronik sowie der Lehrstuhl für angewandte Informatik.

Die sieben neuen Fachhochschulen haben zu 27 000 neuen Studienplätzen geführt. Die damals begonnene Ausrichtung auf Technik und Wirtschaft hat die Fachhochschulen zu Hochschulen für angewandte Wissenschaften und Technischen Hochschulen gemacht. Die seinerzeit geschaffene Virtuelle Hochschule in Hof wird heute von über 50 000 Studierenden genutzt. Hochbegabte Studenten werden durch die Elite-Akademie der Wirtschaft und das Elitenetzwerk des Staates gefördert.

Die für alle Hochschulen wesentlichen Elemente Autonomie, Profilbildung und Wettbewerb der Hochschulreform wurden im Zuge der High-Tech-Offensive 1998 angelegt. Ohne diese Investitionen und den erweiterten Gestaltungsspielraum für die Universitäten hätte Bayern nicht zwei von drei Elite-Universitäten der ersten Auswahlrunde in Deutschland erhalten. (Wirtschaftsminister Erwin Huber, Plenarprotokoll 15/83, 13. Dezember 2006: 6362) Auch zur internationalen Exzellenz der bayerischen Hochschulen hat die Offensive Zukunft Bayern beigetragen. Die beiden Münchner Universitäten gehören in den drei führenden globalen Rankings (Shanghai, THE und QS) zusammen mit der Universität Heidelberg auch 2017 wieder zu den drei besten deutschen Universitäten. In den von der Offensive geförderten Leittechnologien belegen die Münchner Universitäten und die Universität Erlangen-Nürnberg Spitzenplätze unter den ersten 50 Universitäten weltweit: die Ludwig-Maximilians-Universität im Bereich der Life Sciences (Biotechnologie, Medizin und Biologie), die TU München in den Ingenieur- (Informationstechnik, Elektrotechnik und Maschinenbau) und Umweltwissenschaften (Agrar-, Ernährung und Umwelt) und die Universität Erlangen-Nürnberg in der Energietechnik sowie alle drei in der Medizintechnik.

Auch die Förderung der Internationalisierung der Hochschulen in Bayern geht auf Einrichtungen der Offensive Zukunft Bayern zurück wie den Fonds Hochschule International, das Zentrum für internationale Beziehungen an der Universität Passau, das bayerisch-französische Hochschulzentrum in München und das bayerisch-kalifornische Hochschulzentrum in Erlangen.

Zur Stärkung der außeruniversitären Forschung in Bayern wurde mit dem Neubau der Zentrale der Fraunhofer-Gesellschaft in München nach der Errichtung der Zentralverwaltung der Max-Planck-Gesellschaft sichergestellt, dass die beiden wichtigsten außeruniversitären Forschungseinrichtungen weiterhin ihren Sitz in Bayern haben. Dies war auch eine Grundlage für den weiteren Ausbau von Instituten beider Gesellschaften in Bayern durch die High-Tech-Offensive. Während die Einrichtung einer Projektgruppe der Max-Planck-Gesellschaft für Photonik schließlich zum ersten Max-Planck-Institut in Nordbayern geführt hat, wurden Fraunhofer-Institute in Erlangen und München ausgebaut und in die universitäre Kooperation einbezogen.

6.2 Gründergeist und Innovationskultur

Die heutige Infrastruktur zur Gründung und Ansiedlung von Technologieunternehmen wurde ebenso in der Offensive Zukunft Bayern geschaffen wie die wesentlichen Einrichtungen und Netzwerke zum Technologietransfer: Die 40 bestehenden Gründerzentren bilden die Basis für die nunmehr auf den Weg gebrachten digitalen Gründerzentren. Die Businessplan-Wettbewerbe geben Startups seit nunmehr zwei Jahrzehnten das Rüstzeug für Unternehmensgründungen. Bayern Kapital stellt ihnen das notwendige Wagniskapital bereit. Mehr als 20 000 neue kleine und mittlere Unternehmen wurden auf den Weg gebracht. Allein die Zahl der Unternehmen im Bereich der Information und Kommunikation ist seit 1998 von 1 800 auf heute 20 000 angestiegen.

Invest in Bavaria und die internationalen Repräsentanzen sind die erfolgreichen Instrumente, um Investoren in Bayern anzusiedeln. Bayern Innovativ ist nach wie vor die Kopfstelle für den Technologietransfer in Netzwerken und Clustern. Auch wesentliche Instrumente zur Qualifizierung der Arbeitnehmer bestehen unverändert fort: Der Arbeitsmarktfonds ebenso wie die gewerkschaftliche Technologieberatungsagentur.

Über die konsequente und nachhaltige Implementierung der einzelnen Maßnahmen und Einrichtungen hinaus hat die Offensive Zukunft Bayern auch zu einer starken Innovationskultur in Bayern entscheidend beigetragen. In einer politikwissenschaftlichen Analyse der Offensive wird festgestellt: „Es bleibt festzuhalten: Bayern verfügt über eine ausgeprägte Innovationskultur, hohe Innovationsfähigkeit und eine Forschungs- und Innovationspolitik, die einerseits Rahmenbedingungen schafft, mittels derer Forschungs- und Innovationsvorhaben unterstützt werden, und andererseits Förderinstrumente bereitstellt, die stark an der wirschaftlichen Wettbewerbsfähigkeit ausgerichtet sind. Durch das erfolgreiche Zusammenspiel der drei Elemente kann das bayerische Forschungs- und Innovationssystem als Erfolgsgeschichte gelten." (Glaab 2013: 30)

Indikatoren für die Innovationskultur sind vor allem die Steigerung der Patentpublikationen und der Forschungsquote. Patentpublikationen sind Frühindikatoren für Innovationsleistungen. Auch dank des Hochschul-Patentkonzeptes der Offensive Zukunft Bayern liegt Bayern bei den Patenten heute vor Baden-Württemberg an der Spitze in Deutschland. Im Jahr 2000 lag der Anteil der bayerischen Patente noch bei 24,8 Prozent, 2016 erreichte er 32,7 Prozent gegenüber Baden-Württemberg mit 29,7 Prozent. (Bundespatentamt 2017) Auch bei den Anmeldungen beim Europäischen Patentamt führt Bayern mit 6 961 vor Baden-Württemberg mit 5 054. Auf München entfielen dabei 3 777, auf Stuttgart 1 418 Patentanmeldungen. (Europäisches Patentamt, Jahresbericht 2015)

Die Offensive Zukunft Bayern hat auch die Ausgaben für Forschung und Entwicklung (FuE) von Staat und Wirtschaft in Bayern deutlich gesteigert. Die FuE-Quote als Kennzahl für die Innovationsleistung Bayerns ist von 2,8 Prozent im Jahr 2007 auf 3,26 Prozent in 2013 angestiegen. Damit wurde das in der Regierungserklärung 2003 ausgegebene Ziel von drei Prozent ebenso übertroffen wie der Bundesdurchschnitt von 2,9 Prozent im Bund und von zwei Prozent in der Europäischen Union. Bis zum Jahr 2020 soll die bayerische Forschungsquote auf 3,6 Prozent steigen. (Programm Bayern 2020) Lediglich Baden-Württemberg

hat eine bessere Quote als Bayern. (Landesportal Baden-Württemberg 2016) Das
Deutsche Institut für Wirtschaftsforschung hat den kumulierten volkswirtschaftlichen Effekt einer einprozentigen Erhöhung der gesamtwirtschaftlichen Ausgaben für Forschung und Entwicklung mit knapp 0,12 Prozentpunkten angesetzt.
(DIW, Gutachten 2015)

Die Stärkung von Forschung und Entwicklung durch die Offensive wird auch
in der heutigen Struktur der bayerischen Industrie deutlich. (Industriebericht
Bayern, Juli 2016) Im Jahr 2015 arbeiteten 50,5 Prozent der bayerischen Industriebeschäftigten in forschungsintensiven Branchen. Davon entfielen 9,2 Prozent
auf Spitzentechnologie und 41,2 Prozent auf hochwertige Technik. In beiden
Bereichen liegt der Beschäftigungsanteil über dem Bundesdurchschnitt von 7,9
Prozent für Spitzentechnologie und von 37,7 Prozent für hochwertige Technik.
Das gleiche Bild ergibt sich beim Umsatzanteil. Die bayerischen Unternehmen
der Spitzentechnologie erwirtschafteten 2015 11,1 Prozent der Industrieumsätze, die Unternehmen der hochwertigen Technik 50,8 Prozent. Auch hier wird
das Bundesniveau (Spitzentechnologie 8,3 Prozent, hochwertige Technik 44,8
Prozent) übertroffen. Hinzu kommt die hohe Auslandsorientierung dieser Unternehmen: 75,8 Prozent der Umsätze, die bayerische Unternehmen 2015 im
Ausland generierten, wurden von Unternehmen der forschungsintensiven Industrien erzielt, während es bundesweit 69 Prozent waren. (DIW, Wochenbericht
35/2015)

6.3 Schlüsseltechnologien der Zukunft

Die 1998 definierten Schlüsseltechnologien der Zukunft bestimmen heute mehr
noch als damals den technologischen Fortschritt. Seinerzeit wurde die Grundsatzentscheidung getroffen, vor allem die Leittechnologien Informations- und
Kommunikationstechnik und Life Sciences sowie Materialien, Mechatronik und
Umwelttechnik zu fördern, daneben aber auch speziell Verkehrs- und Energietechnik, Luft- und Raumfahrt sowie regionale Kompetenzfelder wie im Textil-,
Keramik- und Kunststoffbereich. Der Zukunftsrat der Staatsregierung hat im
Jahr 2009 die der High-Tech-Offensive zugrunde liegenden Technologiefelder
unverändert als maßgebend erachtet:

„Die Entwicklungen in den Technologiefeldern Informations- und Kommu-
nikations- (IKT) sowie Werkstoff- und Biotechnologien sind Basistechnologi-
en, die alle anderen Technologiefelder, unter anderem Produktionstechnologi-
en, intelligente Verkehrssysteme, Energietechnologien, Medizintechnik sowie

Ernährungs- und Lebensmitteltechnologie stark beeinflussen. (...) Deutschland und Bayern sind hinsichtlich der generellen Entwicklungen in den bedeutenden Technologie- und Anwendungsfeldern in der Regel insgesamt sowohl bei F+E als auch bei der wirtschaftlichen Umsetzung gut bis sehr gut aufgestellt." (Zukunftsrat 2009: 25)

Daran hat sich bis heute nichts geändert, wie die aktuelle Forschungs-, Technologie- und Innovationsstrategie der Staatsregierung ausweist. Darin wird festgestellt, dass die Erfolge Bayerns in Forschung und Technologie auf einer breit angelegten Förderung von Schlüsseltechnologien und zugrunde liegender Wissenschaftszweige als notwendige Voraussetzungen für viele Anwendungsfelder beruhen. Zu den Technologieschwerpunkten werden wie in der Offensive Zukunft Bayern Biotechnologie, Informations- und Kommunikationstechnik, Energietechnologie, Mechatronik, Luft- und Raumfahrt, neue Werkstoffe sowie Design gezählt. (Website cluster, aufgerufen 3. Januar 2017)

Leittechnologien sind heute wie damals Informations- und Kommunikationstechnologien und Life Sciences. Die Informations- und Kommunikationstechnik prägt als Basistechnologie des 21. Jahrhunderts die Innovationsfähigkeit nahezu aller Branchen. Sie treibt den Prozess der Digitalisierung von Wirtschaft und Gesellschaft voran und leistet als Querschnittstechnologie einen entscheidenden Beitrag zur Wertschöpfung in unterschiedlichsten Anwendungsbereichen. Mehr als die Hälfte der Industrieproduktion, die meisten modernen Dienstleistungen und 80 Prozent der Exporte hängen von ihrem Einsatz ab. Zudem hat der Freistaat Bayern in den letzten 20 Jahren einen modernen Biotechnologiestandort aufgebaut, der schwerpunktmäßig auf die medizinischen Anwendungen der Biotechnologie setzt und führend in Deutschland ist. Diese Entwicklung folgt dem Vorbild anderer globaler Biotechnologie-Cluster, wo aufbauend auf einer exzellenten Wissenschaftslandschaft und unterstützenden Infrastrukturen kommerzielle Unternehmen entstehen, die innovative Ideen in Richtung Markt entwickeln. (Ernst & Young 2013: 132)

Der Zukunftsrat der bayerischen Wirtschaft hat nicht nur diese Leittechnologien bestätigt, er knüpft bei seinen strategischen Handlungsempfehlungen auch an bewährte Leitprinzipien der Offensive Zukunft Bayern an. Das betrifft insbesondere die Grundsätze Stärken stärken, übergreifend zusammenarbeiten, Diversifikation anstreben, Internetpotenziale heben, Risiko wagen, Vernetzung abbilden, Anwender mitnehmen und Begeisterung entfachen. (Zukunftsrat 2015: 60 ff.)

6.4 Diversifikation der Wachstumsträger

„Die Informations- und Kommunikationstechnologie, die Bio- und Gentechnologie, die Umwelttechnik, neue Werkstoffe und die Mechatronik sind die Technologien der Zukunft, die möglicherweise morgen oder übermorgen traditionelle Wachstumsträger wie zum Beispiel die Metall- oder Automobilindustrie, ablösen können". (Stoiber, 29. Oktober 1999)

Ein Ziel der Offensive Zukunft Bayern war auch die Diversifikation der bayerischen Wirtschaft, damit sie in Zukunft nicht mehr ausschließlich von den klassischen Wachstums- und Wohlstandsträgern Maschinen- und Automobilbau abhängig ist. Das verarbeitende Gewerbe in Bayern steuerte im Jahr 2016 mit mehr als 1,27 Millionen Beschäftigten und einem Umsatz von 349,8 Milliarden Euro 27,3 Prozent der nominalen Bruttowertschöpfung des Freistaats bei und ist damit ein Kernelement der bayerischen Wirtschaft. Auf Bayern entfallen 20,6 Prozent aller Industriebeschäftigten und 19,4 Prozent aller Industrieumsätze in Deutschland. (Industriebericht, 9. August 2017)

Mit der High-Tech-Offensive begann der Aufstieg der Informations- und Kommunikationstechnik in Bayern. Von 1998 bis 2012 war die Digitalisierung für 0,6 Prozentpunkte des jahresdurchschnittlichen Wachstums der Bruttowertschöpfung in Bayern verantwortlich. (vbw, Digitalisierung 2015) Heute ist der Freistaat – entsprechend der Zielsetzung der Offensive Zukunft Bayern – in der Informations- und Kommunikations-Branche nicht nur bundesweit, sondern auch in Europa führend.

In Bayern arbeiten heute etwa 380 000 Beschäftigte in 20 000 Betrieben dieses Sektors. (invest-in-bavaria.com, aufgerufen 21. November 2017) Rund 90 Prozent davon sind Dienstleistungsunternehmen und rund zehn Prozent Hersteller von Geräten. Zu den Dienstleistern zählen unter anderem die Telekommunikationsanbieter, die Softwarehersteller sowie Anbieter weiterer IT-Dienste. Die Branche war 2015 für 5,4 Prozent der gesamten gewerblichen Wertschöpfung in Bayern verantwortlich. Sie liegt damit vor dem Maschinenbau mit 4,3 Prozent (2014), nur übertroffen vom Fahrzeugbau mit 8,1 Prozent (2014). Seit dem Jahr 2010 konnte sie in Bayern ihre Bruttowertschöpfung um fast 38 Prozent auf insgesamt rund 26,5 Milliarden Euro steigern. Das entspricht einem Anteil von rund 20 Prozent an der deutschen Wertschöpfung in der Informations- und Kommunikationswirtschaft. (Statistisches Landesamt, 30. März 2017, insbesondere: 10 ff.)

Mit dem Ausbau der Informations- und Kommunikationstechnik ist auch in Bayern eine starke Dienstleistungssäule entstanden. Zu den 380 000 dort Beschäftigten kommen die Life Sciences mit weiteren 122 000 und die Umweltwirtschaft mit 55 000 Mitarbeitern hinzu. Das sind heute über 550 000 Beschäftigte in Bayern, mehr als im Maschinen- und Automobilbau zusammen. Zugleich wurde mit der Mechatronik das Zusammenwachsen von Industrie (Maschinenbau und Elektronik) sowie Dienstleistung (Informationstechnik) und damit das Projekt Industrie 4.0 vorbereitet. Die Offensive Zukunft Bayern hat so entscheidend dazu beigetragen, die Wirtschaftsstruktur in Bayern zu diversifizieren und zu modernisieren.

6.5 Spitzenstellung im Wettbewerb

Die in der High-Tech-Offensive ausdrücklich angestrebten Spitzenstellungen bei den Schlüsseltechnologien wurden erreicht. Der Raum München lag im Bereich der Informations- und Kommunikationstechnik 1998 noch hinter London und Paris. 15 Jahre später nimmt München vor den beiden anderen Standorten die Spitzenposition in Europa ein. (EU 2014)

Auch im Bereich Life Sciences mit den drei Schwerpunkten Biotechnologie, Medizintechnik und Pharma lag Bayern hinter London 1998 an zweiter Stelle in Europa. 2016 belegt Deutschland nunmehr den ersten Platz unter den europäischen Biopharma-Clustern vor Großbritannien (London und Schottland) und Frankreich (Großraum Paris). (Genetic 2016) Entscheidenden Anteil daran hat der Großraum München als führender biopharmazeutischer Standort in Deutschland mit dem Biotechnologie-Cluster BioM und dem Spitzencluster m4.

Mit dem Forum MedTech Pharma in Nürnberg ist das größte Netzwerk der Gesundheitsbranche in Europa entstanden. Im Bereich der Medizintechnik hat Bayern heute einen Anteil von einem Drittel an Umsatz und Beschäftigten in Deutschland. Vom deutschen Weltmarktanteil von 10,2 Prozent entfällt ein Drittel auf Bayern. Der Freistaat übertrifft damit Großbritannien (2,7 Prozent) und erreicht annähernd den Anteil Frankreichs (3,6 Prozent). (BMWi 2016)

6.6 Soziale und regionale Ausgewogenheit

„Die Vergabe der Mittel in der bayerischen Technologiepolitik erfolgt weitgehend regional ausgewogen. Sowohl innerhalb der ‚herkömmlichen' Förderprogramme und der Ausstattung mit Infrastruktur, als auch bei der OZB kann keine wirkliche Benachteiligung einer Region festgestellt werden. " (Berger 2002: 42)

Es wurde auch das Ziel der Offensive Zukunft Bayern erreicht, ganz Bayern für die Globalisierung zu ertüchtigen und nicht nur die Ballungsräume München und Nürnberg. Kernstück der Förderung der Regionen war das Regionalkonzept der High-Tech-Offensive. Staatsminister Schneider hat am 9. Dezember 2009 hierzu festgestellt: „In der Diskussion mit den Regierungen, den Wissenschaftlern vor Ort und den Unternehmen kam dickes Lob für diese regionalpolitischen Maßnahmen. Die Projekte sind bewusst auf die Regierungsebene der Bezirke verlagert worden. Sie sind eben nicht die internationalen Leuchttürme wie in der Säule eins der HTO, sondern sie sind die originären Antreiber vor Ort. Sie sind selbst initiiert, selbst abgewickelt und deshalb ein Dokument der Verwaltung von unten in Bayern. Sie sind ein Zeichen der Dezentralisation und der Verantwortungsübernahme vor Ort. Damit wurde der Standort Bayern in allen Landesteilen regionalspezifisch weiter nach vorne gebracht und geprägt.“

Eine regional ausgewogene Mittelverteilung war ein Grundprinzip der Offensive Zukunft Bayern und der High-Tech-Offensive. Ein Teil der Privatisierungserlöse wurde ortsbezogen eingesetzt, insbesondere Investitionen in Hochschulen und Gründerzentren. Ein anderer Teil betraf landesweite Programme wie Bayern Online oder die Software Offensive und landesweit wirkende Einrichtungen wie Bayern Innovativ oder die Neutronenquelle. Vergleicht man das Volumen der jeweils auf einen Regierungsbezirk entfallenden Investitionen mit dem Einwohneranteil des einzelnen Bezirks, dann zeigt sich eine ausgewogene Verteilung mit einer nur geringen Streuung nach oben und nach unten. Während Mittelfranken 4,8 Prozent und Unterfranken 1,1 Prozent über ihrer Einwohnerquote liegen, sind die Investitionen für die anderen Regionen nur wenig darunter (Oberfranken 0,4, Schwaben 0,5, Oberpfalz 0,8, Niederbayern 1,8 und Oberbayern 2,5 Prozent).

Die Stärkung der Regionen wurde auch nach der High-Tech-Offensive neben der allgemeinen Regionalförderung durch besondere Programme fortgeführt. Zu Recht hat die Staatsregierung wie schon 1998 auch im Januar 2011 Empfehlungen abgelehnt, die eine Konzentration der Investitionen auf die Landeshauptstadt München und andere bayerische Großstädte als „Leistungszentren“ vorsahen. Ländliche Regionen in Niederbayern, Ober- und Unterfranken sollten hingegen davon abgekoppelt werden. Gebiete in Oberfranken könnten sich stattdessen nach Sachsen, der Raum Passau nach Österreich orientieren. (Zukunftsrat 2009)

Die positiven Auswirkungen der Maßnahmen für Bayerns Regionen lassen sich an der Beschäftigungsentwicklung ablesen. Im Zeitraum von 1997 bis 2017 hat sich die Arbeitslosenquote in Bayern von 7,5 auf 3,2 Prozent mehr als halbiert. Zugleich ist eine deutliche Konvergenz der Entwicklung in den bayerischen

Regierungsbezirken festzustellen: Betrug die Spanne zwischen dem niedrigsten und dem höchsten Wert 1997 noch 2,9 Prozent-Punkte, so ist sie in 2016 auf 1,1 Prozent-Punkte gesunken. Ein Vergleich der Werte von 1997 mit denjenigen von 2016 macht die Entwicklung zur regionalen Ausgewogenheit deutlich. Im Jahr 1997 hatte Oberbayern die geringste Arbeitslosigkeit mit 6,2 Prozent, gefolgt von Schwaben mit 7,3 Prozent. Über dem Landesdurchschnitt lagen die Bezirke Niederbayern mit 7,6, Unterfranken mit 8,0, Oberpfalz mit 8,3, Mittelfranken mit 9,0 und als Schlusslicht Oberfranken mit 9,1 Prozent. Im Jahr 2016 haten die Oberpfalz und Schwaben die besten Werte mit jeweils 3,2 Prozent, gefolgt von Unterfranken und Oberbayern mit jeweils 3,3 Prozent, dann kam Niederderbayern mit 3,5 Prozent. Über dem Landesdurchschnitt lagen nur noch Oberfranken mit 3,8 und Mittelfranken mit 4,3 Prozent. (LT-Drs. 17/1477, 23. Mai 2014; Oberpfalz in Zahlen, 2017)

Der Vergleich macht auch deutlich, dass gerade die nordbayerischen Regierungsbezirke Gewinner der Aufholjagd wurden, an der Spitze Oberfranken mit einer Reduzierung der Arbeitslosenquote binnen zwanzig Jahren um 5,3 Prozentpunkte vor der Oberpfalz mit 5,1, während Mittelfranken und Unterfranken ex aequo Rang drei einnehmen. Die südbayerischen Bezirke, die 1997 noch die besten Ausgangswerte hatten, reduzierten um 4,7 (Niederbayern und Schwaben) und 2,9 Prozent-Punkte (Oberbayern).

Im ersten Halbjahr 2017 ist die Arbeitslosigkeit in Bayern weiter gesunken. Vor allem die Oberpfalz und Niederbayern, aber auch Oberfranken erweisen sich als Paradebeispiele für die positiven regionalen Impulse, die von der Offensive Zukunft Bayern ausgegangen sind:

– Die Oberpfalz ist nunmehr mit 2,6 Prozent alleiniger Spitzenreiter unter den bayerischen Regierungsbezirken. Der Grund für die guten Ergebnisse ist ein gelungener Strukturwandel: „In den letzten 20 Jahren hat sich in der Oberpfalz die höchste Industriedichte Bayerns entwickelt und wir gehen davon aus, dass diese Entwicklung sich auch so fortsetzen wird", so der Leiter der bayerischen Agenturen für Arbeit Ralf Holtzwart am 31. Mai 2017.

– Das Problem Niederbayerns mit der zweitbesten Quote von 2,7 Prozent sieht Holtzwart im Fachkräftemangel: „Es wird für die Unternehmen in Niederbayern immer schwieriger, geeignete Mitarbeiter zu finden. Es ist nun unsere Aufgabe dafür zu sorgen, dass Unternehmen und Mitarbeiter zueinander finden, um das Wachstum in der Region langfristig sichern zu können."

– In Oberfranken sank die Arbeitslosenquote auf 3,4 Prozent. Vor einem Jahr lag sie noch bei 3,8 Prozent. Holtzwart sieht den oberfränkischen Arbeitsmarkt damit auf einem guten Weg: „Oberfranken holt gegenüber den anderen

Regionen stark auf. Vor allem wenn man bedenkt, dass die Quote vor wenigen Jahren noch doppelt so hoch war."

Diese positive Entwicklung hat sich zur Jahresmitte 2018 fortgesetzt. Ende Juni 2018 ist die Arbeitslosenquote bayernweit auf 2,7 Prozent gesunken. Es herrscht jetzt landesweit Vollbeschäftigung. Spitzenreiter ist weiterhin die Oberpfalz mit jetzt 2,3 Prozent vor Niederbayern mit 2,4 Prozent. Oberfranken hat weiter aufgeholt auf nunmehr 3,0 Prozent.

6.7 Spielräume im Staatshaushalt

Mit der Offensive Zukunft Bayern hat der Freistaat nicht nur einen zusätzlichen und nachhaltigen Innovationsschub erhalten, sondern auch einen großen Investitionsspielraum für künftige Haushalte. Aufgrund der Privatisierung industrieller Beteiligungen in Höhe von insgesamt 7,2 Milliarden Euro hat die Staatsregierung von 1996 bis 2005 im Schnitt rund 800 Millionen Euro pro Jahr zusätzlich zu den Mitteln im Staatshaushalt eingesetzt, um die Qualität des Standorts weiter zu verbessern. Die verbliebenen oder neu geschaffenen Beteiligungsunternehmen besetzen strategische Felder und unterstützen so die Innovationskraft und die internationale Ausrichtung der bayerischen Wirtschaft. Dieser Aufgabenstellung entspricht das derzeitige, in den letzten Jahren stark konsolidierte staatliche Beteiligungsportfolio. (Beteiligungsbericht 2016: 14 f.)

Darüber hinaus wurden durch den seit 2006 ausgeglichenen Haushalt Spielräume für Zukunftsinvestitionen eröffnet. Die bayerische Zinslastquote wurde seit 1996 von rund 3,3 Prozent auf 1,7 Prozent im Jahr 2015 nahezu halbiert. Sie liegt deutlich unter dem Bundesdurchschnitt der westlichen Bundesländer von 5,3 Prozent und auch unter der Quote von Baden-Württemberg mit 3,9 Prozent. Allein durch die geringere Zinslast hat sich der finanzielle Spielraum 2015 um rund 900 Millionen Euro erhöht. Damit wurde ein zusätzlicher Gestaltungsrahmen perpetuiert, der in den Folgejahren noch wachsen wird.

6.8 Bewertungen und Kritik

Die Offensive Zukunft Bayern hat dem Freistaat auch ein hervorragendes Standortmarketing gebracht, das es für Forschungseinrichtungen und Technologieunternehmen weltweit attraktiv gemacht hat. Die Standortwahl von General Electric für sein Global Research Center Europe im Jahr 2004 in Garching und von IBM für seine weltweite Zentrale für den Supercomputer Watson im Jahr 2016 in München sind nur zwei Beispiele dafür. Die von Bundespräsident Roman Herzog geprägte Formel von Laptop und Lederhose ist zu einem globalen Markenzeichen für Bayern geworden. Es gilt: „Nach der Wiedervereinigung stehen die staatlichen Innovationsprogramme in Innovation und Technologie im Fokus, die den Mythos von Laptop und Lederhose erschufen." (Schiffers in Glaab: 290 f., 300; Reiter in Glaab: 303) Auch eher kritisch eingestellte Kommentatoren wie die Gewerkschaften und die SPD in Bayern bestätigten bei aller Kritik im Detail, dass die „ohne Zweifel gelungene technologiepolitische Offensive der neunziger Jahre" eine „sehr positive Ausgangsposition" geschaffen hat. (Berger 2002: 4)

Die High-Tech-Offensive Bayern wurde zum inhaltlichen Vorbild für die High-Tech-Strategie des Bundes, die 2006 ressortübergreifend die Förderung von Forschung und Innovation zusammengefasst hat. Hier wurden allerdings keine Privatisierungserlöse, sondern Haushaltsmittel eingesetzt. Ausgangspunkt dieser Strategie, die 2014 weiterentwickelt wurde, war es, wie bei der High-Tech-Offensive Bayern, die Globalisierung als Chance zu begreifen und hierfür die Kräfte von Wissenschaft und Wirtschaft zu bündeln, Gründung und Wachstum neuer Technologieunternehmen voranzutreiben und auf Innovationen im Bereich Life Sciences, Informations- und Kommunikationstechnologien sowie Querschnittstechnologien wie die der Werkstoffe zu setzen.

Die Ratingagenturen Standard & Poors und Moody's haben die Top-Bonität Bayerns seit Ende der neunziger Jahre bis heute kontinuierlich mit einem Triple-A-Rating bestätigt. Dieses Prädikat erhält in Deutschland neben Bayern nur der Bund selbst und Baden-Württemberg. Maßgebend waren das „kluge Haushaltsmanagement" und die Wirtschaftskraft Bayerns. Moody's hat bereits im Jahr 2000 die Innovationskraft Bayerns hervorgehoben: „Bavaria's economy is strongly slanted towards the high-tech/services industries. Stable government over the past decades and a policy of offering an investor-friendly environment as well as actively encouraging research and development activities in the technology area have facilitated this very strong economic development. Bavaria has one of the highest ratios of Research & Development spending to regional GDP of any region in the world." (Global Credit Research, 20. Januar2000)

Im politischen Raum wurden die Offensive Zukunft Bayern und insbesondere die High-Tech-Offensive lange Zeit über Parteigrenzen hinweg begrüßt. Erst über ein Jahrzehnt später hat die bayerische SPD Kritik an Konzept und Auswirkungen der Programme geübt. (SPD 2012) In einem Eckpunktepapier wird eingeräumt, dass innerhalb eines Jahrzehnts mit den Privatisierungsmitteln ein

Investitionsschub erreicht worden ist, der überall dort Erfolge erzielt hat, wo diese Investivmaßnahmen an bestehende Strukturen andocken konnten, etwa im Hochschulbau und Hochschulausbau oder bei der Errichtung und Erweiterung von Forschungs- und Entwicklungseinrichtungen. Auch sei die bayerische Industrie- und Strukturpolitik hinsichtlich ihrer Ziele ambitioniert und in ihrer Organisation und Umsetzung meist professionell gewesen. Gleichwohl sei zu befürchten, dass die gute Wettbewerbsfähigkeit der Industrie Bayerns gefährdet ist. Als Kritikpunkte werden vor allem die Privatisierung der Energieversorger, ein Strohfeuer der Programme, die Clusterpolitik, die Vernachlässigung der Regionen und der Interessen der Arbeitnehmer sowie eine nachlassende Wirtschaftsdynamik angeführt. Diesen Kritikpunkten (nachfolgend kursiv) ist entgegenzuhalten:

Durch die Privatisierung der Beteiligungen an den Energieversorgungsunternehmen konnten private Oligopole im Energiesektor entstehen mit der Folge höherer Energiekosten, sinkender Versorgungssicherheit, Abbau von Arbeitsplätzen in der Energiebranche und dem Verzicht des Staates, die Energiewende mitzugestalten.

Die Konzentration der Energieversorger ist eine Folge der Aufhebung der Gebietsmonopole durch die Europäische Union. Der Anstieg der Stromkosten beruht auf den seit 2000 um 50 Prozent gestiegenen Steuern, Abgaben und Umlagen infolge der Energiewende. Einschränkungen in der Versorgungssicherheit sind nicht ersichtlich. Auch ist in Bayern kein Abbau von Arbeitsplätzen im Energiesektor zu verzeichnen. Einem Absinken der Zahl der Beschäftigten in der klassischen Energiewirtschaft von 42 000 in 1993 (Bundesanstalt 1993: 10) auf 29 000 in 2015 steht ein Zuwachs von 60 000 neuen Arbeitsplätzen im Bereich der erneuerbaren Energien bis 2015 gegenüber, bei dem Bayern bundesweit an der Spitze steht. Im Übrigen: Wäre der Freistaat noch immer Eigentümer des Bayernwerks, dann würden ihn heute die hohen Kosten und Verluste der Energieversorger aus dem Atomausstieg treffen.

Mit den wirtschaftlichen Programmen der letzten beiden Jahrzehnte sei ein nur wenige Jahre kurzes „Strohfeuer" an wirtschafts- und forschungsnahen Investitionen abgebrannt worden. Mangels Einbindung in ein klares industrie-, struktur- und regionalpolitisches Gesamtkonzept seien ihre Erfolgswirkungen vielfach verpufft.

Die Offensive Zukunft Bayern war im Unterschied zu den üblichen Konjunkturprogrammen ein mittel- bis langfristig angelegtes Gesamtkonzept für alle Bevölkerungsgruppen, alle Landesteile und alle Generationen. Die seit 1993 auf den Weg gebrachten Investitionen, Einrichtungen und Schwerpunkte wirken auch heute noch erfolgreich und sind tragfähige Grundlage für weiterführende Haushaltsprogramme. Diese Kontinuität zahlt sich aus in bundesweit niedrigster Arbeitslosigkeit, größtem Wirtschaftswachstum und geringster Verschuldung.

Mit der Clusterpolitik hat die Staatsregierung ihre wirtschaftspolitischen Handlungsmöglichkeiten auf die Moderation von technologisch fortschrittlichen Unternehmen und anwendungsnaher Wissenschaft und Forschung verengt, anstatt selbst zu handeln. Die Ziele beschränkten sich immer mehr auf Wettbewerbsfähigkeit, die industrielle und regionale Entwicklung wurde dem Markt überantwortet.

Neben den Auszeichnungen der Spitzencluster belegen die Netzwerkaktivitäten das erfolgreiche Konzept der Clusterpolitik für den Freistaat Bayern Mit über 9 100 einzelnen Veranstaltungen haben die Cluster 513 000 Teilnehmer erreicht. Es wurden mehr als 1 300 Projekte mit über 8 700 Teilnehmern angestoßen und für ihre Mitgliedsunternehmen gut 274 Millionen Euro Fördergelder akquiriert. (Cluster-Offensive Bayern, Februar 2017: 9) Zudem steht neben dem Angebot des Wissens- und Technologietransfers in den landesweiten und regionalen Clustern das Angebot der Regionalförderung. Damit wurden wirksam und gezielt Investitionsmaßnahmen kleiner und mittlerer Unternehmen in den ländlichen Regionen unterstützt. Die Entwicklung insbesondere im Bereich der Beschäftigung bestätigt diesen Ansatz.

Durch die Bevorzugung von international ausstrahlenden Leuchtturm-Projekten hat die Staatsregierung ihren Blick auf High-Tech-Maßnahmen in Forschungszentren verengt und damit die Unternehmen außerhalb des High-Tech-Sektors und wirtschaftsstarker Regionen vernachlässigt. Die Weltmarkt- und Hochtechnologieorientierung sei zwar eine notwendige, aber nicht hinreichende Strategie zur Entwicklung regionaler Wirtschaftsstrukturen.

In der Offensive Zukunft Bayern wie auch in der Folgezeit wurden neben den Schlüsseltechnologien Informations- und Kommunikationstechnik und Life Sciences auch weitere Technologiefelder wie Material-, Umwelt-, Verkehrs- und Energietechnik gefördert. Es sind keine isolierten Leuchttürme entstanden, sondern landesweite Netzwerke, die allen Regionen zu Gute gekommen sind. Im Regionalkonzept haben die Akteure der Region darüber hinaus auch Maßnahmen für die klassischen Branchen wie die Glas-, Porzellan-, Keramik- oder Textilindustrie konzipiert und erfolgreich umgesetzt. Die Entwicklung des Arbeitsmarkts und der Wirtschaftskraft in allen Regionen Bayerns zeigt einen deutschlandweit beispiellosen Aufschwung.

Die Staatsregierung habe in den letzten Jahren Arbeitnehmerinteressen nicht mehr im Blick gehabt, die seinerzeit mit dem Beschäftigungspakt Bayern ihre Anerkennung gefunden haben.

Der Beschäftigungspakt wurde seinerzeit nicht von der Staatsregierung, sondern von Seiten der Gewerkschaften aufgekündigt. Gleichwohl hat die Staatsregierung bis heute daran festgehalten, dass sie an der Verteilung der Mittel des Arbeitsmarktfonds mitwirken. Zutreffend ist allerdings, dass die Zeit der Koalitionsregierung mit der FDP zum Stillstand bei Themen wie Tariftreue und Weiterbildung geführt hat.

Regionale Disparitäten sowie Hinweise auf eine angeblich „lahmende Dynamik der technologischen und der gesamtwirtschaftlichen Entwicklung" sollen die Forderung nach einer Wende in der Industrie- und Wirtschaftspolitik Bayerns unterstreichen. Als Indikatoren mit negativen Trends werden Werte von 2011 für Patentanmeldungen, Ingenieursentwicklung und Wachstumsraten im Vergleich zu Baden-Württemberg genannt.

Bei den Indikatoren handelt es sich um eine Momentaufnahme für ein einziges Jahr, das sich nicht mit der längerfristigen Entwicklung deckt. Sowohl bei den Patentanmeldungen als auch bei den Parametern Wachstumsrate und Beschäftigung liegt Bayern sowohl im mittelfristigen Vergleich als auch bei der aktuellen Situation (2017) vor Baden-Württemberg.

6.9 Politische Bilanz

Für die Evaluierung politischer Konzepte sind in der Demokratie nicht Meinungen und Kommentare von Journalisten, Politologen, Ökonomen oder Historikern maßgebend, sondern das Votum des Volkes. Hier gab es in drei Wahlen jeweils ein klares Votum für die Innovationspolitik von Ministerpräsident Edmund Stoiber. Trotz einer schwierigen Ausgangslage erreichte die Regierungspartei bei der Landtagswahl am 25. September 1994 einen Stimmenanteil von 52,8 Prozent und damit die absolute Mehrheit. Diese wurde beim nächsten Wahlgang in Bayern am 13. September 1998 mit 52,9 Prozent bestätigt. Die Erfolge bei diesen beiden Wahlen wurden maßgeblich der Leistung des Ministerpräsidenten zugeschrieben. Noch deutlicher fiel die Zustimmung der Wähler bei der Landtagswahl am 21. September 2003 mit 60,7 Prozent der Stimmen und einer Zwei-Drittel-Mehrheit der Sitze im Landtag aus. Die Fokussierung seiner Politik auf die Modernisierung Bayerns durch Wissenschaft, Forschung und Technologie, die ihren Ausdruck in der Offensive Zukunft Bayern fand, war zweifelsfrei ein wesentlicher Faktor für diese Erfolge.

Dabei war ein Regierungsprogramm, das auf eine mittel- und langfristige Zielsetzung ausgerichtet war, keineswegs ohne politische Risiken. Es ist leichter, kurzfristige Wohltaten anzukündigen als langfristig wirkende Strukturveränderungen. Ministerpräsident Stoiber hat das in der Regierungserklärung vom 12. Oktober 1999 selbst zum Ausdruck gebracht: „Wir sind uns bewusst, dass wir damit Neuland, dass wir damit experimentelles Terrain betreten. Wir sind uns auch bewusst, dass wir damit das eine oder andere größere Risiko eingehen. Aber wer Risiken scheut, der nutzt auch gebotene Chancen nicht. Wenn wir unser Land nach vorne bringen wollen, müssen wir auch den Mut haben, Wagnisse einzugehen." Eine Analyse des Max-Planck-Instituts für Menschheitsgeschichte in Jena hat dem Freistaat Bayern mit der Offensive Zukunft Bayern und der High-Tech-Offensive eine langfristig angelegte und wissensorientierte Entrepreneurship-Politik bescheinigt, von der Interessengruppen nicht unmittelbar profitiert haben. Durch Wissenstransfer ergeben sich eher langfristig positive Auswirkungen für Standort und Beschäftigung, die für die nächste Wahl in der Regel nicht wirksam sind: „Die Analyse zeigt, dass die Implementierung einer Entrepreneurship-Politik zur Förderung wissensintensiver Entrepreneurship-Aktivitäten die Ausnahme, nicht die Regel ist." (Beckmann 2009: 201 f.)

6.10 Silicon Valley Bayern

Vorbild für die Offensive waren Unternehmergeist und Innovationskultur des kalifornischen Silicon Valley. Ansätze und Bausteine wurden übernommen wie die Ausrichtung von Wissenschaft und Forschung auf Zukunftstechnologien, die Öffnung der Hochschulen für den Technologietransfer, die Vernetzung von Wissenschaft und Wirtschaft, ihre Stärkung für den internationalen Wettbewerb, die Bildung von Netzwerken und Clustern, die Förderung des Unternehmertums durch Gründerzentren und Wagniskapital und die Nutzung der Chancen des Internetzeitalters und der Globalisierung. Das alles wurde freilich nicht einfach kopiert, sondern eingebunden und angepasst an die Rahmenbedingungen der sozialen Marktwirtschaft. Ziel war ein bayerisches Silicon Valley, das sich nicht auf ein Zentrum beschränkt, sondern das ganze Land nach vorne bringt, das nicht nur eine Elite reich macht, sondern allen Bürgern die Chance für mehr Wohlstand bietet. Der entscheidende Unterschied des bayerischen zum kalifor-

nischen Silicon Valley liegt in der Zielsetzung, Arbeit für alle zu schaffen, und
in den Instrumenten des Beschäftigungspaktes und des Regionalkonzepts. Mit
dieser sozialen Innovationspolitik ist es gelungen, ein Silicon Valley Bayern entstehen zu lassen, das zwar keine neuen Weltkonzerne hervorgebracht hat. Dafür
wurde das Rückgrat der bayerischen Wirtschaft, der innovative Mittelstand mit
seinen vielen Weltmarktführern und qualifizierten Arbeitsplätzen in allen Landesteilen, nachhaltig gestärkt durch zielgerichteten Technologietransfer und die
Gründung Tausender kleiner und mittlerer Unternehmen. Zugleich konnten die
negativen Entwicklungen vermieden werden, die das Gesicht des kalifornischen
Silicon Valley in den vergangenen zwei Jahrzehnten grundlegend verändert haben. Aus den Ideenschmieden von einst sind global dominante Internetkonzerne
unter dem Kürzel „Gafa" für Google, Amazon, Facebook und Apple geworden.
„Gafa" ist Sinnbild neoliberaler Wirtschaftspolitik, die vor allem prekäre Arbeitsplätze schafft, keine Steuern zahlt, staatliche Souveränität missachtet und die Daten ihrer Nutzer zur Ware macht. Damit wird nur die Schere zwischen Arm und
Reich vergrößert. (zur Entwicklung des Silicon Valley Hill, 2017) Das Silicon
Valley Bayern ist mithin ein eigenständiges Erfolgsmodell für einen Fortschritt,
der auf den Zusammenhalt von Staat und Gesellschaft abzielt. So wurde es vom
Autor immer verstanden und konzipiert.

Teil 3:

Zukunftsperspektiven

Die Offensive Zukunft Bayern hat, wie dargelegt, mittlerweile ein Vierteljahrhundert die Entwicklung des Freistaates Bayern geprägt. Sie war „Zukunftspolitik für den Standort Bayern für morgen und übermorgen." (Stoiber 1994/1) Ausgehend von einer Zeitenwende am Ende des 20. Jahrhunderts, hat sie eine nachhaltige Antwort gegeben auf die Herausforderungen der beginnenden Globalisierung und Digitalisierung. Zugleich hat sie den Zusammenhalt in der Gesellschaft gestärkt und für die Partizipation aller Bevölkerungsgruppen und Regionen Bayerns gesorgt.

Bis vor wenigen Jahren konnte man davon ausgehen, dass stabile Rahmenbedingungen die weitere Entwicklung bestimmen werden. Heute müssen wir feststellen, dass eine neue Zeitenwende angebrochen ist. Das wirft die Frage auf, welche Gültigkeit die Prinzipien der Offensive in einer sich dramatisch verändernden Welt noch haben. Damit befassen sich die beiden nachfolgenden Kapitel: mit den Herausforderungen der neuen Zeitenwende und den Perspektiven der Offensive Zukunft Bayern für die Gestaltung der Zukunft.

Kapitel 7:

Neue Zeitenwende

„Weil die Welt sich ändert" (Stoiber 2012)

Die frühen neunziger Jahre waren geprägt durch die Vereinigung Deutschlands und Europas, den Beginn von Globalisierung und Digitalisierung, eine hohe Migration und den drohenden Aufstieg einer rechtsextremen Protestpartei. Nach der Aufholjagd des Freistaats bis zum Erreichen des Bundesdurchschnitts zu Beginn der achtziger Jahre und einem Jahrzehnt der Konsolidierung auf diesem Niveau hat Bayern ab Mitte der neunziger Jahre eine Spitzenstellung in Deutschland und Europa aufgebaut und in zwei globalen Wirtschaftskrisen behauptet. Dem Land geht es so gut wie noch nie in der Nachkriegsgeschichte. Gleichwohl stellen sich 25 Jahre später aufgrund der globalen Entwicklungen neue Herausforderungen, die diese Situation gefährden können.

Der Historiker Heinrich August Winkler hatte noch 2014 in seiner „Geschichte des Westens" geschrieben, dass die Wühlarbeit des normativen Projekts des Westens, der unveräußerlichen Menschenrechte, der Herrschaft des Rechts, der Gewaltenteilung, der Volkssouveränität und der repräsentativen Demokratie noch lange nicht zu Ende ist: „Die Anziehungskraft, die von den Ideen von 1776 und 1789 ausgeht, ist weltweit ungebrochen." (Winkler 2014: 611) Nur drei Jahre später hat er in seinem neuen Werk mit dem Titel „Zerbricht der Westen?" festgestellt, dass der Westen in seiner schwersten Krise steckt. Europa und Amerika haben mit so vielen Herausforderungen gleichzeitig zu kämpfen, dass Endzeitstimmung aufkommt. (Winkler 2017) Ab dem Jahr 2014 häufen sich die krisenhaften Entwicklungen, die auch für die politischen, gesellschaftlichen und wirtschaftlichen Rahmenbedingungen für Deutschland und Bayern bestimmend sind: die Annexion der Krim durch Russland im März 2014, der Beschluss des Masterplans „Made in China 2015" im Mai 2015, die Öffnung der deutschen Grenzen für mehr als eine Million Flüchtlinge ab Anfang September 2015, das Votum der Briten für den Austritt aus der Europäischen Union am 23. Juni 2016, die Wahl von Donald Trump zum Präsidenten der USA am 8. November 2016 und der Einzug der rechtspopulistischen AfD in den Deutschen Bundestag am 24. September 2017. Die bisherige Weltordnung gerät aus den Fugen: Der Präsident der USA hat einen globalen Handelskrieg begonnen, droht mit dem

Austritt aus den NATO und bezeichnet die Europäische Union nicht mehr als Partner, sondern als Feind. Ob und wie lange die am 25. Juli 2018 getroffene Vereinbarung zwischen den USA und der EU belastbar ist, wonach bei Industriegütern außer Automobilen schrittweise sämtliche Handelsbarrieren abgebaut und Zölle schließlich komplett abgeschafft werden sollen, bleibt abzuwarten. (Süddeutsche Zeitung, 25. Juli 2018)

Diese neue Zeitenwende betrifft alle drei Säulen, die den historisch hohen Wohlstand in Bayern tragen:

— Die Globalisierung der Wirtschaft als Grundlage für das bayerische Geschäftsmodell: Der Freistaat ist Globalisierungsgewinner Nummer eins in Deutschland und Europa. Die Exportquote seiner gewerblichen Wirtschaft ist in den letzten 25 Jahren von 33 auf über 50 Prozent gestiegen. Die Ausfuhren machen heute über die Hälfte der gewerblichen Wertschöpfung aus, beim Automobil sind es sogar über zwei Drittel. Der Wohlstand in Bayern hängt davon ab.

— Die Innovationskraft von Wirtschaft und Wissenschaft: Als Land ohne nennenswerte Rohstoffvorkommen ist Bayern auf die Früchte des Rohstoffs Geist im internationalen Wettbewerb angewiesen. Die Digitalisierung ist Chance und Risiko zugleich für den wirtschaftlichen und sozialen Erfolg des Freistaates.

— Den gesellschaftlichen Zusammenhalt: Er ist ein entscheidender Faktor für den kontinuierlichen wirtschaftlichen und sozialen Aufstieg des Freistaats, der mit einer hohen politischen Stabilität des Landes einhergeht. Über Jahrzehnte hinweg hat es eine konservativ-soziale Volkspartei verstanden, die Anliegen aller Teile der Gesellschaft aufzugreifen und erfolgreich zusammenzuführen.

7.1 Globalisierung im Umbruch

Die Globalisierung hat eine neue Dimension erreicht. Der globale Klimawandel, der erstmals 1992 bei der Konferenz in Rio de Janeiro weltweit thematisiert wurde, hat sich seither deutlich beschleunigt. Die Migration ist ein globales Phänomen mit derzeit etwa 250 Millionen Migranten geworden. Davon sind 65 Millionen Flüchtlinge, die Schutz vor Unterdrückung und Verfolgung suchen. Die Globalisierung der Wirtschaft ist seit den neunziger Jahren des vergangenen Jahrhunderts weiter gewachsen. Die Produktion ist von 1995 bis 2015 weltweit um rund 250 Prozent gestiegen, der Welthandel um rund 380 Prozent und die ausländischen Direktinvestitionen um rund 600 Prozent. Ein wesentlicher Treiber der wirtschaftlichen Globalisierung ist der von der Informations- und Kommunikationstechnik ausgelöste Prozess der Digitalisierung. Gab es 1995 noch 16 Millionen Internetnutzer, so sind es Ende 2016 bereits über 3,4 Milliarden, also nahezu die Hälfte der Weltbevölkerung. (Bundestag 2007; statista 2017)

Die Globalisierung hat Gewinner und Verlierer hervorgebracht und die Kluft zwischen armen und reichen Menschen vergrößert. Noch immer müssen über zwei Milliarden Menschen von weniger als zwei US-Dollar pro Tag leben. Das Weltvermögen ist in den Händen einer kleinen Elite konzentriert, die mehr als die Hälfte des globalen Vermögens besitzt. US-Internetkonzerne haben eine beispiellose wirtschaftliche und finanzielle Machtstellung erreicht. Allein die fünf größten Unternehmen haben einen gemeinsamen Marktwert von rund drei Billionen US-Dollar, nicht viel weniger als das gesamte deutsche Bruttosozialprodukt. Mit ihrer Wirtschafts- und Finanzkraft können sie nahezu beliebig Steuern umgehen, Spitzentechnologie aufkaufen und in neue Branchen eindringen.

Bisher ging die Globalisierung nur in eine Richtung: Die nahezu schrankenlose Marktmacht als dominierendes Prinzip für Wirtschaft und Politik, die die Freiheit des Kapitals über die Freiheit der Menschen setzt. Ökonomen wie Thomas Piketty (2013) oder der Nobelpreisträger für Wirtschaft Joseph Stiglitz (2012) warnen, dass die ungeregelte Globalisierung zu enormen sozialen Spannungen führen und damit Frieden und Freiheit bedrohen wird. Aber es gibt auch eine – wenn auch sehr zögerliche – Entwicklung von einer neoliberalen und marktradikalen hin zu einer fairen und gerechten Globalisierung, wie sie Bundesminister Gerd Müller postuliert hat. (Unfair 2017) Seit der globalen Wirtschafts- und Finanzkrise von 2008 gibt es erste Zeichen des Umbruchs von einer schrankenlosen zu einer geordneten Entwicklung. Kardinal Karl Lehmann hat bereits im Januar 2009 angesichts der globalen Finanzkrise eine Rückbesinnung auf die soziale Marktwirtschaft gefordert. Er sprach sich gegen einen Turbo- oder Superkapitalismus aus, der unanständig sei und meine, Wirtschaft sei ein ethikfreier Raum. (Lehmann 2009) 2012 hat Deutschland das internationale Projekt gegen Steuerverlagerung und Steuervermeidung (BEPS) initiiert, das mittlerweile von neunzig Staaten weltweit getragen wird. 2015 wurde die Agenda 2030 der Vereinten Nationen für nachhaltige Entwicklung von allen Mitgliedsstaaten der Vereinten Nationen verabschiedet. Dem Pariser Klimaabkommen von 2016 zur Reduzierung der globalen Erwärmung sind 195 Mitgliedsstaaten der UN beigetreten. Am 13. Juli 2018 wurde ein Migrationsvertrag von allen Mitgliedsstaaten der Vereinten Nationen beschlossen – ohne die USA und Ungarn. (welt.de, 14. Juli 2018)

Noch gibt es keine Finanz-Transaktionssteuer und noch steht eine notwendige Reform der Welthandelsorganisation aus, die auch für eine faire und gerechte Ordnung des Freihandels sorgt. (Müller 2017: 72, 156) Als Gemeinplatz gilt noch immer, dass der schrankenlose Freihandel für die Entwicklung von Wohlfahrt und Arbeitsplätzen großen Nutzen bringt. Tatsächlich findet sich aber keine belastbare Evaluierung über den konkreten, auf Wachstum und Arbeitsplätze bezogenen wirtschaftlichen Nutzen, die einen bedingungslosen Freihandel rechtfertigen würden.

Vom Mehrwert des Freihandels

Das bisher bedeutendste Freihandelsabkommen ist der nordamerikanische Vertrag Nafta zwischen den USA, Mexiko und Kanada von 1994. Nach wie vor ist strittig, ob durch dieses Abkommen Arbeitsplätze geschaffen oder vernichtet wurden, ob Wirtschaftswachstum trotz oder wegen Nafta entstanden ist und welche Auswirkungen sich auf die Umwelt ergeben haben. Fest steht nur, dass die US-amerikanische Regierung noch nie ein Schiedsverfahren verloren hat, anders als die Regierungen von Kanada und Mexiko. (Süddeutsche Zeitung, 12. August 2014) US-Präsident Trump hat Nafta gleichwohl „als schlechtesten Deal aller Zeiten" bezeichnet und strebt eine „Modernisierung" an. (Zeit online, 27. April 2017)

Die Schweiz hat seit 1973 über 40 Freihandelsabkommen abgeschlossen. (Schweiz 2017) In ihrem Bericht zur Evaluation der Auswirkungen dieser Abkommen hat die parlamentarische Verwaltungskontrolle des Nationalrates am 26. Oktober 2016 festgestellt, dass wenig direkte Effekte auf den Schweizer Außenhandel empirisch nachweisbar sind. Zwar profitieren grundsätzlich die Schweizer Exportbranchen, meist seien jedoch konjunkturelle Entwicklungen (global und in den Partnerländern) für die Entwicklungen der Exporte maßgeblich. Auch der Schweizer Bundesrat beschränkt sich in seinen Berichten zur Außenwirtschaftspolitik weitgehend auf die Erläuterung der strategischen Ausrichtung der Schweizer Freihandelspolitik und die anstehenden Herausforderungen. Über konkrete Auswirkungen bestehender Abkommen sowie die erfolgten Umsetzungsaktivitäten wird nur punktuell und nicht systematisch berichtet. (parlament.ch, 6. Juli 2017)

Beim Freihandelsabkommen zwischen der Europäischen Union und Südkorea stellt die EU-Kommission 2016 eine Steigerung der EU-Ausfuhren seit Inkrafttreten des Abkommens im Jahr 2011 um 55 Prozent fest. (EU, Pressemitteilung 1. Juli 2016) Ein Beleg dafür, dass dieses Wachstum kausal auf das Abkommen zurückzuführen ist, wird nicht gegeben. Im Gegenteil: Betrachtet man die Entwicklung des Außenhandels zwischen Bayern und Südkorea in diesem Zeitraum, dann liegt die Steigerungsrate bei lediglich rund 38 Prozent. In dem Fünf-Jahres-Zeitraum davor von 2006 bis 2011 war sie mit rund 70 Prozent deutlich höher – ohne Abkommen mit Südkorea. (Landesamt für Statistik).

Die EU-Kommission erwartet beim Freihandelsabkommen CETA mit Kanada positive wirtschaftliche Auswirkungen im Promille-Bereich. In einer Schätzung aus dem Jahr 2014 wird eine Steigerung des Bruttoinlandprodukts der Europäischen Union von rund 10 000 Milliarden Euro um 12 Milliarden Euro angegeben. Langfristig soll es um 0,02 bis 0,03 Prozent zusätzlich wachsen. Bei den Exporten geht die EU von einem Plus von 0,05 bis 0,07 Prozent aus. Das Pro-Kopf-Einkommen soll aufgrund von CETA um 0,03 bis 0,06 Prozent steigen. (Österreich, 2016) Das sind alles Prognosen, die innerhalb der Bandbreite von Schätzfehlern liegen.

Zu TTIP hat eine Studie im Auftrag der Europäischen Kommission die Wohlfahrtseffekte bis zum Jahr 2027 untersucht. Die Untersuchung prognostiziert, dass ein ambitioniertes Freihandelsabkommen mit umfassenden Handelserleichterungen in allen Bereichen zu einem Anstieg des europäischen BIP um 0,48 Prozent (rund 86 Milliarden Euro) bis zum Jahr 2027 führen würde. Für die USA sagt das Modell ein Wachstum des Bruttoinlandsprodukts von 0,39 Prozent (rund 65 Milliarden Euro) voraus. (EU-Kommission 2013c: 37) Bezogen auf den in der Studie unterstellten Anpassungszeitraum von zehn Jahren brächte die TTIP der EU und den USA ein zusätzliches, durchschnittliches Wachstum beim BIP von weniger als 0,05 Prozentpunkten pro Jahr.

Das ist kaum mehr als der Effekt eines zusätzlichen Arbeitstages pro Jahr, wie der deutsche Verband für Sensorik und Regelungstechnik festgestellt hat. Bei Verzicht auf einen Feier- oder Urlaubstag in Deutschland würde der gleiche wirtschaftliche Vorteil wie mit TTIP erzielt. Deutsche Studien (Bertelsmann und Bundeswirtschaftsministerium) kommen auf 1 700 beziehungsweise 12 000 neue Arbeitsplätze pro Jahr. Selbst letzteres entspricht nur einem zusätzlichen durchschnittlichen Anstieg der Beschäftigung von 0,03 Prozentpunkten pro Jahr, der ebenfalls verschwindend gering ist. (Zeit online, 12. April 2014; siehe auch faz. net, 17. März 2015 zu falschen Angaben durch BDI und Initiative Neue Marktwirtschaft)

Nicht viel besser sehen die Prognosen für das Freihandelsabkommen der Europäischen Union mit Japan (Jefta) aus, das im Herbst 2019 in Kraft treten soll. Die EU erwartet daraus den Abbau von Zöllen bis zu einer Milliarde Euro pro Jahr, was 14 000 Arbeitsplätzen entsprechen würde. Das Produktionsvolumen in der EU soll – ohne Angabe des Zeitraums – um bis zu 0,76 % steigen. (ec. europa.eu, 29. Juni 2017) Nach einer Studie des Ifo-Instituts und der Bertels-

mann-Stiftung soll ein Wachstum des deutschen Brutto-Inlandsprodukts von
0,1 (bei konservativem Ansatz) bis 0,7 % (mit Abbau der nichttarifären Maßnahmen) nach einer Anlaufphase von zehn bis zwölf Jahren erreicht werden.
(Bertelsmann, 20. März 2017)

Dementsprechend erwartet auch der Mittelstand, das Rückgrat der Wirtschaft in Deutschland wie in Bayern, keine Vorteile durch Freihandelsabkommen. Der Bundesverband der Mittelständischen Wirtschaft stellt zu einer Mit-
gliederbefragung fest, dass nur ein geringer Anteil der befragten Unternehmen
damit rechnet, von den oft genannten potenziellen Vorteilen der neuen Freihandelsabkommen zu profitieren. Knapp die Hälfte der befragten Unternehmen
erwartet eine spürbare Intensivierung des Wettbewerbs, 28 Prozent schätzen die
mögliche neue Konkurrenz sogar als potenziell existenzbedrohend ein. Für den
Mittelstand ist entscheidend, dass die Freihandelsabkommen nicht die Konzerne begünstigen. Der Verband hat dazu vier zentrale Forderungen gestellt: keine
privaten Schiedsgerichte, keine Aufgabe des Vorsorgeprinzips beim Verbraucherschutz, Sitz und Stimme für den Mittelstand bei der regulatorischen Kooperation und keine Wettbewerbsverzerrung bei der Harmonisierung von Standards.
(Völz 2016).

Damit stellt sich die Frage, weshalb man für minimale wirtschaftliche Vorteile, die zudem in erster Linie internationalen Großkonzernen zu Gute kommen,
grundlegende Werte wie nationale Souveränitätsrechte, das Vorsorgeprinzip oder
soziale und ökologische Standards aufgeben sollte, auf deren Beseitigung der Abbau der sogenannten „nichttarifären Maßnahmen" (NTM) abzielt. Das Problem
beim Freihandel liegt nicht im Abbau von Zöllen, sondern in der Reduzierung
dieser Maßnahmen. Während das GATT-Abkommen (General Agreement on
Tariffs and Trade) sich noch auf die Liberalisierung und den Abbau tarifärer
Handelshemmnisse konzentrierte, wurde mit der im Jahr 1995 eingerichteten
Welthandelsorganisation (WTO) ein Verhandlungsforum geschaffen, das auch
auf den Abbau nichttarifärer Maßnahmen zielt.

Soweit es sich dabei um handelspolitische Beschränkungen handelt, die der
Protektion der eigenen Wirtschaft dienen wie Exportbeschränkungen, Ein-
fuhrquoten, Einfuhrsteuern, Einfuhr- und Ausfuhrverbote, Steuervorteile oder
technische Vorschriften, ist deren Aufhebung grundsätzlich zu begrüßen. Etwas
anderes gilt für Standards für den Schutz von Gesundheit, Umwelt, Recht und
Daten, die ein Staat nicht zur Behinderung der internationalen Wirtschaft festgelegt hat, sondern zum Schutz seiner Bürger. Da die Europäische Union mit
ihrem vertraglich festgelegten Bekenntnis zu einer sozialen und ökologischen
Marktwirtschaft die höchsten Standards aufweist, kann ein Abweichen davon

immer nur zu einer Benachteiligung ihrer Bürger führen. (Vertrag über die Arbeitsweise der EU, Artikel 191)

Die erwarteten – und wie dargestellt, äußerst geringen – wirtschaftlichen Vorteile von TTIP beruhen ganz überwiegend auf der Beseitigung derartiger Schutznormen. Die WTO hat in ihrem World Trade Report 2012 die wichtigsten nichttarifären Maßnahmen in den USA und in der EU aufgezeigt: In den USA machen Import- und Investitionsbeschränkungen sowie technische Standards jeweils 24, 20 und zwölf Prozent aus. In der EU dominieren die Schutzvorschriften für Lebensmittelsicherheit, Tier- und Pflanzenschutz (SPS) mit 35 Prozent vor technischen Standards mit 16 Prozent und wettbewerbsfeindlicher Praxis mit neun Prozent. Import- und Investitionsbeschränkungen betreffen in der EU nur sechs beziehungsweise fünf Prozent der nichttarifären Maßnahmen. Dies macht deutlich, dass eine Harmonisierung nichttarifärer Hindernisse eindeutig zu Lasten der EU-Bürger gehen würde. Die wesentlichen Bruchstellen liegen im Vorsorgeprinzip für Verbraucher-, Umwelt- und Gesundheitsschutz sowie in der Forderung von privaten Schiedsgerichten zum Investorenschutz. Es ist nicht nachvollziehbar, dass die EU sich nicht von vornherein an die eigenen Regeln zum Vorsorgeprinzip hält und dieses Prinzip auch in den – nach wie vor geheim verhandelten – Abkommen mit Japan und den Mercosur-Staaten bisher nicht oder nur unzureichend vorgesehen hat. Im Zweifel wird es wieder des Widerstands der Zivilgesellschaft und von Regionen wie der Wallonie bedürfen, um die EU-Kommission an ihre Vertragspflichten zu erinnern.

Das Korrektiv der Zivilgesellschaft

„We are the first generation with the tools to eradicate poverty, and the last generation to be able to prevent the disastrous consequences of climate change." Prägnanter und eindringlicher als mit diesen Worten des UNO-Generalsekretärs Ban Ki Moon bei der Verabschiedung der Agenda 2030 im Jahr 2015 kann man die Chancen und Risiken der Globalisierung heute nicht beschreiben. Bundesminister Gerd Müller hat diesen Ansatz in seiner Forderung für eine gerechte Globalisierung aufgegriffen mit einer Feststellung, die für das politische Handeln auf allen Ebenen zu gelten hat: „Globalisierung verstanden als grenzenloser freier Markt ist nicht das Leitprinzip einer gerechten Weltgemeinschaft. Globalisierung gerecht zu gestalten heißt, alle teilhaben zu lassen an Wachstum und Wohlstand und Rücksicht zu nehmen auf den Schutz der globalen Güter unseres Planeten. Der weltweite Markt und Handel brauchen verbindliche soziale und ökologische Regeln und Standards zur Wahrung grundlegender Menschenrechte sowie kultureller Besonderheiten und zum Schutz der ökologischen Ressourcen des Planeten." (Müller 2017: 18)

Als Treiber einer fairen und gerechten Globalisierung hat sich die Zivilgesellschaft entwickelt, die neben Staat und Markt zunehmend politische Entscheidungen beeinflusst. Der Begriff verstand darunter ursprünglich die Summe aller nichtstaatlichen Organisationen, die auf den „Alltagsverstand und die öffentliche Meinung" Einfluss haben. Heute umfasst die Zivilgesellschaft das gesamte Engagement der Bürger eines Landes in Vereinen, Verbänden und vielfältigen Formen von Initiativen und sozialen Bewegungen. Dazu gehören alle Aktivitäten, die nicht profitorientiert und nicht abhängig von parteipolitischen Interessen sind.

Bereits im Jahr 2002 hatte eine Enquete-Kommission des Deutschen Bundestages das Leitbild der Bürger- beziehungsweise Zivilgesellschaft als Vision einer auf Partizipation beruhenden Gesellschaft beschrieben: „In der Bürgergesellschaft geht es um die Qualität des sozialen, politischen und kulturellen Zusammenlebens, um gesellschaftlichen Zusammenhalt und ökologische Nachhaltigkeit. So verstanden bildet das bürgerschaftliche Engagement in der Bundesrepublik einen zentralen Eckpfeiler in einer Vision, in der die demokratischen und sozialen Strukturen durch die aktiv handelnden, an den gemeinschaftlichen Aufgaben teilnehmenden Bürgerinnen und Bürger mit Leben erfüllt, verändert und auf zukünftige gesellschaftliche Bedürfnisse zugeschnitten werden. Bürgergesellschaft betreibt eine gesellschaftliche Lebensform, in der sowohl den bürgerschaftlich Engagierten als auch ihren vielfältigen Formen und Vereinigungen mehr Raum für Selbstbestimmung und Selbstorganisation überlassen wird." (Enquete-Kommission 2002)

Ursprünglich waren die Aktivitäten der Zivilgesellschaft im Wesentlichen auf der Ebene der internationalen Organisationen wie UNO, OECD und G 7 konzentriert. So wurde die Agenda 2030 der Vereinten Nationen 2015 mit breiter Beteiligung der Zivilgesellschaft in aller Welt entwickelt. Neben den Mitgliedsstaaten der Vereinten Nationen waren 1 300 Nichtregierungsorganisationen (NGO) beteiligt. Die Verankerung der Grundsätze des Vorsorgeprinzips, sozialer und ökologischer Standards und die Verhinderung privater Schiedsgerichte bei CETA und TTIP ist nicht das Verdienst der Politik, sondern von Organisationen wie Greenpeace. Die Aufdeckung von Lebensmittelskandalen ist ihnen ebenso zu verdanken wie die Priorisierung des Gesundheits- und Klimaschutzes vor rein ökonomischen Interessen. Hier finden viele Bürger mittlerweile ihre Heimat.

Auch auf europäischer Ebene wurde die direkte Demokratie durch Partizipationsrechte der Bürger gestärkt. Im Lissabonner Vertrag wurde die Europäische

Bürgerinitiative (EBI) als Instrument der politischen Teilhabe in der Europäischen Union eingeführt mit dem Ziel, die demokratische Funktionsweise der Union zu verbessern, indem jedem Bürger ein allgemeines Recht auf Beteiligung am demokratischen Leben eingeräumt wird. Am 10. Mai 2017 hat das Gericht der Europäischen Union den Beschluss der Kommission für nichtig erklärt, mit dem die Registrierung der geplanten Europäischen Bürgerinitiative „Stop TTIP" abgelehnt wurde. (Urteil T-754/14, 10. Mai 2017)

Der neue Protektionismus

Seit 2016 findet eine Rück-Wende in der Globalisierung statt. Der neue US-Präsident Donald Trump verkündete einen amerikanischen Isolationismus. Das transpazifische Freihandelsabkommen TTP hat er ebenso gekündigt wie den Pariser Klimaschutzvertrag. Für die amerikanischen Unternehmen hat er erhebliche Steuersenkungen auf den Weg gebracht, führt Einfuhrzölle auf Stahl und Aluminium ein und droht mit Strafzöllen für deutsche Automobile. Es steht ein globaler Handelskrieg im Raum, der Deutschland und vor allem Bayern massiv treffen würde. Hinzu kommt der Austritt des Vereinigten Königreichs aus der Europäischen Union. Die zweijährige Verhandlungszeit für den Brexit läuft am 29. März 2019 ab, die Übergangsfrist Ende 2020. Etwaige Erschwerungen der Ausfuhr Bayerns würden das exportorientierte Geschäftsmodell der bayerischen Wirtschaft hart treffen. Die USA waren 2016 Bayerns wichtigstes Absatzland, das mit einem Volumen von 20,5 Milliarden Euro allein 11,2 Prozent der Exporte repräsentierte. Auf Großbritannien als drittwichtigstes Ausfuhrland entfielen 2016 mit einem Volumen von 14,9 Milliarden Euro weitere 8,1 Prozent der Exporte.

Das chinesische Zeitalter

Am gravierendsten für die Entwicklung der Globalisierung generell und für das Exportland Bayern im Besonderen ist freilich der Staatskapitalismus in China. 2016 war China nach den USA bereits wichtigster Handelspartner Bayerns mit 15 Milliarden Euro und 8,2 Prozent Exportanteil. Nach dem Rückzug der USA auf einen nationalen Protektionismus ist China auf dem Weg, die bisher von den USA und Europa bestimmte Globalisierung zu dominieren. In den letzten 20 Jahren hat sich ein dramatischer Wandel abgezeichnet. Beim globalen Warenexport war Europa 1995 mit 19,6 Prozent noch führend vor den USA mit 15,7 Prozent, während China nur auf einen Anteil von vier Prozent kam. 2015 führte bereits China mit 17,2 Prozent vor Europa mit 15,4 Prozent und den USA mit 11,4 Prozent. Seit 2010 ist China nach den USA die zweitgrößte Volkswirtschaft der Welt, seit 2014 nach Kaufkraft sogar die größte. (UNCTADstat, 11/2016)

Bei der Digitalisierung beherrschen bisher US-Dienstleister den Weltmarkt mit gigantischen Nutzerzahlen und Marktwerten: Google hatte im März 2017 3,5 Milliarden Nutzer, Amazon 2,0 Milliarden und Apple 800 Millionen. Dann folgt bereits das 1999 gegründete chinesische Unternehmen Alibaba mit 466 Millionen Nutzern. (statista) Die fünf wertvollsten Unternehmen der Welt sind allesamt US-amerikanische Internetkonzerne. Aber die Chinesen folgen bereits auf Platz sieben (Alibaba mit 356 Milliarden US-Dollar) und zehn (Tencent, gegründet 1998, mit 336 Milliarden US-Dollar). Am 21. November 2017 hat der Börsenwert von Tencent den von Facebook erstmals überholt. Zum Vergleich: Das teuerste europäische Softwareunternehmen ist die deutsche SAP AG mit 126 Milliarden US-Dollar auf Rang 56. Aber auch bei der klassischen Produktion vollzieht sich ein fundamentaler Wandel. In der globalen Automobilproduktion war im Jahr 2000 noch Europa mit 32,5 Prozent vor den USA mit 18,5 Prozent und Japan mit 17,4 Prozent führend, während China lediglich von 3,5 Prozent erreicht hat. 2016 führt China mit 28,6 Prozent deutlich vor Europa mit 22,9 Prozent und den USA mit 14,4 Prozent.

Die chinesischen Ambitionen gehen weiter. Im Mai 2015 wurde der Masterplan „Made in China 2025" von der chinesischen Führung unter Präsident Xi Jinping beschlossen. Bis 2025 soll der Anteil chinesischer Hersteller von fortschrittlicher Produktionstechnik und wichtigen Werkstoffen auf dem einheimischen Markt auf 70 Prozent ansteigen. China strebt mit seiner breit angelegten Industriestrategie nach dem Vorbild der Industrie 4.0 Marktführerschaft in Bereichen an, auf denen heute das Wachstum in Deutschland beruht. Informationstechnologie, computergesteuerte Maschinen, Roboter, energiesparende Fahrzeuge und medizinische Geräte gehören ebenso dazu wie Hightech-Ausrüstung für Raumfahrt, See- und Schienenverkehr und vor allem Elektroautos. Im Jahr 2020 sollen in China fünf Millionen Elektrofahrzeuge am Markt sein. Ihr Anteil soll bis 2025 15 bis 20 Prozent der verkauften Neuwagen betragen, bis 2030 sogar 40 bis 50 Prozent. Zugleich ist China dabei, mit der neuen chinesischen Seidenstraße, die bis Duisburg reicht, die Architektur der Weltwirtschaft zu verändern. Das 2013 verkündete Projekt, das die Dominanz des chinesischen Handels weiter ausbauen soll, ist mit einem Aufwand von über einer Billion Euro das größte Infrastrukturprojekt aller Zeiten. Die USA, Australien, Japan und Indien sehen dies als strategische Bedrohung und arbeiten an einer Alternative. (ntv.de, 20. Februar 2018) Europa hat, anders als die USA, keine Antwort, da es bereits jetzt in hohem Maße von China wirtschaftlich und technologisch abhängig ist. China nimmt mit seinen Investitionen zunehmend auch politisch Einfluss auf Länder wie Ungarn und Griechenland und spaltet damit die EU. (Die Presse, 12. Februar 2018)

Um die Technologielücke weiter zu schließen, investieren Chinas Firmen massiv im industrialisierten Ausland. Im Jahr 2016 sind die chinesischen Auslandsinvestitionen sprunghaft um 40 Prozent auf die Rekordhöhe von 180 Milliarden Euro gestiegen. In Europa investierten chinesische Unternehmen mit 35 Milliarden Euro um 77 Prozent mehr als im Vorjahr, davon mit 11 Milliarden Euro fast ein Drittel in Deutschland. Die Übernahme von Kuka mit rund 4,7 Milliarden Euro war der bislang größte Firmenkauf von Chinesen in Europa. Mit dem Bau einer Fabrik für Batteriezellen in Erfurt für drei Milliarden Euro bekommt die chinesische Expansion eine neue Qualität. Spätestens 2049 will China die führende Industriemacht sein. Eine Analyse des Berliner Mercator Instituts für China Studien (Merics), weltweit eines der größten Institute der gegenwartsbezogenen und praxisorientierten Chinaforschung, zeigt, dass die ehrgeizige Strategie erste Früchte trägt – und Industriestaaten wie Deutschland dringend eine Antwort darauf finden müssen. In Bereichen wie Robotik und 3D-Druck könnte China die derzeit führenden Volkswirtschaften und internationale Konzerne erheblich unter Druck setzen. Besonders Ländern wie Deutschland, in denen Hightech-Industrien einen großen Teil zum Bruttoinlandsprodukt beisteuern, droht auf lange Sicht eine Schwächung ihres Wirtschaftswachstums. (Merics 2016)

Integraler Bestandteil der „Made in China"-Strategie ist eine neue chinesische Mauer, der „Great Fire-Wall of China" zur Abschottung des eigenen Marktes für Investitionen Dritter. China gehört weiterhin zu den Ländern mit den stärksten Hürden für den Marktzugang. Ausländische Unternehmen stehen in China seit Jahren vor zahlreichen Hindernissen, darunter Anforderungen für Joint Ventures, Beschränkungen des Marktzugangs, Verpflichtungen zum Technologietransfer und ungerechtfertigte technische Vorschriften. Das betrifft auch die amerikanischen Internetkonzerne. Facebook und Twitter wurden gar nicht erst zugelassen, Google und Ebay haben sich zurückgezogen. Dafür beherrschen einheimische Anbieter den Markt: Tencent für Chatprogramme und Onlinespiele, Alibaba für den Onlinehandel und Baidu für die Onlinesuche.

Darüber hinaus ist Chinas Produktion weiterhin der zentrale Faktor für weltweite Überkapazitäten in der Stahlindustrie und in anderen Industriebereichen. Das gilt nicht nur in den traditionellen energieintensiven Sektoren, sondern zunehmend auch für die Hochtechnologien. In einigen Fällen übersteigen die

chinesischen Überkapazitäten die Größe der gesamten EU-Produktion oder des
gesamten EU-Marktes. Dies birgt das Risiko von Dumping zu unlauteren Preisen sowie die Gefahr erheblicher Marktstörungen in der EU, wie die Kommission in ihrem Bericht über Handels- und Investitionshindernisse vom 23. Juni
2017 feststellt. Durch Dumping und Marktabschottung hat China bereits einen
wesentlichen Grund für den Niedergang der deutschen Solarindustrie gesetzt.

Beim 19. Parteitag der chinesischen KP im Oktober 2017 wurde der Vor-
machtanspruch weiter gefestigt. China hat seine sozialistische Ideologie und das
Machtmonopol der kommunistischen Führung nie aufgegeben. Lediglich beim
Umbau der Wirtschaft hat sich China drei Jahrzehnte lang an Praktiken west-
licher Marktwirtschaften orientiert und den Aufstieg zur weltweit zweitgrößten
Volkswirtschaft erreicht. Im Januar 2017 verteidigte Xi Jinping in seiner Rede in
Davos die wirtschaftliche Globalisierung und den freien Welthandel. Tatsächlich
haben sich aber die Tendenzen hin zu einer staatlich gelenkten und nur selektiv
geöffneten Wirtschaft deutlich verstärkt. In einem „Patriotismus-Dekret" wird
Patriotismus als oberste Pflicht von Unternehmern bestimmt, auch für Unternehmen mit ausländischer Beteiligung. Die Partei soll immer das letzte Wort
bei Geschäftsentscheidungen haben. Auch die gesellschaftliche Öffnung wurde
zurückgedreht. Unter Xi Jinping entwickelt sich China mit Hilfe moderner Informationstechnologien zu einem digitalen Überwachungsstaat. (Merics, China
Update Nr. 16/2017; Merics, Interview 25. Oktober 2017)

Entscheider in Politik und Wirtschaft sollten sich nicht von kurzfristigen
Geschäftschancen täuschen lassen, die „Made in China 2025" für ausländische
Hightech-Hersteller bereithält, heißt es in der Studie weiter. Auch die Bundes-
bank warnt, dass Chinas „Schwenk zu höherwertigen Erzeugnissen" deutsche
Exporteure „verstärkt unter Wettbewerbsdruck setzen" könnte. (Bundesbank,
Monatsbericht 23. Juli 2018) Am Ende geht es der chinesischen Führung darum, ausländische durch chinesische Technologien zu ersetzen. Europa sollte sich
gegen die von staatlichen Akteuren betriebenen Aufkäufe europäischer High-
tech-Unternehmen wehren. (Merics, 2016) Angesichts dieser offenkundigen
Risiken ist es bemerkenswert, dass der Prognos-Bericht für Bayern 2030 Chinas Bedeutung nur als Absatz- und Vorleistungsmarkt sieht und in den strategischen Handlungsempfehlungen des Zukunftsrates der Bayerischen Wirtschaft
die wirtschaftliche und wissenschaftliche Bedeutung Chinas überhaupt nicht
vorkommt. (Prognos 2016; Zukunftsrat 2015) Angesichts des Handelskrieges
mit den USA hat China nunmehr partielle Marktöffnungen versprochen und
auf dem EU-China-Gipfel am 16. Juli 2018 Fortschritte bei den Verhandlungen
über ein Investitionsabkommen und die Gründung einer gemeinsamen Arbeits-

gruppe zur Reform der Welthandelsorganisation (WTO) angekündigt. Ob diese Versprechungen tatsächlich umgesetzt werden, bleibt abzuwarten. (Süddeutsche Zeitung, 17. Juli 2018)

Die chinesischen Führungsambitionen gelten auch für die Wissenschaft. Hier haben chinesische Universitäten und Wissenschaftler schon gewaltig aufgeholt. Lag 2003 die Universität Peking als bestplatzierte chinesische Universität beim Shanghai-Ranking noch auf den nicht weiter differenzierten Rängen 251 bis 300, so findet man heute die Universität Tsinghua auf Rang 58 und die Universität Peking auf Rang 71, im THE-Ranking sogar auf den Rängen 30 und 33 – noch vor dem deutschen Trio Ludwig-Maximilians-Universität München, TU München und Universität Heidelberg. Im Bereich der Ingenieurwissenschaften belegen chinesische Universitäten die Plätze 4, 9, 14, 16, 20 bis 22, 28, 39 und 41 im Shanghai-Ranking, alle zehn vor der TU München als insoweit bester deutschen Universität im Block von 51 bis 75. Auch darauf muss es eine Antwort geben.

Weltweit führend ist China bereits bei den Supercomputern. Von den 500 größten Computern stehen 201 in China, 145 in den USA, 35 in Japan und 20 in Deutschland. Die drei größten deutschen Rechenzentren sind das Höchstleistungsrechenzentrum in Stuttgart auf Rang 19 vor dem Deutschen Klimarechenzentrum in Hamburg auf Platz 42 und dem Leibniz-Rechenzentrum in Garching auf Rang 44. (List of 500 Supercomputer, 13. November 2017) Da ist es erfreulich, dass im Oktober 2018 in Garching der Super-MUC an den Start gehen soll, der nach heutigem Stand die Nummer drei unter den weltweit leistungsfähigsten Rechnern wäre – mit wesentlichen Teilen vom chinesischen Hersteller Lenovo. (muenchen.de, 14. Dezember 2017)

7.2 Technologischer Wandel

Der globale technologische Wandel wird bestimmt durch die Digitalisierung, die Industrie 4.0 und die Elektromobilität – mit teils erheblichem Rückstand für die deutsche Wirtschaft. Günther Oettinger, seinerzeit EU-Kommissar für Digitale Wirtschaft und Gesellschaft, hat das klar ausgesprochen: „Wir haben derzeit keine europäische, keine deutsche, keine eigene digitale Souveränität und zu wenig digitale Autorität. Die zu gewinnen, muss ein Ehrgeiz Europas sein (…) Ein Weckruf dafür ist notwendig. Und wir bieten seitens der Europäischen Kommission an, das Ganze zu koordinieren, zu moderieren und zu erreichen, dass Europa (…) aus dem Tiefschlaf erweckt wird (…), um Wertschöpfung bei uns zu halten, zurückzukehren zu einer digitalen Souveränität und stärkerer digitaler Autorität." (Oettinger 2015)

Digitalisierung

Die Digitalisierung bestimmt als Megatrend sowohl die Zukunft der Dienstleistungen als auch die der Produktion. Dabei zeigt sich deutlich die unterschiedliche Wirtschaftsstruktur in den USA und in Deutschland. Im Dienstleistungsbereich liegt die digitale Kompetenz uneinholbar bei den USA. Die US-Unternehmen Google, Microsoft, Apple, Facebook und Amazon beherrschen den Weltmarkt. Sie breiten sich in immer mehr Geschäftsbereiche aus, vom Lebensmittelhandel bis zur Versicherungswirtschaft. Konkurrenz kommt lediglich aus China. Auch in Deutschland wird der Markt digitaler Dienste weitgehend durch globale Unternehmen aus den USA dominiert. Dank ihrer immensen Finanzkraft beherrschen sie auch die digitale Forschung, indem sie in großem Stil weltweit herausragende Wissenschaftler anwerben und innovative Start-ups aufkaufen. Bei den Suchmaschinen hält Google in Deutschland einen Marktanteil von 94 Prozent, bei den sozialen Netzwerken Facebook von 75 Prozent. Beim Internethandel ist Amazon auch in Deutschland Marktführer. Lediglich bei den E-Mail-Providern liegt der deutsche Anbieter United Internet deutlich vor Google. Wie der Gründer und Vorstandsvorsitzende dieses Unternehmens, Ralph Dommermuth, kritisch feststellt, trägt die Politik eine Mitschuld am Rückstand Deutschlands in der Digitalwirtschaft. Sie unterschätze immer noch die Dramatik der Entwicklung, schaue seit Jahren zu und reagiere viel zu langsam. (Der Spiegel, 18. November 2017) So ist es ein bezeichnender Anachronismus, dass ein Internetanschluss in Deutschland noch immer nicht zur Grundversorgung nach dem Telekommunikationsgesetz gehört.

Während die USA die Digitalisierung seit Mitte der neunziger Jahre zügig vorangetrieben haben, ist die Geschichte der Digitalisierung in der EU von großen Zielen mit enttäuschenden Ergebnissen geprägt. Die Staats- und Regierungschefs hatten im März 2000 in Lissabon beschlossen, Europa bis 2010 zum wettbewerbsfähigsten und dynamischsten wissensbasierten Wirtschaftsraum der Welt zu machen. Nach dem Scheitern dieser Zielsetzung beschloss der Europäische Rat im Juni 2010 eine neue wirtschaftspolitische Strategie, die Eckpunkte der Agenda für die nächste Dekade definiert. Eine der sieben Leitinitiativen von „Europa 2020" ist die „Digitale Agenda für Europa". Danach sollen bis September 2020 alle Haushalte mit 30 Megabit pro Sekunde versorgt sein und 50 Prozent über 100 Megabit erhalten.

Schnelles Internet

Die Europäische Union befürchtet, dass diese Ausbauziele in Deutschland nicht erreicht werden. Im Koalitionsvertrag von 2013 wurde eine flächendeckende Versorgung mit 50 Megabit pro Sekunde bis zum Jahr 2018 angestrebt. Das Ziel von 100 Megabit wurde hierzulande erst gar nicht verfolgt. Am 5. Juli 2017 hat der Europäische Rechnungshof bekannt gegeben, dass er Prüfer nach Deutschland, Irland, Ungarn, Polen und Italien schickt. Die Prüfungsergebnisse werden voraussichtlich 2018 veröffentlicht. Der Rückstand Deutschlands beruht vor allem auf einer verfehlten Investitionspolitik. Entsprechend dem Geschäftsmodell der Deutschen Telekom wurde auf die Übergangstechnologie Kupferkabel statt auf die Zukunftstechnologie Glasfaseranschluss gesetzt. Das von der Telekom angebotene Vectoring als Aufrüstung für die Kupferleitungen ist nur eine Zwischenlösung. Es kann zwar eine Erweiterung bis 100 und teilweise bis 250 Megabit pro Sekunde bewirken, nicht aber das nunmehr angestrebte Gigabit. Ergebnis ist, dass in Estland 73 Prozent der Haushalte an ein Glasfaserkabel angeschlossen sind, in Deutschland jedoch nur 6,6 Prozent. Bei der Versorgung mit Glasfaseranschlüssen belegt Deutschland im OECD-Vergleich Platz 28 von 32. So haben mittlerweile in Schweden 56 Prozent, in Spanien 53 Prozent und in der Schweiz immerhin 27 Prozent aller Haushalte einen Glasfaseranschluss.

Im September 2016 hat die EU-Kommission die Ziele der Digitalen Agenda von 2010 erheblich ausgeweitet. Nunmehr sollen bis 2025 drei Ziele erreicht werden:

– Bereiche wie Schulen, Hochschulen, Forschungszentren, Verkehrs-Knotenpunkte, Anbieter öffentlicher Dienste wie Krankenhäuser und Verwaltungen sowie Unternehmen, die sich in hohem Maße auf Digitaltechnik stützen, sollen eine Internetanbindung von einem Gigabit pro Sekunde haben.

– Alle europäischen Privathaushalte sollen, unabhängig davon, ob sie sich auf dem Land oder in der Stadt befinden, einen Internetanschluss mit einer Empfangsgeschwindigkeit von mindestens 100 Megabit pro Sekunde haben, die auf Gigabit-Geschwindigkeit aufgerüstet werden kann.

– Alle Stadtgebiete sowie alle wichtigen Straßen- und Bahnverbindungen sollen durchgängig mit einer 5G-Anbindung versorgt werden.

Daraufhin hat die Bundesregierung den Aufbau von Gigabit-Netzen angekündigt. In der am 12. März 2017 mit den Netzbetreibern vorgestellten „Zukunftsoffensive Gigabit-Deutschland" sollen 100 Milliarden Euro gezielt in Glasfaser-Infrastrukturen investiert werden, um bis 2025 in Deutschland ein hochleistungsfähiges Breitbandnetz zu ermöglichen. Bundeskanzlerin Angela Merkel (CDU) betonte im Sommer 2017, dass man längst im Gigabit-Bereich denken müsse, wenn man es mit dem Internet der Dinge, dem autonomen Fahren oder der Telemedizin ernst nehmen wolle. Das gilt vor allem für die Industrie 4.0.

Industrie 4.0

„Industrie 4.0 ist eine Revolution, die die 2020er-Jahre bestimmen wird. Sie wird ganze Geschäftsmodelle und die Industrie weltweit verändern. (…) Industrie 4.0 ist die Schicksalsfrage der deutschen Industrie." (Joe Kaeser, 12. April 2015).

Nachdem die USA das Internet der Dienste unaufholbar beherrschen, setzt die deutsche Wirtschaft auf das Internet der Dinge. Die Digitalisierung der Produktion durch Verschmelzung von Informations- und Kommunikationstechnologie mit den klassischen Disziplinen von Maschinenbau und Elektronik bietet die Chance, die Stärke des verarbeitenden Gewerbes weiter auszubauen. Während in den USA und auch in den meisten Ländern Europas die industriellen Kapazitäten zu Gunsten des Dienstleistungsbereichs seit dem Jahr 2000 deutlich zurückgefahren wurden, hat Deutschland den Produktionsanteil seither gehalten und Bayern sogar ausgebaut. So liegt der Industrieanteil in Frankreich und Großbritannien nur noch bei 19 Prozent, während er in Deutschland 30,5 Prozent erreicht. In Bayern ist der Anteil des verarbeitenden Gewerbes an der Bruttowertschöpfung von 31,5 auf 32,3 Prozent angestiegen mit den Schwerpunkten Maschinen- und Automobilbau. (statista und Landesamt für Statistik Bayern, jeweils einschließlich Baugewerbe)

Die Digitalisierung der Industrie steht unter dem Leitbegriff Industrie 4.0, der auf ein gleichnamiges Projekt von 2011 in der High-Tech-Strategie der Bundesregierung zurückgeht. („BMBF Industrie 4.0") Er beschreibt die vierte Entwicklungsstufe der industriellen Produktion nach Dampfkraft, Fließband und elektronischer Steuerung. Ziel ist die vollständige Digitalisierung vom Entwurf eines Produkts über die gleichzeitige Planung der Fertigung bis zur digitalen Fabrik mit Millionen von Sensoren. Die Siemens AG spielt hier eine Schlüsselrolle als Weltmarktführer bei Industrieautomatisierung und Industriesoftware. Der Erfolg der Industrie 4.0 ist abhängig von der Weiterentwicklung der Sensorik, Robotik, Steuerungstechnik und künstlicher Intelligenz, vor allem aber vom Ausbau der Breitbandnetze. (Düll 2016: 7 ff.)

Die Digitalisierung bedeutet für Deutschlands Industrie einen radikalen Strukturwandel mit erheblichen Chancen und Risiken. Sie könnte bis 2025 ein

zusätzliches kumuliertes Wertschöpfungspotenzial von 425 Milliarden Euro eröffnen, für Europa sogar von 1,25 Billionen Euro. Misslingt die digitale Transformation, würde die europäische Industrie allerdings in diesem Zeitraum bis zu
605 Milliarden Euro einbüßen. (Roland Berger, 2015) McKinsey sieht Deutschland hier schon im Verzug. (McKinsey 2017) Auch hier gibt es einen globalen
Wettbewerb mit den USA und China als wichtigsten Konkurrenten. China ist
dabei, in seinem Projekt „Made in China 2025" das deutsche Modell der Industrie 4.0 zu kopieren und kauft dafür High-Tech-Unternehmen wie Kuka ein.
Die USA setzen einen anderen Schwerpunkt, indem sie in erster Linie die Big
Data-Kompetenz ihrer Internetkonzerne und die Fähigkeiten des 3D-Drucks für
innovative Produktionsprozesse einsetzen. Auch ihnen helfen dabei Übernahmen
wie von Concept Laser in Oberfranken.

Elektromobilität

Ein epochaler Wandel betrifft auch die Automobilindustrie, die Schlüsselindustrie für Deutschland, die in besonderem Maße von der Globalisierung profitiert,
aber auch von ihr abhängt. 2016 verbuchten allein Volkswagen, Daimler und
BMW einen weltweiten Umsatz von 404,6 Milliarden Euro. Davon wurden mit
256,3 Milliarden rund zwei Drittel im Ausland verdient. Einschließlich der Zu-
lieferbetriebe sichert die Automobilindustrie in Deutschland rund 1,1 Millionen
Arbeitsplätze.

   Die Zukunft dieser Schlüsselbranche hängt davon ab, wie sie den Umbruch zu
den Zukunftstechnologien Elektromobilität und autonomes Fahren bewältigt.
Bei der Entwicklung des autonomen Fahrens, die ihren Schwerpunkt bei Inter-
netkonzernen wie Google und Intel im Silicon Valley hat, ist Deutschland nach
einer Studie vom Roland Berger gemeinsam mit den USA führend. (Süddeutsche
Zeitung, 30. März 2017) Bei der Elektromobilität hingegen steht Deutschland
erst an vierter Stelle. (Roland Berger 2017) Hier sind China und die USA vor Japan heute (Mitte 2017) vorne. (statista) Obwohl die deutsche Automobiltechnik
schon in den siebziger und achtziger Jahren des 20. Jahrhunderts Pionierleistun-
gen beim Elektroantrieb wie beim autonomen Fahren erbracht hat, hat sie amerikanischen und asiatischen Unternehmen das Feld überlassen. Der japanische
Toyota Prius war schon im Jahr 2000 das erste serienmäßige Hybridauto weltweit, das Modell S von Tesla Motors aus Kalifornien das erste straßentaugliche
reine Elektroauto, das bereits 2011 in Serie produziert wurde.

   Hauptursache des deutschen Rückstands in der Elektromobilität ist das starre
Festhalten am Dieselmotor – mit nahezu allen Mitteln, vom Betrug bis hin zu Ver-

suchen an Affen und Menschen. Lange wurde die Dynamik der Elektromobilität verkannt, die aus der globalen Notwendigkeit resultiert, Menschen und Umwelt vor giftigen Abgasen zu schützen, und aus dem vergleichsweise einfachen Einstieg für neue Hersteller in diese Technologie. Der konventionelle Antriebsstrang mit Motor und Getriebe ist mit einer erheblichen Entwicklungskompetenz verbunden. Beim Elektroantrieb können sich auch Firmen, die keine jahrzehntelange Erfahrung mit dem Autobau haben, wie Tesla Motors, aber auch die Deutsche Post mit dem Street-Scooter, der von der Rheinisch-Westfälischen Technischen Hochschule (RWTH) Aachen entwickelt wurde, erfolgreich am Markt positionieren.

Erst die Aufdeckung des größten Betrugsfalls der Automobilgeschichte bei Fahrzeugen von VW und Audi der Baujahre 2009 bis 2015 durch die US-Umweltschutzbehörde EPA am 18. September 2015 brachte die Wende. Ohne diesen Weckruf hätte die deutsche Automobilindustrie die Herausforderung der Elektromobilität nicht mit der jetzt angekündigten Konsequenz aufgegriffen. Die Manipulationen kosteten die betroffenen Unternehmen bisher über 25 Milliarden Euro, die für Zukunftsentwicklungen fehlen. Zugleich wurden wertvolle Jahre im globalen Wettbewerb um den Antrieb der Zukunft verspielt. Dieser Markt wird mittlerweile von China beherrscht. China versteht die Elektromobilität als strategische Zukunftstechnologie, die nicht nur bei der Lösung der drängenden Umweltprobleme in den großen Städten hilft. Sie verschafft dem Land auch einen technologischen Vorsprung, indem eine auslaufende Technologie übersprungen wird.

Den chinesischen Herstellern kommt die relativ einfache Technologie des Elektroantriebs zugute. Sie ersparen sich die weitaus komplexere Entwicklung von Verbrennungsmotoren. Dementsprechend führt bei den Herstellern von Elektrofahrzeugen das chinesische Unternehmen BYD mit einem Weltmarktanteil von 13 Prozent vor Tesla Motors mit neun Prozent. BMW liegt mit sieben Prozent auf dem dritten Platz, Volkswagen mit fünf Prozent auf Platz sechs. Daimler kommt nur auf Platz 15. (McKinsey, Wirtschaftswoche 4. März 2017) Der weltweite Bestand an Elektroautos stieg von Anfang 2016 auf Anfang 2017 um 700000 auf über zwei Millionen. (IEA 2017: 12, einschließlich Plug-in-Hybride). Im Jahr 2017 wurden in China 777000 Fahrzeuge mit Elektroantrieb verkauft, in den USA 194000, in Norwegen 62000 und in Deutschland 54000. Derzeit haben Elektro-Fahrzeuge in China einen Marktanteil von 2,7 Prozent und in den USA von 1,1 Prozent. In Europa hat Norwegen mit 39 Prozent die höchste Marktquote, weit dahinter Großbritannien mit 1,9 und Frankreich mit 1,7 Prozent. Deutschland hat mit 1,6 Prozent die Quote des Vorjahres von 0,75 Prozent verdoppelt. (CAM, Focus Online 19. Januar 2018)

Nachdem China als der weltgrößte Automarkt mit knapp 30 Millionen Neu-
zulassungen pro Jahr am 29. September 2017 die Entscheidung verkündet hat,
2019 eine Quote für Elektromobilität einzuführen, ist die Frage nach der künftigen Antriebstechnik entschieden. Es kommt eine Technologie wieder zum Zug,
die bereits vor über 100 Jahren den Markt beherrscht hat. In der Anfangszeit des
Automobils standen Dampf, Öl und Elektrizität in scharfer Konkurrenz zueinander. So waren um 1900 rund 38 Prozent aller in den USA gefahrenen Automobile Elektrowagen, in New York sogar 50 Prozent. 40 Prozent der Automobile
wurden damals mit Dampf betrieben und nur 22 Prozent fuhren mit Benzin.
Der frühe Elektroantrieb scheiterte jedoch an der geringen Kapazität der damaligen Batterien. (PresseBox, 24. Januar 2011)

Nach wie vor ist die Batterietechnik der entscheidende Erfolgsfaktor für die
Elektromobilität. Auf die Batterie entfallen etwa 40 Prozent der Wertschöpfung
eines Elektroautos. Die Batteriezelle repräsentiert 80 Prozent des Wertes der Batterie. Sie ist maßgebend für Reichweite, Kosten, Ladedauer, Lebensdauer und
Qualität. Während die Zellproduktion in China und den USA massiv ausgebaut
wird, wurde sie in Deutschland 2016 eingestellt. Deutsche Automobilhersteller
beziehen die Zellen aus Asien. Mittlerweile baut ein chinesisches Unternehmen
in Thüringen eine Batteriezellenfabrik für BMW. Das bedeutet technologische
und wirtschaftliche Abhängigkeit. „Wir brauchen europäische Souveränität bei
Schlüsseltechnologien. Die Batteriezelltechnik ist einer der wichtigsten Differen-
zierungsfaktoren bei der Elektromobilität. Wenn Deutschland Premiumherstel-
ler bleiben will, brauchen wir eine eigenständige Fertigung für Batteriezellen."
(Bundeswirtschaftsministerium, Pressemitteilung 11. Oktober 2017)

Nach langem Zögern haben die drei großen deutschen Hersteller jedenfalls angekündigt, Batteriezellen selbst entwickeln zu wollen: Daimler in Kamenz, Volkswagen in Salzgitter und BMW in München. Die Herstellung der Zellen wird weiterhin asiatischen Produzenten überlassen. Entscheidend wird sein, ob es gelingt,
die Feststoffbatterie als nächste Generation des Energiespeichers in Deutschland
zur Marktreife zu bringen mit größerer Reichweite, kürzerer Ladezeit und geringeren Kosten. Anfang 2016 startete das vom Bundesforschungsministerium
geförderte Verbundprojekt „Festelektrolyte als Enabler für Lithium-Zellen in automobilen Anwendungen" (FELIZIA), an dem unter anderem die TU München
und BMW beteiligt sind. (iwb 2/2016) Ziel des auf drei Jahre angelegten Forschungsprojektes ist ein Konzept zur Zellherstellung für Festkörperbatterien im
großindustriellen Maßstab. Toyota will diese Speichertechnik bis 2022 serienreif
machen. Nunmehr soll an der Universität Bayreuth ein Forschungs- und Entwicklungszentrum für Batterietechnologie entstehen. (Söder 2018)

Bei der künftigen Entwicklung wird nicht nur China zu beachten sein. Der VW-Konzern sieht in Tesla Motors den Schrittmacher und wichtigsten Konkurrenten in der Elektromobilität. Herbert Diess, nunmehr Vorstandsvorsitzender des VW-Konzern: „Wir fokussieren uns im künftigen Wettbewerb sehr stark auf Tesla." (Süddeutsche Zeitung 17. Oktober 2017) Mit Tesla Motors beweist das Silicon Valley wieder einmal, wie Erfindungen in kurzer Zeit erfolgreich umgesetzt werden. Das erst im Juli 2003 im Silicon Valley gegründete Unternehmen hat im April 2017 an der Börse den US-Traditionskonzern Ford überholt, obwohl der Hersteller im Vergleich winzig ist. Das Unternehmen wurde am Markt mit 47,6 Milliarden US-Dollar (44,7 Milliarden Euro) bewertet. (euronews 30. März 2017) Der Visionär Elon Musk hat mit PayPal das Bezahlen im Internet neu gestaltet, sein Raumfahrtunternehmen SpaceX ist aktuell das weltweit einzige Unternehmen, das ein Raumschiff mit großer Nutzlast wieder auf die Erde bringt, und mit dem Projekt Hyperloop, an dem die TU München beteiligt ist, will er die Transportsysteme revolutionieren. Mit Tesla Motors treibt er jetzt die Autoindustrie technologisch voran. Dass es dabei auch zu Rückschlägen und Verzögerungen kommt, gehört zum Fortschritt. Auch Henry Ford war vor dem Modell T zweimal gescheitert.

7.3 Spaltung der Gesellschaft

Anfang der neunziger Jahre beginnt auch der Aufstieg des Rechtspopulismus in Europa, der unter dem Eindruck der globalen Finanz- und Wirtschaftskrise weiteren Zulauf bekommen hat. In den letzten Jahren hat diese Bewegung einen neuen Höhepunkt erreicht. In Österreich hat der Kandidat der Freiheitlichen Partei Österreichs (FPÖ) nur knapp das Amt des Bundespräsidenten verfehlt; die FPÖ ist jetzt Partner einer Regierungskoalition mit der Österreichischen Volkspartei (ÖVP). In Großbritannien hat sich eine Mehrheit der Wähler entsprechend dem Aufruf der rechten UK Independence Party (UKIP) 2016 für den Brexit entschieden. In Frankreich hat die Kandidatin des Front National 2017 bei der Präsidentschaftswahl 34 Prozent der Stimmen erzielt. Im gleichen Jahr wurde in der Parlamentswahl der Niederlande die Partei für die Freiheit (PVV) zweitstärkste Kraft. In Ungarn hat der nationalkonservative Bürgerbund Fidesz nach der Wahl vom April 2018 zusammen mit der rechtsextremen Partei Jobbik wieder eine Zweidrittelmehrheit. Italien wird seit Anfang Juni 2018 von einer rechtspopulistischen und europakritischen Regierung geführt. Die „Krönung" des Rechtspopulismus war die Wahl von Donald Trump zum Präsidenten der

USA im November 2016. Dabei gibt es nicht „den" Rechtspopulismus, er hat in jedem Land andere Ursachen und Ausprägungen: in Frankreich die Parallelgesellschaften der Vorstädte („banlieues"), in Osteuropa die Transformation einer kommunistischen in eine kapitalistische Gesellschaft. (Ther 2016) Gemeinsam ist allen diesen Bewegungen die Abschottung vor der Globalisierung, der Rückzug auf das Nationale und das Versprechen, dass es dem eigenen Volk dann besser gehen werde als in einer offenen Welt. Populisten haben einfache Lösungen für komplexe Probleme, propagieren den Antagonismus von Volk und Elite und beanspruchen für sich, die wahre Stimme des Volkes zu sein.

In Deutschland kam der Rechtspopulismus mit den 1983 gegründeten Republikanern auf. Diese Partei erreichte bei der Europawahl 1989 bundesweit 7,1 Prozent der Stimmen, in Bayern mit 14,6 Prozent mehr als doppelt so viel. 1990 verfehlten die Republikaner mit 4,9 Prozent nur knapp den Einzug in den bayerischen Landtag. Bei den Landtagswahlen 1994 und 1998 erzielten sie nur noch 3,9 beziehungsweise 3,6 Prozent. Danach wurden sie bedeutungslos. Erst 2013 kam es mit der zunächst euroskeptischen und rechtsliberalen Alternative für Deutschland (AfD) wieder zur Gründung einer rechtspopulistischen Partei mit Offenheit zum Rechtsextremismus. Sie ist seit 2014 in 14 Landtage eingezogen und mit der Bundestagswahl vom 24. September 2017 mit über 90 Abgeordneten in den Deutschen Bundestag. Mit 12,6 Prozent der Stimmen ist sie drittstärkste politische Kraft in Deutschland und nimmt in Umfragen weiter zu.

Wesentlicher Nährboden für den Aufstieg des Rechtspopulismus in den letzten Jahren ist die im Zuge der Globalisierung gewachsene Kluft zwischen Arm und Reich und die damit verbundene Unsicherheit über die eigene Zukunft und die der Nachkommen. Zehn Prozent der Menschen verfügen heute über 90 Prozent des globalen Vermögens. Die Spaltung zeigt sich nicht nur im Auseinanderdriften von Entwicklungs- und Industrieländern. (dazu Prognos 2014) Auch in Deutschland leben viele Menschen in sehr bescheidenen Verhältnissen, trotz einer umfassenden Grundsicherung. Die Durchschnittsrente vieler älterer Menschen, und gerade von Frauen auf dem Lande, liegt bei 650 Euro, wie Bundesminister Gerd Müller berichtet. (Müller 2017: 151) Die soziale Ungleichheit ist heute ein zentrales Problem der westlichen Gesellschaft. *„Es geht um das gebrochene Versprechen des american dream, genauso wie in Deutschland das Versprechen der sozialen Marktwirtschaft gebrochen wurde"*, wie Marcel Fratzscher, Präsident des arbeitgebernahen Deutschen Instituts für Wirtschaftsforschung (DIW), feststellt. Wohlstand für alle hatte Ludwig Erhard postuliert. Obwohl Deutschland wirtschaftlich einer der größten Globalisierungsgewinner ist, hat die soziale Ungleichheit zugenommen.

„Deutschland ist heute eines der ungleichsten Länder in der industrialisierten Welt." (Fratzscher 2016) In keinem anderen Land der Europäischen Union ist das Vermögen derart ungleich verteilt, und in kaum einem anderen Land haben Kinder aus sozial- und einkommensschwachen und bildungsfernen Familien geringere Bildungs- und Aufstiegschancen. 70 Prozent der Kinder von Akademikern gehen zur Universität, aber nur 20 Prozent der Kinder von Nicht-Akademikern. (Fratzscher 2016) Deutschland hat eine Gesellschaft, in der es (noch) zwei Dritteln gut geht, einem Drittel aber nicht. Die Gesellschaft ist nicht durch die AfD gespalten; diese Partei zeigt die Spaltung auf, sie nutzt sie und vertieft sie weiter.

Für alle sichtbar wurde die Spaltung mit der Öffnung der Grenze im Herbst 2015 und dem unkontrollierten Zuzug von mehr als einer Million Migranten. Alexander Gauland hat die Flüchtlingskrise als Geschenk für seine Partei bezeichnet. „Natürlich verdanken wir unseren Wiederaufstieg in erster Linie der Flüchtlingskrise." (Der Spiegel, 12. Dezember 2015) Sie war ein Katalysator, der aufgezeigt hat, wie wenig die Eliten in Deutschland über die Lebensumstände und sozialen Probleme ihres eigenen Volkes wissen. Nicht nur, dass weder das Parlament noch gar das Volk in Deutschland gefragt wurde, ob es mit dieser fundamentalen Entscheidung mit Gesamtkosten von über 30 Milliarden Euro pro Jahr (Gerd Müller, zitiert in Neue Zürcher Zeitung, 15. September 2017) überhaupt einverstanden war, von den europäischen Nachbarn ganz zu schweigen. Die Lasten dieser Entscheidung wurden auch in erster Linie denen aufgebürdet, die ohnehin nicht zu den Stärksten im Lande gehören: Es geht um ihre Lebensumstände, ihren Lebensraum, ihre soziale Sicherheit, ihre Wohnraumknappheit, die Schulen ihrer Kinder, nicht um die der Eliten in Deutschland. Offenbar kennen manche Regierende die Realität ihres Volkes nicht mehr. Ein Beispiel dafür ist, wenn der Vorschlag als „erbarmungswürdig" bezeichnet wird, nicht nur für Flüchtlinge, sondern auch für Sozialprojekte für die eigenen Bürger Milliarden in die Hand zu nehmen, um deren Lebensumstände zu verbessern und die Konkurrenzsituation zu minimieren. (Der Spiegel, 27. Februar 2016) Gleiches gilt, wenn einer Putzfrau empfohlen wird, sie möge doch ihre Rente durch Beiträge zur Riesterrente aufbessern (Süddeutsche Zeitung, 15. September 2017) oder wenn Menschen, die drei Mini-Jobs brauchen, um einigermaßen überleben zu können, vorgehalten wird, sie hätten eben etwas Ordentliches lernen sollen. (faz.net, 4. Juli 2017) Dazu gehört auch die Ansicht, Hartz IV sichere über das Existenzminimum hinaus soziale Teilhabe und Chancengerechtigkeit (welt.de, 13. März 2018) und es sei Ausdruck einer Vollkasko-Mentalität, wenn selbstgenutztes Wohneigentum von Hartz IV-Beziehern stärker verschont werden soll. (welt.de, 15. April 2018) Das alles bestätigt nur die Distanz zwischen politischen

Eliten und Volk, die von den Rechtspopulisten angeprangert wird. Und den Vorwurf einfacher Lösungen für komplexe Fragen muss sich auch eine Regierung gefallen lassen, wenn sie ihre Entscheidungen als alternativlos deklariert und damit einem demokratischen Diskurs entzieht.

Das macht es der AfD leicht, sich als die wahre Vertretung des Volkes zu gerieren. Sie beansprucht nicht nur eine Politik gegen Migranten, sondern behauptet auch, die sozialen Anliegen der Menschen in Deutschland zu vertreten, die zu den Globalisierungsverlierern gehören. Die Partei erklärt, dass die Wirtschaft für die Menschen da ist und nicht die Menschen für die Wirtschaft. Sie bekennt sich zum Wohlstand für alle und kritisiert den zunehmenden Anteil der prekären Beschäftigungsverhältnisse. Sie fordert, die Benachteiligung von Familien zu beseitigen, die hohe Kinderarmut und die drohende Altersarmut zu bekämpfen. Zur Grundsicherung im Alter stellt sie fest: Wer gearbeitet hat, muss später mehr haben. Die AfD will dafür sorgen, dass durch Arbeitsleistung und andere anrechenbare Zeiten, zum Beispiel Erziehungszeiten, erworbene Rentenansprüche mit einem angemessenen Aufschlag zur Grundsicherung Berücksichtigung finden. Sie befürwortet, dass der Arbeitgeberanteil zur Kranken- und Pflegeversicherung wieder auf die gleiche Höhe wie der Arbeitnehmeranteil festgelegt wird. (AfD, Wahlprogramm 2017) Das alles kann sie behaupten und fordern, ohne es umsetzen zu müssen. Die AfD ist nicht der Anwalt der kleinen Leute, sondern eine neoliberale und nationalistische Partei.

Die Analysen der Bundestagswahl vom 23. September 2017 haben bestätigt, dass es keine monokausale Erklärung für den Wahlerfolg der Rechtspopulisten gibt. Der Schwerpunkt der Sozialstruktur ihrer Wähler liegt auf der mittleren und unteren Schicht. Die Partei wird als Projektionsfläche sehr unterschiedlicher Wünsche, Bedürfnisse und Themen wahrgenommen. Gemeinsamkeiten drücken sich in einer Grundstimmung aus, dass sie „nicht gehört" und „ausgegrenzt" würden. Die erwartete Verschlechterung der eigenen Situation wird teils generalisiert durch Verweis auf die Globalisierung, teils konkretisiert durch Verweis auf die Zuwanderung. Angst, Verunsicherung und Kontrollverlust werden mit dem Gefühl gekoppelt, „alles wird schlechter". Während die Wähler der Union durch Optimismus und Zukunftszuversicht geprägt sind, dominieren Angst und Untergangsszenarien bei den Anhängern der AfD. Nach Ansicht der Konrad-Adenauer-Stiftung ist dies vermutlich ein Resultat langfristig aufgestauter vielfältiger Frustrationen, die durch die Flüchtlingskrise erst manifest wurden. (Konrad-Adenauer 2017)

Die Bertelsmann-Stiftung stellt in ihrer Analyse fest, dass die AfD in der Parteienlandschaft ein Alleinstellungsmerkmal hat: Nahezu zwei Drittel ihrer Wähler (65 Prozent) sind skeptisch gegenüber der Modernisierung. Mit einem Anteil von 28 Prozent ist sie am stärksten im sozial prekären Milieu verankert. In keinem anderen Milieu sind der Erosionsprozess der etablierten Parteien und die Dominanz der Nicht- und Protestwähler soweit fortgeschritten wie hier. Beim Kampf um das Milieu der „Bürgerlichen Mitte" macht die AfD der Studie zufolge vor allem der Union Konkurrenz. In dieser Gruppe haben die Rechtspopulisten mit 20 Prozent der Stimmen rund 15 Prozent hinzu gewonnen, während die Union dort genauso viel eingebüßt hat. (Bertelsmann, 6. Oktober 2017) Damit bricht auch die Mitte der Gesellschaft auseinander, denn auch dort gibt es Gewinner und Verlierer. Zudem ist es der AfD gelungen, neben Asyl auch andere Themen des konservativen Lagers zu besetzen. Ein großer Teil ihres Wahlprogramms deckt sich mit Vorstellungen der etablierten Parteien. „Die AfD verschwindet nicht, wenn die Flüchtlinge verschwinden", sagt der Sozialwissenschaftler Alexander Häusler. (Süddeutsche Zeitung, 2. Juli 2016) „Das Thema Migration wird uns noch Jahre, wenn nicht Jahrzehnte beschäftigen", hat Bundesinnenminister Thomas de Maizière bei der Bekanntgabe der Asylzahlen für 2017 erklärt. (ZDF, videotext 16. Januar 2017) Umso wichtiger wird es sein, sich für die Bürger einzusetzen, die aus dem Blickfeld der etablierten Parteien geraten sind, und ihre sozialen Lebensumstände und Zukunftsperspektiven zu verbessern.

Noch kann es gelingen, die Spaltung der Gesellschaft aufzuhalten. Der Parteibildungsprozess der AfD steht erst am Anfang. Nur 40 Prozent ihrer Wähler haben sie aus Überzeugung gewählt, die Mehrheit von 60 Prozent aus Enttäuschung über die etablierten Parteien. Es genügt aber nicht, die Partei als rassistisch oder nationalistisch anzugreifen oder sich ihrer Sprache zu bedienen. Wie der Passauer Politikwissenschaftler Michael Weigl feststellt, ist die Diskreditierung rechter Parolen heute nicht mehr im gleichen Maße vorhanden. Die Grenzen zwischen rechtsextrem und rechtskonservativ sind fließender geworden. (Süddeutsche Zeitung, 2. Juli 2016)

Das Problem der Migration kann letztlich nur durch wirksame Bekämpfung der Fluchtursachen gelöst werden. (Müller 2017: 44) Ebenso kann der Spaltung des eigenen Volkes nur dadurch begegnet werden, dass die Ursachen der Spaltung bekämpft werden, die in der tatsächlichen oder gefühlten Benachteiligung eines wachsenden Teils der Bevölkerung liegen. „Wir dürfen niemand am Wegrand stehen lassen, der unsere Hilfe und Unterstützung braucht, wir haben eine soziale Verantwortung" hat Edmund Stoiber festgestellt. (Stoiber 2012: 306) Die soziale Marktwirtschaft bedarf einer sozialen Renaissance. Dazu ist über einzelne Korrekturen hinaus eine grundlegende Abkehr von einem angeblich alternativlosen Neoliberalismus erforderlich, für den die Freiheit des Kapitals oberste

Maxime ist, während der Mensch zum bloßen „Humankapital" verkommt. Es steht im Widerspruch zur rechtsstaatlichen Demokratie, dass der Markt alle Regeln vorgibt und der Staat zu einem sozialen Reparaturbetrieb für die Verlierer des Marktes verkümmert. Und es ist mit der Menschenwürde nicht vereinbar, wenn Dienste am Menschen, wie sie von Hebammen, Krankenschwestern und Altenpflegern erbracht werden, deutlich geringer entlohnt werden als Dienstleistungen für das Kapital. Das ist nicht nur eine Frage der Tarifpartner.

Horst Seehofer hat die Problemstellung auf den Punkt gebracht: „Das Projekt der Globalisierung, das sich in den wirtschaftlichen Eliten im wahrsten Sinne des Wortes positiv ausgezahlt hat, ist zum überragenden politischen Problem der kleinen Leute geworden. Den immensen wirtschaftlichen Vorteilen einiger weniger stehen mehr denn je tägliche Verunsicherungen und Ängste von Millionen von der Globalisierung Betroffener gegenüber. Zusammenhalt ist damit eine der wichtigsten Antworten auf das Votum der Wähler". (Frankfurter Allgemeine Zeitung, 29. April 2018)

Kapitel 8:

Eine neue Zukunftsoffensive?

Die Offensive Zukunft Bayern hat wesentlich dazu beigetragen, die Herausforderungen zu bewältigen, die sich Ende des vergangenen Jahrhunderts für Bayern gestellt haben. Sie hatte den Anspruch, Zukunftspolitik auch für morgen und übermorgen zu sein. Damit stellt sich die Frage, ob und wie eine neue Offensive, die sich am damaligen Konzept ausrichtet, helfen könnte, den Freistaat auch unter den veränderten Rahmenbedingungen zukunftsfest zu machen. Die Herausforderungen, vor denen die Staatsregierung vor 25 Jahren stand, sind in manchen Punkten durchaus vergleichbar mit der heutigen Situation. Damals wie heute war es eine Zeitenwende historischer Dimension. Seinerzeit wurde aus der bipolaren eine monopolare Weltordnung, die seither von den USA und der kapitalistischen Globalisierung beherrscht wird. Technologisch begann das ebenfalls von den USA dominierte Zeitalter der Digitalisierung. Bayern war ins Zentrum Europas gerückt, mit allen damit verbundenen Chancen und Risiken. Der Freistaat stand vor der dreifachen Herausforderung, Migration, Arbeitslosigkeit und technischen Wandel zu bewältigen und zugleich eine Spaltung der Gesellschaft durch die rechtsextremen Republikaner abzuwehren. Die Umfragen für die Regierungspartei waren 1993 auf unter 40 Prozent gesunken – und in gut einem Jahr standen Landtagswahlen an. Der Verlust der absoluten Mehrheit und damit der Gestaltungsmacht drohte.

25 Jahre später ist es der Rückzug der USA von der Weltpolitik, der zum Ende der monopolaren Weltordnung führt. Europa ist durch den Brexit geschwächt, während Russland nach der Aggression in der Ukraine wieder als Großmacht auftritt. Die USA stellen mit der Doktrin „America first" den freien Welthandel in Frage und beginnen einen globalen Handelskieg. Der eigentliche Dominator ist freilich China, das wirtschaftlich, politisch und militärisch immer mehr eine Führungsrolle einnimmt. Die neoliberale Globalisierung wird zunehmend in Frage gestellt: einmal durch die Initiativen, zu einer fairen und gerechten Globalisierung zu kommen, zum andern durch den amerikanischen Protektionismus und den chinesischen Staatskapitalismus. Europa ist in dreifacher Weise von den anderen Akteuren abhängig: Bei der Digitalisierung von Internetriesen der USA, bei der klassischen Industrie vom chinesischen Markt und bei der Energieversorgung zunehmend von russischem Gas. In dieser veränderten globalen Situation

steht der Freistaat heute wieder vor der Herausforderung, Migration und technischen Wandel zu bewältigen; an die Stelle von Arbeitslosigkeit ist die zunehmende atypische Arbeit getreten. Den Platz der Republikaner hat heute die weitaus
mächtigere AfD eingenommen, die sich bereits in 14 Landtagen und im Deutschen Bundestag etabliert hat, und die eine andere Republik will. Wie 1993 steht
die Regierungspartei in Bayern unter 40 Prozent, jetzt nicht nur in Umfragen,
sondern in einer Bundestagswahl. Und wieder stehen Landtagswahlen bevor.

Seinerzeit ist die Staatsregierung dieser Herausforderung in zweifacher Weise
begegnet: Auf Bundesebene durch das Vorantreiben eines Asylkompromisses, auf
Landesebene mit dem übergreifenden Konzept der Offensive Zukunft Bayern
als Initiative für den Zusammenhalt der Gesellschaft. Natürlich kann ein solches Konzept nicht einfach repliziert werden. Aber wesentliche Zielsetzungen
und Grundsätze können auch und gerade für die Lösung der aktuellen Probleme
hilfreich sein. Die wirtschaftlich und wissenschaftlich deutschland- und europaweit herausragende Entwicklung des Freistaates besitzt alle Voraussetzungen
dafür, auch die neuen Herausforderungen erfolgreich zu meistern – mit Mut
für die Zukunft. Es geht um mehr als nur um ein Arbeitsprogramm für eine Legislaturperiode, es geht um ein Zukunftskonzept, eine konkrete Vision für den
politischen Horizont von 2025. Das ist das Jahr, auf das viele Programme und
Prognosen abzielen wie „Made in China 2025", der Durchbruch bei der Digitalisierung, der Elektromobilität und der Industrie 4.0. Durch den ausgeglichenen
Staatshaushalt hat sich der finanzielle Spielraum des Freistaates um jährlich mehrere hundert Millionen Euro vergrößert. Ab 2020 kommt durch die Neuregelung des Länderfinanzausgleichs eine weitere Entlastung von 1,3 Milliarden Euro
dazu. Auch Privatisierungserlöse könnten für ein neues Zukunftsprogramm eingesetzt werden, sei es durch den Verkauf der restlichen E.on-Aktien oder durch
Übertragung der Landesbank-Anteile gemäß Artikel 65 der Bayerischen Haushaltsordnung an die bayerischen Sparkassen nach dem Vorbild der bayerischen
Versicherungskammer.

Drei Säulen könnten ein neues Zukunftskonzept prägen: Der Zusammenhalt der Gesellschaft, gute Arbeit für alle und der Ausbau der Technologieführerschaft. Dafür hat der Freistaat eine glänzende Ausgangsposition mit einem Niveau an Wohlstand, Beschäftigung, Wirtschaftskraft und sozialer Sicherheit, das
es noch nie zuvor in Bayern gegeben hat. In allen diesen Bereichen liegt Bayern
an der Spitze der deutschen Länder. Das gilt auch für das in Wissenschaft und
Technik erreichte Niveau. Auch der Zusammenhalt in der Gesellschaft ist in Bayern noch am stärksten ausgeprägt. Umso mehr sollte die Politik, die dank eines
geordneten Haushalts auch wieder finanzielle Handlungsspielräume hat, darauf

bedacht sein, diese einmalige Situation angesichts aktueller Herausforderungen nachhaltig zu sichern und – wo möglich – weiter auszubauen: durch Solidarität, gute Arbeit und Innovationen.

8.1 Zusammenhalt der Gesellschaft

„Denn sichere Arbeitsplätze, sozialer Ausgleich und innerer Friede sind in Deutschland mehr als anderswo Elemente, die den Staat zusammenhalten." (Stoiber 1993)

Zuwanderung

Heute wie damals ist die Frage der Migration eine zentrale Herausforderung. Eine Begrenzung der Zuwanderung, die der finanziellen, administrativen und kulturellen Aufnahmefähigkeit entspricht, ist sowohl im Interesse der aufnehmenden Gesellschaft als auch der zu integrierenden Menschen erforderlich. Im Jahr 1993 ist es mit einem nationalen Asylkompromiss von Union, SPD und FDP und einer Grundgesetzänderung gelungen, die Asyldebatte zu befrieden und den Einzug der Republikaner in den Bundestag und in den bayerischen Landtag zu verhindern. Weder die Proklamation einer Obergrenze noch ein Masterplan für Migration konnten bisher gleichermaßen befriedend wirken. Alle unterschiedlichen Versuche, die weitere Spaltung der Gesellschaft zu verhindern, ob Annäherung oder Abgrenzung, ob Ignorieren oder Isolieren, sind bisher gescheitert. Die AfD hat anders als die Republikaner vor 25 Jahren mit dem Einzug in den Deutschen Bundestag eine große politische Bühne erreicht, auf der sie die etablierten Parteien vorführen und die Spaltung des Landes weiter vorantreiben kann. Es ist eingetreten, was Franz Josef Strauß 1986 unbedingt verhindern wollte, dass es rechts von der Union eine demokratisch legitimierte Partei gibt.

Die Ausgangssituation ist damit wesentlich schwieriger als vor 25 Jahren. Sie ist auch nicht allein durch eine Begrenzung der Zuwanderung zu lösen. „Unabhängig davon, ob wir die Obergrenze bei 200 000, bei einer Million oder fünf Millionen sehen, löst dies das Problem von Flucht und Vertreibung nicht", stellt Bundesminister Gerd Müller angesichts von weltweit 65 Millionen Flüchtlingen fest. (Müller 2017: 44) Der Migrationsdruck ist ein anderer als in den neunziger Jahren. Es bedarf einer europäischen Lösung zur Sicherung der Außengrenzen und einer globalen Anstrengung zur Eindämmung der Fluchtursachen. Es ist eine Generationenaufgabe, die Migration aus Afrika zu bewältigen, aus einem Kontinent mit 1,2 Milliarden Einwohnern mit einem Altersdurchschnitt von

18 Jahren. Ein Viertel der Afrikaner lebt in absoluter Armut und leidet Hunger. Und politisch wird eine Obergrenze – in welcher Zahl und Ausgestaltung auch immer – den Rechtspopulisten kaum genügen, die – wie auch in Ungarn und in Polen – nur einen vollständigen Zuwanderungsstopp akzeptieren. „Die Obergrenze der AfD beträgt null" hat der Spitzenkandidat der AfD in Bayern bei der Bundestagswahl 2017 festgestellt. (Hebner, Süddeutsche Zeitung 24. September 2017)

Zugleich macht es der gravierende Mangel von Fachkräften unabdingbar, über die Qualifikation der heimischen Arbeitnehmer hinaus ein, wie auch immer genanntes, Einwanderungsgesetz auf den Weg zu bringen, wie es von den Arbeitgebern, vom DGB und von der Bundesagentur für Arbeit gefordert wird. (Frankfurter Allgemeine Zeitung, 26. Dezember 2017) Nur damit kann der gezielte Zuzug qualifizierter Fachkräfte ermöglicht werden, um den Mangel zu beheben, der die bayerische Wirtschaft massiv bremst. In Bayern fehlen nach Einschätzung der Industrie- und Handelskammern 227 000 Fachkräfte am Jahresende 2017. Gesucht werden in erster Linie nicht Akademiker, sondern zu mehr als 85 Prozent beruflich qualifizierte Mitarbeiter, vor allem Verfahrenstechniker, Konstrukteure und Industriemeister. Die Kammern schätzen die volkswirtschaftlichen Einbußen auf 17 Milliarden Euro, weil viele Firmen inzwischen Aufträge nicht mehr annehmen können oder verschieben müssen. Die Fachkräftelücke ist binnen Jahresfrist um 47 Prozent gewachsen. Durch den Engpass bleiben heute rund fünf Prozent aller im Freistaat angebotenen Arbeitsplätze für Fachkräfte unbesetzt. Bis 2030 würde sich der Mangel wegen des demografischen Wandels auf 450 000 qualifizierte Arbeitskräfte erhöhen. (IHK-Fachkräftemonitor 2017)

Das Ergebnis der Bundestagswahl hat gezeigt, dass es nicht genügt, nur die Zuwanderung zu thematisieren, die vielfach nur Katalysator und Sündenbock für Zukunftsängste ist. Es müssen auch die Ursachen für Modernisierungsängste, Fremdenfeindlichkeit und politische Heimatlosigkeit angegangen werden. Es bedarf eines neuen Solidaritätskonzepts, um eine weitere Spaltung der Gesellschaft zu verhindern, den sozialen Wandel zu gestalten und die Zukunft zu meistern.

Rudolf Diesel hat sich, was wenig bekannt ist, nicht nur um die Technik verdient gemacht, sondern auch die Verbesserung der Lebensumstände der Menschen im Blick gehabt: „Dass ich den Dieselmotor erfunden habe, ist schön und gut. Aber meine Hauptleistung ist, dass ich die soziale Frage gelöst habe." In seinem kaum bekannten Werk mit dem Titel „Solidarismus" hat er ein detailliertes Konzept zur „natürlichen wirtschaftlichen Erlösung des Menschen" entworfen. Es sollte, indem es das Eigentum am Arbeitsprodukt den Arbeitnehmern zuspricht, ein Gegenentwurf zur schon 1903 von ihm getroffenen Feststellung sein, dass ein Prozent der Gesamtbevölkerung im Besitz von 80 bis 85 Prozent des nationalen Vermögens sein dürfte. (Diesel 1903: 131 f.) Diesel spricht in seiner Utopie die Frage der Verteilungsgerechtigkeit an, die für die Zukunft der Gesellschaft von zentraler Bedeutung sein wird.

Man kann versuchen, der Vereinzelung des Menschen in der kapitalistischen Globalisierung dadurch zu begegnen, dass man ihn wieder stärker am Wohlstand teilhaben lässt und seine Rechte stärkt. Die Maßstäbe, die sich im Neoliberalismus verschoben haben, sind wieder an den fundamentalen Kriterien unseres Grundgesetzes zurechtzurücken: Die Würde des Menschen, nicht die des Kapitals, ist unantastbar. Die Freiheit des Einzelnen hört dort auf, wo die Freiheit des anderen beginnt. Eigentum verpflichtet, sein Gebrauch soll zugleich zum Wohle der Allgemeinheit dienen. Noch klarer formuliert es die Bayerische Verfassung im Programmsatz des Artikel 151: „Die gesamte wirtschaftliche Tätigkeit dient dem Gemeinwohl, insbesonders der Gewährleistung eines menschenwürdigen Daseins für *alle* und der allmählichen Erhöhung der Lebenshaltung *aller* Volksschichten." Die Alternative dazu ist, man kapituliert vor der Entwicklung, nimmt eine Zweidrittelgesellschaft und wachsenden Rechtspopulismus in Kauf und schafft ein Ministerium für Einsamkeit wie jetzt in Großbritannien. *„Wir sind keine Neoliberalen"*, stellte bereits Ministerpräsident Edmund Stoiber klar. (Zeit.de, 14. Juli 2005)

Das Leitmotiv der Offensive Zukunft Bayern hat unverändert Geltung: „Zukunft kann aber nur mit den Menschen gestaltet werden. Ihr Können, ihr Wissen und ihr Engagement sind unverzichtbar. Darum wollen wir alle Menschen einbinden. Alle müssen ihre Chance haben. Wir wollen Lebenschancen und Lebensperspektiven für alle Menschen. Sie dürfen darauf vertrauen, dass sie nicht alleingelassen werden, wenn sie Unterstützung und Hilfe benötigen." (Stoiber 1999) Daher war die Antwort seinerzeit über den Asylkompromiss hinaus ein umfassendes Zukunftskonzept als Signal an die ganze Gesellschaft, nicht nur an die Aufsteiger und Leistungsträger, sondern auch an die hilfsbedürftigen Mitbürger. Mit Privatisierungsmitteln wurden Wissenschaft und Technologie für die soziale Solidarität, für den Schutz der Umwelt und die kulturelle Identität eingesetzt und dafür ein breiter gesellschaftlicher Konsens gefunden. Alle wesentlichen politischen und gesellschaftlichen Kräfte wurden eingebunden: die Regierungs- wie die Oppositionsfraktion im Landtag, die Arbeitgeber wie die Gewerkschaften im Beschäftigungspakt, die Industrie wie das Handwerk, die Kommunen wie die Hochschulen im Regionalkonzept ebenso wie die Bürger in Bürgernetzvereinen.

Wie jede Krise ist auch der Aufstieg der AfD eine Chance, die Verwerfungen und Ängste aufzugreifen, die einen wachsenden Teil der Bevölkerung beschäftigen, und eine starke und seriöse Antwort darauf zu geben. Bereits 1997 wurde die Gefahr einer zunehmenden Individualisierung der Gesellschaft und einer möglichen Erosion der Demokratie gesehen. (Zukunftskommission Bayern Sachsen, Teil II: 26) In einer Zeit, in der auch die Parteienbindung nachlässt und die Attraktivität von Volksparteien zunehmend in Frage gestellt wird, kann ein mutiges, gesamtgesellschaftliches Projekt für Bayern und den Bund Identität stiften und die Menschen zurückholen.

Schutzmacht der kleinen Leute

Die soziale Zielsetzung der Offensive Zukunft Bayern mit dem Beschäftigungspakt Bayern hat dazu beigetragen, dass der DGB-Vorsitzende Michael Sommer der CSU im Jahr 2003 attestiert hat, „Schutzmacht für die kleinen Leute" zu sein. Edmund Stoiber hat das in seiner Abschiedsrede am 28. September 2007 im Landtag aufgegriffen: „Ab einem Gehalt von 3 500 Euro wählen nur noch 38 Prozent der Bayern die CSU. Bei einem Einkommen bis 1 000 Euro sind es 63 Prozent. Die CSU als Schutzmacht der Schwachen." Kleine Leute: Das sind alle Menschen, die zu den sozial Schwachen gehören, keine Arbeit oder nur eine prekäre Beschäftigung haben, die als Alleinerziehende oder Rentner auf Hilfe angewiesen sind. Es geht um Menschen, die von Armut, Kinderarmut, Bildungsarmut oder Altersarmut betroffen oder bedroht sind. Es geht um rund 350 000 pflegebedürftige Menschen in Bayern, 50 000 mehr als 1999. (Landesamt für Statistik, 31. Januar 2017) Zwei Drittel von ihnen werden zu Hause gepflegt. Es geht auch um Verbraucher, die den Schutz des Staates gegenüber Konzernen für ihre Gesundheit und ihre Umwelt suchen.

Kleine Leute sind auch diejenigen, die heute zur gesellschaftlichen Mitte angehören, aber davor Angst haben, abzusteigen. Dazu gehört die untere Mittelschicht, deren „Statuspanik" in erster Linie auf Zukunftsängsten, also nicht akuter gegenwärtiger, sondern befürchteter zukünftiger Not beruht. Zugleich spaltet und polarisiert sich die Mittelschicht. (Bude 2015; Micus, 2017 Rn. 13 ff.) Gemeinsam ist den „kleinen Leuten": Sie fühlen sich von der etablierten Politik nicht mehr repräsentiert. Das gilt vor allem für Arbeit und soziale Sicherheit. In Summe sind es über 4,2 Millionen Menschen in Bayern, ein Drittel der Bevölkerung, die in Unsicherheit leben und staatlichen Schutzes bedürfen: eine halbe Million ist ohne Arbeit, 2,9 Millionen sind atypisch beschäftigt, 525 000 ältere Menschen und 320 000 Kinder sind von Armut bedroht. (dazu Abschnitt zwei in diesem Kapitel)

Die kleinen Leute trifft auch die ständig gestiegene Kostenlast am stärksten. Durch die Progression werden immer mehr Angehörige der Mittelschicht mit dem Spitzensteuersatz belastet, auch Facharbeiter. (Bayernkurier, 19. April 2017) Auch die Sozialabgaben sind gestiegen. Das Paritätsprinzip in der gesetzlichen Kranken- und Rentenversicherung wurde zu Beginn der 2000er Jahre zu Lasten der Arbeitnehmer deutlich eingeschränkt. Bis 2001 hat die gesetzliche Rentenversicherung den Lebensstandard im Alter garantiert, eine zusätzliche Privatvorsorge war nicht nötig. In der gesetzlichen Krankenversicherung wurden 2005 Zusatzbeiträge eingeführt, die allein von den Versicherten zu tragen sind. Diese könnten von heute 1,1 Prozent auf 2,4 Prozent im Jahr 2020 steigen. (Zeit online, 17. August 2016)

Zugleich sind die Kosten für Grundbedürfnisse immer mehr gewachsen. Das gilt vor allem für das Wohnen. Vor allem in Ballungsräumen fehlt erschwinglicher Wohnraum und die Wohnungsmieten steigen weiter drastisch an. Wohneigentum ist dort selbst für Teile der Mittelschicht nicht mehr erschwinglich. Die Wohnungsnot, die zur Zeit der Offensive noch kein gravierendes Problem war, entwickelt sich zu einer zentralen sozialen Frage in Bayern. Die Zunahme atypischer und prekärer Arbeit ist eine wesentliche Ursache für diese Entwicklung. Zum einen werden zu wenig Wohnungen gebaut, zum andern ist Wohnraum für immer mehr Menschen nicht mehr bezahlbar. Beides steht im Widerspruch zu Bestimmungen der Bayerischen Verfassung, auch wenn sie rechtlich „nur" Programmsätze sind. In Artikel 106 heißt es: „Jeder Bewohner Bayerns hat Anspruch auf eine angemessene Wohnung. Die Förderung des Baues billiger Volkswohnungen ist Aufgabe des Staates und der Gemeinden". Und Artikel 161 Absatz 2 besagt: „Steigerungen des Bodenwertes, die ohne besonderen Arbeits- oder Kapitalaufwand des Eigentümers entstehen, sind für die Allgemeinheit nutzbar zu machen".

Will der Freistaat Schutzmacht der kleinen Leute bleiben, kann er diese Menschen nicht ignorieren, ihre Sorgen relativieren oder einfach hinnehmen. Lange hat man geglaubt, es würde nur der AfD helfen, wenn Themen wie Kinder- oder Altersarmut angesprochen werden. (Stegemann: 49) Genau das Gegenteil ist der Fall. Die Tabuisierung der Realität treibt die Wähler den Rechtspopulisten zu. Es ist in der sozialen Marktwirtschaft selbstverständliche Regierungspflicht, die Sorgen aller Bürger anzusprechen und ernst zu nehmen. Und offensichtlich reichen die staatlichen Leistungen nicht aus, um vielen Menschen das Existenzminimum zu sichern. Für Kinder sind in Hartz IV 2,77 Euro pro Tag für Essen angesetzt. Es ist ein Alarmsignal, dass es heute bundesweit 937 Tafeln für 1,5 Millionen Bedürftige gibt, davon allein 169 für 200 000 Menschen in Bayern, trotz Vollbeschäftigung. 1993 war die erste Tafel für Bedürftige gegründet worden. (ZDF, 6. März 2018) Es ist weder sozial gerecht noch kann es auf Dauer politisch gut gehen, wenn ein reicher Staat bald ein Drittel der Bevölkerung vernachlässigt. Sonst bekommt das Motto „Für ein Deutschland, in dem wir – also der privilegierte Teil der Bevölkerung und nicht alle – gut und gerne leben" eine ganz andere, eine spalterische Bedeutung. Es sollte gerade Volksparteien zu denken geben, wenn 70 Prozent der Deutschen Armut für ein sehr großes oder großes Problem halten und 82 Prozent glauben, dass die Kluft zwischen Arm und Reich größer geworden ist. (ZDF-Politbarometer, 16. März 2018)

Partizipation

Der erste Baustein für Solidarität mit allen Bürgern ist die Partizipation. „Hand in Hand mit der wachsenden Integration der Weltwirtschaft geht der Ruf nach einem stärkeren politischen Mitspracherecht der Bürger, nach Subsidiarität, nach Selbstbestimmungsrechten und Dezentralisierung." (Stoiber 1999) Für wesentliche Bereiche wurde in der Offensive Zukunft Bayern über die klassischen Instrumente Volksbegehren und Volksentscheid hinaus eine intensive Teilhabe geschaffen.

Im Beschäftigungspakt von 1996 wurden neben dem Staat Arbeitgeber und Gewerkschaften an der Entwicklung innovativer und beschäftigungsfördernder Maßnahmen beteiligt. Diese kooperativen Aktivitäten werden im Arbeitsmarktfonds bis heute erfolgreich fortgeführt, auch wenn der Beschäftigungspakt vom DGB Bayern im Jahr 2002 aufgekündigt wurde. Das Sozialministerium stellt auf seiner aktuellen Website fest: „Dieser bundesweit einmalige kooperative beschäftigungspolitische Ansatz hat sich bisher bestens bewährt." (stmas.bayern.de, aufgerufen 16. Juni 2017) Auch die Projekte des Regionalkonzepts waren nicht das Ergebnis zentraler staatlicher Planung, sondern der Initiative der jeweiligen Region auf der Grundlage Runder Tische. Dieses einzigartige Modell im Sinne des Subsidiaritätsprinzips hat die wesentlichen regionalen Akteure ermächtigt, unter der Moderation der Bezirksregierung die regionalen Innovationsschwerpunkte selbst zu entwickeln. Nicht nur der dargestellte Erfolg der über 200 Projekte hat diesem Konzept Recht gegeben, sondern auch die Aufbruchstimmung, Eigenverantwortung und Heimatverbundenheit, die damit geschaffen und gestärkt wurden. Ein drittes Beispiel für Partizipation war die von der Staatskanzlei bereits 1995 initiierte Gründung von Bürgernetzvereinen, um die Akzeptanz und die Verbreitung des Internets zu fördern. Sie war eingebettet in die Strategie von Bayern Online mit dem Ziel, über Schulen, Ausbildung und Fortbildung ein breites Verständnis für die Nutzung der neuen Medien in der Gesellschaft zu finden. Darüber hinaus wurde seinerzeit auch mit dem Umweltpakt von 1995, dem Forum Bayern Familie von 2000, dem Pakt für sichere Lebensmittel von 2003 und dem Innovationspakt von 2005 eine neue Form der Partizipation eingeführt. Beim Beschäftigungspakt waren Staat, Wirtschaft und Gewerkschaften als Partner beteiligt, beim Umweltpakt Staat und Wirtschaft, beim Lebensmittelpakt Wirtschaft und Verbraucherverbände, beim Innovationspakt waren die Hochschulen Partner des Staates. Umweltpakt und Innovationspakt bestehen noch heute. Weitere Kooperationen unterschiedlicher Art sind später entstanden wie der Familienpakt zwischen Staat und Wirtschaft 2014.

Seinerzeit wurden die Gewerkschaften paritätisch in den Beschäftigungspakt mit einbezogen, um einen gesamtgesellschaftlichen Konsens zur damals wichtigsten sozialen Frage zu erzielen, der Bekämpfung der Arbeitslosigkeit. Heute sind die Sicherung und der Ausbau guter Arbeit das vordringlichste soziale Problem, für das es wieder eines Zusammenwirkens aller gesellschaftlichen Kräfte bedarf. Ein neuer Beschäftigungspakt mit Arbeitgebern und Gewerkschaften in Bayern könnte sich diesmal mit dem Ziel, Vollbeschäftigung zu sichern und mehr gute Arbeit zu schaffen, aber auch mit dem Fachkräftemangel und dem Strukturwandel bei der Digitalisierung und der Elektromobilität befassen. Dabei könnte es auch um die Frage der Tarifbindung, der Tariftreue und der Weiterbildung gehen. Die Gewerkschaften wären dazu wohl bereit, wie die Initiative der IG Metall Bayern für einen „Zukunftspakt Bayern" nahelegt. (igmetall-bayern. de, 26. Januar 2017)

Desgleichen würde die Einbeziehung der Gewerkschaften in den Familienpakt die Akzeptanz der Zielsetzungen einer familienfreundlichen Arbeitswelt gemeinsam mit beiden Sozialpartnern erhöhen. Ebenso würde es den Konsens in der Gesellschaft befördern, die Umweltverbände in den Umweltpakt einzubeziehen. Statt sich von der deutschen Umwelthilfe zu Fahrverboten verurteilen zu lassen, könnten im Vorfeld in solchen Foren gemeinsame Lösungen gesucht werden. Auch im Verbraucherschutz würde die Einbeziehung der Verbraucher politische Vorteile bringen. Bereits im Jahr 2002 gab die bayerische Staatsregierung deshalb ein „Bürgergutachten zum Verbraucherschutz" in Auftrag. (Arndt 2009: 94) Durch die Einbindung von Umwelt- und Verbraucherverbänden könnten fruchtlose Konfrontationen und Rechtsstreitigkeiten vielfach vermieden werden. Und das sollte nicht nur deswegen geschehen, weil die Rechtspopulisten erklären, dass der Schutz der Verbraucher für sie „einer der zentralen Politikbereiche" ist und sie Haftung und Kontrolle ermöglichen und dabei die Gewerbeaufsicht ebenso stärken wollen wie die Verbraucherorganisationen. (AfD Wahlprogramm 2017: 72) Ein stärkerer Verbraucherschutz entspricht dem Willen der Bevölkerung, die mit der Verbraucherschutzpolitik von Bund und Ländern unzufrieden ist. So wünschen sich zwei Drittel der Deutschen mehr staatliche Eingriffe in der Lebensmittelindustrie. (Universität Göttingen, Umfrage 17. Januar 2018)

Eine verstärkte Partizipation würde der Bedeutung der Bürgergesellschaft entsprechen, die heute, wie oben dargestellt, die Gesamtheit des Engagements der Bürger eines Landes umfasst, zum Beispiel in Vereinen, Verbänden und vielfältigen Formen von Initiativen und sozialen Bewegungen. Ministerpräsident Edmund Stoiber hat bereits in seiner Regierungserklärung vom 12. Oktober 1999 festgestellt, dass wir „auf dem Weg zu einer wie auch immer gearteten aktiven Bürgergesellschaft (sind). In dieser aktiven Bürgergesellschaft gilt das Prinzip der Gegenseitigkeit: Wer Hilfe braucht, dem wird geholfen. Aber wer etwas erhalten hat, muss den ihm möglichen Beitrag für die Gesellschaft erbringen."

Gerade Bayern ist prädestiniert dafür, die Bürger noch stärker als bisher in das politische Geschehen einzubinden. Die Bürgerbeteiligung gehört zu den klassischen Strukturmerkmalen der demokratischen Ordnung in Bayern. Die Volksgesetzgebung mit Volksbegehren und Volksentscheid waren ebenso wie die Verfassungsreferenden von Anfang an in der Bayerischen Verfassung von 1. Dezember 1946 verankert. (Artikel 71 und 75 BV) Der Freistaat weist seither auch eine regelrechte plebiszitäre Tradition auf, denn von 1946 bis Anfang 2013 wurden hier die meisten Volksbegehren in Deutschland beantragt und durchgeführt. (Glaab 2013: 244 ff.) Es entspräche dieser politischen Kultur, über diese Formen direkter Demokratie hinaus die im Zuge der Offensive Zukunft Bayern geschaffenen Pakte und Foren weiter zu öffnen und auch den kritischen Vertretern der Bürgergesellschaft mehr Partizipation einzuräumen.

Transparenz

Der zweite Baustein ist die Transparenz des Regierungshandelns. Schon Immanuel Kant hat festgestellt, dass durch Publizität „alles Misstrauen" entfernt werden könne: „Alle auf das Recht anderer Menschen bezogenen Handlungen, deren Maxime sich nicht mit der Publizität verträgt, sind unrecht". (Zum ewigen Frieden, Königsberg 1795) Es gibt keine Beteiligung ohne Transparenz. Transparenz ist spätestens seit der Aufklärung eine Grundbedingung von Demokratie. In Konsequenz dieses Postulats hat das Bundesverfassungsgericht jüngst festgestellt, dass verantwortliche Teilhabe der Bürger an der politischen Willensbildung des Volkes voraussetzt, „dass der Einzelne von den zu entscheidenden Sachfragen, von den durch die verfassten Staatsorgane getroffenen Entscheidungen, Maßnahmen und Lösungsvorschlägen genügend weiß, um sie beurteilen, billigen oder verwerfen zu können." (BVerfG, Urteil vom 7. November 2017 2 BvE 2/11, Rn. 201) Dies impliziert auch den Rechtsanspruch des Bürgers auf Akteneinsicht bei Staatsbehörden, wie im Informationsfreiheits-Gesetz des Bundes seit 2006 und mittlerweile auch in fast allen Bundesländern geregelt, allerdings nicht in Bayern, wo der Bürger ein „berechtigtes Interesse" für eine Auskunft nachweisen muss. Die Politik in Bayern geht davon aus, dass der „einfache Bürger" mit der Akteneinsicht nichts anfangen kann. (BR, 27. April 2016, Staatsregierung verweigert Transparenz)

Das Gebot der Transparenz bedeutet auch, die Bürger nicht nur über die Vorteile und Erfolge des Regierungshandelns zu informieren, sondern auch über Nachteile und Defizite, die noch zu beheben sind. Daran war die Offensive Zukunft Bayern ausgerichtet. Die seinerzeitigen sozialen Probleme wurden klar benannt, die mit dem Anstieg der Arbeitslosigkeit und der Furcht, den Arbeitsplatz zu verlieren, verbunden waren. Nur so wurden auch die benachteiligten Bürger erreicht. Nennt man bei den Arbeitslosenzahlen nicht zugleich die verdeckte Arbeitslosigkeit, macht man es Rechtspopulisten zu einfach, eine Manipulation der Arbeitslosenstatistik anzuprangern. (AfD Wahlprogramm 2017: 53) Das gilt entsprechend für die Zahl der Unterbeschäftigten, der atypisch und prekär Beschäftigten und der von Armut betroffenen oder gefährdeten Menschen unserer Gesellschaft. Sie sollten sich nicht nur als Zahlen und Quoten in Anhängen und Datenreports wiederfinden, sondern als Bürger, deren Probleme verstanden und als Prioritäten aufgenommen werden.

Auch beim Umwelt- und Verbraucherschutz ist Transparenz angesagt. Zum Zielkonflikt zwischen wirtschaftlichen Interessen und den Informationsinteressen der Bürger hat der Europäische Gerichtshof klargestellt, dass das Recht der EU-Bürger auf Transparenz und Zugang zu Dokumenten der Organe Vorrang hat vor den geschäftlichen Interessen betroffener Unternehmen. (Urteil vom 23. November 2016, Rechtssache C-673/13 P) Deutsche Behörden hatten die Einsichtnahme in Unterlagen zum Wirkstoff Glyphosat verweigert. Sie hatten im Rechtsstreit die großen internationalen Chemieverbände unterstützt wie den American Chemistry Council Inc. (ACC), CropLife America Inc., National Association of Manufacturers of the United States of America (NAM) sowie CropLife International AISBL (CLI), European Chemical Industry Council (Cefic), European Crop Protection Association (ECPA) und European Crop Care Association (ECCA).

Vor allem bei Lebensmitteln bedarf es der Transparenz. Dem trägt die EU-Kontrollverordnung zur Verschärfung der Lebensmittelkontrollen vom 15. März 2017 Rechnung. Danach haben die zuständigen Behörden bei der Entscheidung, ob ein übergeordnetes öffentliches Interesse an der Verbreitung der Informationen gegenüber ihrer Geheimhaltung besteht, unter anderem mögliche

Risiken für die Gesundheit von Menschen, Tieren oder Pflanzen oder für die Umwelt und die Art, die Schwere und das Ausmaß dieser Risiken zu berücksichtigen. Sie sind nicht daran gehindert, Informationen über das Ergebnis amtlicher Kontrollen, die einzelne Unternehmer betreffen, publik zu machen, wenn die Bemerkungen des betroffenen Unternehmers mit diesen zusammen veröffentlicht werden. (Art. 8 EU-Kontrollverordnung, 15. März 2017)

Im Automobilsektor wurde das Postulat transparenter und zutreffender Information besonders drastisch verletzt. Nicht nur in den USA, auch in Deutschland wurden Abgasvorschriften umgangen und Millionen von Autofahrern getäuscht. Sie müssen Wertverluste hinnehmen, der Fiskus Steuerausfälle. Der Vorstandsvorsitzende des Volkswagen Konzerns hat versprochen, dass die Automobilindustrie „bei Emissionen und Verbrauchswerten mehr Transparenz und Ehrlichkeit" praktiziert. (Matthias Müller, 11. September 2017) Auch sein Nachfolger hat erklärt, er wolle Volkswagen „anständiger" machen. (welt.de, 3. Mai 2018) Bundeskanzlerin Angela Merkel war zwar „über diesen Betrug empört", mit dem „unglaubliches Vertrauen verspielt" wurde. (Der Spiegel, 2. September 2017) Gleichwohl hat die Bundesregierung eine wirksame Nachrüstung für deutsche Diesel-Besitzer abgelehnt, während US-Amerikaner mit zweistelligen Milliardenbeträgen entschädigt wurden. Nur wenige Monate später wurde aufgedeckt, dass eine von VW, Daimler und BMW gegründete und finanzierte „Forschungsvereinigung" Versuche an Affen und Menschen vorgenommen hat, die dazu dienten, die von der Weltgesundheitsorganisation (WHO) festgestellte Gesundheitsgefahr durch Diesel-Abgase zu verharmlosen. (New York Times, 25. Januar 2018; Stuttgarter Zeitung, 29. Januar 2018) Wieder war die politische Empörung über dieses „abstoßende und unethische" Verhalten ebenso groß wie folgenlos. Die Wirtschaft ist kein ethikfreier Raum. (Kardinal Lehmann) Zwei Drittel der Deutschen sind mittlerweile der Auffassung, dass die Politik zu nachsichtig mit der Automobilwirtschaft umgeht. (welt.de, 2. Februar 2018) Mehr als drei Viertel der Diesel-Besitzer in Deutschland lehnen es ab, Nachrüstungen an der Abgas-Hardware ihrer Fahrzeuge selbst zu bezahlen. Für den Fall von Fahrverboten droht mehr als die Hälfte dieser Verbraucher mit einer Klage gegen den Hersteller. (dpa, 17. März 2018)

Dezentralisierung

Der dritte Baustein der Solidarität ist die Dezentralisierung. Entscheidungen sollten, wo immer es geht, nicht zentral, sondern dezentral getroffen werden. So heißt es im Grundsatzprogramm der CSU von 2007: „Mit dezentralen Entscheidungen vor Ort sind wir näher an den Menschen, näher an ihren Sorgen und Nöten, näher an den besten Lösungen." (CSU 2007: 41) In der Offensive Zukunft Bayern wurde ein erfolgreiches Modell für eine Partizipation der gesellschaftlichen Kräfte vor Ort geschaffen: das Regionalkonzept der Runden Tische der regionalen Akteure zur eigenständigen Gestaltung des technologischen Fortschritts in ihrem Regierungsbezirk. Damit wurden die regionalen Projekte bewusst auf die Regierungsebene der Bezirke verlagert, vor Ort initiiert und umgesetzt. Das hat die Gestaltungskräfte vor Ort freigesetzt, Identifikation und Heimatbindung geschaffen und damit eine Aufbruchstimmung in allen Regionen erzeugt.

Dezentrale Entscheidungen entsprechen dem Subsidiaritätsprinzip, wonach die größere Einheit nur dann zum Handeln aufgerufen ist, wenn die kleinere Einheit eine Aufgabe selbst nicht bewältigen kann. Dies fördert die Identifikation der Bürger mit ihrem Staat, ihrer Region und ihrer Gemeinde, kurzum mit ihrer Heimat. Auch das Zukunftsinstitut von Matthias Horx fordert heute neben Integration und Bürgerbeteiligung vor allem eine Politik der klugen Subsidiarität, eine Aufwertung der kleinen Einheiten. Vor dem Hintergrund der drohenden Spaltung der Gesellschaft empfiehlt es eine Politik der „Glokalisierung", um lokale, regionale und globale Identität miteinander zu versöhnen (Dettling 2017), und nimmt damit einen Begriff auf, der von Roland Robertson 1995 in „Global Modernities" geprägt wurde.

Heute finden sich wieder Ansätze für ein Aufgreifen des Experiments des Regionalkonzepts. In der Aktion Untermain haben sich die regionalen Arbeitsmarktakteure am 25. Februar 2016 zur „Regionalen Fachkräfteallianz am Bayerischen Untermain" mit einer „Gemeinsamen Zielvereinbarung zur Sicherung der Fachkräfte in der Region Bayerischer Untermain" zusammengeschlossen. Beteiligt sind die Agentur für Arbeit Aschaffenburg, der DGB Unterfranken, die Handwerkskammer für Unterfranken, die Hochschule Aschaffenburg, die Landkreise Aschaffenburg und Miltenberg und die Stadt Aschaffenburg. Diese Aktion hat Vorbildcharakter für alle Regierungsbezirke in Bayern. Erweitert um die Zielsetzung, durch regionale Maßnahmen Vollbeschäftigung und mehr gute Arbeit sicherzustellen und den Umbruch in der digitalen Arbeitswelt positiv zu gestalten, könnte sie einen landesweiten Beschäftigungspakt vor Ort konkretisieren und mit Leben erfüllen.

Eine neue Offensive für Bayerns Regionen könnte auch dazu beitragen, der negativen Bevölkerungsentwicklung in Oberfranken zu begegnen. Bereits von 2000 bis 2015 war ein Rückgang von 4,9 Prozent der Einwohner zu verzeichnen. Bis 2035 erwartet das statistische Landesamt einen weiteren Schwund um

5,1 Prozent. Dies steht in deutlichem Gegensatz zur Prognose für den Freistaat insgesamt, dessen Bevölkerung um 5,4 Prozent oder rund 700 000 Menschen auf dann 13,5 Millionen wachsen soll, darunter 11,5 Prozent Zuwachs für Oberbayern. Besonders dramatisch ist die Prognose für die Landkreise im Nordosten Oberfrankens: Die Landkreise Wunsiedel (-15,2 Prozent), Kronach (-13,5 Prozent), Hof (-12,2 Prozent) und Kulmbach (-10,6 Prozent), gefolgt von der Stadt Hof (-8,7 Prozent), sind die Schlusslichter in Bayern. (Beiträge zur Statistik Bayerns, Heft 548, Dezember 2016) Die jüngste Prognose sieht für die Problemregion Oberfranken noch düsterer aus. Der Schwund bis 2036 steigt dort auf 5,9 Prozent an. Im Nordosten verschlechtern sich alle Werte für die bayerischen Schlusslichter: die Landkreise Wunsiedel (15,3 Prozent), Kronach (13,9 Prozent), und Hof (13 Prozent) sowie die Stadt Hof (10,4 Prozent). (Beiträge zur Statistik Bayerns, Heft 549, Mai 2018)

2001 stand Hof vor der Jahrhundertchance, Standort einer BMW-Fabrik zu werden und die Wirtschaftsschwäche der Region zu beheben. Dies war bereits in Niederbayern und der Oberpfalz mit den Werken in Dingolfing und Regensburg gelungen. Staatsminister Otto Wiesheu erinnert sich noch an die Initiativen von Franz Josef Strauß: „Ein paar Gespräche bei Quandt, und der Konzern stieg beim Goggomobil-Hersteller Glas in Dingolfing ein und baute eine Fabrik in Regensburg". (Süddeutsche Zeitung, 17. Mai 2010) Hof kam 2001 mit Leipzig in die letzte Runde der geeigneten Standorte. Aber das Werk ging nach Sachsen, auch wegen der Aussicht auf Fördermittel. Dort hat BMW rund 6 000 Arbeitsplätze geschaffen. BMW-Chef Joachim Milberg hat Ministerpräsident Edmund Stoiber damals zugesichert, dass der Standort Leipzig auch Impulse für Arbeitsplätze in Bayern haben werde. Die Staatsregierung hat zum Ausgleich für den verlorenen Zuschlag 2003 einen Automobilzulieferer-Park samt Technikum in Hof initiiert, der heute rund 600 Arbeitsplätze aufweist. (frankenpost, 4. Februar 2015)

Dieser Standort wäre prädestiniert für eine Entwicklungs- und Produktionsstätte für Elektromotoren oder Batteriezellen. Das wäre „ein High Performer", der die ganze Region Hochfranken nach oben ziehen könnte. (Brossart 2010) Ein Ansatz dafür wäre, in Hof wie bereits in Straubing und in Kulmbach eine universitäre Einrichtung anzusiedeln und damit den Nordosten Oberfrankens wieder attraktiv für den Verbleib und Zuzug junger Familien zu machen. So könnte die von der Staatsregierung nunmehr vorgesehene Forschungs- und Entwicklungseinheit für Batteriezellen der Universität Bayreuth der Nukleus für eine spätere Zellfabrik in Hof sein. Eine Universitätsstadt Hof wäre ein deutliches Signal für den Aufbruch von Nordost-Oberfranken und könnte die bei der Gründung der Universität Bayreuth postulierte Zielsetzung vollenden, die „strukturelle Leistungskraft des nordöstlichen Problemgebietes" entscheidend zu stärken. (Plenarprotokoll 6/98, 16. Juli 1970: 4603) Nunmehr baut der chinesische Hersteller CATL für BMW eine Batteriefabrik – allerdings nicht in Hof, sondern in Erfurt. (Süddeutsche Zeitung, 16. Juli 2018) Wenig später gibt BMW – 15 Jahre nach der Entscheidung für Leipzig – bekannt, dass sein nächstes Werk in Europa in Ungarn errichtet wird. (BR, 31. Juli 2018) Die Staatsregierung zeigt nunmehr nach dem Saarland und Rheinland-Pfalz Interesse für die geplante Gigafactory von Tesla Motors für Autos und Batterien und benennt dafür die Region Hof. (Süddeutsche Zeitung, 2. August 2018)

In jedem Fall sollte die Region vorrangig mit Glasfaseranschlüssen ausgestattet werden, um ihre Attraktivität zu erhalten und zu steigern. Dies entspräche der Forderung der Deutschen Akademie der Technikwissenschaften (acatach), wonach die Digitalisierung „insbesondere in den vom demografischen Wandel besonders betroffenen Regionen" zur Verbesserung und Angleichung der Lebensverhältnisse in ganz Bayern beitragen sollte. (acatech 2015) Die wirtschaftlichen Stärken Oberfrankens liegen gerade in der großen Anzahl an mittelständischen Weltmarktführern, die weltweit Rang eins bis drei besetzen oder in Europa führend sind. Die Orte mit den meisten globalen Marktführern im Verhältnis zu ihrer Einwohnerzahl liegen fast ausnahmslos abseits der klassischen Standorte für Hochtechnologie und Wissenschaft. Neben der Region um Heilbronn, Wertheim, Crailsheim und Tauberbischofsheim sticht hier vor allem das nördliche Oberfranken der Landkreise Coburg, Kronach, Hof und Wunsiedel hervor. Gerade hier liegt die „Region der Weltmarktführer" im Bereich Porzellan, Keramik, Glas und Kunststoff mit Firmen wie Rosenthal in Selb, Ceramtec in Marktredwitz (beide Landkreis Wunsiedel), Heinz Glas in Tettau (Landkreis Kronach) oder REHAU AG & Co. in Rehau (Landkreis Hof). (Leibniz-Institut für Länderkunde, 2011) Diese Kompetenz könnte durch eine optimale Netz-Infrastruktur weiter ausgebaut werden. Feststellungen wie die von Bundesminister Gerd Müller „Ich bin 400 Kilometer in Nordbayern und im Nürnberger Land unterwegs gewesen. Da hatte ich vielleicht auf 50 Kilometern mobilen Empfang. Das passiert mir in Burkina Faso nicht" sollte möglichst bald der Vergangenheit angehören. (Süddeutsche Zeitung, 28. September 2017)

Starker Staat

Schutzmacht der kleinen Leute kann nur ein starker Staat sein, der nicht nur die innere Sicherheit gewährleistet, sondern auch die Interessen aller Bürger im Sinne der sozialen Marktwirtschaft schützt und den Primat der Politik auch gegenüber wirtschaftlichen Interessen durchsetzt. So stellte Ministerpräsident Edmund Stoiber bereits 1994 fest: „Wirtschaft ist kein Selbstzweck, sondern Grundlage für ein leistungsfähiges, befriedetes und soziales Gemeinwesen." (Stoiber 1994) Und fünf Jahre später: „Nur die soziale Marktwirtschaft verknüpft wirtschaftliche Stabilität und unternehmerischen Freiraum mit sozialer Sicherheit und sozialer Verantwortung." (Stoiber 1999) Auch Ministerpräsident Horst Seehofer hat sich bei seinem Regierungsantritt 2008 klar erklärt: „Die ökonomische Theorie hat zu oft vergessen, dass Markt und Wettbewerb allein nicht ausreichen, um nachhaltig Stabilität und Wohlstand für alle zu garantieren. Wir brauchen einen wertgebundenen Ordnungsrahmen." (Seehofer 2008) Dementsprechend hat sich die Staatsregierung im Arbeits- und Sozialbereich oft auch gegen das Votum der bayerischen Wirtschaft zu Regelungen im Interesse der Arbeitnehmer bekannt, ohne dass es dadurch zu Beeinträchtigungen der Wirtschaft gekommen ist. Beispiele sind Mindestlohn und Mindestausbildungsvergütung, Entgeltgleichheit für Mann und Frau, Frauenanteil in Führungspositionen, Tarifbindung, Rückkehrrecht in Vollzeit, Reduzierung von Befristungen, paritätische Beiträge zur Krankenversicherung, Grundrente, Mütterrente, Rentenniveau oder Teilhabe am Arbeitsmarkt. (siehe vbw zu den Ergebnissen der Sondierungsgespräche vom 12. Januar 2018)

In der sozialen Marktwirtschaft hat auch die Wirtschaft gesellschaftliche und soziale Verpflichtungen. Gleichwohl fühlt sich in Deutschland weiterhin nur eine Minderheit der Unternehmer dem Staat verantwortlich, wie die Bertelsmann-Stiftung 2015 in einer Studie zur gesellschaftlichen Verantwortung feststellt. (Bertelsmann 2015) Es reicht nicht, den Aufstieg der Rechtspopulisten zu beklagen, wenn ihm zugleich mit der Shareholder Value-Maxime neue Nahrung gegeben wird. Selbst Jack Welsh, der als Vater dieses 1981 aufgekommenen Prinzips gilt, hat sich nach der globalen Finanz- und Wirtschaftskrise davon in einem Interview mit der Financial Times mit den Worten verabschiedet: „Shareholder value is the dumbest idea of the world. Shareholder value is a result, not a strategy. (…) Your main constituencies are your employees, your customers and your products." (Financial Times, 12. März 2009)

Der Primat der Politik gebietet es auch, Waffengleichheit zwischen dem Bürger und großen Konzernen herzustellen. Dazu gehören auch Verbands- oder Sammelklagen für Schadensfälle, wie nun in der Berliner Koalitionsvereinbarung vorgesehen. Ministerpräsident Horst Seehofer hatte sich dafür offen gezeigt. (ZDF-Sommerinterview, 30. Juli 2017) Mit Rücksicht auf die Automobilindustrie waren sie bisher nicht eingeführt worden. Die AfD hat eine viel zu enge Verzahnung zwischen Politik und Wirtschaftslobby als den eigentlichen Skandal im Abgasskandal bezeichnet: „Es ist ein offenes Geheimnis, dass in Deutschland und noch mehr in Brüssel die Politik von Lobbyisten gemacht wird." (Gauland, 7. August 2017) Das sollte man sich nicht nachsagen lassen. Umso wichtiger wäre es, dass die Bundesregierung sich auf ein verpflichtendes Lobby-Register und Musterklagen verständigt. (Handelsblatt, 14. November 2017)

Es gilt auch kein Gebot staatlicher Technologieneutralität. Es ist zwar primär Sache des Marktes, technologische Entwicklungen voranzutreiben und umzusetzen. Das gilt jedenfalls nicht im Fall eines Marktversagens oder bei übergeordneten staatlichen Interessen. Wenn eine Technologie den bestehenden Ordnungsrahmen verletzt oder zu volkswirtschaftlichen Nachteilen führt, weil sie, wie Kupferkabel und Dieselantrieb, überholt ist, ist es Aufgabe des Staates, zukunftsorientierte Technologie zu fördern und durchzusetzen. Diesen Weg ist die Offensive Zukunft Bayern mit der Förderung von Zukunftstechnologien gegangen.

Vorsorgeprizip

Auch das Vorsorgeprinzip gehört zum Kern der staatlichen Schutzpflicht. Der Vorsorgegrundsatz, der sowohl im EU-Recht als auch im nationalen Recht verankert ist, zielt auf einen nachhaltigen Schutz von Gesundheit und Umwelt. Bei unvollständigem oder unsicherem Wissen über Art, Ausmaß, Wahrscheinlichkeit sowie Kausalität von Umwelt- und Gesundheitsschäden und -gefahren sind diese von vornherein zu vermeiden. Besteht der Verdacht einer derartigen Schädigung, darf ein Produkt nicht produziert oder verwendet werden. Im Gegensatz dazu steht das Nachsorgeprinzip der USA: So lange nicht wissenschaftlich erwiesen ist, dass ein Produkt schädlich ist, darf es dort verkauft werden. Wenn Schäden eingetreten sind, drohen hohe Strafen. Beide Positionen lassen auf einen kurzen Nenner bringen: Vorsorge bedeutet im Zweifel Vorrang für Mensch und Umwelt, Nachsorge im Zweifel Priorität für Wirtschaft und Profit.

In der Regierungserklärung am 19. Juli 1995 hat Ministerpräsident Stoiber die Prinzipien „Vorsorge, Verantwortung der Verursacher und Kooperation" zu Maximen der Umweltpolitik in Bayern erklärt. Dementsprechend hat er sich klar und deutlich für einen umweltfreundlichen Verkehr ausgesprochen und zum heute (noch) akuten Thema der Stickoxidemissionen festgestellt: „Vom Verkehr geht eine besondere Belastung aus. Die NOx-Emissionen, die zu 70 Prozent auf den Verkehr zurückgehen, müssen deutlich verringert werden. Bei Spitzenbelastungen müssen wir auch Verkehrsbeschränkungen akzeptieren. Bayern hat bereits im letzten Sommer die vor wenigen Tagen beschlossenen Fahrverbote für nicht schadstoffarme Fahrzeuge bei erhöhten bodennahen Ozonwerten gefordert." (Stoiber 1995)

Nach den Feststellungen des Umweltbundesamtes zeigen die Jahresmittel-
werte der Stickstoffdioxid-Belastung seit 1995 nur eine leichte Abnahme. An
mehr als der Hälfte der verkehrsnahen Stationen in Deutschland überschreiten
die gemessenen Konzentrationen den seit 2010 einzuhaltenden Grenzwert für
die Außenluft, der zum Schutz von Kindern, Alten und Kranken strenger ist
als bei Arbeitsstätten. (Umweltbundesamt 2017 und 2018) Erhöhte Risiken für
Bluthochdruck, Diabetes, Herzinfarkt, Herzinsuffizienz, Lungenkrebs, Asthma
und chronische Bronchitis wurden in verschiedenen epidemiologischen Studi-
en festgestellt. Bereits 2012 hat die Internationale Agentur für Krebsforschung
(IARC) Dieselabgase als krebserregend für Menschen klassifiziert. (Welt.de, 14.
Juni 2012) Nach Berechnungen der Europäischen Umweltagentur (EEA) haben Stickoxide 2014 zum vorzeitigen Tod von mehr als 10 000 Menschen in
Deutschland geführt, das Bundesumweltamt nennt die Zahl 6 000. (EEA 2016;
aerzteblatt 12. Oktober 2017) Insgesamt überschreiten 65 deutsche Städte die
Grenzwerte. München und Stuttgart sind hier die Spitzenreiter.
Der Bayerische Verwaltungsgerichthof hat mit einem rechtskräftigen Urteil
vom 27. Februar 2017 den Freistaat Bayern, wie zuvor schon das Verwaltungsgericht München am 9. Oktober 2012, dazu verpflichtet, einen Luftreinhalte-
plan vorzubereiten, der die erforderlichen Maßnahmen zur schnellstmöglichen
Einhaltung der seit 2010 geltenden Immissions-Grenzwerte für Stickstoffdioxid
und Feinstaub im Stadtgebiet von München enthält. Das Verwaltungsgericht
Stuttgart hat am 28. Juli 2017 Fahrverbote in Stuttgart angekündigt, falls es
nicht zu signifikanten Verbesserungen kommt. Das Gericht hat klargestellt: „Das
Verkehrsverbot verstößt nicht gegen den Grundsatz der Verhältnismäßigkeit,
weil der Gesundheitsschutz höher zu gewichten ist als das Recht auf Eigentum
und die allgemeine Handlungsfreiheit der vom Verbot betroffenen Kraftfahr-
zeugeigentümer." (Vorsitzender Richter Wolfgang Kern in der Urteilsbegrün-
dung, heise.de 28. Juli 2017) Dennoch sind die betroffenen Landesregierungen
dem Auftrag der Gerichte nicht nachgekommen, entsprechende Pläne für die
Luftreinhaltung vorzulegen. Angekündigte Verbesserungen für den öffentlichen
Verkehr betreffen nur einen Bruchteil der Belastungen. Die Automobilwirtschaft
hat sich bisher nicht bereit erklärt, die Umrüstungskosten für Dieselfahrzeuge zu
übernehmen. Stattdessen sind auch 2018 weitere Abgasmanipulationen aufgedeckt worden.
Mit Urteil vom 27. Februar 2018 hat das Bundesverwaltungsgericht klargestellt, dass die betroffenen Kommunen Fahrverbote unter Wahrung der Verhältnismäßigkeit einführen können. Als erste Stadt in Deutschland hat Hamburg ab
31. Mai 2018 Verkehrsverbote für ältere Diesel-Fahrzeuge in besonders belaste-

ten Straßen erlassen. Stuttgart wird zum 1. Januar 2019 mit einem flächende-ckenden Fahrverbot folgen. Die EU-Kommission verklagt die Bundesrepublik Deutschland und fünf weitere Mitgliedstaaten wegen anhaltender übermäßiger Luftverschmutzung, nachdem Mahnschreiben erfolglos waren. Zugleich rügt sie im Rahmen eines Vertragsverletzungsverfahrens, dass Deutschland die EU-Vor-schriften für die Typgenehmigung von Fahrzeugen missachtet. (ec.europa.eu, 17. Mai 2018) Jetzt wird sich erweisen, ob das Verursacherprinzip gilt, nachdem das Vorsorgeprinzip über Jahre nicht beachtet wurde.

Bäuerliche Landwirtschaft

Ministerpräsident Edmund Stoiber hat sich auch zum Schutz der natürlichen Le-bensgrundlagen durch eine bäuerliche Landwirtschaft bekannt. „Seit 1988 unter-stützen wir als erstes Land in der Europäischen Union Extensivierungsmaßnah-men und die Verringerung des Einsatzes von Dünge- und Pflanzenschutzmitteln mit dem Kulturlandschaftsprogramm. (…) Bayern hat dank seiner bäuerlichen Landwirtschaft die negativen Folgen der Intensivierung weitgehend vermieden. (…) Die Landwirtschaft hat ein ureigenstes Interesse am Schutz der natürlichen Lebensgrundlagen. Dieser Schutz wird durch die bäuerliche Landwirtschaft am besten gewährleistet." (Stoiber 1995)

Heute ist die Landwirtschaft auch in Bayern von einem großflächigen Dün-gemittel-, Gülle- und Pestizideinsatz gekennzeichnet mit erheblichen Auswir-kungen auf Gesundheit und Umwelt. Wegen der steigenden Nitratbelastung des Grundwassers und jahrelanger Untätigkeit bei dessen Schutz hat der Europäische Gerichtshof Deutschland am 21. Juni 2018 verurteilt. (spiegel.de, 21. Juni 2018) Daraufhin hat auch die Deutsche Umwelthilfe die Bundesregierung verklagt. (rtl.de, 17. Juli 2018). Besonders in Niedersachsen und Nordrhein-Westfalen, aber auch in einzelnen Regionen in Bayern müssen die Versorgungsunternehmen mittlerweile einen großen Aufwand betreiben, um aus Grundwasser gesundes Trinkwasser zu machen. Diese Subvention für Massentierhaltung bezahlen die Bürger. Nach der Änderung der Düngeverordnung des Bundes im Juni 2017 soll das Grundwasser besser vor gesundheitsschädlicher Nitratbelastung geschützt werden. (Die Welt, 7. August 2017)

Das Umweltgift Glyphosat wurde 1974 vom US-Unternehmen Monsanto auf den Markt gebracht, das von der Bayer AG für über 60 Milliarden US-Dollar übernommen wird. Bundeslandwirtschaftsminister Christian Schmidt hat einer Zulassung in der EU im November 2017 für weitere fünf Jahre zugestimmt. (Zeit.de, 28. November 2017) Dabei räumt das Vorsorgeprinzip dem Verbrau-

cherschutz Vorrang vor dem Herstellerschutz ein, wenn der Verdacht einer ge-
sundheitsschädigenden Wirkung besteht. Die Krebsforschungsagentur der Weltgesundheitsorganisation hat durch unabhängige Wissenschaftler festgestellt,
dass Glyphosat „wahrscheinlich krebserregend" ist. 2016 hat sie bestätigt, dass
es „eindeutige Beweise für Krebs bei Tierversuchen (gibt); begrenzte Nachwei-
se für Krebs bei Menschen nach realer Exposition, zum Beispiel bei Landwir-
ten; und drittens auch klare Beweise durch jede Art toxikologischer Studien,
dass Glyphosat die Gene schädigen kann". (Straif 2016) Unbestritten ist, dass
das Gift Pflanzen und Kleinlebewesen vernichtet und damit die Artenvielfalt
für künftige Generationen erheblich beeinträchtigt. Es wird auf 40 Prozent der
Felder ausgetragen. Die übrigen 60 Prozent der Landwirte, die eine bäuerliche
Landwirtschaft ohne dieses Gift betreiben, werden im Wettbewerb benachteiligt.
Glyphosat wird seit Jahrzehnten eingesetzt – Zeit war genug, verträgliche Alter-
nativen zu finden. Seit 1984 ist der Umweltschutz Aufgabe mit Verfassungsrang
für Staat, Gemeinden und Körperschaften. Letztlich geht es um die Bewahrung
von Heimat und Identität, denn der „Schutz von Natur und Landschaft erhält
unsere Heimat lebenswert." (Stoiber 1995).

Auch politisch ist die Glyphosat-Entscheidung kontraproduktiv. Der Widerstand der Gesellschaft wird dadurch nur weiter angefacht. Im Juni 2016 haben
sich 83 Prozent der Bundesbürger in einer repräsentativen Umfrage des Forsa-In-
stituts gegen die weitere Zulassung des Pflanzengifts ausgesprochen. Es ist ein
Gebot der politischen Klugheit, nicht auf einer Produktpolitik zu beharren, die
ohnehin nicht mehr zu halten ist. Unternehmen wie der Discounter Lidl und
die Großmolkerei Berchtesgadener Land gehen voran, ebenso hat die bayerische
Schlösserverwaltung ein Anwendungsverbot erlassen. (LT-Drs.17/17721, 10.
Oktober 2017) Warum will man den Erfolg eines absehbaren Anwendungsver-
botes den Rechtspopulisten überlassen, die sich klar gegen Glyphosat positioniert
haben? (afd kompakt 20. Oktober 2017 und 5. November 2017; Bundestag 12.
Dezember 2017) Selbst das führende Agrarland Frankreich will das Umweltgift binnen drei Jahren untersagen. Die Bundesregierung wäre gut beraten, dem
zu folgen. Nach EU-Recht sind die Mitgliedsländer dazu befugt, entsprechende
Produkte zu verbieten. (Gutachten des Europareferats des Deutschen Bundestages, 14. Dezember 2017)

8.2 Gute Arbeit für alle

Die soziale Situation ist in Bayern deutlich besser als anderswo in Deutschland. Ausweislich des Sozialberichts 2017 sind im Freistaat Bayern die wenigsten Menschen auf staatliche Hilfe angewiesen, das Armutsrisiko ist niedriger als im übrigen Bundesgebiet und die Einkommen in Bayern gehören zu den höchsten in Deutschland. Dennoch zweifeln 63 Prozent der Bevölkerung im Freistaat daran, dass die sozialen Unterschiede in Bayern gerecht sind. Denn auch in Bayern geht die Schere zwischen Arm und Reich immer weiter auseinander, nimmt die Differenz zwischen Gut- und Niedrigverdienern zu und steigt der Anteil der Menschen, die von Armut gefährdet sind. Die Schwelle der Armutsgefährdung in Bayern liegt für 2016 bei 1 055 Euro. (Statistische Ämter, 29. August 2017) Unterhalb dieser Grenze von 60 Prozent des mittleren Einkommens in Bayern leben 14,9 Prozent der Bevölkerung, das sind rund 1,9 Millionen Bürger. (Statistische Ämter 2016)

Will man der sozialen Spaltung der Gesellschaft mit den ersichtlichen politischen Folgen entgegenwirken, dann führt der Königsweg über *gute* Arbeit. Das Institut für Arbeitsmarkt- und Berufsforschung (IAB) der Bundesagentur für Arbeit spricht heute von einem „Auseinanderdriften der Gesellschaft", weil sich zwischen der Arbeitslosigkeit auf der einen und dem traditionellen unbefristeten Vollzeitjob auf der anderen Seite „ein breites Feld an atypischer, mitunter prekärer Beschäftigung" etabliert hat. (Süddeutsche Zeitung, 21. Februar 2017) 40 Prozent der Beschäftigten verdienen heute preisbereinigt weniger als vor 20 Jahren. Damit wird die Gruppe der Menschen immer größer, die nicht nur heute mit weniger Einkommen für sich und ihre Familie auskommen müssen, sondern zugleich die Sorge haben, ob sie im Alter ausreichend gesichert sein werden. Wohlstand und Armut sind mit der Qualität der Arbeit verknüpft. Nur gute Arbeit, die auch angemessen bezahlt wird, erlaubt ein Leben in Würde und ermöglicht ein Altern in Würde. Handlungsfeld ist hier in erster Linie die Bundespolitik, die den Rahmen für Arbeits- und Sozialrecht setzt.

Gute Arbeit

Oberstes Ziel der Offensive Zukunft Bayern war es, Arbeit zu schaffen. Das ist mit zwei Millionen geschaffenen und gesicherten Arbeitsplätzen gelungen. 1996 waren 400 000 Menschen in Bayern nach gesetzlicher Definition arbeitslos, im Oktober 2017 sind es nur noch 200 000. Mit einer Quote von 2,7 Prozent im Juli 2018 ist heute in Bayern Vollbeschäftigung erreicht. Diese gilt es nunmehr zu

sichern. Allerdings hat die fortschreitende Globalisierung dazu geführt, dass sich
die Struktur der Arbeit verändert hat. Neben der offiziellen Arbeitslosigkeit gibt
es derzeit 300 000 Menschen in Beschäftigungsprogrammen, die als „unterbe-
schäftigt" nach der Bundesagentur für Arbeit oder als „Stille Reserve" nach dem
Institut für Arbeitsmarkt- und Berufsforschung (IAB) bezeichnet werden. Zudem
hat atypische oder prekäre Arbeit erheblich zugenommen. Heute sind 2,9 Millionen Menschen im Freistaat in „besonderen Beschäftigungsformen" beschäftigt.

Die größte soziale Herausforderung ist daher gegenwärtig nicht mehr die
Quantität, sondern die Qualität der Arbeit. Der wachsende Niedriglohnsektor
hat auch zu einem Anstieg von Erwerbsarmut geführt. (WSI Juli 2017) Es gilt
jetzt, mehr gute Arbeit zu schaffen und prekäre Arbeit zu reduzieren. „Gute Arbeit" bedeutet gut bezahlte und sichere, menschengerechte und familienfreundliche Arbeit, die Weiterbildung, Aufstieg und Alterssicherung ermöglicht.

Dieses Ziel hat auch der Bayernplan aufgegriffen: „Für *gute Arbeit* sorgen. Wir
wollen, dass Menschen in Vollzeit von ihrer Arbeit leben und für sich selbst sorgen können. Prekäre Beschäftigungsverhältnisse lehnen wir ab. Unbefristete Arbeitsverhältnisse müssen die Regel bleiben." (Bayernplan 2017: 21). Damit hat
die CSU einen Begriff und eine Position übernommen, die ursprünglich auf die
IG Metall zurückgeht und vor zehn Jahren Eingang in das Grundsatzprogramm
der SPD gefunden hat.

Die Kommission für Zukunftsfragen der Freistaaten Bayern und Sachsen hat
bereits 1996 die Unterscheidung zwischen Norm-Arbeitsverhältnissen und atypi-
schen Arbeitsverhältnissen getroffen und zu letzteren Teilzeitarbeit, geringfügige
oder befristete Beschäftigung, Leiharbeit, Kurz- und Heimarbeit sowie Schein-
selbständigkeit gezählt. Sie hat damals auch die gravierenden Auswirkungen atypischer Arbeit auf Lebensumstände und Alterssicherung beschrieben: „Während
dauerhaft Vollzeitbeschäftigte an der wirtschaftlichen Entwicklung im Großen
und Ganzen teilhaben, wachsen Zahl und Anteil von Nicht-Normarbeitsverhält-
nissen, in denen nur noch geringe Arbeitseinkommen und kaum noch existenz-
sichernde Transfer-, namentlich Rentenansprüche erworben werden. Letzteres
gilt in Deutschland zurzeit für etwa ein Viertel aller abhängig Beschäftigten."
(Teil I: 57) Das Sozialministerium hat einen Anstieg des Anteils von Personen in
besonderen Beschäftigungsverhältnissen in Bayern von 24 Prozent im Jahr 2001
auf 41 Prozent im Jahr 2013 ermittelt. (Sozialbericht 2014: 142) Das sind rund
2,9 Millionen von sieben Millionen Erwerbstätigen in Bayern. Im Bericht zur
sozialen Lage 2017 findet sich keine entsprechende Darstellung mehr.

Einen erheblichen Anteil machen die befristeten Arbeitsverhältnisse aus. Bereits 1985 hat die Bundesregierung die Möglichkeit eingeführt, Arbeitsverhält-

nisse ohne sachliche Begründung zu befristen. In den letzten 20 Jahren hat sich die Zahl befristeter Arbeit verdoppelt: Während 1996 etwa 1,3 Millionen Menschen bundesweit befristet beschäftigt waren, waren es 2,8 Millionen im Jahr 2015. (BR-de 21. April 2017) In Bayern beträgt ihre Zahl 660 000. (vbw 2017) Knapp die Hälfte aller Befristungen ist sachgrundlos. (IAB 2013) 2016 haben 45 Prozent der neu eingestellten sozialversicherungspflichtig Beschäftigten im Freistaat und damit fast jeder Zweite nur einen befristeten Arbeitsvertrag bekommen. (Münchner Merkur, 6. September 2017) Befristet Beschäftigte erhalten nicht nur deutlich niedrigere Löhne; Befristungen verhindern eine Lebens- und Familienplanung und schaffen Unsicherheit und Zukunftsangst. Befristete Beschäftigung sollte ursprünglich nur die Ausnahme sein. Unbefristete Arbeitsverträge müssen, wie im Bayernplan gefordert, wieder die Regel werden. Ein erster Schritt dahin wäre die Reduzierung der sachgrundlosen und damit willkürlichen Befristung.

Familienfreundliche Beschäftigung

Guter und gerechter Lohn, familienfreundliche Arbeitsbedingungen und Weiterbildung sind weitere Bedingungen guter Arbeit. Hierzu enthält der Bayernplan wesentliche Festlegungen. Schon die Einführung des Mindestlohnes hatte Ministerpräsident Horst Seehofer befürwortet. Zum 1. Januar 2015 wurde damit in Bayern 434 000 Geringverdienern geholfen, ohne dass die von manchen beschworenen „katastrophalen Folgen" eingetreten sind. 290 000 Menschen wurden vom Minijob in die sozialversicherte Beschäftigung zurückgeführt. (Landesamt für Statistik, 2. Juni 2016) Wie wichtig die von der Wirtschaft nunmehr bekämpfte Dokumentationspflicht ist, zeigt eine Studie des arbeitgebernahen Deutschen Instituts für Wirtschaftsforschung. Demnach haben im ersten Halbjahr 2016 bundesweit 1,8 Millionen Menschen keinen Mindestlohn bekommen, obwohl sie eigentlich einen Anspruch darauf haben. (Süddeutsche Zeitung, 6. Dezember 2017)

Weiterbildung wird im Zeitalter der Digitalisierung zum Schlüssel guter Arbeit. McKinsey geht davon aus, dass zwischen drei und zwölf Millionen Beschäftigte sich neue Fähigkeiten aneignen oder in eine andere Branche wechseln müssen. Das Potenzial an Arbeitskräften werde allerdings wegen des demografischen Wandels bis 2030 voraussichtlich um drei Millionen sinken. Vor einer Welle der Massenarbeitslosigkeit müsse sich deshalb niemand fürchten, da neue Jobs entstehen, wo alte wegfallen. (Zeit online, 2. Dezember 2017) Ebenso sehen es Modellrechnungen des Instituts für Arbeitsmarkt- und Berufsforschung (IAB).

Danach werden durch die Digitalisierung bis zum Jahr 2025 rund 1,5 Millionen Arbeitsplätze wegfallen, aber die gleiche Anzahl wird neu entstehen. (heise online news 2016) Die IG Metall Bayern sieht die digitale Revolution auch als Chance für die Arbeitnehmer. Zwar dürften aus ihrer Sicht etwa zehn Prozent der heutigen Arbeitsplätze wegfallen – auf der anderen Seite entstünden aber neue Berufsbilder und Stellen. Arbeit könne vereinfacht werden, und es werde weniger körperlich belastende Arbeit geben. Die Unternehmen müssten allerdings viel mehr in Weiterbildung investieren als heute. (BR, 6. Juli 2017) Es bleibt die Frage nach Struktur und Qualität der neu entstehenden Arbeitsplätze.

Familienfreundliche Rahmenbedingungen in Arbeitswelt und Schule gehören zum Kern guter Arbeit. Ministerpräsident Stoiber hatte schon in der Regierungserklärung zur High-Tech-Offensive am 29. Oktober 1998 festgestellt: „Wir werden ein flexibles und erweitertes Betreuungsangebot für Kinder und Jugendliche anbieten. Neben der Tagesschule, der kind- und familiengerechten Halbtagsschule, der Mittagsbetreuung an den Volksschulen und der Nachmittagsbetreuung für Schülerinnen und Schüler werden wir die Versorgung mit Hortplätzen weiter verbessern." Daher wurden ab dem Schuljahr 1999/2000 an Grundschulen kind- und familiengerechte Halbtagsschulen eingeführt, die Mittagsbetreuung an den Volksschulen ausgebaut, die Nachmittagsbetreuung verstärkt und in allen Schularten ab 2000/01 die Angebote an Tagesschulen ausweitet. Im Schuljahr 2002/03 ging etwa jedes zehnte Kind auf eine Ganztagsschule, inzwischen sind es bundesweit vier von zehn Schülern. Allerdings hat sich der Ausbau seit dem Ende des Investitionsprogramms des Bundes im Jahr 2009 verlangsamt. Im Schuljahr 2015/16 hatten beim Spitzenreiter Hamburg neun von zehn Kindern einen Platz in einer Ganztagsschule (91,5 Prozent), beim Schlusslicht Bayern hingegen nur 16 Prozent (Bertelsmann 2017). Im Bayernplan hat sich die CSU klar erklärt: „Wir wollen einen Rechtsanspruch auf eine Ganztagsbetreuung bis zum Ende der Grundschule. Es darf nicht sein, dass Eltern Anspruch auf Kita und Kindergarten haben und ab der Grundschule plötzlich wieder auf private Betreuung angewiesen sind. Wir wollen einen massiven Ausbau von Angeboten für die Ganztagsbetreuung, die Mittags- wie Nachmittagszeiten und auch die Ferien abdecken."

Nur ein Viertel der Eltern in Bayern ist der Auffassung, dass sich die Vereinbarkeit von Familie und Beruf in den letzten Jahren insgesamt verbessert hat, über ein Drittel verneint dies. (Familienreport Bayern 2014: 64) In einem Gruppenantrag vom 17. Oktober 2017 fordern Mitglieder der CSU-Landtagsfraktion die Staatsregierung daher auf, weitere Maßnahmen für eine familienfreundlichere Arbeitswelt zu ergreifen. (LT-Drs. 17/18580) Im Bayernplan heißt es: „Wir wollen eine familienfreundliche Arbeitswelt, die Eltern Flexibilität, Aufstiegs- und Qualifizierungschancen bietet. Der Wechsel von Teilzeit zu Vollzeit und umgekehrt muss einfacher möglich sein."

Zur Vereinbarkeit von Familie und Beruf gehört schließlich auch die Lohngleichheit für Frauen, die vor allem für Alleinerziehende von existenzieller Bedeutung sein kann. Knapp 100 Jahre nach der Einführung des Wahlrechts für Frauen in Bayern gibt es noch immer keine Entgeltgleichheit. Die Lohnlücke ist in der Vergangenheit weiter gewachsen und beträgt heute 20 Prozent. Im gemeinsamen Wahlprogramm der Union 2017 wird dazu festgestellt: „Wir wollen, dass Männer und Frauen gleiches Geld für gleiche Arbeit bekommen. Mit dem Entgelttransparenz-Gesetz haben wir dazu einen wichtigen ersten Schritt gemacht. Wir werden die Wirkung dieses Gesetzes überprüfen und gegebenenfalls in enger Zusammenarbeit mit den Sozialpartnern weitere Schritte unternehmen."

Weniger Armut

Mehr gute Arbeit ist entscheidend für weniger Armut, die mit Kinderarmut und Bildungsarmut beginnt. Wächst in Deutschland ein Kind in Armut auf, bleibt es meistens für längere Zeit arm. Rund 21 Prozent aller Kinder leben über mindestens fünf Jahre dauerhaft oder wiederkehrend in einer Armutslage. Oftmals sind sie vom gesellschaftlichen Leben abgekoppelt. Armut droht vor allem Kindern alleinerziehender Eltern, Kindern mit mindestens zwei Geschwistern und Kindern mit geringqualifizierten Eltern. (Bertelsmann Kinderarmut 2017) Dabei ist die Situation in Bayern nicht besser als im Bund. Zwar hat die Armutsgefährdung für Kinder im Freistaat von 2003 auf 2013 von 18,6 auf 15,6 Prozent abgenommen, sie liegt aber immer noch knapp über dem Bundesniveau von 15,5 Prozent. Betroffen sind 312 000 von zwei Millionen minderjährigen Kindern in Bayern, vor allem in Haushalten von Alleinerziehenden. Dort ist die Gefährdungsquote von 2006 auf 2013 von 40,6 Prozent auf 42,0 Prozent (Bund 43 Prozent) angestiegen. Betroffen sind 94 000 alleinerziehende Mütter und Väter. (Sozialbericht 2014: 70; ifb 2017)

Der Weg in die Bildungsarmut ist dann vorprogrammiert: Wer schon als Kind arm ist und nicht am gesellschaftlichen Leben teilnehmen kann, hat auch in der Schule nachweisbar schlechtere Chancen. Unzureichende materielle Rahmenbedingungen schränken die Lebensqualität ein. Vor allem in den Bereichen Wohnen, Mobilität, Kleidung und Urlaub sind deutliche Unterschiede in Abhängigkeit von der wirtschaftlichen Situation der Familien festzustellen. (Bertelsmann 2015) Auch die soziale und kulturelle Teilhabe von Kindern hängt von der wirtschaftlichen Situation der Familien ab. Das verringert die Möglichkeit, später ein selbstbestimmtes Leben außerhalb von Armut zu führen. (Prognos Kinderarmut, 26. Juni 2017) Aufgrund der wachsenden Zahl von Menschen, die für einen mehr oder weniger langen Zeitraum Benachteiligung erfahren können, steigt auch die Zahl derjenigen, die potenziell schlechtere Bildungschancen haben. (Deutsches Jugendinstitut 2017) Es fehlt eine Perspektive für ein Drittel der Kinder und Jugendlichen in Deutschland, die aus Familien kommen, in denen Arbeitslosigkeit vorherrscht, die in Armut aufwachsen oder wo die Eltern nicht über entsprechende Bildungsabschlüsse verfügen.

Bildungsarmut wird weiter vererbt. Sie führt über den Ausschluss von guter Arbeit und der daraus folgenden nicht ausreichenden Alterssicherung nahezu zwangsläufig zur nächsten Stufe, der Altersarmut. (Böllert 2014) Die drohende Altersarmut ist nicht nur ein statistisches Phänomen, sie ist reale Sorge vieler Menschen. Fast jede zweite Altersrente in Deutschland beträgt unter 800 Euro im Monat. (Bundesarbeitsministerium, Zitat in ntv.de, 12. Juli 2018) Rund zwei Drittel der Bundesbürger fürchten, dass ihre gesetzliche Rente später nicht ausreichen wird, um ihren Lebensstandard halten zu können. Bereits heute liegt die Durchschnittsrente der 1,1 Millionen Rentner und 1,6 Millionen Rentnerinnen in Bayern deutlich unter dem Bundesdurchschnitt. (DRV, 1. Juni 2016) Die Armutsgefährdung der 2,5 Millionen über 65-Jährigen in Bayern ist von 2006 bis 2013 von 17,6 auf 22,4 Prozent angestiegen und liegt deutlich über dem bundesweiten Wert von 16,3 Prozent. (Sozialbericht 2014: 70) Das betrifft rund 525 000 Menschen in Bayern. Für 2016 gibt Staatsregierung die Zahl der Betroffenen mit 450 000 an, bezieht diese allerdings jetzt nicht mehr auf das höhere Durchschnittseinkommen im Freistaat, sondern auf den Bundesmedian. Bei Ansatz des Landesmedians wie noch im Datenreport 2014 wären es rund 560 000 Personen. (Antwort der Staatsregierung auf eine Anfrage der SPD-Fraktion vom 26. Juni 2018)

Da die Rente der Spiegel des Erwerbslebens ist, wird ihre Zahl künftig angesichts befristeter Verträge, Mini-Jobs, Phasen der Erwerbslosigkeit und niedriger Löhne weiter steigen. Das deutsche Rentensystem ist auf diesen Wandel der Arbeitswelt ebenso wenig vorbereitet wie auf die demografische Entwicklung. Bis 2001 hat die gesetzliche Rentenversicherung den Lebensstandard im Alter garantiert, eine zusätzliche Privatvorsorge war nicht nötig. Seit der Aufgabe des paritätischen Solidarkonzepts ist das Risiko der Armut für über 65-Jährige gewachsen. Nur jeder Zweite sorgt zusätzlich privat für den Ruhestand vor. Ein gutes Drittel hat für eine private Altersvorsorge nicht genug Geld übrig. (Emnid 2016) Die Altersarmut wird weiter steigen, vor allem für alleinstehende Frauen, Langzeitarbeitslose und Niedrigqualifizierte. (Bertelsmann, Juni 2017) Die Perspektive der heute 20- bis 34-Jährigen ist besonders gravierend. Sie würden in Bayern mit der künftigen Rente nur auf 36,2 Prozent des letzten Bruttoeinkommens kommen, deutlich unter dem Bundesdurchschnitt von 38,6 Prozent. (Raffelhüschen 2017)

Es ist richtig, dass nicht jeder, der statistisch von Armut bedroht ist, auch arm ist, da ihm auch sonstiges Einkommen oder Vermögen zur Verfügung stehen kann. Allerdings wären 30 Prozent der deutschen Haushalte nach wenigen Wochen mittellos, da sie über kein nennenswertes Vermögen verfügen, zum Teil verschuldet und auf ein regelmäßiges Einkommen angewiesen sind. (WSI, November 2017) Es hilft auch nicht, dem vom Armutsrisiko Betroffenen zu erklären, dass er nur relativ und nicht absolut arm ist. Wenn das maßgebende Einkommensniveau und damit die Armutsgrenze anderswo höher ist, sind auch die Lebenshaltungskosten regelmäßig höher, wie das Beispiel Schweiz zeigt. Dort liegt das Durchschnittseinkommen zwar um rund 80 Prozent über dem in Deutschland, die Kosten der Lebenshaltungskosten aber auch um 75 Prozent. Daher ist der Grundbedarf in der Schweizer Sozialhilfe mit 986 Schweizer Franken (838 Euro) auch doppelt so hoch wie der Regelbedarf von Hartz IV in Deutschland mit 423 Euro.

Beschäftigungspakt

Ein erfolgreiches Mittel zur Bekämpfung der Arbeitslosigkeit war der Beschäftigungspakt mit Arbeitgebern und Gewerkschaften. Damit ist es gelungen, die Arbeitslosenquote in vier Jahren um über 30 Prozent zu reduzieren. Heute könnten in einem „Pakt für gute Arbeit" im Zusammenwirken mit Arbeitgebern und Gewerkschaften konkrete Ziele zur Reduzierung atypischer Arbeit gesetzt und entsprechende Maßnahmen eingeleitet werden. Dies entspräche der Intention des Bayernplans, prekäre Arbeit abzulehnen, die Vollzeit wieder zur Regel zu machen und bei Teilzeit ein Rückkehrrecht einzuräumen. Gegenstand eines solchen Paktes könnte auch die Rückkehr zur Tariftreue für Staat und Kommunen sein und ein Anspruch der Arbeitnehmer auf Weiterbildung. Beides war Gegenstand des Beschäftigungspaktes.

Die zunehmende Individualisierung der Arbeitswelt führt auch zur Fragmentierung der Gesellschaft. Die Flexibilisierung der Arbeit wird durch zunehmende Unsicherheit der Arbeitnehmer erkauft. Ein Indikator dafür ist die wachsende Erosion der Sozialpartnerschaft. Die Tarifbindung in Deutschland ist seit Mitte der neunziger Jahre rückläufig. Für immer weniger Beschäftigte und Betriebe gilt noch ein Tarifvertrag. Im Freistaat ist der Anteil der Betriebe mit Tarifvertrag von 2001 bis 2015 von 50 Prozent auf 26 Prozent gesunken. (Datenreport 2014: 70) Mit dem Austritt aus dem Arbeitgeberverband entziehen sich immer mehr Unternehmen der Tarifbindung. Eine einseitige, im Belieben der Arbeitgeber stehende bloße Tariforientierung kann die Tarifbindung nicht ersetzen. Der Anteil der von Tarifverträgen erfassten Beschäftigten ist im gleichen Zeitraum von 70 auf 57 Prozent zurückgegangen. (IDW Consult, März 2017)

Sowohl in Bayern als auch bundesweit erhalten die Beschäftigten in tarifgebundenen Betrieben einen höheren Verdienst als Beschäftigte in Betrieben ohne Tarifbindung. Die Differenz betrug 2014 in Bayern 492 Euro pro Monat, im übrigen Deutschland 632 Euro. Mit der Tarifbindung schwindet auch „sozialer Kitt" in der Arbeitswelt wie in der Gesellschaft. Tarifverträge sind ein wichtiger Bestandteil der sozialen Marktwirtschaft. Sie bieten Beschäftigten nicht nur mehr Geld, mehr Urlaub und bessere Arbeitszeiten, sie bieten vor allem Sicherheit, was vielen Menschen ein zentrales Anliegen in der globalisierten Welt ist. Tarifverträge stellen einen Ausgleich für das fehlende Machtgleichgewicht zwischen Beschäftigten und Arbeitgebern bei Abschluss des Arbeitsvertrages und im Arbeitsverhältnis dar. Tarifwerke setzen Mindestbedingungen, stehen für Teilhabe und tragen so zu einer sozialverträglichen und fortschrittlichen Gestaltung der Arbeits-und Wirtschaftsbedingungen in einer sozialen Marktwirtschaft bei. (DGB, 28. Februar 2017) Dies hat auch die Bundesregierung erkannt. Sie denkt über eine gesetzgeberische Unterstützung für mehr Tarifbindung nach, so Bundeskanzlerin Merkel bei einem Treffen mit den Spitzen von Gewerkschaften und Arbeitgebern. „Es geht darum, eine weitere Polarisierung der Gesellschaft zu verhindern, in der es für einen Teil besser und für den anderen Teil schlechter wird." Das war am 23. Juni 2016. (Zukunftsgespräch 2016)

Tariftreue

Zur Stärkung der Tarifbindung in Bayern kann auch eine Rückkehr zur Tariftreueerklärung beitragen. Mit dem im Rahmen des Beschäftigungspaktes geschaffenen Tariftreuegesetz wurde sichergestellt, dass Staat und Kommunen Aufträge nur an Unternehmen vergeben, die ihre Arbeitnehmer nach Tarif bezahlen. 2009, in der Zeit der Koalitionsregierung in Bayern, wurde das Tariftreuegesetz ersatzlos aufgehoben. Bayern ist seither mit Sachsen das einzige deutsche Land, in dem es kein Tariftreuegesetz mehr gibt. Die Tariftreue schützt im Ergebnis den Sozialstaat, der weniger Sozialtransfers zur Ergänzung nicht existenzsichernder Löhne von Beschäftigten zahlen muss. Die Einnahmen der Sozialversicherungen steigen, Altersarmut wird verhindert. Bestehende Ungleichheiten in der Gesellschaft können abgebaut werden. Durch auskömmliche Löhne der Beschäftigten wird die Binnennachfrage gestärkt. Soziale Kriterien führen zu einer nachhaltigen Fachkräfteentwicklung und Mitarbeiterbindung. Insgesamt steigern soziale Kriterien die Qualität bei der Ausführung von öffentlichen Aufträgen.

Weiterbildungsanspruch

Nicht anders ist es bei der Weiterbildung. Bereits vor über 20 Jahren bestand die Erkenntnis, dass neben noch besserer Ausbildung lebenslanges Lernen treten muss, da lebenslange Beschäftigung bei nur einem Arbeitgeber künftig nicht mehr die Regel sein wird. (Stoiber, 1994/1 und 1995) Bei einem Spitzengespräch zum Beschäftigungspakt Bayern am 2. November 2001 wurde zur Frage eines Weiterbildungsgesetzes vereinbart, dass „diese Ziele mit einem Bayerischen Maßstäbegesetz zur beruflichen Weiterbildung, durch Tarifvertrag oder Maßnahmen sonstiger Art erreicht werden sollen. Arbeitnehmer sollten das Recht auf vom Arbeitgeber bezahlte berufliche und gesellschaftspolitische Fortbildung bekommen." Auch Ministerpräsident Horst Seehofer hat sich dafür ausgesprochen: „Deshalb setzen wir gemeinsam mit den Arbeitgebern und Gewerkschaften auf Weiterbildung. Über eine Weiterbildungsinitiative zwischen Arbeitgebern und Gewerkschaften haben wir bereits Gespräche geführt. Denn wir stimmen in der Auffassung überein, dass lebenslanges Lernen entscheidend für nachhaltig gute Beschäftigungschancen in einer Welt des Wandels, gerade auch nach dem fünfzigsten Lebensjahr, ist." (Seehofer 2008)

Letztlich ist ein solches Gesetz am Widerstand des damaligen FDP-Wirtschaftsministers gescheitert. Die Staatsregierung setzt seither auf die Freiwilligkeit der Unternehmen bei der Weiterbildung der Beschäftigten. Am 12. Oktober 2017 hat die SPD-Fraktion im Bayerischen Landtag vor dem Hintergrund der Digitalisierung einen mit den Gewerkschaften abgestimmten Gesetzentwurf eingebracht. (LT-Drs. 17/18210) Wer länger als ein halbes Jahr in einem Unternehmen ist, soll – wie sonst überall in Deutschland außer in Sachsen und Bayern – ein Anrecht auf Bildungsurlaub haben. Zehn Tage in zwei Jahren sollen Arbeitnehmer bei vollem Lohnausgleich für Fortbildungen frei gestellt werden. Die bayerische Wirtschaft lehnt ein solches Gesetz nach wie vor ab, weil es angeblich die Bereitschaft zur Weiterbildung nicht erhöhe. Dabei gilt: Wer mehr Eigenverantwortung und Flexibilität vom Arbeitnehmer fordert, muss ihm auch mehr Rechte geben. (Süddeutsche Zeitung, 14. September 2017)

8.3 Zukunftstechnologien

Eine der grundlegenden Einsichten der Offensive Zukunft Bayern war es, dass Wohlstand, soziale Sicherheit und innerer Friede in der Gesellschaft nur durch technischen Fortschritt gewährleistet werden können. Das gilt auch heute unverändert, wenn es um den Zusammenhalt in der Gesellschaft und um die Schaffung und Sicherung guter Arbeit geht. Unabdingbare Voraussetzung dafür ist im globalen Wettbewerb mehr denn je, an der Spitze des Fortschritts zu stehen durch Entwicklung und Einsatz von Zukunftstechnologien und die Gründung und den Erhalt von Zukunftsunternehmen. So hat es Ministerpräsident Edmund Stoiber bereits 1994 formuliert: „Angesichts der globalen Neuverteilung von Chancen und Risiken werden wir nur bestehen, wenn wir an der Spitze des gesellschaftlichen, technischen und wirtschaftlichen Fortschritts stehen." (Stoiber 1994) Denn „Stillstand ist Rückschritt." (Stoiber 1993)

In der Folgezeit hat die Entwicklung in Bayern vor allem wegen der von der Bundespolitik gesetzten Rahmenbedingungen gelitten. Anstehende Herausforderungen wurden nur verzögert und nicht entschlossen genug aufgegriffen; auf manchen Feldern wurden sie sogar verhindert. In der Digitalisierung und in der Elektromobilität hinkt Deutschland hinterher, in der Gentechnik wie in der Kerntechnik hat es sich wissenschaftlich und wirtschaftlich weitgehend verabschiedet. Das Wachstum von Start-ups wurde blockiert, der Verkauf von strategisch bedeutsamen High-Tech-Unternehmen an internationale Wettbewerber zugelassen und die Umsetzung wissenschaftlicher Erkenntnisse nicht vorangetrieben.

Eine neue Zukunftsoffensive könnte dazu beitragen, dass der Freistaat weiterhin eine Spitzenposition in der technologischen Entwicklung einnimmt: in der Digitalisierung, der Elektromobilität, der Biotechnologie, der Energietechnik, der Gründerfinanzierung, dem Schutz von High-Tech-Unternehmen und der Reform der Hochschulen. Dabei geht es nicht nur um Fragen der Wirtschaft, sondern der ganzen Gesellschaft.

Giganetz

Kernpunkt ist die Digitalisierung, die zu Recht als „Schicksalsfrage der deutschen Wirtschaft" bezeichnet wird. (Joe Kaeser, Der Spiegel, Ausgabe 39/2017) Nachdem Deutschland keine Kompetenz im Internet der Dienste mehr hat, bleibt das Internet der Dinge als Hoffnung für die Zukunft. Gerade für Bayern mit seinem hohen Industrieanteil ist ein Erfolg von Industrie 4.0 für Wirtschaft und Wohlfahrt entscheidend. Die Staatsregierung hat hier mit den Programmen Bayern Digital I und II Akzente gesetzt und viel Geld bereitgestellt. Dennoch bleibt beim Ausbau der Infrastruktur als zentrale Voraussetzung für das Gelingen der Digitalisierung viel zu tun. Bei ihren Anfängen war Bayern mit der Offensive Zukunft Bayern Vorreiter. Mit Bayern Online und dem Software Forum wurde bis zum Jahr 2000 insgesamt ein Projektvolumen von über einer Milliarde DM angestoßen. Bereits im Frühjahr 1996 erhielt Bayern ein in alle Regierungsbezirke reichendes Glasfaserbackbone. Das Hochschulnetz zur Verknüpfung der 26 bayerischen Hochschulstandorte ist damals mit einer Übertragungsleistung von bis zu 155 Megabit pro Sekunde in Betrieb gegangen. Im August 1998 wurde eine Teststrecke für die neue Gigabit-Übertragungstechnik zwischen München und Erlangen/Nürnberg in Betrieb genommen.

Heute liegt der Breitbandausbau in Bayern trotz eines hohen Mitteleinsatzes von 1,5 Milliarden Euro unter dem Bundesdurchschnitt und hinter Nordrhein-Westfalen, Baden-Württemberg und Niedersachsen zurück. Vor allem im ländlichen Raum besteht erheblicher Nachholbedarf. Dort beträgt die Abdeckung mit Glasfaseranschlüssen bundesweit gerade einmal 1,4 Prozent. (Bertelsmann, 10. Mai 2017) Insbesondere der Mittelstand benötigt flächendeckend verfügbare, hochleistungsfähige Glasfaseranschlüsse bis direkt in die Unternehmen. (Ohoven, 7. November 2017) Das gleiche gilt für die moderne Landwirtschaft mit intelligenter Roboter-, Sensor- und Satellitentechnik in Kombination mit moderner Anwendungssoftware. Der Bayerische Bayernverband fordert wie 70 Prozent aller deutschen Bauern einen flächendeckenden Glasfaserausbau bis auf die Höfe. (Krüsken, 11. November 2017)

Die für 2018 angestrebten 50 Megabit pro Sekunde sind angesichts von Treibern wie „E-Health, 8K-Fernsehen und Industrie 4.0" sowie generell exponentiell wachsender Datenmengen nicht ausreichend. Bis 2025 bräuchten hierzulande 30 Prozent der Haushalte ein Gigabit und mehr, 46 Prozent zwischen 500 Megabit und einem Gigabit. (Verband 2016) Wenn der Freistaat bei der Digitalisierung wieder eine Führungsrolle übernehmen soll, muss bis 2025 eine flächendeckende Gigabit-Infrastruktur mit Glasfaseranschlüssen geschaffen werden, für die in erster Linie der Bund zuständig ist. Zur Finanzierung könnten Mittel aus der Versteigerung neuer Mobilfunkfrequenzen genutzt werden. (Handelsblatt, 13. November 2017)

Feststoffbatterie

Die zweite Schicksalsfrage für die wirtschaftliche und soziale Zukunft Bayerns ist die Elektromobilität. In den neunziger Jahren, als der Umweltgedanke sich durchzusetzen begann, wurde auch im Freistaat verstärkt an neuen Akkutechnologien und Elektroantrieben geforscht. In der Offensive Zukunft Bayern wurden, auch wenn es kein zentraler Schwerpunkt war, 70 Millionen DM für Verkehrstechnik eingesetzt und damit unter anderem Pilotprojekte zur Einführung moderner Verkehrsleitsysteme und Modellversuche für neue Antriebstechnologien auf der Basis von Biokraftstoffen, Erdgas, Wasserstoff und Strom gefördert.

Dies betraf Entwicklungen, die im Freistaat eine lange Tradition haben. Nicht nur der Augsburger Dieselmotor von 1883, auch die Elektromobilität hat ihre Wiege im heutigen Bayern. Pionier des Elektroautos war der Coburger Maschinenfabrikant Andreas Flocken. Nur zwei Jahre nach dem ersten Auto mit Verbrennungsmotor von Carl Benz versah er 1888 – ähnlich der Motorkutsche von Gottlieb Daimler – einen hochrädrigen Kutschenwagen mit einem Elektromotor von etwa 0,7 Kilowatt. Per Lederriemen wurde die Antriebskraft auf die Hinterachse übertragen. Eine 100 Kilogramm schwere Bleibatterie lieferte die notwendige Energie. Geladen wurde der Flocken-Wagen mit regenerativer Energie aus der städtischen Schleifmühle. Er schaffte immerhin die 30 Kilometer von Coburg bis Redwitz in Oberfranken. 80 Jahre später wurde mit dem BMW 1602e der nächste Elektro-PKW in Bayern entwickelt. Mit einer Reichweite von 60 Kilometern kam er bei den Olympischen Spielen im Jahr 1972 in München als Begleitfahrzeug für die Marathonläufer zum Einsatz. (auto bild, 20. März 2015)

Auch der technologische Durchbruch für das autonome Fahren ereignete sich nicht etwa im Silicon Valley, sondern auf einer Autobahn in Bayern. Auf einer Neubaustrecke bei Dingolfing konnte Professor Ernst Dickmanns von der Universität der Bundeswehr in Neubiberg die von ihm mit dem Automobilunternehmen Daimler entwickelte Technik, die kein GPS benötigte, im Sommer 1987 testen. Im Jahr 1992 wurde dieses völlig autonome Fahrzeug erstmals im normalen Straßenverkehr eingesetzt. (welt.de, 13. Oktober 2017) Heute koordiniert die aus der Offensive Zukunft Bayern hervorgegangene ZENTEC in Großwallstadt das bis November 2018 laufende Projekt „Kooperatives hochautomatisiertes Fahren – Ko-HAF". Mit einem Gesamtvolumen von 36,3 Millionen Euro und der Kooperation mit Unternehmen wie Audi, BMW und Daimler trägt es dazu bei, eine Technologieführerschaft beim autonomen Fahren zu erreichen.

Dagegen liegt Deutschland und damit auch Bayern bei der Elektromobilität zurück. Es besteht das Risiko, wie es der Zukunftsrat der bayerischen Wirtschaft im Juli 2015 festgestellt hat, „dass ein Abschwung in dieser für Bayern zentralen Branche die Gesamtkonjunktur in Mitleidenschaft zieht." (Zukunftsrat 2015: 22, 62) Neben dem Ausbau der Lade-Infrastruktur ist vor allem eine eigene Produktion von Batteriezellen geboten, um die Zukunftsfähigkeit des heimischen

Automobilbaus zu sichern. Ziel muss ein Konzept zur Zellherstellung für Festkörperbatterien im großindustriellen Maßstab sein. Ein entsprechendes Forschungsprojekt wurde Anfang 2016 gestartet. An dem auf drei Jahre angelegten, vom Bundesforschungsministerium geförderten Verbundprojekt „Festelektrolyte als Enabler für Lithium-Zellen in automobilen Anwendungen" (FELIZIA) sind unter anderem die TU München und BMW beteiligt. (iwb 2016) Das Start-up Solid Power aus den USA, ein führender Entwickler von Festkörperbatterien, hat im Dezember 2017 eine neue Partnerschaft mit BMW bekannt gegeben.

Wenn der Wandel aktiv und konzentriert gestaltet wird, bietet der Umstieg auf Elektrofahrzeuge Chancen und Potenziale für positive Effekte bei Arbeitsplätzen und Wertschöpfung. (Fraunhofer ISI, 31. Juli 2017) Auch der seinerzeitige Vorstandsvorsitzende des VW-Konzerns Matthias Müller hat sich wie vorher schon das Umweltbundesamt und der Bundesrechnungshof dafür ausgesprochen, die Steuervorteile beim Diesel abzubauen und die blaue Umweltplakette einzuführen. (Umweltbundesamt 2017; Bundesrechnungshof, Pressemitteilung 25. Oktober 2017; Matthias Müller 2017)

Biotechnologie

Ein weiteres Handlungsfeld ist die Biotechnologie, die neben der Informations- und Kommunikationstechnik die zweite Leittechnologie der Offensive Zukunft Bayern war. Ministerpräsident Edmund Stoiber hat die Bedeutung der Bio- und Gentechnik, insbesondere den Schutz der Umwelt und die Bekämpfung des Hungers in der Welt bereits 1995 betont: „Deshalb brauchen wir auch zum Schutz der Umwelt die Akzeptanz der Bürger für neue Technologien, wie zum Beispiel die Bio- und Gentechnik. Sie kann helfen, gesündere, ertragsstärkere Pflanzen zu entwickeln und den Einsatz chemischer Pflanzenschutzmittel zu verringern. Sie eröffnet die Chance, auf dem vorhandenen Boden den Hunger in der Welt zu besiegen. (…) Wir sind für einen besonnenen, verantwortungsvollen Umgang mit der Bio- und Gentechnologie. Aber es wäre ökologisch unverantwortlich, die Chancen der Gentechnik zum Schutz der Umwelt nicht zu nutzen." (Stoiber 1995)

Heute besteht in Bayern keine grüne Biotechnologie mehr. 2009 wurde der Anbau der bis dahin einzigen in Europa zugelassenen gentechnikveränderten Pflanzen in Deutschland auf Betreiben Bayerns verboten. (spiegel.de, 3. März 2009) Auch Freilandversuche gibt es seit 2013 in Deutschland nicht mehr. Damit ist auch keine relevante Forschung mehr möglich. Das ist, so Peter Buckel, ehemals Forschungsleiter bei Boehringer Mannheim, für einen internationalen

Forschungs- und Biotechnologie-Standort eine Katastrophe: „Viele unserer zukünftigen Rohstoffe werden auf grüner Biotechnologie basieren. Und wir werden
dann in diesem Markt ein Importland sein!". (Buckel 2013) Der Zukunftsrat der
bayerischen Wirtschaft hat im Juli 2015 Handlungsbedarf für alle Teilbereiche
der Biotechnologie festgestellt (Zukunftsrat 2015: 36):

— „Die Rote Biotechnologie (Diagnostika, Therapeutika) ist heute von großer
  Bedeutung für die deutsche Wirtschaft. Bayerische Forschungseinrichtungen
  haben in der Roten Biotechnologie eine Spitzenposition. Dennoch sind die
  deutschen Unternehmen auf globaler Ebene – insbesondere im Vergleich zu
  den USA – in einer relativ schwachen Position. Der Abstand hat sich in den
  letzten zehn Jahren vergrößert. Ein wesentlicher Grund hierfür sind die langen
  Innovations- und Entwicklungszyklen sowie kritische Finanzierungsstruktu-
  ren in Deutschland."

— „Die Weiße Biotechnologie (industrielle Produktion, sowohl Produktionsme-
  thoden als auch Werkstoffe und neue Grundstoffe) hat in Zukunft ein großes
  Potenzial; es wird mit einer Revolution in der chemischen Produktionstechnik
  gerechnet (Biokatalysatoren, Hochdurchsatz-Reaktoren, biogene Rohstoffe).
  Hier besteht dringender Aufholbedarf, um der deutschen Chemieproduktion
  die Zukunft zu sichern."

— „ Die Grüne Biotechnologie (agrarische Produkte) spielt in Deutschland nahezu keine Rolle, weil keine gesellschaftliche Akzeptanz besteht. Deshalb ist mittelfristig die Abhängigkeit von geistigem Eigentum vorauszusehen, das heute
  praktisch ausschließlich außerhalb Deutschlands geschaffen wird. Dieses gravierende Defizit wird langfristig kaum gutzumachen sein."

Professor Domdey hat am Beispiel der Biotechnologie aufgezeigt, dass die bun-
desdeutsche Forschungspolitik vom Grundsatz geprägt war, immer erst einmal
abzuwarten. Das war so bei der Humangenomforschung Ende der achtziger Jahre, wiederholte sich bei der Stammzellforschung der neunziger Jahre und setzt
sich heute fort bei der Digitalisierung der Medizin. Dort startet das Programm
Medizininformatik des Bundesforschungsministeriums erst 2018, sieben Jahre
später als in den USA und fünf Jahre später als in Großbritannien. (Domdey
2016)

   Noch problematischer ist die Entwicklung bei der Umsetzung von Forschungsergebnissen in Produkte und Unternehmen. Ernst & Young konstatieren für die
letzten zwanzig Jahre eine ernüchternde Bilanz der deutschen Biotech-Branche
im Vergleich zu anderen Nationen. Während 1998 noch eine Aufbruchsstimmung zu verzeichnen gewesen sei, könne heute von einem wirklichen Aufholen

keine Rede sein. Eine grundsätzliche Neuausrichtung der Biotechnologie-Branche sei erforderlich, um die Zukunft nicht zu verpassen. Nicht prozentuale Steigerungen der Kennzahlen, sondern signifikante Vervielfachung sei der maßgebende Anspruch. (E&Y, 2018: 6, 8)

Bisher haben es Wissenschaft und Wirtschaft in Deutschland immer wieder geschafft, einen Rückstand aufzuholen – es bleibt zu hoffen, dass es auch bei der Digitalisierung, der Elektromobilität und der Biotechnologie wieder gelingt.

Künstliche Intelligenz

Das gilt auch für die Entwicklung der künstlichen Intelligenz (KI). Das Teilgebiet der Informatik versucht, menschliche Wahrnehmung und menschliches Handeln durch Maschinen nachzubilden. Künstliche Intelligenz zu entwickeln und zu beherrschen – sei es beim autonomen Fahren, in der Krebsdiagnostik oder bei den Produktionsprozessen der Zukunft – ist eine Schlüsselfrage für Deutschland und Europa. Geburtsstunde war eine Konferenz in Dartmouth (USA) 1956, für die der Stanford-Professor John McCarthy (1927-2011) den Begriff artificial intelligence prägte. (zur Geschichte website harvard.edu, 28. August 2017) Forscher der TU München haben wichtige Grundlagen für die Entwicklung dieser Disziplin gelegt. Bausteine wie die Spracherkennung wurden von Professor Jürgen Schmidhuber an der TU München entwickelt, der heute in der Schweiz das Dalle-Molle-Institut für Künstliche Intelligenz (ISDIA) leitet. Einige seiner Studenten haben Deepmind mit aufgebaut, jenes britische Start-up, das von Google am 26. Januar 2014 für 600 Millionen Dollar aufgekauft wurde und heute im Mittelpunkt von Googles Programm für künstliche Intelligenz steht. (Süddeutsche Zeitung vom 12. Juni 2018)

Die TU München steht nach wie vor mit an der Spitze der Forschung zur künstlichen Intelligenz. Nach einer aktuellen Untersuchung des britischen Ranking-Bewerters „Times Higher Education (THE)" belegt sie weltweit Rang sechs. An der Spitze liegen das Massachusetts Institute of Technology (MIT) vor der Carnegie Mellon University, beide USA, und die Nanyang Technological University in Singapur. Aus Europa ist neben der TU München nur die spanische Universität Granada auf Rang vier vertreten. Auf der Rangliste nach Ländern steht die Schweiz an der Spitze vor Singapur, Hongkong und den USA. Nach Italien, den Niederlanden und Australien folgt Deutschland auf Rang acht. (TUM in Rankings, 11. Juli 2018)

Nach den Feststellungen der Expertenkommission Forschung und Innovation (EFI) sind bei den Zentren für künstliche Intelligenz in Deutschland die

Standorte Tübingen/Stuttgart und Berlin/Potsdam führend. (EFI 2018: 76) In Europa liegt Großbritannien vor Deutschland und Frankreich, sowohl was die Start-up-Zentren als auch die Unternehmen angeht. (EU, Pressemitteilung 25. April 2018) Den globalen Wettbewerb führen die Internetkonzerne der USA an. Dank ihrer immensen Finanzkraft werden von ihnen renommierte Forscher und Experten mit höchst attraktiven Angeboten angeworben und vielversprechende Start-ups aufgekauft. So betreibt Facebook im Silicon Valley, in New York und Montreal Labore für die Entwicklung künstlicher Intelligenz mit Wissenschaftlern von Spitzenuniversitäten. Google hat ein Zentrum für künstliche Intelligenz in Peking eingerichtet, Amazon bei der Universität Cambridge. Noch dominieren die USA, aber China holt auf. Bis 2030 will die chinesische Regierung mit Investitionen von 150 Milliarden Euro die Führung erreicht haben. (Süddeutsche Zeitung, 4. Juli 2018)

Im globalen Maßstab hinkt Europa hinterher. Wie der Think Tank der EU-Kommission, das „European Political Strategy Centre" (EPSC), im März 2018 festgestellt hat, gilt das für die Forschung ebenso wie für die wirtschaftliche Anwendung. Zwar mangelt es nicht an Forschungszentren für künstliche Intelligenz. Universitäten bleiben der Studie zufolge jedoch oft in einem Vakuum, ohne Verbindungen zu anderen Forschungseinrichtungen, ohne nennenswerte Unterstützung durch öffentliche Mittel und in unsystematischen Beziehungen zu Unternehmen. Die KI-Labors der europäischen Universitäten verfügen nicht über die Ressourcen, um sich zu vergrößern und zu vernetzten Kraftwerken zu werden, die in der Lage sind, an groß angelegten Forschungsprojekten oder kommerziellen Anwendungen zu arbeiten. (faz.net, 24. April 2018).

Die EU-Kommission hat am 25. April 2018 angekündigt, in den nächsten drei Jahren 1,5 Milliarden Euro in die Forschung im Bereich der Künstlichen Intelligenz zu investieren. Zusätzlich plant die Kommission, Mittel der EU-Mitgliedsstaaten und privater Unternehmen in Höhe von insgesamt 20 Milliarden Euro zu mobilisieren. Nach 2020 will Brüssel das EU-weite Finanzierungsniveau auf 20 Milliarden Euro pro Jahr anheben. (heise, 25. April 2018)

Die Bundesregierung will eine Strategie ausarbeiten, um den Fortschritt in der künstlichen Intelligenz voranzutreiben. Das Kabinett hat am 18. Juli Eckpunkte dazu beschlossen. Damit will die Bundesregierung die Erforschung, Entwicklung und Anwendung von künstlicher Intelligenz in Deutschland auf ein weltweit führendes Niveau bringen. Die Forschungslandschaft in Deutschland erhält hierfür zukünftig mehr Kompetenzzentren, die mit anderen KI-Instituten in Europa vernetzt werden. Die Eckpunkte stellen die Grundlage für die Strategie Künstliche Intelligenz dar, die in den nächsten Monaten erarbeitet wird. Dazu wird die

Bundesregierung einen Konsultationsprozess mit bundesweit arbeitenden Organisationen, Verbänden und Institutionen sowie Expertenworkshops und Fachforen durchführen. Auf dem Digitalgipfel am 3. und 4. Dezember 2018 soll die Strategie vorgestellt werden. Angesichts des Vorsprungs anderer Länder ist es ein sehr ehrgeiziges Projekt, Deutschland „zum weltweit führenden Standort für KI" zu machen. (afp, 18. Juli 2018)

In Bayern soll ein Kompetenznetzwerk „Künstliche maschinelle Intelligenz" geschaffen werden an den Hochschulen in München, Erlangen, Würzburg, Augsburg, Bayreuth, Ingolstadt und Weiden. Auch die außeruniversitären Forschungseinrichtungen sollen ausgebaut werden, vor allem mit dem Aufbau eines neuen Fraunhofer-Instituts für Kognitive Systeme am Standort München. Im Großraum München soll auch ein vernetzter „BRAIN-Campus" (Bavarian Research in Artificial Intelligence Network-Campus) entstehen. Dafür stehen in den nächsten fünf Jahren rund 280 Millionen Euro Finanzmittel und 95 Stellen bereit. (Söder 2018; Staatskanzlei, Pressemitteilung 26. Juni 2018)

Konvergenz von IT und BioTech

Nachhaltige Wissenschafts- und Forschungspolitik muss auch versuchen, die Zukunft zu antizipieren. Das geht über die Entwicklung der künstlichen Intelligenz als Teil der Informatik noch hinaus. In der nächsten Stufe der technologischen Entwicklung wird es um das Zusammenwachsen der beiden Leittechnologien Digitalisierung und Biotechnologie gehen. Bereits 2005 wurde Ian Pearson, Zukunftsforscher bei British Telecom, mit einem Ausblick auf das Jahr 2030 zitiert. „Alle IT-Entwicklungen, die wir bisher erlebt haben, und alle biotechnischen Fortschritte bei der genetischen Veränderung und beim Klonen werden sich recht unscheinbar ausnehmen im Vergleich zu den Resultaten der NBIC-Konvergenz – dem Zusammenwachsen von Nanotechnologie, Biotechnologie, Informationstechnologie und Kognition. (…) Dank dieser Konvergenz können wir dann auch denkende Maschinen herstellen, ebenfalls noch innerhalb unseres Zeitrahmens bis 2030, deren Intelligenz wahrscheinlich die menschliche weit übertreffen wird. Wem dies zu weit hergeholt klingt, sei darauf hingewiesen, dass wir – und viele andere Forscher in aller Welt – heute bereits an entsprechenden Konzeptstudien arbeiten. In jedem Fall wird ein Großteil der Innovation und der Entwicklung von anderen intelligenten Maschinen übernommen, so dass die Menschen dies gar nicht selbst können müssen." (vdi 2005)

In der High-Tech-Offensive bestand bereits die Überlegung, zu einer Konvergenz der beiden Leittechnologien zu kommen und die Informatik im Norden

Münchens mit der Biotechnologie im Süden der Stadt zu verbinden. Bis heute ist es freilich noch nicht einmal gelungen, die seinerzeit angedachte direkte U-Bahn-Verbindung zwischen Garching und Martinsried fertigzustellen. Die Einrichtung einer Bioinformatik an der Universität Würzburg war ein erster Ansatz in der Offensive, um Probleme aus den Lebenswissenschaften mit theoretischen computergestützten Methoden zu lösen. Wie sich diese Vision des Zusammenwachsens von Biotechnologie und Algorithmen bisher entwickelt hat und die Zukunft der Menschheit weiter bestimmen könnte, hat der Historiker Yuval Noah Harari auf der Grundlage der aktuellen wissenschaftlichen Entwicklungen in seinem Buch Homo Deus 2016 visionär beschrieben und beim Davoser Forum am 25. Januar 2018 präsentiert.

Ein erster Schwerpunkt der Konvergenz ist heute die Digitalisierung in der Medizin. Auch hier geben die USA mit ihren großen IT-Konzernen den Takt vor. So hat ein System der künstlichen Intelligenz von IBM vor kurzem die DNA-Sequenzierung eines Gehirntumors korrekt und schneller interpretiert als ein ganzes Team menschlicher Experten. Microsoft erprobt in einem Pilotprojekt mit dem Knight Cancer Institute eine neue Kombinationstherapie für Leukämie. Von den etwa 11 000 möglichen Kombinationen vorhandener Medikamente wurden in den vergangenen zwei Jahren rund 100 untersucht, Microsoft durchsucht auf einen Schlag die über 10 000 verbleibenden Möglichkeiten. Die Stanford University hat ein lernendes Maschinensystem entwickelt, das Herzprobleme besser aus einem Langzeit-EKG lesen kann als Kardiologen. (Der Spiegel, 4. November 2017: 68 ff.) Deutschland und Bayern liegen hier noch um Jahre zurück. Erst am 25. Oktober 2017 gab es im Rahmen des Masterplans Digital II einen positiven Kabinettsentscheid für ein 25 Millionen Euro teures Pilotprojekt „DigiMed Bayern", das Big Data von Tausenden Arteriosklerose-Patienten generieren und bessere Therapieentscheidungen in der Zukunft herbeiführen soll.

Energiewende

Technologiefelder, in denen Bayern und Deutschland keine Rolle mehr spielen, sind die Kernenergie und die Reaktorsicherheit. Die Reaktorforschung ist heute Tabuthema der Wissenschaft mit der Folge, dass hierzulande Atomphysiker und Strahlungsexperten für Rückbau und Lagerung fehlen. Nur die Neutronenquelle und die Fusionsforschung haben den Atomausstieg überstanden.

Zur Kerntechnik hatte Ministerpräsident Edmund Stoiber in seiner Regierungserklärung vom 29. Oktober 1998 noch festgestellt: „Wir wollen die umweltfreundliche Kernenergie weiter nutzen. Ausstieg aus der Nutzung der Atomenergie bedeutet mehr Belastung der Umwelt durch CO2 und höhere Strompreise." Nunmehr werden im Zuge des von der Union beschleunigten Atomausstiegs von 2011 die beiden letzten Kernkraftwerke in Bayern vom Netz genommen: Ende 2017 Gundremmingen B, Ende 2021 Gundremmingen C und Ende 2022 Isar 2. Einen raschen Ausstieg schon 2020, spätestens 2022 statt 2030 beziehungsweise 2034 hatte seinerzeit die bayerische Staatsregierung gefordert. (Straubinger Tagblatt, 15. Mai 2011)

Was damals als Brückentechnologie bezeichnet wurde, wird heute in vielen Ländern weiter ausgebaut, ohne dass Deutschland noch Einfluss auf die Sicherheitsstandards hätte. Dies hat, wie von Edmund Stoiber vorausgesagt, erhebliche Auswirkungen auf die Versorgungssicherheit, die Strompreise und den Klimaschutz. Bayern verliert dadurch rund 40 Prozent der gesicherten Leistung, die durch den Ausbau des Stromnetzes von Nord nach Süd, von Gaskraftwerken zur Netzstabilisierung und die Entwicklung kapazitätsstarker Energiespeichertechnologien ausgeglichen werden muss. (Zukunftsrat 2015: 55) Der beschleunigte Atomausstieg in Deutschland führt weiter zu einem erhöhten Kohlendioxid-Anstieg, da die Kohlekraftwerke aus Gründen der Versorgungssicherheit länger betrieben werden müssen. Damit fehlt Deutschland die notwendige Flexibilität bei der Energiewende, die sich unsere Nachbarn bewahrt haben. In der Schweiz hat die Bevölkerung am 21. Mai 2017 zugestimmt, dass keine neuen Atomkraftwerke gebaut werden dürfen, die alten aber betrieben werden, solange sie sicher sind. Auch darf die Nuklearforschung dort weitergeführt werden.

Zudem ergibt sich eine erhebliche Kostenbelastung für Verbraucher und Industrie in Deutschland. Die Strompreise für Privathaushalte haben sich seit der Jahrtausendwende verdoppelt und sind europaweit nur in Dänemark höher als hier. Auch die bayerische Wirtschaft beklagt die Energiewende als „Desaster". (Alfred Gaffal, 5. Dezember 2017) Nach einem Gutachten der Prognos AG kostet sie bis 2025 insgesamt 520 Milliarden Euro, davon sind bis 2015 rund 180 Milliarden Euro angefallen. Die Stromversorgung in Deutschland und Bayern ist zwar sicher. Aber der Strom wird immer teurer. Hauptpreistreiber ist die EEG-Umlage. Zudem erweisen sich die hohen Energiepreise als Investitionshindernis. Trotz der hohen Kosten wird die Vorgabe bei der Energiewende, die Kohlendioxid-Emissionen bis 2020 im Vergleich zu 1990 um 40 Prozent zu mindern, nicht erreicht werden. Seit 2014 sinken diese Emissionen nicht weiter; sie liegen jetzt sieben Jahre hintereinander deutlich über dem Plan. (6. Monitoring der Energiewende, Dezember 2017)

Diversifikation

Die Offensive Zukunft Bayern hat, wie dargestellt, auch zur Diversifikation der Wachstumsträger in Bayern beigetragen. (Kapitel sechs, Anschnitt fünf) Ausdrückliches Ziel war, die Zukunftstechnologien auszubauen, damit sie „möglicherweise morgen oder übermorgen traditionelle Wachstumsträger wie zum Beispiel die Metall- oder Automobilindustrie, ablösen können". (Stoiber, 29. Oktober 1999) In der Tat handelt es sich beim Automobil- und Maschinenbau wegen des noch immer sehr hohen Anteils an Wertschöpfung und Arbeitsplätzen um ein volkswirtschaftliches Klumpenrisiko, wie der Zukunftsrat der bayerischen Wirtschaft 2015 festgestellt hat. (Zukunftsrat 2015: 62) Angesichts des drohenden Handelskrieges durch die USA und der Risiken für einen fairen und freien Handel steht das Geschäftsmodell der bayerischen Wirtschaft auf dem Prüfstand. Daher ist es heute mehr denn je geboten, auf eine breitere Diversifikation hinzuwirken und die Risiken der Exportwirtschaft zu reduzieren.

Venture Capital

Handlungsbedarf besteht auch darin, neue Technologiekompetenz zu schaffen und die bestehende Kompetenz zu bewahren. Im Zuge der Offensive Zukunft Bayern hat die Staatsregierung mit Bayern Kapital einen noch heute bestehenden Fonds geschaffen, der die Gründung junger Unternehmen mit staatlichen Geldern unterstützt. Das weitere Wachstum dieser Unternehmen erfordert freilich privates Kapital. Das gilt vor allem für kapitalintensive Firmen im Bereich der Biotechnologie. Die Staatsregierung hat daher bereits 1997 eine Gesetzesinitiative zur Mobilisierung von mehr privatem Wachstumskapital in den Bundesrat eingebracht, die als erster Einstieg 2004 in Kraft getreten ist. Der hartnäckige Widerstand des Bundesfinanzministers hat dazu geführt, dass die Regelung erst 2016 und auch nur in Teilen verbessert wurde, wie oben in Kapitel zwei Abschnitt neun näher dargestellt.

So wurde zwar Ende 2016 rückwirkend zum Jahresbeginn ein Gesetz zur weiteren Verlustverrechnung beschlossen. (Gesetz 2016) Der Bundesverband deutscher Kapitalbeteiligungs-Gesellschaften hat begrüßt, dass damit einer seiner Vorschläge aus dem Jahr 2014 aufgegriffen wurde. Zugleich hat er festgestellt, dass wir nicht auf halber Wegstrecke stehen bleiben dürfen. Vor allem im Bereich der Anschlussfinanzierung ab fünf Millionen DM aufwärts gibt es in Deutschland noch viel zu wenige Venture-Capital-Gesellschaften, die eine solche Summe stemmen können. (BVK 2016)

Noch immer steht ein umfassendes Venture Capital-Gesetz aus, wie es im Bayernplan, aber auch detailliert von der FDP gefordert wird. (FDP 2017: 14) Es ist unabdingbar, wenn die Start-ups der Biotechnologie und die digitalen Unternehmensgründer in Bayern erfolgreich wachsen sollen. Das entscheidende Defizit bei der Schaffung einer Gründerkultur in Deutschland ist das Fehlen von Venture-Capital. Es macht hier nur 0,029 Prozent des Bruttoinlandsprodukts aus, deutlich weniger als in Frankreich (0,038 Prozent) und in Großbritannien (0,046 Prozent) und nur ein Zehntel des Anteils von 0,211 Prozent in den USA. Im Durchschnitt erhält ein Start-up in Deutschland auch wesentlich weniger Kapital: mit 0,9 Millionen Euro weniger als die Hälfte der Summe in Frankreich (2,0 Millionen Euro) und in Großbritannien (2,4 Millionen Euro). In den USA sind es sechs Mal so viel (6,3 Millionen Euro). (KfW 2016: 17) Das beste Gründernetzwerk kann nicht gedeihen, wenn nicht ausreichend Kapital für das Wachstum zur Verfügung steht. Hauptursache ist die nach wie vor unzureichende steuerliche Förderung von Start-up-Investoren. Deutschland liegt weit hinter Großbritannien und Frankreich zurück, weil hier keine politische Priorität gesehen wird, das Wachstum junger Technologieunternehmen angemessen zu fördern. (EU-Kommission 2017: 91)

Das jahrzehntelange Zögern der Politik wirft ein Schlaglicht auf den Stellenwert der Gründungskultur in Deutschland. Die USA und neuerdings auch China sind am Markt der Ideen weit voraus. Während in Deutschland 2016 gerade einmal 1,9 Milliarden US-Dollar an Venture Capital investiert wurden, lag das Volumen in den USA bei knapp 59 Milliarden US-Dollar, wovon zwei Drittel nach Kalifornien geflossen sind. Ein Großteil der deutschen Technologie-Elite ist denn auch ins Silicon Valley gezogen, wo mittlerweile 50 000 Deutsche arbeiten. (berlin.valley.com, 25. Januar 2017) Innerhalb Deutschlands ist Bayern bei Start-ups und Venture Capital nicht mehr Vorreiter. Die Zahl der Hochtechnologie-Gründungen im Freistaat hat sich seit 2008 (2 638) bis 2015 (1 427) fast halbiert. (Walter: 642) Seit einigen Jahren ist Berlin die deutsche Venture Capital-Hauptstadt. So haben im ersten Halbjahr 2017 in Berlin 114 Start-ups 1,480 Milliarden Euro an Risikokapital erhalten, während es in Bayern lediglich 44 mit 197 Millionen Euro waren. (EY, Start-up-Barometer 2017) Lediglich bei Neugründungen in der Biotechnologie führt München noch vor Berlin. (EY, Biotechnologiereport 2017: 37) Da gerade die Entwicklung dieser Unternehmen besonders kapitalintensiv und langwierig ist, hat der Freistaat das höchste Standortinteresse, den Venture Capital-Zugang entscheidend zu verbessern. (zur Bedeutung von Wagniskapital für die wirtschaftliche Dynamik siehe auch Balleis 2017)

Technologiekompetenz schützen

Erst recht müssen digitale Kompetenzen etablierter Technologie-Unternehmen im Land gehalten werden. Gerade in der Vielzahl von Weltmarktführern liegt eine große Stärke der deutschen Wirtschaft. Einige davon sind an der Börse notiert und weltbekannt, viele andere sind „Hidden Champions". Mit über 1 000 Weltmarktführern liegt Deutschland mit weitem Abstand an der Spitze vor den USA mit etwas mehr als 300 solcher Unternehmen. (Langenscheidt 2015) In Bayern gibt es davon insgesamt 257, nur übertroffen von Baden-Württemberg mit 337. (Leibniz-Institut 2011)

Diese Unternehmen sind begehrte Übernahmeobjekte für ausländische Investoren geworden. Bis Mitte November 2016 waren bundesweit bereits 141 Transaktionen vollzogen oder wenigstens angekündigt, was in etwa einer Verdopplung binnen drei Jahren gleichkommt. 2013 gab es lediglich 78 Übernahmen. (PWC, 28. Dezember 2016) Technologische Kompetenzen müssen vor Abwanderung besser geschützt werden als im Fall des Verkaufs der Kuka AG 2016 für 4,7 Milliarden Euro an einen chinesischen Investor, der den Regeln des chinesischen Staatskapitalismus und des Patriotismus-Dekrets der Staatspartei unterworfen ist. Das Augsburger Unternehmen mit seinen 12 300 Mitarbeitern zählt zu den weltweit führenden Herstellern von Industrierobotern. Es ist eines der Schlüsselunternehmen der Industrie 4.0 und damit von strategischer Bedeutung für den Technologiestandort Bayern und insbesondere auch für die Automobilindustrie.

Dennoch war kein ernsthafter Widerstand von Politik, Aktionären, Management und Gewerkschaften gegen den Verkauf dieses Schlüsselunternehmens an einen chinesischen Investor ersichtlich. Für deutsche Großaktionäre verdoppelte sich der Wert ihrer Anteile mit dem Verkauf. (handelsblatt.com, 11. Januar 2017) Obwohl immer wieder beklagt wurde, dass China strategische Industrien bewusst vor ausländischem Zugriff schützt und deutschen Unternehmen den eigenen Markt nur eingeschränkt öffnet, wurde den chinesischen Investoren Zugang zu einer strategischen Schlüsseltechnologie gewährt. 2015 wurde Chinas Masterplan beschlossen, mit dem das deutsche Konzept der Industrie 4.0 kopiert wird. Der Verkauf des Weltmarktführers für Robotik an einen chinesischen Investor ist ein herber Rückschlag für den Standort Bayern. Daran ändern auch die Standortgarantien und Abschirmungsvereinbarungen nichts. Die Chinesen haben dieses technologische Juwel sicherlich nicht nur gekauft, um intelligente Haushaltsgeräte zu bauen.

Ein weiteres Beispiel für den Verkauf von Technologiekompetenz ist die Übernahme der Mehrheit an „Concept Laser" im oberfränkischen Lichtenfels im Oktober 2016 für 549 Millionen Euro durch General Electric, den Hauptkonkurrenten der Siemens AG bei der Industrie 4.0. Concept Laser ist ein weltweit führender Anbieter von Maschinen für den 3D-Druck von Metallbauteilen. General Electric sieht den Ausbau dieser Zukunftstechnologie als Alternative zur Industrie 4.0 und will den Standort Lichtenfels mit Investitionen von über 100 Millionen US-Dollar zu seinem globalen Zentrum für die Produktion von 3D-Metalldruck-Maschinen ausbauen. Die Entwicklung völlig neuer Produkte und Geschäftsmodelle und damit die Erschließung disruptiver Potenziale der additiven Fertigung stehen bislang bei deutschen Akteuren anders als in den USA und in China weniger im Fokus. Die Verbreiterung der industriellen Anwenderbasis in Deutschland ist daher eine zentrale Herausforderung der kommenden Jahre. (Bundestag, 24. August 2017)

Erst nach dem Verkauf von Kuka wurden Initiativen zum Schutz vor dem Ausverkauf von Schlüsseltechnologien ergriffen mit einem bayerischen Entschließungsantrag vom 10. Februar 2017 „Ausländische Investitionen – Technologische Souveränität sichern" im Bundesrat (Drs. 98/12) und einer Änderung der Außenwirtschaftsverordnung durch Beschluss der Bundesregierung vom 12. Juli 2017. EU-Kommissionspräsident Jean-Claude Juncker hat in seiner Rede zur Lage der Union am 13. September 2017 auf eine gemeinsame Initiative von Deutschland, Frankreich und Italien hin Vorschläge für eine verschärfte Investitionsprüfung angekündigt, die noch der Umsetzung harren. (Bundeswirtschaftsministerium, Pressemitteilung 13. September 2017) Im Juli 2018 hat die Bundesregierung erstmals chinesische Beteiligungen verhindert. Beim Berliner Energieversorger 50Hertz ist die staatliche Kreditanstalt für Wiederaufbau (KfW) eingestiegen und beim westfälischen Werkzeugmaschinenbauer Leifeld Metal Spinning wurde ein Veto eingelegt. (Handelsblatt, 27. Juli 2018)

Hochschulreform

In der Wissenschaft zeichnet sich der Freistaat durch seine differenzierte Hochschullandschaft aus mit den Münchner Eliteuniversitäten an der Spitze. Sie liegen in Deutschland nach den führenden Rankings (Shanghai, THE und QS) unangefochten vorne, in Kontinentaleuropa unter den Top fünf und global unter den Top 50. Die Hochschulreform und die Investitionen der Offensive Zukunft Bayern haben dazu wesentlich beigetragen. Die Experimentierklausel hat die Voraussetzungen für eine moderne Führungsstruktur und für Profilbildung und

Differenzierung geschaffen. Im nationalen Wettbewerb der Exzellenzinitiative haben sich diese Erfolge bestätigt.

Noch immer besteht freilich ein Abstand zu den führenden angloamerikanischen Spitzenuniversitäten, die ihre Studierenden selbst auswählen und das Verhältnis von Professoren zu Studierenden selbst bestimmen können. Wesentlicher Grund dafür ist das im Grundgesetz verankerte traditionell deutsche Bildungsverständnis, wonach derjenige grundsätzlich das Recht hat, ein Studium an der Hochschule seiner Wahl aufzunehmen, der ein Zeugnis der Hochschulreife vorweisen kann. Ziel ist hier die „erschöpfende Auslastung der Hochschulen" (Art. 1 Abs. 1, Art. 3 Abs. 3 BayHZG), nicht die Steigerung der Qualität von Lehre und Forschung. Die Hochschulen wählen sich folglich „ihre" Studierenden nicht selbst aus. Sie sind vielmehr grundsätzlich verpflichtet, alle Studienberechtigten aufzunehmen. Deshalb hat sich in der Bundesrepublik Deutschland kein System der „Bestenauslese" wie etwa an den Hochschulen in den USA und Großbritannien oder an den Grandes Ecoles in Frankreich ausbilden können. (Winter 2012) TU-Präsident Herrmann stellt fest: „Die Politik ist dringend gefordert, den Universitäten erweiterte Gestaltungsräume bei den Zulassungsverfahren einzuräumen." (Herrmann, Pressemitteilung TUM, 29. November 2017)

Eine Internationale Expertenkommission zur Evaluation der Exzellenzinitiative unter Leitung von Professor Dieter Imboden hat 2016 festgestellt, dass Fortschritte vor allem in der Forschungsleistung (vertikale Differenzierung) und deren Internationalisierung sowie in der Governance festzustellen sind. Dagegen bestehen in der Profilbildung (horizontale Differenzierung) noch Defizite in der Entwicklung zu international sichtbaren Spitzenuniversitäten. Die Kommission hat dabei die schlechten Betreuungsverhältnisse und das hohe Lehrdeputat der Professoren hervorgehoben. Die Kapazitätsverordnungen der Länder werden als großes Hindernis identifiziert, Forschung mit exzellenter Lehre zu verbinden. (EIKE 2016; siehe BayHZG, BayHZV) Schon 1998 hat der seinerzeitige Präsident der Stanford University, Gerhard Casper, das Recht der Universität, die besten Studenten auszuwählen, und eine möglichst hohe Professorendichte als entscheidende Erfolgsfaktoren für eine Spitzenuniversität hervorgehoben.

Die vom Ministerrat am 4. Juli 2017 beschlossene Gründung einer neuen Universität in Nürnberg könnte Anlass dafür sein, jedenfalls den Spitzenuniversitäten in Bayern auch die notwendige Autonomie für die Auswahl der Studenten und ihre optimale Betreuung zu gewähren. Eine neue Experimentierklausel im Hochschulrecht könnte dazu beitragen, auf Augenhöhe mit den führenden anglo-amerikanischen Universitäten zu kommen. Das gilt nicht nur für die Betreuungs-Relationen der privaten Spitzenuniversitäten wie Stanford mit acht

Studenten je Professor und dem Massachusetts Institute of Technology MIT mit zwölf. Auch die staatliche Universität Berkeley liegt mit 24 deutlich über den entsprechenden Werten für deutsche Hochschulen. In Deutschland haben sich die Relationen im letzten Jahrzehnt sogar verschlechtert: von 62 in 2005 auf 73 in 2015. Dabei ist Bayern 2015 nur unwesentlich besser: im Durchschnitt 69,3 (Universität Erlangen-Nürnberg 61, Universität Würzburg 66, Ludwig-Maximilians-Universität München 69 und TU München 72). Entsprechendes gilt für die Studentenauswahl. Die Aufnahmequote der Bewerber in den USA (Stanford 4,8 Prozent, MIT 7,9 Prozent, Berkeley 17,5 Prozent) und in Großbritannien (Oxford 17,5 Prozent, Cambridge 21 Prozent) ist sehr gering. Dagegen wird in den deutschen Spitzenuniversitäten praktisch jeder Student mit einer vernünftigen Abiturnote (und gegebenenfalls nach einer Eignungsfeststellungsprüfung wie bei den Münchner Universitäten) aufgenommen und nicht nur die besten zehn bis 20 Prozent der Bewerber. Konkrete Angaben, wie viele Studenten hierzulande abgelehnt werden, konnten nicht ermittelt werden.

In einem Gespräch am 21. Juli 2017 hat Professor Imboden dem Autor bestätigt, dass Auswahlrecht und Betreuungsverhältnis nach wie vor wesentliche Kriterien sind, um die internationale Exzellenz der deutschen Universitäten zu steigern. Dies mit einer Experimentierklausel in den einschlägigen Regelungen zu befördern, hat er als richtigen Weg bezeichnet. Damit könnte man auch dem schon 2005 von der Mittelstraß-Kommission aufgestellten Postulat einer Differenzierung der Hochschulstruktur in Bayern Rechnung tragen. (Mittelstraß 2006: 14 f.) Imboden, der an der renommierten Eidgenössischen Technischen Hochschule (ETH) in Zürich geforscht und gelehrt hat, hat es so formuliert: „Genauso wie ein Dreistern-Hotel nicht einfach den missglückten Versuch eines Fünfstern-Hotels, sondern eine bewusste Wahrnehmung eines bestimmten Marktsegmentes darstellt, kann vertikale Differenzierung gewollt und sinnvoll sein (…) Die Zukunft wird in diese Richtung gehen – ein Kontinuum von Hochschultypen von der Spitzenforschungsuniversität bis zur auf die Anwendung fokussierten Ausbildungsinstitution." (Imboden/Rohe 2017: 13).

Orientierung könnte das Modell eines abgestuften regionalen Verbundes in Kalifornien bieten, wie es der Wissenschaftsrat 2014 als Beispiel gelungener Differenzierung aufgezeigt hat. Dort gibt es ein dreigliedriges System staatlicher Hochschulen, dem die University of California, die California State University und das California Community Colleges-System angehören. Sie kooperieren im Rahmen eines gemeinsamen Masterplans, der 1960 entwickelt wurde. Er weist den unterschiedlichen Hochschulen unterschiedliche Rollen in der tertiären Bildung zu und formt sie zu einem kohärenten System, das hohe Mitteleffizienz,

Exzellenz und breiten studentischen Zugang garantieren soll. Zugleich wird eine Auswahl nach der Qualität der Bewerber getroffen: Das beste Achtel kommt an die University of California mit ihren zehn herausragenden Forschungsstandorten, das beste Drittel danach an die California State Universities, die eine solide Ausbildung bieten, und alle übrigen Absolventen studieren an den Community Colleges. Graduierte der Community Colleges haben garantierten Zugang zu den beteiligten Universitäten, um dort einen Bachelor-Abschluss zu erwerben. Die University of California ist eine Forschungsuniversität, kann Masterabschlüsse vergeben und Promotionen durchführen. Die California State University kann ebenfalls Masterabschlüsse vergeben, jedoch nur kooperativ mit der University of California. Die strikte Aufgabenteilung verbunden mit einer hohen Durchlässigkeit ist ein Erfolgsmodell und verhindert die funktionale Gleichförmigkeit der Hochschultypen mit dem Ergebnis, dass die Universität Berkeley seit 2003 kontinuierlich unter den TOP fünf im Shanghai-Ranking zu finden ist. (Wissenschaftsrat 2014)

Damit könnte man auch dem Aufstieg der chinesischen Universitäten begegnen, die mittlerweile zum Teil vor den deutschen Universitäten liegen. Das gilt vor allem für die Ingenieurwissenschaften, in denen zehn chinesische Universitäten die TU München im Ranking überholt haben. Angesichts der erklärten Zielsetzung der Volksrepublik China, in der Industrie 4.0 ausländische Technologie durch eigene zu ersetzen, stellt sich auch die Frage, ob ausländische Studenten weiterhin gebührenfrei in Bayern studieren sollten und damit ein kostenloser Technologietransfer gewährt wird. In der TU München liegt der Ausländeranteil derzeit bei 24 Prozent, der größte Teil davon aus China. Vorbild könnte Baden-Württemberg sein. Dort müssen Ausländer aus Nicht-EU-Ländern ab dem Herbst 2017 Studiengebühren von 1 500 Euro bezahlen.

Vor nunmehr 20 Jahren hat eine Experimentierklausel die Technische Universität München zum Vorreiter für eine starke und unternehmensorientierte Governance gemacht. Christine Burtscheidt spricht sich in ihrem für die Reform der deutschen Universitäten grundlegenden Werk „Humboldts falsche Erben" dafür aus, Humboldt neu zu denken, den Hochschulen wieder mehr Autonomie zu geben und sie in die Lage zu versetzen, mit der Freiheit verantwortungsvoll umzugehen. Dies sei sicher ein langer und steiniger Weg. „Aber es ließe sich ja mit einer Universität ein Anfang wagen." (Burtscheidt 2010: 410) Die für die neue Universität in Nürnberg vorgesehenen Betreuungsrelationen könnten der Ansatz für eine neue Experimentierklausel sein.

Renaissance der Innovationskultur

Die Wissenschaft in Bayern ist nach wie vor exzellent. Dennoch bedarf es der Stärkung einer Innovationskultur, wie sie mit der Offensive Zukunft Bayern angestrebt wurde. Innovation ist mehr als das Entwickeln herausragender Forschungsergebnisse. Unternehmertum, Wachstumskapital und eine Kultur des Fortschritts in Staat und Gesellschaft müssen dazukommen. Es geht darum, dass aus Inventionen auch Innovationen im Sinne Schumpeters werden, dass aus Forschungsergebnissen Unternehmen entstehen, die in Bayern qualifizierte Arbeitsplätze schaffen und sichern. Erfindungen aus Bayern werden oft erst in den USA vermarktet, wie beim Erlanger Audioformat mp3. Das gilt auch für die Abwanderung von herausragenden Wissenschaftlern wie Andreas von Bechtolsheim, der schon mit 17 Jahren einen Mikrocomputer entwickelt hatte. Er begann als Student an der TU München, gründete im Silicon Valley das Weltunternehmen Cisco und wurde einer der ersten Investoren von Google. Der Autor ist ihm 1995 in Palo Alto begegnet. Oder für Joachim Frank, der an der Ludwig-Maximilians-Universität zum Diplom-Physiker graduiert wurde und an der Technischen Universität München promoviert hat. Den Nobelpreis für Chemie erhielt er 2017 für seine Arbeit in den USA. Entsprechendes gilt, wie dargestellt, für die Nutzung Münchner Forschungsergebnisse zur künstlichen Intelligenz durch die US-Internetkonzerne.

Es gibt auch hoffnungsvolle Signale zur Anwendungsorientierung, gerade in den letzten Jahren: So hat die TU München junge Wachstumsunternehmen wie das Transportunternehmen Flixbus (München, 1 000 Mitarbeiter), den Thermoanbieter Tado (München, 150 Mitarbeiter) oder den Flugtaxi-Hersteller Lilium Aviation (Weßling, über 100 Mitarbeiter) hervorgebracht. (Süddeutsche Zeitung vom 23. Januar 2018) Dazu gehört auch das Münchner Start-up Konux, das Sensortechnologie für die Bahntechnik entwickelt. Es wurde als einer von 30 „Technology Pioneers" des Weltwirtschaftsforums ausgewählt. Die Titelträger gelten als eine Auswahl der innovativsten Firmen der Welt. (munich.startup. de, 15. Juni 2017). Hervorzuheben ist auch die Leistung der Studenten der TU München, die zum dritten Mal den ersten Preis beim Hyperloop-Wettbewerb des Tesla-Gründers Elon Musk gewonnen haben. Es wird jetzt darauf zu achten sein, dass auch in Bayern Test- und Referenzstrecken geschaffen werden, damit der technologische und wirtschaftliche Erfolg auch Bayern zukommt.

Nachwort

Quo vadis, Bavaria? Ein Vierteljahrhundert nach dem Beginn der Offensive Zukunft Bayern stellt sich diese Frage wieder. Die Offensive hat den Freistaat wissenschaftlich, wirtschaftlich und sozial in eine Spitzenposition in Deutschland und Europa geführt. Diese ist jetzt bedroht durch die globalen Veränderungen für Wirtschaft und Gesellschaft auch und gerade in Bayern. Es beginnt eine neue Phase in der Wirtschafts- und Sozialgeschichte Bayerns. Jetzt geht es darum, die Errungenschaften, zu denen die Offensive wesentlich beigetragen hat, zu verteidigen, und dort wieder aufzuholen, wo der Freistaat an Boden verloren hat. Die Ausgangslage ist wesentlich schwieriger als vor 25 Jahren.

Die größte Herausforderung besteht darin, den gesellschaftlichen Zusammenhalt wieder zu stärken und den Menschen Zuversicht statt Ängsten zu vermitteln. Wie Horst Seehofer festgestellt hat, ist das Projekt der Globalisierung, das sich in den wirtschaftlichen Eliten im wahrsten Sinne des Wortes positiv ausgezahlt hat, zum überragenden politischen Problem der kleinen Leute geworden. Den immensen wirtschaftlichen Vorteilen einiger weniger, so Seehofer weiter, stehen mehr denn je tägliche Verunsicherungen und Ängste von Millionen von der Globalisierung Betroffener gegenüber. „Zusammenhalt ist damit eine der wichtigsten Antworten auf das Votum der Wähler". (Frankfurter Allgemeine Zeitung, 29. April 2018)

Daher genügt es nicht, die Zuwanderung zu thematisieren, zumal die Art und Weise, wie die politische Diskussion darüber geführt wurde, die Spaltung der Gesellschaft vertieft hat. Der Zuspruch, den die Rechtspopulisten seit September 2015 gefunden haben, ist weiter gestiegen. Für die Menschen in Deutschland ist die Zuwanderung auch nicht das wichtigste Problem. Wie eine Emnid-Umfrage jüngst bestätigt hat, ist die Bekämpfung der Altersarmut für 79 Prozent und die Schaffung gleicher Bildungschancen für alle Kinder für 76 Prozent der Befragten deutlich wichtiger als das Thema Zuwanderung mit 38 Prozent. (Bild am Sonntag, 15. Juli 2018)

Dieser Sorgen hat sich der Koalitionsvertrag vom 12. März 2018 in den Vereinbarungen zu Wohlstand und sozialer Sicherheit für alle Bürger angenommen. Zentrales Leitbild ist eine „Renaissance der Sozialen Marktwirtschaft" mit einer gerechten Verteilung des erwirtschafteten Wohlstands. Die dort angekündigten Maßnahmen zur Bekämpfung von Kinderarmut und Altersarmut und zur Schaffung von Bildungschancen für alle sind ein Schritt in die richtige Richtung. Der Schlüssel zur nachhaltigen Überwindung der Spaltung der Gesellschaft ist frei-

lich die Sicherung von Vollbeschäftigung und die Mehrung guter Arbeit, wie sie
auch im Bayernplan angekündigt wurde. Ansätze dafür sind die Vereinbarungen
zum Rückkehrrecht in Vollzeit, zur Reduzierung von Befristungen ebenso wie
zum Rechtsanspruch auf Ganztagsschulen und zur Wiederherstellung der Parität
bei den Beiträgen zur Krankenkasse.

Oberstes Ziel der Offensive Zukunft Bayern war es, durch Innovationen Arbeitsplätze zu schaffen und zu sichern. Ein entscheidendes Instrument dazu war
eine kooperative Politik mit einem Beschäftigungspakt von Staat, Arbeitgebern
und Gewerkschaften. Das Ziel der Vollbeschäftigung ist heute in Bayern erreicht.
Jetzt kommt es darauf an, Vollbeschäftigung auch in der Digitalisierung und
Elektromobilität zu sichern, den Anteil der guten Arbeit zu steigern, dem Fachkräftemangel zu begegnen und die Tarifbindung wieder zu stärken, wie jetzt für
die Pflegeberufe angekündigt. Der Autopakt von Staatsregierung, Gewerkschaften und Automobilindustrie vom 21. Juni 2018 ist ein erster Baustein. Ein neuer
Beschäftigungspakt in Bayern könnte als Pakt für gute Arbeit wesentlich dazu
beitragen, dass der Zusammenhalt in der Gesellschaft wieder gefestigt wird und
Populisten weniger attraktiv werden. Das gilt auch für eine stärkere Partizipation der Zivilgesellschaft und ihrer Verbände in Bündnissen gegen Armut, zum
Schutz der Umwelt und der Verbraucher.

Zugleich präsentierte sich die Staatsregierung mit dieser Politik seinerzeit als
Schutzmacht der „kleinen Leute". Deren Rechte gegenüber Verwaltung und
Wirtschaft sind weiter zu stärken. Dazu gehört das Recht auf Information ebenso wie der Anspruch auf Weiterbildung wie sonst überall in Deutschland. Dazu
gehört auch die staatliche Vorsorge, die Gesundheit der Bürger vor Umweltgiften
zu schützen und Unternehmen in die Pflicht zu nehmen, die Gesundheits- und
Vermögensschäden verursachen.

Der wesentliche Baustein für eine Zukunftsoffensive wäre auch heute wieder
der Fortschritt in Wissenschaft und Technologie. Die Offensive Zukunft Bayern
hat einen hohen Sockel geschaffen, der weiterentwickelt wird. (Söder 2018) Wissenschaft und Forschung in Bayern gehören bei den Schlüsseltechnologien der
Digitalisierung und der Biotechnologie zur internationalen Avantgarde. Das gilt
aber nur eingeschränkt bei der Umsetzung neuer Ideen in kommerziell erfolgreiche Innovationen, vor allem bei der Biotechnologie. Während die Digitalisierung im Koalitionsvertrag breit dargestellt wird, findet sich dort nur ein Satz zur
Biotechnologie und deren Bedeutung für den Innovationsstandort Deutschland.
Zur notwendigen Förderung junger Unternehmen durch Wachstumskapital enthält die Koalitionsvereinbarung lediglich einen Prüfauftrag für ein Venture-Ca-
pital-Gesetzes.

Es bedarf einer Erneuerung der Innovationskultur in Staat und Gesellschaft, die auch den globalen Veränderungen Rechnung trägt. Geboten ist wieder eine Aufbruchsstimmung für Neues wie 1998 anstelle des Bewahrens, des Stabilisierens und des Optimierens des Vorhandenen. (Ernst & Young, Biotechnologiereport 2018) Die Defizite im Glasfaserausbau und in der Elektromobilität sind Ausdruck für die Präferenz von Übergangstechnologien anstelle von Zukunftstechnologien. Dem wäre ein neuer Aufbruch entgegenzusetzen: Ein Regionalkonzept von unten nach oben, das wie vor zwanzig Jahren die Gestaltungskräfte vor Ort in ganz Bayern weckt, die vielen innovativen kleinen und mittleren Unternehmen landesweit stärkt und neue „hidden champions" schafft. Besonders der Nordosten Bayerns sollte mit Glasfaseranschlüssen und Zukunftsinvestitionen bedacht werden. Die Attraktivität der Landstriche außerhalb der Ballungsräume weiter zu steigern wäre auch ein Beitrag zur Linderung der Wohnungsnot.

Zugleich bedarf es angesichts des Handelskrieges der USA und des Vormachtstrebens Chinas einer stärkeren Konzentration auf den Wissenschafts- und Wirtschaftsraum der Europäischen Union. Das bedingt nationale und europäische Forschungs- und Unternehmensverbünde über Bayern hinaus, vor allem für die Digitalisierung, die künstliche Intelligenz und die Biotechnologie. Maßstab ist hier Franz Josef Strauß, dem es zu verdanken ist, dass mit Airbus in der Luftfahrtindustrie ein ebenbürtiger Konkurrent zum US-Unternehmen Boeing entstanden ist. Mit dem deutsch-französischen Zusammenschluss Siemens-Alstom bahnt sich jetzt ein vergleichbarer Schritt an. Er soll dem weltgrößten Bahnhersteller, der China Railway Rolling Stock Corporation (CRRC), Paroli bieten. Zu Recht fordert die Bundesregierung, wie im Koalitionsvertrag vorgesehen, einen deutsch-französischen Champion auch für die künstliche Intelligenz. In der Elektromobilität kann der Aufbau chinesischer Batteriefabriken in Europa nur ein Zwischenschritt sein. Ziel muss es sein, so rasch wie möglich die neue Feststofftechnologie zu entwickeln und eine europäische Kompetenz mit einer eigenen Zellproduktion zu schaffen. Dass Europa große Technologieprojekte meistern kann, zeigt auch das EU-Projekt Galileo, an dem Bayern maßgebend beteiligt ist. Mehr denn je gilt angesichts der globalen Risiken der Satz von Franz Josef Strauß: „Europa ist unsere Zukunft." So lautet auch das Versprechen im Koalitionsvertrag: „Ein neuer Aufbruch für Europa."

Dazu bedarf es einer politischen und gesellschaftlichen Kultur, die nicht Zukunftsangst, Nationalismus und Rückschritt schürt, sondern Optimismus, Weltoffenheit und Fortschritt. Ängste zu nehmen und Zuversicht zu geben ist die vornehmste politische Aufgabe in Zeiten eines globalen Umbruchs. Der Fortschrittsgedanke hat, wie in diesem Buch aufgezeigt, den erfolgreichen Weg Bayerns nach dem Krieg kontinuierlich geprägt. Das ist konservative Politik, wie sie Franz Josef Strauß vor 40 Jahren definiert hat: „Konservativ sein, heißt nicht nach hinten blicken, sondern an der Spitze des Fortschritts zu marschieren." (Strauß 1978) Er verstand darunter gleichermaßen den Fortschritt in Wissenschaft und Forschung, Wohlstand und sozialer Sicherheit wie auch für den gesellschaftlichen Zusammenhalt und Frieden: „Es geht um einen Fortschritt mit menschlichem Maß und mit Ehrfurcht vor der Schöpfung." (Strauß 1986) Mit diesem für Bayern eigenen Ansatz konservativer Politik kann der Freistaat auch und gerade unter den Bedingungen von Globalisierung und Digitalisierung dem Ziel entsprechen, für alle Menschen im Freistaat Wohlstand und Sicherheit sicherzustellen. Bayern kann damit auch in Zukunft das wirtschaftliche, wissenschaftliche und soziale Kraftzentrum Deutschlands bleiben als ein Silicon Valley Bayern, wie es seinerzeit mit der sozialen Innovationspolitik der Offensive Zukunft Bayern angestrebt wurde: als wertorientiertes, weltoffenes und zukunftsgerichtetes Chancenland für alle Bürger und alle Landesteile.

München, im August 2018

Rudolf Hanisch

Dank

Nach zwei Jahren intensiven Erinnerns, Recherchierens und Schreibens ist es dem Autor ein Anliegen, all denen zu danken, die ihm beim Erstellen dieses Buches geholfen haben. An erster Stelle gilt das für den Altoberbürgermeister von Erlangen, Herrn Dr. Siegfried Balleis, der nicht nur viele Ortstermine, Unterlagen und Begegnungen in Erlangen ermöglicht und wertvolle Hinweise gegeben hat, sondern auch die erste Durchsicht des Manuskripts übernommen hat. Herrn Professor Dr. Horst Domdey, dem Sprecher des Clusters Biotechnologie, ist der Autor dankbar für die intensive Erörterung zur Entwicklung und Zukunft der Biotechnologie in Deutschland und des Standortes Martinsried und für viele Anregungen bei der Durchsicht der Ausführungen zum Gene Valley. Dem Präsidenten der TU München, Herrn Professor Dr. Wolfgang Herrmann, dankt der Autor für den Austausch in einer Reihe von Gesprächen, die Vermittlung fruchtbarer Termine im Campus Garching und die Unterstützung durch Herrn Dr. Ulrich Marsch. In Straubing hat es der Verleger Dr. Hermann Balle gemeinsam mit Staatssekretär a.D. Ernst Hinsken dem Autor ermöglicht, nicht nur die Erinnerungen aufzufrischen, sondern auch das eindrucksvolle Ergebnis der seinerzeitigen Anfänge vor Ort wieder zu besichtigen. Den im Text genannten Leitern der Gründerzentren verdankt der Autor die Informationen zu ihrer Entwicklung und ihren Erfolgen bei der Schaffung von Arbeitsplätzen. Dr. Franz Glatz sei an dieser Stelle stellvertretend für alle herzlich gedankt. Ein besonderer Dank gilt der Amtschefin der Staatskanzlei, Frau Staatsrätin Dr. Karolina Gernbauer, die dem Autor den Zugang zu den einschlägigen Akten der Staatskanzlei aus den neunziger Jahren ermöglicht hat, und dem „findigen" Archivar Wolfgang Schnappauf. Herrn Dr. Balle dankt der Autor auch dafür, dass er das Buchprojekt in das Verlagsprogramm der traditionsreichen Cl. Attenkofer'schen Buch- und Kunstdruckerei aufgenommen hat. Dem Engagement, der Erfahrung und der Geduld seines Teams – Frau Claudia Karl-Fischer für das Marketing, Herrn Bernhard Stuhlfelner für die redaktionelle Begleitung und Herrn Hans Eisenschink sowie Frau Stefanie Dietl für Gestaltung und Technik – hat es der Autor zu verdanken, dass aus einem „work in progress" ein stattliches Buch geworden ist.

Neben dem Dank für die Mitarbeit an diesem Buch möchte der Autor auch Kollegen, Mitarbeiter und Partner hier anführen, die ihn seinerzeit bei der Vorbereitung und Koordinierung der Offensive Zukunft Bayern unterstützt haben. In der Staatskanzlei waren es vor allem die Herren Dr. Heinz Fischer-Heidlberger, Dr. Hans Schleicher und Dr. Horst Kopplinger für Wissenschaft und Wirtschaft, Hans-Joachim Heusler und Dr. Hansjörg Kuch für Internet und Telekommunikation. Dr. Friedrich-Wilhelm Rothenpieler und Ulrich Wilhelm standen für Medien, Dr. Paul Fischer für Kooperationen, Klaus Weigert für das Büro des Ministerpräsidenten und Dr. Walter Schön, der Nachfolger des Autors wurde, für den Planungsstab. Ohne den Rückhalt seines Büros, Frau Christine Riedl, Werner Eder und Manfred Meier, hätte der Autor seine Aufgaben, die sich nicht in der Offensive erschöpften, nicht angemessen wahrnehmen können. Aus den Ressorts sind neben den Amtschefs die Abteilungsleiter Jürgen Groß-kreutz im Wissenschaftsministerium und Klaus Jasper im Wirtschaftsministe-rium hervorzuheben, ebenso alle seinerzeit amtierenden Regierungspräsidenten für das Regionalkonzept. Im Wissenschaftlich-Technischen Beirat gilt dies vor allem für die Zusammenarbeit mit den Professoren Maximilian Ardelt für die Telekommunikation, Adolf Birkhofer für Reaktorsicherheit und die Koopera-tion mit Frankreich, Utz-Hellmuth Felcht für die Chemie, Franz Mayinger für den Maschinenbau und Ernst-Ludwig Winnacker für die Biotechnologie. Sollte der Autor hier oder im Text jemand vergessen oder nicht angemessen gewürdigt haben, bittet er um Nachsicht.

Der größte Dank des Autors gilt freilich seiner Ehefrau Sigrid für ihre Liebe und Unterstützung damals wie heute in bald fünf gemeinsamen Jahrzehnten.

Zum Autor

Dr. Rudolf Hanisch, Jahrgang 1946, der Vater aus Böhmen, die Mutter aus Burgund, ist gebürtiger Münchner. In Franken aufgewachsen, hat er an der Universität Würzburg Rechtswissenschaft und Romanistik studiert, dort promoviert und als Wissenschaftlicher Assistent für Arbeits- und Sozialrecht sowie Staats- und Verwaltungsrecht gearbeitet. Nach einer Tätigkeit als Arbeitsrichter in Nürnberg war er von 1976 bis 1998 im Ministerialdienst tätig, zunächst im Arbeits- und Sozialministerium in der Krankenhausfinanzierung, dann in der Staatskanzlei unter anderem als Referent für politische Grundsatzfragen bei Ministerpräsident Franz Josef Strauß. Im Innenministerium leitete er das Ministerbüro von Edmund Stoiber und war schließlich von 1993 bis Ende 1998 über fünf Jahre als Amtschef der bayerischen Staatskanzlei oberster Beamter in Bayern. Bis zu seinem Ruhestand 2009 war er Mitglied des Vorstands der Bayerischen Landesbank.

Die wichtigste berufliche Aufgabe des parteilosen Autors war das Konzept der Offensive Zukunft Bayern. Edmund Stoiber hat seine Rolle so beschrieben: „In vielen Jahren hatte Dr. Hanisch in führender Position an meiner Seite einen entscheidenden Anteil an zentralen Projekten wie der Vorbereitung der Privatisierung der Staatsbeteiligungen und der Offensive Zukunft Bayern sowie des Beschäftigungspaktes Bayern." (Staatskanzlei 1998) Horst Seehofer hat dem Autor 18 Jahre später bescheinigt: „An der Seite von Edmund Stoiber haben Sie den Freistaat Bayern geprägt." (Seehofer 2016)

Abkürzungen

Abs.	Absatz
AG	Aktiengesellschaft
Art.	Artikel
BayernFIT	Programm für Forschung, Innovation, Technologie
BayHO	Bayerische Haushaltsordnung
BayVerfGH	Bayerischer Verfassungsgerichtshof
BICCNet	Bayerischer Cluster für Informations- und Kommunikationstechnologie
Bek.	Bekanntmachung
BIP	Bruttoinlandsprodukt
BR	Bayerischer Rundfunk
BV	Bayerische Verfassung
BVerfG	Bundesverfassungsgericht
BVerfGE	Entscheidungen der amtlichen Sammlung des Bundesverfassungsgerichts
BT-Drs.	Drucksache des Deutschen Bundestages
C.R.I.M.	Centre de Recherche informatique de Montréal
CO$_2$	Kohlenstoffdioxid
Depfa	Deutsche Pfandbrief- und Hypothekenbank
DFG	Deutsche Forschungsgemeinschaft
DGB	Deutscher Gewerkschaftsbund
DHH	Doppelhaushalt
DM	Deutsche Mark
e.V.	eingetragener Verein
Epl.	Einzelplan
ETH	Eidgenössische Technische Hochschule
EU	Europäische Union
FAU	Friedrich-Alexander-Universität Erlangen-Nürnberg
FhG	Fraunhofer-Gesellschaft
Fn.	Fußnote
FRM	Forschungsreaktor München
GmbH	Gesellschaft mit beschränkter Haftung
GPS	Global Positioning System
GVBl.	Gesetz- und Verordnungsblatt
HUK	Haftpflicht-Unterstützungs-Kasse kraftfahrender Beamter Deutschlands
IAB	Institut für Arbeitsmarkt- und Berufsforschung der Bundesanstalt für Arbeit
IdF.	In der Fassung
IG	Industriegewerkschaft
IHK	Industrie- und Handelskammer
IT	Informationstechnik
ITER	International Thermonuclear Experimental Reactor
IuK	Informations- und Kommunikationstechnik
JMU	Julius-Maximilians-Universität Würzburg
Kap.	Kapitel
KfW	Kreditanstalt für Wiederaufbau
Kfz	Kraftfahrzeug

KPMG	Klynveld, Peat, Marwick und Goerdeler (Gründer der Wirtschaftsprüfergesellschaft)
LfA	Landesanstalt für Aufbaufinanzierung, seit 1997 LfA Förderbank Bayern
LMU	Ludwig-Maximilians-Universität München
LT-Drs.	Drucksache des Bayerischen Landtags
Matimop	Israeli Center for R & D, Tel Aviv
MBB	Messerschmitt-Bölkow-Blohm
MdL	Mitglied des Landtags
MPG	Max-Planck-Gesellschaft
MPI	Max-Planck-Institut
ÖTV	Gewerkschaft öffentliche Dienste, Transport und Verkehr
PWC	PricewaterhouseCoopers
QS	Quacquarelli Symonds World University Ranking
RMD	Rhein-Main-Donau-Kanal
Rn.	Randnummer
TH	Technische Hochschule
TU	Technische Universität
TUM	Technische Universität München
TÜV	Technischer Überwachungsverein
vbw	Vereinigung der bayerischen Wirtschaft e.V.
VEBA	Vereinigte Elektrizitäts- und Bergwerks-AG
VIAG	Vereinigte Industrieunternehmen AG

Quellen

acatech, Deutsche Akademie der Technikwissenschaften, Begleitprozess zur Strategie Bayern Digital – Ergebnispapier mit Handlungsempfehlungen, 9. März 2015

Arndt Yvonne, Die Rolle von Verbänden bei der Förderung nachhaltigen Konsums und Konsequenzen für die Verbraucherpolitik, Dissertation TU München 2009

Audi Media Center.com, Die Geschichte der Vier Ringe, aufgerufen 18. April 2017

Balleis Siegfried, Antrittsrede anlässlich der konstituierenden Sitzung des Stadtrates, 2. Mai 1996
  – Rede zur Einweihung des IZMP, 12. Mai 2003
  – From a. Idiom to Reality - the Development of the Town 1995 - 2005, in: Bernd Böhner, Heinz-Uwe Fischer u.a., Erlangen between the Centuries, Nürnberg 2006
  – Wagniskapitalfinanzierung, Politische Studien der Hanns Seidel Stiftung 2017, S. 68 ff.

Batavian online news vom 19. Januar 2009: Batavia's business incubator celebrates 50th Anniversary

Bayerisches Hochschulgesetz (BayHSchG) v. 23. Mai 2006, GVBl. S. 245, Art. 12 Abs. 3 Nr. 8

Bayern Digital, Zukunftsstrategie, 6. Oktober 2016

bayern.de, Industriebericht 2016, 8. August 2016
  – Industriebericht 2017, 31. Juli 2018

Bayernplan, Wahlprogramm der CSU, 17. Juli 2017

BayHZG, Bayerisches Hochschulzulassungsgesetz vom 9. Mai 2007, GVBl. 2007 S. 320

Bayreuther Unternehmerabend, Stand und Entwicklungsperspektiven der Universität Bayreuth, 23. Januar 2015, aufgerufen 4. März 2017

Beck Ulrich, Was ist Globalisierung, Frankfurt am Main, 3. Auflage 2015

Beckmann Iris, Entrepreneurship-Politik, 2009

Bell Daniel, The Coming of Post-Industrial Society. A Venture in Social Forecasting, 1973

Berger Christiane, Beschäftigungspakt Bayern – Das Bayerische Bündnis für Arbeit, WSI-Mitteilungen, Ausgabe 07/2000
  – Technologie- und Innovationspolitik in Bayern, Hans-Böckler-Stiftung, 2002

Bertelsmann-Stiftung, Studie zur gesellschaftlichen Verantwortung der Unternehmen, August 2015
  – Studie zur Kinder- und Familienarmut, Lebensumstände von Kindern in der Grundsicherung, 2015
  – Studie zur Digitalisierung, 10. Mai 2017
  – Studie zur Altersarmut, 26. Juni 2017
  – Wahlanalyse, Oktober 2017
  – Studie zur Ganztagsschule, 17. Oktober 2017
  – Studie zur Kinderarmut, 23. Oktober 2017

Beteiligungsbericht Bayern 2016, Stand 31. Dezember 2015

bio-m.org, 20 Years Munich Biotech Cluster – 20 Years BioM, aufgerufen 9. März 2017

Bischoff Manfred, Privatisierung der deutschen Flugzeugindustrie – gesamtwirtschaftlicher Erfolg oder Misserfolg? Dokumente der Luft- und Raumfahrtindustrie 9/1995

BMWi, Gesundheitswirtschaft, Fakten und Zahlen, Ausgabe 2016, Stand Februar 2017

Bocklet Reinhold, Gesetz zur Förderung von Wagniskapital, Erklärung zu Punkt 32 der Tagesordnung, Anlage 5 zum Plenarprotokoll des Bundesrates, 27. November 1998
– Föderalismus heute: Landespolitik zwischen Bund und Europa, Rede anlässlich der Tagung „50 Jahre Grundgesetz" am 19. Mai 1999, wallstreet- online.de 23. September 2002

Böllert Karin, Vorsitzende der Arbeitsgemeinschaft der Kinder- und Jugendhilfe, Interview im Deutschlandfunk, 3. Juni 2014

Boenke Susan, Entstehung und Entwicklung des Max-Planck-Instituts für Plasmaphysik, 1955 - 1971, BMBF 1991

Breitenfeld Jörg, Leben unter dem Infohighway: Entwicklungen und Tendenzen der Informationsgesellschaft, 2001

Brossart Bertram, Die Bedeutung des demographischen Wandels für die oberfränkische Wirtschaft, Vortrag am 18. März 2010

Buckel Peter, Erinnerungen und Gedanken zum Biotechnologie-Cluster München, 15. Juli 2013, Website BioM, aufgerufen am 9. März 2017

Bude Heinz, Gesellschaft der Angst, 2015

Bundesamt für Migration und Flüchtlinge, Migration, Asyl und Integration in Zahlen, 14. Auflage, 2005

Bundesanstalt für Arbeit, Arbeitsmarktbericht 1993

Bundesinstitut für Bau-, Stadt- und Raumforschung (BBSR), 2008

Bundespatentamt, Statistik, Stand 8. März 2017

Bundesrat, Begründung der Gesetzesinitiative zur steuerlichen Förderung von Wagniskapital, Protokoll vom 27. November 1998

Bundestag, Wissenschaftlicher Dienst, 2007, WD 10-070/07 Mai 2010
– Büro für Technikfolgen-Abschätzung (TAB), Bericht über Additive Fertigungsverfahren (3-D-Druck), BT-Drs. 18/13455, 24. August 2017
– Wissenschaftlicher Dienst, Kinderarmut in Deutschland, Überblick über aktuelle Zahlen und Studien, 16. Mai 2017

Bundesregierung, Digitale Agenda 2014 – 2017, Legislaturbericht 26. April 2017

Burtscheidt Christine, Humboldts falsche Erben, Eine Bilanz der deutschen Hochschulreform, München 2010

BVK, Bundesverband deutscher Kapitalbeteiligungsgesellschaften, Pressemitteilung 14. September 2016

CDU, Berliner Programm, 1. Fassung, November 1968, Punkt 65

CHE Blickpunkt, Länderbericht Bayern, News vom 13. Juli 2017

Chronik der Universität Bayreuth 1969 – 2015, bearbeitet von Marco Hedler mit Johannes Böhm und Karsten Kühnel, S. 206 - 217, aufgerufen 3. März 2017 coris.eu, cluster in Ostbayern, Porzellan und Keramik, aufgerufen 5. April 2017

CSU, Grundsatzprogramm vom 28. September 2007

destatis, Hochschulen auf einen Blick, Ausgabe 2012 und 2016

Datenreport 2016 – Sozialbericht für Deutschland, Bonn 2016

Dettling Daniel, Die neue Spaltung – Warum wir mehr Zukunft wagen müssen, Ein Kommentar zur Bundestagswahl 2017

Deutinger Stephan, Vom Agrarland zum High-Tech-Staat, Zur Geschichte des Forschungsstandortes Bayern 1945 – 1980, München, Wien, 2001

Deutscher Stifterverband für die Wissenschaft, Gründungsradar 2016

Dfal.de/institut/Geschichte, aufgerufen 17. März 2017

DFG Förderatlas 2015, Kennzahlen zur öffentlich finanzierten Forschung in Deutschland

DGB, Beschäftigungspakt Bayern – Politische Handlungsräume durch Kooperation erweitern, München 1996

DGB, Positionen zur Stärkung der Tarifbindung, Stand 28. Februar 2017

Dickmanns Ernst, Autonomes Auto: Deutscher erfand es in den 80er Jahren, welt.de vom 12. Oktober 2016 und 13. Oktober 2017

Diesel Rudolf, Solidarismus – natürliche wirtschaftliche Erlösung des Menschen, Augsburg, 1903, 2. Auflage 2013

DIW, Wirkung von Forschung und Entwicklung auf das Wirtschaftswachstum, Gutachten im Auftrag der KfW, Berlin, 16. Juni 2015
     – Wachstumstreiber FuE, FuE-Intensität des Verarbeitenden Gewerbes, DIW Wochenbericht. Ausgabe 35/2015,

Domdey Horst, Immer erst einmal abwarten, Biotechnologie 2016, S. 24 ff.

dpa, Beschäftigungspakt Bayern, 10. Juni 1996;
     – Diesel-Nachrüstung, Umfrage des Meinungsforschungsinstituts YouGov, 17. März 2018

Düll Nicola, Arbeitsmarkt 2030 – Digitalisierung der Arbeitswelt, Bielefeld 2016

EEA, Europäische Umweltagentur, Premature deaths attributable to air pollution, Stand 21. April 2016

EFI – Expertenkommission Forschung und Innovation (2018): Gutachten zu Forschung, Innovation und technologischer Leistungsfähigkeit Deutschlands, Berlin 2018

Ehard Hans, Schreiben vom 5. Juli 1949 an Otto Hahn, BayHStA StK 14012

Emnid-Umfrage, Altersarmut, N 24, 10. September 2016

Enquete-Kommission des Deutschen Bundestages, Zukunft des Bürgerschaftlichen Engagements, BT-Drs. 14/8900 3. Juni 2002

EPA, VW Notice of Violation, Clean Air Act, September 18, 2015, im Internet veröffentlicht von EPA

Erlanger Stadtlexikon, Geschichte der Medizintechnik an der FAU, 2002

Ernst & Young, Deutscher Biotechnologie-Report 2013
  – Studie zur Biotechnologie in Bayern 2013

EU-Kommission 2013c, CEPR-Studie zu TTIP, 2013
  – Studie European ICT Poles of Excellence (EIPE), Pressemitteilung vom 14. April 2014
  – Bericht COM (2017) 338 final über Handels- und Investitionshindernisse, 1. Januar 2016
  – 31. Dezember 2016, S. 16 ff., 27 ff.
  – Effectiveness of tax incentives for venture capital and business angels to foster the investment
    of SMEs and start-ups, Working Paper Nr. 68, 2017
  – Expertenkommission zur Evaluation der Exzellenzinitiative (IEKE), Vorstellung der Ergeb-
    nisse durch den Vorsitzenden Professor Dieter Imboden am 15. Februar 2016

EY, Ernst & Young, Start-up-Barometer 2017
  – Ernst & Young, Deutscher Biotechnologiereport 2017
  – Ernst & Young, Deutscher Biotechnologiereport 2018

Faltlhauser Kurt, Finanzpolitik der Zukunft, Das Prinzip Nachhaltigkeit, München 2002
  – Bauen für die Kunst, Ein Werkstattbericht aus der Ära Stoiber, Regensburg, 2013

FAU aktuell, website 19. März 2013, aufgerufen 12. März 2017 – Rechenzentrum Erlangen,
  RRZE Jahresberichte 1999 ff.
  – Geschichte und Entwicklung der technischen Fakultät, Festschrift 50 Jahre Technische Fa-
    kultät von 2016, S. 87 ff.

FDP, Wahlprogramm zur Bundestagswahl 2017

Feifel Manuel, Regionen als Global Players, Das Beispiel der interregionalen Kooperation Bayern
  – Québec, Heidelberg 2003

Fischer Paul, Die regionalen Beziehungen Bayerns in Eine Welt, netzwerk bayern, 2013

Flassbeck Heiner/Steinhardt Paul, Gescheiterte Globalisierung, Berlin 2018

Fleck Roland, Technologieförderung – Schwachstellen, europäische Perspektiven und neue Ansätze, Dissertation Erlangen 1990

Förster Franz, MdL, Berichterstatter zu den seinerzeit vorliegenden Anträgen auf Errichtung von
  Universitäten in Bayreuth, Bamberg, Passau und Ingolstadt im Plenum am 16. Juli 1970,
  Stenographischer Bericht 6/98

FORKERAM, Statusbericht und Abschlussberichte, Website bayerische Forschungsallianz, aufgerufen 6. April 2017

Fratzscher Marcel und Fuest Clemens, Interview, Zeit.online 18. Dezember 2016

Fraunhofer, Ausführungsvereinbarung zum GWK-Abkommen, § 2 Abs. 2, 17. März/26. August
  1977

Gaffal Alfred, Präsident der Vereinigung der bayerischen Wirtschaft (vbw), 5. Dezember 2017

Genetic Engineering & Biotechnology News, Top 10 European Pharma Clusters, 16. Mai 2016,
  aufgerufen 9. März 2017

Gericht der Europäischen Union, Urteil in der Rechtssache T-754/14 Michael Efler u. a. / Kommission, Pressemitteilung Nr. 49/17 Luxemburg, 10. Mai 2017

Gesetz zur Weiterentwicklung der steuerlichen Verlustverrechnung bei Körperschaften, BGBl. I S. 2998, 20. Dezember 2016

Gesetzentwurf zur Änderung der Bayerischen Haushaltsordnung mit Begründung, LT-Drs. 12/14967 vom 28. März 1994

Geus Wolfgang und Exner Matthias, Festschrift Herzwerke – 50 Jahre Erlanger Stadtwerke, 2017

Glaab Manuela und Weigl Michael (Hrsg.), Politik und Regieren in Bayern, Wiesbaden 2013

Götschmann Dirk, Artikel Wirtschaft, Historisches Lexikon Bayern

Goppel Thomas, Beiträge zur Hochschulforschung, Heft 3, 27. Jahrgang 2005

Gore Al, Global Information Infrastructure – Agenda for Cooperation, US Government, Februar 1995

Grüner Stefan, Geplantes `Wirtschaftswunder´, Industrie- und Standortpolitik in Bayern 1945 bis 1973, München 2009

Gutjahr-Löser Peter, Können Sie folgen? Leipzig 2005

Hagen Martina, Wissenstransfer aus Universitäten als Impulsgeber regionaler Entwicklung – ein institutenökonomischer Ansatz am Beispiel der Universität Bayreuth, Bayreuth 2006

Hanisch Rudolf, Vortrag bei der Klausurtagung der SPD-Fraktion, 14. Januar 1999 (n.v.)

Hanke Randolf, Leiter des Entwicklungszentrums Röntgentechnik des Fraunhofer IIS Instituts in Fürth, Interview mit invest in bavaria, April 2014, aufgerufen 3. März 2017

Hanns-Seidel-Stiftung, hss.de, Archiv, Grundsatzprogramm der CSU 1968
– hss.de, Archiv, Aktionsprogramm zur Landtagswahl am 15. Oktober 1978

Harari Yuval Noah, Homo Deus: Eine Geschichte von Morgen, München 2017

Hebner Martin, Spitzenkandidat der AfD in Bayern bei der Bundestagswahl, Süddeutsche Zeitung vom 24. September 2017

Hentschel Klaus, Von der Werkstoffforschung zur Materials Science, NTM Zeitschrift für Geschichte der Wissenschaften, Technik und Medizin, Februar 2011

Herrmann Wolfgang (Hrsg.), Technische Universität München – Zukunftscampus Garching, 2007

Hill Steven, Die Start-up Illusion, München 2017

Hillebrand-Brem Corinna, Friedrich Ebert Stiftung, Soziale Ungleichheit, Ungleichen Lebensverhältnissen und Armut in Bayern entgegenwirken, 2017

Hofmann Andreas, Organisationale Hochschulautonomie in Bayern, 2013

Hochschulzulassungsverordnung (HZV) vom 18. Juni 2007, GVBl. S. 40

Hopp, Gerhard, Sebaldt, Martin, Zeitler, Benjamin (Hrsg.), Die CSU: Strukturwandel, Modernisierung und Herausforderungen einer Volkspartei, Wiesbaden 2010

HSchG 1998, Begründung zu Art. 26 Gesetzentwurf, LT-Drs. 13/9713

humboldt.professur.de/preisträger, aufgerufen 13. März 2017

IAB, Studie zur Digitalisierung, heise online news, 13. November 2016

IEA, Global world energy outlook, 2017, S. 12

IDW, Gutachten Wohlstand in Bayern, August 2009

IDW Köln Consult GmbH, Tarifbindung in Bayern, Stand März 2017

Ifb, Staatsinstitut für Familienforschung an der Universität Bamberg, 2017

Ifo-Institut, Studie Nord-Süd-Gefälle, Die Welt, 7. August 1995

IHK-Fachkräftemonitor Bayern, Berechnungsstand Januar 2017, aufgerufen 4. November 2017

Imboden Dieter und Rohe Wolfgang, Was wollen wir mit unseren Universitäten? Rat für Forschung und Technologieentwicklung (Österreich), Zukunft und Aufgaben der Universitäten, 2017

Informationsdienst Wissenschaft, 9. September 1998, Abschlussbericht 9/2000

Innenministerium, Antwort vom 5./7. Oktober 1992 auf eine Schriftliche Anfrage vom 31. Juli 1992, LT-Drs. 12/7982

Innovationsmonitor Berlin/Brandenburg, Clusterportal Energietechnik, 2013

Interpellation der FDP-Fraktion zur Privatisierung von wirtschaftlichen Unternehmen und Beteiligungen des Freistaates Bayern, LT-Drs.12/3309, 24. Oktober 1991

IPP Festschrift, 50 Jahre Forschung für die Energie der Zukunft, 2010

iwb, Institut für Werkzeugmaschinen und Betriebswissenschaften, Fakultät für Maschinenwesen, Technische Universität München, iwb newsletter 2/2016

JMU, Website JMU/SFT/Gründungen, letzte Änderung 7. März 2017, aufgerufen 12. März 2017

Kant Immanuel, Zum ewigen Frieden, Ein philosophischer Entwurf, Königsberg 1795

KfW, Building Momentum in Venture Capital across Europe, Dezember 2016, S. 17

KMK und BMBF, Bericht zur Umsetzung der Ziele des Bologna-Prozesses, 12. Februar 2015

Koch Eckart, Globalisierung und Politik, Chancen – Risiken – Antworten, München 2014

Kommission für Zukunftsfragen der Freistaaten Bayern und Sachsen, Erwerbstätigkeit und Arbeitslosigkeit in Deutschland. Entwicklung, Ursachen und Maßnahmen. Teil I, II und III, Bonn 1996/1997 Mitglieder: Prof. Dr. Meinhard, Johannes Gross, Prof. Dr. Herbert Henzler, Dr. Georg Obermeier, Prof. Dr. Heinrich Oberreuter, Dr. Etta Schiller

Kommission HdF 2014 plus, Kooperationsmodell Haus der Forschung sowie Bayerische Patentallianz, Empfehlungen zur Weiterentwicklung, Juni 2014

Konrad-Adenauer Stiftung, Bundestagswahl am 24. September 2017, Wahlanalyse September 2017
– Geschichte der CDU, Stichwort Christliche Gewerkschaften, kas.de 2018

Krüsken Bernhard, Generalsekretär des Deutschen Bauernverbandes, 11. November 2017

Landesamt für Statistik, Stichwort Hochschule, Stand 14. August 2017 landkreis.cham.de, Wirtschaftsförderungsgesellschaft im Landkreis Cham mbH, aufgerufen 7. April 2017

Langenscheidt Florian, Lexikon der deutschen Weltmarktführer, 2015

Legler Harald, Die Bedeutung des Automobilbaus für die deutsche Volkswirtschaft, 2009

Lehmann Karl, Kardinal, Interview mit der Kulturzeit, Januar 2009

Lehning Norbert, Rucker-Plan, 1956, publiziert 24. April 2012; in: Historisches Lexikon Bayerns, aufgerufen 6. Mai 2017

Leibniz-Institut für Länderkunde, Wirtschaftsregion Heilbronn Franken 2011, NAD aktuell 5 (11.2011) 11

Lengger Werner, Eine kleine Geschichte der Universität Augsburg, archiv.uni.augsburg.de, 2001, aufgerufen 8. Januar 2018

Leuchs Gerd, Mehr Licht ins Licht, Max Planck Forschung 1/2009

Leven Karl-Heinz und Plöger Andreas, 200 Jahre Universitätsklinikum Erlangen, Köln 2016, S. 354 ff.

LMU, Pressemitteilung des LMU-Rektors Andreas Heldrich, 27. März 1998
– fact sheet Flügge, 1. April 2016

März Peter und Franz Monika, Die Geschichte des modernen Bayern, Bayerische Landeszentrale für politische Bildungsarbeit, München, 1. Auflage 1994 und 3. Auflage 2006

Massachusetts Institute of Technology (MIT), The spread of true and false news online, Science 9. März 2018

Mayer Manfred, eGovernment in Bayern - eine Zwischenbilanz, 9. Ministerialkongress, 3. September 2002
– e-government, MUK-IT.com, Powerpoint-Vortrag 7. Juni 2014

McKinsey, Das digitale Wirtschaftswunder, Juli 2017

Meder-Brechmann, Die Bayerische Verfassung, Kommentar, 5. Aufl., München 2014

Meier-Walser Reinhard C., Peter Stein (Hrsg.), Globalisierung und Perspektive internationaler Verantwortung, Hanns-Seidel-Stiftung, München 2004

Merics, Studie Made in China 2015, Dezember 2016
– China Update Nr. 16/2017 vom 29. September bis 12. Oktober 2017
– Interview mit Matthias Stepan, Leiter Programm Innenpolitik am Mercator Institut, 25. Oktober 2017

Merkel Angela, Rede Bundeskanzlerin beim Empfang der Mitglieder des Wissenschaftsrats am 29. Januar 2009, Bulletin der Bundesregierung vom 14. Februar 2009

Michler Inga, Internationaler Standortwettbewerb um Unternehmensgründer, 2005, S. 180

Micus Matthias, Göttinger Institut für Demokratieforschung, Rechtspopulismus – Gefahr oder Korrektiv für die Demokratie?, 14. Februar 2017

Mittelstraß Jürgen, Wissenschaftsland Bayern 2020, Über Prinzipien einer förderlichen Universitätsentwicklung und die Empfehlungen einer bayerischen Expertenkommission, Beiträge zur Hochschulforschung, Heft 3, 28. Jahrgang, 2006

Müller Gerd, Bundesminister für Entwicklungshilfe, Unfair! – Für eine gerechte Globalisierung, Hamburg, 2017

Müller Matthias, Interview, Handelsblatt, 10. Dezember 2017

muenchen.de, Biotechnologie und Pharma, Stand Juli 2016, aufgerufen 16. Juli 2017

Österreich, Gesellschaft für Europapolitik, Ceta-Factsheet vom 14. September 2016

Oettinger Günther, Wachstumstreiber Digitalisierung, 5. März 2015, Textfassung bundesfinanzministerium.de, aufgerufen 26. Januar 2018

Ohmae Kenichi, Der neue Weltmarkt, Das Ende des Nationalstaates und der Aufstieg der regionalen Wirtschaftszonen, Hamburg 1996

Ohoven Mario, Präsident des Bundesverbands der mittelständischen Wirtschaft (BVMW), 7. November 2017

Papst Martin, 40 Jahre Atom-Ei Garching, München 1997

Paulus Stefan, Vorbild USA?, Amerikanisierung von Universität und Wissenschaft in Westdeutschland 1945 – 1976, 2010

Pfäfflin Heinz, in: Industriepolitik in den Bundesländern: Perspektiven, Maßnahmen, Ziele, herausgegeben von Wolfgang Lemb, Frankfurt/Main 2017

Pierer Heinrich von, Gipfel-Stürme, Eine Autobiographie, 2011

Piketty Thomas, Das Kapital im 21. Jahrhundert, 2013

Piontek Matthias, Hochschulen als Wirtschaftsfaktor, 2013

Porter Michael E., Clusters and the new economics of competition, Harvard Business Review, 76, November 1998, S. 77–90

Prognos AG, Globalisierungsreport, 24. März 2014
 – Studie Industriestandort Deutschland und Bayern 2030, 19. September 2016
 – Studie Kinderarmut bekämpfen, 26. Juni 2017

Raffelhüschen Bernd, Leiter des Forschungszentrums Generationenverträge der Universität Freiburg, 10. Oktober 2017

Regierungsprogramm 1998 – 2003 und Regierungserklärung vom 29. Oktober 1998, Bayern – Weltregion und Heimat: innovativ, sozial, eigenständig, 2. Auflage München 1998, S. 59 ff.

Renzsch Wolfgang, Historisches Lexikon Bayern, Artikel Länderfinanzausgleich, Bayern als Empfänger- und Geberland, aufgerufen 26. Dezember 2017

Reuter-Boysen Christiane, Von der Strahlen- zur Umweltforschung, Geschichte der GSF, Frankfurt/Main 1992

Richtlinien zum Bayerischen Forschungsprogramm „Neue Werkstoffe in Bayern", Bekanntmachung des Bayerischen Wirtschaftsministeriums, vom 18. Dezember 2014

Robertson Roland, Global Modernities, 1995

Rifkin Jeremy, The Third Industrial Revolution, 2011

Roland Berger, Best-Practice-Studie Intelligente Netze, Beispielhafte IKT-Projekte in den Bereichen Bildung, Energie, Gesundheit, Verkehr und Verwaltung, 1. Dezember 2013, S. 55 ff.
– Die digitale Transformation der Industrie, 17. März 2015
– Roland Berger und Forschungsgesellschaft Kraftfahrwesen Aachen (fka), Studie Elektromobilität, 2017

Roncador Tilman von, Beiträge aus der Statistik, BIP in Bayern 2000 bis 2014, in: Bayern in Zahlen, 11/2015

Schellnhuber Hans Joachim, Selbstverbrennung, München, 2. Auflage 2015

Schlemmer Thomas, Woller Hans, Politik und Kultur im föderativen Staat 1949 – 1973, 2004, S. 155

Schulten Thorsten, WSI, Zusammenstellung März 2015

Schwartz Michael, Wirtschaft im Wandel 2010

Schweiz, Staatssekretariat für Wirtschaft, Liste Stand 2. Juni 2017

Seehofer Horst, Regierungserklärung, 10. Dezember 2008, Plenarprotokoll 16/7
– Rede beim Innovations-Unternehmergipfel 2011 der F.A.Z., München 8. September 2011
– Regierungserklärung, 12. November 2013, Plenarprotokoll 17/5
– Schreiben an den Autor, 29. November 2016 (n.v.)

Seitzer Dieter, Zeitzeugeninterview, Stadtarchiv Erlangen, youtube 26. Juli 2017

Silvester Christian, Fritz Böhm: Der Unbeugsame, Donaukurier, 9. Juli 2009

Sinn Hans Werner, Ist Deutschland noch zu retten?, München 2003

Söder Markus, Regierungserklärung 18. April 2018, Plenarprotokoll 17/130

Sozialbericht Bayern, Bericht der Staatsregierung zur sozialen Lage in Bayern, 1999 (1.), 2017 (4.)
– Datenreport 2014

Sozialministerium, Material- und Analyseband zur sozialen Lage in Bayern 1998, S. 126 ff.; Schätzung anhand der „Stillen Reserve" nach dem IAB, Schaubild 5-1

SPD-Landtagsfraktion Bayern, Nachhaltig Arbeiten und Produzieren in Bayern, November 2012

spd-oberfranken.de, Laudatio zur Verleihung der Helmut Rothemund-Medaille der Bayern SPD an Altlandrat Dr. Peter Seißer, 13. Juni 2016

Spindler Max, Handbuch der Bayerischen Geschichte, Vierter Band, Das neue Bayern 1800 – 1970, München 1979

Spinner Helmut, Die Wissensordnung. Ein Leitkonzept für die dritte Grundordnung des Informationszeitalters, Opladen 1994

Standortportal Bayern, Breitbandinitiative Bayern 2006 bis 2012, Stand 21. Januar 2012

Staatskanzlei, Pressemitteilung vom 11. Juni 1996, Dokumentation Beschäftigungspakt Bayern
– Staatskanzlei, Pressemitteilung vom 15. Dezember 1998

Statistisches Landesamt Bayern, BIP in Bayern im Jahr 2016, Stand 30. März 2017

Stegemann Bernd, Das Gespenst des Populismus, 2017

Stehr Nico, Arbeit, Eigentum, Wissen. Zur Theorie von Wissensgesellschaften, Frankfurt/Main 1994

Stiglitz Joseph, The Price of Inequality, 2012

Stoiber Edmund, Regierungserklärungen:
- 30. Juni 1993, Plenarprotokoll 12/95,
- 14. Juni 1994, Plenarprotokoll 12/127
- 21. Juli 1994/1, Plenarprotokoll 12/137
- 8. Dezember 1994/2, Plenarprotokoll 13/6
- 19. Juli 1995, Plenarprotokoll 13/26
- 23. Mai 1996, Plenarprotokoll 13/49
- 29. Oktober 1998, Plenarprotokoll 14/4
- 12. Oktober 1999, Plenarprotokoll 14/27
- 6. November 2003, Plenarprotokoll 15/5,
- 1. Dezember 2004, Plenarprotokoll 15/30
- 12. Dezember 2006, Plenarprotokoll 15/28
- Rede Zukunftskongress Garching, 17. Juni 1998
- Weil die Welt sich ändert, Politik aus Leidenschaft – Erfahrungen und Perspektiven, München, 2. Auflage, 2012

Stolberg Michael, Geschichte der Medizinischen Fakultät der JMU, med.uni.wuerzberg.de, aufgerufen 30. Dezember 2017

Strauß Franz Josef, Wahlveranstaltung 1. März 1978 in Neustadt bei Coburg, ACSP, NL Strauß Slg. Kray RA 78/6
- Regierungserklärung 10. Dezember 1986, Plenarprotokoll 11/6
- Die Erinnerungen, München 1989

Straif Kurt, Internationale Agentur für Krebsforschung der WHO (IARC), euro.news.com, 1. Juli 2016

Stuhlfelner Bernhard, Straubinger Tagblatt, Sonderveröffentlichung 10 Jahre Kompetenzzentrum Straubing, 8. Juli 2011

Ther Philipp, Die neue Ordnung auf dem alten Kontinent. Eine Geschichte des neoliberalen Europa, Berlin 2016

Thümmler Anne-Marie, Schmied Martin, Wachstumsbranchen in Kalifornien und Bayern, Köln 2000

Treml Manfred, Die Geschichte des modernen Bayern, Bayerische Zentrale für politische Bildungsarbeit, München, 1. Aufl. 2004, 3. Aufl. 2006

Trischler Helmut, Rüdiger von Bruch, Forschung für den Markt, Geschichte der Fraunhofer Gesellschaft, München 1999

Tsichiritzis Dennis, Untersuchung Technische Innovation und neue Arbeitsplätze im Auftrag der Friedrich Ebert Stiftung vom 1. September 1998

TU Dresden und Fraunhofer ISI, Technologische und ökonomische Langfristperspektiven der Telekommunikation, 2006

TUM, Resolution Globalhaushalt, mytum.de 3. März 2004, aufgerufen 30. Dezember 2017

– Entrepreneurial University, tum.de Ausgabe 5/2011, aufgerufen 30. Dezember 2017
– Rankings, Pressemitteilung 10. November 2014
– Festschrift 10 Jahre Forschungs-Neutronenquelle Heinz Maier-Leibnitz (FRM II), 2014
– Arten der Zulassung, tum.de, aufgerufen 30. Dezember 2017

UC Berkeley, E-berkeley, gateway to the virtual university, 11. Januar 2000

Umweltbundesamt, Rheinische Post, 12. August 2017
– Unterschied zwischen Außenluft- und Arbeitsplatzgrenzwert, 17. August 2017
– Stickstoffdioxid-Belastung: Hintergrund zu EU-Grenzwerten für NO2, 20. Februar 2018

United Nations Conference on Trade and Development (UNCTAD), Online Datenbank UNC-TADstat 11/2016

Universität Bayreuth, Geschäftsbericht 2004
– Chronik, 2015 S. 206 - 217, aufgerufen 3. März 2017
– Stand und Entwicklungsperspektiven, Bayreuther Unternehmerabend, 23. Januar 2015, aufgerufen 4. März 2017

vbw, Digitalisierung als Rahmenbedingung für Wachstum, 26. Mai 2015
– Zukunft des Industriestandorts Bayern, Stand September 2016
– Positionspapier zum Breitbandausbau, 17. Oktober 2016
– Positionspapier zur Entsenderichtlinie, 18. April 2017

vdi-Nachrichten ingenieur.de, 21. Januar 2005

Verband der Anbieter von Telekommunikations- und Mehrwertdienstleistungen (VATM), online, 6. Juli 2016

Verwaltungsvereinbarung zwischen Bund und Ländern gemäß Artikel 91b Absatz 1 des Grundgesetzes zur Förderung von Spitzenforschung an Universitäten – Exzellenzstrategie vom 16. Juni 2016

vhb/Audit Empfehlungen 2013, 10. Mai 2013

Völz Hans Jürgen, Lüneburger Zeitung, 23. September 2016

Wagner Kerstin, Gründungsausbildung in Netzwerken – Eine komparative Analyse in deutschen Hochschulregionen (Jena, Weimar, Würzburg, Regensburg), Regensburg 2006, S. 127 ff. zu Regensburg, S. 132 ff. zu Würzburg

Walter Susanne, Innovative Unternehmensgründer in Bayern, Beiträge aus der Statistik, Bayern in Zahlen 10/2016, S. 630 ff.

Winkler August Heinrich, Geschichte des Westens, München 2014
– Zerbricht der Westen? Über die gegenwärtige Krise in Europa und Amerika, München 2017

Winter Martin/Rathmann Annika/ Trümpler Doreen/ Falkenhagen Teresa: Entwicklungen im deutschen Studiensystem. Analysen zu Studienangebot, Studienplatzvergabe, Studienwerbung und Studienkapazität (HoF-Arbeitsbericht 7'2012). Hrsg. vom Institut für Hochschulforschung (HoF), Martin-Luther Universität, Halle-Wittenberg 2012

Wirtschaftsministerium, Cluster-Präsentation 2007
  – Schnelles Internet für Bayern, Bilanz des Bayerischen Breitbandförderprogramms 2008 bis
    2011, Stand 21. Januar 2012
  – Bayerische Luftfahrtstrategie 2030, März 2015
  – Bekanntmachung Flügge, 11. Juni 2015
  – Historische Zeitreihen von Bayerns Wirtschaft, Juni 2016
  – stmwi.bayern.de, Biotechnologie, aufgerufen 1. Januar 2017
  – stmwi.bayern.de/innovation-technologie, aufgerufen 1. Januar 2018

Wissenschaftsland Bayern 2020, Empfehlungen einer internationalen Expertenkommission (sog.
  Mittelstraß-Kommission), Bayerisches Staatsministerium für Wissenschaft, Forschung und
  Kunst, München 2005

Wissenschaftlicher Dienst des Deutschen Bundestages, Zu rechtsextremistischen Parteien in der
  bundesdeutschen Politik, 2006, WD 1 - 170/06

Wissenschaftsministerium, Zielvereinbarungen, Website km.bayern.de, aufgerufen 30. Dezember
  2017
  – Innovationsbündnis Hochschule 2008, 2013 und 2018, Website km.bayern.de, aufgerufen
    30. Dezember 2017

Wissenschaftsrat, Empfehlungen zu Rankings im Wissenschaftssystem, 12. November 2004
  – Empfehlungen zur Differenzierung der Hochschulen, 12. November 2010
  – Empfehlungen zur Zukunft des Forschungsratings, Drs. 3409-13, 25. Oktober 2013
  – Der regionale Verbund als hochschulpolitische Perspektive, Bericht des Vorsitzenden zu
    aktuellen Tendenzen im Wissenschaftssystem, Dresden 11. Juli 2014

Wissenschaftszentrum Weihenstephan – Erfolgsgeschichte einer Neugründung, 2010

Wittern-Sterzel Renate, Aus der Geschichte der Medizinischen Fakultät. In: 250 Jahre Friedrich-Alexander-Universität Erlangen-Nürnberg. Festschrift, hrsg. von Henning Kössler, Erlangen 1993

WSI, Wirtschafts- und Sozialwissenschaftliches Institut der Hans-Böckler-Stiftung, Verteilungs-
  bericht, 14. November 2017
  – Aktivierungspolitik und Erwerbsarmut, Report Nr. 36, Juli 2017

WTB, 10 Jahre Wissenschaftlich Technischer Beirat 1989 – 1999, Broschüre 1999
  – Bericht Hochschule 2000, 1995

ww.tf.fau, Geschichte der Werkstoffwissenschaften in Erlangen, aufgerufen 3. März 2017

Zacher Hans, Arbeitskammern im demokratischen und sozialen Rechtsstaat, Gutachten Dezember 1970

ZEW, Zentrum für Europäische Wirtschaftsforschung, Süddeutsche Zeitung 13. Februar 2018

Zukunftsgespräch der Bundesregierung in Meseberg, Bundeskongress der Gewerkschaft IG BCE
  in Hannover, 23. Juni 2016

Zukunftsrat der Staatsregierung, Teilbericht über die „Metropolregionen und ländlichen Räume"
  2009

Zukunftsrat der Bayerischen Wirtschaft, Zukunftstechnologien, Analyse und Handlungsempfehlungen, Stand Juli 2015

Register